新编21世纪哲学系列教材

西方哲学导论

第3版

曾志 著

An Introduction to Western Philosophy

中国人民大学出版社
·北京·

内容简介

本书是关于西方哲学原理的基础性著作，作者创造性地按照哲学三大主题——本体论、认识论、价值论——选择和组织材料，逻辑性地运用理论哲学与实践哲学划分的方式，详尽讨论了众多西方哲学发展中的问题和西方哲学流派的基本观点。既有强烈的历史感，又有理论的思辨性，是按照哲学主题结构写作西方哲学史的大胆尝试，亦为西方哲学史的学习和研究提供了一种纯理论的描述框架。

作者简介

曾志　哲学博士，北京大学哲学系副教授。已退休。主要学术研究领域为：哲学原理、知识论和比较哲学，对于20世纪哲学方面的兴趣，主要集中于传统哲学向现代哲学的过渡，以及后形而上学的机制和原理。曾长期主持国家开放大学（中央广播电视大学）哲学课程，其所主编的教材《哲学引论——中西哲学基础问题举要》（中央广播电视大学出版社，2003），前后重印30余次。发表的代表性论文有：《论中西哲学的内在差异及其逻辑基础》《道德判断与伦理学的非形而上学化》《后形而上学与后现代主义》等。

序

赵敦华

我们常说哲学史就是哲学，哲学史家同时也是哲学家。这种说法在原则上是正确的，但在实际上，我们通常看到的却是：哲学史和哲学原理成为两个泾渭分明的学科，哲学史家和哲学家分属两个在方法、风格和社会影响力等方面迥然不同的职业集团。不但中国哲学界如此，外国哲学界亦如此。

史和论的分家并不意味着两者无联系；相反，有区别才有联系。问题的关键在于，哲学史与哲学理论以何种方式相联系。对于“何种方式”这一问题，可以从两个方面来分析。第一，从哲学家和哲学史家的实际工作来看哲学学科的史和论的关系；第二，从哲学史著作的不同写法看哲学主题和史料的关系。

先说第一个方面。

从理论上说，一个哲学家需要吸收、借鉴和批判哲学史上哲学家的成果，才能最终建立自己的理论；一个哲学史家需要按照一定的哲学理论选择材料，确定主题，梳理线索，才能写出可被理解的哲学史。哲学家利用哲学史与哲学史家运用哲学理论是彼此连接，不可分割的。不论是哲学家还是哲学史家，都在自己的工作中用不同的方式体现着这种史论结合。

从历史上看，一个好的哲学史家同时也是哲学家，他会用系统的哲学史来阐发自己的哲学理论；黑格尔是如此，现代的罗素、海德格尔也是如此。当然，这并不是说，所有的好的哲学家同时也必定是好的哲学史家。事实上，历史上大多数的哲学家都没有写过哲学史的著作，这倒不是由于他们不了解哲学史上的理论，而主要是因为哲学史还没有成为一门学科。直到 1655 年，吉尔基荷姆的雷登（Geirge Horn of Leyden）用拉丁文写了《哲学史研究：哲学的起源、继承和派别》一书，托马斯·斯坦雷（Thomas Stanley）用英文写了《哲学史》一书，系统的哲学史著作才宣告问世。此后，雅可比·布鲁克尔（Jacob Brucker）所写的五卷本的《批判性哲学史》（*Historia Critica Philosophia*）于 1742 年至 1767 年在莱比锡出版。黑格尔虽然批评这部书包含着“一连串错误的观念”，“抽象地把真理和错误两极化”，但他却从这部书中引用了大量史料。黑格尔的《哲学史讲演录》用他的逻辑范畴来整理和概括哲学史的材料，达到了哲学理论和哲学史的统一。黑格尔被誉为“科学的哲学史的创始人”。形容词“科学的”在这里指用哲学理论来指导和概括史料的研究方法。虽然很少有人认为黑格尔的哲学是科学的，但他按照自己的哲学理论来写哲学史的方法却被人们普遍看作研究哲学史的科学方法。黑格尔之后的现代哲学家们无不或多或少地使用哲学史来阐发自己的理论。即使是自称不注意哲学史的维特根斯坦，不也是用“奥古斯丁图画”拉开《哲学研究》第一幕的吗？

同时，哲学史家也在有意无意地向哲学家靠拢。西方的哲学史家很害怕自己的著作被贴上什么“主义”的标签，注意在复杂纷纭的哲学派别争论中保持“客观中立”的职业形象，以此与哲学家职业集团相区别。但是，西方哲学史家的这一职业形象并不能掩盖这样一个事实：任何一部哲学史都有一定的理论立场、观点或方法。我们以卡普斯顿的《哲学史》为例来说明这一点。卡普斯顿的九卷本《哲学史》被认为是英语世界最有权威的哲学史著作。这本书第一卷出版后即得到学术界好评，人们纷纷赞扬作者全面而公正地论述了古希腊各家各派哲学。但在1946年出版的第二卷的前言里，卡普斯顿宣称他是自觉地站在新托马斯主义的立场上写哲学史的。他这样为自己的立场辩护：每一个哲学史家不可避免地要受到某一哲学派别的影响；既然马克思主义者能够写出马克思主义的哲学史，实证主义者能够写出实证主义的哲学史，托马斯主义者为什么不能写出自己的哲学史呢？现在读这部著作的人很少注意这一申明，仍然把它当作全面公正的哲学史来读。这只能说明作者巧妙地把托马斯主义融会在史料的选择、运用和解释之中，而不能说明这本哲学史著作没有理论立场。

再说第二个方面。

哲学史有两种写法，一种是按照时间的顺序来写，一种是依照主题的结构来写。以我们中国人熟悉的西方哲学史的译作为例，黑格尔的《哲学史讲演录》、罗素的《西方哲学史》和梯利的《哲学史》等，是按照时间顺序的写法；而文德尔班的《哲学史教程》、利科的《哲学主要趋向》等，是按照主题结构的写法。在中国哲学史领域，冯友兰的《中国哲学史》属于第一种写法，而张岱年的《中国哲学史大纲》属于第二种写法。

人们常说，古希腊包含着西方一切学术思想的萌芽。哲学史的这两种写法在古希腊哲学中已有端倪可见。亚里士多德的《形而上学》卷A3—10章和卷α对早期自然哲学家的学说所做的总结，是按照他自己的“四因说”的主题来写的，把他以前的哲学家分别归属于“质料因”、“动力因”和“形式因”的范畴，他自己则属于“目的因”的范畴，这四种范畴共同组成了自然哲学的结构。拉尔修的《著名哲学家的生平和学说》则是另外一种写法，即按照时间顺序，一一介绍哲学家和哲学派别。后人把这种写法称为“纪录片式”（doxographical）。

需要注意的是，“纪录片式”的写法不仅仅是历史记叙，任何叙事都需要按照一定的原则，哲学史的叙事更需要一定的哲学理论来裁剪素材、概括线索、判定是非。因此，按照时间顺序的写法并非侧重史料而不重理论；我们在读黑格尔、罗素和冯友兰等人的哲学史著作的同时，也感染到了他们的理论。同样，按照主题结构的写法也非侧重理论而不重史料；我们在读文德尔班、利科和张岱年等人对哲学问题的概括时，也接触到大量的历史资料。总之，按照时间和按照主题这两种不同写法并不反映史与论的不同侧重，两者都要按照哲学理论处理史料，只是处理的方式不同。按照时间顺序的写法是“历时性”的方法，强调逻辑线索与时间顺序的一致性；而按照主题结构的写法则是“共时性”的写法，强调结构要素的并列关系。

虽说这两种写法各有所长，但中外大多数哲学史著作都是按照时间顺序写的。尤其是中国人写的西方哲学史，几乎全部采用了这一种写法。中国人民大学出版社在策划新的教材系列时，列入了“西方哲学导论”的项目。我一看到这一题目，马上联想到与现在通行的西方哲学史教材不同的另一种写法，即，按照西方哲学的各个主题来选择和组织历史资料。这样写出的才是名副其实的“导论”，而不是依照时间顺序叙述的“历史”。这是一件很有意义的工作，但我也意识到在我国运用这种新的写法的难度。因此，当曾志博士告诉我，他已经完成了一本西方哲学导论的著作，我十分高兴。读了他的书稿之后，更体会到这本书的可贵之处。

最后谈谈我在曾志博士这本书中看到的可贵之处。

按照我国现行的学科队伍划分，曾志博士属于哲学原理阵营。多年来，他的教学和研究却与西方哲学有关。在很多人看来，西方哲学应该是哲学史工作者研究的对象。我倒觉得一个研究哲学原理的人涉足西方哲学史领域，是值得欢迎的事情。在前不久召开的一个讨论马克思主义哲学与西方哲学对话的全国性学术会议上，我做了一个发言。大意是说，应该鼓励研究马克思主义哲学的人教西方哲学方面的课，写这方面的书；也要鼓励研究西方哲学的人教马克思主义哲学方面的课，写这方面的书；从各自的角度去理解对方都有一种优势，这样做的结果是优势互补，从而达到两个学科的实质意义上的结合。

曾志博士写作《西方哲学导论》，自有他的优势所在。他多年讲授“马克思主义哲学原理”这门课，通过对马克思主义哲学体系的把握，他对哲学这门学科的各个主题以及它们之间的联系，有一般性的全面理解。我们可以体会到，这种理解对于一本按照哲学主题结构来安排哲学史资料的著作，是何等的重要！曾志博士写的这本书体系性强，他按照三大哲学主题——本体论、认识论和价值论，选择和安排材料，概括众多西方哲学流派的观点，历史感强，内容丰富，而又有清楚的条理和结构。虽然书中没有多少“马克思主义”标签，但曾志博士对哲学一般的主题结构的理解，无疑是符合马克思主义哲学的。可以说，他对马克思主义哲学原理的长期理解已经潜移默化地渗透在《西方哲学导论》的内容之中。

在我看来，这本书不但是按照哲学主题结构写作西方哲学史的一次大胆尝试，而且也是马克思主义哲学与西方哲学对话比较的产物，值得大力推荐。是为序。

2001 年 5 月于北京大学哲学系

目录

引　论

“哲学是什么?”仅就这一提问方式而言，就已显示出哲学之作为一个概念、一门学问、一种学科的复杂性和趣味性。对于这一点，不同的人有不同的回答；而无论哪一种回答，不是所有人都能接受、都认为是完全令人满意和无懈可击的。或许正是在这一点上，不无巧合地既表现了这一概念的极其复杂性，又表现了这一学问、这一学科的趣味性和永恒的魅力。

在某种意义上，要回答“哲学是什么”，最好的方式莫过于先弄清，在我们的生活中，哲学不是什么。对许多人来说，这是不难做到的。这是因为，在我们的日常生活中，许多事物的含义和属性是显而易见的，如关于克隆技术和生命基因图谱的研究，我们将之归入生物科学或生命科学的领域；又如关于航天器的设计和开发，我们将之归入航空动力学的领域；再如地壳运动和板块构造研究，我们把它纳入地质学或地球物理学的范畴；等等。我们之所以能做到这一点，很大程度上是因为这些表面看似颇为不同的方面，实则有一个共同的特征，即它们都是关于具体事物的性质和原理的研究。而这些相互之间界限明确的知识部门，我们给予它们一个共同的名称，即具体科学。

然而，科学的具体性恰恰在于，它所获得的任何结果都是有限的，它所达到的任何程度都是相对的。在所有这些已知的领域之外，存在着众多不为我们所知的、在深层上制约和影响着这些已知事物的未知领域。对这些未知领域和事物的探索与追寻，开辟出一个与科学全然不同的抽象性研究的境界或领域。抽象可以有多种不同的形式。寻求救赎、企盼超越的宗教活动是一种抽象；营造意境、升华美感的艺术活动也是一种抽象；创设规范、完善自身的道德活动还是一种抽象。哲学与所有这些抽象活动不同的地方在于，哲学本质上是一种人类基于自身需要而进行的思想性探索活动。从哲学实践的角度看，维系着哲学的发展，并使哲学显现出它经久不衰的生命力和活力的最重要的因素是，哲学活动所关注的首要目标，是那些在哲学范围以外的、对人类生活的某个方面起着更为基本的支配作用的人类活动，或是那些在社会文化体系中在深层上影响或支配着人类思想和人类活动的特定领域与特定概念。在这些研究或活动中，哲学家们试图通过深入探讨那些支配人们思想的先决条件，研究、阐发和揭示潜藏于人们的日常用语之中，影响着人们对这些用语的使用，并进而渗透到人们的结论中，左右着人们的信仰和行动的初始的假定条件。在这个意义上，我们可以毫不夸张地说，科学的任何一个领域都始于哲学的探索。

把哲学的特征描述为一种思想性的探索活动，大体上是符合哲学发展史的客观事实的。从大约2 500年前哲学在爱琴海岸的古希腊诞生以来，西方哲学家孜孜以求的，就是对与人类生存境遇有关的种种问题，给出具有普遍性意义的解释和说明。实际上，哲学与科学都始于对普遍性问题的追寻。它们的不同在于，科学对普遍性的追寻，在实践中是沿着对构成普遍的个体的独特性进行分解的方向演进的；而哲学对普遍性的追寻，则始终以揭示相互区别的个体后面的普遍秩序和一般性原则为特征。由于科学是建立在界限明确、对象具体的知识部门基础之上的技术性探索活动，所以一旦某门科学有了坚实的基础，除了边缘问题或方法问题以外，它总能够或多或少地获得独立发展。哲学却不是这样。以思想探索性方式出现的哲学对具体事物后面的普遍性原理的追寻，本质上是人的思想寻求统一和秩序的冲动或欲望的一种矛盾反映形式。由于思想的矛盾是永无休止的，因而对矛盾和普遍性原理的探讨，也不可能有众口一词的说法和一成不变的解释。

哲学的思想探索性特征，首先表现为它所涉及的对象，往往是那些作为寻常信念基础的原则或假定。这些原则或假定，既有日常生活意义上的，又有科学意义上的。日常生活中的信念是人的日常行为由此出发的前提和基点。对这些信念的合理性及其程度进行哲学上的分析或审定，是哲学研究的一个重要方面，也是哲学存在价值的一个证明。人的行为是受他在日常生活中形成的信念牵引的。对这些信念的前提进行批判性审视，对人而言当然不是一件轻松的事。然而，如果我们任由这些未经审定的信念支配我们的生活，则思想就会陷入僵化，想象就会变得呆滞，教条主义和蒙昧主义就会盛行。至于对科学的前提进行逻辑上的和经验上的检验，则应视之为哲学的另一项意义更为深远的使命。每一具体的科学部门，人所从事的每一项科学活动，都有其据以遵循的普遍的哲学原理。这些哲学原理所发生的作用，既包括对该学科的典型概念和模式做出一般性阐释，也包括对该学科的目的、方法乃至对该学科所特有的论辩形式、论据和程序的批判性讨论。如果没有这种对科学的前提和方法的批判性审视与讨论，科学的性质和意义就难以确定，科学的地位和领域也就无法阐明，由此必然导致科学在实践中所需的独立性的丧失，从而反转过来影响科学在实践中沿着正确的和有利于人的自身需要的方向发展。

哲学的思想探索性特征，还表现为哲学本身的发展是历史的、连续的，但哲学所研究的问题，却是相对不变和基本固定的。在科学领域中，学科的进步表现为不仅作为基础的理论，而且作为形式的问题的提法本身也处在不断地变化之中；而在哲学中，人们至今谈论的仍是两千多年前支配着创造了最初的理性传统的古希腊哲学家们思想的那些基本范畴和问题，诸如真、善、美、自由、平等、正义等。古往今来的哲学家们对这些范畴和问题进行了很多研究，但至今尚难说已经有了令人满意的答案。哲学研究的这种特点，为各种否定哲学论证必要性的主张提供了据以发挥的口实。哲学论证是否有其必要？哲学问题的研究是否如所批评的那样并未体现历史的进步？对哲学研究的这些误解因何而起？我们应该如何看待哲学把握世界的方式？这是一些极为基本但又不能不分辨清楚的问题。其实，对哲学论证必要性的种种指责即使不能说是多余的，至少也是不公正的。这些指责把哲学把握世界的方式与其他一些把握世界的方式混为一谈，在侈谈学科进步性标准的同时取消了哲学与科学的区分。从现象形态上看，哲学与科学的进步都必须以对问题的研究和解决为前提，然而，这只是问题的一个方面。从更深的层次来看，哲学问题的不变性实际体现了哲学研究的艰深性及其进步表现的复杂性。哲学与科学的研究固然都以问题的解决为前提，但它们的结局及其所给予人的意义却是不可一概而论的。

从一般意义上说，人与世界的关系有三种不同的表达方式，即常识、科学和哲学。相对于这三个不同的领域，存在着三类不同性质的问题，即常识性问题、科学性问题和哲学性问题。常识性问题通常以意见的形式出现。意见表达的是情绪、习惯或信念之类的东西。对于意见，人们一般不需要加以证明或求证，对之表示的至多只是接受或拒绝的态度而已。科学性问题以知识的形式出现。知识问题要求的是逻辑、数学或其他技术性方面的求解。一个知识的问题必有一个答案，这一答案的获得只能诉诸逻辑、数学或其他技术方面的证明。知识命题的破解就是科学性问题的解决。哲学性问题通常以思想性问题的形式出现。思想性问题表达的是人类面对自身存在问题时的思想性境遇。思想性问题无所谓答案或技术上的求解，它本质上反映的是人的思想的一种矛盾性运行方式。任何思想性问题都以对现存的观念或思想的否定为特征，但就其实质而言，却是在寻找观念或思想的更深层次的内涵，寻找某种不容否定的终极性思想前提。由于思想的探讨是永无止境的，因而哲学性问题也不可能有所谓一劳永逸的证明或结局。

明乎于此，就不难理解，固然几千年来人类面临的基本的哲学问题始终未变，但人类寻找解决这些问题的新的途径、建立新的哲学体系的努力却从未停止。康德对此有一段颇为精彩的描述。康德说，人类理性有一种嗜好，即喜欢建造。它一次次地把一座塔建成，又一次次地把这座塔拆掉，而目的只不过是看看地基的情况。康德和历史上的哲学家都企图寻求对事物的终极性解释，并且都在不同程度上声称自己已经达到了这一目的。然而历史的事实是，他们谁都没有达到目的，但是谁也没有放弃这种寻求。由此可见，哲学问题是一个极其复杂的、涉及人类思想矛盾本性的、以否定性为特征但又以肯定性为目的（能否达到另当别论）的非经验性的思想陈述的问题。看不到哲学研究的这一特点，把非经验性的哲学问题与经验性的常识或科学问题混为一谈，以科学进步的表现方式来忖度哲学进步的程度，其结果只能是既混淆了哲学与科学的界限，又曲解了哲学进步的含义。

第一章

哲学是什么

通常有关一门学科的性质，人们总能够从这个学科的名称中窥见端倪。因为，任何名称都是用于指示它所欲指示的事物的性质的。所以，当我们讲到“数学”、“物理学”和“化学”等这样一些概念时，只要稍有自然科学常识的人，都能明白它们究竟是怎样的一门学问。

但是，哲学的情况就不同了。如果一个人问你，“哲学是什么?”你能够很快地告诉他，或让他明白，这是一门什么性质的学问吗？显然不能。在大多数情况下，你的费力的解释非但不会使他更明白，反而使他更糊涂。这里的问题在于，自然科学中的问题，要么是一些经验性的问题，即通过考察具体的事实本身就能得到解答的问题；要么是一些规范性的问题，即通过考察同一规范系统中不同事物的关系就能得到解决的问题，如数学问题。哲学问题却不是这样。它根本不属于上述任何一类问题，而是一些典型的思想性探索的问题。

对思想性的问题，如“知识是什么”“幸福是什么”“我们是否能够完全认识一个事物的本来面貌”等，你是不可能用自然科学那样精确的方式来回答或解决的。那么，到底“哲学”是什么？哲学与我们每个人的日常生活有什么关系？我们应该怎样看待哲学的一般性质？这些，就是本章所要讨论的一些最基本的问题。

一、哲学的概念

“哲学”一词源自英文“philosophy”，而“philosophy”一词，则又源自希腊文“philosophia”。在希腊文中，philosophia 乃一组合词，其前缀 philo 原义为爱，后缀 sophia 则为智。由是观之，“哲学”一词之原义应为爱智，或曰智慧之学。赋予哲学爱智之意，谓哲学为智慧之学，从词源学的角度上看，反映了古希腊人对哲学的性质和功能的某种特定的理解意向或期盼。这就是，哲学以智慧为研究对象，而不以实际的功利或功用知识为研究对象，是一种为知识而知识、为学问而学问、纯粹穷理尽知的知识或学问。在古希腊学者中，对“哲学”一词做这种非实利性或非实益性知识描述的不乏其人。例如，古希腊历史学家希罗多德（Herodotos，约公元前484—约前425）就把哲学的特点描述为“离实益而爱智”。另一位古希腊历史学家修昔底德（Thucydides，约公元前460—约前400）在他的著作中也表达了类似的见解。对哲学的特点做这种唯智取向的发挥，一方面，表达了古希腊人对智慧之于人的存在意义的一种敏锐的直觉或领悟；另一方面，则又为此后人们对哲学的这种原始的、宽泛的意义做各种限制性的改造和发挥的尝试，提供了可能的理由和根据。

1. 哲学的产生

虽然从词源学的角度来看，“哲学”一词蕴含着爱智或追求智慧的意思，但这种对智慧的热爱或追求，从逻辑上说，却起源于人类对宇宙或人生方面的那些根本性问题的好奇及沉思。古希腊哲学家毕达哥拉斯在谈到哲学的这一特性时，曾以参加奥林匹克运动会的人的不同动机为例，生动揭示了哲学活动与人类其他活动之间所具有的本质区别。他把前去参加奥林匹克运动会的人分为三类：第一类人是奔奖杯而去的，且大有志在必得之势；第二类人虽自忖目前尚无夺冠之实力，但希望借此观摩，为下一次运动会竞逐宝座而积累经验；第三类人并无功利动机，他们来此的全部目的仅仅是出于好奇，想对有关的东西探个究竟。毕达哥拉斯认为，只有第三类人才属于我们所说的哲学家。

由于哲学既起始于好奇又表现为爱智，故而，在早期希腊哲学家的著作中，它明显地与“科学”这一名词有着大致相同的含义并在大致相同的情况下使用。例如，在早期自然主义哲学家那里，哲学与科学实际上是一个东西，早期的哲学家也被称为自然科学家。这种把哲学与科学不加区分、在同一种意义上使用的情况，在后来的希腊哲学家那里逐渐地发生了微妙的、意义深远的变化。这种变化的一个重要标志，就是苏格拉底之后的哲学家，特别是在柏拉图和亚里士多德那里，“哲学”一词获得了它的相对明确的、具体的含义和意义。尽管这些哲学家仍然在不同场合并非严格意义上地使用着“哲学”一词，然而，哲学在他们那里已经具有了与科学分离的且在后来的发展中被证明是难以违逆的基本含义和意义。这就是，当他们使用“科学”一词时，这一名词本身实际被赋予了两种截然不同的含义和解释：一般的或普遍的科学指的是哲学，而特殊的或具体的科学才是今日人们习惯意义上理解的科学，或者严格地说，是指自然科学。按照亚里士多德的划分，哲学应以与存在本身有关的理念为研究对象，是对支配存在或形成存在的一般原理进行探讨的学问。至于科学，则只能是以具体的、特殊的事物为研究对象，是对现存事物的个别领域进行研究和认识的学问。在这个意义上，他把前者称为第一原理或最高原理，亦即第一哲学或曰形而上学；后者则是探讨具体事物或有形事物之机理的所谓“物理学”，亦即自然科学或曰具体科学。

哲学与科学在早期希腊学术发展中界限不清、含义未定的情形，在通常的理解中，被视为当时社会发展水平和人的认识能力所受到的各种客观条件限制的结果。这固然不错，但问题却又不完全如此。哲学与科学在它们的早期关系中所面临的此类困难和问题，实际上是人的生存境遇和现实生活的要求在人类精神生活与社会文化体系中的顽强体现。它们并不会因为环境的改变和时代的变迁而消失，而只是随着环境和时代的变化而不断地变换着相互关系的特征与彼此作用的方式。有关哲学和社会文化起源的考察证明，以口头语言和书面语言为主要工具的系统的、正规的哲学并非一开始就有的。在最初的哲学产生以前，人类对于世界，特别是对于生命、生存和死亡等问题的思考已经历了一个漫长的历史过程。大量人类学、考古学和神话学的材料表明，哲学的产生乃宗教和艺术直接作用的结果。原始宗教和原始艺术是催生哲学的母体和温床。正是在原始的宗教和艺术中，人类通过音乐、绘画、雕塑以及各式各样的庆典和祭祀活动等，集中表达了他们力图解决生命、生存和死亡中的各种问题的强烈意愿，并尝试通过这些方式理解他们所处的环境，并进而揭示隐藏在这些表面环境下的那些不易觉察的、制约着他们的生存环境和生存条件的东西。毫无疑问，以语言和文字为主要媒介和工具的系统化、正规化的哲学时至今日仍在勤耕不辍地对此加以追寻和探讨，只不过这种追寻和探讨采取了更为成熟和理性化的形式而已。

尽管原始的宗教和艺术是触发哲学诞生的动因和孕育哲学成熟的母体，然而，由于哲学是一种较之宗教和艺术更为理性化、系统化地追寻、探讨存在问题的思想形式和文化形式，这也就意味着，一旦哲学在它的母体中孕育成熟并最终获得独立的人类精神文化形式的地位，它势必将反转过来对在它的前身，即原始的宗教和艺术中存在并表现出来的各种与人类生存境遇有关的根本性问题，做更为深入的系统化和理性化的思考。在希腊化时期，这种情况表现为，当社会和文明发展到一定阶段，原始的宗教意识和伦理意识由于哲学思辨的挑战越来越不能满足人对生命、生存和死亡等问题的思考要求的时候，对这些问题做更加普遍化的哲学思考和更为具体化的科学思考的要求就被提到现实的议程上来，由此而在实践中直接导致了哲学与科学的区分，以及在后来的历史发展中二者之间关系错综复杂的局面。从历史上看，这一变化和过渡表现为，最初的哲学所关注的对象并非人类自身的存在或人类生活的正当目标，而是人以外的世界和自然界，因而理所当然地哲学与科学具有大致相同的对象和内容。当后来哲学家们把关注的目光从外在的自然界转向与人有关的存在，探讨关于人是什么以及人和社会的美好生活的问题，或人的现实生活、生存实践要求哲学家们对关于自然界和人的日常生活中的实际问题做出具体化、专门化的解释的时候，哲学和科学的区分，或者不如严格地说，是一般哲学和特殊哲学的区分，就成为顺理成章、或迟或早总要发生的事情。

2. 哲学与科学

哲学与科学在它们的早期阶段表现出来的这种特殊关系，在后来的历史发展中，被证明是在深层上影响和制约着它们各自的发展，并使得它们之间的关系具有错综复杂的性质的一个最重要的因素。

哲学基于自身发展的需要，不得不把对自然界和人的日常生活中的实际问题的研究权利让渡给了科学，科学在此后的发展中，顽强并锲而不舍地把握住了这一专属于它自身的权利，并在任何可能的情况下，不失时机地努力拓展自己的领域和成果。然而，由于哲学与科学之间从它们诞生之日起即存在的这种特殊的渊源关系，因而对于哲学，或者不如说是对于哲学家来说，使哲学的名称依附于科学，想象哲学关于人类知识普遍性的概括无可避免地也同时具有对于一切科学而言的普适性，无论如何比把哲学的研究领域局限在日益缩小的纯思辨或逻辑分析的圈子中，在感情上要容易接受得多。因此，在哲学的历史发展中，那种把哲学看得高于科学、具有对科学的无可置疑的权威性和支配地位的观点永远不会失去市场。在大多数情况下，我们看到，自然科学问题几乎是引起哲学兴趣的唯一对象。而且只要一有可能，哲学家们总是试图把科学重新纳入哲学的范围。更耐人寻味的是，一旦哲学家的这种企图由于科学家的抵制，或哲学囿于自身的局限而对它欲涉足的领域表现出无奈的时候，总有那样一些哲学家或多或少地表现出要么把哲学降低到只是为科学做方法论的辩护，以科学的语言代替哲学的语言的地步，要么拒绝一切对哲学的批评和非议，把这种批评和非议看作对哲学的一种不能容忍的恶意诽谤和攻击。这表明，在哲学与科学关系的问题上，实践中表现出来的问题远比理论上所能描述的更为复杂。由此也决定了任何对哲学概念的探讨，都不能离开哲学这种特殊的思想形式和理论形式在历史上所经历的变化和发展的一般背景。

一般地说，科学获得权利和哲学失去权利的过程是同时发生的，它们是同一个过程的两个方面。然而，无论是科学逐渐地从哲学获得权利，还是哲学逐渐地失去原本属于自己的权利，把这些权利让渡给科学，都不是一帆风顺的、简单的和没有冲突与矛盾的过程。在很大程度上，要哲学放弃本来是属于自己的权利，从而把自己置于一种十分尴尬的境地，对哲学家来说，远不是心甘情愿，或者说自觉自愿就能接受的；同时，对于科学家来说，向哲学索取哪些权利，如何索取，也不是从一开始就十分明确地意识到的。特别是，哲学向科学让渡权利的过程，往往还由于其他人类精神文化形式参与争夺对真理和日常生活的解释权利，以及哲学为捍卫自己的地位和权利不得不屡次尝试自我定位而变得纷纭复杂、扑朔迷离。那么，哲学与科学以及其他人类精神文化形式是如何相互作用而推动自身发展的呢？

3. 哲学的演变

从哲学史上看，哲学与科学以及其他人类精神文化形式之间的关系的发展经历了一个曲折复杂的过程。最初，当古希腊哲学从原始的宗教和艺术中分化出来，对自然和宇宙本质探索的兴趣支配着绝大多数古代哲学家的研究热情的时候，哲学被赋予了纯理论的、形而上学的特征。无论是自然主义哲学家把哲学的对象指向自然界的原初物质，还是柏拉图把自己的辩证法看作探求事物普遍必然性原理的学问，或者是亚里士多德把自己的第一哲学视为探求事物第一原理或最高原理的学问，贯穿于他们思想和理论体系中的一个共同的主导倾向，就是努力使哲学具有纯理论的、形而上学的特征。一切具体的、特殊的学问包括科学被严实地包裹在这个巨大的、有着无限解释能力和理论能量的形而上学的体系之中；道德的和实践的生活要求只是在纯理论的、形而上学的层面才被提及。到古希腊后期及至欧洲中世纪早期，哲学家们的理论兴趣和研究热情为之一变，道德的、实践的生活要求开始上升而成为哲学研究的主流。斯多葛学派、伊壁鸠鲁学派和怀疑主义哲学家从各自的角度多方论证了对生活中的美好事物的正确欣赏是人生的目的，哲学的研究应服从于实际生活中的道德目标和要求。与此相应，哲学在这一时期被赋予了伦理学或道德学说的特征。

在中世纪，伴随着古代哲学与科学的遗产作为欧洲各民族理智生活的决定力量而进入欧洲文化，哲学与科学以及其他人类精神文化形式之间的关系更经历了一个复杂而微妙的时期。中世纪的神学本质上秉承的是古希腊晚期，或者严格地说，是古罗马时期新柏拉图主义所主张的理性与信仰统一的宗教哲学主题。力图从人类知识最普遍的结论中获得指导生活的信念，并进而把这种信念上升为统一人类精神文化诸形态的最高的神学信仰，是中世纪经院哲学从新柏拉图主义那里继承下来的理论宗旨与思想精髓。由于哲学在中世纪思想家的视野中被赋予了论证教义、支持信仰的义务，哲学的独立性与生存合法性由此受到前所未有的挑战和考验。这是因为，既然宗教在某种程度上不仅提供了作为指导个人生活规律的确定信念，而且与此相关联，还提供了对整个世界的总的理论观点，那么，哲学长久以来所享有的为人的日常生活提供一般世界观的特殊地位，也就理所当然地受到挑战和质疑。更为重要的是，由于中世纪神学教义的基础完全来自古代哲学，是在新柏拉图主义的直接影响下形成和创立的，这一事实本身就意味着，基督教的神学教义本身并非没有哲学根据。在宗教和神学的范围内，它事实上又是一种能够很好地解释思想和现实的理论形式。情况也的确如此。在中世纪长逾千年的历史过程中，哲学在社会生活中的地位充其量也不过是神学的婢女。哲学家在其理论中多方论证、阐述和发展的哲学观点，不过是教士和神学家在基督教的殿堂里不遗余力地提倡和身体力行的神学主张。然而，即便是在这种哲学与神学的界限几近消弭、其区别莫然能辨的特殊的历史时期中，哲学捍卫自身独立性和生存权利的潜流也从未止息。哲学与宗教在获取知识的方法上的本质对立，决定了哲学不可能长久地屈从于对宗教的教义做知识化的解释。或者不如说，知识化的哲学方法本质上决定了哲学与神学在经历了历史上最漫长、最奇特的联姻之后不可避免地要分道扬镳。中世纪后期的哲学家在对基督教教义所做的逻辑分析和知识概括的过程中，悄悄地复兴和发展着古代哲学家对哲学功能的最初界定，复归于从科学的洞见中寻求世界观和人生观的理论基础。哲学与科学一度被割断的联系，通过哲学知识方法对神学信仰方法的否定再次被接续起来。显然，中世纪哲学的特征，就其主流而言，乃是以知识的方式来论证神学教义合理性的宗教哲学或曰经院哲学。

近代哲学由神向人的复归，并重新寻求从科学的结论中获得解释世界的理论方式，是通过哲学认识论上经验论与唯理论的两极对立，以及在此基础上所达到的它们之间关系的更高意义上的统一而实现的。经验论与唯理论的基本分歧，在于如何看待知识的起源问题。经验论主张，一切知识最初都来自经验，更确切地说都来自人的感觉。人们即使不把感性知觉当作关于外部世界的真实信念的唯一合法来源，至少也应作为任何可接受的理论必须服从的最终标准。与之相反，唯理论则认为，人都被赋有一种理智直观的能力。真理就是为这种能力所证实的各种命题，以及从这些命题中逻辑地推导出来的一切。他们的理想就是要发现尽可能少的自明命题，对这些命题加以演绎就能产生关于实在的完整描述。经验论与唯理论既因其对知识起源问题的各执一词而相互抵牾，又以其对科学前提的独特洞察而互为补充。稍后，康德更以综合统一经验论与唯理论对立的“先天综合判断”，令人信服地揭示出，要在具体科学之外或具体科学之上对宇宙做哲学的即形而上学的理解是不可能的。当哲学力图超出一切可能的经验而同时力图保留经验的世界观时，它没有其他的路可走。因为，能够批判地考察经验的，本身必定不是经验。哲学家想超越思想，但唯一可资利用的就是思想，关键是要厘清思想的界限。康德把超验的对象让渡给神学和信仰，而在知识论的范围内保留了不可分割的经验。由于康德的这种划界，哲学从此前消极地符合对象，变为对象围绕着理性的“太阳”旋转。在这个意义上，康德的转向被称为哲学史上的一次“哥白尼式革命”。也正是在康德所宣示的这次弃权之后，哲学作为一门特殊学科，其领域便被缩小到只限于理性对其自身的批判活动了。所谓宇宙论和伦理学问题的设定或解决，便被看作理性的自我批判活动所扩展、所波及的必然结果。

从哲学的角度看，现代哲学对哲学问题的解决方式，可以被看作康德否定了形而上学和宇宙论作为传统意义上的科学的可能性之后，所引发的广泛的和持久的哲学变革的直接的或间接的理论后果。在把现代哲学与传统哲学联系起来的各种因素中，为整个科学与哲学寻求某种共同的和根本性的基础的意愿，仍然是支配着大多数现代哲学家理论兴趣和研究热情的最重要因素。所不同的是，在当代，有多少种基本的哲学观点，就有多少个寻求知识最根本基础的理论方向。在这些理论方向中，以现象学和存在主义哲学为代表的人本主义哲学，以及标榜实现了哲学领域中第二次“哥白尼式革命”的、以语言哲学为代表的科学主义哲学，令人瞩目地引领着与此前时代哲学风貌迥然有别的现代哲学的理论风骚。就现象学与存在主义哲学而言，它们发展了康德哲学关于任何经验科学均须有其非经验的或者超经验的基础思想，努力把每一具体科学和经验科学的先验性固定在先验的主体之中。现象学力图通过还原法和括弧法开辟出一条对本质进行严密研究的道路，存在主义哲学则尝试对有关本体论的任何具体研究做出预先的说明。而就以语言哲学为代表的科学主义哲学而言，当它力图为人们关于世界的认识提出一种明晰而有效的经验主义理论，并且坚信这种理论既能为人们的日常生活，又能为科学知识及其理论陈述提供方法论的说明的时候，也就在反形而上学的角度上表明了自己致力于统一哲学与科学，或者说，为哲学与科学建立某种共同的、不变的基础理论立场。显然，现代哲学远不是如某些现代哲学家，特别是语言哲学家所说的，早已超越了萦绕于传统哲学的形而上学的宿命。相反，它正以这种或那种方式重新实践并解决着传统哲学家所遭遇的那些不变的、与人的生存境遇密切相关的存在问题和知识问题。

二、哲学的问题

众所周知，哲学与科学都起始于对普遍性问题的探索。普遍性问题构成了哲学与科学发生的直接的思想来源。那么，这些问题本身又是怎样的呢？一般而言，任何普遍性问题都与人类寻求生活的秩序和联系的需要有关，是人类日常生活对秩序和联系的依赖推动了普遍性问题的形成。按照亚里士多德的说法，人不过是一种政治动物。人并不是孤独的而是社会地存在和生活的。即使在最原始的水平上，也涉及某种组织形式，秩序的概念就由此而来。秩序意味着普遍的联系。对普遍性的追索与探寻就产生了哲学特有的问题。哲学在历史的进程中所发生的变化表明，尽管哲学以普遍性问题为对象，但是，要给哲学下一个普遍的、适用于一切哲学的概念似乎又是不可能的。这是因为，哲学的定义乃是随时代的差别与学者的理解的不同而不断变化的。不同的时代有不同的哲学，不同的哲学家对哲学有不同的理解。那些以构造适用于一切哲学的普遍的哲学概念为使命的哲学活动，从根本上看，不过代表了哲学家对自己所从事的理论活动的一种理想，在实践中绝少有成功的可能。虽然要给出一个适用于一切哲学的普遍的哲学概念是困难的，但从哲学的历史发展中，从哲学家经久谈论的那些共同话题中，概括出哲学所讨论、所关注的那些最重要的和最基本的问题，并沿着这些问题的轨迹去探寻历史上的哲学家解决哲学问题的不同方式和不同努力，却是有可能的。哲学研究什么？强调什么？它所关注的问题主要集中在哪些方面？在对哲学概念的历史流变所做的考察中，我们不难发现，知识论（研究知识问题，讨论人类知识的起源、本质和界限以及认识经验与认识对象的关系）、形而上学（研究实在问题，解释关于宇宙的最高原则并根据这些原则对宇宙做最一般的思考）和伦理学（研究伦理、道德活动的价值判断问题，讨论与人的行为方式有关的价值问题）等三个方面，始终是哲学家的兴趣所在和他们的思想兴奋的焦点。如果换一个角度，按照一度曾经十分流行的把哲学区分为理论哲学和实践哲学两个不同部分的观点来看这个问题的话，则在这个框架中还应加上美学、宗教哲学与历史哲学等问题。所谓理论哲学由两个部分构成，一部分是研究对现实世界的认识问题的哲学，另一部分是对认知过程本身进行研究的哲学。前者即形而上学，后者即知识论。所谓实践哲学，则主要是研究为一定目的所决定的人类实践活动中产生的那些实际问题。由于伦理学乃是从道德规范和伦理标准的角度来考察人类活动的专门学问，故而理所当然地被纳入实践哲学的范畴。如果考虑到美学是对现实生活中的美和艺术的性质做哲学的研究，历史哲学是从“被作为整体来看待的历史的发展目的以及任何实现这种目的”① 这一点来考察人类历史，宗教哲学并非打算为人的现实生活提供一种神性的科学，而只不过是一门讨论人类宗教活动的性质和意义的学问的话，这些学科所具有的实践意义自不待言，因而一般也将它们纳入实践哲学的范畴。

1. 知识论

知识论（epistemology，theory of knowledge）是关于人类知识问题的理论。它探讨人类知识的起源、本质、界限、认识经验与认识对象的关系等和人类认识有关的最一般的理论问题。哲学以探求知识、真理和智慧为己任，因而人类认识和思想问题就理所当然地成为哲学研究的一个重要内容。在什么情况下，我们能够说“我知道某件事”？同时，当我们说我们有关于某一事物的知识的时候，随之而来的一个问题是，我们关于现实世界的这些知识是从哪里来的？它们都是从经验中得来的吗？或者，它们是否在某种

① ［德］文德尔班：《哲学史教程》，31页，北京，商务印书馆，1987。

程度上是独立于我们的经验的？还有，我们是如何达到知识的确定性的？我们在日常认识中如何才能获得我们通常只有在数学和逻辑中才能获得的那样一种确定性？此类的一些问题，即属知识论问题。

知识论既然是关于人类知识和思想问题研究的哲学理论，因而，有关它的历史自然可以追溯到十分久远。早在古希腊时期，柏拉图就在他的著名的理念论中提出并讨论了有关知识的来源和本质的问题。德谟克里特、亚里士多德等人对意见范畴的探讨与研究，也对后来的哲学，特别是知识论的研究产生了重要的和深远的影响。但是，作为哲学的一个基础部门的，并且有其特定的研究对象、研究内容和研究形式的知识论的奠立，严格说来，则是近代的事。在近代哲学家中，洛克以其著名的《人类理解论》，为哲学知识论的最初形成奠定了经验主义的基础。然而，尽管洛克以其对经验性质划分的理论，开创了近代哲学知识论研究的先河，但使知识论变为全部哲学的基础并在哲学中占据举足轻重地位的哲学家，则非康德莫属。康德在他的著名的“三大批判”之一的《纯粹理性批判》中，通过对现象与物自体的划分，透彻地揭示了形而上学之作为一种关于现实世界的认识方式的不可能性，从而为知识论登堂入室成为哲学研究的重心和主流开辟了道路。从知识论的角度看，有关知识的起源、本质、范围和对象等与知识论的研究有关，并在很大程度上决定了一些哲学基本性质和面貌的理论问题，乃是在康德及其以后的哲学中才获得系统严密的表述和研究的。也正是在康德所发起的这场哲学领域中的“哥白尼式革命”的推动和影响下，任何不以知识论为前提，试图超越人类知识的可能和限度去对宇宙做超验的、形而上学的理解和论证的哲学，便被理所当然地视为一种“独断论”。

在 20 世纪哲学中，由于逻辑实证主义和分析哲学对形而上学的批评与拒斥，知识论在哲学中的地位和作用得到前所未有的发展和强化。在某种程度上，知识论已经成为哲学的同义语和代名词。对于把哲学的性质和功能界定为逻辑和语言分析的语言哲学家及分析哲学家来说，哲学直接就是知识论。即便对那些不赞成逻辑实证主义、分析哲学的思想基础和哲学立场的现象学、存在主义哲学家来说，当他们坚持认为形而上学仍然是一切科学之所以可能的思想基础和研究前提的时候，也小心谨慎地避免重蹈传统哲学脱离知识论来对世界做本体论论证的覆辙，努力使自己的研究带有知识论和思想分析的特点。这表明，知识论实质是一门关于知识和思想分析的专门学问。从知识论对哲学的作用来看，它是通过对知识之所以可能的基础、范围与条件诸方面的论证，为哲学研究和思想活动奠定逻辑基础；而从知识论对科学的作用来看，则表现为只有通过知识论对科学方法和科学假定的前提性考察，科学才能获得其所以可能的充分的理由与根据。

2. 形而上学

“形而上学”（metaphysics）一词出自《周易》之《系辞》“形而上者，谓之道；形而下者，谓之器”，取之以对应并转译为英文“metaphysics”。英文中之“metaphysics”由两部分组成：其后缀“physics”原义为物理学；其前缀“meta”则为在上、在先之义。由是译之，“形而上学”，应是在物理学之上、之先的意思。从词源上看，“metaphysics”一词直接来自亚里士多德的一部哲学著作的名称，但此名称却非由亚里士多德本人自撰，而是他的门生在编撰他的著作时按顺序将其置于物理学之后之故，尽管把它排在物理学之前或许更为贴切。在实际使用中，“形而上学”一词通常有广义、狭义两种不同的用法和含义。就广义的用法而言，“形而上学”一词主要被用于表示关于存在的最一般规定的学问，即讨论关于宇宙和事物存在的终极本质与永恒原理的学问。在这个意义上，形而上学也被称为本体论。就狭义的用法而言，则只有与非感性的、超验的对象有关的那些陈述才属于形而上学。所以，如果要给“形而上学”一词下一个最一般的定义，那形而上学就是对存在的本质、基础及结构问题的哲学探索。

一般认为，哲学最初产生于人对世界的惊异的情感。这种惊异的情感，是与终极性问题联系在一起的。所谓终极性问题是指：人总是在追寻他在这个世界中的位置，即为什么我会在这里？事物为什么是这样的？在所有这一切的后面存在着的究竟是什么？等等。显然，这些问题从一个方面看是颇具智慧性的，然而从另一方面看，又可以说是非常具有存在性的。这里所说的非常具有存在性是指，形而上学的问题都是一些体验性的问题。这些体验性问题，如偶然性问题、有限性问题、完美性问题、痛苦性问题以及超越性问题等，都是与人的存在相伴相随，并且反过来深刻制约和影响着人的生存与发展的最重要的存在问题。

从哲学的观点看，上述体验性问题通常又被划分为两个不同的领域，即宇宙论和伦理学。所谓宇宙论，是研究作为一个不可分割的整体的宇宙的起源、本质和结构问题的哲学理论。从宇宙论的观点来看宇宙的特性，就其基本表现而言，可归结为：首先，这是一种巨大的、系统的复杂性。或者换句话说，这是一种宏观上的复杂性。其次，这种复杂性是结构性的，即是有秩序的、有法则的、有原理的，就人而言，是能够加以预期或预言的。最后，在这种复杂性中，存在着各种各样的事物、现象，这些事物、现象也是无限的。有鉴于此，宇宙论中所研究、所涉及的，或者说所要揭示的区别或特性，主要是以下一些重要的方面：有序与无序、统一与多样、感性与理性，以及物质与精神，等等。

当我们从宇宙论方面转向伦理学，即关于道德问题的理论方面来审视终极性问题时，我们发现我们自己是作为自我而存在的，我们能够设计我们自己的存在。因为，第一，我们是自由的；第二，我们是原初的和个别的。这就引出了两方面的问题：一是自由以及自由与决定论的关系问题；二是这样一些问题，如，我们所做的或不曾做的一切，究竟有什么意义？我们究竟能在多大程度上实现我们的目标？人在宇宙中的位置何在？等等。所有这样一些问题，归根到底涉及的，就是自由的约束性条件问题，也就是我们究竟应该怎样看待人的自由的本质、范围和程度的问题。这样一来，关于人的自由的本质、范围和程度问题的讨论，就被归结为一个伦理学问题。从伦理学角度来看的人的自由，总是一种有限的自由而不是无限的自由。按照康德的观点，这种有限的自由永远被一种呼吁、一种范畴上的应当所诱使、所推动。这种应当是无条件的、绝对的，即必须遵从而不能违反的。那么，这种呼吁、这种应当来自何处，即我们的道德意识究竟是从哪里来的？关于实在本质的伦理学预设是干什么的？或者换句话说，它有什么用？同时，道德实在归根到底就是指所谓行善总要好过行恶吗？以及，为什么实际存在着恶？等等。

而这样一来，问题本身往往也就转化为一个神学问题。由于在道德体验中，人所面对的，首先是他自身的存在，其次是存在的终极原因的解释，所以，道德体验是且始终是一条远比宇宙论更为重要的通往形而上学之路。在这里，我们会遇到这样一些互为冲突的两极：善与恶，自由与决定论，意义与无意义，部分与整体，混沌与秩序，整体与不可分，等等。它们与宇宙论问题互为呼应，共同构成了一个完整的形而上学系统的两个不同侧面。

由于不管是宇宙论的问题，还是伦理学的问题，从理论上看，最后都要导向一个终极性的问题，都要指向一种终极性的存在，因而用亚里士多德的术语来说，形而上学就是研究存在之为存在的问题的学问。或者说，是研究被作为存在、作为实体来看待的事物所必须具有的最一般、最必要的特点的学问。在这个意义上，形而上学又被称为本体论。那么，究竟什么样的概念才能被称为实体概念？或者说，什么样的问题才属于存在问题？当我们这样提出问题的时候，我们实际上是在谈论形而上学关心什么或不关心什么的问题。一般地说，形而上学关心的问题即存在问题，形而上学讨论的存在概念就是实体概念。如果要更具体地来谈论这一问题的话，形而上学关心的和不关心的问题又可以被归结为这样一些基本的方面：第一，它不关心具体的、特殊的存在，而只关心整体的、总体的存在；第二，它不关心多样性、可分性的整体或总体存在（可数），而只关心统一的、不可分的整体或总体存在（不可数）；第三，它不关心显现了的存在，而只关心终极的存在；第四，它不寻求存在的当下意义，而只寻求存在的原始直观。一句话，只有从这样的观点来理解的存在概念，才是实体概念；只有从这样的角度来谈论的问题，才属于形而上学的问题；只有从这样的前提出发建构的哲学体系，才能被称为形而上学。

3. 伦理学

伦理学（ethics）作为一门对道德问题加以研究的学问，主要探讨与人的行为方式有关的那些价值问题，即一定道德活动、道德行为中的价值判断和价值决定问题。从哲学被区分为理论哲学和实践哲学的角度来看，以强调人的行为、活动和相互关系中的价值决定问题为特征的伦理学在哲学体系中占有特别重要的地位。如果把形而上学在现代哲学中衰落的因素考虑进去的话，则伦理学在整个哲学体系中的权重还要加大。从词源上看，“伦理学”一词译自英文“ethics”，而“ethics”在原初的意义上，是指习俗、风俗和人群共同体所遵奉的道德情操。在西方哲学中，伦理学与形而上学一样有着悠久的历史。早在古希腊时期，苏格拉底的哲学中就涉及了真理、正义、善和美的构成问题。后来，柏拉图在他的著作《理想国》中更进一步探讨了有关人的行为、活动的价值判定问题，并把“至善”作为最高的理念，也即人类的最高的知识。柏拉图的学生色诺勒斯（Xenocrates，约公元前 396—约前 314）曾把柏拉图有关人的行为活动之意志决定的论述直接称为伦理学。亚里士多德则建立了历史上第一个严谨缜密、堪称典范的伦理学体系。在近代哲学家中，洛克、休谟、边沁、穆勒等人沿着经验主义的方向建构了立基于实际效果判定行为善恶的功利主义伦理学；康德则沿着直觉主义的方向，从理性主义的前提演绎出一套用以评判行为善恶和道德合理性的标准。如果从理论哲学是实践哲学的思想基础，实践哲学总是在特定的方面实现理论哲学的目标设定和分析要求的角度来看这个问题的话，伦理学在知识论的根据方面始终是受经验主义和理性主义的对立约束的；而有关道德选择和道德决定的问题，在很大程度上也涉及伦理学体系是否选择和选择何种形而上学作为自己的基础与根据的问题。

尽管实践哲学要以理论哲学为思想基础，但实践问题毕竟不同于理论问题。在实践领域中，有关道德选择和道德决定的问题是如此复杂、如此敏感，以至于任何简单化地来看待这一问题的举动都会引起很大的理论争议。从哲学史的角度来看，道德领域中的现实问题反映在伦理学的体系中，其所引起的主要是以下三个基本的理论问题：第一，道德的内容与目的。道德目的是由道德意志决定的。道德意志设定道德目标，并以这些目标的实现为使命，这在个体的实践中转化为必须履行的道德义务。因此，伦理学上之所谓道德目的，非为表现在具体道德行为中的特定的目的，而是指一切道德行为和道德过程引以为据，必须服从的具有普遍必然性的、最高的道德目的，也即道德上的至善。伦理学中的其他问题，一般而言，都是围绕这一问题展开并且据此加以论证的。第二，道德的行为与决定。有关道德的行为与决定的问题，始终是伦理学关注的一个重要的基本问题。道德乃是个体的行为，而个体行为始终要受到社会规范、道德戒律的约束。对个体道德起着最终决定作用的因素究竟是什么？社会规范、道德戒律又是基于怎样的理由形成或建立的？利己主义与利他主义、功利主义与直觉主义各以怎样的道德决定原则为基础？个人与社会究竟应该具有一种怎样的关系？此类问题是道德领域中最具有实践性的一个方面，因而理所当然地成为伦理学研究关注的另一个焦点。第三，道德的尺度与标准。道德的价值是为善，善乃一切个体行为之是否具有道德性的标准。然而，何种行为是为善？对善的判定应该据以怎样的标准？由此而形成伦理学研究的另外一个重要的基本问题。从伦理学的角度看，两种基本的伦理学理论，即以个人的决定、行为和道德规则的结果为标准的结果论和以个体以外的因素如超越的神意或绝对的理性为标准的动机论，都是由对这一问题的关注而产生的，并且它们在这一问题上的分歧或进展又反过来对伦理学本身的研究产生重要的、深远的影响。

值得注意的是，在最近几十年的发展中，伦理学的研究越来越多地加入了大量的道德理论的内容。这些内容受主流的语言哲学的影响，不再强调道德的决定因素，而是更多地关心我们有关道德的那些陈述能否成立的问题。也就是说，当我们使用一个道德术语时，我们究竟想要说明些什么；它是在一种怎样的意义上被使用的；它怎样才能被正确地使用。按照这种理论，伦理学只探求知识，而不涉及任何其他的东西，是真理而不是价值才是伦理学研究的目的。换句话说，它把伦理学当作一门理论哲学，而不是像传统哲学家那样，把伦理学首先当作一门实践哲学，尽管所有伦理学问题都是在被由目的决定的人类活动中产生的问题。

强调伦理学的研究应关注道德概念、道德术语的一般含义问题，认为任何道德问题的研究都有一个它是在怎样的前提下提出的问题，这种看法大体是不错的。相比较于传统伦理学忽视伦理学的知识方面的分析，过多地强调纯粹人类兴趣方面的因素，使伦理学家变成道德家，使伦理学研究者变成道德说教者的弱点，这种理论在推动伦理学的知识研究、澄清道德概念的逻辑含义、说明道德判断的理由和根据方面，无疑有其重要的作用和积极意义。但是，伦理学问题毕竟不是知识论问题，澄清道德概念的逻辑含义不等于把它的价值作用看得可有可无，否则，我们就无论如何也不能理解最早的那些思想家为何建立伦理学或道德哲学，而这门学科也经久不衰地延续下来的理由。我们能够说亚里士多德建立伦理学只有知识方面的兴趣，而没有价值方面的设定或追求吗？当然，公平地说，这种理论也并非就完全不谈伦理学的规范的、价值方面的内容，在某些情况下它对这些问题的讨论还是极为深刻的，但总的说来，它偏重于伦理学的形式方面的分析而太过忽视伦理学的理论内容，无论如何不能不被认为是它的一大弱点。这也就是这种理论面世几十年来，不论是一般人还是伦理学家，都没有获得广泛认同的一个重要原因。人们当然有理由对伦理学提出与具体的自然科学、社会科学甚至是知识论不同的理论要求。要求伦理学家不要把伦理学或道德哲学当作象牙塔内清谈的资料或打牙祭的东西，要求伦理学应该有对人的实际生活关切的内容，这并不一定就是全然不合理的。如果这些看法也大体不错的话，那么反过来，传统伦理学的那些弱点，看来就应该被认为是现代伦理学要加以学习和吸收的优点了。

既然伦理学讨论的是现实生活中那些与人的行为选择有关的价值问题，而在这些讨论中人们使用的概念或术语又有一个必须尽可能地明晰化、准确化的问题，那么，一个较好地讨论伦理学基本问题的原理体系，就必须既包括从语言分析、逻辑分析的角度对道德概念、一般伦理学名词探讨的元伦理学的内容，又必须包括以提出善恶标准和实际生活中的道德指导原则为己任的规范伦理学的内容。说明人类对道德的需要性，了解一定道德行为理论的内容和观点，揭示历史上那些最重要的道德体系的作用及其局限性，就是今日伦理学所要实现的基本任务。

4. 美学及其他

除了上述三个基本问题，哲学的视野所及还包括美学、宗教哲学和其他社会文化哲学方面的问题。美学是关于艺术和审美问题的价值研究，早在古希腊时期，柏拉图就已将之纳入哲学研究的范畴。在近代，康德则更进一步把美学与伦理学共同看作实践哲学，以之与他所说的形而上学和认识论这两种基本的理论哲学相对应，认为这两方面构成了哲学的基本形态或整体框架。如果考虑到在长达一千余年的时间里，基督教始终是欧洲社会占主导地位的意识形态，则有关宗教哲学的问题也应是哲学研究的一个重要内容。哲学是思想探索的学问，举凡与人的存在和知识有关的问题，原则上都可以纳入哲学研究的范畴。只是，当哲学对这些问题进行研究的时候，它不是从它们各自的领域，而是从哲学的角度对它们的性质和特点做最一般的研究。同时，在一定的哲学体系中，究竟以哪些问题作为论证的对象和重点，也取决于哲学家对此的不同理解。以柏拉图对哲学的分类为例，他把哲学研究的问题区分为三类：第一类，认识问题，与之对应的学问是辩证论；第二类，感觉问题，与之对应的学问是物理学；第三类，意欲问题，与之对应的学问是伦理学。值得注意的是，柏拉图对哲学的这种分类，时至今日，仍在很大程度上规定着哲学的基本面貌。因为，在这个体系中，既包含了上述被公认为是哲学的重要的、基本的原理的形而上学和知识论，又包含了有关自然的和精神的哲学及科学。而在康德那里，哲学研究的问题和内容则为之一变。康德将哲学研究的问题分而为三：（ⅰ）“纯粹理性批判”：关于知识问题的哲学研究；（ⅱ）“实践理性批判”：关于道德问题的哲学研究；（ⅲ）“判断力批判”：关于审美问题的哲学研究。从表面上看，由于康德哲学在方法论上的“哥白尼式革命”，有关形而上学的问题在这个哲学体系中已不具重要地位；但从深层上看，形而上学的问题从来不曾游离于康德哲学的视野。这是因为，固然康德哲学的特征，是希望在哲学领域中清除此前根深蒂固地存在着的形而上学的独断论，以知识论为基础对一切哲学的问题和原理做根本性的全盘审视；但同时，他又清醒地意识到，要在哲学领域中完全清除形而上学是不可能的。由此出发，康德在把知识论作为一切哲学之所以可能的基础的同时，又睿智地赋予哲学文化价值的含义，在自己的哲学中纳入了道德哲学和艺术哲学等与文化价值有关的哲学问题，从而在很大程度上规定了此后哲学的基本走向。

必须指出的是，作为一定哲学研究内容的问题，除了可以从理论的一般性质出发加以探讨以外，还可以从方法论的层面对之进行分析。无论是从知识论、形而上学和伦理学三者区分的角度，还是从理论哲学和实践哲学划分的角度，我们都可以看到，在哲学研究中存在着一些超越了哲学家的理论选择差异和思想立场分歧的共同的方法论前提。这些前提是历史上的哲学家在长期的研究过程中形成的，它们反过来又约束着哲学的研究与非哲学的研究之间的界限。具体地说，第一，哲学是一种关于实在的研究，但它不是研究实在的某一方面，而是研究实在的整体。在自然科学和经验科学中，事物和实在通常被当作一个经验的、具体的对象来看待，对之研究的方法要么是经验的要么是数学的；而在哲学中，能够作为一个哲学问题出现的问题，一定是一个非经验的、非数学的问题。换言之，只有那些不能被经验地、实证地看待和处理的问题，才能被看作一个真正意义上的哲学问题。由于这些问题超越了经验的、实证的狭隘性，对之进行的分析和解答才具有哲学所特有的一般方法论的意义。例如：“我是谁？”“人为什么会死？”“生命的意义是什么？”在日常生活中，这一类问题司空见惯，大多数人都不会深究，但深长思之，它们确是一些对人的存在、人的生活有着根本性意义的重要问题。显然，只有这一类问题才能称得上是真正的哲学问题。第二，哲学是一种关于辨明性的研究，它的任务是努力证明我们所做的那些陈述的正当性和合理性。我们是如何知道有一个物质的或物理的世界的存在的？我们所经历的一切为什么不是一场梦？在我们所见的世界之外是否有神的存在？确实存在着某种被称为善或美的东西吗？我们的身体和我们的思想是分离的还是统一的？时间是无限的吗？此类问题，都是需要在哲学上给予证明的。或者不如说，哲学的历史就是对此类长期困扰我们思想的重要问题加以探究和辨明的历史。第三，哲学是关于思想观念的意义分析，是对支配我们思想和活动的那些至关重要的基本概念或观念的逻辑澄清或阐明。例如，我们每天都谈到所谓原因，然而，究竟什么是原因？我们总是谈到所谓数，那么，什么是数？还有，我们追求真、善、美，但何为真，何为善，何为美？我们寻求社会的公正和正义，但怎样的社会才是公正的和正义的？公正和正义本身又是什么？显然，正是上述这些方面构成了历史上的哲学家经久讨论的话题，而对这些问题的不同回答既将哲学划分为知识论、形而上学、伦理学、美学和社会文化哲学等，也把哲学家们区分成了不同的理论流派。

三、哲学与语词

哲学作为知识和思想分析的专门学问，其间充满了辩驳与论证。为了达到澄清思想、解决问题的目的，对语词的理解与应用就成为一个重要问题。语词是如何可能的？语词与其表达的事物之间具有一种怎样的关系？语词在它的使用中是如何取得一定意义的？人们在日常生活中应如何避免由于语词使用的不当而带来的种种困扰和问题？在任何哲学研究中，我们都能遇到这类问题。对这类问题的分析和探讨，就引出了哲学所特有的语词与事物的关系问题。

1. 词与物

讨论语词对哲学的意义首先必须从词与物的相互关系谈起。词与物的关系实质上表达的是思想与外部世界的关系。从动物与人的区别来看，动物之间的联系是通过声音、姿势和各种身体语言来进行的。这些声音、姿势和身体语言在不同动物之间起着传递信息、表达需要、保护自身的作用。人与人之间的联系和交往显然也不能离开上述这些方面。但是对人而言，其联系和交往的建立，从根本上说并不取决于这些，而是取决于人所特有的一种交往工具，即语词。语词作为人的一种创造物，是人之能动性的集中体现。某些动物，如黑猩猩，经过专门训练，也能够理解某些单词甚至句子。但它们永远不可能像人一样，拥有创造语词并自由地使用语词的能力。语词的作用在人的存在和活动中表现得如此明显，以至于当我们在知识和思想分析中，由于运用语词达到了对极为抽象和复杂的问题的解决时，甚至连我们自己都会对自己所拥有的这种能力感到惊异。

一般而言，词与物的关系涉及两方面的内容：语词与自然符号之不同，以及语词如何获得表达对象之意义。从语词的特性来看，任何语词都是一种符号，但它不是自然符号，而是具有知识意义的约定符号。自然符号表达的因果关系，存在于事物本身的真实存在之中；而语词表达的知识意义，则需通过对语词的逻辑分析才能揭示。有关语词之意义是如何被约定或规定的，通常归之于习惯使然。如最初有人用某词随意指称某一对象，后来这一指称方式被固定下来，从而就使该词具有了指称某一对象之特定意义。有关语词意义的被约定或规定，亦可从另外的角度加以解释。这就是，人都有通过不同文字表达不同对象之要求；而为达到用不同文字表达不同对象之目的，亦需了解他人所用文字之意义，由此最终形成共用某词表达某义之习惯。现在的问题在于，宇宙中的事物是无限的，人们如何做到使他们的有限的语词满足指称无限事物的要求？这里的关键在于语词所具有的蕴含功能。实际上，某词之具某义，最初仅为有别于他词所表之义而约定。只要某词之义不与他词相混淆，则尽可引申新义而加以变化，或扩大或缩小，最终形成一语词之系统。这样，借助语词之系统的区别和作用，人们就能随心所欲地把握或描述那些既相互区别又相互依存的事物或现象。

固然语词的意义乃是依其指称对象时的需要而定的，描述不同的对象，可以应用不同的语词系统，但是，对象本身却是变动不居、无物常住的。那么，通常用以描述无限事物的有限语词系统，又是如何适应流动变化着的事物或现象而表现出它所具有的一般性或稳定性的呢？为了说明这一点，让我们从古希腊哲学家赫拉克利特的一句名言谈起。据称，赫拉克利特曾经说过，人不能两次踏进同一条河流。这句话的意思是，河水总是不停地流动变化，当你今天再次踏进这条河的时候，河里流淌的早已不是昨天你曾经蹚过的河水了。对于这句话，人们通常做出的第一个反应是，由于这个事实，即河里流淌的已不再是昨天的河水了，所以，如果我们仍然说这是与昨天相同的同一条河，那是错误的。但问题在于，既然我们已经知道河水不再是与昨天相同的了，为什么我们还是用“同一条河”这个语词或符号？显然，这里涉及的是语词作为表达事物存在状态的意义符号系统的特点。任何语词都是记录事物存在某一瞬间状态的特定符号系统。人们通常用以表示事物存在状态之语词，如表示事物种类的名词，表示事物动态的动词，表示事物性质状态的形容词与副词，表示事物数目的数量词，表示事物关系的介词及各种关系词等，都是一些有着确定内涵和外延的，被用以直指事物之当下状态及其共相的意义符号系统。作为表达事物存在某一当下状态及其共相的语词符号系统，其意义维系于其所欲表达的事物本身的存在状况。任何语词如果一旦离开了其所依存的事物本身的状态或属性，则它的意义自然也就随之失去。

2. 定义与存在

语词作为知识表达的符号系统，其使用取决于语词本身所具有的意义。然而，人们是在何时知道某个单词或短语的意义的？他们又是在何时知道它的使用规则的？换句话说，人们是如何知道一个词的使用条件的？他们又是如何知道一个词是适合于或不适合于给定的情况的？当我们追寻语词使用规则的问题时，我们实际上是在谈论语词的定义问题。

语词的定义是一个颇为复杂的问题。它的复杂性主要不在于任何对事物的表达都不能离开有关的定义，而在于许多定义的界定往往超出了特定个人能力所及的范围。例如，在日常生活中，有人问你：你知道什么是“函数”吗？你知道什么是“DNA”吗？还有，你知道什么是“相对论”吗？你知道什么是“测不准原理”吗？凡此种种。当你试图回答与此有关的问题时，对这些概念下定义就成为一种必需。但是，假如你并不从事上述某一特定领域的工作，你就很难给这些概念下一个称得上是准确的定义。如果没有一个定义，人们就不知道自己应该在怎样的情况下使用这些语词。在一般情况下，人们并不需要给一个词下定义，除非这个词的使用已经成了彼此争论的焦点。为了澄清彼此的争论，也为了能够把一个词与其他的词更好地区分开来，人们开始着手把成为争论焦点的事物的特性与事物的其他属性隔离开来，于是就有了对事物的定义过程。一个词的定义就是告诉人们，某一事物必须具有怎样的特性（性质、特点与功能）。这样，人们就可以在定义指明的事物特性的范围内正确地使用该语词。例如，“三角形”一词代表着任何一个被三条直线限定的封闭的图形构成的平面。它被定义在于它满足了定义一个三角形所必须具备的三个条件（三条直线、封闭的、平面）。这三个条件中的任何一个对定义三角形来说都是不可缺少的。如果缺少了其中的任何一个方面，这个事物就不再是一个三角形。当我们把所有这三个条件加在一起的时候，我们就得到一个有关三角形定义的正确的使用原则，即“三角形”这个词适用于一切具有以上三个条件的事物，而不适用于那些不具有这三个条件的事物。

任何定义都是用来表达存在的，但定义与存在究竟具有一种怎样的关系却是一个需要认真加以分析的问题。因为，当人们使用一个定义的时候，他们有时并不知道该定义所描述的事物是否实际存在。例如，“老虎”这一定义指示着许多事物，因为世界上有各种各样的老虎。而“龙”这一定义则无以为指，因为世界上并没有所谓“龙”存在。但人们却绘制了众多神态不同、形状各异的龙的画像。这些龙的画像当然是人想象出来的，但我们却不能说这些龙的形象不存在。不过，在我们知识所及的范围内，终究不能说有一个真实的龙是存在着的。因此，有关“龙”的定义就是一种无效的集合。值得注意的是，尽管有关“龙”的定义在集合上是无效的，但这并不意味着“龙”一词是无意义的。因为，它仍然代表着一个叫作“龙”的非存在的事物。通过这个“龙”的定义，以及在此基础上构造出来的种种龙的形象的描述，我们的头脑里就有了有关龙应该是一种怎样形象的鲜明的印象。这样，当我们看到龙的画像时，我们就能轻易地识别它们。当然，除了“龙”以外，在日常生活中，还有其他一些事物，诸如“麒麟”“凤凰”等，都具有类似的特点。这些名称集合了众多不同的特性，但它们并不表示现实中就一定有与此对应的、有着同样特性的事物存在。

定义既然是被用来指示存在的，那么，就有一个定义的范围和限度的问题。怎样的定义才是合适的，或者说是准确的，并且对定义的使用者来说是便捷有效的，是一个必须加以说明的问题。在日常生活中，人们经常遇到定义与其指示的存在之间不相符合，定义不能明确地表达存在的问题。定义与存在不相符合，定义不能明确地指示存在，当然首先表现为定义的范围过宽或过窄的问题。以“电话”一词为例，假如我们把电话定义为一种通信工具，那么，很明显，这一定义将由于它的含义过于宽泛，以至于在日常生活中完全不能满足我们对它的使用需要。因为，除了电话以外，在我们的日常生活中，还有许多其他事物也具有通信工具的效用。反过来，假如我们把“动物”定义为一种有脊椎的生命，那么，我们就犯了定义过窄的错误。因为，这样一来，我们势必把那些无脊椎的动物排除在动物的范围之外。有关定义的范围和限度的问题还不尽如此。有些时候，即便一个定义既不过宽也不过窄，也还有一个它能否正确地指明自己是如何被实际地使用的问题。例如，假设有人说，大象是这样一种动物，即它总是用鼻子来吸水，然后通过鼻子把水挤到口里。这一假设是建立在所有大象都是这样吸水的，或者凡是这样吸水的东西就是大象这一基础上的。但是即便如此，人们也还是要问，不能这样吸水的动物就不是大象吗？假如我们发现一些以往并不知道的动物也具有同样的特性的话，又当如何呢？还有，一头失去这种能力的大象是否还是大象呢？等等。显然，在这里我们要考虑的不仅仅是我们应该如何称呼那些以这种方式存在的事物的问题，还牵涉到对那些从理论上说具有某种特性，但在实际中却又不具有这些特性的事物如何看待的问题。

3. 定义与语词

当人们定义一个词的时候，他们实际是在向他人指明这个词的意义。但是，词的意义并非来自词自身，而是来自人，即来自词的创造者和使用者的规定。是人给予一定语词以特定的意义或含义。既然语词的意义来自人，那么，人又是如何针对不同的情况分别制定不同的定义，并赋予这些定义可理解、可接受的意义或含义的呢？在西方传统的逻辑学和哲学中，历来存在着关于定义的形式主义和实质主义的不同理解。从古希腊的亚里士多德及至近代的约翰·穆勒等人，其逻辑学和知识论方面的基本立场，皆是重视或强调定义的本质的或实质的方面，他们代表了西方思想史上盛极一时的实质主义逻辑传统。在亚里士多德的逻辑学中，有关定义之实质方面的要求，集中体现为他强调语词必须反映事物之本质的属性。凡非事物之本质的属性，即为事物之偶有属性，充其量不过是那些堪称完全的定义中可提及亦可不提及的无关紧要的部分。亚里士多德有关定义性质的这种观点，在历史上的大多数时间里，曾经被西方主流逻辑学家们奉为圭臬。但是，随着近代实验科学和自然科学的兴起，这一理论本身包含的种种矛盾与问题亦逐渐显现。从科学方法论的角度来看，在大多数场合下，科学家们更关注研究事物的定律而非事物的属性。而当不能不研究事物的属性的时候，也并非都要指出何者为事物之本质的属性。更为复杂的是，任何直指某一属性为事物之根本属性的做法，都会引发理论上和实践上难以解决的困难与问题。以关于人的本质的定义为例，亚里士多德以理性作为人的本质的属性，把人定义为"理性的动物"。柏拉图在他的著作中，则把人称为"无羽毛之两脚动物"。近代以降，富兰克林所谓"人是会制造工具之动物"、尼采所谓"人是会笑之动物"等关于人的本质的说法，亦广为人知。从理论上看，事物的质的规定性乃是多种多样的。实践方式的差异，看待问题的角度的不同，往往导致对事物的本质的看法和抽象的不同。实际上，在有关人的本质的诸种定义中，既有从理性论的角度给出的，也有从发生论的角度给出的，还有从功能论的角度给出的，凡此种种，不一而足。由于实质主义定义方式在理论上和实践上存在着的种种困难与问题，导致进入现代以来，哲学家们转而从形式主义的方向寻求问题的解决，由此推动了逻辑主义和语言分析方法的兴起。从形式主义的角度来看，任何定义过程都不过是一种语言行为，是以一种语词界定另一种语词的过程。语词本身并无先验的意义，而只有约定的意义。在日常生活中，人若感到某一语词的使用未尽方便，则尽可与他人约定另做规定；如有需要，甚至个人独创某词表达某义，亦未尝不可。至于以语词定义语词之方法，表面看似易陷于循环定义之困境，深长思之，不过是多虞之虑，因为人的语词中必有不能界定之原始符号或语词。任何原始符号或语词，在它们既未有所界定又未直指实物之际，不过是一些无意义的符号或语词。其意义有待于人之解释，方能转化为指示某一事物或实际观念之定义。一个定义究竟应如何规定的问题，又超出了定义本身的范围，不是由定义本身来规定，也不是定义本身能够规定得了的。人才是定义之意义或含义的最终规定者。人对定义的规定不过是一种自由的约定。因此，任何一个被定义的语词系统的原始符号或语词，无有不能为人所规定，或做不同规定的。至于纯语词形式的定义究竟应如何被界定的问题，现代逻辑理论对此早有明确揭示，人们只要加以遵循就可以。形式主义定义理论的出现和扩展反衬了实质主义定义理论的日渐式微，由此而在传统的语词与世界关系的定义方式之外，开辟出一种全新的理论视角和解释方式。

4. 定义与真理

当人们指出一个词的意义是什么的时候，他们实际在做些什么呢？换句话说，他们所做的工作，是如何规定或影响着一个词的实际意义的呢？一般说来，在这种场合，他们所做的，不过是这样一些工作：

（1）规定词的新义。对于那些业已存在的语词，人们很少对之重新定义，除非他们认为这些词的意义还不够准确、不够清晰，需要对之做出新的规定才能满足使用的需要。只有在这时，他们才会尝试着去给这些词规定新的意义。另外一种情况是，他们或许发现，在现有的语词中没有一个是能充分表达他们所要表达的意义的。由于他们无法利用现有的语词准确地表达他们的意思，所以他们创造一个新词来实现自己的目标。语词的规定本身无所谓真或假，它只是一种建议性质的东西。一个建议就是关于一个词将被用于某种场合或某种情况的说明。从这个角度来看，任何语词的规定都表达着规定者对该语词的使用的建议或内心打算的陈述。例如，“让我们用这个词来表达这个意思，即……”，或“我们认为这个词在这里的意思是……”，如此等等。

（2）指示词的用法。虽然人们可以根据不同情况来调整、补充甚至规定词的意义，但总的说来，大多数正在使用中的语词的定义是向他人指明这些词的用法。例如，“母亲”一词被用来指示父母双方中女性的一方，“外婆”一词则指示着母亲的母亲。此类定义，因为它们指示的是一种真实的存在，因而被看作真的定义。在这个意义上，一个真的定义就是关于一个人如何在语词的大家族中使用某个语词，例如“母亲”“外婆”等的真实性指示或陈述。

与规定性定义的情况不同，指示性定义具有真或假的性质。如果说它是真的，那是因为它正确地指示了一个词的用法；而如果说它是假的，则是因为它没能做到这一点。人们或许会问，母亲是指父母双方中女性的一方，外婆是指母亲的母亲，难道不是一个显而易见的事实吗？换句话说，它们还会有假吗？这难道不是“母亲”或“外婆”这个词的本来的意思吗？这么说固然不错。但请不要忘记，我们本来不是也可以用另外一个词来表达我们现在用这个词来表达的意义或含义，或用同样的一个词来指示其他的意义或含义吗？显然，如果不是在经历了长时期的约定俗成的使用经验以后，我们是不可能达到对“母亲”或“外婆”等这些词的共同的使用和理解的。也正由于此，我们说这些词是真的，归根到底是就它们所指的东西是真的来说的。

真与假的问题本质上涉及一种一致性或相符合的关系，这种关系从根本上影响和制约着人对语词和对象关系的理解及对定义理论的抉择。定义问题上的形式主义学派，从定义乃为人所自由约定的立场出发，声称定义与其所指之间并无必然的联系，任何定义的使用只受使用者的实际需要和相互之间的约定决定，而与语词实际包含的内容无关。这种定义思想固然有其合理的一面，也能从逻辑或数学的领域中获得有效的支持和证明，但由于它缺乏对语词之所指的明确界定，因而使得语词的对象成为一种无从把握的、不确定的东西。反过来，定义问题上的实质主义学派，从语词所指对象的性质、关系和种类中分离出所谓根本的属性与非根本的属性，并以本质的属性为定义的基础，虽然不失其哲学史的依据和文化的、心理的、习惯的支持，但从它在使用中达到的实际效果来看，却包含不少难以解决的矛盾和问题。事物是否有所谓本质的属性？初看似无甚问题。因为在事物的诸多属性中，理应有一属性为本质属性。这一属性规定着同时存在的其他属性的性质，其他属性由之决定或产生。然而，事物本质属性之确定，不能不受到人对事物认识之程度或情况的制约。倘若人之认识目的，只在求语词意义之确定，并不涉及所谓本质属性之确定或本质属性与非本质属性之区分，则有关本质属性的规定就失去其实际的意义。由此可见，有关定义性质理解方面的分歧，不但表现了语词与对象关系的复杂性质，而且把哲学家看待和处理一定哲学问题时的思想差异暴露无遗。

四、哲学的价值

哲学的性质乃是通过它的功能反映出来的，或者说，是通过它的功能而获得确证的。哲学的功能问题典型体现了哲学所具有的价值和意义。与其他人类精神文化形式相比较，哲学的价值主要不是表现为直接的、经验的和功利的价值，而是表现为抽象的、分析的、超功利的和理想化的价值。为人类生活和人类实践确立理想目标；为科学研究和日常思考提供分析基础；为精神文化和思想理论提供批判根据，可视之为哲学的三个基本功能，也是哲学存在价值的最重要的三个证明。

1. 哲学的本体论视界

在历史上的大多数时间里，哲学家们对哲学致力于实现的目标和解决的问题的看法大体上是相同的。大多数哲学家深信不疑地认为，哲学研究的一个特殊的、专属于哲学家的领域乃是所谓形而上学。形而上学是研究存在之为存在，或说是研究作为存在、作为实体来看待的事物所必须具有的最一般、最必要的特点的学问。然而，随着近代自然科学和实验科学的兴起，这种情况逐渐发生了微妙的、耐人寻味的，同时也是意义深远的变化。这种变化的一个显著特征就是，哲学家们对他们正在从事的或将要从事的那些工作的性质的理解，产生了越来越大的困惑和思想分歧。这种分歧在当代甚至达到了这样一种程度，即原本被看作哲学的最根本的特征，并使哲学成为哲学的形而上学，遭到许多哲学家，主要是语言哲学家和分析哲学家的拒斥。自近代自然科学和实验科学诞生以来，在哲学和科学领域中广泛存在的使哲学非形而上学化的潜流，在 20 世纪由于分析哲学和语言哲学的推波助澜，终于转变成一种现实。导致这样一种现象的原因是，近代一些重要的哲学家，例如休谟、康德等人关于形而上学超越了人类知识可能性的范围和限度的思想，为当代一些主流哲学家，如语言哲学家、分析哲学家所普遍认同和接受。同时，随着自然科学和社会科学的发展，那些原本属于哲学的研究领域或学科正越来越多地从哲学中分离出去；哲学越来越被局限于只是对知识进行逻辑分析和对科学前提做方法论的论证；追逐和仿效自然科学的经验方法并将之作为哲学的方法论基础的思想主张逐渐在哲学家中占据了上风；拒斥形而上学成为哲学家们的一种时尚、一种潮流。

如果说现代自然科学和社会科学已经成功地接管了历史上曾经属于哲学的大部分的学科和内容，如果说形而上学由于它的不可确证性和推论的抽象性而被大多数今日哲学家放弃的话，那么，对于哲学来说，它所面对的全部问题，就被归结为这样一些尖锐的问题：哲学本身还剩下些什么？在人类思想精神文化领域，还有哪些是哲学可以去做的，或哲学仍然可以发挥作用的？这些问题萦绕着今日哲学家们的头脑，并由此引发了诸多相互冲突的关于“哲学是什么”的解释和争论。不过，幸运的是，尽管对有关哲学性质和功能的理解存在着巨大的分歧，在今日的哲学家中间，有一点共识却仍然是相同的，这就是至少传统的哲学事业的一个至关重要的部分，即逻辑，仍然是哲学家应该继续致力研究的一个重要领域。一些哲学家由此把哲学研究直接归结为对逻辑的研究。然而，也有一些哲学家在赞同把逻辑研究看作哲学研究的主要部分之余，敏锐地意识到，哲学包含的内容应不止于单一的逻辑，它理应包含更多的内容。只是，这些更多的内容究竟是什么，他们明显地感到其难以确定。当然，时至今日，坚持哲学的形而上学信念，坚信形而上学仍然是可能的哲学家仍不乏其人。当我们这样提出问题和认识问题的时候，我们又回到了上面提到的这个问题，即对理解哲学之价值有着决定性意义的哲学的功能究竟是什么的问题。哲学能否仅仅被归结为逻辑，或其他更多一些什么？是否哲学在历史上大多数时间里曾经起到的为人类生活和人类实践指示理想目标的作用，到现代就真的“寿终正寝”或完结了？答案显然是否定的。

有关哲学性质和功能问题的争论，不应该被看作一个无关宏旨的、口头上的争论问题，或是一个可以简单地用所谓“哲学就是哲学家所做的一切”之类的无关痛痒的回答搪塞过去的问题。无论从哪一个方面来看，哲学都应该被看作历史上的人们，特别是历史上的思想家们经过长期的思考和实践之后，从人类众多的思想精神文化形式中精心挑选出来的一种用来组织知识和探索学问的根本性的学术原则。从人类知识构成的角度来看，我们可以把人类浩如烟海的知识区分为两种基本的类型，即经验性知识和逻辑数学知识。所谓经验性知识，是关于现实世界中存在的那些可以通过观察和科学实验加以解决的问题的知识。例如：“凡天鹅都是白的吗?”“不，有人在澳大利亚见过黑的天鹅。”又如：“门是关着的吗?”“不，门是开着的。”“水是什么构成的?”“水是由某种类型的分子构成的。”所谓逻辑数学知识，则是关于那些只有通过逻辑演绎和数学推导才能加以确定的问题的知识。例如：“2＋2＝4”，“所有单身汉都是独身的男子”，等等。从表面上看，经验性知识与逻辑数学知识有着天壤之别，经验性知识可以通过观察和实验判定其正误，而逻辑数学知识则只有通过了解词项的定义以及分析词项的含义才能断定其意义、区分其真假。然而，如果换一个角度来看的话，这两类问题却又有着相同的一个根本特性，即它们都存在一些明确无误的寻求答案的方法。对于一个经验问题，人们或许并不知道它的确切的答案，但他们却知道哪一类答案适合这一类问题，知道可能的答案的范围有多大。对于一个逻辑数学问题来说也是如此。在现实的逻辑数学体系中，存在着一些不能违反的基本定义、推导规则和逻辑关系。尽管逻辑数学领域中仍然存在大量悬而未决的或尚未解决的问题，但同样存在一些大家共同接受的解决问题的方法。在经验性知识和逻辑数学知识这两者之间存在着一个中间地带。这个中间地带的问题既不能以经验论的方式，也不能以逻辑数学的方式去加以解决。这样的问题不胜枚举，其中大量的问题属于哲学问题。哲学问题中有一部分即属于形而上学或本体论的问题。例如："什么是幸福?""人生的目的是什么?""世界上存在着的一切都是预先安排好的吗?""美是什么?"当人们在日常生活中实际面对上述任何一个问题时，他们都会惊讶地发现，他们根本无法从上述两类知识中寻求到解决问题的现成答案。当此类问题萦绕人们的头脑，如果不解答这些问题人们的内心就再也不能平静下来的时候，尝试解决这些问题的冲动就油然而生。这也正是我们从哲学的最初起源或哲学的词源学含义中认识到、体悟到的哲学的真谛，同时也是早期哲学家们把哲学称为智慧型学问而非知识型学问的根本原因。

哲学作为一种重要的人类思想精神文化形式，它的一个重要目标是致力于建构一幅关于实在的完整的世界画面。在这幅完整的实在画面中，人类知识的每一个要素，人的经验中的每一个方面，都将找到属于它自己的合适的位置。换一句话说，哲学乃是人对知识统一性的一种探求方式。哲学的这种作用使它与自然科学形成了鲜明的对照。自然科学在理论上的目标是努力描述宇宙的复杂性，以使得其中发生的一切，从最简单的原子内部的最小微粒的变化到最复杂的生物过程的变化，都能在物质的和自然的法则的意义上为人所认识。尽管自然科学在当代已经取得了公认的巨大成就，人类对自然界的认识也从来没有达到过今天所能达到的范围和程度，但人们还是无法回避这样一个简单的事实，这就是它仍然没能回答这样一些根深蒂固地存在于我们心中的、关于我们所处的这个世界的性质和状况的深刻怀疑或疑问："世界上的每一事件都是由先前的事件决定的吗?""人生的目的究竟是什么?""我们是应该把个人的幸福置于首位呢，还是应该不顾个人的幸福去追求社会的自由、平等、正义、知识和信仰?""什么是美?""美是我们看作美的事物本身的一种性质吗?"显然，对这样一些问题的回答大大超出了自然科学的能力和范围。不仅如此，在那些看似没有问题的地方，甚至在那些被认为是属于自然科学的，或自然科学已经解决了问题的地方，问题的出现也往往出人意料。例如："知识是什么? 我们知道什么? 我们能够确切认识一个事物吗?""除了数学知识以外，是否还有我们确切知道或能够确切知道的事物?"对于这样一些问题，很难想象，我们能在自然科学或具体科学中找到现成的答案。同样难以想象的是，那些主张在整个哲学领域中彻底剔除形而上学的分析哲学家或语言哲学家已为我们提供了解决这样一些疑问或问题的现成答案，或帮助我们解决了这样一些现实的疑问或问题。

为建构关于实在的完整的世界画面和达到对知识统一性的理解而进行的任何尝试都是有意义的，而不应该被认为是无意义的。人对完整的世界画面和知识统一性的追求努力，反映了潜藏于人的内心深处的一种强烈的矛盾心理：一方面，人无时无刻不感受到自己身处巨大宇宙的包围和环绕之中。在这种包围和环绕之中，人真切地感受到了自己的渺小，甚至是微不足道。另一方面，人又希望了解他们身处的这个世界，希望用自己的头脑去想象这个世界中发生的一切事情，以使得他们在现实世界中所遭遇到的或没有遭遇到的一切能在这个想象的世界中得到解释、化解和升华。这种想象和精神的自由构造远远超出了人的现实生活所能够达到的程度和范围，是人的存在中最富进取性和激动人心的一项事业或一项内容。这种想象固然是大胆的，甚至带有一定程度的冒险性，但又有谁能说它是多余的，或可轻易取代的呢？早在两千多年以前，亚里士多德就意味深长地指出，求知的欲望是人的本质之一。人不仅出于更好地改造他所处环境的目的而求知，也出于纯粹求知的理由而求知。如果哲学放弃了它从自己形成之初即已被视为自身本质的这一规定，又有什么样的选择能够填补和替代由此而形成的人类思想和人的精神生活的真空呢？

2. 哲学对科学的作用

哲学的本体论视界从一个方面表明，哲学实质上是一门探讨宇宙和事物根本原理的学问。哲学的这种特征，决定了它对科学具有一种不容置疑的基础性作用。就理论的基本性质而言，科学是分门别类地研究各种宇宙现象的专门性学问。无论这种专门性学问在历史中得到多大的发展，它也不可能超出经验之所以可能的范围，不可能改变它是被经验地给予了的经验这一事实。哲学则与此不同。哲学作为人对关于实在的完整的世界画面和知识统一性追求努力的理论表现，它的宗旨和目标，并非像科学那样，仅仅将事实作为事实来加以研究，也不是要把经验限制在经验的范围，而是寻求突破经验和事实的限制，探求使经验成为可能的各种性质和条件，发现使经验成为经验、使事实成为事实的普遍的和必然的法则或原因。那么，哲学究竟是怎样对科学发生作用的呢？

（1）确立科学的理论前提

在自然科学的任何一个领域，都有一些为人所普遍使用的基本概念，如物理学中所谓光、物质、能量、速度、重力、运动、度量、时间；化学中所谓原子、分子；生物学中所谓细胞、染色体、基因；天文学中所谓引力；地质学中所谓板块；等等。一般说来，在这些领域从事实际活动的人们很少关注他们所使用的这些概念的基本含义。因为这些概念构成了他们的实际研究活动的基本原则或前提。然而，假如有人问一位物理学家“时间是什么”“研究时间的目的究竟是什么”等问题，大多数在自己从事研究的这一领域的技术方面驾轻就熟且堪称俊杰的科学家也不免一时语塞。通常情况下，要求一个从事专门技术研究的科学家回答此类与直接技术颇不相干的问题，既无必要，亦属非分。然而，当对这些基本概念或前提的必要的说明和解释成为关系到另外一种新的技术，甚至新的科学规范能否产生、能否形成的不能回避的决定性条件的时候，这种追问就再也不能被视为无关紧要或多余的了。这种穷根究底的思考方式，正是哲学的主要的、基本的特性。

饶有兴味的是，爱因斯坦的相对论的形成过程，就是借助哲学的这种批判性和穷根究底性对学科前提的追问方式来实现的，而他所借重的物理学的基本概念正是时间。19世纪末期，自近代以来即被视为经典的牛顿力学的时空观同时受到来自理论和实践两个方面的挑战。在实践方面，一系列的物理学实验证明了这一时空观所强调的时空绝对不变性原理的不可靠性；在理论方面，一些具有深厚哲学素养的物理学家如马赫等人对这一时空观排斥观察者的主体经验表示强烈的质疑。经典物理学一时陷入深刻的危机之中。

当此时期，曾直言不讳地指出“本世纪初只有少数几个科学家具有哲学头脑”①，而他本人就是这少数科学家之一的爱因斯坦，独力承担了改造经典物理学的重任。他用哲学的思考方式很快发现了问题的症结在于传统理论前提的非真实性。旧理论把观察物体运动的参照系外置于一种具有绝对形而上学性质的、静止不动的被称为“以太”的东西之上，仅仅依据关于体系在一个已知时刻的状态以及作用于各物体上的力的知识，就声称能通过了解得很清楚的简单原理，推出体系在任一其他时刻的状态，从而观察到物体的绝对运动，并由此测量出绝对的时间和空间。显然，这种论证已经超出了实证科学的范围，带有描述宇宙绝对本质的形而上学性质。爱因斯坦敏锐地察觉到经典物理学这一理论前提的非真实性，他在休谟和马赫的哲学思想的启发下，一方面通过强调观察者与观察对象的不可分离性否定了经典力学虚假的以太参照系，并在此基础上建立了宇宙惯性系等价性的原理；另一方面从宇宙惯性系等价性的原理进一步推导出光速不变的原理，最终建立了他的相对论理论。爱因斯坦曾经高度评价休谟和马赫的哲学思想对他建立相对论所起的重大作用，他明确指出：“只要时间的绝对性或同时性的绝对性这条公理不知不觉地留在潜意识里，那么任何想要令人满意地澄清这个悖论的尝试，都是注定要失败的。清楚地认识这条公理以及它的任意性，就意味着问题的解决。对于发现这个中心点所需要的批判思想，就我的情况来说，特别是由于阅读了大卫·休谟和恩斯特·马赫的哲学著作而得到决定性的进展。”②

（2）阐明科学的基本性质

哲学不仅在确立科学的理论前提方面有其重要作用，而且换一个角度来看的话，甚至科学的基本性质最终也有赖于哲学方面的阐明。之所以这样说，是因为对经典物理学和宇宙论基本原理和前提的绝对真理性的最初质疑，归根到底应该追溯到康德的先天性时间和空间直观形式的学说。在有关牛顿绝对时空观正确性的问题上，康德与所有和他同时期的物理学家一样，从未对此有所怀疑。他只是感到，流行的观点把这一在数学上有着高度精确性的理论解释为只不过是积累观察资料的结果，是令人难以接受的。那么，这一理论的基础又是什么呢？康德首先想到了几何学的情况。在他看来，欧几里得几何不是建立在观察基础之上的，而是建立在我们对空间关系的直观之上的。与欧几里得几何学一样具有数学精确性的牛顿力学，也不可能不是这种直观的结果。当然，它是由观察确证的，但这并不等于说它就是观察的结果。实际上，它是我们自己的思想方式的结果，是我们试图理智地整理、理解并消化这些感觉材料的结果。对理论起着决定性作用的东西，并不是感觉材料，而是人的理智，是人的心灵系统的组织活动。因此，人所知道的自然界及其秩序和规律，主要是人的心灵进行吸收和整理的产物。用康德自己对这一观点的惊世骇俗的表述，就是“理智的（先天）法则不是理智从自然界得来的，而是理智给自然界规定的”③。

康德毫不掩饰自己对上述观点的得意之情，他不无骄傲地把自己的这个理论称为一场哲学领域中的“哥白尼式革命”。事实也的确如此。在康德以前，从来也没有人想过，

① 《爱因斯坦文集》第1卷，628页，北京，商务印书馆，1976。

② 同上书，24页。

③ ［德］康德：《未来形而上学导论》，93页，北京，商务印书馆，1978。

一个精确如牛顿力学那样的理论，怎么可能不是观察资料积累的结果。然而事情就是这样。如果按照流行的观点去看待牛顿力学的基本性质，就不可能解释牛顿建立这一理论的真正原因。这就像哥白尼如果不把观察者与观察对象（天体）的关系做一根本的倒置，就永远也不可能推倒托勒密的“地心说”一样，其道理不言自明。康德强调观察者、研究者和理论家的作用，因而最终不仅开辟了哲学发展的一个崭新的阶段，而且对物理学和宇宙论也发生了重大的和革命性的影响。它在物理学和宇宙论领域造成了一种康德似的精神气氛，没有这种精神气氛，爱因斯坦的相对论以及任何其他重大科学理论的形成都是难以想象的。康德的这一理论还从根本上解决了一个由哥白尼本人的革命引起的有关人在宇宙中的地位的有争议的问题，有力地恢复了延续将近几个世纪的在哥白尼的革命中受到打击的人的自尊和自信。这就是，哥白尼的革命使人失去了在物理世界中的中心位置，而康德的革命则使人重新获得了这种中心位置。因为，康德的理论向人们表明，人在宇宙中的地位与人在物理世界中的位置毫不相干。在某种意义上，我们完全可以说，宇宙是围绕着人而旋转的，人的生活和人在其中生存的环境秩序，归根到底是由人所创造的。不仅如此，由于康德在哲学上实现的这一“哥白尼式革命”，人们终于有可能把科学看作人的思想的一种自由创造，把科学史看作思想史的一个组成部分，从而以一种全新的眼光审视科学史、思想史、艺术史和文学史之间的相互关系问题。

（3）捍卫科学的独立性，谋求全体科学的统一

捍卫科学的独立性与谋求科学的统一，是同一问题的两个方面。哲学与科学在理论形态上的巨大差别，决定了任何将科学囊括于哲学之中，或将哲学视为一种科学的主张，都是对哲学本质的背离。然而，如果由此否认哲学与科学之间有着不可分割的密切关系，否认科学的独立性与科学的统一性归根到底都必须在哲学的层面上得到捍卫和证明，则未免失之迂阔或肤浅。从理论上看，捍卫科学的独立性不仅是科学本身能够获得充分发展的重要条件，而且也是保证哲学本身获得正常发展的不可或缺的学科前提。因为，哲学作为一种探讨宇宙和事物根本原理的学问，其所包含的原则或原理，从根本上说，只有在具体科学的发展进步过程中才能得到揭示和阐明。离开了具体科学的发展和进步，有关宇宙和事物的原则或原理不过是一种空洞的理论论证。反过来，科学固然以对具体的、有限的事物的复杂性的认识为特征，但这种认识的本质仍然是从个别上升到一般，由特殊转化为普遍，否则就无法形成关于经验事物的一般定理或原则。无论人们如何由于爱因斯坦相对论的出现而对牛顿的经典力学体系表现出多么不屑一顾，一个显而易见的事实是：相对论否定的只是经典力学基于时空不变性原理而构筑的知识图景和世界画面，它并没有也不可能否定牛顿或其他一切科学家追求科学统一性的目标和努力。从某种意义上说，当爱因斯坦在理论上用更能代表科学进步的相对论原理取代其时业已显得落伍的经典力学体系的时候，他在实践上正做着与牛顿曾经做过的毫无二致的事情，即构筑一个全新的、足以取代牛顿力学的或比牛顿力学更为普遍有效的世界体系。这个世界体系也能够以可能的最简单明了的方式，像牛顿力学那样绝对精确地描述宇宙的运动规律。由此可见，追求知识统一性和建立完整的世界画面的内在诉求，不仅指引科学家把不同学科的知识综合起来以形成新的科学理论，而且也引导着科学家把科学认识纳入统一的世界图景之中，并按照这个图景做出对问题的解答，从而不断揭示出自然界和宇

宙的更深层次的本质。

固然完整的知识画面和统一的世界体系的建立最终有赖于哲学方面的支持和阐明，但这并不意味着离开了哲学的理论，科学就无以成立。科学是关于经验现象的具体研究，而哲学是关于经验现象后面的一般本质或原理的研究。两者的研究对象各不相同，因而科学并不有待于哲学而后方能成立。但从另一方面来看，科学要使自己的研究更加彻底，使自己的假定具有更大的普适性和效力，则非进至哲学的层面或领域而不能。这是因为，科学本身就是思维的结晶。真正的科学思维必然要涉及思维的对象、过程、形式、方法等，而所有这些因素都是在哲学的综合下定型的。因此，科学的思考自觉或不自觉地必然会涉及“形而上学”。同时，科学家的思维并不能完全停留在事实或经验的层次上，总是要上升到更高的层次，形成更普遍的认识，没有这种更高的层次和更普遍的认识，科学的概念或结构就不可能形成。不仅如此，科学自身的发展总是伴随着不断的交叉与综合、分化与统一，这种综合与统一本身即是哲学的特征。因此，无论是从科学确立其根据、阐明其性质的现实需要，还是从科学追求统一性、寻求综合性、建立世界图景的最高理想来看，科学都不可能脱离理论思维与哲学思维。

3. 哲学对思想文化的作用

哲学对思想文化的作用，是哲学存在价值的又一个重要体现。与哲学对科学的作用相比，哲学在这方面的作用更多地表现为对思想文化的前提性问题的批判性讨论。哲学从来都是反思性的。反思性是哲学具有对思想文化的批判性审视资格的根本条件。从哲学的角度来看待思想文化问题，我们关于世界和生活的理解必须被看作悬而未决、值得怀疑的，而不是理所当然的。否则，思想文化就会变成是在盲目地复制或构造各种很可能是空洞的甚至是荒谬的东西而毫无建树、毫无价值。总的来看，对日常意识的反思、对学科前提的批判以及对自由意识的促进，是哲学对思想文化的三个主要作用。

（1）对日常意识的反思

无论哲学家们对具体问题的理解抱持赞成还是反对的态度，至少在一个方面上，他们的观点是相同的，这就是，人应该对他所面对的各种问题保持警惕并提出疑问。没有任何东西——从一个哲学的基本命题到一个人的强烈信念，甚至一个人内心珍视的情感或意见——能有免于提问的特权。不容置疑的信念或理论是根本没有保留价值的，保留这种东西无疑是一种理智上的冒险。另一方面，哲学所具有的这种反思性的特点，又使得任何哲学性的疑问和反思往往成为疑问者或反思者的一种难以承受的思想重负。这是因为，哲学疑问的对象往往都是一些作为日常生活信念基础的假定。就个人而言，人们一般并不希望自己假定的东西经常处于被怀疑、被分析的境地。假如出于某种原因而不得不这样做的话，他们往往会感到很不自然或难以适应。然而，只要我们对这些假定前提做批判性的考察，就会发现，它们其实经常并不如我们想象的那样可靠；它们所包含的意义，也远非我们认为的那样清晰、明了。如果听任它们支配我们的思想和行动，将会给我们的实践或现实活动带来不利的后果。因此，对这些支配人的日常生活的基本信念的假定前提进行批判性的反思，是哲学的一项主要任务。

从哲学上看，支配人的日常生活的信念前提主要有两类，即传统和常识。一方面，传统当然是有价值的，因为它是以往文化和实践的记录，人不可能割断跟自己的过去的联系。但从另一方面来说，所谓传统，字面上就包含了可能是过时的或虚假的意思，听任未经分析和检验的传统支配我们的生活有时是危险的。例如，直至近代天文学出现以前，相信地球是宇宙的中心就是一种传统。但是，按照哥白尼和伽利略的研究，宇宙真正的中心是太阳，而不是地球。在这种情况下，如果仅仅因为地心说是一种传统而不加分析地接受它，就有可能与真理和真正的科学发现失之交臂。常识也是如此。所谓常识，无非是人所共知的意思。但在日常生活中，许多人所共知的东西往往夹杂着大量的愚见或偏见。如果从科学的角度或它们产生的结果的角度来看的话，这些常识为人的选择和活动提供的信念前提往往是虚幻的或极不可靠的。人们之所以不愿对那些支配他们日常生活的信念前提进行思想上的怀疑或批判，除了情感或习惯上的因素以外，实践或现实活动的特点也是一个重要的考虑因素。人的实践或现实活动要求坚定的信念的牵引或引导，没有这种坚定的信念的牵引或引导，人就无法实现事先选择或确定的目标。当一个人正在从事某项目标明确、方案具体的活动的时候，铺天盖地的对于这种活动和选择的合理性或正确性的问询或质疑将导致人对原本持有的信念的动摇和冲击，从而不可避免地影响到人的实践和现实活动的结果，严重的情况下还会使人无所作为。但是，如果不对这些假定的前提进行检验和批判性的审视，将它们束之高阁，则社会就会陷入僵化，信仰就会变成教条，想象就会变得呆滞，智慧就会成为贫乏。为了激励想象，运用智慧，防止社会生活陷入教条及精神生活陷入贫乏，就应该对假设质疑，向前提挑战。人类和人类思想的进步部分是反叛的结果。所谓反叛，其典型的意义是去除陈腐的信条，达成新的信仰，而这正是一切发展、进步赖以存在的基础。

(2) 对学科前提的批判

如果说对日常意识的反思是哲学对思想文化作用的直接表现的话，那么，哲学对一定学科前提的批判就是哲学对思想文化的深层作用的表现。人的日常意识是以一些更为根本的概念或观念为基础的，离开这些概念或观念就很难解释人的日常行为和活动的动机。任何基本概念或观念又都是在一定学科基础上得到确立的。对这些学科的前提进行批判，就是为了发现影响思想文化的基础性问题究竟是什么，探讨和揭示隐藏在这些基础性问题背后的各种假定和条件，在具体的批判和分析活动中把握对象性理论的性质和特点，从而得以运用哲学思维解决影响着一定思想文化的那些严肃的、根本性的理论问题。

从理论上看，哲学对思想文化的学科前提的批判主要有两个层次：对具体学科理论前提的批判和对哲学自身理论前提的批判。就前者而言，我们看到，在任何一个具体学科理论领域，都有一些供人们使用的基本概念，这些基本概念对思想文化和人的日常生活起着广泛的、深刻的影响。例如，法律学中所谓“契约”“权利”，政治学中所谓“自由”“平等”“正义”，经济学中所谓“资本”“效率”等。离开了这些基本概念，很难想象我们的现实生活会是怎样的一种情形。但是，在许多场合中，这些概念的含义是隐而未显的，人们对之所做的理解是片面的或不完全的。对这些概念的含义进行探讨，揭示这些概念的基本规定和普遍意义，就是哲学的一项重要任务。不应否认，每一门学科、人的每一种活动都有自己的哲学。这些哲学发生作用的方式，既包括对本学科的概念或模式的理论阐释，也包括对本学科的目的、方法、形式、程序甚至具体的论据等的批判性讨论。也就是说，哲学可以被用来阐释任何概念或分析任何活动。正如维特根斯坦所说的，哲学本质上是一种活动，而不是一堆僵死的教条。就后者而言，既然哲学能够被用来阐释任何概念或分析任何活动，依此类推，哲学的学科前提当然同时也就是哲学研究的对象。与对具体学科前提进行的批判相比较，对哲学理论前提的批判无疑更为深刻、更为根本。对哲学理论前提的批判与对具体学科理论前提的批判的区别，是所谓元批判与具体的批判的区别。由于具体学科的前提是在哲学的批判中确立的，因此，对哲学本身前提的批判较之对具体学科理论前提的批判，当然是更深层次的批判。

在大多数情况下，当批判的对象是那些有着广泛思想文化意义的范畴和概念时，对具体学科前提的批判与对哲学本身前提的批判就变得密不可分，对具体学科前提的批判不可避免地要进至对哲学前提的批判，或者反过来，对哲学前提的批判一定会拓展到对各种具体学科前提的全面批判。以对“权利”这一概念的分析为例。在政治学、法律学中，权利意味着个人的生命、财产、自由、幸福的不可剥夺性和受到保障性。然而，这个被我们称为权利的东西究竟是什么？它是如一些思想家所说的，是自然赋予、与生俱来的呢？还是如一些思想家宣称的，是天赋神赐、普遍永恒的呢？或者是如另外一些思想家强调的，是后天而成、契约保障的？显然，这里涉及的已不再是单纯的政治学或法律学的权利概念，而是一个为我们的生活和现实存在寻找原则、根据的重要哲学问题。在近代西方社会转型过程中，有关权利与契约问题的争论，即“君权神授”还是“天赋人权”的争论引发的思想启蒙运动，把哲学对思想文化前提的批判作用表现得淋漓尽致。这场争论以启蒙学者对“君权神授”这一传统政治法律原则的前提的质疑为发端，很快发展成为一场捍卫公民和个人权利的广泛深刻的思想解放运动，最终为整个社会的权力过渡创造了思想文化的前提条件。如果追溯这一启蒙运动的思想源头，我们不难发现更早些时候，也即17世纪哲学中的唯理论与经验论的争论对它的影响。唯理论与经验论对个体理性和感觉经验原则的推重，为把社会权力主体从君神一体的世袭等级制度向以民为本的世俗共和制度转移提供了深层的思想依据，成为哲学自身理论前提的批判向具体学科理论前提的批判拓展的最好实例。尽管启蒙运动“不是固定不变地与哲学思潮的某一特殊学派发生联系”①，但假如没有17世纪甚至历史更为久远的哲学思想为启蒙运动提供理论先导，则启蒙运动的理论准备就会显得先天不足。

（3）对自由意识的促进

哲学对思想文化的作用中，对自由意识的促进作用是不能不提及的一个重要方面。它是哲学对日常意识的反思和对学科前提的批判这两方面的活动所扩展、所波及的一个必然的结果。从总体上看，哲学的批判活动有着双向的理论效应，它既指向所批判、所反思的对象性意识或理论，又指向从事批判活动、反思活动的主体自身。就前者来说，通过哲学的批判活动和反思活动，对象性意识或理论实现了解释方式的转换和理论层次

① ［英］伯特兰·罗素：《西方的智慧》，306页，北京，世界知识出版社，1992。

的跃迁；就后者来说，伴随着哲学批判活动和反思活动的展开，主体的自由意识和理性精神也得到前所未有的加强和提升。哲学的批判活动之所以能够不断超越既有的思想意识和理论形式，主体的自由意识和理性精神之所以能在这种批判活动和反思活动中不断得到加强和提升，从根本上说，在于它否认有所谓不可置疑的理论对象，反对有所谓超越批判的终极前提。由于一切理论对象都要经受批判的检验，一切思想前提都不能免于追溯更为基本的前提，从而也就决定了在这种批判和质疑的环境中成长起来的理性是自觉的，意识是自由的。而自觉的理性和自由的意识恰恰是正常的思想文化批判活动不可或缺的思想前提。

哲学对自由意识的促进作用，是通过对思想文化深层结构的有力揭示和思想模式的不断转换而表现出来的。从某种角度看，一切思想文化的作用归根到底都要表现为某种思想模式的作用。新的思想文化的形成是新的思想模式取代旧的思想模式的结果，而解除旧的思想模式也就意味着建立了新的思想理论。如果把哲学对思想模式的这种批判和建构作用做一政治学效应的放大的话，则任何新政治思想模式取代旧政治思想模式的过程都伴随着一个广泛深刻的社会思想解放运动过程。这方面的一个显著事例是，在 17 世纪的欧洲，当人们试图用法律的思想模式来解释社会的关系和性质的时候，以社会契约作为联系社会的基本纽带的思想文化也就随之应运而生。而当契约文化从晦暗的思想模式转变为社会存在的普遍现实的时候，人们一度深信不疑的以人身依附为特征的旧政治秩序在人们的思想中就变得越来越陌生和久远。实际上，一个新的思想模式之所以能被广泛接受，在于人们认为它对以前不甚明了的问题做了新的解释；反过来，当一个新的思想模式终于成为一种现实的时候，旧的思想模式一度展示的真理性质也就开始变得日益模糊。究竟什么原因使得这种具有改造世界震撼力的思想模式一再出现？何以这种思想模式能够既成为新的社会变革的直接先导，又成为左右社会变革进程的实际力量？对此，人们当然能够从不同的方面进行不同的解释，从不同的角度得出不同的结论，但有一点是确定的，这就是，人们在不同的历史阶段会形成不同的实际需要，会遇到不同的问题并为这些问题所困扰。当这种需要和困扰随着时间的推移而增加，积聚的问题既不能在原有的信仰基础上得到解释，又不能在旧有的机制中获得疏导之际，则实际的、大规模的社会变革的真正到来也就为期不远了。事实上，任何社会政治变革都是从旧制度不堪应付新的政治问题开始的，而新政治变革的先声就来自具有批判性和自由意识的那些社会中坚分子。从这个角度看，一切社会、国家之革新变动，一切潮流、时势之更替推移，无不能归结为哲学发展之结果或哲学观念作用之使然。不能想象，还有其他什么东西能够比思想在这里所起的作用更为巨大，什么变革能够比思想的变革更为根本。关于思想已经直接地、现实地对社会发生革命性作用的例子，人们不难从美国革命、法国革命以及其他社会革命的实践中找到证明。如果把这一点再加以追溯和扩展的话，则历史上的国家起而取代教会，理性起而推翻钦定的真理，个人起而反抗教会的压迫，皆可说是由哲学的批判而带来的理性自觉和意识自由的结果。在这个意义上，说哲学本质上也是一种实际的改造世界的活动，无论如何也不过分。

学习提要

一、基本概念

哲学；形而上学；认识论；伦理学；美学；历史哲学；宗教哲学；本体论；理论哲学；实践哲学。

二、基本原理

科学问题与哲学问题；哲学的语义学起源；“爱智”活动与好奇本性。

哲学与科学的同一与分化；哲学与其他精神文化形式。

哲学的历史演进；哲学的不同划分。

语词不是自然符号，而是具有知识意义的约定符号。

语言实质主义与语言形式主义的区别。

三、思考题

1. 哲学有哪几个基本的领域？如何区分理论哲学与实践哲学？

2. 从方法论的角度看，哲学研究具有怎样的性质和特点？

3. 试论述形而上学与伦理学之间的关系。

4. 试论述哲学作为一门人类思想探索性活动的特点。

5. 试论述哲学对科学和思想文化的一般作用。

6. 对照本章的讨论，用你自己的语言概要地描述“哲学是什么”这一问题。

7. 苏格拉底曾经说过，“未经检验的生活是毫无价值的生活”。你是如何理解苏格拉底的这一著名观点的？

8. 请尽量用自己的语言，描述一下认识论、形而上学、伦理学等概念的含义。尝试给自己提出一些在日常生活中遇到的相关问题，并用你在本章中获得的知识来对它们进行分析。

第二章

理性与经验

——知识起源论

人的知识是何以成为可能的？或者换句话说，人的知识是如何成立的？循此问题而说明其理由并揭示其要素的理论，即为知识起源论。在哲学的发展中，有关知识起源问题的解释林林总总，归结起来，不外以经验还是理性作为根据而引起的争论最为典型、最为激烈。

在经验与理性这两个概念中，经验作为知识起源的特征是十分明显的，因为，经验就是借助人的感官所获得的关于事物的感觉和知觉。人所知道的东西，至少就其作为常识的部分来说，绝大部分是来自人的感觉经验的。在这个意义上，一些哲学家声称，经验即是知识的唯一根据或起源。

但是，以经验作为知识的唯一根据或起源之是否可行，在另外一些场合中，则不免受到挑战和质疑。因为，在人的认识中，理性或推理也起着重要的作用。逻辑和数学知识在很大程度上并不直接依赖于人的感觉和经验，并且它们本身还是感觉经验之是否能够超出常识的范围而达到更高的认识的一个前提条件。凡此产生的种种分歧，在知识起源问题上把哲学划分成了唯理论、经验论以及试图对之做出综合统一的批判论。

一、理性、经验之概念

在哲学上，关于知识起源问题解释的最著名的几种理论，分别是唯理论、经验论和批判论。这几种理论的基本分歧，在于如何看待经验或理性在知识起源中的作用问题。何谓经验？何谓理性？经验与理性在人的认识活动中各具有怎样的性质或特点？不搞清楚这些基本的问题，就无法理解诸种有关知识起源理论的基本内容及其对立的实质。

1. 理性

关于理性在人的认识中有着重要作用的思想，最早见之于古希腊哲学家巴门尼德（Parmenides，约公元前 515—约前 445）关于“存在”问题的论述。巴门尼德认为，当人们思考宇宙万物的生灭变化时，有一点是确定的，这就是，必须承认现有的万物是一直都存在的，没有任何事物会来自虚无，而已经存在的东西也不会消失于无形。在他看来，世界上根本没有真正的变化，没有任何事物可以变为另外一种事物。当然，巴门尼德也体认到大自然恒常变化的事实，透过感官，他也觉察到事物确实会发生变化，不过他无法将这种现象与他的理智画上等号。当他不得不在依赖感官与依赖理智之间做出选择时，他选择了理智。饶有兴味的是，巴门尼德对理性的坚信竟至如此程度，以至于他甚至不相信自己亲眼所见的东西。他认为，我们的感官使我们对世界有不正确的认识，这种认识与我们的理智不符。身为一个哲学家，他认为他的使命就是要揭穿各种形式的“感官幻象”。在哲学史上，这种坚决相信人的理智的态度被称为理性主义。所谓理性主义者就是百分之百相信人类的理智是世间所有知识泉源的人。

巴门尼德贬低感性抬高理性的思想当然是不正确的。他的论证是建立在这样的基础上的，这就是，无法思想的东西是不可能存在的，而能够存在的东西就一定能被思想。当一个人在想或说的时候，他就是在想到或说到某物，因此必须存在让人能够想或说的、不受约束的、外在的事物。既然人在日常生活中能够毫不费力地做到这一点，可见人所想或所说的对象是一直就存在的。同样，既然对象在任何时候都是存在的，而且不可能不存在，那么说事物有所谓变化就不能成立。巴门尼德没有看到的是，假如事情果真这样的话，他也就陷入了一种他无法破解的谜团：按照他的逻辑，他将永远也不能否定任何事物，因为这样，他必然要说，什么东西不存在；而这样一来，他将永远不能断言任何事物。于是，所有谈话、所有语言、所有思想都将成为不可能，剩下来的只是一个空洞的所谓“存在”。在这里，我们关注的并不是巴门尼德关于存在的论证是否正确的问题，而是他在这里实际提出了一个关于语词或概念的作用的重要问题，这就是，如果一个人想要简明、准确地使用一个语词的话，则这个词就必须有某种含义，而它所指的东西在某种意义上必须存在。其实，问题本来十分简单：在日常生活中，当某个事情的原委一旦被弄清，没有一个人真的会说这件事是“不存在”的，而只是说“它不属于某一类或某一种东西”。例如，当你说“水不是固态的”的时候，并不是说水不存在，而不过是说水与冰或其他事物不是同一类事物罢了。所以，从哲学上看，语词或概念不过是关于事物的类的特性或一般性的一种抽象或概括，而理性就是人通过抽象或推理把握事物的类的特性或一般性的一种能力。

理性既然是指人通过抽象或推理把握事物的类的特性或一般性的一种能力，可见抽象或推理是理性的一种本质规定。通过理性的抽象或推理，人一定能够达到对真理的认识。当然，这并不意味着，人们总是能够正确地推理，就像我们在巴门尼德那里见到的那样。那么，人们是如何知道自己所做的推理是正确的或不正确的呢？有没有一个据以判定这种正确性的标准呢？当我们思考这个问题的时候，我们首先想到的是“逻辑”这个概念。因为，逻辑就是推理正确性必须遵守的规则或原则，而逻辑学则是关于推理正确性的研究。逻辑之于哲学的关系，就如数学之于物理学或天文学一样，是任何正确的哲学思考不能违背的基本前提。那么，逻辑对理性的抽象和推理活动有哪些基本的规则和要求呢?

（1）演绎

在涉及思维的抽象和推理活动时，合乎逻辑是一个基本的，也可以说是最重要的要求。所谓合乎逻辑，说到底，就是要正确地推理。实际上，即便是感觉经验，也不能脱离理性和推理。因为，只有通过理性判断和推理运用，感觉经验才能超出常识的范围而达到更高的认识。不过，在其他情况下，我们仅仅通过推理，也能获得大量的知识。那么，怎样的推理才算是正确的推理呢？请看以下的推理形式：

例一：所有的鲸鱼都是红色的，
我是鲸鱼，
所以，我是红色的。

在日常生活中，假如一个人以上述的方式来进行推理的话，立刻会召来抗议。这是因为，你的推理的结论明显与事实不符（鲸鱼不是红色的，我也不是鲸鱼）。但是，面对批评，你或许会说，固然不错，但是，我的推理本身却是无懈可击的。细想起来，这两种说法都不能说是错误的。因为，批评者说的是，由于鲸鱼不是红色的，我也不是红色的，所以整个陈述就是错误的；辩护者说的则是，尽管这个陈述本身是错的，但它的推理过程却是有效的。因为，如果所有 A 是 B，并且所有 B 是 C，那么，逻辑上必然得出 A 是 C。逻辑是推理有效性的规则，它并不管推理的前提（上述推理中结论以上的部分）是否正确，只要你同意一个推理的前提，你就得接受由此而逻辑地导出的结论。

为了更好地说明这个问题，让我们进一步来看以下的推论：

例二：所有的鲸鱼都是海洋生物，
所有的海洋生物都是生命，
所以，生命是海洋生物。

在这个例子中，两个前提都是正确的，但它的结论却是错误的，显然，这又是一个无效的推理。（结论应该是："所以，鲸鱼是生命。"）

实际上，上述两个推理形式都是逻辑学中演绎推理的错误运用。所谓演绎推理，是指那种不是从个别性的前提出发，而是从一般性的前提出发，通过推导，即"演绎"得出具体陈述或个别结论的过程。换句话来说，经验性的陈述是从抽象性的一般语句中推导出来的。在日常生活中，人的推理活动大量地表现为演绎性的推理。所谓逻辑推导，主要指的就是演绎性的推理活动。演绎推理的一般形式是：

（ⅰ）全言式：

所有的 X 都是 Y，	所有的鱼都是水生生物，
Z 是 X，	鲸鱼是鱼，
所以，Z 是 Y。	所以，鲸鱼是水生生物。

（ⅱ）假言式：

如果X，则Y，	如果得了阑尾炎，那么腹部就要剧痛，
X，	他得了阑尾炎，
那么，Y。	所以，他的腹部剧痛。

（ⅲ）选言式：

或者X，或者Y，	他或者是个懦夫，或者是个英雄，
不是X，	他不是懦夫，
那么，Y。	所以，他是个英雄。

（ⅳ）联言式：

既X，又Y	张和李都爱好运动，
那么，X。	所以，张爱好运动。

演绎推理的逻辑形式对人的思维保持严密性、一贯性有着重要的校正作用。一切辩论的有效性和无效性的根据，并不在于它的内容，而在于它的形式。无论你使用的前提是什么，你的结论必须与前提之间具有逻辑一贯性，也就是说，你的结论必须是从前提逻辑地推导出来的，否则，就不能算是一个有效的辩论形式。这也就是说，任何命题形式，只要它遵循的是像“所有A's是B's，并且所有B's是C's，所以，所有A's是C's”这样的正确的推理逻辑，它就是有效的命题形式。换句话来说，不管在这里A或B或C究竟是什么，命题形式和推理形式本身仍然是有效的。

必须指出的是，有效的推理形式是达到正确的演绎真理的前提，但并不等于说推理形式是有效的，就一定能达到确定的演绎真理。就像我们在上述例一、例二中见到的一样。任何正确的演绎真理的获得，都要求推理形式本身具备两个不可缺少的要素，即它的前提是真实的，推论是合乎逻辑的。例一的错误在于它的两个前提都是不真实的，例二的错误则在于它的推论过程是错误的。由此可见，要进行正确的推理，特别是如果我们推理的目的是获得一个确定的真理的话，正确地理解推理的这种特性无疑是十分必要的。

演绎推理的最典型同时也是最重要的应用，通常存在于逻辑与数学证明中。所谓逻辑与数学证明，是指那种通过对前提的有效推论来达到结论的证明方式，即它对某一事件的证明是从某个确定的前提（逻辑的原则或数学的公理）出发，通过有效的演绎来实现的。逻辑的或数学的推论对于证明来说是重要的，因为它的结论是建立在严密的逻辑和数学推导的基础上的，整个推论过程具有逻辑上的有效性。但正由于这种推论是建立在某一确定前提的基础上的，因而在证明中，当该前提本身的真理性远不是无可置疑的时候，证明本身的效力就难免受到冲击。例如，在任何数学推导中，都有一个用作前提的公理或定理。出于证明的需要，这些公理或定理通常被假定为正确的。在证明之初，人们往往专注于演绎本身的严密性和有效性，而不去追问构成证明前提的公理或定理的真理性。随着研究的深入，这些一度被忽视的问题有时会慢慢地浮现出来。如果不能对这些前提的真理性做出明确的说明，就会影响到整个证明的结果。以欧几里得几何学来说，它的大部分原理都是建立在这样一个基本的公理即平行线公理的基础上的，这就是，“在平面上任取一条直线以及直线外的一点，通过这一点只能引出唯一的一条直线与第一条直线平行”。初看起来，这一前提的理由是如此充分，以至于人们总把它当作一个适用于一切空间情况的、理所当然的真理。然而，对于几何学家来说，一个挥之不去的问题始终都是存在的，这就是，这一前提从未被加以证明。在较新的非欧几何学，如黎曼几何学中，空间被证明不是平直的而是弯曲的。这样，曾经被认为适用于一切空间的欧几里得几何学的平行线公理，就只适用于常规的、有限的空间，而不适用于超常规的、距离地球数百万光年的外层空间，因而就不再被包括在这个新的几何学原理之中。而在新的黎曼几何学建立的基础上，人们引出了新的、不同的结论。由此可见，逻辑与数学证明固然有其逻辑上的严密性和推论上的有效性，但从它的前提仍然是一个有待证明的、不确定的东西这一点来看，我们又不能把这一证明的真理性看作绝对的或一成不变的。

（2）归纳

除了演绎推理以外，归纳推理是推理的另一种基本形式。所谓归纳推理，是指那种不是从一般性的前提出发，而是从个别性的前提出发，通过感官的观察和经验的推理，得出一个具有或然性的一般结论的过程。在人的理性的推理和分析活动中，归纳具有与演绎同等重要的、有时甚至是更重要的作用。之所以这样说，是因为演绎推理固然能够为人提供确定无疑的知识或确定的真理，但这取决于两个条件，即它的前提必须是真的，而且其论据也应该是有效的。但是，正如我们在上面看到的那样，这种推理遇到的最大的一个问题就是，如何确定它的前提真假的问题。在通常情况下，前提的真假取决于归纳，即只能通过观察和测量来加以解决。这样，演绎就必须回溯到归纳。另外，演绎推理的结论也由于它未能超出前提给定的范围，因而被认为不能为人提供新的知识而受到批评。当然，我们不能因为演绎推理的这种局限性就忽视或贬低它的重要性。除了某些特殊的情况，如不解决前提的问题，分歧就难以解决的情况以外，演绎推理在大多数的场合都表现出对人的分析和逻辑活动的强有力支持作用。逻辑原则或数学公理，从根本上说，也是在经历了大量的逻辑的或经验的检验以后才获得确立的。从逻辑的观点看，逻辑只告诉我们，如果一个前提是真实的，那么，就能由此逻辑地导出一个确定的结论。它并没有告诉我们，这个前提本身是真实的。要解决前提本身的真实性问题，就必须返回到经验中去，借助归纳和概括来判定前提的真假。在日常生活中，大多数辩论或推理的前提不过是以这种或那种方式陈述经验而已，如“凡是天鹅都是白的”。因此，从更大的范围来看，理性与经验是互补的而不是冲突的：演绎推理告诉我们，当一个前提是确定的时候，我们能够有效地从中引出何种结论；而归纳推理则告诉我们，在给定的经验性证据的基础上，怎样的结论才是可能的。这也就是说，为了解决演绎推理本身不能解决的前提是否真实的问题，我们必须求助于经验性的归纳推理。

与演绎推理中结论能够从前提中逻辑地导出的情形相反，在归纳推理中，结论与前提之间并没有必然的联系，人们不能指望有一个明确的前提就有一个确定的结果。在许多场合中，人们甚至能够一方面肯定一个前提，另一方面却否定一个结果，而且完全不必为这样做的后果担心。这是因为，在归纳推理中，一般性的结论是从作为前提的具体实例中得出的。前提只是使结论成为可能，它并不能保证结论就一定是确实可靠的。为了更好地说明这个问题，让我们来看下面这个推理：所有登上飞往纽约的这架班机的乘客都因飞机失事而丧生了，张先生登上了这架班机，因此，张先生也丧生了。从演绎推理的角度来看，这个结论与前提之间具有逻辑上的一致性，因而是一个确定的陈述。但从归纳推理的角度来看，这个结论则是有问题的，也就是说，它远不是那么确定的。因为，作为推论前提的班机失事这个事实，并不必然地导出作为乘客之一的张先生也一定在这次失事中丧生。这是说，也许张先生压根儿就没有登上这架飞机，因为，他在最后一刻改变了主意。另外，也许还有乘客在这场事故中幸存了下来。我们所知道的，仅仅是所有在飞机上的人都丧生了，而张先生在飞机上，所以他也丧生了。实际上，这个例子引出了一个如何正确地看待归纳推理的性质或作用的重要问题，这就是，归纳推理不具有演绎推理那样的确定性和有效性，它的结论并不能逻辑地从前提中得出。在这里，前提只是为结论提供了某种证据，或者说，它使结论具有更大的可能，但远不是确定的或毫无疑义的。如果从这样的角度来看待归纳推理的性质或作用的话，上面这个例子的结论就应该是这样的，即所有登上飞往纽约的这架班机的乘客都因飞机失事而丧生了，张先生登上了这架班机，因此，张先生可能也丧生了。

如果说上面这个例子作为归纳推理的或然性质的一个说明还比较容易的话，下面这个例子的或然性质就让很多人感到困惑，因为它在很多方面都与我们关于或然性的日常理解不尽一致。例如，假设我们往空中抛一颗石子的话，那么，它必然很快坠落到地面。如果用归纳的原理来解释这种现象的话，你会认为，石子从空中坠落是可能的，因为如果你不相信的话，可以再抛一颗试试。但是，有人会反驳说，这不是或然的，而是确定的。不错，在日常生活中，我们有许多这样的经验，这就是，如果我们往空中抛一物体的话，那么，它很快就会坠落到地面。这种情况是如此经常地发生，而且要检验它又是如此地容易，以至于它实际上已经成为一个“规律”了，即牛顿揭示的引力定律了。但即便如此，我们仍然要说，它不是确定的，至少不是像我们在演绎推理那里见到的那样确定，即具有逻辑必然性的确定。因为，让你得出这样一种印象的原因是，在我们的经验中，这种情况已经无数次地发生了，由此，可以预计，它必定再一次地发生。然而，当我们如此自信地这样认为的时候，我们可能并没有意识到，我们正在陷入一种无法逃脱的偶然性圈套，即某些过去重复发生的事情在未来有可能不再发生，因此，你如果以此来作为它今后也必定会发生的证据的话，就不可避免地会出现判断失误。例如，在过去的数个世纪中，最好的交通工具就是马车，人们乘着马车从一个地方到另一个地方。假如你生活在一百多年前，你或许会认为，这种情况将永远地继续下去，马车将一直是人的主要交通工具。因为在你看来，马车作为代步工具的优越性是不言而喻的。但是，假如你注意到这时在你的身边已经出现了一些新的发明，如自行车或汽车等，而且它们的优越性远在马车之上的话，你的自信程度不可避免地就会降低。这时你或许会说，这些新发明明显地比马车更快、更有效率，看来它们将会取代马车而成为我们未来的主要交通工具。实际上，更有可能的一种情况是，人们将继续努力去发展任何一种对人来说更便利、更有效的工具和手段，因此，任何一种具体工具的使用都只能是暂时的。

由于归纳推理给予我们的，并不是许多人内心期待的那种确定性，即在演绎推理中表现出来的那种具有逻辑必然性的确定性，而是一种具有或然性的并非确定无疑的结论，因而有人不免要问，这样的或然性的结论、这种通过辛辛苦苦的归纳得来的知识又有什么作用呢？对于这个问题，最简单的回答就是，我们所知道的关于科学的假说和推理，主要就是依据在日常生活中被称为“事实”的大量事件和归纳推理得到的。换句话说，假如没有在感官观察和经验概括基础上形成的一般结论，科学将成为不可能。而这种一般结论形成的过程，就是归纳推理的过程。至于对这个问题的较为深入的回答，我们可以从归纳与因果性的关系来加以说明。科学就其本质而言，乃是关于事物因果关系的知识。这种关于事物因果关系的知识，来自我们对自己所经验的事物之间联结的普遍化，而这种普遍化思维活动所遵循之原则就是归纳原则。一般而言，我们所了解的事物之间的联结，既可以是一种经验性意义上的联结，表现为一定的因果关系，也可以是一种逻辑和数学意义上的联结，表现为一定的逻辑关系或函数关系。但无论是哪一种关系，如果我们不依据归纳原则将之普遍化，我们就不可能获得关于事物规律的知识。换一句话说，假如归纳原则无效的话，那么，一切关于因果关系和其他关系的普遍规律皆不能成立。但因果关系亦不似逻辑关系或函数关系，常有一种直觉之确定性，且能依赖理性帮助其建立。因果关系只能以经验为根据，只有在反复经验的基础上才能加以建立。由于经验在人的知识中的呈现不是同时的而是离散的，因而只有通过归纳或概括的思维推理活动，才能抽象出其中的恒常关系或规律。由于通过归纳所得到的知识是依据大量清晰的观察、明确的表述和充分的事实证明的知识，因而必定会有很高的可靠性。如果考虑到演绎的前提最终必须通过归纳才能得以证实这一重要事实的话，则归纳在知识探索过程中的重要性就不言而喻了。

无论是演绎还是归纳，都是人的推理能力的具体表现。但是，就人的理性这一概念而言，它在日常生活中的含义却远不止于推理。当我们借用亚里士多德的说法，把人称为“理性的动物”的时候，“理性”这一概念实际包含了比推理更为丰富的内容：人的形成概念和理解概念的能力是理性；人的学习语言和运用语言的能力也是理性；人获得关于世界的信念并且按照这一信念行动的能力还是理性。一方面，当我们说“人只有通过理性才能解决他所面临的各种问题”的时候，这一句话本身不但是一个演绎性的推理，同时也把人的理性的各种能力表露无遗；另一方面，当我们说古希腊哲学家是人类最早尝试用理性的而不是宗教信仰的方式来解决道德问题的思想家的时候，我们再一次看到了理性总是同人的解决各种实际问题的能力联系在一起。

尽管理性表现为人解决各种实际问题的能力，但推理毕竟是理性的最直接、最有效的运用。推理离不开逻辑。在推理中，当我们运用逻辑的法则从一个命题推向另一个命题的时候，逻辑告诉我们：当 p 是真的时，q 要么是真的，要么是假的，要么两者都不是。有关推理的这些基本法则，最早是在亚里士多德的逻辑学中被系统地加以讨论的。亚里士多德提出了关于推理的三个重要的命题，他把这些命题称为“思维法则”，即无论对于哪一种推理来说都是根本的、不能违背的逻辑法则。这三个“命题”分别是：

（ⅰ）同一律：A 是 A。

（ⅱ）不矛盾律：没有任何事物能够同时既是 A 又是非 A。

（ⅲ）排中律：任何事物要么是 A，要么是非 A。

其实，把这三个命题称为“思维法则”是值得商榷的。因为，这些命题并没有涉及这样一个重要的问题，即人究竟是怎样进行思维的。就是说，在日常生活中，我们许多人并非总是或总能做到理性地思维。在许多场合中，人的思维表现为非理性的，而且经常陷入一种相互矛盾的状态之中。但不管怎样，这三个命题毕竟构成了人的思维的逻辑根据，即我们所做的任何一个陈述的预设前提。很难设想，我们所做的任何一种推理，不管是作为内在的思考过程的演绎推理，还是来自感觉经验的归纳推理，能够离开这些最重要、最基本的逻辑原则。对于这一点，有人或许有不同的看法。在这些人看来，这三个命题是如此显而易见或简单，以至于我们对此根本没有更多的东西可说。另外，这些命题看来也不能增加我们的知识。的确，逻辑的和数学的命题，作为演绎推理的最典型、最重要的理论形式，其前提因为要依赖于经验的验证，因而在某种意义可以说不能增加我们的知识。而且确实如同一律所说，“A 是 A”，等于说“这本书是这本书”，舍此还有什么可说的呢？这里的问题在于，假如没有它们，我们甚至无法正常地表述和思考。如果你试图去否定它们的话，立即会陷入自相矛盾的境地。以同一律来说，它就是我们一切所想、所说的前提和先决条件。按照亚里士多德的论证，要否定“A 是 A”是不可能的。因为，当你说，你否定“A 是 A”的时候，你的否定就是一种否定，这正好是“A 是 A”这种情形。你现在谈到的 A 怎么可能同时又不是 A 呢？如果你谈到的是一把椅子，那么它就是一把椅子，而不可能是一个土豆。在这里，同一律已经作为一个预设的前提限制着你的一切思考和论证。而不矛盾律指出，在同一时间、同一条件下，对同一事物的两个矛盾判断不可能同时是真的。这里的意思是，当你谈到一个事物的时候，这个事物就是这个事物，而不可能既是这个事物又不是这个事物。这是说，这把椅子不能在同一时刻既是它自身又不是它自身，既是一把椅子又不是一把椅子。至于排中律，不过是对不矛盾律的一种限制或补充。尽管在不矛盾律中，我们已经排除了事物在确定条件下的不确定状态，但仍然存在着有可能造成一个事物既不是它自身，又非不是它自身的逻辑罅漏，因而需要借助排中律来对这种罅漏加以限制。它的意思是，在同一时间、同一条件下，对同一事物来说，两个矛盾判断必有一个是假的，一个是真的，没有第三种可能。这就是说，事物要么是它自身，要么不是它自身，两者必居其一。

2. 经验

在讨论了理性作为知识的主要来源之一所涉及的种种问题以后，让我们转向对被视为知识的另一个主要来源的经验问题的透视。如同重视理性的传统可以被追溯得十分久远一样，经验在哲学史上最初被强调也是在古希腊哲学中。与理性主义者激烈地否定感性、推崇理性的态度相反，经验主义者一般地都把人的感官的作用置于认识的首位，强调一切关于世界的知识都只能来自感官经验。早在古希腊时期，与巴门尼德几乎同时的另一位哲学家赫拉克利特（Heraclitus，约公元前 540—约前 480 与前 470 之间）就引人注目地提出了“认识只能依赖于人的感官”的观点。巴门尼德从理性的角度认为没有一件事物会改变，而赫拉克利特则从感官认知的角度认为大自然在不断变化。在赫拉克利特看来，恒常的变化或流动是大自然的最基本特征。因为，所有事物都是流动的。每一个事物都在不停地变化、移动，没有任何事物是静止不变的，“人不可能两次踏进同一条河流”。如果我们不相信自己的感官，否认一切事物都是流动的、变化的，那么，我们就是无视一个最基本的事实。亚里士多德也曾经说过，我们心灵中的所有事物都是首先通过感官得来的。如果把亚里士多德的这个观点与后来作为经验主义哲学奠基人洛克的那句经典性的比喻，即人的心灵有如一块白板，只有经验才使这块白板刻上花纹、产生思想内容的说法做一比较的话，我们就能看到，经验这一概念对那些主张以经验而不是以理性作为知识的来源的哲学家来说，其地位有多么重要。

不过，作为一个概念，经验的含义有时并不总是显得那么清晰、明确。在人的认识中，经验究竟包含了哪些具体的内容，或者说，认识中的哪些因素可以被看作经验，人们对此的理解往往并不是那么具体、全面。下面，我们就尝试着对有关认识中的经验内容做一较为明确、具体的概括。

（1）感知

所谓感知，是指那些通过人的感官所获得的关于外部事物的经验。人的感官无疑是人用来感知外部世界的最重要的窗口。从感知的角度谈论人的认识，在通常的情况下，主要谈的是通过人的视觉器官获得的关于事物的认识。从某种意义上说，人不过是一种视觉动物而已。在日常生活中，我们关于事物的认识，大量的就是在视知觉的意义上加以讨论的。例如：“你是如何知道在你的前面有一棵树的?”“通过我的眼睛。因为，我看到它就在我的对面。我能看见它，触摸到它。假如我喜欢的话，我还能够用相机把它拍下来。如果我有绘画的才能的话，我也可以把它逼真地描绘下来。实际上，不仅我能做到这一点，你们任何人都能做到这一点。”当我们这样谈论一个认识问题的时候，我们就是在感知的意义上强调了我们关于外部事物的经验的来源及其性质。更为重要的是，当我们这样谈论问题的时候，在大多数场合下，我们并没有意识到，我们是把在我们之外存在的物质世界，并且我们一定能够通过我们的感官知觉到这个世界中的事物这一点，当作一个理所当然的事实来看待的。然而，实际的情况是，人对外部世界的感知，或者说人的感性认识，远不是如我们想象的那样简单和一目了然。在许多情况下，我们的感知与事物的实际存在往往不相符合或不尽一致。例如，我们经常遇到的一种情况就是，我们感知到的东西实际上是不存在的，如幻觉；或者有些事物是我们无法知觉到的。另外，我们的做梦现象又如何解释呢？在做梦这种意识性的活动中，并没有一个实在化的物质世界与之对应。还有，我们的感知有时也给我们传递了某种假象。例如，当我们把一根直的棍子插入一桶水里的时候，我们感知到的实际是一根弯曲的棍子。尽管人的感知本身存在着种种局限，我们仍然必须承认，我们关于外部物质世界的认识是通过我们的感知获得的。如果我们不相信这一点，那么，我们后面所列举的其他知识的来源就更飘忽无根了。因为，所有这些来源都是建立在我们相信我们能够通过自己的感官获得关于事物的确实可靠的知识这一根本之点上的。

（2）内省

除了通过我们的感官对在我们之外的物质客体进行认识以外，我们无疑还能通过我们自己的内在状态，即我们自己的内在思想和内在感受而获得另一种认识经验，这种认识经验就是所谓“内省”。人对自己的内在生活、内在思想和内在感受的依赖达到了这样的程度，即只有我们每个人自己才知道自己当下在想什么、感受什么、怀疑什么或否定什么。反过来，离开我们自己的所想、所感受、所怀疑或所否定，我们就很难确定我们自己在某一时刻、某一具体场合中究竟要做些什么或选择什么。

内省涉及的人的内在体验是多方面的。首先是情感。一对处在恋爱中的男女，他们的一举手、一投足、一回首、一顾盼，无不洋溢着某种幸福或温情。这种感受，只有身处其境的人自己才能真正体会到。当然，其他人只要有心的话，也能容易地发现或观察到这对情侣感情的流露。其次是思想。我正在思考一个问题，至于这个问题是什么或我是怎样思考的，如果我不说出来的话，其他人是不会知道的。再次是想象。一个身处大漠的人，由于饱受干旱和风沙之苦，往往想象有一片绿洲、一条大河就在前面。这种想象会给他们很大的精神力量。又次是恐惧。在心理医生的诊所里，我们经常遇到这样的情况：一个患者告诉医生，长时期以来，他一直有一种莫名的恐惧，总是担心有什么可怕的事就要发生。不要误以为这只是一个精神病患者在对医生倾诉他的临床症状。我们每个人都会有这样的心理体验。死亡、灾难、不幸，甚至很小的不可预见性，都会在我们的心里产生某种恐惧感。最后是信念。一个人问道："你怎么知道你的陈述是真的？""我相信它是真的。"另一个人答道。"你怎么知道这个相同的陈述不是真的？"前者又问道。"我就是不相信它是真的。"后者继续答道。遇到这种情况的时候，我们怎么办？这是一场争论的结束还是另一场争论的开始？信念问题是指那种由信念本身而不是信念的合理性决定的问题，即"相信"一种东西，甚于对这种相信本身是否正确、是否合理的关心。例如，对一个宗教信徒而言，他相信上帝确实是存在的。尽管有人告诉他，从科学或常识的角度看，任何上帝或神都是不存在的，但这并不能动摇他对上帝的信念。

对于内省而言，经常存在的一种情况就是：当我们做此种陈述的时候，我们往往容易把自己关于当下所感所想的事实陈述与对这种事实所做的理解或判断夹杂起来，从而影响到这个陈述的准确性或报道的精确性。例如，当某人说"我感到愤怒像波涛一样从心底涌起"时，这句话表达的究竟是他当时实际的所感所想，还是他已经加入了一些夸张性的描述于其中？在通常情况下，这两者是很难辨明的。再比如，在医院门诊中，当医生要求患者述说他的实际感觉或实际症状时，患者给出的往往是加入了自己对病情的理解或印象的述说，从而影响到医生对他的真实病情或症状的判断。感知与内省两者之间的最大区别就在于：在涉及外部客体的感知或判断活动中，我们的感知或判断是否正确，可以容易地通过物质性客体的存在直接或间接地得到证明；而涉及由我们内在的情感、观念和感觉等构成的内省性经验时，其陈述或叙述的真实性或正确性则很难获得我们在感知活动中能够达到的那样强有力的证明。以信念为例，相信一个陈述为真，与它自身究竟是不是真的并没有直接的联系。相信是一种内在的感性活动，它对我们外部的世界不能提供任何证明。例如，你可以说明天将有暴风雪，因为"你确信"天要下大雪了，但你的这句话并没有什么可靠性。即使天真的下雪了，也与"你的确信"无关。所以，这样一个陈述仅仅具有信念的可靠性。我们如果想使自己的信念表述显得更为可靠一些或更为真切一些，不妨说，"我相信明天将有暴风雪"。当然，相信和不相信都与天是否会下雪无关。

（3）直觉

在作为知识来源的经验要素中，直觉是一个特殊的组成部分。所谓直觉，是一种以感知和内省为基础，但又突破了感知和内省限制的关于对象的即时的、敏捷的、直接的观念。在人的认识活动中，直觉有着一种非理性的或经验中的感知和内省因素所不能起到的特殊的作用。由于直觉的获取不是通过繁复的逻辑推论和渐进的经验积累，而是通过敏捷的、当下直接的感悟来实现的，因而不但为哲学家，也为神学家、艺术家，甚至寻常百姓对它的理解提供了各种可能的解释空间。不同的人从不同的角度出发，赋予了这一范畴既丰富多彩又光怪陆离的含义。从日常生活中不可言喻的直感或预感，甚至是胡乱猜想，到宗教实践中神秘莫名的信仰或内省，再到哲学领域中把握宇宙统一性和精神超越性的概念或形式，都可以用直觉这一范畴来加以解释。但是，严格说来，直觉不过是一种人在经验基础上形成的对事物的把握方式。离开经验的基础，或者说把直觉从经验中剥离开来，就很难解释人的直觉的性质及其生成。

直觉最普遍的、最典型的形式，表现在人对他所面对的事物或面临的情况所具有的一种特殊的洞察能力和反应能力方面，这就是通常所说的直感或预感。在这种情形下，直觉表现为一种在我们的认识中存在的，可以通过我们自己的感受方式或某些其他只可意会、不可言传的方式得到的特殊知识类型。例如，在某些场合，当我们试图对某一事情做出判断的时候，我们往往无须诉诸按部就班的分析或推理，而是借助直感或预感从一开始就预知或预见到事情的结果，而结果也印证了我们的直感或预感的正确性。换句话说，我们不是在经过了一番繁复的论证之后才发现事情有点不妙，而是在一开始时就说："我凭直觉知道事情有点不妙。"又如，在日常生活中，我们常说："我的直觉告诉我，他不是一个可以信赖的人。""我的直觉告诉我，他在撒谎。"等等。还有，当你的车行驶至一个岔路口而不知所往时，你会说："这条路一定是出口。"在许多场合中，通过直感或预感获取的知识具有相当高的可靠性，以至于人们相信那些具有此种直感或预感能力的人依据这种方式做出的任何一种判断都是可信的。

直觉的另外一种更为独特的，为艺术家、科学家及许多专业人士所重视的形式，是作为科学发现和艺术创造触发器或媒介出现的"灵感"或"敏觉"。从这一方面来看，直觉被理解为那些在某一领域中训练有素的人所具有的对目标对象的迅捷敏锐的把握能力。在这种情形下，甚至直觉者本人也说不清自己的直觉从何而来。例如，每一个听过莫扎特的《安魂曲》的人，都会被它那悲怆、美妙的绝唱所征服。那么，莫扎特是如何创作出他的这一旷世杰作的呢？在西方，围绕莫扎特创作《安魂曲》的传闻，编织起来，竟至盖过了作品本身的魅力。诸如某个匿名人物的神秘委托；莫扎特写这首曲子时充满恐怖，因为他是在为自己的葬礼谱写送行曲；他去世时作品仍旧没有完成；在电影《莫扎特》中，垂死的作曲家把作品口授给恭立一旁记录的萨列利等。而不管哪一种传闻，都无不对莫扎特的天才大加颂扬，因为他对生命和死亡之间的冲突所表现出来的直觉能力是无人能及的。其实，不单是莫扎特，大多数在音乐上卓有造诣的大师，当被问及他们是如何创作出他们的音乐作品时，他们总是说是灵感帮助的结果。至于这种灵感是如何来到他们的头脑中的，作曲家本人也很难说清楚。由于没有其他更好的方式来解释他们是如何获得灵感创作出那令他们自己也感到惊异的作品的，于是他们只好说这是直觉的结果。又由于人们对艺术创造的实际过程所知甚少，因而“直觉”一词被用于解释艺术创造或艺术作品创作时，往往不免具有某种神秘的意味。

比较一下上述两种不同的直觉情形是很有意义的，因为这有助于我们更好地理解直觉的经验性质。在作为灵感或敏觉的直觉情形中，作曲家在无法解释自己如何产生灵感从而创作出作品的情况下，往往将其归结为直觉这种特殊的认识能力。实际上，直觉的重要作用不仅体现于音乐家的艺术创作中，而且体现于科学家、军事家、医生、律师、诗人等专业人士的实践活动中。但是，这些专业人士之所以能够具有超出常人洞察对象、把握事物的能力，从根本上说，是因为他们在相当长的时间内从事其专门的职业，从而积累了丰富的经验并具有在此基础上进行分析推理的能力。尽管每一个听过莫扎特的《安魂曲》的人都会被他的天才所折服，但假如他不是莫扎特或任何一个训练有素的音乐家的话，我们很难想象这样的旷世杰作会出自他之手。而在作为直感或预感的直觉情形中，直觉的可靠性就更成问题了。我们这样说，并不是要否认直感或预感的重要性，或者更为极端一点，否认直感或预感的存在，而是说，我们不能对直感或预感的可靠性做出过高的估计，因为单凭它们自身并不能为我们提供可靠的知识。许多相信直感或预感可靠性的人声称，他们早在事情发生以前就已经预知事情的结果。真是这样吗？一个迷路的人是如何准确地判断出正确的出口的？他真的就不会出错吗？无论如何，我们只能说他交了好运，因为他碰巧做了一个正确的猜测。在日常生活中，这种情况屡见不鲜：一个人尝试着猜测某个问题的答案，而碰巧他答对了。有人问道：“你是怎么知道的？”“靠直觉。”这人答道。问题在于，在许多场合，一个人声称自己凭直觉知道某事是怎样的，而结果却证明他的直觉是错的。不仅如此，同样的一个直觉，有时在一个场合能得到应验，但在另外一个场合却宣告失效。由此可见，不管我们把直觉说得多么神奇，也不能回避这样一个事实，这就是，它其实是很容易出错的。既然如此，我们又怎么能够说直觉永远是正确的呢？如果严肃地来看待这个问题的话，应该说，当直感或预感是正确的时候，实际上是因为感觉经验和推理在起着作用，因为在这个场合中，我们拥有被证明是可靠的各种关于我们面对的情况的经验；而当我们的直感或预感失效的时候，恰恰是因为我们忽视了感觉经验或推理的作用，把直觉从经验和推理中剥离开来。由于此时脱离了能够给我们带来正确结果的被证明是可靠的经验，我们的直觉的失效就是不可避免的。

二、唯理论

在知识起源问题上，唯理论（rationalism）以其对经验和感觉的拒斥并强调理性和普遍概念的唯一性而自成体系。唯理论不否认认识中经验和感觉因素的存在，但认为就根源和基础来看，认识应是先天的、与生俱来的、依存于人的理性的，而不是后天的、依存于感觉经验的。在这个意义上，唯理论又被称为先验论（apriorism）。唯理论之所以主张认识的先天性，从根本上说，乃是试图以此来说明知识的普遍性、必然性和确定性，并以先天的理性之所思、所想为真理。

1. 历史与缘起

唯理论作为一种独立的知识论类型的出现，严格说来是近代的事。但是，唯理论崇尚理性、贬抑感性的倾向，在哲学史上却有着久远的传统。这种倾向早在古希腊哲学中即已出现。毕达哥拉斯、巴门尼德、柏拉图等人作为哲学史上最早的理性主义者，他们的哲学思想为后来的唯理论哲学提供了最初的思想基础。例如，毕达哥拉斯就认为，宇宙的本原及其生成过程，归根到底可以看作抽象的“数”的一种排列与分合。这种思想推动了后来作为唯理论哲学之核心的理念论和共相理论的发展。巴门尼德则通过对“感官幻象”的揭示和理智可靠性的论证，早早地表明了自己作为一个理性主义者的明确立场。但是，在早期可以被称为理性主义者的哲学家中，柏拉图的哲学观点无疑最为典型。柏拉图的哲学宏富而深奥。从认识论，尤其是知识起源论的角度来看，最能体现柏拉图哲学的理性主义倾向的，当属他关于概念知识与感性知识本质区别的理论。按照柏拉图的观点，没有任何一种配称为“知识”的东西是从感官得来的，唯一真实的知识只能来自概念，得之于理性。在柏拉图看来，“2＋2＝4”是真正的知识，即真理，而所谓“雪是白的”这样一种陈述则充满了混乱与不确切，以至于不能也不应该在哲学家的真理体系中占有一席之地。柏拉图之所以反对把知识等同于知觉、把真知识等同于符合了经验事物的知觉观念，根本的一点就在于，他否认通过感官能达到对独立于人的、自在自为的真实存在，即理念的认识。由于理念是一种与具体的存在相脱离的且规定了具体存在的性质的精神性纯形式，这就决定了能达到对这种真实存在和纯形式之认识的所谓真知识，不是以混乱和不确切为特征、与感官作用相联系的经验性知觉，而是带有普遍性的原理或观念。柏拉图一再强调，他并不否认有所谓真知识，他的任务在于为真知识找到一个与之符合的对象从而使之真正成为真。柏拉图的这一观点直接启迪了中世纪唯实论（realism）关于概念实在性的思想，并与后者一起共同构成了近代唯理论哲学的理论渊源和思想基础。

2. 理论与方法

被伯特兰·罗素尊奉为“近代哲学之父”的勒内·笛卡儿（Rene Descartes，1596—1650）构造的唯理论哲学，是近代之交专注于数学和方法论的“这两种影响以古典作家的宏伟气魄融合为一个崭新的哲学体系”①。作为哲学史上第一个严格意义上的知识论哲学家，笛卡儿第一次提出哲学家必须使用特定的方法来解决哲学问题，必须用“数学方法”来进行哲学思考，并把数学的演绎方法成功地转变为哲学的演绎方法，即唯理论的哲学思维方法。所谓用“数学方法”来进行哲学思考，就是用一般人证明数学定理的方式来证明哲学的真理。换言之，就是运用我们在计算数学时所依据的同一种工具，也就是理性，来解决哲学问题。按照笛卡儿的观点，理性的观念是天赋的、自明的。因为，

---

① ［英］伯特兰·罗素：《西方的智慧》，256页，北京，世界知识出版社，1992。

理性观念的这种天赋自明性，是可以通过理性的怀疑方法获得确证的。人们只要把怀疑作为认识的出发点，对一切可能加以怀疑的事物进行提问，最后就一定能够得到不受怀疑的确定知识，这个确定知识就是“我”的观念的存在。“我”的存在是一切存在的无可置疑的前提。这就是笛卡儿著名的“我思，故我在”。在这里，“思”即怀疑。笛卡儿进一步指出，既然理性的观念是天赋的、自明的，那么，建立在理性之上的知识就一定是确实的、可靠的。通过理性的自明观念，我们将能够清楚地区分什么是必然的存在，什么是非必然的存在。以实体概念为例，我们心中都有对于完美的实体的概念，这证明了完美的实体本身必定是存在的。因为一个完美的实体如果不存在，就谈不上完美了。又假如世上没有所谓完美的实体，我们也就不会有完美的实体概念。因为我们本身是不完美的，所以完美的实体的概念不可能来自我们自己。由完美的实体概念的这一特点还可以推知，上帝是存在的。因为，上帝这一概念是完美概念。上帝概念是与生俱来的，是在我们出生时就烙印在我们身上的，就像工匠在他的作品上打上印记一样。由此可见，上帝是确实存在的。为了避免人们用虚假的概念来否定完美的实体概念与它的事实存在之间的确定联系，笛卡儿特别指出，虚假概念与存在事实之间并无必然的联系，而“完美的实体”概念本身必定包含它必然存在的事实。这就像“圆”这个概念一样。圆之为圆，就在于圆上所有的点必须与圆心等长。假如不是这样，圆就不能称为圆。同理，缺少了“存在”这个最重要的特质，“完美的实体”就不成其为“完美的实体”。笛卡儿把他的这种观点进一步推向对外部世界实在性的论证。他指出，我们关于外部世界的概念，在很大程度上都是一些虚假的概念，因为这些概念并无可以与之对应的事实存在。感官知觉如颜色、气味、触觉等属于第二位性质，并不真正存在于事物之中。不过，外在的现实世界也有若干我们可以通过理智把握的特点。像广延性和运动这类独立于感官的、有着明显的数学特质的一般概念，就是天赋的理性观念，从而也是完美的实体概念。笛卡儿由此得出结论：从理性来看愈是明显的东西，从存在来看也就愈加可以肯定。理性的完美性是由上帝的完美性来保证的，完美的上帝是不会欺骗我们的。上帝可以保证我们用理智认识到的一切事物必然地会与现实世界相符。

作为近代第一个严格意义上的知识论哲学家，笛卡儿对知识前提的批判及对理性可靠性的论证，从根本上确立了唯理论哲学的理论原则及方法论基础。尽管他以后的一些主要的唯理论哲学家，如斯宾诺莎（Baruch de Spinoza，1632—1677）、莱布尼茨（Gottfried Wilhelm von Leibniz，1646—1716）等人出于反驳经验论的批评与完善唯理论自身的需要，从各自不同的方面继承、发展和修正了笛卡儿哲学的某些具体理论和论证，但总的说来，并没有背离笛卡儿为唯理论哲学奠立的那些基本前提和理论原理。如果把由笛卡儿开其端的，中经斯宾诺莎、莱布尼茨等人而成系统的唯理论哲学的原则和原理加以概括的话，它们主要体现为以下几个方面：

（1）理性的基础性

在知识的起源问题上，经验论强调知识本于经验，一切知识须从经验始，并视此为经验论哲学之首要的和基本的原理。然而，在唯理论看来，经验只是知识的构成因素之一，并且是知识中不确定的、须由理性加以约束或限定的因素。从孤立的知识生成的角度看，人们或许可以勉强承认倘无经验即无知识，因为知识确须始自经验。但从具体的知识实现的角度看，经验的作用则大受限制。单纯的经验无论如何不可能构成知识，任何经验均须理性之运用方能成为知识。以人“自觉其有知识”这一点来说，经验论者或许会说，这本身即为一经验；唯理论者则反驳说，如人无理性，又如何自觉其有经验、有知识。

（2）理性的先天性

唯理论之所以坚持理性的基础性，在于它认为，理性是先天的、不依存于经验的，理性的先天性保证了理性在知识中的基础性地位。如上所述，唯理论并不否认人类知识中经验因素的存在，但认为由经验而来的知识都是后天的知识，它本身并不能保证知识的普遍性、必然性和确定性。要使知识具有普遍性、必然性和确定性，就必须假定人的认识中有不由经验得来的先天的因素存在。而理性的普遍怀疑已经证明了知识中这种先天的因素确实是存在的，并且它正好就是理性本身。唯理论者无一例外地认为，自己发现了某种尚未为人所知的、超出经验的或先于经验的认识工具，只要借助于这种先天的认识工具，就能为人的现实的认识活动奠定可靠的、不变的基础。

（3）理性的必然性

唯理论关于理性的先天性的论证，又与唯理论关于数学和逻辑知识具有先天性的信念相呼应。具有普遍必然性的知识不能由经验而导出。自古希腊的柏拉图至近代的笛卡儿、斯宾诺莎、莱布尼茨等人皆坚信，数学知识具有普遍必然性。这种普遍必然性表现为，数学中的概念、公理、定理乃是先于经验而存在的，既无经验中的事物能与之契合，又无经验中的事物能与之脱离。所谓无经验中的事物能与之契合，是指在经验中，我们找不到绝对的圆和方；在数学中，找不到与之直接对应的具体经验对象之数量，如数学中之负数、无理数、无限数等，皆不直指具体经验对象之数量。在逻辑学中，我们也知道，它的基本规律，如同一律“A 是 A”、不矛盾律“A 不是非 A”、排中律“要么 A，要么非 A”等，本身并不能直接成为经验对象。所谓无经验中的事物能与之脱离，是指任何关于经验事物的知识，只有符合数学或逻辑规律，才能成为可靠的、确定的知识。在这个意义上，具有普遍必然性之理性，对经验又有着选择与校正、支持与引导之功效。

3. 问题与评论

一方面，唯理论哲学家，特别是笛卡儿，通过对知识前提的批判，最终确立了理性是思维的起点的基本原则，把从古希腊以来在相当一部分哲学家中普遍存在的崇尚理性的倾向发展为以理性为基点的自觉意义上的知识论派别，是哲学史上一个极为重要的转变和引人注目的现象。这个理论派别的最重要的思想精华，无疑是它的批判性怀疑的方法或原则。以这种方法或原则为前提的哲学活动，在理论的构造中扩展为一种普遍性的怀疑，深刻表现出哲学所蕴含的批判的、革命的特质。更为重要的是，这种普遍性的怀疑在笛卡儿的哲学中并未导致怀疑论的结局（这一点与休谟形成鲜明的对照）。它通过从人的精神活动中发现的清晰而独特的理念，避免了休谟那样的怀疑论结论。不管我们对笛卡儿的“我思，故我在”这一命题有着怎样的不同意见，笛卡儿要求重新考察一切传统观念的根本前提，其中包括对以往神的观念进行质疑，这无疑为近代哲学开拓了一种积极进取的风气。同时，这种怀疑和批判表现为“我思”，立足于主体，这就肯定了人的能动地位，推动并引导了近代哲学注重主体的倾向。

另一方面，由笛卡儿、斯宾诺莎、莱布尼茨等人构造的唯理论哲学也不是没有问题的。从认识论或知识论的角度看，其所存的一个主要问题就是，它对知识普遍必然性的论证是不能令人信服的。按照唯理论哲学家的思想，普遍必然性应是一切知识的本质；这种本质就存在于数学以及由此展开的逻辑结构中；数理知识不是来自经验而是一切经验所以可能的前提条件；因而，进行数学思考和逻辑演算的人的理性就是先天的而不是后天的。这种逻辑不免给人一种一厢情愿的印象。首先，理性的基础性是否成立，取决于我们是否承认有脱离经验的所谓纯粹理性。姑且不说一般关于具体事物的经验知识本来就是人类知识之一种，若从理性本身的特点来看，也不能否认人的推理知识在某种程度上乃是起之于经验，并且也只能由经验来加以证实或否证。其次，认为理性的先天性得之于理性的普遍怀疑，“我思”是一切认识的起点，这须以承认思维是一种自我意识的过程为先决条件。由于自我意识在后来的休谟的哲学中被证明是缺乏根据的，因此，以“我思”来证明理性的先天性是没有意义的。否则，我们也可以说，“我走路，我存在”。因为，如果我在走路，那么我之存在也一定是真实的。这在许多哲学家的批评中是一再被点明的。最后，将理性的必然性归之于数理知识的必然性，这也不是没有疑义的。依经验论之立场，一切数学的或逻辑的知识，归根到底仍是来自经验的。按照休谟的理解，数学知识乃是适应人们反省观念之间的关系而形成的。如“二加二等于四”，不过是人对一个表达二事物之二观念与另外一个表达二事物之二观念之间的结合关系加以反省的结果。而在另外一些经验论者那里，数理知识被理解为由各种不同事物之经验归纳而来。这种知识之所以表现出普遍性，在于它从未由人类经验所否证，故似有其绝对必然性，而非唯理论者所声称的它是先天的、先于经验的。

三、经验论

在知识起源问题上，经验论（empiricism）以其对经验而不是理性的强调与唯理论形成鲜明的对照。与唯理论者把理性视为知识的起源不同，经验论者认为，一切知识最初都来自经验，更确切地说来源于人的感觉。人们即使不把感性知觉当作关于外部世界真实信念的唯一来源，至少也应作为任何可接受的理论必须服从的最终标准。从哲学上看，经验论与作为一种思维方式的相对主义之间具有某种理论上的共通性，即都不承认有所谓终极性的知识公设或理性基础，否认有所谓一成不变的、永恒的真理知识。

1. 经验论之渊源

以经验，严格说来是感觉，作为知识的起点，在哲学史上也始自古希腊。如果说唯理论的思想渊源主要是毕达哥拉斯、巴门尼德、柏拉图等人重视理性的倾向，特别是柏拉图强调理念高于特殊事物的思想，那么，经验论的理论主张则更多得之于赫拉克利特、德谟克里特（Democritus，约公元前460—约前370）、亚里士多德等人重视感觉的倾向，特别是亚里士多德强调形式内在于特殊事物的思想。亚里士多德关于知识起源的思想，是通过他对柏拉图贬低感性、抬高共相和一般的唯理论立场的系统反驳体现出来的。柏拉图与他之前的具有理性主义倾向的哲学家，如毕达哥拉斯、巴门尼德等人一样，试图从变动不居的日常事物中找到不变的、永恒的一般事物，由此他发现了比感官世界更高层级的理念世界。柏拉图把他的这种一般高于个别的思想推向关于知识起源的论证，得出了理念比具体事物更为真实的结论。按照柏拉图的看法，世间应是先有“马”的理念，然后才有感官世界中具体的马匹。我们日常生活中所见之马匹，不过是理念世界中“马”的理念的一个个影子，它们就像洞壁上的影子一般不疾不徐地向前行进。因此，不是鸡或鸡蛋先于“鸡”的理念，而是“鸡”的理念先于鸡或鸡蛋。

如何确切地阐明亚里士多德对柏拉图这种观点的反驳，历来是一件十分困难的事。但从亚里士多德哲学的体系特征看，从他对柏拉图观念论的批评及对知觉与共相关系的论述入手不失为一种较好的形式。按照伯特兰·罗素的观点，亚里士多德的形而上学，不过是一种被常识感冲淡了的柏拉图的理念论。抓住亚里士多德哲学的这个特点，那些原来用柏拉图的眼光来看显得较为难以理解的问题，就会变得相对浅显易懂。亚里士多德认为，柏拉图的理念纯粹是一种逻辑上的虚构。所谓理念，实际上是一种共相，而共相是根本不可能脱离个别事物而存在的。从共相与个别事物的关系来看，它们是形容词与专名词的关系。专名词用以指代“实体”即个别事物，而形容词或类名词（如“马的”或“马”）所指的东西就是“共相”。由于形容词的存在有赖于专名词所指的东西，因而共相和实体就不能分离；又由于形容词是专名词不能不从属的类或共相，因而离开形容词或共相来谈论专名词或实体也就无法真正把握实体，也即个别事物本身。既然如此，柏拉图把“马”的理念看作先于个别的马的存在，也就从根本上把这两者的关系弄颠倒了。在亚里士多德看来，具体的、个别的马当然是变动不居的，我们在现实生活中不可能发现有所谓永生不死的马；同时马的共相或概念也是稳定不变的，但这种马的共相或概念不过是表达马之为马的共同特征的“类”概念。我们总是在看到一定数量的、具体的马匹之后才会形成马的概念、马的共相。因此，孤立的、离开个别的马匹来谈论的“马”的理念是不存在的，一般总是内在于个别事物中。

严格说来，亚里士多德并不能算是一个经验主义者。因为，虽然他认为实体或个别事物是独立存在的，而共相或一般概念是内在于个别事物中的，但他同时也承认共相或一般概念是独立的、绝对存在的，这与经验主义的哲学立场有着相当大的距离。即便如此，我们在追溯经验论哲学的历史渊源时，仍然不能不认为亚里士多德的哲学是近代经验论哲学最早的和最重要的思想来源。因为中世纪最重要的经验论者、唯名论哲学家威廉·奥卡姆（William of Ockham，约1285—约1349）关于个别事物先于一般概念的思想，就是直接来自亚里士多德的共相内在于个别事物的观点。而且也正是在中世纪，经过唯名论者与主张一般先于个别事物的唯实论者之间的激烈争论，经验主义看待问题的方式才开始逐步地被推广开来。以唯名论和唯实论对立的形式出现的经验论和唯理论，都是在这一时期开始成为有组织、有系统的学说的，这就为经验论哲学在近代的正式崛起准备了重要的思想前提和理论条件。

2. 经验论之理论

经验论对知识起源的论证与唯理论有着根本的区别。诚如我们所知，在知识起源问题上，笛卡儿坚持认为感性知觉不能成为知识的基础，因为它不能提供无可置疑的知识前提。按照笛卡儿的观点，我们唯一能够声称知道的命题，首先是那些理性告诉我们是自明的命题，其次是那些从自明前提逻辑地推导出来的命题。以笛卡儿哲学为集中体现的这种理性主义，支配着整个 17 世纪知识论哲学的基本走向，成为 17 世纪欧洲哲学思想的重要象征。然而，当历史迈向 18 世纪的时候，理性主义的思想开始受到经验主义的挑战，一些重要的经验论哲学家以感性知觉为基础和根据，全面反驳和批判了唯理论关于知识先天性的观点和主张。经验论者坚持认为知识的前提只能来自经验，而不是所谓理性直觉。离开由感官获取的经验，我们的心灵只不过是一张白纸。经验论者所说的经验，既指我们关于外部世界的感性知觉（包括我们当下的情感），也指我们对自己内在的思想活动的反思即所谓内省。一切知识都只能建立在经验的基础之上。经验论者并不简单地否定理性，而是把理性当作解释和阐明经验事实的含义，以及对由经验提供的基本前提进行逻辑推演的重要思维基础来看待。这与唯理论者对待经验的态度有类似之处，即唯理论者也不全盘拒绝经验，只不过他们把经验看作验证由理性引出的结论是否正确的必要辅助手段，就像笛卡儿在他的哲学中一再强调的那样。

经验论的思想渊源固然可以追溯到中世纪的亚里士多德主义及至古希腊传统，但它作为一种成熟形态的知识论类型出现却是近代的事。在近代哲学家中，弗兰西斯·培根（Francis Bacon，1561—1626）以其所提倡的归纳法，被认为是早期经验论哲学最有影响力的代表性人物。不过，对经验论的发展做出了最重要贡献的哲学家，则非洛克（John Locke，1632—1704）、贝克莱（George Berkeley，1685—1753）、休谟（David Hume，1711—1776）这三位哲学家莫属。就这三位哲学家对经验论哲学的贡献来看，洛克主要以其对感觉、经验因素的强调，批判和否定了唯理论，特别是笛卡儿哲学所谓知识起源于理性的观点，奠定了经验主义作为一个有着完整纲领和独特主张的知识论流派的地位。在这个意义上，洛克被称为“近代经验论之父”。与洛克保留了某些唯理论成分的不彻底的经验论不同，贝克莱则发展出一种更为纯粹的经验论，即彻底的主观主义经验论。贝克莱把洛克哲学中作为前提存在的客观实体对象彻底清除出人类知识领域，最终把一切存在归结为人的主观心灵及其经验。至于休谟，无论从哪一个方面看，都应被视为上述三位经验论哲学家中最重要、最深刻且有着最深远影响的一位。就他对洛克哲学的发挥而言，他把洛克以感觉经验为起点的知识论，沿着怀疑主义的方向推向一种具有逻辑彻底性的不可知主义；而就他对康德的影响而言，康德批判论关于知识以经验为起点的论证，从根本上说是受休谟哲学启迪和影响的结果。而这两点时至今日，仍对当代哲学发挥着广泛和深刻的影响。以下我们尝试着对经验论哲学的要义做一大致的描述。

（1）经验的原初性

把经验视为全部知识的基础，是经验论哲学最基本的特征。这一特征最早是在洛克的哲学中得到系统严格的知识论表述的。之所以说洛克的哲学是经验论的，在于它既不像唯理论那样预先断定人类知识的范围，又努力把经验，严格说来是感觉，当作人类知识的起点和来源。按照洛克的观点，把人的知识观念看作天赋的、与生俱来的，这是唯理论，特别是笛卡儿哲学制造的一大迷幻。从经验论的观点来看，不仅就儿童和未开化族群而言，不具有唯理论者所说之天赋观念；而且就人对这些观念的解释而言，也因彼此情况的差异而不同。这表明人的心灵最初只不过是一张白纸，是感觉经验使心灵白纸获得了思想内容。洛克作为经验思想内容来看待的东西，按照他自己的解释，就是人用以接收感觉、组织知识的所谓观念。从观念本身的来源来看，由其对象的不同，可分为经验外物之所谓"感觉"与经验心灵活动之所谓"内省"两种。无论是感觉还是内省，都证明了经验才是观念即知识的真正来源。对现实的人的认识活动来说，唯一能够感知的是那些要么来自感觉，要么来自内省，或者同时来自这两者的"简单观念"。简单观念在人的思想中的联结便是所谓"复杂观念"。复杂观念是把握状态、实体、关系的观念，它们归根到底只有回到简单观念中才能得到说明。由此可见，唯理论关于观念天赋性的说法是站不住脚的，知识的来源只能是经验，而经验归根到底是感觉。

（2）经验的可靠性

经验论者坚持经验是知识的基础和根据的理由，除了知识只能来自经验以外，就是经验提供的知识还具有可靠性。而这种可靠性，无论从何种意义上看，也较唯理论者所说的天赋的观念的作用更为可信。洛克以降的经验论哲学家，沿着洛克确立的所谓人的知识不能超出经验观念的范围的经验论原则，逐步发展和建立起一套关于经验可靠性的理论。这些论证，择其要者，有这样几点：

（ⅰ）知觉经验是共相概念得以建立的前提，离开知觉经验，共相概念就无以建立。经验当然是单称的、个别的、偶然的和不可复得的，但经验能够生成观念，简单观念的联结又进一步形成一般概念和普遍原理，这在洛克的哲学中已被证明。如果从另一个角度来看这一问题的话，还可以发现，共相概念不过是个别事物的符号或名称。按照贝克莱的解释，共相或概念并不是也不能表现为实在。因为，人们并不能把共相或概念作为独立的对象来想象。以三角形概念为例，一般人理解的三角形概念，乃是指一切三角形的共同之处，而非指某一具体的三角形。然而，当我们真正思想三角形时，总是与某一具体的而不是抽象的三角形相联系。因此，一切共相概念不过是重复指称形态各异、表现不同的个体事物的名称而已。

（ⅱ）知觉经验不仅是共相概念得以建立的前提，反过来，它也是否定或否证共相概念的基本依据。经验论者大多不否认经验需借助推理方能形成一般概念或普遍原理，但他们坚持推理本身亦不过是经验的一种结果而已。就归纳推理而言，一切形式的归纳推理都是从特殊上升至一般，个别进至于普遍，这种一般或普遍乃是经验在思想中通过观念相互联结而成的；至于演绎推理，其所遵循的逻辑是从一般到个别、普遍至特殊。表面上看起来，一般与普遍是既定的前提，实则一般与普遍仍可追溯至最初的经验，仍须由人关于特殊事物的经验来证实、来检验。既然一般概念、普遍原理经由经验而建立，因而对它们的否证就仍以经验为根据。以往经由经验而建立的东西，倘不能在后来的经验中表现出有效性，势必将为经验所否证。

（ⅲ）知觉经验不仅不否定数学、逻辑知识的有效性，而且提供了数学、逻辑知识普遍必然性的最好说明。唯理论论证观念知识具有先天性，最重要的依据就是数学、逻辑知识具有普遍必然性，它们并不依赖于经验而建立。在经验论者看来，既然共相概念系由经验观念相互联结而成，那么数学、逻辑知识就不可能不由经验而建立。按照休谟的观点，数学知识之所以表现出普遍必然性，是由于数学知识乃是适应人们反省自己知觉观念间的关系而形成的。由于观念的反省是在思想中进行的，因而这种关系不仅具有纯粹性，而且必然具备有效性。一切在反省中经由经验而建立的观念，都能在现实中得到有效的验证，由此而表现出所谓普遍必然性，如“2＋2＝4”就是如此。至于逻辑知识的必然性，如因果关系，不过是两个事件经常相继出现，这种现象多次重复而在人的心灵中形成的联想的“习惯”，它本身既无客观实在性，也无所谓必然性。

（3）经验的相对性

经验论的知识起源理论又是一种知识相对性理论。经验论者认为，知识都是来自经验的，而经验是具体的、个别的，因此，由经验而来的知识是相对的而不是绝对的。知识的确定性乃是在人的认识过程中逐步建立的，其可靠性程度之高低，最终取决于认识过程中获取的外部经验性证据程度之高低。经验论的这种知识相对性观点，最初是在休谟的哲学中被系统地加以表达的。休谟以降的经验主义者，无论他们在经验论的具体问题的理解上存在着多大的分歧，都信守并实践着休谟所建立的这一经验论的最基本的思想方法或思维原则。按照休谟的观点，必然性的最典型表现就是所谓因果性。但是，因果性并不是像唯理论者所说的，是知识普遍性或绝对性的证明或体现，正相反，它表明了经验是知识的基础，由经验而来的知识只具有相对的而不是绝对的性质。因为，人们之所以相信两件事情之间具有因果关系，无非是出于两方面的理由：一是认为作为原因的东西有某种“力量”作用于或产生了作为结果的东西；二是认为原因和结果之间有一种“必然的联系”。他认为，这种“力量”和“必然的联系”都是人所感觉不到的，因而并无所谓必然性。至于人们为什么会产生“原因”和“结果”之间的“必然的联系”的观念，他认为，“只不过是在相似的实例反复出现若干次以后，心灵为习惯所影响，于是在某一事件发生之后，就期待经常继它之后而发生的事件发生，并且相信后一事件是会存在的。因此，我们心中所感觉到的这种联系，我们的想象从一个对象进到经常伴随的对象的这种习惯性的推移，就是我们据以形成能力观念或必然联系观念的那种感觉或印象。事情就只是如此，没有什么别的了”①。

3. 经验论之评论

在知识起源问题上，经验论的论证较之唯理论无疑有着更多的合理性。就其关于经验，尤其是感觉在知识中的基础地位的论证来看，不仅较好地解释了人的日常生活，而

① ［英］休谟：《人类理解研究》，第 7 章 59 节，北京，商务印书馆，1972。

且体现了其与经验科学基本精神的内在联系。一方面，我们必须承认人确实具有某种与生俱来的、能够发展的、特殊的禀赋或资质，否则就无以区分天才与普通个人；另一方面，但同样不能设想的是，未经教育与扶掖的心灵会有潜在的思想或知识。假如真有所谓“天赋观念”的话，我们将永远不能把这种知识与真正得自经验的知识区别开来。由于这种情况是不能想象的，因此唯理论关于理念具有先天性，知识具有天赋性的论证至少在某种程度上表达或传递了一种错误的关于我们知识来源与可靠性的信息。同时，经验论关于经验具有相对性，由经验而来的知识只具有相对性而不具有绝对性的思想，也大大深化了我们关于科学理论与科学知识基本性质的认识。经验论对经验个别性及因果习惯性的论证，在很大程度上准确描述出了科学理论与科学知识所具有的相对的、逼近的性质。由于科学理论、科学知识的获取只能通过经验积累、观察求证、逐步演进的方式来进行，因而怀疑的、某种情况下不可知的情绪或态度，就不能一概认为是完全消极或一无是处的。固然笛卡儿的唯理论由对知识前提的怀疑开始，最终却能得出知识的确定性的方法不无高明之处，但由于唯理论在很大程度上是一种脱离了人类经验感觉来抽象地谈论知识起源和性质的知识理论，因而其对经验科学与科学理论的实际作用，就远不如唯理论者固执地认为的那样明显和有效。与之相比，经验论的思想立场无疑更值得坚持与嘉许。

就像唯理论者坚执于自己的立场而始终拒绝经验论者的批评一样，经验论也把经验感觉的来源作用看作唯一的、不可移易的，这就给它的理论本身带来了一些难以解决的矛盾和困难。首先，尽管人们大多承认感觉经验是知识的可靠来源，但这并不意味着它就是知识的唯一来源。除了感觉经验以外，理性无疑也是人类知识的主要来源之一。人们之所以不赞成唯理论关于知识来源的主张，并不是因为它对于理性作用的揭示毫无根据，而是在于它过分强调了理性的先天性，以至于把理性与经验及外部世界完全割裂开来，这当然难以解释复杂的知识论问题。假如经验论仅仅因此就否定理性也是知识的一个重要来源，它就是在重蹈唯理论的覆辙。其次，经验论由因果关系的经验性而得出否定知识必然性的结论，全盘否定唯理论对知识必然性的论证，这也未免失之偏颇。在某种程度上，唯理论比之经验论实际上更好地描述了科学研究的实际过程。科学家的研究活动，就其基本的方面来说，乃是力图通过演绎系统来展示一定的因果关系。在这一过程中，原因引出了结果，犹如一个正确论证的结论出自前提，这两者之间当然不能说没有必然联系。最后，经验论由追求知识的确定性出发得出知识相对性的结论，也与自己的理论初衷相背离。经验论的目的是探讨知识的基础和可靠性问题，为科学知识做理性和经验论上的证明。然而，如果知觉认识的结果只能带来一种不可知的或不确定的状态的话，则这种追求知识确定性的努力就成了泡影。从哲学上看，经验论的相对主义性质集中表现为，它根本不承认有所谓终极性的知识公设或理性基础，否认有所谓一成不变的、永恒的认识真理。经验论的困难在于，如果仅仅依靠经验来说明知识和真理，那么就不可避免地要诉诸分析经验的性质来达到知识证明的目的。然而，由于经验的过程乃是心理的过程，因而心理知觉的主观性必然导致否定任何知识理论的客观性和可靠性，从而导致相对主义和不可知论的结论，就像我们在休谟哲学中见到的那样。

四、批判论

所谓批判论（criticism），是一种在唯理论与经验论的冲突中取其中道，力图调和两者之间的对立，并在此基础上对知识起源问题加以对立统一的阐释的哲学理论。具体地说，这种理论就是康德（Immanuel Kant，1724—1804）的“先天综合判断”理论。从一个方面看，它承认知识有其可能，并认为这种可能维系于人之先天的理性，由此而表现出对唯理论原则的某种继承；从另一个方面看，它又承认知识不能脱离经验，并强调知识仅仅限于经验的范围，由此又表现出对经验论原则的某种肯定。在批判论看来，现实的认识活动乃是人的先天的理性与后天的感觉经验相结合的结果。离开理性与经验之间的这种对立统一关系，就不能正确解释和说明知识的基础与起源。

1. 批判论之前提

唯理论与经验论之作为关于知识来源及可靠性问题的两种对立的知识理论，其形态上的区别固然在很大程度上与理性和经验这两个概念有关，但其分歧的真正焦点，却在于如何理解共相概念在知识体系中的地位，及是否承认有所谓纯依理性而建立的普遍必然知识的问题。诚如我们所知，唯理论者声称人的心灵是一切知识的基础，而经验论者则强调感官才是知识的真正来源。休谟特别指出，人们通过感官获取的知识显然有其限制，它们只具有相对的而不是绝对的性质。在康德看来，这些说法无疑都有其正确的一面，但总的说来，由于它们绝对地排斥了对立的知识要素的存在，因而都不可能正确地说明知识的来源和性质问题。康德对两派哲学对立的解决是从对休谟问题的解决入手的。与休谟不同的对因果问题的解释，是康德协调唯理论与经验论的对立并建立自己的批判哲学的基本前提。

就哲学思想的基本特征来看，康德基本上属于一个理性主义者。这是说康德承认共相概念在知识中的基础地位，并且相信有所谓普遍必然知识的存在。但是，康德认为，这两点并不能作为拒绝经验存在、否认经验在知识形成中有着不可替代作用的理由和根据。没有对经验作用的恰当说明，就既无法真正奠立共相概念在知识中的基础地位，也不能合理地解释知识的普遍必然性问题。康德同意休谟和经验论者的观点，即认为我们关于世界的知识当然都是通过感官得来的，没有感官作为直观的基础，知识的材料就无法获得说明。但是康德强调，我们并不能由此而忽视直观事物所必需的主观能动的认识因素，即人的理性作用，因为人对于世界的观念，在某种程度上是受到人的心灵中某些因素的左右或影响的。康德所说的人的心灵中左右或影响着人对事物的经验的东西，按他的说法，就是所谓先天的时间与空间直观形式。时间与空间并不像人们通常认为的那样，是外部世界或外部事物的属性，而纯粹是一种主观性的东西，是存在于主观意识中的直观形式。这种直观形式先于我们关于事物的经验，并且是经验之所以可能的先决条件。换句话说，被时间或空间地直观了的东西，当然是经验从外部给予的，但却不能说仅仅是经验地发生的。因为，当我们经验事物的时候，我们的思想中预先就已经存在着直观的时间与空间形式。如果直观的时间与空间形式不是先于经验而为我们所有，则最初就无所谓经验，即被时间直观到的事物。无论如何，时间地或空间地看待事物的能力应看成人先天固有的，先于经验而存在的，舍此则无所谓经验可言。康德特别指出，这种先天的或先于经验的直观活动，集中到一点，就是指在我们并未认识事物的时候，我们的头脑中就已经存在着直观的时间与空间形式；而一旦我们开始经验事物、认识事物的时候，使经验成为可能的人的这种直观活动就在此瞬间发动起来，与经验相接，使经验不得不顺应我们的直观形式。在这个意义上，人的这种先于经验并使经验成为可能的直观能力又被康德称为“先验”的。康德自信地认为，他所证明的这一事实，即不仅我们的心灵会适应事物的形状，而且事物也会适应我们的心灵，与哥白尼当初证明的这一事实，即不是太阳绕着地球运转，而是地球绕着太阳运转，具有同等重要的意义和性质，因而是哲学领域中一次真正的“哥白尼式革命”。

2. 批判论之理论

（1）范畴的先天性

在知识起源问题上，康德以其对知识普遍必然性的论证，通常被认为是最深刻的理性主义哲学家。康德的知识起源论与休谟的最大不同之处就在于，休谟从不承认有所谓来自经验的普遍必然的知识，有所谓普遍必然的因果规律，而在康德看来，普遍必然的知识当然是有的，这就是人的心灵中用以整合感觉经验的知性范畴。康德希望用具有普遍必然性的范畴来说明知觉经验的秩序和连贯性问题，以克服自洛克以来一切经验论者无法解决的经验与必然性分离，从而也无法获得普遍必然的知识的问题。在康德看来，直观的时间与空间形式固然是人认识事物的基础，以及使经验成为可能的先决条件，但直观本身并不构成普遍必然的知识。要使知识具有普遍必然性，就必须把经验纳入人的先天的思维形式即知性范畴中加以整理。就像直观的时间与空间形式是先天的一样，人用以思维由直观提供的经验内容的知性范畴也是先天的。从理论上看，直观是我们的心灵接受和包容由感觉提供的经验的能力，而知性则是我们的心灵对由直观接受和包容了的感性杂多加以思维的能力。所谓思维，就是将由直观而获得的感性杂多纳入一个严格的、有系统的思想框架中以使其规律化的认识过程。这种严格的、有系统的且能够使经验在我们的思想中呈现出秩序性和连贯性的东西，就是所谓范畴。范畴是思想判断的形式。在知性的诸多范畴（康德列举了先天地或先验地存在于人的主观意识，即知性中的十二对基本范畴）中，因果性是最重要、最基本的一对。与休谟声称的因果性仅仅是人的一种经验、因果规律无法获得经验上的证明的说法不同，康德认为，因果性或因果规律等先验的范畴并不是存在于外部事物、物质世界中的法则，它们本质上属于人的心灵，不过是人的心灵用以对外物进行有规则的联结和判断的先天的思维方法。人并不是通过外物去经验地认识因果规律的，相反，是人先天的认识能力将因果性或因果规律加于直观的时间和空间形式提供的无规律的杂多之中。如果因果规律不是先天地为我们的知性认识能力所拥有，我们又怎么能够因果性地思维对象呢？康德由此得出结论：因果性或因果规律是根植于我们的心灵的，“事物”本身和“我们眼中的事物”是不一样的。人永远无法确切地知道事物的本来面貌。我们所知的，不过是我们眼中看到的事物而已。

（2）范畴的统一性

康德的批判论的另外一个特征，就是详尽论证了先天知性范畴对后天经验材料进行综合统一的具体形式问题。一方面，康德同意休谟以及其他经验论者的观点，认为一切知识归根到底都来自经验；另一方面，康德又认为，经验固然是实际产生知识的东西，但是经验本身并不会自动地转化为知识，要使经验上升为知识，就必须借助知识的形式对之进行分析整理。从范畴的先天性可以看出，如果不是人的心灵提供了用以规律经验的基本知性范畴，经验就不可能上升为知识。由于知识在性质上是与命题相关的，因此，要从经验导出知识就必须分析命题的形式，以说明先天的范畴是如何使后天的经验成为可能的问题，这就是康德精心构造的著名的“先天综合判断”理论。康德区分了两种不同的知识和两类不同的判断，希望通过对它们之间的相互关系及其性质的揭示，建立起后天的经验与先天的知性的统一，以此解决休谟哲学中它们彼此对立和相互隔离的问题。为了说明知识与判断的基本联系，康德首先区分了两类不同的判断：分析判断和综合判断。前者的特征是主语中包含着谓语，如“黄金是黄的”“物体是广延的”，等等。谓语仅仅阐明主语的含义而并不增加主语的内容，这实际上是一种给事物下定义的方式，因此并不能说是一种真正的知识。后者的特征是主语不包含谓语，如“有些物体是有重量的”“这件衣服是蓝色的”，等等。之所以说这些判断是综合的，是因为在这里谓语为主语加入了新的内容。由于这种判断是综合的，因而它可以被否证而不会招致理论上的自相矛盾。康德认为，真正的知识只能由这种增加了知识内容的综合判断所构成。然而，康德又指出，并非所有的综合判断都是真正的知识。只有那些既增加了知识的内容又具有普遍必然性的判断，才能被认为是真正的知识。由此他引入另外一种关于知识划分的标准，即把知识区分为“先天的”和“后天的”两个大类。所谓“先天的”知识，是指那些原则上独立于经验的知识；所谓“后天的”知识，则指一切源于经验的知识。在休谟那里，这两类知识实际上是等同的。分析的判断与先天的知识同义，而综合的判断则与后天的知识等同。康德却发现，这两种判断实际上是相互交叉的。一方面他承认前者，即承认分析的判断与先天的知识同义；另一方面他又对后者做出重要的修正，极力主张还存在着另外一种判断，而且是更重要的判断，即先天的综合判断。在康德看来，数学的判断就是既先天又综合的判断。以“5＋7＝12”这一判断为例，它是先验的，即并非导自经验的；但它同时又是综合的，因为概念12不是早已包含在5、7以及相加的这三个概念之中。由此，康德得出结论，数学一定是先验地综合的，因而范畴也一定是统一的。

（3）范畴的有限性

康德知性范畴统一性的理论，又是一种知性范畴有限性的理论。康德认为，在论证先天综合判断时，知识与对象是否一致或符合的问题，是一个首先要加以说明的问题。在这个问题上，以往的哲学家，包括休谟，遇到很大的逻辑上的挑战和困难。这是指，如果知识与对象不相符合，那么这样的知识就是错误的，就根本谈不上是科学知识；反过来，如果知识与对象是相符合的，那么这种知识就只能来自对象，知识的性质就只能由对象来决定，休谟由此得出了经验主义的不可知论的结论，这与康德的先天综合判断的理论是不相容的。在具有知识的普遍必然性的先天综合判断中，来自经验、得自对象的仅仅是知识的内容，而先天的形式则与对象无关，因此也就根本谈不上与对象的符合问题。这表明，我们并不能按照传统的方式来看待知识与对象的关系。知识的对象并不像我们通常认为的那样，是所谓独立于认识主体的外部事物，而只能是加上了主体先天形式或被主体先天形式改造过了的东西。康德把这种被主体的先天形式改造过了的东西称为“现象”，而原来一直被哲学家们认为是知识对象的外部事物，则被他解释成为离开主体意识而独立存在的、不可认识的本体，即所谓“物自体”。既然“物自体”并不能成为知识的对象，那么它的性质也就一定是不可知的。康德认为，一切关于“物自体”的追问都不免遇到范畴有限性的制约，因而必然陷入有限与无限的深刻矛盾中。因为，一方面，我们的心灵感知事物有其限制，我们不可能超出经验给予的范围去认识外部事物；另一方面，我们的本性中又有一种根深蒂固的欲望要提出认识外部事物的问题，这就必然引发有限与无限之间的矛盾和冲突。这种矛盾和冲突从反面说明了知识必然起源于经验，我们不能超出经验的范围去讨论关于宇宙有限还是无限、上帝存在还是不存在之类的玄虚的形而上学问题。

3. 批判论之批判

毫无疑问，康德的批判论是哲学史上最为引人入胜的一种关于人的知识来源和性质问题的理论。它从研究知识之所以可能的条件开始，以后天的经验为知识之内容，而以先天的理性为知识之形式，强调两者须交相作用、互为联系，知识始能建立。最终把一度在经验论和唯理论那里势同冰炭、不能相容的两个对立因素，成功地结合到一个全新的哲学体系中。其构思之精妙，论证之细密，令人抚案叹绝、钦佩不已。康德把自己的哲学称为批判哲学，声称自己发动了一场哲学领域中的“哥白尼式革命”。在哲学史上，批判哲学并非自康德始。洛克就把自己的哲学称为一种批判理论，因为他在自己的哲学中全面审视了传统知识起源理论的合理性问题。然而，仿照洛克的方法，不可避免地会引向休谟的怀疑主义。为了避免重蹈休谟覆辙，康德不像休谟那样用经验来说明概念，而是一开始就用概念来说明经验。康德确实达到了他的目的。因为，能够符合于具有普遍必然特性的表象，又有谁能认为它不是客观的呢？

然而，这也不过是康德的一厢情愿而已。具有先天必然性的综合判断确实具有统一知觉秩序及其连贯性的能力。用先天综合判断和知性范畴来约束知觉，这意味着知觉不仅在内在的直观形式中与时间取得了一致，而且在知性的思想形式中与范畴取得了一致，而这种一致性看来是无可怀疑的。因为，如果要解释某一单个知觉是如何认识到另外一个同样真实的知觉的话，只要指出它们在时间进程中是不可分离和在知性系统中是因果统一的就行了。然而，时间所能解释的范围毕竟是十分有限的，范畴所能实现的统一也无法越出经验的内容。如果寄希望于仅仅用时间和范畴来解释知觉的统一及其连贯性的话，则所能获得的至多只是一连串偶然的结果。显然，康德并没有如他自己声称的那样，已经解决了知识的必然性和知识的起源问题。就像洛克不应该根据他自己的理论推论出一个产生感觉观念的外部世界一样，康德也无权把本体或物自体说成是产生现象的原因。

由此看来，围绕着康德和一切知识论哲学家的最深层的思想矛盾，就是如何解决经验知觉的个别的、偶然的性质同知识所要求的必然的普遍有效性质的统一的矛盾。这种矛盾，正如我们所看到的，至少在康德的哲学中并未得到彻底的解决。显然，只要从经验论的原则出发，就无法回避这样一个简单的悖论：如果他坚持以个别的、偶然的经验去包容普遍的、绝对的经验的话，则普遍、绝对就成为可知的了，但与此同时它也就失去了它的普遍绝对性，仅只成为一种经验的片段而已。这样一来，普遍必然性的存在就将依赖于为它的特殊的、个别的片段所认识的事实，而特殊的、个别的片段势必把自我的经验扩展到整个世界，这也就是经验论的知识起源论的实质。反过来，如果他坚持以普遍的、绝对的经验去包容个别的、偶然的经验的话，那么，普遍必然性的存在固然成为一种事实，然而，由于这种存在超出了经验知觉的范围，则不可知论就是他的一种无可选择的选择。这就是康德知识起源论的矛盾之所在，康德在这里陷入了一种两难的局面。

学习提要

一、基本概念

认识论；理性；经验；归纳；演绎；理性主义；经验主义；批判论。

二、基本原理

经验论的特点；经验论的根据；经验论的贡献；经验论的局限性。

唯理论的特点；唯理论的根据；唯理论的贡献；唯理论的局限性。

知识普遍必然性的基础；时间空间直观形式；先天综合判断。

批判论的贡献；批判论的局限性。

三、思考题

1. 什么是经验？什么是理性？两者在认识中各具有什么样的地位和作用？

2. 认识论中的“批判”是什么意思？它与日常语言中的批判有何区别？

3. 笛卡儿基于何种理由否认人的知识来源于他们的感官？阐述笛卡儿的方法作为一种怀疑方法的特点。

4. 经验论是在何种意义上否认人的知识的先验性特点的？在熟悉了经验论的一般原理后，我们还能够说，我们仍然有一些知识不是来自外部世界的吗？

5. 试叙述唯理论从笛卡儿到斯宾诺莎再到莱布尼茨发展的一般逻辑。

6. 经验论如何论证逻辑、数学知识的普遍性来自经验知觉的原理？

7. 如何理解经验论关于知识相对性和确定性矛盾的原理？在何种意义上，我们能够说，现代自然科学就是遵循经验论的基本原理而发展起来的？

8. 康德“先天综合判断”的怀疑论与休谟“不可知论”的怀疑论的主要区别表现在哪里？试说明它们证明自己观点的一般过程。

9. 如何理解先天综合判断既是真理判断又是知性判断?

10. 概括描述唯理论、经验论和批判论三者的最主要区别和一般特点。

第三章

实在与观念

——知识对象论

有关知识起源问题的讨论，换一个角度看，即是知识对象应如何理解和确定的问题。我们但凡谈到知识，通常总假定有所谓知识对象之存在。然而，这个被称为知识对象的存在究竟是什么？我们究竟应该怎样看待知识的对象及其性质？如果说，知识起源的理论是从形式的方面探讨知识主体的主观作用的话，那么，知识对象的理论就是从内容的方面揭示知识客体的性质及其与主体的关系。一般而言，坚持以独立于主体之客观实在，即主体意识之外的事物作为知识的对象的实在论；否认有所谓独立于主体的外部事物之存在，强调以主观的意识或观念作为知识的对象的观念论；以及尝试协调实在论与观念论的对立，主张以体现主观与客观统一之现象作为知识的对象的现象论，是哲学上三种基本的知识对象理论。

一、实在论

在涉及探究认识与外部世界关系的诸种哲学理论中，实在论（realism）可谓是最著名、最基本的一种。实在论所谓的实在（reality），是指事物本身的真实存在性。它要探讨的是，事物本身究竟是怎样的？人们应该怎样看待事物的真实性质？等等。换句话说，它坚持人们不应该把事物仅仅看作现象。由于现象只与主体看待事物的方式有关，因此，在实在论那里，实在就被看作独立于主体或主体知觉而存在的东西；实在不能由现象决定；实在永远超出我们从现象出发所做的一切探究努力的范围。那么，究竟什么是实在？有关实在的性质问题，哲学家们提出了哪些不同的看法和观点？我们应该怎样对这些理论和观点做出基本的分析和评价？这些就是我们接下来要讨论的一些极为复杂的哲学问题。

1. 理性实在论

在许多人看来，如果有些什么东西可以被认为是确定的话，这就是，我们的知识总是通过我们的感官来获得的。难道不是这样吗？我们不总是通过去看、去听、去闻、去品尝和去触摸等感官的活动，才获得了关于事物的知识吗？在日常生活中，两个人能够相互谈及某一事物，不就是对我们获取知识所依赖的这种方式的假定吗？

然而，还是有人怀疑这一点。这种人被称为怀疑论者。所谓怀疑论（skeptics），就是怀疑我们关于世界的知识是通过我们的感官获得的理论。从理论上看，一个人可以在许多方面表现出是一个怀疑论者，例如，宗教方面的怀疑论者、道德方面的怀疑论者或不可观察的实体如“夸克”（quarks）方面的怀疑论者等，但是，不用说，很少有人会把自己定位为对感性知觉可靠性表示怀疑的怀疑论者。因为，我看见那棵桃树上绽开的桃花鲜艳无比，于是，我走近它，摘下它，把它拿在手里翻来覆去地观赏，又有谁会否认我自己这种感觉活动的真实性呢？

怀疑论者就对这种感性知觉表现出来的可靠性公开表示怀疑。历史上最著名的怀疑论者是笛卡儿。笛卡儿的怀疑论，就其哲学特征来说，是一种有关知识对象的理性实在论。所谓理性实在论，是指那种坚持认为理性是世界的本质，只有理性才是知识的唯一对象的哲学理论。笛卡儿在他著名的《形而上学的沉思》一书中明确写道：“但是，我并不知道这些东西的存在。我所知道的只是，它们现在看起来仿佛是存在的。但是可能我的看法是错的。可能我看去认为真实存在的东西没有一样是真实的。”①在他的另外两部著作，如《方法谈》和《哲学原理》中，笛卡儿也用了相当的篇幅来说明感性知觉对人的认识的误导性或欺骗性。他举例道：如果我们把一根直的棍子插入水中，那么，它看起来就是弯的，但是，我们一定不要忘记它实际上是直的；一座宝塔，从远处看是圆的，而当我们走近它时，就会发现它原来是方的；等等。这些都说明，感觉提供给我们的东西并不都是可靠的。那么，什么才是笛卡儿所认为的真实的存在呢？他指出，这就是通过人的理智思考所获得的确切的知识。从表面看来，感觉欺骗我们的，或许只是一些很少被感觉到的和十分遥远的东西，我们不能怀疑感觉的指示，比如，不能怀疑我正坐在火炉前，手中正拿着这张纸或类似的东西这一点。但是，不要忘记，我是一个人，因而习惯于睡觉和梦见幻境。梦与知觉当然是有区别的，因为梦不像知觉过程那么清晰、明白。但问题在于，我们没有任何可靠的标准来明确区分梦与知觉。换句话说，当我们做梦时，我们往往以为自己是置身于真实世界中的。我们怎么知道我们的生命不是一场梦呢？或者，一个历经命运阴错阳差作弄的人，当他终于恢复他当初的名誉和荣耀时，怎么不会以为他曾经经历的那段苦日子只不过是一场梦而已呢？这样，我们就不能以知觉作为知识或真理的标准。

笛卡儿就这样逐渐扩大了事物和原理的范围，把怀疑的锋芒指向物理学、天文学、

① Descartes, *Meditation 1*, in Descartes, *Selections*, Modern Students Library Edition, New York: Scribners, pp. 94-95.

医学和其他自然科学，对它们的存在及其真实性也表示深切的怀疑。他指出，自然科学提供的知识并不总是可靠的，因为它们涉及的是现实存在着的事物。既然我们不能完全相信我们的感官，那么，我们就不应该把建立在经验观察基础上的自然科学知识看作理所当然的。这里有一个问题，即我们固然可以把具体的自然科学的结论看作不可靠的，有理由加以怀疑的，但对那些作为它们的前提的算术原理和几何原理又应如何看待呢？具体的自然科学研究依赖于人的感官，因而它们的结论就不能被认为是确定无误的；但算术原理和几何原理阐释最简单的和最一般的事物，而不管这些事物在自然界中存在与否，不是一定包含某种不可怀疑的和可靠的东西吗？须知，无论我是睡着还是醒着，二加三总是等于五，而正方形也从不多于四条边。把如此清晰而明显的真理怀疑为谬误和不可靠的，不是太不可思议了吗？但是，在笛卡儿看来，不可思议的东西终究是存在的，不可怀疑的真理仍然是可以怀疑的。算术原理和几何原理表面上看来是不可怀疑的，但如果把它们的来源探究一番的话，就会发现，这些原理的真理性仍然是大可怀疑的。因为，它们或许是作为造物主的上帝所做的一番精心的设计和安排：在现实世界中，既不存在天，也不存在地；既没有广延性的物体，也没有所谓形状、大小或位置，然而我却真实地感受到了这一切。我完全无法想象这一切可能本来就是虚幻的、不存在的。一想到这一点，就让人感到不寒而栗。我们岂非一开始就跌入上帝为我们设下的仁慈的圈套之中？我们怎么能够想象这一切只不过是上帝预先设下的一场骗局？我们怎么能够怀疑至仁至慈的上帝会与我们玩这样一场残酷的游戏？一句话，上帝的仁慈与我们所犯的错误是不相容的，但我们的的确确在犯一种不能容许的错误。至仁至慈的上帝，它既是真理的源泉，但也是某种恶魔（demon）；既是狡诈和富有欺骗性的，又是全知全能、力量无边的，因为，它施展一切巧妙的手段让我们上当受骗。

既然上帝都不能被认为是无可怀疑的，表达完美性的算术原理和几何原理的真理性就更不用说了。那么，这个世界上到底还有没有不可怀疑的存在呢？笛卡儿相信，它们当然是有的，但这只有在经过了我们的理智审视和普遍怀疑之后才能确定。一方面，理智告诉我们，没有什么东西是不可怀疑的，不管是上帝还是普遍的算术原理和几何原理。另一方面，理智也告诉我们，这个世界上一定有某种不可怀疑的东西存在。这就是，对一切都怀疑的"我"之存在：首先，怀疑一切的人是不可能不存在的；其次，从存在着欺骗我的那个恶魔这一点来看，我也应该存在，这样它才能来欺骗我。谁在犯错误，谁就在怀疑；谁在思考，谁就存在；"我思，故我在"。当然，这条原理同样也不是不可怀疑的。但是，如果我们怀疑这条原理，那么，一个必然的结果就是，我们将会在怀疑一番之后，又重新返回到这一原理。须知，怀疑意味着思考，而如果我在怀疑，这意味着我在思考；而如果我在思考，这意味着我存在。笛卡儿由此得出结论：人通过他们的理性获得的知识，远比通过他们的感官获得的知识更为可靠。

2. 共相实在论

并不是所有的人都同意笛卡儿关于理性实在的观点。除了我们后面要讨论的客观经验论（物质实在论，或称唯物主义）和主观经验论（经验实在论，或称主观唯心主义）

这两种影响深远的知识理论以外，与笛卡儿在哲学性质上同属客观唯心主义，即主张实在是精神的而不是物质的（与唯物主义相区别），并且是客观的精神而不是主观的精神（与主观唯心主义相区别）的思想家中，就不乏有人从另外的角度出发来理解作为知识对象的实在的性质。这一类的思想家，主要是基督教的经院哲学家，也即神学家。像笛卡儿一样，经院哲学家们也认为，把实在理解为精神的而不是物质的，并没有什么克服不了的困难，因为这个世界本质上就是精神的，也只能被理解为精神。与笛卡儿不同的是，他们认为，这个精神不应被看作人的理性的精神，而应看作上帝赋予我们人的，用以启示我们对上帝全知全能性的洞察和体验的宗教精神。归根到底，就是上帝这一最高的存在、最高的精神。早期的基督教哲学家奥古斯丁（Aurelius Augustinus，354—430）就认为，关于上帝的本质，我们并没有一种先验的知识。我们所知的，仅仅是，它就是它所是的那个样子。在定义上帝的本质方面，我们人的理性基本处于一种无能为力的境地。从一切方面看，我们关于上帝本质的理解，都只能借助启示而不是理性。宗教和神学赋予我们一种比理性更深的对上帝的洞察，尽管这时上帝的存在也还是无限地超越于我们理解的可能性。按照他的观点，实在是一个把这个世界中一切可能的存在，从最低级的、被动的物质到最高级的精神都包含于其中的概念。说到底，就是真实存在的整个宇宙世界。由于全能的上帝希望宇宙世界是一个充实的、完满的善的存在，或者说，宇宙世界是一个善的世界，所以，它把一切可能的、在其自身之中包含了不同程度的善的生命，都置于这个宇宙世界之中。按照他的理解，人是这个宇宙世界中的一种特殊的存在：就人有物质性的肉体这一点来说，它是宇宙中最低级的东西，即物质；但就人有精神或灵魂这一点来说，它又是宇宙中最高级的精神存在的一个部分。人横跨了实在的两个领域。但无论人具有怎样能动的精神，它仍然只不过是上帝的一个创造物，上帝的万能远远超出了人的理性所能想象的范围。

经院哲学的实在论，就其逻辑特征来说，主要是一种共相实在论（common-sense realism）。所谓共相实在论，是相对于殊相实在论而言的，在神学兴盛的中世纪，它们分别被称为唯实论和唯名论（nominalism）。唯实论认为，只有一般概念即共相才是真实存在的；共相存在于思维主体之外，是独立的、不变的和唯一真实存在的实体；殊相即特殊事物由共相所产生，共相才是事物的本质。与之相反，按照唯名论的观点，不是共相而是殊相，才是真实存在的；共相只存在于人的思维和语言之中，只作为一类事物的名称即类名词出现，它本身并不具有独立存在的意义。唯实论之所以要把实在的东西归结为共相，与它坚信上帝是最大可能的思维对象这一形而上学的立场直接相关。按照著名的经院哲学家安瑟伦（St. Anselm，1033—1109）在他关于上帝存在的“本体论的证明”中的推论，我们任何人都无权否认上帝的存在，上帝是我们人的思维之可能的最大对象。因为，我们每个人心中都有一个上帝的观念。这个观念本身就表明了，上帝是一个最伟大的存在物，即最完善的存在物，无法想象还有其他什么东西比它更伟大、更完善。如果上帝只存在于我们的心中，那么，这个观念就不是一个最伟大的存在物的观念，因为我们还能够设想我们心外的存在才是更伟大的。真实的存在，只能是那种不但存在于我们的心中，而且也存在于我们心外的东西，这种东西无疑比那种仅仅存在于我们的心中的东西更伟大得多。由于上帝是一个关于最完善的存在的观念，所以，上帝不仅存在于我们的理智中，而且也存在于我们理智之外的现实中。安瑟伦通过他的这个著名的论证，集中表达了他关于共相和殊相关系的一般观点，这就是，普遍性越多，现实性也就越多。如果上帝是最普遍的存在，那么，它就是最有现实性的；如果上帝是普遍的、绝对的存在，那么，它同时也就是绝对的、现实的存在。根据上帝的概念，也仅仅只要根据上帝的概念，我们就能够得出这样的结论：上帝不仅具有相对的、最伟大的现实性，而且也具有绝对的、不可超越的现实性；大于或高于这种现实性的存在是不可想象的。

安瑟伦这个源于奥古斯丁的关于共相实在性的激进论证，从来也没有在经院哲学家中得到一致的公认。其原因在于，人们不能设想，会有这样一种东西，仅凭我们对它的想象，就能证明它的存在。如果这是可能的话，那么，每个哲学家都会对此举手赞成。因为，一个哲学家的工作，与其说是凭借观察还不如说是凭借思维去揭示事物的存在。假如安瑟伦的方法是可能的话，从纯粹的思维向事物演化就是一件顺理成章的事情；而假如这是不可能的话，一个人就无权仅凭想象得出这样的结论。尽管柏拉图曾经用一种与此类似的本体论论证来证明理念的客观实在性，但像安瑟伦这样，只从思维本身的逻辑需要出发，而丝毫不理会这种思维逻辑是否具有现实的基础，即便对柏拉图来说，也是不能想象的。也正由于此，另一位，也是哲学史上最重要的一位经院哲学家托马斯·阿奎那（Thomas Aquinas，约 1225—1274），后来对安瑟伦的实在论思想做出了重要的然而也是温和的修正，把安瑟伦那里与个别事物完全隔离的共相，改造成为个别事物的内在形式；在不否定共相实在性的同时，使共相和殊相获得了某种巧妙的统一。这一直被认为是阿奎那对基督教哲学做出的最大贡献。在阿奎那看来，共相当然是先于殊相、高于殊相的真实存在，但它并不是离开殊相而孤立存在的，而是作为殊相的内在形式包含在殊相之中的。共相实际上是一种形式，也就是上帝造物的原型。它一方面作为事物的本质存在于个别事物之中，另一方面又作为个别事物的抽象而以概念的方式进入人的理性之中。在哲学中，当然没有进入关于上帝知识的直接的通道，但是尽管上帝只有在超理性的层面上才能被认识，自然理性仍然能够作为阳光照亮黑暗中的猫头鹰的眼睛。换句话说，上帝的存在，虽然首先可以通过启示为人们所接受，但它也可以根据正当的理由被辩证地建立起来；物质世界（殊相）虽然不能被认为是真实的存在，但我们却不能离开物质世界来谈论关于上帝的信仰。因为在日常生活中，物质世界是人智慧的直接的、合适的对象；同时，人的日常生活也证明了它是通向“上帝之城”的现实起点。

如果说，奥古斯丁和安瑟伦都是通过柏拉图的方式，才建立了他们关于共相实在性的理论的话，那么阿奎那就是通过亚里士多德的方式，使在前两者那里不能相容的共相和殊相，获得了一种适当的契合形式，从而在更现实的层面上把它们统一了起来。在这方面，亚里士多德哲学提供给阿奎那的，主要是一种目的论的理论方式：一般，也即理念，作为真实的存在，是生成和变化之因，即“纯形式”。正是由于它并通过它，被感知的东西才能被理解、被思考、被言说。任何一种真理性的学说，都不能也不应该回避说明这样一个至关重要的问题，这就是，从用概念认知的“一般”，如何能够达到或过渡到感知性的“特殊”。人们绝不应该忘记的是，思想中的一般始终是现实中的特殊所由论证、借以论证的根据。阿奎那通过亚里士多德式的共相和殊相关系的论证，成功地把在他以前的经院哲学家，如奥古斯丁和安瑟伦等人那里不能解决的物质世界和精神世界的对立，在形而上学心理学的基础上弥合起来。在他那里，物质世界和精神世界的一般关系表现为：在精神世界中，纯形式是一种主动的、自足的存在，即纯理智的存在，它与物质没有任何联系；而在物质世界中，纯形式则通过与物质结合的方式，即作为物质的内在形式，在物质中逐渐而顽强地实现着自身。作为精神形态出现的人类灵魂，从一方面看，尽管是一种最低层次的理智，但却不能否认它是一种纯形式；从另一方面看，由于灵魂是肉体的内在形式，所以，它又是在物质中自我实现的最高形式。人类灵魂本性的这两个方面，由于精神性纯形式的作用，在自身中统一成为一个有独立意志和明确目的的实体。这种实体的统一既是存在的唯一形式，也是物质世界必须遵循的唯一形式，即内在的唯一形式。在这种形式的规范下，个体事物的演进呈现为，从物质存在的最低形式开始，经植物、动物，逐步过渡到人类灵魂。此后，它就在内在化的纯形式推动下，一步步地被提升至纯理智的世界，最后达到绝对的形式，即上帝。在托马斯那里，物质世界和精神世界这两个世界之间的分裂，就这样通过形而上学心理学的方式弥合了起来。

3. 客观经验实在论

所谓客观经验实在论（objective-empiricist realism），是指从常识的经验体系出发，强调物质世界或物理对象实在性的理论。就此而言，它又被称为一般唯物主义。从认识论的逻辑特性来看，客观经验实在论固然具有一般唯物主义的性质，即承认物质世界和物理对象的实在性，但它毕竟又不同于一般唯物主义。严格地说，唯物主义是一个本体论的，或者说是形而上学的概念，而实在论则是一个认识论的概念。就认识论而言，物质世界或物理对象的存在性不过是客观经验实在论的一种理论假定，或者说是客观经验实在论的一种既定的理论前提。在认识论的范围内，客观经验实在论关注的，首先不是世界的本质究竟是什么，或者世界究竟是由什么构成的，它关注的是意识能否达到对意识之外的事物的认识。如果换一个角度来看这个问题的话，我们不妨说，哲学唯心主义在认识论层次上反对的是客观经验实在论而不是唯物主义。因为，客观经验实在论断定存在着独立于主体的世界，而唯心主义则认为世界就是人的意识。也正是在这个意义上，哲学唯心主义首先是一个认识论概念，其次才是一个本体论概念。

客观经验实在论作为一种重要的认识论理论的地位，来自它对知觉与外部世界关系的一种物质化解释。一般而言，在认识论或知识论的研究所涉及的诸问题中，最困难的莫过于如何回答知觉的本质以及它与外部事物的关系问题。人是怎样获得一个知觉的？或者说人是怎样感知到一个事物的？换言之，人们关于外部世界的知觉或人们正在感知的事物是如何真正地接近于事实上的那个世界的？这是任何一种知识理论都难以回避的一个基本问题。对此，客观经验实在论的回答是，一个实在的物理世界的存在是不能被怀疑的；而且由于这个世界有其本质上的稳固性，因而，我们关于它的知觉实质上也是正确的。从一切方面看，人所感知到的只能是物理世界以及其中的物理对象。从人的知觉的特点来看，也确实为这种实在论的知识立场或信念提供了某种客观的基础和根据。一般而言，人的知觉总是被区分为三个不同的层面：（ⅰ）持续性知觉。在日常生活中，当我们举目四望之时，视觉为我们提供了关于对象事物的种种色相；而当我们凝神谛听之时，听觉则为我们提供了关于对象事物的种种声响；即使我们并未留神或刻意去看、去听，我们仍然不断地获得各种关于对象的知觉，接收到各种对象事物刺激我们的知觉器官而产生的信息。在这个角度上，假定存在着一个独立于人的知觉的物理对象的外部世界，并且以这个外部世界作为人的知觉的基础和根据，在认识上就是自然而然的。（ⅱ）选择性知觉。在这个层面上，我们对客观地存在于我们外部的物理对象或具体事物持续地、大量地向我们输送的信息主动地进行择取，形成指向某一对象、某一事物的一个或一组知觉，这在心理学中被称为“注意”。“注意”的基本作用在于，帮助我们形成具体的物理对象或个别事物的知觉或经验。离开知觉的这种“注意”特征，我们就不能解释我们自己是如何拥有关于对象事物的具体知觉观念的。或者换句话说，就不能解释我们的知觉观念是如何获得它的实际内容的。（ⅲ）矫正性知觉。这是持续性知觉与选择性知觉，或者说是被动性知觉与主动性知觉的结合在人的意识中生成的一种具有解释或矫正功能的新的知觉形式。在这个层面上，由被动性感觉抽取而来的注意性知觉通过某种方式，或批判，或检验，或矫正，而被加以重新组合，形成对感觉和注意的批判性解释。至此，一个完整的关于具体物理对象或个别事物的知觉观念最终得以形成。总的来说，实在论并不否认上述对人的知觉的三个层面的划分，然而，它看重的却是知觉的第一个层面的性质，即持续性知觉感知物理对象的特性，并坚持认为，知觉的第二、第三个层面不过是对物理对象的反映，或者说，是对物理对象的一种摹写。那么，客观经验实在论又是怎样具体解释人的知觉与物理对象的这种复杂关系的呢？下面，我们以它的两种最基本的形式，即素朴实在论和批判实在论为例，对此做一概要的讨论。

（1）素朴实在论

素朴实在论（native realism）是客观经验实在论的一种日常表达形式，或者说，是人们在自己的日常生活中表现出来的、未经分析和批判的关于知识对象或世界性质的理解。如上所述，所谓实在论就是强调存在着一个独立于我们人的、实在的物理世界；坚信我们关于这个世界的知觉本质上也是正确的。在这一基本前提下，素朴实在论对物理对象与人的知觉关系的解释是：客体是直接呈现在意识之前的，而且也只能如它所呈现的那样；知觉与物理对象之间不存在任何原则性的差别。从哲学上看，这种实在论之所以被称为素朴实在论，最根本的一点就在于它否认客体在意识中是通过观念来表象的，而观念的中介性乃是任何一种成熟形态的实在论不能不具备的一个基础性理论条件。

在哲学史上，印证素朴实在论这种理论信条的最典型理论，当推古希腊哲学家德谟克里特的“影像论”。作为一个“原子论”哲学家，德谟克里特在认识论方面的观点充分表现出早期实在论者对通过感觉把握真理可能性的自信。德谟克里特坚持认为，科学理论一定会获得关于实在的知识，即原子和原子在空间中运动的知识，从而当实在表象在知觉中的时候，就能解释出现在现象中的现实。德谟克里特把作用于人的感官，引起感觉和思想的外物（原子）流射物称为“影像”，并把它们当作事物的无限小的摹本。按照他的理解，当影像从外面进入时，感觉和思想就会产生；相反，设若没有影像来撞击感官，就不可能有所谓感觉和思想。德谟克里特的机智之处尤其在于，他固然强调感觉和思想均来自外物的影像，但他同时也清楚地意识到这两者之间的差别，明确地把真理规定为是不囿于个别印象和感觉的理性与思想。在他看来，感觉是“暗昧的认识”，只能认识事物的现象；反之，理性则是“真理性的认识”，只有它才能认识事物的本质。在人的认识过程中，当感性知识在细微的领域不能再通过看、嗅、尝、摸等而感知的时候，就需要理性参与进来。当然，德谟克里特并未由于感觉和印象的暗昧性就对此加以轻率地否定，他毋宁是要说明，单纯的感觉不足以构成真实的知识，当然也不可能有所谓离开感觉而言的纯粹理性的真理。

不难看出，素朴实在论对于缺乏批判意识的、处于日常生活中的个人来说，不乏一定的说服力和解释力。它的确表达了，而且也在一定程度上解释了符合人的意识常情的描述事物的方式，从而使人不得不相信，知觉看来确实是存在于人们身外的事物的“摹本”。如果人们不进一步追问事物是如何把它们自身的这些影像置入认识的话，他们就有可能认为，自己根据这个理论就能确切地了解自己的影像是如何酷似外部事物的，从而深信它们确实是外物的“摹本”。在素朴实在论的理论观点中，承认存在着一个独立的物理对象的外部世界是一个基础性的信念，或者说是一个基础性的认识支点。只有承认存在着一个独立于人的、不以人的感觉为转移的物理对象的外部世界，才能为直观的知觉活动设立一个稳固不变的基础。然而，素朴实在论毕竟是一种立基于常识之上的知识理论，常识固有的未经分析与证明的直观性不可避免地会影响到其结论的可靠性。在对素朴实在论提出的种种批评意见中，最切中要害的就是认为这种理论完全忽略了主体感觉对认识过程的浸渗，或者说主体感觉相对性的特点并未在这种理论中得到反映。正是由于离开了感觉的相对性或局限性来抽象地谈论认识活动和认识过程，才会自信地认为人们感觉到的性质也就是客体的性质。实际上，只有在一个纯而又纯，也就是不存在谬误、假象和幻觉等情形的认识关系中，素朴实在论的观点才能不受置疑。只要客观地承认人所感知到的东西在某种程度上依赖于人的感官，而感官不可避免地有其相对性和局限性，就不会轻率地把素朴实在论的结论当作不可移易的真理。那么，人的认识究竟是如何具体地依赖于人的感官，并因此而表现出与素朴实在论的常识性描述明显抵牾或背离的情形的呢？

首先来看知觉对感官的依赖性。知觉是感官的一种作用，离开感官，知觉就无从产生，这是人所共知的事实。在日常生活中，人们总以为感觉与实物是一致的；与感觉相对的物体，也是各不相同的。其实，用科学的观点来看，我们所见、所闻、所触之种种事物，无不是同一的，皆有其物理的或物质的共同本质或起源。不仅如此，任何知觉之发生，皆为人之感官接收外界刺激的结果。由于外界刺激需通过人的神经系统的作用方能到达感官，产生感觉或知觉，所以，在许多场合中，当人们以为自己已经正确地知觉了对象的时候，殊不知客体的性质在此期间早已经历了许多变化，而这些变化实际并未表现于他们的知觉中。还有，既然知觉是依赖于感官的，那么，人的感官的不同，就会影响到知觉结果的不同。一个色盲的人，是不可能获得正常的人所具有的颜色观念的。同样，一个未经受过严格音乐训练的人，也是根本没有能力辨别出作品演奏中细微的音频变化的。可见，人之感觉未必与外物全然一致；我们的观念也不是在摹写刺激自身，而只是在解释其意义而已。

其次来看知觉本身的复杂性。知觉除了在外感觉的层面上受到感官的制约以外，其自身的表现和特性也从反面提醒我们，知觉提供的表象往往是不可靠的，以知觉作为知识和判断的唯一根据是带有几分冒险的。对素朴实在论的常识观念提出的第一个挑战就是，来自人的梦境的存在及其明显的与现实背离的性质。从某种意义上说，梦境或许是最早的谬误现象，它从反面把我们的原始心灵从独断实在论的迷幻中唤醒过来。一个在床上熟睡着的人怎么能够同时又走到遥远的地方并和逝者谈话呢？梦中的事件又怎么可能和清醒经验中的事件相一致呢？人们最初处理这类谬误的方式是，把实在的世界区分为两个领域，即外在的可感世界和内在的不可感的神秘世界。人的心灵只是在肉体死亡后或睡觉过程中才能从前一个领域进到后一个领域。然而，把存在着的客体世界做这种双重化的解释，也仅能够说明为数极少的梦中经验，如儿童的梦乡和未开化族群的图腾现象等，而当梦境涉及的事件正好是清醒生活中经验过的事件时，彼此的冲突和自相矛盾就在所难免。对素朴实在论的常识观念提出的第二个挑战就是，假象的存在及其不可避免性。按照素朴实在论的观点，人的心灵能够直接知觉外部事物。知觉是如何的，对象就必定是如何的。显然，这是大可质疑的。一根直的棍子，如果将其放入一桶水中，我们看到的就是一根弯曲的棍子；而当它从水中被重新抽出来时，在我们的知觉表象中又复归为笔直。同样，当你在炎炎夏日中行进时，前方的原野由于热浪的蒸腾而显得雾气弥漫，这时往往给你造成一种假象，仿佛你即将进入一个清凉的雨雾世界。但不管你行进多久、多远，意念中的冰凉世界终究没能出现。这说明，知觉和实际事物背离的情形是确实存在的。我们当然不能否认我们所获得的上述知觉的真实性，但问题在于，我们如果按照这样的知觉来认识事物的话，我们的知识和判断非得发生错误或混乱不可。对素朴实在论的常识观念提出的第三个挑战就是，幻觉的存在。也就是说，有时我们感知到的东西实际上根本不存在。一个因高烧而陷入意识谵妄的人，举目所见，皆为各种幻影，如爬满天花板的壁虎，一分为二或更多的所见之人的身影，原本十分明亮但在他看来却昏黄摇曳的黯淡灯光，等等。而在另外的场合中，当你由于思念你已逝的亲人或朋友而黯然神伤时，你仿佛看到他或她正栩栩如生地迎面向你走来。有时，这种情境逼真到这样的程度，以至于你差一点就要叫出声来。幻觉与假象是不一样的。假象与实际存在的事物有关，是对实际存在着的事物的一种知觉，只不过它没有如实地知觉事物罢了。至于幻觉，则根本就与实际存在的事物无关，它不过是我们的意识对实际上根本不存在的东西的知觉，即所谓纯粹知觉。上述种种情况表明，谬误并不是无关紧要的或偶然出现的现象，而是人的知觉过程中的一种正常的、必然的和普遍的缺陷，并且是每一个具体的感觉经验所无法避免的。

正是由于素朴实在论有其不可否认的直观性的弱点，故而一部分实在论哲学家转而采取图像论即批判实在论的立场，力图把知觉与外部世界的关系理解为一个借助于观念而进行的间接性摹写过程，以此解决主体关于实在的经验对于感官的依赖性的矛盾。从哲学上看，批判实在论比之素朴实在论有诸多改进与优点，特别是它充分解释了主体观察上容易发生的错误以及感觉作用后面的复杂的认识机制，但它基本上仍是以素朴实在论的前提为前提的。

(2) 批判实在论

批判实在论（critical realism）是客观经验实在论的另一种基本形式，也是较高级的理论形式。所谓批判实在论，也称为“代表实在论”（representative realism），即“图像论”。仅就这一名称而言，即可知其对素朴实在论的修正与改进。按照图像论的观点，心灵绝不可能如素朴实在论者所想象的那样直接去感知外物，它只能感知自己的观念或状态。但是，由于单纯地诉诸心灵似乎无法有效地解释观念的发生及其次序问题，因而图像论者承认，确实存在着一个引起观念的独立的物理对象的外部世界，并坚持认为，这些外在的物理对象与心灵中出现的观念之间具有一定的相似性。或者说，观念就是对物理对象的摹写。

在哲学史上，图像论的典型理论形态是近代英国经验主义哲学家洛克关于“两种性质”的学说。作为一个经验论哲学家，洛克深信存在着一个独立的物理对象的外部世界；而作为一个图像论者，他则把人们关于现实世界的经验看作存在于心灵之外的事物的肖像或对事物的摹写。在洛克看来，引起观念的外物本身有两种性质，即存在于外物之中的、作为摹写原型出现的“第一性的质”和源于外物却依赖于感觉的“第二性的质”。洛克把大小、形状、重量、高度等归诸第一性的质，认为它们作为物体的属性和特性确实存在于外物之中，与人的感觉基本无涉；至于颜色、气味、触觉等，洛克则认为这是一些与外物无关的，以某种方式存在于人的感官和大脑中的第二性的质。然而洛克也指出，第二性的质固然不存在于外物之中，但外物中确实存在着一些能力，它们能够在感觉者内部引起视觉、嗅觉、触觉等感觉。那么，人们究竟是如何感知到存在于对象之中的第一性的质的呢？洛克的解释是，外物以某种方式作用于人的感官，从而使人获得关于外物的感觉经验与知觉，描摹出外物的第一性的质。简单地说，洛克乃是把知觉看作关于实体事物的照片或摹本。

正是基于这种对于事物两种性质区分的理解，洛克才有可能在经验论的基础上深入地探讨观念的实在性和真假问题。洛克认为，既然外物第一性的质与人关于第一性的质的观念是相同的，而外物第二性的质与人关于第二性的质的观念是分离的，因而必然会使表象外物的观念在实际中表现出十分复杂的情形。洛克把观念分为实在的或幻想的、相称的或不相称的、真实的或虚假的三个方面分别加以考察。所谓“实在的”，就是指在自然中有其基础的、与事物的真止存在或观念原型相符合的；所谓“幻想的”，则是指在自然中无其基础的、与原型不相符合的；所谓“相称的”，就是指完全表象其原型的；所谓“不相称的”，则是指不完全地或者仅是部分地表象其原型的。至于观念的真或假，在洛克看来，则是尤其需要加以认真看待的问题。洛克认为，观念本身并无所谓真假，真假乃是相对于其所参照的东西而言的。如果一观念与其所参照的东西相契合，则该观念即是真的，反之则为假的。从总体上看，真的观念即是实在的、相称的观念；或者反过来说，实在的、相称的观念即为真的观念。因此，真理乃是按照实在事物的契合与否来进行的各种观念、语句和符号的分合。

洛克的图像论较之素朴实在论无疑是一个重大的进步。其最大的一个优点在于，它充分解释了谬误和幻觉，揭示了感觉后面的复杂的认识机制。既然认识是一个起源于感觉，表象为观念，显现为观念、语词和符号的分合的过程，那么实在论经常遭到的对其直观性和片面性的批评也就能够避免了。但是，图像论的缺点也正隐藏于此。在洛克的理论中，逻辑与常识之间的矛盾是如此明显，以至于人们往往难以确切地断定他作为一个实在论者坚持的究竟是怎样的一种哲学立场。按照洛克的理论，既然人们能够了解的东西只能是观念，而且不能把观念与它们应该与之相似的东西相比较，那么他是怎么得出人们关于第一性的质的观念与那些存在于“物体”中的东西相似的结论的呢？此外，物理世界既然超出了人们的知觉和经验，人们所能经验到的唯一的世界是内在的观念世界，那么，当人们试图诉诸推论，以证明这个外在的物理世界的真实存在时，他们势必会发现，这不过是一种徒劳无益的努力，因为这个世界乃是超出人的经验和感觉世界的。证明这样一个世界的存在对于人的意义又体现在哪里呢？

二、观念论

几乎与实在论一样悠久、一样古老，但在某种程度上却更具现代意蕴的另外一种基本的知识对象理论是观念论（idealism）。观念论亦称主观经验论（subjective empiricism），或曰主观经验实在论（subjective-empiricist realism）。这是一种以强调主观经验实在性为特征的哲学理论。从哲学上看，一切形式的观念论都否认外部世界或外部事物的实在性。但是，对此做出逻辑上最为严谨、推论上最为极端、语言上最为直率的论证的代表性观点，当属18世纪英国哲学家乔治·贝克莱建立的彻底主观经验论哲学。在贝克莱的观念论中，实在是指人的心灵及其经验，真理是心灵及其经验的直接证实。

1. 观念论之前提

无论理性实在论还是共相实在论，抑或客观经验实在论，都假定有一个独立于人的外部世界的存在，并坚持认为这种外部对象才是知识的唯一对象。这一点遭到了观念论的激烈反对和严厉批判。从理论上看，观念论的批判锋芒指向一切形式的客观实在论，但它最直接的批判对象是洛克论证外部物理对象实在性的批判实在论理论。是洛克的实在论诱发了观念论对客观经验实在论的批判，而观念论对物理对象实在性的否定，又间接地否定了理性实在论和共相实在论的哲学前提。

如前所述，客观经验实在论在理论上是以素朴实在论的一般前提为前提的。素朴实在论认为，外部物理对象是直接呈现在人的意识之前的，而且也只能如其所呈现的那样。这种理论由于忽略了个人在观察上容易发生的错误，以及主体感觉后面复杂的认识机制，因而不可避免地受到观念论者的激烈攻击。基于这种情形，图像论改进了素朴实在论对物理世界实在性的论证，把知觉与外部世界的关系表达为以观念为中介而加以表象的关系。图像论的这种观点，固然较好地解释了谬误和幻觉的发生，以及知觉客观性和主观性的关系，但与此同时也给自己的理论带来了新的困难和问题。因为按照图像论者洛克关于外物两种性质区分的理论，物理世界的实在性不过是一个为了说明观念的发生及其所处的秩序而不得不假定的东西。这样一来，外在的物理世界就成为一个人们永远不能够经验的世界，而人们所能够经验的唯一世界乃是一个观念的内在世界。既然如此，假定这样一个不能经验的物理世界的存在，又有什么实际的价值和意义呢？

正是基于这个原因，观念论者坚决否认有所谓外部物理世界的存在，认为这种外部物理世界不过是客观经验实在论者为了理论上自圆其说的需要而任意构造出来的东西。按照观念论者的观点，没有主体就没有客体，没有对于存在的意识就谈不上有所谓存在。在现实世界中，人们不可能发现有所谓不为人所知的东西。其之所以如此，是因为，知识是以观念的形式出现的，任何对象只要一进入知识的范围，就立刻转化为某种观念。认识者是无法将观念与对象区分开来的，因而也谈不上究竟什么是真实的对象。同时，知识既然是通过观念进行的，而观念又只存在于认识者个人的心灵中，是认识者个人的知觉经验，因而知识实际上又是不可交流的，即使两个人面对的是同一对象。这样，物理对象作为一种对象，就只不过是我们的一种知识观念，而由于知识观念是经验，因而物理对象就不能不被认为仅仅是我们的一种知觉经验。任何经验都是被经验到的经验，不被经验到的物理对象是不可能存在的。在哲学上，观念论者所坚持的这种不能离开认识者谈论认识对象的观点，一般被视为是一切形式的观念论者所共有的一种“自我中心的困境”。

观念论有多种不同的理论形式，它的最极端和最保守的形式体现在贝克莱的哲学中。作为一个观念论者，贝克莱与其他观念论者一样，强调不能离开认识者来抽象地谈论认识的对象；而作为一个主观经验论者，贝克莱则把一般观念论的这种观点发展到绝对否认一切外物存在的境地。贝克莱哲学的经典命题是所谓“存在就是被感知”。按照这一命题，如果某物不能为某个能知者所感知，那么该物即无其存在之根据。贝克莱论证他的这一核心观点的逻辑依据是：如果没有一个思考着的心灵的话，就不能想象一个物理对象是存在着的。从理论上看，贝克莱并不否认人有关于物理对象（如日月星辰、山川河流）的知识，但他坚持认为，这也不过是知识而已，而一切知识都是人的经验，所以不能离开人的经验来谈论物理对象。如果比较一下观念论和客观经验实在论对知识与其对象关系理解的不同之处的话，就会发现，观念论不过是把客观经验实在论一般前提的逻辑次序做了一个颠倒，即把客观经验实在论所讲的“凡被感知的，必是存在的”，改变成了所谓“凡存在的，必是被感知的”。在前者中，“被感知的”是从属于“存在的”；而在后者中，“存在的”则是从属于“被感知的”。在这一看似无奇、实则至关重要的转换中，人们不难发现观念论与客观经验实在论在认识论基本立场方面的对立尖锐到了何等程度。也正是基于这一理由，人们总是把观念论与实在论看作正相反对的两种知识论。

2. 观念论之理论

贝克莱的哲学是以洛克的哲学为直接出发点的。在洛克那里，有着物体和观念的对立，有着第一性的质的观念与第二性的质的观念的差异。贝克莱则要取消这些对立和差异。他认为，独立于观念的外部物体是不真实的，人的一切观念本质上都是主观的。

贝克莱对洛克的否定并未遇到太大的困难。如果考虑到这是一个唯心论者在对一个本质上仍是唯物论者的学说进行否定的话，这种情形就未免使人感到诧异。之所以出现这样的情况，重要的一点，就在于洛克的学说本身即包含着向主观论或唯心论方向发展的因素和可能性。前面已经谈到，洛克把外物与人的知觉的关系表达为外物两种性质与人关于这两种性质的观念的关系。在洛克的理论中，关于第二性的质的观念在很大程度上依赖于感觉器官。尽管作为一个实在论者的洛克在这样做的时候，谨慎地为自己的这种说法留下了余地，即他仍坚持这种观念有其实在性，因为人们可以通过观察发现“我们所有的简单观念都是实在的，都是与实在的事物相契合的”①。但这毕竟只是洛克个人（当然还有仍然愿意坚持实在论立场的其他哲学家）这样认为。对于贝克莱来说，情况就不是如此了。贝克莱并不满足于像洛克那样认为外物第二性的质作为存在于对象中的东西只能是推论出来的，他根本就否认第二性的质具有洛克给予第一性的质的那种可以由推论得出来的地位。贝克莱是以一种极为机智的手法对洛克的学说提出挑战的。他首先同意洛克的这样一个说法，即外物第二性的质是依赖于人的感觉器官和感知条件的，是因人而异的。但他旋即指出，这种情况并不仅仅发生在第二性的质中，人们只要稍加观察，就会发现，第一性的质同样也会发生这样的变化。例如，一本书的形状和大小在不同情况下看起来是不同的，这取决于你是将它拿着读，还是放在远处读。显然，洛克所做出的区别与其说是存在于第一性的质和第二性的质之间，还不如说是存在于物理对象和我们关于它的知觉或感觉经验之间。贝克莱由此断言，任何一个物理对象的任何一种性质都依赖于人的感官和感觉经验，而不仅仅是第二性的质如此。“任何一个人只要考究一下那些被认为显然足以证明颜色和滋味只能在心中存在的论据，他就会发现，这些论据都可以同样有力地来证明广袤、形相和运动也是只能在心中存在的。”② 进而言之，第一性的质和第二性的质也是不可分的，就像人们不能把颜色从形状中分离出来一样。所谓第一性的质与第二性的质的区别不过是一种人为的区别而已。

贝克莱既然否定了洛克关于外物第一性的质具有独立于人的知觉而言的实在性的说法，也就意味着否定了洛克关于知觉与外物第一性的质具有相似性的原理。贝克莱认为，洛克坚持的知觉必然与外物第一性的质相似的说法是缺乏根据的，因为洛克自己也强调第二性的质并不存在于物理对象本身之中，它不过是受物理对象的某种“能力”的激发而引起的。既然如此，相似性究竟是如何产生的呢？颜色、气味、触觉等是如何与“能力”达到相似或匹配的呢？这些问题按照洛克的理论是无法得到说明的。退一步说，即使它们确实是相似的，人们也没有一种方法能够证明知觉已经相似于物理对象或它们的性质。因为，“印在感官上的观念是真实的事物，或者是真实地存在的；这一点，我们并不否认。不过，我们否认它们‘能’在感知它们的心灵以外存在，否认它们是在心灵以外存在的任何原型的肖像；因为一个感觉或观念的存在，就在于被感知，而且一个观念只能与一个观念相似，而不能与别的东西相似”③。贝克莱一再重复他的一个著名的论点：事物的存在就是被感知。如果表象反映知觉（以摹本、映像等出现），那就意味着达到了真理。知觉“比较真实”，而表象不太真实。知觉具有“正确的连贯性”和“奇妙的联系”，而这是上帝赐予世人的一种睿智和仁慈。贝克莱把知觉的连贯性和联系称为自然规律，自然规律乃是由上帝的意旨所确定的，而上帝的意旨是不能违逆的。贝克莱尤其反对把两个先后出现的事物的关系看作因果关系。在他看来，事物就是知觉。把一个事

---

① ［英］约翰·洛克：《人类理解论》，106页，北京，商务印书馆，1959。

② 北京大学哲学系编译：《十六—十八世纪西欧各国哲学》，545页，北京，商务印书馆，1975。

③ 同上书，566页。

物引起另一个事物的关系称为因果关系，无异于认为一个知觉可以成为另一个知觉的原因，其荒谬性是不言自明的。实际上，所谓因果关系不过是记号或符号与用记号或符号标志的事物之间的关系，它们本来就是上帝出于向人们提供某种预见的可能性，以使人们能够有效控制自己的行为并造福于自己的生活而对现实世界的一种恩赐。

3. 观念论之评论

以知觉经验为出发点的主观性，在经过一个繁复的推论过程后，竟至以承认上帝对知觉秩序和连贯性的约束与限制为其归宿，主观论走向了客观论，这成了认识论中的一个难解之结。其中的原因究竟在哪里？我们不妨对此做一些分析。

从感觉主体性的角度看，贝克莱的全部论证不过揭示了这样一个基本思想：一切被人感知的东西都依存于心灵。贝克莱之所以能得出这个结论，与洛克在第二性的质的观念问题上表现出来的主观性倾向有着直接的关系。洛克虽然相信第二性的质的观念是由物理对象以某种方式引起的，因为这些对象中有某种激发和引起另外一些性质的能力，但洛克又认为，第二性的质的观念总的说来是与外物完全不相似的，因为知觉与外物之间存在着分离的可能性。在洛克的体系中之所以会有这种主观性的因素，就在于他相信，对于知觉者而言的相对性中就蕴含着主观性。由于洛克从第二性的质的相对性中归纳出主观性的结论，因而贝克莱要指出第一性的质具有同样的甚至更大程度的相对性也就是主观性，就不是一件困难的事。一个物理对象的被感知的颜色、滋味、气味和触觉一样，不是也同样依赖于知觉者与该物理对象的关系吗？既然我们能够说任何与知觉者具有相对应关系的客体只能作为观念而存在，我们为什么不能说那些仅仅存在于物理对象中的第一性的质也不过是一些主观的观念而已呢？

然而，贝克莱固然有效地拒绝了洛克关于感觉经验的原因的理论，并且从洛克的理论中扫除了物理世界和所有物理对象，但他还是不能回避这样一个无疑更为困难的问题，即他所说的感觉经验的秩序和连贯性是从何而来的？贝克莱把这一切归结为上帝的先定。也正是在这个转换或结论中，我们看到了观念论的两个难以解决的根本性矛盾：一是主观论与唯我论的必然联系；二是观念论对知觉论的全盘否定。很显然，按照主观论的原则，人们所能经验到的一切只是自己的知觉。既然如此，人们又是如何获知他人的心灵及其经验的？人们有所谓物理对象的经验，是因为人们能够知觉到它们。但是，他人的心灵及其经验是内在的，并无可感知的实相或形态，人们也就根本不可能经验或知觉到它们。既然他人的心灵及其经验是不可知觉的，那么贝克莱所说的"存在的只能是人的心灵及其经验"，严格地说来就是：存在的只能是"我的心灵及其经验"。这不是地地道道的唯我论又是什么？为了摆脱这个困境，同时也是为了把自己的逻辑贯彻到底，贝克莱又超出知觉论的范围，把上帝设定为知觉秩序及其连贯性的原因。然而这样一来，贝克莱也就用自己的逻辑驳倒了自己的一个主要立论，即上帝是不可经验的。原来是不可经验的上帝，现在却被设定成了知觉的原因。既然他能假定一个不能知觉的上帝的存在，为什么又不能容忍一个不能知觉的物理对象的存在呢？这是无论如何也说不过去的。更重要的是，当他这样做的时候，他实际上在摧毁自己所信奉的知觉论的整个前提：知觉论不能容许上帝实体的存在，而上帝实体的存在一旦成为现实，则知觉论的前提也就必须重新审定。

三、现象论

在哲学上，现象论（phenomenalism）是一种介于实在论和观念论之间的中间性理论。这一理论不否认有一个独立的外物的存在，但怀疑人能达到对这个外物的认识。从知识论上看，现象论的最重要特征就是，既把知觉当作知识的起点，又把知觉当作知识的界限，并由此而把所谓不能知觉的外物排除出知识的范围。在现象论中，实在被分解为感知者、感知活动和感知对象三个不同的层面；感知材料即现象成为知识的对象。

1. 现象论之特点

在哲学史上，现象论是作为协调实在论和观念论对立的一种中性理论形式出现的。现象论直接否定的对象是贝克莱的观念论，但因为贝克莱的理论与作为实在论者的洛克的理论有着直接的渊源，因而洛克的图像论也在它的激烈批评对象之列。

在观念论，至少是在贝克莱的观念论那里，“存在就是被感知”是一个基本的信条。贝克莱之所以得出这个结论，与洛克在外物两种性质及人们关于外物两种性质的观念的区分问题上的矛盾和混乱密切相关。洛克否认在真实的现象界中有一般的存在，并坚持唯名论的观点，这就为贝克莱的观念论，甚至后来的现象论打开了逻辑通道。在洛克的理论中，有两个观点是极为引人注目的：其一是物理世界或物理对象是真实存在的，但它的本质是不可知的；其二是真理既是观念与对象的符合，又是一个观念与另一个观念的相符。洛克在实在性和真理问题上表现出来的混乱，是他的体系矛盾性的一种反映。一般说来，贝克莱是从洛克的后一个观点出发，推导出他的主观论或唯我论的结论的；而现象论则是在否定贝克莱的这种唯我论的基础上，把洛克的前一个观点调适到自己能够接受的理论方位的。

现象论既然是在实在论和观念论的对峙中取其中道，也就意味着它的理论必然对这两种观点有所否弃亦有所包容。按照现象论的理解，实在论和观念论产生对峙的原因，在于如何看待物理世界或物理对象的存在性，而这确实也是容易引起混乱的地方。洛克的主旨是强调人们能感知到一个独立的外物，尽管他不否认人们同时也能感受到精神事物；贝克莱的主旨是强调人们只能感知到自己的经验，他甚至把物理世界和物理对象宣布为无。这两种观点都既有其引以为据的一面，又都有其发挥失当和失之片面的一面。现象论认为，贝克莱的观念论的最大失误，就在于它急于彻底否定洛克哲学中作为前提出现的物理对象，以至于最后把感觉的主体性在逻辑上发挥到唯我论这种不可收拾的地步。其实，贝克莱本应更聪明一些，把物理世界和物理对象当作一个存而不论的东西来看待，先着手讨论一下人的现实的感知活动和感知过程，以真正弄清我们正在感知的究竟是什么东西，我们应该据此做出什么结论。那么，现象论究竟是怎样看待这个问题的呢？

2. 现象论之理论

（1）休谟的印象论

现象论在历史上的最典型形态，当属康德的现象哲学。但是，讨论康德的现象哲学，却不能不首先溯及作为其理论出发点和前提的休谟的印象哲学。在某种意义上，休谟的印象也是一种现象。毫无疑问，休谟的印象论的基础和出发点也是知觉，但是休谟的知觉理论一开始就表现出对知觉可靠性的深刻怀疑。在休谟看来，所谓知觉指的仅仅是作为意识内容的东西。从意识内容的角度看，可以把知觉区分为两类：一类叫印象，一类叫观念。两者的区别主要在于，当它们刺激心灵，进入人的思想或意识中时，它们的强烈程度和生动程度是各不相同的。印象是当下的生动活泼的感觉经验，观念是离开感觉经验之后对印象的暗淡摹本。印象是观念中一切材料的来源。休谟强调，他之所以对知觉做如此划分，是因为他想确切地弄清一个问题：究竟什么是原因、什么是结果，是印象还是观念？他认为，不弄清这个问题，就谈不上反驳贝克莱的观念论，也谈不上正确地解决知觉的来源及其可靠性问题。

休谟进而指出，当他全面地考察了这个问题以后，他确信，自己已经确切地弄清了什么是原因、什么是结果的问题。能够作为原因的只能是印象而不是观念。他与贝克莱的区别也正在于此。在他看来，由于心中除了知觉以外不再有任何东西呈现，并且由于一切观念都来自心中已有的某种东西，因此我们根本不可能设想和构成与观念和印象有显著差别的任何关于事物的观念。我们纵然能够把注意力转移到我们身外，把我们的想象推移到天际，或是一直到宇宙的尽头，但我们实际上从没有超出我们自身半步。而且除了出现在狭窄范围内的那些知觉以外，我们不可能想象任何一种存在。休谟由此断定，人的知识不可能超出知觉的范围，只有感性知觉（印象）才是知识的唯一对象。

既然为知识所提供的或原则上可以提供的材料问题，也就是印象和印象、印象和观念之间的联系问题已经得到解决，现在要解决的问题就是诸观念之间的关系问题了。在休谟看来，人类理智所面对的全部对象，就其本性而言，可以概括地划分为两类，即观念的关系和事实性的判断。关于第一类对象，也即观念与观念的关系，休谟指的是诸如几何、代数和算术以及一切形式的这类关系的判断。由于这类关系或是建立在直觉的基础上的，或是凭例证而得到的，故其可靠性与对象的存在与否无关，仅凭单纯的思想活动即可证明，因此它作为真理具有一种必然的普遍性。关于第二类对象，即事实性的判断，是用另一种方法来论证的，所以它的可靠性与前一类判断全然不同。显然，各种事实的对立面是完全可能发生的，并且它们可以同样地不包含矛盾，因此它作为真理只具有一种非不证自明的可靠性和或然推论的性质。休谟认为，弄清这两种判断的区别是极为重要的，否则人们就永远也不会明白自己要说的究竟是什么问题。

在休谟看来，对第一类对象可以不予多论，因为形式判断有其逻辑自明性的基础和依据，人们对此不会产生太大的分歧。关键的问题出在对事实判断的理解上。在对事实判断的理解方面存在的最大一个误区就是，认为一切关于事实的推理都是建立在因果关系上的。人们一旦这样认为的时候，就会以为自己能轻易超出知觉的范围，为现实世界规定终极的原因。实在论者是这样做的，贝克莱也是这样做的。然而，实在论者错了，贝克莱也错了。人心中当然有关于外界事物的观念，但既然我们已经弄清了一切观念都来自印象，都不能离开以知觉为起点的经验，我们就应该知道，关于外物的观念，所谓因果性的问题，统统不过是某种物象的知觉反复而成的习惯。人们当然可以说有一种和知觉相对应的外物存在，但既然存在的只是印象，只是知觉，外物不过是知觉性的观念和心理性的联想，人们再纠缠于各种关于实体（物质实体和精神实体）存在的争论岂不显得太愚蠢了吗？休谟最后得出结论，科学的真理不能超出知识的范围，亦即逻辑数学和经验归纳的范围。一切关于经验事实的真理都只具有相对的而不是绝对的性质。

（2）康德的现象论

如果就其把知识的对象理解为呈现于知觉中的经验材料而非外物，并由此有效地避免了各种不同的贝克莱式的驳难这一点而言，休谟的印象论实际上也是一种现象论。但休谟的印象论由于完全排拒了外物或理性对知识对象之形成的作用，在某种程度上甚至比贝克莱走得更远，因而又不能被认为是一种真正意义上的现象论。就此而言，人们通常把康德的现象哲学视为哲学史上最早的现象论。康德的现象论作为调和实在论和观念论之对立而提出的一种新型知识对象理论，它的一个突出特点就是，把知识对象既不看作纯粹个人主观意识的产物，也不看作与个人主观意识完全无关的外部实在，而是看作主观与客观、观念与实在相互作用而形成的所谓“现象”。如果就其仍然承认有所谓本体或客观实在的存在这一点而言，康德的现象论颇类似于实在论，但又不应将之等同于将本体或客观实在等同于物理世界或物理对象的实在论；如果就其把知识对象理解为意识范围内之现象这一点而言，康德的现象论又颇类似于观念论，但亦不应将之等同于将一切外物化归为个人主观意识产物的观念论。

康德对作为知识对象的现象的论证，是以他的批判论的思想方法为基础的。在康德看来，一切知识都是判断，但并非所有的判断都是知识，只有同时具备了两个基本条件的判断才能称得上是知识。这两个条件就是：第一，它能为我们带来新的知识；第二，它又具有知识所必须具有的普遍必然性。在一般的知识理论中，例如在唯理论和经验论的哲学中，这两个方面通常是分离的，或者说是对立的。唯理论的分析判断只具有后一种特点而不具有前一种特点；经验论的综合判断则只具有前一种特点而不具有后一种特点，所以它们都不能为人们提供真正合理的知识。只有“先天综合判断”才能实现这两方面的统一。其中，“先天”体现的是判断所必需的普遍必然性；“综合”体现的则是理想的判断所必须具有的新的知识内容。按照先天综合判断的观点，人的知识是由外部事物的作用引起的，但这并不等于说这种作用就能自动地构成知识。外物的作用只是为我们提供了知识的内容，只有加上了主体固有的思维形式的作用，才能形成实际的知识。对人的认识来说，充其量只能推论出存在着外部事物，而不能想当然地认为自己就一定能够认识外物本身。这种被主体的先天形式改变过了的对象即是所谓“现象”，而那种人们可以承认其存在但却不能成为知识对象的事物本身，则是所谓“自在之物”或认识的彼岸世界。

（3）胡塞尔的现象学

胡塞尔（Edmund Husserl，1859—1938）的现象学（phenomenology）是一种特殊形态的现象论。之所以说这一理论是一种特殊形态的现象论，就在于它固然强调知识的对象为“现象”，但这种现象既非休谟心理主义的经验“印象”，亦非康德先天主义的直观“现象”，而是直觉主义的本质对象。换句话说，胡塞尔现象学中的“现象”是一种纯粹意识的现象。它是指人的意识活动及其所构成的一切对象。它既是呈现在人的“直接经验”中的一切东西，但又不能将之归结为所谓“原始感性材料”。同时，这种现象只有在且也只能在纯粹内在的直觉（或称本质的直观）中才能被把握到。所谓现象学，按照胡塞尔的说法，就是描述人的这种意识活动以及与这种意识活动相对应的意识对象的本质结构的专门学问。

作为一个抱持直觉主义信念的哲学家，胡塞尔坚定不移地认为，哲学应是一门严密的科学，哲学的任务在于寻求绝对真理。然而，要获得这种绝对真理，既不能依靠各种传统的哲学，也不能依靠经验性的自然科学，而只能依靠他所成功构建起来的“现象学”。按照他的观点，哲学在理论形态上高于经验科学。以经验的观察和实证为特征的自然科学，逻辑上受经验的制约和限制，因而不可能成为一门提供绝对真理的科学。传统的哲学，由于其对知识对象的错误理解，也无法担当提供绝对真理的重任。实在论把哲学的对象理解为物理学意义上的外部世界或外部事物，然而它却无法证明这种外部世界或物理对象的实际存在；观念论和怀疑论把哲学的对象假定为人的感觉经验，但感觉经验必定受到感官以及经验个别性和相对性的制约，同样不能达到普遍性和必然性的知识；至于传统理性主义的先验自明性的观念或公理，则更无存在之根据。因此，在他看来，能够作为哲学对象的，只能是那种既非实在化的物理事物，亦非观念化的感觉经验的“中性的”东西，即所谓“自我意识”。无论从何种意义上看，自我意识的存在都是不容置疑的。因为，怀疑是自我意识的重要功能，任何怀疑都是自我意识所做出的怀疑，这种怀疑反过来证明了自我意识的存在，也从一个方面印证了笛卡儿的“我思，故我在”这一著名命题。据此，胡塞尔得出结论，自我意识才是哲学的真正对象，只有它才能为我们提供绝对真理。因此，胡塞尔又把他的现象学称为关于“纯粹意识”或“意识自身”的科学。

既然哲学的对象是既非物理事物又非感觉经验的“中性的”自我意识，那么，要把握这种对象，就不能依靠传统的经验科学的或哲学的研究方法，而应依靠胡塞尔自己构建的，并被他自己骄傲地称为“严密科学的哲学”的“现象学”的方法。现象学方法的内容是“括弧法”和“还原法”。就前者而言，是研究意识的横向结构，或者说是把空间中的意识事实当作自我和意识的对象；就后者而言，是研究意识的纵向结构，或者说是把时间中的意识之流当作自我和意识的对象。“括弧法”有所谓“历史的括弧法”和“存在的括弧法”，“还原法”也有所谓“本质的还原法”和“先验的还原法”。按照他的观点，当人们以自我意识为对象来进行哲学研究的时候，首先会遇到意识不纯的问题，即在现有的意识中，掺杂着与现象学所要求的纯粹意识相去甚远的内容，这就需要用“括弧法”来加以剥离和厘清。“历史的括弧法”的作用是把传统的或者说历史性的不可靠的知识封存起来，不予置评；“存在的括弧法”的作用则是把被一些人荒谬地看作哲学对象的整个物质的自然界，包括我这个认识者自身，统统从认识中排除出去。通过这两种括弧法的作用，我们将能有效地清除不纯的意识内容，获得我们所需要的“中性的先验主观性”，即“自我意识”或“现象”。胡塞尔进而指出，达到自我意识或现象当然是极为重要的，但它们本身还不是绝对真理，而只是一个“意识流”。这个“意识流”呈现给我们的，仍然是“直接经验”中的各种变化不定的东西。要从这个“变化不定”的自我意识或现象中获得具有普遍必然性的绝对真理，还必须经过反复多次的还原。这就是他所谓的“还原法”。“本质的还原法”的作用是从变动不居的“意识流”中寻找不变的、稳定的内在本质或内在结构，把变动的现象还原为不变的结构，以把握它的稳定的本质。这就像任何一曲变化不定的乐章中都蕴含着不变的结构一样，舍此音乐家就无法通过他们的直觉把握住音乐本身。在这个意义上，“现象就是本质”。“先验的还原法”的作用是对自我意识进行彻底的经验清洗，即排除掉其中包含的一切变动不居的经验性因素，将之还原为一种纯粹的意识，一种不包含任何经验内容的、纯粹的“意向性”活动。只有通过这样一种极其严格的现象学方法的作用，即两种括弧法和两种还原法的作用，现象学所追求的纯粹自我意识这个真正的哲学对象才算最终达到，具有普遍必然性的绝对真理才最终由之生成。也只有在这时，我们才能有把握地说，现象学确实是一门严格的科学，或者说是作为严格科学的哲学。

3. 现象论之得失

把现象论称为一种介乎于实在论和观念论之间的中性理论，确实是实至名归的。只要看一下洛克在外物两种性质和人们关于外物两种性质的观念问题上出现的自我抵牾，以及贝克莱在发挥洛克感觉论的过程中走向唯我论的逻辑结局的情况，我们就不难发现这一理论的机智之处。它努力想要说明，在涉及感知活动和真理等这样一些极其复杂的问题时，承认物理世界和物理对象的存在看来是最好的描述。但由于人的知识要受制于复杂的知觉活动和感知过程，人们又无法将知觉与未被感知的外部世界相比较，因而对这类对象存而不论不失为一种理想的方式。

然而，现象论也不是没有问题的。在某种程度上，它的问题甚至比洛克的实在论、贝克莱的观念论更大。因为，在避免陷入一种被它称为“唯我论”的结局方面，它的立论远不是成功的，或者至少不比贝克莱更为成功。洛克和贝克莱都承认，知觉的原因乃是某种不以人的意识为转移的东西对意识的作用。贝克莱甚至力图使人们相信，自然规律的实在性是不能否认的，世界上没有什么事物是不会消亡的。自然现象的规律自始至终对事物的存在发生着影响，而这种规律乃是上帝通过它的观念而在事物中引起的。在现象论中，洛克和贝克莱所提出的上述原理在逻辑上被推到极致，以至于它干脆就否认证明外部世界存在的任何可能性。印象不仅不反映诸对象之间的实在联系，而且还对诸对象的存在发生怀疑。世界并无任何规律性可言，它的秩序和连贯性乃是通过联想、习惯和以习惯为基础的信念来加以整理的。而在康德那里，经验知觉的个别的、偶然的性质同知识所要求的必然的普遍有效性的矛盾，从来就没有得到彻底的解决。如果这样的话，现象论对贝克莱的否定也就失去了它最初所具有的认识论意义。

在胡塞尔的“现象学”中，由于“括弧法”的巧妙运用，主体自我（ego）活动的性质获得了比之康德更进一步的揭示。对胡塞尔来说，这些活动并不是经验的基础，而是内在于经验之中的，它们的性质只有通过现象学的“括弧法”才能最终被揭示。那些原则上赞同胡塞尔的思想并在他们的研究中运用了现象学方法的人，一定会惊异于他的观点和康德的观点有太多的相似之处。不论是康德还是休谟，都反对有超越于意识的事物存在，都坚持必须把关于事物的陈述转换为关于现象即感觉材料的陈述，只不过他们在严格实行他们的纲领时遇到了上述无法克服的困难。当胡塞尔谈到不断更新的现象（同一个事物的存在就在于这些现象的有规则的联系）的潜在的、无限的视界时，他可能就已经看到了康德和休谟的这种理解所带来的困难了。即便如此，对于这些已经被他意识到的困难和问题，胡塞尔却从来也没有（哪怕是以暗示的形式）提出哪怕是一种可以被认为是有意义的解决建议。所以，就像许多人指出的那样，胡塞尔在他的叙述中常常是远远地超出了被给予的东西，并且用逻辑上的推论代替了对实际显现的东西的描述，这当然是应该受到批评的。

学习提要

一、基本概念

实在；观念；实在论；素朴实在论；理性实在论；共相实在论；客观经验实在论；观念论；现象论；因果性；先天综合判断。

二、基本原理

实在论的三种形式；理性实在论的特征；笛卡儿的“我思，故我在”；共相实在论的特征；共相实在论的形式；上帝存在的“本体论证明”；托马斯·阿奎那的唯名论。

观念论的特征；观念论之前提；观念论之论证；物理对象是知识观念；贝克莱的“存在就是被感知”。

现象论的特点；休谟的印象论；康德的现象论；胡塞尔的现象学。

三、思考题

1. 何谓实在论？如何区分理性实在论、共相实在论和客观经验实在论这三种不同的实在论？

2. 素朴实在论与批判实在论的主要区别表现在哪里？洛克的“两种性质”学说有何重要的认识论意义？

3. 唯心主义是一个本体论概念还是认识论概念？它在认识论层面上首先与哪一个哲学概念相对立？

4. 人的梦境、想象、幻象以及各种心理事件并无与它们对应的外部物理实在，它们是如何被体现在人的感知中的？请尝试对此加以推导和说明。

5. 贝克莱声称：如果不感知，一个事物就不可能存在。你是如何理解这句话的意思的？你能够提出你的关于贝克莱的这个论断不成立的理由吗？你确信你的这些理由在理论上是站得住脚的吗？

6. 罗素说过，我们从来也不能直接经验到物理对象。你是如何理解他的这句话的？罗素的观点与休谟的观点有什么异同？

7. 概述“现象”概念从休谟到康德再到胡塞尔的一般发展过程。现象概念的这种发展在认识论上意味着什么？

8. 试描述洛克、贝克莱和休谟哲学的联系与区别。

9. 洛克、休谟和康德的怀疑论各有什么特点？为什么说洛克的怀疑论不是一种严格意义上的怀疑论？

第四章

真理与谬误

——知识判断论

与知识起源和知识对象问题相联系的另外一个重要的认识论基本问题就是知识的判断问题，亦即真理问题。知识的目的在于获得真理。然而，什么是真理？何种意义上的知识才能被称为真理？或者换句话说，什么才是判定真理之为真理的根据和标准？讨论由此而引起的种种问题的哲学理论，被称为知识判断论。

表面上看来，有关真理的问题极为单纯，似乎只要凭着对它字面上的真的理解，就能轻而易举地达到为真的目的。其实不然。对于真之为真的问题，不同的哲学有着不同的理解。对知识起源和知识对象的理解不同，有关真理范畴的内容与含义就不同。从哲学上看，主张真理是命题与事实之间相符合的“符合论”；坚持真理是命题与命题之间相融贯的“融贯论”；以及强调只有有用的东西，即导致预期的结果或使人类得到满足的东西就是真理的“实用论”，是真理问题上的三种基本的理论类型。

一、真理之含义

在哲学中，真理之作为认识论或知识论体系的一个核心范畴的特征，在于通过它能够体现或揭示出人类认识或知识中一种“是真的”或“为真的”性质或状态。何谓“是真的”或“为真的”？如何看待真理范畴之含义？它们客观上涉及与此相关的三个基本问题：真与假，逻辑真还是事实真，以及几种不同类型真理论的区分。

1. 真与假

真与假是相反相成的一对范畴。所谓真，如果撇开它在特定理论体系或命题结构中的要求来看，“真实的”无疑是它的最基本的含义或体现。文物收藏家之对真迹与赝品的鉴别，本质上反映的是人对真实性的追求与对虚假性的摈弃。哲学上所谓真理之真，当然不止于日常生活中素朴的、直观的真实性认定，但无论对这种真的含义在理解上有多大分歧，真实性仍然是它的基本要求。

问题的复杂性在于，当我们把真实性当作真理的一个基本要求，但不囿于素朴的、直观的真实性来看待真理的含义，并且力图从知识论或认识论的角度来规定真理的概念的时候，一些本来不成为问题的问题都会成为横亘在我们面前的难题。思想、信念、意见、判断、语句、观念等，它们作为人的认识或知识体系中的一些必要环节或因素，无疑都有真或假的问题。然而，"是真的"或"为真的"东西究竟是什么？我们能否把上述环节或因素中的任一方面都规定为真理之真的基础或体现呢？显然不能。这是因为，如果我们把"为真的"看作观念的性质，那么真理就必须对应于观念所指之对象。而当我们谈到名词"马"、形容词"红"、关系词"之前""之后"等概念时，由于并无对象事物为其所指，因而必然陷入既无真亦无假之困顿局面。同样，如果我们把"为真的"看作意见或思想，那么真理就得取决于人的主观认识。这样一来，爱因斯坦相对论关于时空可变性的原理在人们普遍接受牛顿时空不变性观点的年代，似乎就不可能是一种真理。还有，如果以信念为真，那么反过来是否应该承认凡无人相信的东西都不能为真呢？语句也是如此。如果为真的是句子，那么，"今天是星期五"这个句子究竟真还是不真呢？与此类似的情况还有很多。所以，哲学家们一般认为，判断或陈述，亦即命题之所指有所谓真或假。

进一步的问题就是，我们究竟应该怎样才能判明一个判断或陈述的真或假呢？显然，这是较之前一个问题更为现实、更为具体的问题。从哲学上看，判断或陈述的真或假，其判定往往由于两个互相缠绕、难以分割的方面之间的作用而变得殊为不易。这两个方面就是：判断或陈述本身固有的真或假，人对该判断或陈述的信念的真或假。前者是判断或陈述为真的客观条件，也即事实为真；后者是判断或陈述为真的主观条件，也即信念为真。真命题或真理应是客观条件与主观条件、事实为真与信念为真的统一，然而这两者在相当场合、相当情况下也存在着分离的可能。这方面的一个突出表现就是，人们往往把自己关于真或假的意愿与判断或陈述本身的真或假等同起来，从而以主观的信念之真代替了客观的事实之真。不可否认，一个判断或陈述本身的真或假，与人对一个判断或陈述的信念的真或假，两者之间有着明显的区别。前者指的是一个判断与确定事实之间的关系，后者指的是人对判断的信念和这一判断本身是否与事实相符的关系。对于一个事实上是假的事物，我们可能会做出肯定的判断；而对于一个事实上是真的事物，我们也可能会做出否定的判断。然而，这种肯定或否定丝毫不会改变陈述或判断对象的真或假的性质，它们不会因为我们的肯定或否定的判断而相应地成为真或假。

真与假的问题本质上涉及一种一致性或相符合的关系，这种关系从根本上制约着我们对真理的理解和对真理论的抉择。既然判断或陈述之真只取决于它们与确定事实之间的关系，而不取决于人与判断或陈述本身的关系，不受人对判断或陈述的信念的真或假的影响，因而客观性就应是真理的基本属性。一切真的知识，或者说包含真理的知识，都是客观性的知识；而一切不具有客观性的知识，都是一种虚假的知识，或者说是包含谬误的知识。同时，客观的知识必定也是确定的知识。任何确定的知识都意味着包含了客观的内容，否则就不能获得确定的性质。不过，确定的知识固然都是真的知识和具有客观性的知识，但却不能反过来说不确定的知识都是假的知识和不具有客观性的知识。知识的确定性乃是相对于人而言的。与确定性对应的概念是不确定性，即所谓怀疑。人的知识就其发展而言，总是要经历一个由不确定到确定、由怀疑到肯定的过程；而且就人的知识的基本性质来说，感性的知识，或者说对经验事物的知识，其确定性的程度相对而言就要低一些。此类知识的确定性程度的高低，依赖于对作为其根据的经验事实所知程度的高低。在这个意义上，有关经验事实的知识，或者说经验性的真理，永远只具有相对的而不是绝对的性质。

2. 逻辑真与事实真

判断或陈述作为真理表达的基本逻辑形式，其“是真的”或“为真的”性质，固然取决于是否最终与外部实在取得一致，然而，这种真或不真、一致或悖逆的论证却是一个极其复杂的过程。从理论上看，真理属于认识论或知识论的范畴，而在认识论或知识论领域中，知识与信念之间的交织和缠绕使得人对事物所做的判断与该判断是否无偏差地符合于事物自身的区分变得尤其困难。在什么情况下我们才能确切地说“我知道了”？而在我们做出一个判断或陈述以后，又能在多大程度上声称“我知道此事无可怀疑”？显然，这里涉及的不只是一些原则或前提的问题，其中还有大量逻辑上或技术上的细节需要澄清。

如果我们从对日常生活中的实际事物所做的判断，转到认识论或知识论领域中判明一个命题或陈述为真所需要的条件来看的话，就会发现后者的情况远比前者复杂得多。作为人对事物判断之表达的“知道”，在人的日常生活中主要是以信念的方式存在和出现的。信念是一种主观的相信状态，或者说是一种弱意义上的“知道”。当一个人以颇为肯定的口吻告诉他人“我的那本书就放在外屋的书架上”时，支持他做出这种判断的无疑是一些言之凿凿的心理根据，即他相信自己的判断是真的；他有充分的根据相信自己的判断为真；而且他的这个信念确实是真的。其中的理由很简单，因为他此前把书放在了那里。一般而言，只要不发生某种意外，诸如其他人随手把书拿走等偶然性事件，我们没有理由不相信此一判断为真。然而，也正是由于这种意外的发生是可能的，所以信念方式的判断，也即弱意义上的“知道”，不能作为我们判定一判断或陈述是为真的基础和根据，尽管在大多数情况下我们都是在这个意义上使用“知道”这个词的。也正由于此，在寻求确定知识的过程中，即试图发现我们是否能够无疑义地知道任何一个判断或陈述的真或假的过程中，哲学家们把关注的目光转向了另一种意义上的“知道”，也即强意义上的“知道”。

所谓强意义上的“知道”，就是在认识论或知识论领域中为了判明一判断或陈述为真而以确定性方式出现和存在的“命题”。之所以称命题为强意义上的“知道”，就在于在这种场合中，知识的确定性是建立在一种严格的逻辑推论和概念推导的基础上的，它具有真假判断所要求的那种确定性、终极性和无可纠正性。为了在“知道”的强意义上知道任一命题是否为真，人们必须给出满足这一要求的一些基本标准，如这一命题必须是真的；我必须相信这一命题是真的；我必须有关于这一命题为真的绝对的和决定性的证明。人们究竟应该怎样才能做到这一点呢？如果说，在弱意义上的“知道”也即信念的意义上，我们已经看到了判定一个判断或陈述之真面临着多大困难的话，那么，要在认识论或知识论领域中开辟出一条能够有效确定命题真或假的具有确定性、终极性和无可纠正性效力的新途径，就绝非一件轻而易举的事。哲学家们解决这一难题的方式是，按照命题所指对象性质的不同区分，将它们分别纳入相应的命题类型来求解，从而在逻辑真与事实真两个不同层面上判明命题真或假的性质。

依据命题所指，我们可以把真理区分为逻辑真理与事实真理两种基本的类型。所谓逻辑真理带有自明真理的性质，即它的真不依赖于经验事实的支持，并且在“知道”的强意义上满足了所有能够知其为真的条件，如逻辑数学命题就典型地代表了此类真理的自明性质。很明显，像“2＋2＝4”“三角形的三个内角和是 180 度”“所有的单身汉都是没有结婚的男人”之类的命题，既是其他命题所赖以证明的最原始、最简单的命题，又是无论如何不能从其反面来设想的命题。因为任何从其反面来设想的命题，都不可避免地会导致逻辑上的自相矛盾。关于逻辑数学命题的这种自明性质的最大争议，就是人们通常并不否认这种命题所具有的确定性，但却以其演绎的性质因而无法导出新的知识为由，将其贬抑为一种无意义的重言式命题。其实，这是一种误解。自明命题并不是一种同义反复。虽然它可能以“所有的三角形都有三条边”这样的形式出现，但也可能以“凡三角形都没有对角线”这样的形式出现。在后一种情况中，我们看到它是自明的，同时又使知识得到了丰富，所以它并不是同义反复。另外，逻辑命题所依赖的演绎推论也不是全无意义的，因为它不仅表明了某种命题能够导出确定无疑的知识，而且表明了这些命题所依据的逻辑原则构成了我们全部语言、逻辑和分析的基础。没有数学、代数、几何和逻辑的公式，我们就根本不可能进行任何高级的推论和思维。所谓事实真理亦可称为经验真理，即它是对外部世界的一种断定，其成真依赖于我们的感觉经验及我们对之所做的理性判断。当我们说，“我手中拿着一件衣服”“我站在天安门前”“天正在下雨”等时，这些陈述乃是关于外部实在而不是抽象的思想分析类型的断言或断定。与逻辑真理所具有的自明性不同，事实真理或经验真理表现为一种非自明的，然而却是确定的真理。如果没有人的感觉经验与外部实在之间的某种联结，就不可能有人对外部实在所做的某种断言或断定。与把逻辑真理的自明性不加区分地斥为所谓重言式判断相类似，在关于事实真理或经验真理所代表的判断确定性程度问题上，也有人以所谓单称经验判断与全称经验判断的矛盾为由，否认事实真理或经验真理的确定性质，宣称人们充其量只能在弱意义而不是强意义上获得事实真理或经验真理。这是另一种误解。固然从一个方面看，经验判断所做的归纳性结论有可能缺乏普遍必然性，从而影响到命题本身的确定性程度，但从另一个方面看，在证明归纳性结论为假的过程中，我们却获得了另一种属于确定领域、具有普遍必然性的结论。例如，对于“凡天鹅都是白的”这一判断来说，一只可能的黑天鹅就足以判明其为不真。然而，在我们断定此一归纳为假的过程中，另一个由之产生的归纳判断，即“并非所有的天鹅都是白的”，却获得了确定性、终极性和无可纠正性。显然，这是事实真理或经验真理的确定性较之逻辑真理或自明真理的确定性殊为不同的一个重要方面。

3. 真理论

所谓真理论，就是以真理为研究对象的、关于真理问题的理论。在西方哲学中，真理作为源远流长的认识论或知识论的一个核心范畴，哲学家对之进行的研究，可区分为三种基本的哲学理论，即“符合论”（correspondence theory of truth）、“融贯论”（coherence theory of truth）和“实用论”（pragmatic theory of truth）。在上述三种真理论中，符合论是最为古老、最为经典的一种真理理论，它在亚里士多德哲学中即已获得明确的定义和完备的理论形态。早期符合论主要从主客观统一的角度理解真理问题，把真理看作认识与对象之间的一致或符合。近代以来，随着西方知识论哲学的日趋成熟和完善，坚持符合论立场的哲学家大多不再固执于从抽象的客体表象来规定真理的性质，而是转向从命题与事实间的关联来理解命题为真的条件和真理问题。在20世纪哲学中，符合论得到了许多坚持语言分析立场的哲学家，如罗素、摩尔、维特根斯坦等人的支持，他们从语言哲学的角度给符合论注入了新的活力。融贯论发端于以构造整体论世界观和绝对主义真理体系为时尚的近代哲学，其最初的代表人物可追溯到笛卡儿、莱布尼茨、斯宾诺莎和黑格尔等这样一些声名显赫的哲学家。早期融贯论主要从整体主义立场出发，把真理看作一个由一系列自我相关的逻辑范畴构成的完整体系，认为离开了这种范畴内部的整体联系和相关性质，就不可能证明任一判断或陈述之是否为真。从哲学发展的历史走向和哲学理论活动的现实选择来看，20世纪哲学都与融贯论最初得以流行的背景截然不同，但早期融贯论哲学家所倡导的从一命题与他命题的整体联系来判明命题之真的思想，却在20世纪哲学家中以一种颇为自相矛盾的方式得到体现。因为，在提倡经验与事实互相对应而理应属于符合论营垒的哲学家中，就不乏有人尝试用整体融贯的方法来达到修正或限制用以记录经验观察的语句的效果，例如纽拉特、艾耶尔和亨普尔等人即是如此。

实用论就其崛起的时间看，远晚于符合论和融贯论，它是19世纪末才问世的一种真理理论。然而如果从它的理论穿透力和影响所及的范围看，却较之以上两种真理论有过之而无不及。所谓实用论，就是强调从实际效果出发判明命题性质和观念真假的理论。主导实用主义哲学家真理取向的，既不是符合论主张的命题与事实的对应，也不是融贯论倡导的命题之间的相互关联，而是观念所产生的效果。由于实用主义把真理看作不是超然于人之外的抽象观念，而是渗透到人的生活、行为和处境之中的一种活生生的东西，因而尽管它在理论上存在着诸多问题，一再受到来自坚持符合论立场的哲学家，如罗素、摩尔和卡尔纳普等人的激烈批评，但在其他一些持有融贯论立场的哲学家，如亨普尔、蒯因和戴维森等人那里却获得了不同程度的支持及赞誉。在某种意义上，正是实用主义的思想因素支撑着融贯论在20世纪哲学中的一度流行。也正是在这种意义上，我们似乎已不能按照传统上非此即彼的方式来划分当代哲学中不同的真理体系。

二、符合论

全部认识论的核心是真理问题，而真理问题的关键在于如何判明理论的性质和真假问题。无论从哪一个方面看，符合论都是诸种真理论中最为古老、最为经典且在当代仍不失其重大影响的一种。何谓“符合”？认识与对象、观念与实在如何才能做到“符合”？这是哲学家们长久以来为之殚精竭虑、苦心孤诣地必欲加以解决而又终究未能完全解决的一个重要问题。

1. 符合论之基础

从符合论的立场出发看待真理的性质，在哲学史上始自古希腊哲学家亚里士多德。符合论在其最初的意义上，表达的是一种认识与对象、思想与实在的契合关系。任何认识与对象、思想与实在的关系，无不关涉到两个基本的方面：对外，涉及知觉与对象的关系；对内，涉及知觉与理性的关系。如何说明这两个问题，取决于如何看待知觉，如何看待主体与客体，以及如何看待主体与客体的同一性问题。亚里士多德就是哲学史上已知的从知觉的意义上理解真理、用符合论的方式来规定真理定义的最早的古希腊哲学家。亚里士多德给真理所下的一个符合论定义是，“每一事物之真理与各事物之实是必相符合”①。黑格尔在其《哲学史讲演录》中分析古希腊斯多葛学派和亚里士多德的理论贡献时，就明确指出，“关于真理的一般有名的定义‘真理是对象和意识的一致’，是被他们提出来了”②。“真理的通常定义是：‘真理是观念和对象的符合。’”③

符合论的真理定义固然是亚里士多德第一个提出来的，而且这一定义无疑地与对知觉的作用的认识有关，但对这一理论的理解又不能仅限于就亚里士多德谈亚里士多德。在现代人看来，符合论之作为一种真理的理论无疑属于经验的知识之列，而任何经验的知识都必须依赖于或者说得之于知觉。然而从古希腊哲学的情况看，并非所有的哲学家的认识都如此。按照柏拉图的观点，来自感觉，得之于经验的东西并不是“知识”，而只是“意见”或看法。所谓“知识”应当是来自理性，得之于观念即“理念”的东西。如果人们相信通过知觉能够获得知识，就等于把认识世界这样一件极其严肃、极其重要的任务，草率地交付给了不能让我们自己放心的那五种并不精确的官能，而这是非常危险的。无论如何，对于感官所感受到的事物，我们只能有某种模糊的、不精确的观念，但只要是我们的理智理解了的东西，我们就一定能够达到真正的、彻底的认识。这就像即使感官世界中所有的马都瘸了，“理念”的马也还会是四肢健全的一样。所以，只有“2＋2＝4”这样的陈述才能被称为真正的知识，而所谓“雪是白的”“花是红的”等这样的陈述，显而易见是与真理对立的谬误。

---

① ［古希腊］亚里士多德：《形而上学》，33 页，北京，商务印书馆，1983。

② ［德］黑格尔：《哲学史讲演录》，第 3 卷，23 页，北京，商务印书馆，1959。

③ ［德］黑格尔：《哲学史讲演录》，第 2 卷，301 页，北京，商务印书馆，1960。

我们应该如何看待柏拉图对理性真理性的这种论证呢？早期符合论哲学家又是如何证明知觉真理的有效性的呢？众所周知，符合论作为一种真理的理论，本质上属于一种用经验知觉的观点来看待真理的哲学。柏拉图之所以否认知觉的作用，从根本上说，也是在于他认为借助于感官作用形成的知觉不具有从逻辑上把握观念这种精神性纯形式的能力。在亚里士多德看来，柏拉图的理念纯粹是一种逻辑上的虚构。所谓理念，实际上是一种共相，而共相是根本不可能脱离个别事物而独立存在的。从语言上看，一方面，共相与个别事物的关系是形容词与专名词的关系。专名词用以指代“实体”即个别事物，而形容词或类名词（如“人的”或“人”）所指的东西就是“共相”。由于形容词的存在有赖于专名词所指的东西，因而共相和实体就不能分离。就此而言，柏拉图把理念这种“共相”看作离开“实体”即个别事物的独立存在就未免让人难以理解。另一方面，形容词既然是专名词不能不从属的类或共相，因而离开形容词或共相来谈论专名词或实体也就无法真正把握实体，也即个别事物本身。既然从语言上看，形容词与专名词的关系是共相与实体的关系，那么，从知识上看，对实体的知识就是知觉与理性的统一。亚里士多德之所谓实体不是柏拉图哲学中那种与具体事物相脱离的精神性纯形式即“观念”，而是作为“形式”与“质料”相统一的具体事物本身。对具体事物的知识无疑必须从经验知觉开始，但知识的真正目的不在于经验到的质料，而在于理性把握到的形式。形式是一般的、普遍的东西，也即“共相”。把握形式就是从个别中概括出一般、从特殊中抽象出普遍。一方面，人作为知识的主体，无疑具有将事物的形式和质料综合成为统一的知识对象的能力，这种能力就是专属于人而动物不具有的“理性灵魂”或“心灵”。在这个意义上，人不过是一种“理性的动物”。另一方面，人通过感官与事物的接触又为理性提供了为之演绎的材料，从而理性能够通过思维把握形式或共相。就此而言，理性把握了事物的形式或共相，也就认识了事物与实体。理性思维与对象符合，也就是主体与客体统一。在这个意义上，“思维者和被思维者是同一的”①。由此而形成的两者的统一，就是真理。

2. 符合论之理论

符合论如果仅从字面上看，是各种极不相同的哲学都可以赞同的理论。因为符合论所强调的知识与符合的对象或思想与一致的实在，哲学家们可以从各个不同的角度来加以规定。但是，从哲学史的实际情况来看，符合论在其本质上是一种专属于以强调知觉作用为特征的经验论哲学的真理理论，则是无可怀疑的。近代以来，随着作为符合论之基础的知觉概念的内容在哲学家的视野中发生的变化，符合论也从它早期在亚里士多德哲学中表现为较多地强调客体对知觉的作用，转向更多地关注主体因素在知觉过程中的作用，从而导致对作为知觉活动结果的真理本身的理解也发生了重要而深远的变化。那么，古希腊的经验主义者理解的知觉经验与近代以来的经验论哲学家所理解的知觉经验有何不同的含义或意蕴呢？

---

① 北京大学哲学系编译：《古希腊罗马哲学》，284 页，北京，三联书店，1957。

一般而言，所谓知觉经验，按照传统经验论者的观点，主要是指客观事物作用于人的感官的一种结果，是人的感官对客观事物的一种反映。这就提出了一个问题：人的感官是如何反映客观事物的？一种回答是，这种反映是纯客观的，人们知觉到的性质就是客体本身的性质。所谓真理，就是人的知觉无差别地符合于客观事物的结果。另一种回答是，这种反映与客体绝非一种直接等同关系，人们知觉到的性质并不等于客体自身的性质，因为知觉过程不可避免地要受到主体因素的浸渗，所以纯客观也就绝无可能，所谓绝对性的真理亦难实现。一般说来，随着近代哲学向认识论或知识论的转变，后一种观点日益为更多的哲学家所接受。那么，知觉中的主体性成分究竟有多大？符合论哲学家是如何看待这一问题的？他们对这一问题的理解是如何影响到他们对真理的界定的？下面，我们以近代符合论和现代符合论的不同为例，说明经验论哲学家面对上述同一问题分化出来的两种选择。

(1) 近代符合论：真理是知觉观念之间的符合

(ⅰ) 洛克。在近代哲学中，洛克是第一个试图从这一角度定义真理的经验论哲学家。洛克给真理所下的一个符合论定义是，真理是代表观念的各种符号之间的契合。作为一个经验论哲学家，洛克不否认在人的知觉之外存在着一个独立于知觉的物理世界。但是，洛克又不同意早期经验论哲学家所主张的，人们意识到的东西与意识之外的物质实体是等同的，人们已获得的经验材料与经验所表征的对象是等同的，人们通过知觉的性质可以直接地、绝对地把握外部物体的本然状态的观点。在洛克看来，我们固然应该承认物理对象的独立性，但是我们却不能由此认为，我们的知觉与物理对象就是完全等同的。由于事物的性质可以区分为专属于物理对象本身的，以大小、形状、重量等方式表现出来的第一性的质，以及与人相联系的，以某种方式存在于人的大脑和感觉器官之中的第二性的质，这就决定了我们知觉到的东西绝不可能与物理对象是完全等同的，它们至多只是对现实的物理对象的一种摹写。不仅如此，洛克还认为，由于事物本身是否互相契合，即事物之间的关系是无法经验到的，因而人所能知觉的只是观念自身是否契合的问题。所以，所谓真理，“只是按照实在事物的契合与否，而进行的各种符号的分合”①。不难看出，当洛克把真理问题看作代表观念的各种“符号”之间是否契合的问题时，他不仅远离了知觉摹写赖以依存的物理对象，而且在逻辑上为后来的符合论哲学家从纯粹主观经验论的角度讨论真理问题埋下了伏笔。

(ⅱ) 贝克莱。在真理问题上，贝克莱也是从符合论的角度提出问题的，并且他的逻辑简洁而明快：可感觉的东西都是可以直接知觉的，而直接知觉的东西就是观念，这些观念只存在于心中。贝克莱的这一推论，是针对洛克的“图像说”的矛盾的。在洛克哲学中，由于存在着不能解决的物体与观念的对立，第一性的质的观念与第二性的质的观念的差异，表现出在实体与知觉关系上彷徨不定的状况。贝克莱以他作为一个经验论哲学家特有的敏锐，发现了洛克哲学的这一矛盾。在贝克莱看来，洛克“图像说”承认的知觉与之符合的物理对象实际上是不存在的，知觉符合的对象只能是纯粹的感觉经验的事实。贝克莱指出，就第二性的质的观念而言，洛克固然指出了它并非外部物体的真实

① 北京大学哲学系编译：《十六—十八世纪西欧各国哲学》，443页，北京，商务印书馆，1975。

肖像，而只是人的一种主观感觉，但仍承认这种观点为外物的某种能力所引起，这表现了洛克哲学的不彻底性。就人的感官的作用而言，只能感觉到属性，而感觉不到实体。任何我们称为物理对象的东西，都不过是我们的某种知觉观念。由于贝克莱把一切都说成是观念，真理当然只能是观念之间的契合问题了。从哲学上看，贝克莱的符合论确实有其独到之处。它避免了洛克的符合论由于逻辑的不彻底性而导致的物体与观念的对立，消除了在不同质的观念和物理对象之间进行比较的困难。但贝克莱自诩的这种逻辑的彻底性实际上潜存着另一种深刻的理论难题。因为，当他把真理看作纯粹知觉观念的一种契合关系时，无异于在另一种逻辑上认同了理性主义融贯论的真理观念。同时，纯粹的知觉观念必然是一种唯我的观念，而当贝克莱为力图避免唯我论的结局设定一个抽象的精神实体即上帝的时候，他颇为自负的彻底的逻辑也就走到了尽头：经验论的原则决定了他不能在剔除了一切实体之后又荒唐地重新接纳一个不可经验的精神客体。

（ⅲ）休谟。从知觉观念之间关系的角度给真理下符合论定义的另一位重要的哲学家是休谟。休谟的真理定义是，真理是知觉范围内对经验事实的或然性认定。作为一个经验论哲学家，休谟只承认个别事物的现实性，否认共相、一般的实在性，视“自然中的一切事物都是个别的”为哲学中的公理。但是，作为对此前经验论哲学理论矛盾的一种反思，休谟的经验论始终把知识和真理限定在人的知觉所及的范围内。从这一立场出发，休谟的符合论随其对知识性质的理解不同而划分为两类：一类是分析性的逻辑自适应、自符合；另一类是经验性的观念与印象间的契合、对应。按照休谟的理解，分析性的知识以纯粹的逻辑数学关系为对象，表达与经验事实无关的观念自身的逻辑关系，是一种仅凭思想作用即可发现的、具有清晰性和确定性的自明性真理；经验性的知识涉及实在的事实及存在，依赖于建立在经验基础上的或然性事实推论，只具有相对为真的性质。所谓“观念是印象的真实摹本”，就是休谟在知觉作用基础上对符合论真理的一种经验主义描述。真理之真永远表现为在知觉范围内对经验事实的一种或然性认定。显然，在前一类知识的性质问题上，休谟对理性主义融贯论的真理理论做了一定程度的让步，在经验主义的前提下承认了融贯论真理目标的有限合理性；而在后一类知识的性质问题上，休谟则把从洛克以来经验论哲学对独立物理对象的偏离在逻辑上推向与经验论初衷直接抵牾的不可知结局。经验主义历来强调，只有感觉到的实在，才是真实的存在，只能在这一原则的指导下去寻求实体的统一性。然而按照这一原则并不能实现经验主义的要求，因为人们只能感觉到属性而感觉不到实体，或者说，实体根本就不是感觉的集合。显然，出路只有两个：或者改变感觉的属性，或者把实体当作思维的逻辑设定。结果，休谟只能按照经验主义的原则，改变感觉的属性，把实体从感觉的时空特性中剔除出去，走向了不可知论。

（2）现代符合论：真理是“命题”与“事实”之间的符合

现代经验论哲学家，严格说来是语言哲学家给真理所下的一个最一般的符合论定义是，真理是“命题”与“事实”之间的符合。现代符合论就其渊源看，分别来自近代以来两个不同的经验主义哲学系统，即由洛克、贝克莱及至休谟相沿而成的主观经验论与以穆勒和马赫等人为代表的早期实证主义。现代符合论强调的符合，主要是指“命题”

对“事实”的符合。在它看来，如果一个命题符合于一个事实，那么它就是真的，反之它就是假的。何谓“事实”？何谓“符合”？命题与事实如何才能“符合”？仅就这些概念与表达方式而言，就已表现出现代符合论与传统符合论殊为不同的理论风格和探究问题的语言特点。然而，既然我们说现代符合论源于近代以来的主观经验论哲学传统，那就意味着，这种理论风格与语言特点的变化并非毫无踪迹可循，实际上，它的理论基础仍然来自近代主观经验论奠立的那些基本的思想原则。

对现代符合论的探究，首先应溯及它对作为符合之思维基础的“经验”特性的探究。在近代符合论中，休谟首先提出应把符合限制在知觉的范围之内。只有在知觉的范围内，才能谈所谓“观念是印象的摹本”。如果离开人的有限的知觉来谈所谓“符合”，就是超越了知识的可能性及其界限。休谟以降，西方的经验论哲学家大多从休谟的不可知论立场出发，把真理符合的对象规定为与人的知觉经验相联系的所谓中立事实。在 20 世纪，随着哲学家们竞相把经验的界限框定为语言的界限，尝试从逻辑分析和语言分析的角度把哲学看作一种显示或确定命题意义的活动，从而真理符合问题也就转变为一种确证命题意义的真假问题，罗素、摩尔、石里克、维特根斯坦等人相继提出了自己的符合论真理理论。在这些哲学家的真理论中，维特根斯坦（Ludwig Wittgenstein，1889—1951）的观点最有代表性。维特根斯坦以一种异乎寻常的直率方式，即唯逻辑的方式表达了他的真理符合论。维特根斯坦的符合论就是他的“图式论”。贯穿于维特根斯坦“图式论”中的一个基本思想，就是试图通过把命题或语句看作现实或事态的某种逻辑图式，从而在语言和现实之间建立起某种深层的思想联系。维特根斯坦是从两个方面把他的这个基本思想付诸论证的。从实在的方面看，维特根斯坦区分了事物与事实。世界是事实的总和而不是事物的总和。事实与人的经验密切相关，在逻辑上能够构成有意义的真命题，在语言上亦是能够加以精确传达的可说的东西。事实构成逻辑图式，而图式是思想的同构对应物。与之相反，事物是经验之外的人的虚构，在逻辑上只能构成无意义的假命题，在语言上则是无法加以传达的、不可说的东西。从逻辑的方面看，维特根斯坦区分了有意义的真命题与无意义的假命题。有意义的真命题一方面合乎逻辑句法，另一方面亦可为事实所证实。与之相反，无意义的假命题既是逻辑句法上的误用，同时也无法为事实所证实。维特根斯坦试图通过对语言与现实同构关系的揭示，在逻辑上彻底解决真理符合论中命题与事实的对应问题。然而，维特根斯坦并非在一般意义上认为命题是事实的反映，而是严格地而非比喻地使用“图式”这个概念，把语言与现实、命题与事实的同构关系看作一种遵循严格的“投影规则”而形成的逻辑化、程式化的对应关系，这不能不在一定程度上削弱了这一理论本身的力度及其普适性。维特根斯坦本人或许也意识到了自己理论中存在的这个问题，因而伴随着他对自己前期语言意义理论的放弃，“图式论”也随之悄然隐退，为另一种新的语言游戏论所取代。尽管如此，作为对真理符合论的一种语言哲学探究，维特根斯坦的“图式论”仍不失为一种深刻独到的符合论解释模式。

从逻辑分析或语言分析的角度讨论真理问题，意味着在形式语言的范围内谈论命题的真假。一旦从形式语言的范围来讨论句子的真假，便难免遇上悖论的缠绕，这对符合论麻烦尤甚。因为，在一般的符合论定义中，对象语言与元语言是未加区分的，这就难免导致对何谓符合、如何符合等重要问题在理解上的抵牾和分歧。波兰逻辑学家塔尔斯基（Alfred Tarski，1902—1983）正确地指出，任何人如果要给出一个适用于一切自然语言的一般的真理定义，总是要遇到说谎者悖论的麻烦：这样的定义总是容许构造出一些说到自身不真的语句的可能性。这就是，如果这些语句是真的，则它们是不真的；而如果它们是不真的，则它们是真的。他主张，为了避免这种悖论，必须清楚地把语言 L 和对语言 L 做出陈述的元语言区别开来，并且把“真”和“假”这样的词仅仅看作元语言的谓词。塔尔斯基试图为避免悖论的形式语言提供一种对真理的解释，他无疑做到了这一点。例如，在以下这个悖论中，如果套用塔尔斯基关于对象语言和元语言相互区分的理论，则悖论就可以避免。不妨假设有一张卡片，一面写着：“在这张卡片的另一面写着的句子是真的”。同时，在卡片的另一面写着：“在这张卡片的另一面写着的句子是假的”。在通常的情况下，试图对此做出说明的人难免陷入一种悖论的境地，因为卡片上的任一个句子都是既真又假的。然而，当我们把塔尔斯基的真理论引入对此一命题的判别之后，则这一困难就得到了解决。因为，如果我们采纳塔尔斯基的真理论，那么我们首先就必须区别卡片上的句子究竟是属于正在被谈论的语言，还是用以谈论的语言。如果卡片两面的句子被认为处在对象语言中，就不能认为它们是彼此互指的；反之，如果按照规则，任何一个句子必定不是在对象语言中，就是在元语言中，而不是同时在这两种语言中，因而任何一个句子不能既指其他句子，又被其他句子所指，则悖论就被避免了。

从哲学的观点看，塔尔斯基的真理论中最为人们称道的，主要是他对真之为真的两个条件的规定。第一个条件是指真是用以称谓陈述或命题的，这就排除了把信念、意向等主观的、心理的东西用于判别真或假的可能，解决了何谓符合的问题。第二个条件是指一个陈述或命题如果由满足塔尔斯基定义的语句来表达的话，那么它就是真的。这是指塔尔斯基的所谓“约定（T）”。塔尔斯基试图给真理下一个内容上恰当、形式上正确的定义，他提出了以下这个“约定（T）”：（T）X 是真的，当且仅当 P。这里“P”代表对象语言中的任何语句，“X”则代表 P 的名称，属于元语言。用一个现行文献中流行的例子来说明的话，就是：“‘雪是白的’是真的，当且仅当雪是白的”。塔尔斯基还认为，对象语言和元语言的上述区分只具有相对的意义。如果我们关心的真理概念不属于原来的对象语言，而属于它的元语言，那么这种元语言就变成我们所研究的新的对象语言；而为了判定这种语言的真假，我们还必须用更高一个层次的元语言。例如，我们想要了解“‘雪是白的’是真的”这句话的真假，我们可以把它看作对象语言，而把“‘雪是白的是真的’是真的”这句话看作更高一个层次的元语言。如此一来，就形成一个开放性的、多层次的语言系统，从而克服了语义的封闭性，排除了一切形式上的悖论。显然，他在这里解决了符合论之如何符合的问题。对于塔尔斯基从语义学的角度来给真理下定义的方法，语言哲学家之间尚存在着不同的看法，但几乎所有的语言哲学家都认为，塔尔斯基至少在形式语言的领域中消除了产生混乱的根源，彻底澄清了形式语言的真理概念。波普尔恰当地指出：“塔尔斯基的最大成就，以及他对经验科学哲学理论的最大贡献，是重建了关于绝对真理和客观真理的符合论，这种真理论说明我们可以随意把直观的真理概念作为同事实的符合来运用。”①

3. 符合论之评论

倘若深入思考一下哲学论证本身的结构，就会发现，真理问题的解答尽管表达着一种哲学体系的归宿，但它的前提却早已深藏在每一种哲学体系为自己所设定的前提之中。对于这种前提，不同的哲学有着不同的理解，但归根到底，都不可能超出如何看待知识与外部世界的关系的范围。符合论也是如此。符合论主张，一个命题的真理性就在于它与事实相符。这里的事实是指“经验事实”。其实，当我们在这里说“符合”是指命题与事实符合的时候，我们实际上是立基于语言哲学的经验论立场来理解真理符合论的含义的。在哲学的历史发展中，也就是并非把真理看作纯粹的命题或语言表达式的属性的语言哲学以前的哲学传统中，符合论较之语言哲学相对狭义的理解无疑有着宽泛得多的诠释范围。对于传统的哲学家来说，符合指的就是认识与所指的符合，这种所指既可以是实在性的物质对象，也可以是观念性的精神对象。然而，正是这种“认识”与“所指”本身的极大的不确定性，导致了对它们的随心所欲的解释，甚至客观唯心主义哲学家以符合作为自己哲学真理范畴的基础性规定的情况也不鲜见，例如黑格尔就是如此。尽管在他那里，符合实际上是融贯的另一种理论形式的表达。

对符合论而言，其所面临的问题始终在于，知觉经验的个别的、偶然的性质如何才能与真理所要求的必然的普遍有效性取得适应。按照符合论的见解，只有与事实相符的命题才能称为真理。这样一来，它就势必把那些不能表现为与事实对应的命题，如逻辑命题、数学命题以及其他一切抽象命题等排除出真理的领域。这不能不在一定程度上影响到它对真理的解释力和覆盖力。显然，真理是不能仅仅依赖于以单个知觉为基础的经验事实的。因为，“如果真理是依赖于这种性质，那么它本身也是一个事实，并且因此受时间的限定。这样一来，真理就成为原因和结果了。在这种情况下，当我说出‘8＋6＝14’这一判断时，虽然我所实行的这个实在的判断行为确实是由原因引起的，但是这一判断内容却与此相反，它不是由原因引起的，它所表达的是永远有效的观念关系”②。更进一步的矛盾还在于，如果符合论者不承认自己由于缺乏足够的解释力和覆盖力而使得大量的命题真假不明，仍然坚持以特殊的、相对的经验去包容普遍的、绝对的经验的话，则普遍、绝对就成为可知的了，但与此同时它也就失去了它的普遍绝对性，仅只成为一种经验的片段而已。这样一来，普遍必然性的存在就将依赖于为它的特殊的、有限的片段所认识的事实，而特殊的、有限的片段势必把自我的经验扩展到整个世界，这也就是贝克莱的唯我论的实质。反之，如果他坚持以普遍的、绝对的经验去涵盖个别的、偶然的经验的话，那么，普遍必然性的存在当然就成为一种事实，然而，由于这种存在超出了主观经验论者知觉的范围，则不可知论就是一种无可选择的选择。这也就是康德的经验论的实质。符合论者陷入一种深刻的矛盾之中。

---

① ［英］卡尔·波普尔：《猜想与反驳》，321页，上海，上海译文出版社，1986。

② ［德］施太格缪勒：《当代哲学主流》上卷，89页，北京，商务印书馆，1986。

三、融贯论

融贯论是与符合论同时存在且又抵牾对立的另一主要真理论类型。与符合论主张从命题与事实的符合关系来判明命题的真理性质不同，融贯论主张从命题体系内部的融贯关系，也即一命题与他命题的相互依赖及其决定关系来判明命题的真理性质。如果说，符合论从其理论渊源上看，更多地来自哲学史上重视知觉作用的经验主义传统的话，融贯论则主要来自哲学史上重视演绎作用的理性主义传统。若从哲学上探讨融贯论作为一种主要的真理论类型的理论特征，那么，它与符合论之间关于真理性质的不同认定方式，无疑是一切分歧中的首要分歧。

1. 融贯论之前提

在哲学史上，融贯论是作为符合论的直接对立面出现的，两种真理论的主要分歧在于如何看待真理的性质问题。作为理性主义哲学在真理问题上的主要表现形态，融贯论以其不重视命题与经验、事实的相符合，而是强调命题的自明性以及命题体系内部的无矛盾性，与符合论形成了鲜明的对照。由于融贯论与符合论的对立起源于哲学上理性主义和经验主义在理解真理本性问题上的深刻分歧，因此，考察这种对立的基础和根源，无疑也必须从理性主义与经验主义之间的对立和分歧谈起。

理性主义与经验主义的基本分歧，在于如何看待知识的起源问题。经验论主张，一切知识最初都来自经验，更确切地说来自人的感觉。在经验论哲学家看来，感性知觉即使不是人们关于外部世界真实信念的唯一来源，至少也应视为任何可接受的理论必须服从的最终标准。这种理论遇到的一个最大的问题就在于，人们应该如何解释诸如逻辑和数学这样一些纯粹理论学科的性质问题。因为，逻辑和数学知识具有某种非由感觉和观察赋予的可靠性，似乎是一件不言而喻的事。长期以来，经验论哲学家一直致力于把逻辑数学命题与其他经验科学命题的差异看作只是程度上的差异，并以强调逻辑数学命题也要接受经验的最后检验来达到否定这种可靠性的目的。唯理论对此做出的回答是，逻辑数学知识之所以具有某种不言而喻的可靠性，不仅是由于它们作为一种纯粹理论学科本身所必然要求的那种确定性，更重要的是由于在逻辑和数学研究过程中贯彻、运用了演绎推理。按照唯理论者的观点，人都具有一种理智直观的能力，真理就是由这种能力所证实的各种命题，以及由这些命题逻辑地推导出来的一切。唯理论哲学家不无自信地认为，人们只要发现尽可能少的自明命题并通过这些命题的演绎推理，就能达到对于实在问题的完整描述。在唯理论与唯心论结合而成的客观唯心主义哲学体系中，实在被视为一个无矛盾的逻辑系统和判断体系，一切该体系可能指涉的、不属于该体系的东西，都被看作多余的而加以排除。

在近代哲学中，融贯论的哲学主张一直受到符合论者的激烈攻击。这种攻击不仅体现在经验论者否认逻辑数学命题与经验科学命题有着本质差异的问题上，更体现在经验论者批评的锋芒甚至直指融贯论者赖以支持的演绎方法的实质及其作用问题。按照经验论者的观点，演绎推理并非如唯理论者所自诩的，是一切科学知识和科学原理的基础，相反，它是羁绊科学发现、违背科学本性的思维枷锁。因为，演绎逻辑既不能给人以新知识，又因其缺乏必要的前提证明而易于陷入繁复的循环论证。对此，唯理论者的回答是，演绎推理的作用与可靠性是不容置疑的，人的理性中有不证自明、绝对正确的先验真理，其根据就是欧氏几何学，这是一切演绎推理的最初前提。在近代哲学家中，康德是以一种较为公允的态度看待唯理论者这种自辩方式的重要哲学家。康德对此所持的观点是，在某种意义上，我们可以承认逻辑和数学知识具有唯理论者声称的那种可靠性，但这种可靠性应视为我们的先天认识能力对于逻辑和数学这两门学科的一种慷慨馈赠。按照康德的观点，逻辑数学知识的可靠性不过表明了我们赋予逻辑符号或数学符号的那些意义的重要性。逻辑和数学只是有用的推理工具，而不是对于实在的描述。这样一来，命题所描述的就不再是我们之外的实在本身，而是我们不能不以之与实在打交道的那种方式的结果，或者不如说是我们对这个结果所做的贡献。

从哲学思维自身的特性来看，我们似乎不能说唯理论的理论论证已经无懈可击，但至少它对逻辑数学真理自明性和演绎推理可靠性的辩护还是十分有力和合理的。然而，历史的事实是，以演绎主义作为方法论支柱的唯理论在与以归纳主义作为方法论基础的经验论的长期激烈争论后仍不免落败。导致出现这一结局的一个根本原因，并不在于唯理论的论证本身有多大的缺陷，而在于近代科学向现代科学过渡的过程中，诞生了与演绎主义理论本性直接抵牾的非欧几何学、集合论和相对主义等自然科学理论，导致了唯理论始料未及的局面。众所周知，欧氏几何的“先验”公理是演绎主义或唯理论的最重要的理论依据。非欧几何学的出现，表明了欧氏几何的公理既非“先验”，也非“不证自明”。相对论对牛顿力学的胜利则更加速了演绎主义的这种落败趋势。从近代以来整个哲学发展的基本走向看，伴随着演绎主义和理性主义的逐渐失势、退隐，归纳主义与经验主义日趋强盛，并最终导致在20世纪哲学发展中主观经验论占据了无可挑战的主导地位。然而，与此相矛盾的是，原本与唯理论在近代哲学中水乳与共的融贯论却并未由于演绎主义和唯理论的衰落而失势，它接受了康德对理性能力的定位，转而以一种自然科学和经验论哲学思维都不可缺少的有效论证方式出现在语言哲学中，并与符合论差堪匹敌，形成抵足之势。

2. 融贯论之理论

（1）近代融贯论：真理是以自明观念为前提的理性系统内部诸范畴之间的融贯性

融贯论作为一种独立的真理体系的出现，严格说来是近代的事。但是，作为融贯论哲学基础的崇尚理性、贬抑感性的倾向，却有着较其成熟至足以成为近代哲学中与经验主义抵足并立的理性主义更为久远的历史。非知识论意义的理性主义早在古希腊时期即已开始出现。毕达哥拉斯、巴门尼德、柏拉图等人作为这种理性主义的早期代表，他们的哲学体系为后来的知识论意义的理性主义奠立了非直观的数学方法和先验形而上学本体论的哲学基础。如果说近代哲学以前的理性主义主要是为了回答本体论和形而上学的问题，那么由笛卡儿开创的唯理论哲学则更侧重于回答认识论或知识论问题。在近代哲学中，理性主义的理论特征一般表现为：在本体论上，以超知觉、超经验的抽象实体为思辨起点，强调理性的自明性和先天性；在方法论上，以非直观的数学方法和形式逻辑演绎法为思维工具，注重在严密逻辑法则的规范下进行命题的演绎和推理。唯理论者一般不重视命题与事实、经验的相符合，只强调命题的自明真理性以及推理、论证过程的无矛盾性和严密性。从概念到概念、从范畴到范畴，首尾相接、连贯递嬗，形成一个循环封闭的逻辑圆圈，从而发现真理、获得知识的过程也就成为一个不断排除感觉经验的局限性的过程。笛卡儿、莱布尼茨、斯宾诺莎等人就是理性主义在近代哲学中的典型代表，他们关于真理问题的哲学主张一般被称为真理问题上的融贯论。

在近代哲学家中，笛卡儿作为知识论上唯理论的奠基人，同时也就是真理论中融贯论的首倡者。笛卡儿的融贯论是以他的唯理论为前提的，他所持的理性真理的标准是所谓观念自身的“清楚明白”。按照笛卡儿的观点，“凡是我们极清楚、极明白地设想到的东西都是真的”①。尽管唯理论哲学在本体论上是以超感觉、超现实的抽象实体为哲学起点的，强调真理的自明性乃是这种真理论的题中之义，然而，如何说明这种被认为是清楚、明白的观念必然地与客观存在符合的问题，甚至对笛卡儿这样的大家来说也是一件颇为困难的事。笛卡儿对此的解决方式是，“凡是真的显然都是某种东西，真理和存在是一回事情”②。他所谓存在指的是上帝，他希望借助上帝来说明真理如何统一于存在的问题。在他看来，上帝创造观念这种实体和创造广延这种实体时使用的是同一种规律，因此在思想或心灵中发生的事与在自然或存在中发生的事乃是一致的。制约着笛卡儿融贯论真理观的一个基本的思维矛盾，就是他无法在自己的体系中彻底解决真理与存在的统一问题。按照笛卡儿的理性主义原则，如果坚持观念自身的清楚明白，就必须排除感觉在认识过程中的作用，从而也就无法建立意识与实在、思维与存在的同一性，难以说明真理是如何能适用于自然界的问题；然而笛卡儿的理性主义真理观又导致他断言思想中的规律与自然界中的规律是一致的，而这恰恰缺乏理性的证明。笛卡儿真理观的这种矛盾实际上是整个融贯论真理观无以摆脱的深刻矛盾在近代理性主义哲学中的最初体现，它在后续的斯宾诺莎、莱布尼茨哲学中以一种更为特殊的方式发生着影响。

作为一个理性主义者，斯宾诺莎不反对笛卡儿以观念的清楚明白作为真理的标准，然而他认为，只有“恰当的观念”才能称为“真观念”。他所谓“恰当的观念”，是指与对象完全隔离的观念，即它的存在不是以存在着的事物为依据，而是以观念自身的特性为依据的。换句话说，一个观念之为“真观念”，不是因为它符合于它的对象，而是因为它本来就是一个真观念。只有首先肯定一个观念是真观念，才能肯定这个观念符合于它的对象。斯宾诺莎面临的问题是，他固然可以把真观念视为自身同一的观念，但是如果它要作为一种真理出现，就必须解决它在实在世界的应用问题，也即真理与实在相符的问题。由于在斯宾诺莎的哲学中，与真观念对应的对象是处在心物平行论二元结构中的实体物质，这就决定了当他试图越出纯粹观念的范围去寻找与真理对应的实在时，必然

---

① 北京大学哲学系编译：《十六—十八世纪西欧各国哲学》，146 页，北京，商务印书馆，1975。

② 同上书，174 页。

背离自己最初为真观念所下的定义，从而也就违背了一切唯理论者在真理问题上所必须坚持的融贯论前提。也正是在这个意义上，有人把斯宾诺莎的真理论称为“符合论”，这也并非全无道理。

至于莱布尼茨，他在构造自己的融贯论真理体系时面临着双重的压力：既要回答经验论者的挑战，更好地解释真理与实在如何才能达到统一的问题，又要克服笛卡儿真理论的不彻底性，把融贯论的理性原则贯彻到底。莱布尼茨对此问题的解决方式是，通过他的二重真理理论，把真理纳入不同的知识范畴，并且在理性主义原则的框架下达到把外部实在统一于理性法则的目的。莱布尼茨区分了两类真理：必然的、推理的真理与偶然的、事实的真理。所谓偶然的、事实的真理是指与经验有关的真理，这类真理可真可假；所谓必然的、推理的真理是指与逻辑数学和超验内容有关的真理，这类真理具有永真的、不证自明的性质。在莱布尼茨看来，永恒真理必然是精神的产物，而精神是上帝具有的唯一属性；永恒真理也就是必然的实在，上帝就是这种实在；永恒的、必然的真理只能存在于神和精神属性的思维法则之中。莱布尼茨的这种论证确实在一定程度上缓解了经验论和笛卡儿的不彻底性从两个不同方面对融贯论真理观造成的压力，但与此同时也给他的哲学带来了难以解决的新问题：他关于实在世界与逻辑规律无矛盾的论证，充其量只是一种逻辑自我同一的论证。他的论证既没有真正解决逻辑与事实的统一问题，又因为把事实真理归并为逻辑真理，从而导致在笛卡儿和斯宾诺莎那里逐渐向经验和符合论开放的融贯论，复归为一个彻底的形而上学本体与逻辑统一的体系。当然，我们也应该看到，莱布尼茨把哲学论证逻辑化的尝试，以及他用数学演绎对神的论证，为现代哲学中的逻辑主义开辟了道路。所不同的是，现代逻辑不仅要求命题与论证之间的逻辑一致性，而且要求逻辑与事实的同一性，即可证实性。在这个意义上，现代语言哲学是抛弃了形而上学本体论和独断论后的经验论与莱布尼茨逻辑主义的结合。

（2）现代融贯论：真理是经验知识系统内诸命题之间的融贯性

与近代哲学中以理性主义方式表现出来的融贯论真理观不同，在现代哲学中，融贯论真理观对应的哲学基础转而成为经验主义哲学。具体地说，是以主观经验论为特征的现代语言哲学。那么，这种转变是如何形成的呢？如上所述，近代理性主义和经验主义分别是以演绎主义和归纳主义为基础的，而演绎主义和归纳主义长期争论的结果是，以非欧几何学、集合论和相对论等近现代自然科学理论对演绎主义先验前提的否证而导致了它的落败，演绎主义的颓势反衬了经验主义的胜利。自19世纪末叶以后，经验主义和归纳主义声势日隆，终至后来的蔚为大观，形成在20世纪大多数时间里实证主义语言哲学一枝独秀的局面。语言哲学在认识论上的主观经验主义主要表现在它的一个根本原则，即经验证实原则上。这个原则认为，只有能被经验证实或证伪的命题，才是有意义的科学命题，否则即是无意义的假命题。然而，在语言哲学家中，对于命题或陈述应如何确证，也即它们在何种条件下才为真的问题上，又分化为符合论和融贯论两种不同的真理论。符合论认为，如果一个命题符合于一个事实，那么，它就是真的。与之相反，融贯论认为，不是命题与事态之间的联系，而是一个命题与另一个或另一些命题之间的联系决定了命题的真假。现代语言哲学中的融贯论虽然本质上是奉行主观经验论原则的，但从它主张命题的融贯性和整体论的角度来看，又未尝不是近代哲学中盛极一时的理性主义在现代经验论语言哲学中的翻新。或者不如说，是一部分语言哲学家不满于符合论者，如罗素、维特根斯坦等人把真命题看作命题与事实间的一种同构关系，把两者的符合机械地理解为镜像似的对应关系而做出的选择和反应。下面，我们以纽拉特（Otto Neurath，1882—1945）这位哲学家为例，说明语言哲学中融贯论的主张和特点。

一般认为，纽拉特是语言哲学中融贯论真理观的最主要代表人物。他反对符合论者提出的从命题与事实的比较中判明命题真假的主张，认为命题不可能与命题以外的东西相比较，只能同命题相比较。因此，命题的真理性不在于它同不是命题的事实相符合，而在于同更加普遍的命题相一致。纽拉特的这种融贯论观点是针对一些符合论者的典型理论而发的。一些符合论者，如石里克（Moritz Schlick，1882—1936）等人认为，每一个科学陈述都须具有能与可观察事实相符的后果，记录经验观察的陈述语句具有不可移易的性质。它不仅可以不依赖于其他陈述而得到理解，而且可以成为理解其他陈述语句的源泉。纽拉特指出，石里克和符合论者的这种观点是错误的。没有任何陈述能够仅仅依靠直接的经验联想而获得其意义。因为，一个概念的意义只与概念自身所属的体系相关，而与“经验”“实在”“世界”等非体系的东西无关。在他看来，所谓命题体系的内部融贯性并非绝对不变的，融贯性仅是就一个真命题可以被毫无矛盾地纳入一个更加普遍的命题体系之中而言的。由于命题与命题体系的变动都是不可避免的，因此，当出现某个命题与该命题体系内其他命题的冲突时，不仅可以抛弃这个命题，必要时甚至可以抛弃命题原属的体系，其目的都是获得真命题所必需的体系内部的融贯一致。有趣的是，纽拉特尽管极为反对石里克等人对观察陈述性质的观点，但他的融贯论却与传统哲学中唯理论的融贯真理观毫无共通之处，他与石里克等人的分歧，仅是就经验论范围内命题确证的内容和条件而言的分歧，丝毫不涉及返回唯理论或观念论的传统去论证真理融贯的可能性。正如另一位著名的语言哲学家艾耶尔（Alfred Jules Ayer，1910—1989）所言：“因为他对形而上学的反驳是非常苛刻的，以致任何将陈述与事实，或者将陈述与任何在它们之外的东西进行比较的言论都被他拒斥了。他断言，陈述只能有意义地与其他陈述比较，这种说法的不幸结果是：他不得不坚持真理的融贯说。”①

3. 融贯论之评论

与符合论不同，融贯论以一种唯理论的方式强调，真理是属于某个系统中各个命题之间的融贯性，即相互一致性。如果就一些命题的真或假使得另一些命题经常地依赖于它们这一点来说，融贯论的合理性与涵摄力是毋庸置疑的。对于联结一组有逻辑关系的真命题来说，这种理论也是十分重要的。然而，当我们在现代哲学中谈到融贯这样的字眼时，须知我们已不是在唯理论的立场上，而是在经验论的范围内讨论真理问题了。在历史上，融贯论乃是作为对符合论的一种反动而崛起在近代唯理论哲学中的。一方面，融贯论从唯理论方式向经验论方式转变，除了受制于唯理论自身的理论矛盾，即它不能说明以融贯性为宗旨的真理如何与实在相符的问题外，作为其方法论表现的演绎主义的

① ［英］艾耶尔：《二十世纪哲学》，142页，上海，上海译文出版社，1987。

自明前提被否证也是一个重要的原因。另一方面，经验论虽然在与唯理论的长期争论中获得了最终的胜利，然而融贯论在它的沃土中以一种新的形式再生，却反过来说明了符合论之作为经验论真理唯一选择的不可靠性和局限性。

正如符合论的最大问题是它的解释力和覆盖面十分有限一样，融贯论的最大困难则莫过于它的约束力和有效性十分勉强。融贯论者声称，不是命题与事实之间的符合，而是命题与命题之间的融贯决定着命题的真，只有逻辑上不自相矛盾的命题才是真理。从理论上看，融贯论这种把真理理解为某个系统中各个命题之间相互一致性的做法，并不足以保证它就能够充分有效地解释或描述它欲解释或描述的世界。首先，“仅有以同语反复的变换为基础的形式命题，可以应用真理融贯论的原则，但在综合的知识命题中便失去了它的意义”①。对于形式真理，人们当然能够运用融贯性的标准，因为分析命题就其本质而言不过是命题之间的一种形式变换而已。如果一个分析命题存在着明显的自相矛盾和逻辑上的不连贯，则它自然不能作为一种形式真理出现。经验真理则不然。经验真理是以综合命题为依据的，它不仅要合乎命题的语言条件和逻辑条件，而且还必须对实在有所描述，即必须以命题描述的事实为最终的基础和根据。离开了使命题为真的事实条件，即使所有命题都是彼此融贯的，也不能说明它们就一定是真的。其次，命题之间的融贯性与不矛盾性只是构成真理的一种必要条件而非充分条件。如果融贯论者坚持要以命题的自我融贯作为真理的标准，放弃一切经验观察的要素和条件，可以想见的一个后果就是，神话同样能够被视为一种实际的真理体系。因为，只要有相应的假设条件，要使神话在一个命题系统中做到自我融贯，并非一件十分困难的事。最后，退一步说，任何一个融贯系统的基础部分也不是自己的融贯性所能够保证的，正相反，这种融贯性必须借助于该系统的基础部分才能得到合理的说明。无论从哪一个方面来看，都必须承认，归根到底是一个事件的实际发生这个事实才使得描述这一事件的命题能够为真。否则，命题可能确实是彼此融贯的，但却可能都是假的。

四、实用论

在哲学史上，符合论与融贯论作为两种基本的真理论类型，长期受到哲学家们的青睐。研究真理问题的哲学家因其知识论立场的差异，不是把自己纳入符合论真理的范畴，就是努力置身于融贯论真理的立场，这种均势一直到19世纪末20世纪初实用论真理观的出现才被打破。实用论的异军突起，使真理论研究由符合论和融贯论平分秋色的传统进到符合论、融贯论和实用论三足鼎立的现实。实用论之所以能够一举跻身真理论这块符合论和融贯论视为禁脔的领地，从根本上说，在于它从意义论的角度给出了关于真理问题的一种新的解释模式，从而给人一种不同于传统真理观的全新视界。

---

① ［德］施太格缪勒：《当代哲学主流》上卷，11页，北京，商务印书馆，1986。

1. 实用论之前提

所谓实用论，是指一种以有用性为真理依据的哲学理论。在严格哲学意义上，实用论与语言哲学等同属现代实证主义哲学系统。所不同的是，一般实证主义哲学，如语言哲学等，往往侧重于从知识论，也即主体与客体关系的角度理解知识的证实性问题，而实用论则与此无涉，它着眼从意义论，也即知识命题如何被确立以及如何能确立的角度理解知识的证实问题，认为证实归根到底要依靠某种令人满意的调节来实现。由于实用论在更大范围上与语言哲学一样，仍然属于现代实证主义哲学系统，因而其哲学基础是支配着整个现代实证主义哲学运动的主观经验主义。

尽管实用论以其在认识论方面的不乏深刻新颖而在真理领域独树一帜，但深长思之，构成它的一些基本的理论主张仍未脱离哲学的历史基础。在古希腊哲学中，智者派哲学家就认为，重要的是信念的有用性而不是它的真实性。柏拉图则声称，真理只与利益有关。斯多葛学派和伊壁鸠鲁学派追求真理，是因为它们坚信：真理能够指导现实生活。对于大多数中世纪思想家来说，真理从来就是一种救世的手段。在近代哲学中，从洛克到贝克莱再到休谟，及至后来的穆勒（John Stuart Mill，1806—1873）和马赫（Ernst Mach，1838—1916），贯穿于经验论哲学家思想中的一个基本倾向，就是努力从知识中排除一切无法由经验证实的东西，而这也是实用论者的共同主张。不独如此，康德对实践理性首要性的揭示，费希特和叔本华对意志的强调，都从特定方面启迪了实用主义关于意志和活动的观点。但是从根本上说，对实用主义的产生起着决定性推动作用的因素，是达尔文生物进化论的出现。按照达尔文进化论的观点，人之作为物种的进化是自然选择的结果。在这个基础上，斯宾塞（Herbert Spencer，1820—1903）特别强调，物种是由于具备生存价值而在竞争过程中成长起来的。

2. 实用论之理论

（1）信念即真理

把有用性视为真理的根本特性，是实用主义真理观的核心和基点。一般认为，美国哲学家威廉·詹姆斯（William James，1842—1910）是以实用主义真理观为核心的整个现代实用主义理论的标准阐发者。然而，却不能由此想当然地把詹姆斯看作实用主义的鼻祖。实用主义作为一种现代的哲学理论，最初是由另一位美国哲学家查尔斯·桑德斯·皮尔斯（Charles Sanders Peirce，1839—1914）加以阐发的。正是皮尔斯在19世纪70年代发表的两篇重要论文，即《信仰的确定》（1877）和《怎样使我们的观念明白》（1878），从实用主义意义论的角度奠定了实用主义真理观的基础。在前一篇论文中，皮尔斯提出，意义的确定是探究的唯一目标。在后一篇论文中，皮尔斯进而指出，确立信念的基本要求就是以效果作为意义解释的必要方式。按照皮尔斯的观点，生存意识是人的一种本能意识，人为了求得自己的生存必须把这种意识付诸一定的行动。行动是在一定的行为规则或行为习惯下进行的。当一种行为规则或行为习惯为人们所接受时，它就转化为人的思想的一种信念，而真正的信念或意见是人们借以准备行动的东西。思想的唯一职能就是消除混乱、确定信念。一种信念只要能够给人带来可以感觉到的满意效果，那么就没有理由否认它是好的、有用的信念。一切好的、有用的信念都是真理。在皮尔斯看来，信念本身并无真假之分，只有有用与无用之别。所谓有用的信念是指能够为人的行动提供一种关于清楚明白观念的信念。由于它能够引导人们达到确切的目标和行动结果，所以它就是人们所指的真理。实际上，真理不同于谎言的地方，只在于以真理为依据的行为必然达到我们指向的地方，而不是离开它。

值得注意的是，皮尔斯持有实用主义意义观，然而他却不满意实用主义真理观。正由于此，他始终拒绝接受作为实用主义鼻祖的荣誉。然而由于作为实用主义经典阐发者的詹姆斯对实用主义真理观的探讨，首先是以皮尔斯的信念理论为切入口的，是皮尔斯的“信念即真理”的观点引导着詹姆斯走向诠释“有用即真理”的探究之途，故无论从哪一个方面来说，皮尔斯都是实用主义当之无愧的创始人。尽管皮尔斯本人否认这一点。

（2）有用即真理

“有用即真理”，这是詹姆斯对皮尔斯实用主义真理理论的一种意义论发挥，也是实用主义真理理论诸观点中最具影响的一种。什么是真理？詹姆斯给出的一般解释是，真理是表征经验过程的一般名词，是一种人造的语言，是人的行为结果赋予了一定观念真的含义。詹姆斯对真理的这种理解与他的整个主观经验论的思想基础是相一致的。在他看来，经验和证实之间具有一种特殊的内在联系，只有在经验中的东西才具有可证实的性质，而证实了的东西反过来又表现了一种观念上的真。真理始终是相对于经验而言的。真观念之所以为真观念就在于它必然地符合生活的经验，有用性则是人的生活经验的最大化要求。很难设想，如果真的观念不是从一开始就显示出它的有用的特性，它依然能在众多的观念中被挑选出来作为一个类名词出现，成为一个有价值意义的名称。因此，“真”是任何开始证实过程的观念的名称，而“有用”则是它在经验里完成了的作用的名称。正是在这个意义上，詹姆斯认为，“有用就是真理”。他特别强调：“‘它是有用的，因为它是真的。’或者说：‘它是真的，因为它是有用的。’这两句话的意义是一样的”①。“如果它能双倍地满足我们的需要，它便是最真的。”② 从根本上说，真理是从经验中产生的，并随时代表我们各个人的最有利的反应。按照詹姆斯的观点，这种对真理的有用性认定，不仅对真理提出了证实性的要求，而且更重要的是对真理提出了效用性或实效性的要求，而后一点，正是以往的真理观所缺少的。在真理的传统论证中，必要的联系要么不能建立起来，要么必须依靠一个偶然的、实质是不可置信的绝对概念。实用主义者把真理视为一种信念或假设，就杜绝了一切把真理断言为某种绝对的可能。他特别指出，有用性应是人的知识是否具有真理性的最高标准。不仅当下的观念应以有用性为依据，甚至那些远离现实的观念，其真理性的判定也不应背离有用性的原则。从有用性的观点看真理，符合当下经验的观念并不必然地符合以后的一切经验；只能于未来发挥作用的观念，不见得适合当下的经验；在此类经验中有效的观念，不一定在彼类经验中有

① ［美］威廉·詹姆斯：《实用主义》，104页，北京，商务印书馆，1979。
② 同上书，64页。

效。但也正因为此，真理才获得了它在传统真理观那里从来没有获得过的最大化效用。詹姆斯不无自负地认为，实用主义者关于过去陈述的真理性的这种论证不仅是必要的，而且大大优于传统的真理理论。真理在何时、何处与问题有关，不仅要看信念和事实的一致，而且还要看信念倾向于什么事实。正是由于真理与事实之间建立起的这种有用性联系，传统真理学说所包含的颇有繁文缛节意味的三个要素：认识、实在和真理，在实用主义者这里就最终被归并为最经济、最简约的两个必不可少的要素：实在，认识或证实。因为，证实本身就是真理。实用主义者在真理领域成功贯彻了“彻底经验主义”的原则。

（3）工具即真理

杜威（John Dewey，1859—1952）的工具主义真理论是实用主义真理理论的另一种主要形式。从广义上看，工具主义乃是指杜威的全部哲学；从狭义上看，工具主义实际就是指杜威的真理论。就后者而言，杜威对于真理的理解与詹姆斯在真理问题上的主要论题有着广泛的一致性，即把意义看作经验的显现，把真理看作经验的证实，把知识看作在经验中令人满意地起着引导作用的行为。

尽管如此，在杜威的思想与詹姆斯的思想之间还是有一些明显的不同。在对经验的理解上，詹姆斯的“纯粹经验主义”具有浓重的主观经验论色彩，而杜威更多地强调经验的客观的外在方面；同时，杜威的工具主义的主要倾向也更多地是生物学的而不是心理学的。在杜威关于真理问题的论述中，有一个基本的方面，就是把思想、理论、概念看作人应付环境的手段，把真理看作有用的假设。按照杜威的理解，真理是一个只有在经验中才能显示出其存在的概念，对经验的正确把握是理解真理问题的基本前提。事物并非独立于经验的存在，它不过是思维的一种改造物。传统的哲学把知识的对象看作独立于经验的事物，这纯属是一种误解。因为知识的对象不是思维的出发点，而是思维的终结，它是思维的探索和试验过程中所产生的东西。在杜威看来，经验固然是知识的基础，但原始的经验却是动荡、偶然和不稳定的，因而需要思维把它改造为相对稳定和有序的东西。思维是一种自然发生和发展的适应机能，它的使命不在于认识世界，而在于探求对环境做出最良好反应的手段。思维按其本性来说是一种工具，是被“机体外的”刺激激发的、“与机体外的事件相连续的”、发生在“机体内的”事件，是“作为展开一个迟延的但是更适当的反应的工具”。杜威由此认为，“认识不是消极的直观的记录事实，而是行动”。“所有的概念、学说、系统，不管它们怎样精致、怎样坚实，都必须视为假设——它们都是工具。与其他工具一样，它们的价值不在于它们自身，而在于它们所造成的结果中显现出来的功效。”① 杜威把他的这种工具主义观点进一步推向真理，主张从认识的功效性出发来理解真理，把真理看作在应付环境的行动中有效的东西。杜威一再强调，“真理就是效用”②。“效用是衡量一个观念或真理的尺度。”因为，“工具本身无所谓真或假的，它只有有效或无效，恰当或不恰当，经济或浪费之别”③。

---

① ［美］约翰·杜威：《哲学的改造》，78页，北京，商务印书馆，1962。

②③ 同上书，85页。

3. 实用论之评论

实用论自诩是一种全新的思维方法、一种新的真理理论。当我们以一种宏观的视角，置身于更广阔的历史背景来考察作为一种哲学运动出现的实用论的时候，我们不能否认这种自我评价的恰如其分性。在皮尔斯开其端的、由詹姆斯和杜威等人总其成的实用论体系中，我们看到了一种对于新方法的期求。按照实用论的理解，在关于应该是什么的真理与关于实际上是什么的真理之间，并无所谓认识论上的区别；真理乃是一种经验的观念，从而观念的功用、效果无疑是相对于人而言的第一位的东西；在任何研究中，我们都不是在发现该研究对象的本质，因而我们也不可能发现任何永恒不变的普遍真理，从而我们也不可能在进一步的研究中把这样的真理作为理性的规则加以简单的运用。实用论期盼的不是通过僵硬的程式达到真实的信念，而是要尽可能地穷尽对真理问题的所有可能的理解和说明。信念、效用、工具和行动等这样一些令传统真理论者诧异的字眼不但被堂而皇之地引入了神圣的真理殿堂，而且它们直接就是真理本身。实用论这种对逻辑的轻蔑和放肆，几乎招致了所有传统真理论者的讥讽和攻击。然而，把实用论视为完全不顾逻辑终究是有失公允的。不如说，实用论者更注重的是生活的逻辑而非知识的逻辑。也正由于此，实用论在受到尖锐批评的同时，也博得了广泛的支持和赞誉。有人就把实用论称许为有效消除传统职业哲学家营建的真理幻境的清醒剂，当然也有人把真理在实用论中的境遇嗟叹为真理在哲学中的沦落。称许也好，嗟叹也罢，至少它从一个方面显示出：在当代，真理论已非知识论哲学的专属领地，意义论、价值论哲学也正以各种方式跻身这块对于它们来说是既重要又陌生的飞地。这样的局面无疑让那些持有传统真理观念的人难于接受和不可理解。然而，鼎足三立的局面已经形成，难于接受也必须接受，不可理解也要理解，这就是当今真理论的现实。

对实用论而言，它所遇到的乃是这一类问题：首先，按照实用论的观点，如果一个观念是真的，则观念的意义就存在于可以预期的经验之中。换一句话说，假如某个命题产生了对人而言的好的结果，那么它就是有用的，并且因此而是真的。这种对于真理的推论未免过于武断。信念、观念、词项、陈述、命题对人而言无一不代表着某种有用性，然而它们并不必然地体现为命题上的真。在多数场合和多数情况下，人的信念及其对之所做的陈述代表了对人而言的有用性，也符合人对之所做的预期，然而它与命题的真假却毫无关系。其次，实用论强调信念的真理性就在于它在经验领域中所实现的不间断的调节和引导作用，这种说法也比较含糊。对实用论而言，能够在经验领域实现不间断引导和调节作用的只能是一种证实了的信念，也即证实了的经验。然而，被视为真的究竟是什么东西？是人所实际期待的经验呢，还是不论期待与否都将出现的经验？在什么情况下，信念、意志、情感以及活动是作为证实了的经验出现的？类似的一些重要问题，在实用论者那里，始终是语焉不详的。最后，实用论把概念、思想和理论看作人们为了达到某种预期目的而设计出来的工具，认为它们的真假取决于它们对人而言的有用性，这也难避“唯我”之嫌。总之，实用论由于其在论证上固有的含混性和不明晰性，充满了逻辑上的矛盾和问题。然而，实用论毕竟在真理论的领域中辟出了自己的蹊径，成为鼎足三立的真理诸说中不可等闲视之的一种，这或许又不是仅仅从逻辑或知识论的立场出发对之进行审视就能够弄通弄懂的。

学习提要

一、基本概念

真理；符合论；融贯论；实用论；“有用即真理”。

二、基本原理

客观性；命题与信念；逻辑真理与事实真理。

亚里士多德的真理论；洛克的符合论；贝克莱的符合论；休谟的符合论；现代符合论。

融贯论与真理的自明性；观念自明性（笛卡儿）；“真观念”（斯宾诺莎）；必然真理与偶然真理（莱布尼茨）。

三、思考题

1. 什么才是区分真或假的基础或根据？

2. 如何区分强意义上的“知道”和弱意义上的“知道”？

3. 逻辑真理虽然是自明的，但却是无意义的；事实真理虽然是确定的，但却是没有普遍必然性的？这两种说法正确吗？你是如何看待逻辑真理、事实真理的确定性和不确定性、自明性和非自明性的矛盾的？

4. 柏拉图认为，像“雪是白的”“花是红的”等这样的陈述，显而易见是与真理对立的谬误。他是怎样得出这样一种结论的？你认为，他的这种见解能够轻而易举地被科学和常识所驳倒吗？

5. 试分析近代经验论从客观论向主观论演化的一般逻辑。

6. 与近代哲学中以理性主义方式表现出来的融贯论真理观不同，在现代哲学中，融贯论真理观对应的哲学基础转变成经验主义哲学。具体地说，是以主观经验论为特征的现代语言哲学。请分析这种转变的过程和逻辑。

7. 试讨论哪些是实用主义的认识论原则？

8. 实用论坚持“有用即真理”，导致它得出这一结论的根据是什么？为什么说实用论的观点和结论不是仅仅从逻辑或知识论的立场出发就能够弄通弄懂的？

9. 概要描述符合论、融贯论和实用论三者之间的联系及区别。

10. 你认为，现代认识论最有可能继承或发展的，将是上述三种理论中的哪一种逻辑？或者，将是对这三种理论的一种新的综合？请说明你的理由和根据。

第五章

自由与必然

——可能生活与现实生活

在讨论了与知识论有关的最一般的问题之后，让我们转到哲学领域中谈论最多，然而也是最令人困惑的问题之一，也就是形而上学的问题上。

在形而上学的众多问题中，决定论和自由意志的问题是一个带有基础性意义的理论问题。因为，对宇宙论问题的任何探索，都必须包括对人是自由的还是被决定的这一问题的说明；而对人是自由的还是被决定的这一问题的回答，又对伦理学中一些根本性的问题，如道德责任、道德义务、奖善罚恶等问题的解决至为关键。

所谓决定论和自由的关系问题，可以表述为：我们人本身究竟是真正自由的，还是归根到底是受某种外在于人的力量所决定的？如果我们不能否认人本身是自由的，那么，随之而来的另一个问题就是，我们究竟在多大程度上是自由的，又在多大程度上是被决定的？显然，无论是自然科学家，还是神学家、哲学家、伦理学家，甚至是普通个人，这一问题无疑都是他们生活中最感兴趣并能激起他们极大思考热情的问题之一。

然而，什么是决定论？什么是自由？决定论与自由之间有着怎样的关系？有关形而上学的讨论为什么必须从决定论和自由的关系问题谈起？凡此种种，就是本章所要讨论的问题。

一、必然真理

在形而上学中，决定论意味着承认普遍的因果联系。也就是说，世界上没有一件事情不是被决定了的。然而如此一来，决定论就与人的自由的要求发生了矛盾。这里所说的决定论或普遍的因果联系是什么意思？决定论与人的自由是相互冲突的还是彼此协调的，或者甚至是相互补充的？人的行动又在多大程度上是建立在他自身自由选择基础上的，或者是由他内部或外部的力量所决定的？显然，这里涉及的各种问题，都必须从作为决定论的思想前提的必然真理的概念谈起。因为，世界上假如没有必然真理的存在，则强调普遍的因果联系的决定论也就失去了自己的逻辑基础。

1. 何谓必然真理

在自然科学中，理论或原理之真理性的最高标准，是所谓观察或实验。在某些情况下，理论所说的东西与感觉经验之间存在着相当大的距离。为了避免理论遭到被否证的命运，人们有时对理论做出某种程度的修改，甚至放弃理论本身。之所以如此，在于自然科学本身不能容忍通过经验观察的检验仍然存在非证实的理论，它不接受任何建立在经验基础上的不确定的结论。

但是，并不是所有的陈述都是观察陈述，也并不是所有的理论都要获得经验上的证实。有些陈述，尽管它们的获得与经验无关，我们仍然相信它们是真的，例如，“2＋2＝4”。我们为什么会相信一个并不是来自经验的陈述的正确性？从根本上说，是因为这一陈述是从逻辑中得来的。只要没有确凿的逻辑上的理由证明这一陈述是错误的，我们就得接受它是正确的这一结论。对这样的陈述或命题，我们是不需要将它付诸经验或实验去加以检验的，相反，经验或观察只有符合这种陈述或命题本身，我们才认为它们是正确的。在我们的推理所涉及的种种逻辑中，数学的推理是一种最纯粹、最可靠的推理。在哲学上，我们把通过逻辑的和数学的推理方式获得的确定结论，称为必然真理。

之所以是必然真理，在于它们是通过逻辑的或数学的方式获得的。通过逻辑的或数学的方式获得的真理，是在任何可以设想的情况下都成立的真理，否则它就是不可能的。在近代哲学家中，莱布尼茨最早区分了必然真理与偶然真理这一对重要的范畴，并将这两个范畴的区分推广到关于形而上学与非形而上学划分的理论原则方面，从而为后来一切关于决定论和自由意志关系问题的理论奠定了思想基础。按照莱布尼茨的观点，“我们的推理是建立在两个大原则上，即是：（ⅰ）矛盾原则，凭着这个原则，我们判定包含矛盾者为假，与假的相对立或相矛盾者为真。以及（ⅱ）充足理由原则，凭着这个原则，我们认为，任何一件事如果是真实的或实在的，任何一个陈述如果是真的，就必须有一个为什么这样而不那样的充足理由，虽然这些理由常常总是不能为我们所知道的。也有两种真理：推理的真理和事实的真理。推理的真理是必然的，它们的反面是不可能的；事实的真理是偶然的，它们的反面是可能的”①。莱布尼茨把数学、逻辑、形而上学、伦理学、神学甚至法学等这样一些在他看来不必依赖于人的知觉和经验事实，仅凭天赋的理性原则即可获得和证明的学科，纳入必然真理的范围。在莱布尼茨看来，能够作为人的推理之根据的，只能是在亚里士多德那里早已被揭示的三段论形式逻辑。他把亚里士多德的这种逻辑发展为两条一般的逻辑原则，即矛盾律和充足理由律，并以之作为论证必然真理和偶然真理的基本公理。按照矛盾律，两个矛盾的命题中一个为真，则另一个必定为假；而按照充足理由律，一种给定的事态是从充分的先行理由中得出来的。当我

① ［德］莱布尼茨：《单子论》，转引自陈修斋主编：《欧洲哲学史上的经验主义与理性主义》，324页，北京，人民出版社，1986。

们把这两条定律应用于分析主语包含着谓语的句子，如“所有的人都是要死的”时，我们看到，从矛盾律来说，这一类命题显而易见就是真的命题；而从充足理由律来说，这些真命题由于根据充分，又能将之视为分析的一类，当然只有上帝才能理解它们的这种分析的性质。莱布尼茨机智地指出，虽然在人的心灵看来，后一种真理纯粹是偶然的，但由于科学家在他们的研究中所要达到的，无非是要努力抓住偶然，并把这种偶然作为其他的什么东西的后果的存在方式显示出来，从而在这种意义上它就是必然的。归根到底，只有上帝才拥有完美的科学，只有上帝才能够依靠这种必然性来洞察一切。

尽管莱布尼茨相信，偶然的事物中也有一种确定无误性，但他明确地指出：“必须在一种绝对的必然性和一种假设的必然性之间作出区别。也必须区别这样的两种必然性：一种必然性之所以成为必然性，是因为其对立面蕴涵着矛盾，它被叫做逻辑的、形而上学的或数学的必然性；另一种是道德的必然性，它使贤明者选择那最好的，并使一切心灵遵循那最大的倾向。……假设的必然性是这样的必然性，即关于上帝的预见和预先安排的假定或假设，把它强加在未来的偶然事物上的必然性。”① 莱布尼茨的这种观点，反映了历史上一切形而上学者根深蒂固存在着的一种信念，即必须把逻辑学看作规范性学科的前提。纯粹逻辑所涉及的对象不是个别的、暂时的过程，而是本质的、普遍的、无时间性的观念关系。只有通过纯粹逻辑的演绎，人们才能获得奠基在真理的概念、判断、定义等基础上的先验命题。同时，也只有依据这些命题，人们才能演绎出规范的逻辑原理，并由此推导出适当的实践规则。从这个角度看，纯粹逻辑的领域既不依赖于自然界，也不依赖于人，它独立构成真理、意义的特殊领域。

2. 形而上学与必然真理

在知识性质问题上，历史上的唯理论者一般而言都重视先天的、必然的、分析的知识，因为它们具有普遍性。在唯理论者看来，不具有普遍性，随个别、偶然、特殊的变化而变化的知识是不真的，它们对人来说是没有实际意义的。与之相反，历史上的经验论者则更为重视后天的、偶然的、综合的知识，即建立在知觉基础上的知识，因为这一类知识才与经验世界和人的现实生活有实际联系。尽管经验论者与唯理论者在有关知识的起源、本质、判断等问题上抵牾对立、各不相让，但对于两类知识的划分他们基本不持异议。在哲学史上，康德率先对唯理论和经验论这种划分知识的方式发起挑战，力图在知识或真理的类型及其联系方面建立新的模式。他提出并论证了“先天综合判断何以可能”的问题，从而在哲学上开启了理解必然真理的另一条道路和方向。

诚如我们所知，在知识的起源问题上，康德同休谟和一切经验主义者并无原则性区别，即都认为一切知识事实上只能通过经验得来。但与他们不同的是，康德给这种观点加了一个重要的限制性条件，即我们必须把实际产生知识的东西，与知识实际采取的形式区别开来。这样一来，知识虽然通过经验而来，却又并不源于经验。换句话说，感觉经验对于知识来说是必要的，但却远不能说是充分的。因此，任何确实的知识，即具有

① 《莱布尼茨与克拉克论战书信集》，65 页，武汉，武汉大学出版社，1983。

必然性和普遍性的知识，都必须建立在这样一种判断的基础上：一方面，它必须具有分析性判断的性质，即是先天的，因为只有先天的东西才具有普遍必然性；另一方面，它又必须具有综合性判断的性质，即是经验的，因为只有经验才能扩充我们的知识。在康德那里，这种理想性的判断就是他所谓的“先天综合判断”。按照康德的观点，数学就是一种既体现知识的先天性又具有知识的综合性的最为典型的“先天综合判断”。以“直线是两点之间最短的距离”这一命题为例，一方面，很明显，它就是先天的，因为它具有普遍必然性；但另一个方面，它又是综合的，因为“直线”这个概念仅仅包含着质，而“最短的距离”这个概念却表达着量。再以“7＋5＝12”这一命题为例，它的情况也是如此：“7 与 5 之和”这个概念并不包含 12，因为，对“和”这个概念的分析永远也得不出 12。要得到 12 这个数，我们就必须越出这些概念的范围，求助于直觉。康德还指出，先天综合判断并非只存在于数学中，它还存在于物理学中。以“物质世界无论怎样变化，但物质的量始终不变”这个物理学命题来看，它的先天综合判断性质与在数学中我们见到的情况是一样的。

既然任何一门严格意义的科学都必须具备先天综合判断的性质，那么，形而上学要想成为一门科学，当然就要使自己也符合先天综合判断的要求。康德指出，很久以来，形而上学都有一种要使自己成为一门科学的愿望。这表明，所有这些科学实际上都是存在的。但现在的问题在于，我们在这里谈的并不是这些科学是不是实际存在的，因为这些科学一直都存在，而且毫无疑问还会长久地存在下去，我们在这里谈的是这些科学存在的权限问题。它们存在的权限究竟是由谁授予的？既然我们已经知道科学知识是由先天性的综合判断构成的，因此，事情就归结到这些判断是如何产生的问题上。我们必须严肃地提出这样的问题：纯数学是如何产生的，也就是数学中的上述判断是如何产生的？纯自然科学是如何产生的？形而上学作为一门科学又是如何产生的？等等。康德对此所做的回答是：实际存在着的科学有三门，即数学、自然科学（物理学）和形而上学。如果从科学之所以为科学的逻辑要求来看这个问题的话，康德认为，他的理论哲学（知识论）从各个方面来看，都算得上是一门科学，因为它来自科学事实且有着稳固的逻辑基础。至于其他方面，数学当然是实际存在的，它有权利存在，因为它是一门真实的科学；物理学也是实际地存在着的，它也有权利存在，它也是一门真实的科学；至于形而上学，它虽然是实际地存在着的，但它却没有权利存在。因为，从一切方面看，形而上学都不符合科学的特征，不具备“先天综合判断”的性质，所以，它永远不可能成为一门科学。

康德的理论中最耐人寻味的一点或许是：他一方面从知识论的角度强调了形而上学作为一门科学的不可能性，但另一方面又从人的思维本性和实践需要的角度论证了形而上学作为一种关于终极性问题的提问方式的不可避免性和存在合理性。从哲学上看，形而上学的问题归根到底要归结到这样一些最基本的问题，即心灵、世界和上帝这些基本的形而上学概念在人的思想中存在的根据和基础究竟是什么的问题上。心灵是理性心理学的对象，世界是理性宇宙论的对象，而上帝则是理性神学的对象。由于这些科学长久以来就一直存在，可见它们的存在根据是不容置疑的。尽管它们的存在没有获得知识论的授权，我们却不能由此否认它们的存在。而且，人总是提出关于心灵、世界和上帝的问题，但却又从来不能满意地解决这些问题。这正好表明了这些问题是不可能解决的；

而且不管我们怎样指出它们在知识论方面的荒谬性，我们的心灵中也仍然存在着提出和解决这些问题的愿望。这里的问题在于，人的认识愿望永远也不会满足于对现象的认识，人总是力图超越现象世界认识先验的东西。这种认识的目的固然与人的意识所具有的那些认识手段相矛盾，但我们却不能仅仅从知识论的目的出发而否定它们在形而上学或实践方面的价值。

3. 必然真理的性质

在必然真理问题上，为大多数哲学家所忽略，但在处理上则显得极为棘手的另一个基础性理论问题是，如何看待"先天真理与后天真理"和"必然真理与偶然真理"这两组相互对照的真理概念的关系问题。对许多哲学家来说，"先天的"、"必然的"、"分析的"和"确定的"等这样一些概念乃是同义的、可以互相置换的；而"后天的"、"偶然的"、"综合的"和"不确定的"等这样一些概念则属于另一组本质上同一的范畴。当代著名的语言哲学家克里普克（Saul Kripke，1940—　）对这种看待真理的方式发起了挑战，他从语言哲学的角度上证明了必然真理并不等于先天真理。由于"先天的"、"必然的"、"分析的"和"确定的"等这样一些概念除了表达知识论的意义外，还代表了形而上学的基本性质，因而，克里普克的这种理论也在一定程度上影响到人们对必然概念的基本认识。

克里普克指出，先天与后天、必然与偶然这两对范畴并非如人们通常理解的那样，是等价的、可以互相置换的。实际上，"先天的"是一个认识论的范畴，而"必然的"则是一个形而上学的范畴。自康德以来的哲学传统一直认为，所谓先天的知识就是绝对地不依赖于人的经验而获得的知识。这种说法是大可商榷的。当然存在着某种不依赖于人的经验的先天的知识，但这并不意味着人们借助于经验绝对不能获得某种原以为先天为真的知识。例如，一个利用计算机工作的人知道，计算机能够回答什么样的数是素数的问题。在这种场合下，假如我们根据自己对物理学规律和计算机结构等的了解而相信某个数是素数，就不能说我们的这一知识乃是来自先天的根据。可以先验地被认知并不意味着一定先验地被认知。反过来，先天的知识并非绝对地与经验相分离，必然的命题也不等于就一定是先验的命题。称一个陈述是必然的，是指如果某个断言涉及世界上的事实，如果这个世界以及其中的事实绝不可能与它现在的这个样子不同，它就是必然真理，否则它就是偶然真理，这完全是一个形而上学陈述，与认识论毫不相干。我们可以这样假设，有人提出这样一个问题：世界是否可能不同于它现在的这个样子？如果回答是"不可能"，那么，关于世界的这个事实就是一个必然的事实；而假如回答是"可能"，则关于世界的这个事实就是一个偶然的事实。显然，一个事物是必然地还是偶然地具有某种性质，只与描述它的方式有关，而与认识论无关。至于"分析的"这个概念，由于根据构成陈述的语词的意义就可断定该陈述为真，所以它在一切可能的世界中也必然是真的，这样，它就兼有先天地真和必然地真的一切属性。克里普克认为，这些情况说明了确实存在着和传统的先天与后天、必然与偶然划分不同的这两对范畴之间的另外一种关系。既然必然性问题是一个形而上学问题，并且由此要同涉及人们关于某种事物知识的认识论问题区别开来，为什么人们就不能说，一个特定的对象必然具有本质上属于它的某些性质呢？显然，克里普克在这里谈论的问题已经超出了单纯认识论的范围，把形而上学中必然真理的性质深刻地凸显了出来。

在厘清了先天与后天、必然与偶然两对范畴的基本性质之后，克里普克进一步讨论了为传统哲学家所忽略，然而却又是实际存在的必然真理与偶然真理的两种形式，即先天偶然真理与后天必然真理的情形。克里普克首先以维特根斯坦关于巴黎标准米尺的说法作为例子，来证明存在着先天偶然真理。维特根斯坦在《哲学研究》一书中认为，巴黎标准米尺是语言测量的特殊工具。对于它，人们既不能说它是一米长，也不能说它不是一米长。维特根斯坦试图以此来说明先天真理就是必然真理，这两种真理之间具有一种等价的互换关系。克里普克认为，维特根斯坦在这里犯了一个错误。他本来希望以这个例子来说明先天真理就是必然真理，但这个例子的情况却恰恰相反，它让我们发现了一个并非必然的而只是偶然的逻辑蕴涵。一方面，就给巴黎标准米尺下定义的那个人而言，这个命题当然是一个先天真理，因为他无须借助经验即可知其为一米；而另一方面，就棍子是巴黎标准米尺的实际指代者这一点而言，这个命题显然又是一个偶然真理。因为，当那个人把巴黎那根棍子定义为一米时，不过是确定了一米的名称而不是一米的定义。“一米”作为一个严格指示词，它严格指示着在一切可能世界中的某个长度，而它在我们这个现实世界中正好和巴黎标准米尺的长度一样。与之相反，“巴黎标准米尺”则并非一个严格指示词，它并不严格指示着什么。在不同的条件下，它所指的长度是可以不同的。克里普克由此得出结论，并非一切先天真理都是必然真理，在如上所分析的这样一些例子中，我们发现的乃是先天偶然的真理。那么，后天必然的真理又是怎样的呢？克里普克用另外一些例子来说明这种情形。以“热是分子运动”这一命题为例，它就是一个后天必然的真理。一方面，人们都知道，热与分子运动之间有着必然的联系。无论是在我们生活的现实世界，还是在任何其他可能的世界，热与分子运动之间都保持着一种同一性，我们不可能发现与此相反的情况，因此它是必然的。但另一方面，热与分子运动的这种关系并不是我们先天地就知道的，而是通过我们的经验和观察才知道的，这说明了这一陈述是一个后天必然的真理。“启明星就是长庚星”这 命题也是如此。这两个名称都是金星的别称，同时也都是严格指示词，但发现启明星就是长庚星却是天文学家长期努力的结果。这样，它就是后天的而非先天的。显然，这个语句也是一个后天必然的陈述。

二、因果关系

世界上一切发生的东西都有着这种或那种原因吗？当我们这样谈论问题的时候，我们实际上是在另外一个方向上提出并讨论着必然真理的问题。在日常使用中，因果性与必然性往往成为一对可以互换的概念，具有因果性的东西同时也就是符合必然性的东西。但是，既然必然性并不绝对地表现为先天性，必然中往往存在着偶然，那么，必然性是否就一定意味着因果性？或者，当因果性可以在大致的层面上与必然性等价的时候，因果性的强度是否也会发生像在必然真理中我们看到的那样一种不确定的变化？由于无论是必然性还是因果性，都是我们在讨论必然与自由关系问题时不可回避的逻辑前提，因此，对这一问题的深入探讨，将有助于我们更好地理解决定论与人的自由之间的相互关系。

1. 何谓原因

在日常生活中，我们往往在这样或那样的意义上使用着“必然”一词。例如，我们常常说，“要想保持一个好的身材，就必然要注意饮食和锻炼”“你要想考上一所名牌大学，就必然要付出比别人更多的努力”等。虽然在这类话语形式中一再出现“必然”这样的字眼，但它所努力要表达的，不过是要说明两个事件之间的某种前因后果的关系。在逻辑上，我们把这种为了达到 B，除非做到 A 的语言表达形式，称为因果关系。

但是，事情也可能是另外一种样子。当你看到你的朋友耽于饮食，身材开始像一个啤酒桶似的变胖时，你好意地提醒他要注意节食，以免身体更胖，最后变得一发不可收拾。但是，你的这个朋友正好不在意身材问题，或者说，他根本就不受时下的减肥观点的影响，所以，他这样回答道：“我根本就不在意人家怎样看待我的身材，我只想按自己意愿来做一切事情。”于是，“必然”这个概念在这里受到挑战，A 作为一个前提并未导出 B 这个结果。可见，这种因果性在强度上是受到一定限制的。

上述这种发生在日常生活中的其强度有着一定限制的因果关系，是经验性的因果关系。经验性的因果关系表达的是一种经验上的必要条件。世界如其所是，你不做到 A，就不能实现 B。固然如此，但它们毕竟只是一种经验上的而不是逻辑上的必要条件：说一个人如果不做到三餐准时，身体就可能消瘦下去，这两者之间并不存在着矛盾。所谓逻辑上的必要条件，是指这样一种情况：任何一个三角形都有三条边。如果你说 A 是一个三角形，但它却没有三条边，这就是一个自相矛盾的逻辑表述。那么，自然界中到底存不存在必然性？我们能否说“自然界中所发生的一切事件都有其不可抗拒的必然性”？毕竟，我们在生活中不但说到“你如果不按时完成作业，就要受到惩罚”这种情况，而且也说到“上抛的石头不仅会掉下来，而且一定会掉下来”这种情况。显然，即便在自然界中，因果性、必然性的情况和表现也是相去甚远、各有不同的。那么，发生在我们日常生活中的经验性因果关系究竟有哪些基本的表现形式？这些因果关系的一般性质又是怎样的呢？一般认为，休谟从他的经验主义知觉观点出发提出的“习惯性联结”理论，是对这一问题最为精彩、最为充分的说明。

所谓习惯性联结，是休谟对因果关系性质的一种经验主义解释，也是诸种因果性理论中影响最大的一种。按照休谟的观点，知识的基础应是所谓知觉，而知觉指的是作为意识内容的那些东西。在作为意识内容的这种被称为知觉的东西中，印象代表的是当下直接的经验，观念代表的是对印象的联结，任何观念的联结都不可能超出印象或直接经验的范围。从这个意义上说，作为观念存在的因果性，不过是人的心理中重复经历的一种经验惯性，或者说，是人的一种习惯性联想。在自然界中，因果性通常表现为三种不同的情况，这些情况从不同的方面反映了因果关系的经验特征，并且表现着自然因果联系的相对的而不是绝对的性质。

（ⅰ）暂时性关联。这是日常生活中最常见到的一种因果关系，也被称为直接因果关系。在这种因果关系中，原因在前，而结果紧随其后。所谓“种瓜得瓜，种豆得豆”，表现的就是这种情况。这种因果关系固然直接，但其表现却颇为复杂。例如，我们常说，要想实现未来的目标，现在就要努力学习，似乎未来的目标是促使你现在努力学习的原因。其实，这种理解是不对的。使你努力学习的原因并不是未来的目标（未来还不存在），相反，是你现在对未来目标的承诺在作为原因发生作用。

（ⅱ）习惯性期待。在日常生活中，我们还见到另外一种因果情况。例如，在每次闪电之后，我们总能听到打雷。我们把在我们的经验中出现的这种现象称为因果关系，相信闪电就是打雷的原因。其实，在闪电和打雷之间并没有一种必然的因果关系。一件事情发生之后，紧接着另一件事情也会发生的想法，代表的不过是我们心中的一种期待。期待心理并不是事物的本质，而只是人的一种习惯。从道理上看，我们只是经验到一件事情发生之后，另外一件事情跟着发生。我们并没有，也不可能经验到第一件事是第二件事的原因。换一句话说，固然表面看起来打雷发生在闪电之后，但实际上两者是同时发生的，都是大自然中的放电作用所致。所以，事实上是另外一种因素造成了这两种现象。从这个角度看，所谓“自然法则”或“因果律”，实际上只是我们所期待的现象，并非“理当如此”。自然法则无所谓合理不合理，它们只是存在罢了。如果换一个角度来看这个问题的话，或许可以这样说，我们出生时对这个世界的面貌和世间的种种现象并没有什么期待，世界本来就是这个样子，是我们的经验和经历使我们形成了两件事情相继发生就必有关联的观念。

（ⅲ）必然性联结。还有一种关于因果性的一般看法，即认为原因和结果之间实际上是存在某种必然的联结的。这种必然的联结是指，如果原因发生，那么结果也必定随之发生；而且，除了发生以外，不可能有其他什么东西出现。在日常生活中，我们确实能够见到大量这样的例子。例如，如果我把原来握在手中的石子松开，它就会掉落在地上。许多人坚持声称，这就是原因和结果之间有必然联结的一个明证。

但是，休谟指出，这种关于因果关系的一般观念是错误的。我们从未观察到任何发生在事物中的所谓必然的联结或“必定”。我们只能接受我们用感官所认知的事物，除此以外，一切都有待证实。离开紧握着的手的石子会掉落在地上，在某种意义上可以被看作一种自然法则。当然我们不能违反自然法则，但是我们却不能宣称自己已经体验过自然法则，因为这是没有意义的。我们放掉一个石子时，会体验到它掉落在地上的事实。但如果石子不掉落在地上，那也是我们的体验之一。即使我们一百次地看到过石子落地的情况，那也只是我们有一百次石子落地的经验而已，实际上你从来没有体验过它一定会掉下来。在一般情况下，我们会说石子之所以掉落在地上是受到万有引力定律的影响，但问题在于我们从未体验到这种定律，我们只是有过东西掉下来的经验而已。休谟由此得出结论，我们之所以相信石子会掉落在地上，是因为我们无数次地见到过这种现象。由于这种现象一再重复地发生，我们开始变得非常习惯，以至于每次我们放开手时，总期待同样的事会跟着发生。久而久之，就形成了我们所谓“不变的自然法则”。

2. 因果条件

休谟的上述理论为人们正确理解自然现象的因果联系提供了令人信服的说明。但是，人类社会毕竟不同于自然界，把对自然界普遍有效的因果解释应用到人类社会时，固然其中绝大部分的内容具有适用性，但不可避免地也会遇到一些特殊的矛盾和问题。这是由于，人具有内在体验的能力，他是他自己的一切内在感受的原因。假如没有对外在的习惯性联结的观察，我们将不知道我们是否还能确切地断定什么。毫无疑问，这是颇为棘手，然而又无法回避、不能不加以回答的问题。对此，休谟也做了精辟的分析。休谟指出，我们或许有一种内在的感受力，但是，在我们真正地弄清这种被认为是我所具有的实际能力的东西是什么以前，任何过早的断言都是有害的。举例说，休谟的意思是，如果我想抬起我的手臂，它自然地就抬起来了；而如果我想移动我的心脏或其他什么身内器官的话，我却做不到。有时我或许会像一个小孩一样，感到自己正像一只小鸟飞向云端；但是，如果我登上一个梯子，想实践一下我的想飞的愿望的话，我一定会摔得很惨。一个小孩可以想象他能干任何事情，但是，只是在你有了实际你能干什么或不能干什么的经验之后，你才知道你究竟有怎样的能力。从幼年开始，我们就有压抑随失望而来的经验，或我们的膝盖只能后弯而不能前弯的经验，但后来我们已经忘了我们最初是如何知道这一点的。因为我们可能认为，我们生来就知道这一点。假设一下，有一天你见到一只乌鸦从你的头上飞过，后来你就出了车祸。你开始认为，这两件事之间有某种关联。心理的联想使得你心情紧张，变得疑神疑鬼。其实，这两件事之间没有任何联系，纯粹是你的心理在发生作用。在医学实验中，科学家有时会把病人分为两个对照组，以检验这两组人对同一种药的反应。后来，两组人都声称自己的情况得到改善。其实，其中的一组人并未吃任何药，他们吃的药剂实际上是面粉和水的混合物。如果碰巧这些人的病好了，显然要么是另有原因，要么是他们相信药物的疗效的心理作用所致。所以，即便在人的日常生活中，也不存在那种所谓的必然的因果联结。休谟由此得出结论，人类社会与自然界一样，也不存在所谓的必然的因果联系。经验只是告诉我们，一个事件后面往往伴随着另一个事件；它并没有告诉我们，一个事件一定是另一个事件的原因。

休谟对因果必然性的否定，毫无疑问是经验论哲学家在揭示人类知识性质方面所做的一大贡献。既然因果性并不等于必然性，那么，重要的问题就是要弄清，因果关系在哪些种类的东西之间成立，或者换句话说，因果关系得以成立的条件是什么。虽然我们常说，一个事件引起了另一个事件，这个起引起作用的事件是原因，而被引起的事件则是结果。但实际上，引起一个事件的并不是物，而是过程。当我们说太阳的照射促进了植物的生长时，我们的意思并不是说太阳直接引起了植物的生长，而是说一个过程，即太阳的照射成为植物生长的原因。然而，当我们把"过程"或"事件"当作因果关系中的东西来看待，有关它们的定义就必须被置于广义的范围中来加以考虑。这就是说，这样的定义不仅能揭示它们的动态的性质，而且也能描述它们的静态的特征。举例来说，现在我面对的是一块黑板，它静静地悬挂在我的面前，我观察不到它的任何变化的迹象，尽管可能不久前它被移动过，甚至损毁过，但至少此刻我看不到这样的情况。这样，它的温度、质量甚至光在它的表面的反射等，在一定的时期内至少会相对保持不变。桌子了无变化地存在这一事件，就是一个静态的各有关量在时间中保持不变的过程。如果我们说因果关系在广义上表现为一个“事件”、一个“过程”，那么，代表一个物理系统的任何状态序列，在一定的因果关系中，就既可以是变化的，也可以是不变的。

同时，任何因果关系又都是具体的因果关系。固然我们可以从广义上把“过程”“事件”纳入因果关系，将之视为一定的原因或结果，但我们也不应忘记，任何因果关系都要受到具体的“情况”或“条件”的制约。离开了一定的“情况”或“条件”，因果关系的成立就将成为不可能的。由于“情况”或“条件”对事物的最终结果起着重要的作用，因而它们实际上是构成因果关系的狭义条件。我们之所以能把“情况”或“条件”看作因果关系的狭义条件，从逻辑上看，恰恰是我们把“过程”或“事件”看作因果关系的广义条件的结果。如果我们不把事物存在或事件发生的静态过程包括在因果关系的范围之中的话，我们就根本不可能把具体的“情况”或“条件”看作一定的原因或结果。显然，当我们寻找两辆汽车在高速公路上相撞的原因时，我们不仅要研究各种变化着的条件，如汽车以怎样的速度或怎样的状态运动、驾驶员又以怎样的方式驾驶或反应等，我们还要弄清楚各种相关的静态因素，如路面的状况，即它是干的还是湿的，阳光的照射情况，即它是否直射在驾驶员的脸上等，以帮助我们最终确定事故发生的原因。显然，当我们分析一个事件的原因时，所有这些相关的因素，不管是变化的因素，还是不变的因素，都必须被包括在我们的考虑之内。因为，有时我们发现，一个事件的发生实际上是多种不同因素同时发生作用的结果。

既然我们已经弄清了，任何因果关系的构成条件都既包括了静态的因素，也包括了动态的因素，那么，接下来所要做的，就是进一步弄清哪些条件可以被看作因果关系成立的必要条件，而哪些条件可以被看作因果关系成立的充分条件。所谓必要条件是指，当我们说 C 是 E 的必要条件时，我们的意思是，如果 C 不发生的话，E 也不会发生，或不可能发生。但反过来，仅仅有 C，E 却不见得就一定会发生。例如，氧气就是燃烧的一个必要条件。没有氧气，任何燃烧都是不可能的；但反过来，仅仅有氧气，并不见得一个物体就一定会燃烧。所谓充分条件是指，对每一个事件来说，它的发生或产生都是一系列因素共同作用的结果。离开了这些因素的共同作用，它的发生或产生就是不可能的。例如，如果我们要问燃烧的原因是什么，那么，与燃烧有关的各主要因素至少都可作为这种原因而出现。而如果我们要问早晨为什么路湿，则它的原因不见得就一定是晚上下雨所致，洒水车夜间的洒水也能使路面变湿。当然，我们还可以举出这种或那种的原因。在一般情况下，人们通常并不把必要条件作为原因来看待，而是认为只有充分条件才能作为原因存在和出现。由于充分条件在考察某个事件发生的原因时，并不是只从单个的情况和条件出发来加以分析，而是考虑到与此有关的一系列因素，把它看作多种不同因素共同发生作用的结果，因此，关于充分条件的分析实际上也就是多重原因论的分析。所谓多重原因论，是指把一个事件的发生看作一系列因素同时汇聚、共同作用的结果。在多重原因论的解释中，一个需要提出来讨论的问题就是，一个事件的发生固然是多种因素共同作用的结果，但是否其中的每一因素都可以被作为充分条件来看待？这是说，在产生一个事件 E 的各有关因素中，或许因素 1、2、3 就足以构成所需要的充分条件；但是，也可能是因素4、5、6构成了所需要的充分条件。这样，关于事件E的发生，事实上就有了两个不同的充分条件。而且，我们还可以做出更多类似的推理。这就像我如果想要去除衣服上的油污的话，就既可以使用汽油，也可以使用化学去污剂，还可以使用许多其他的办法来达到这个目的。这样，事情就转到确定因果关系的原则究竟是什么的问题上来了。

3. 因果原则

关于一个事件的必要条件的解释，着眼于C对E的制约作用，把C看作E发生的原因之一。而关于一个事件的充分条件的分析，则关注一事件发生的各种可能的因素，把这些因素都看作事件发生的可能的原因。充分条件论如果换一个角度看，就是多重原因论。凡此种种，实际上它们还是没有回答一个更为普遍的问题，即到底什么是事件的原因？它们列举了一些对于事件结果发生作用的特殊条件，然而却没有一个令人信服的因素可以被选出来作为单独的原因。看来很明显，事实上并没有一个叫作原因的东西。一个复杂的情况有许多相关的因素，每一因素对事件都起着不同的作用。以撞车事故为例，如果要在这一事故与它先前的事件之间找到一种因果关系，那么，先前的事件就必须是事前的全部情况。这里所说的“引起”后一事件的所有先前情况，是指如果我们事前知道所有的情况，包括有关的细节或规律，那么，后发的事件就可以大致地预测出来。所谓大致的预测，是指实际上没有人知道或有可能知道所有的事实或所有的规律。但反过来，假如有人知道这些事实或规律的话，他就有可能预言这次事故或这个事件。这里讲到的规律，不仅包括物理的规律和技术的规律，也包括生理的规律和心理的规律。如果我们希望预言有关的事故或事件的话，则事前就必须具有关于这些规律以及与之相关的单个事实的知识。否则，所谓预言就是一句空话。

如果从经验论的角度来看因果关系的话，确实没有人能够说他知道一个事故或事件的所有原因。极端地说，就像上面谈到的那样，甚至原因概念的存在都成了一个问题。但是，在日常生活中，当人们谈到所谓原因的问题时，他们的回答却是肯定的，即世界上发生的每一个事件都有着它的特殊的原因。虽然我们不能说自己知道其中大多数的原因，但有原因存在这一点却是无人否认的。相信世界上一切事物的发生必有其原因，就是相信在这个世界上存在着所谓的因果原则。这种因果原则，换一个角度来说的话，又叫作决定论（determinism）。作为因果关系的一种哲学表达，决定论谨慎地回避谈论存在着何种具体的原因，而是把任何可能的东西都纳入考察或分析的范围。这样，如果从另一个角度来看这个问题的话，决定论同时也就意味着，世界上不存在没有原因的事件或东西。决定论有多种理论表现，一般而言，神学决定论、科学决定论与机械决定论是决定论的三种基本的思想形式。神学决定论（theological determinism）声称，世界上的一切事物的存在或发生都有其原因，它们都是作为神的直接的或间接的创造物而存在或出现的；科学决定论（scientific determinism）则强调，世界上的一切事物的存在或发生，都是自然界作为一种先在的原因实际作用的结果（在这个意义上，它反对有一种超自然的原因存在）；至于机械决定论（mechanistic determinism），它倾向于把世界上发生的一切东西都看作物理事件或物理现象引起的一种结果（在这个意义上，它反对用所谓精神的原因来解释事物或事件的发生）。

长久以来，哲学家们一直相信，世界上一切事物的存在和发生都是有其原因的。在当代，关于因果关系的这种观点依然存在，只不过它更多地转变为对原因究竟为何的谈论，如疾病的原因、通货膨胀的原因、心理压抑的原因等。许多人坚持认为，因果原则显而易见是真实的。假如没有因果原则，我们将不知道自己是否还能确切地断定什么。不能想象，一个多年以来一直从事某种疾病研究的医生有一天突然说，“我认为世界上根本就没有什么叫作原因的东西”。他是由于自己的研究没有取得进展而借此自嘲呢，还是在隐晦地表达什么？我们对此不得而知。不过，所有听到他的话的人一定会大吃一惊，这却是毫无疑问的。问题还不止于此。是什么东西使得他如此肯定世界上就一定没有原因的存在呢？凭什么他断定因果原则的存在与否比断定一个经验事物的存在与否更轻松、更随便呢？但从另外一个方面来看，既然我们已经讲到了，甚至原因是否存在都是有争议的，那么，他的这种说法就不能说是完全没有根据的。实际上，关于因果原则的表达是我们关于世界和事物的存在及特性的最宽泛、最概括的表达，没有什么其他的表达能够比因果关系具有更一般、更普遍的性质了。我们又是怎样确切地做出这样一种关于世界和事物的判定的呢？显然，这里存在着某种不为人知的原因。正如我们前面谈到的，休谟早在18世纪就已指出，如果要说有什么“因果法则”的话，归根到底也只能看作习惯对人的一种影响，没有根据可以假定在任何观察到的因果次序中包含着内在的“必然性”。休谟的意思是说，假如我们没有观察到必然性，就不要轻率地断言有所谓必然性。必然性对于描述我们的观察不会添加任何有价值的东西。自从休谟以来，哲学家们对因果性问题的研究取得了许多重要的进展，它们不仅弥补了休谟论证细节上的不足，而且给休谟的条件主义观点提供了越来越有力的支持。按照大多数现代哲学家的观点，关于因果关系的陈述是一种条件叙述。归根到底，它不过是描述一种已观察到的自然界规律性，也就是与因果性相当的经验上的尝试性断定而已。

因果关系不但可以在逻辑上被证明是一种经验上的习惯，而且也可以在历史中找到它的概念上的起源。一般认为，人类有一种把他们自己的感情投射到自然界的倾向。这种倾向在人类早期表现为典型的“万物有灵论”，即设想自然界的一切现象都像人一样是有生命的，并且能像人一样有目的地活动。这种对于自然界的拟人化的想象，在相当大的程度上就是相信自然界存在“力”和“原因”的起源。与这种极为流行的把因果关系的形成归结为人的主观化情感活动的结果的解释不同的，是另外一种试图从社会秩序而不是个人作用出发来解释因果关系的理论。按照这种观点，从古希腊至今，自然界的规律性一直被称为“自然律”，这在某种程度上表现了它与政治意义上的法律相类似的特征。按照当代奥地利学者汉斯·卡尔森的解释，当古希腊人开始对自然界进行系统观察，注意到自然界中存在的各种因果联系的时候，他们感觉到，并且相信纷繁复杂的现象后面存在着某种必然性。他们把这种必然性看作一种道德上的必需，也就是自然界的必然性必须与人和人之间的道德关系相类似。就像恶行需要惩罚而善行需要报偿一样，自然界中某一事件A也需要一个随之而来的B，以恢复事物的和谐状态，即恢复正义。例如，入秋以后，天气越来越冷，到冬天更达到了寒冷的顶点，这就意味着气候失去了平衡。

为了恢复这个平衡，归根到底是为了恢复事物的公正，天气就必须向暖和转变。但这样一来，它又走向了另外一个极端，重新变得越来越热。因此，这个循环必须一再进行。总之，只要自然界不能保持这种与和谐社会相类似的平衡、和谐状态，就必须有一个相反的力量来扭转这种趋势，以重新恢复平衡。这一关于自然界秩序或和谐的观念，反映了古希腊人对社会秩序及社会和谐的喜爱，也表明他们对一切事物喜爱适中而反对极端。① 从哲学上看，这种把因果关系看作基于社会结构的人的感情在自然界中的一种投射的观点，被中世纪哲学家称为“因果对应”。“因果对应”不但是自然哲学的一条基本原理，即便在今天的形而上学哲学家中，它也仍然起着重要的作用。按照自然哲学的观点，一切物理规律，包括牛顿物理学的最基本的规律，也即作用必定伴随反作用的规律，都是罚必当罪这一社会信仰的表达。罪行越凶暴，惩罚越严厉；善行越昭著，报偿越丰厚。很明显，它们所对应的，就是原因和结果必须相当的原理。

三、决定论与自由

所谓决定论，意味着承认普遍的因果联系，承认世界上没有什么东西是可以免于被决定的。决定论的这种概念特征，使得许多人对它产生一种强烈的警惕和担心的心理。这种警惕和担心，并不表现为对自然界的规律究竟是统计性的还是必然性的争论，而是相信，决定论从根本上说，是与自由概念不相容的。我的行为是建立在我的选择的基础上的，但我的选择本身又是建立在以前的选择的基础上的。所有这样一些因素，如先前的环境、个人的气质甚至基因的特点等，都是我的行为选择的先在条件。事情往往到了这样一个程度，就是假如我们追溯那些可以说是我们自愿做出的选择的原因时，我们很快也会发现，舍此我们别无选择。在这个意义上，伯特兰·罗素说，我们当然能够按照我们自己的意愿行事，但我们做不到我想做什么就能做到什么。那么，我们究竟应该怎样理解决定论与人的自由之间的关系呢？

1. 何谓自由

在最一般的意义上，所谓自由是指个人的自我决定及免受他人干预的状态。几乎所有的人都相信，作为人而言，我们是自由的。至少在某些方面，或与条件有关的方面是如此。之所以说是与条件有关的自由，就是说这种自由不是脱离了一切限制的、完全的自由。自由与人的行为的过程有关。一个人只有当他想做什么就能做到什么的时候，才可以说他是完全自由的。我当然想像一只鸟一样在蓝天飞翔，但遗憾于我未生双翅；我当然想生在一个殷富之家，然惜乎于我无此幸运；我当然想去病消灾，有时却总也小恙不断。显然，任何自由都不能免于受某种“自然规律”的限制或制约。在这个意义上，我们说，人是不自由的。

---

① Hans Kelson, “Causality and Retribution”, *Philosophy of Science*, 8, 1941.

但我们又不能否认我们确实享有一定程度的自由。比如，至少我在实行那些我选择去干的事情的行为方面是有自由的。我可以选择读这本书而不是那本书。我也可以选择收看这个电视频道而不是那个电视频道。而且从大的方面来说，我们在许多事情上也还是有一定的自由的。比如，即便我生活在纳粹暴政的背景下，也不是我的思想就要无时无刻地迎合或迁就希特勒的突发奇想，我仍然保有一定程度的思想自由，我仍然能够分辨纳粹的所作所为的真实本质。除非你不想要这种自由，或你没有这种分辨的能力。

现在的问题是，有时你明明是有自由做出某一选择的权利的，但你却自愿放弃了这种权利，为的是实现你的另一个目的。这时，你是如何看待你的自由的呢？例如，现在有一个盗贼用手枪指着你的脑袋，要你把腰包里的钱给他。本来，你是有选择反抗的权利的，但你思之再三，最后还是选择按照他的要求把钱给了他，为的是保住自己的命。表面看来，在这件事情上我们是有自由的。但是，因为选择是被强加的，所以它根本谈不上是自由的。这个例子进一步说明了，只要处在他人的制约之下，我们的自由就一定是受到限制的。

不管怎样，只要不能免于受他人的支配，我们就不能说我们是完全自由的。更让我们感到不安的一点是，假如我们面对的是一种我们自己无法加以控制的，并且让我们感到有一种内在的压迫感的事物或环境时，我们的无奈感就会进一步增强，我们就会开始怀疑我们究竟是否能享有自由，甚至是一定程度的自由。按照弗洛伊德（Sigmund Freud，1856—1939）的深层心理分析理论，人与他的环境之间存在着一种持续的紧张关系。这种紧张关系（也就是冲突）典型地存在于他的驱策力、需要与社会的要求之间。由于人不能控制他们的早期环境，因而这种环境后来往往造就了他的基本性格特征，并对他的行为带来直接或间接的影响。例如，一个童年受到父亲专横对待的人，长大后可能对一切他所认为的带有服从特征的命令都抱着一种本能的反抗或叛逆心理。这种情况甚至影响到他对他的上司的命令的执行。由于他始终无法克服他的内心深处的心理障碍，最后只能以丢掉他的工作为结果。因此，并不是所有我们做出的决定的性质都能被我们自己清楚地意识到。在有些情况下，我们所做的决定看起来是出于自愿的，但由于它在内心深处是受我们的潜意识推动的，因而仍然谈不上是自由的。在这个意义上，我们的自由所受到的限制，远比我们自己能意识到的还要多得多。

人的自由所受到制约的程度也是有不同的：在超级连锁店里，两个劫匪逼迫店主把收银台里的钱给他们，“照我们说的去做，否则我们杀了你”。在寄宿学校里，一个比你高大的高年级同学强迫你去做你不愿做的事，“照我说的去做，否则我就揍你”。甚至你的太太也说，“如果你不答应我的要求，我就要永远地离开你”。所有这些都称得上是一种胁迫，但它们的强度是有不同的。而且，在有些情况下，你甚至分辨不出你的行为是出于自愿的，还是不自愿的。你的岳父对你说，“如果你干得好的话，这个公司以后就是你的了”。这是一种胁迫呢，还是一种承诺？又比如，你在受到催眠的状态下做了你的催眠师要你做的一切，这算不算是一种胁迫呢？显然，只要不是处在一种明显的胁迫之下，一般来说你不会感到是勉强的。所谓强迫总是伴随着另外一个人拥有使你服从的力量，并且他将使用这种力量迫使你就范的时候发生的。

由于自由概念在日常生活中受到的各种挑战，关于人是否享有真正的自由的争论从来就没有停止过。一种悲观主义的观点甚至认为，自由根本就是人的一种幻觉。既然我们不能控制我们的遗传结构，我们也不能改变我们孩童时期以及后来的环境，我们的行动预先就被给予了各种决定的因素，我们根本就没有什么自由可言。事情难道就是如此吗？我们应该怎样看待自由在日常生活中的表现？我们又应该怎样评价自由的基本性质？特别是，我们究竟应该怎样准确理解“自由意志”这个专属于哲学的概念？这里涉及的，就是决定论与非决定论的基本分歧。

2. 自由与宿命

从决定论的观点来看，宇宙中发生的每一个事件都是有其原因的，或者说，是它的先行原因的不可避免的一个结果。决定论的这种理论主张，使得许多人往往把决定论与另一种具有类似的特征，但却与决定论有着本质区别的理论，即宿命论混为一谈。所谓宿命论，是指宇宙中所发生的一切，从根本上说都是命中注定的。无论我们做什么，或我们怎么想，要发生的事情终究要发生，我们对此完全无能为力。相比较于决定论，宿命论的理论特点主要有两方面：一方面，它的历史远比决定论更为悠久，其形成甚至可以追溯到古希腊早期；另一方面，它的观点表达又比决定论更为直观，基本上是一种对人的行为能力或生活境遇抱持非理性的悲观主义看法的日常生活态度。古希腊早期的宿命论思想主要集中于对疾病、健康及政治问题的思考方面。或许是由于当时的人们对宇宙的物理、化学、生物等的性质了解甚少，古希腊人非常相信宿命论。他们认为，命运不仅支配着普通个人的日常生活，而且也决定着整个世界的历史。按照古希腊人的观点，疾病是神降的灾祸，只有以虔诚的方式向神灵献祭，人才能消灾免祸。与此相类似，战争失败的原因也是在于违背了神的意旨，只有通过神的实际介入才能改变战争的结局。古希腊神话中的许多故事，都是描述人们如何逃脱不过命运的捉弄而导致悲剧的。其中，以索福克勒斯的悲剧《俄狄浦斯王》最为有名。在这个著名的悲剧中，索福克勒斯努力要说明，即便是像俄狄浦斯王这样强大、智慧和富有远见的人，也不可能摆脱他的命运和天数的限定。宿命论作为一种朴素、直观和迷信的生活态度，时至今日仍然有其很深的根基和顽强的影响，当今世界上仍有许多人借助纸牌算命，通过看手相或观察星座以预知未来。总之，按照这种思想，“人算不如天算”，无论你筹划多么严密、算计多么精明，最终都不可能逃脱命运的枷锁。

宿命论这种牵强、迷信的思想方式，作为一种理论来说，是软弱和缺乏说服力的；而如果以之作为一种世界观和生活态度的话，则是十分消极、有害的。这是因为，不管宿命论如何声称人的行为和选择不能超脱命运的捉弄，但实际上，我们所做的努力和所做的事情在许多情况下确实真切地改变了事情的性质。难道不是这样吗？一个遵守操作规程、戴上了安全帽的建筑工人，当掉落的石块砸在他的头上的时候，他的安全帽也许就救了他的性命。一个在地震中逃生的人，他获救的理由可能十分简单：他遵从防震演习中学到的方法，在危急中藏身在一张厚实的桌子底下，从而躲过了一场劫难。或许有人会说，这两个例子正好说明了命运的不可抗拒性。他们能死里逃生，是因为他们的大限未到。假如事情果真如此的话，反过来是不是意味着，人类所做的一切，我们自己的一切努力，都是没有任何意义的。既然如此，我们又何必活在这个世界上呢！所以，宿命论尽管表现得十分日常化和生活化，但实际上任何一个理智健全的人都不会把这种生活态度应用在他的日常生活中。一般说来，在有关较近的将来的事情方面，人们很少抱持宿命论的观点，只有当问题涉及的是较远未来的、明显超脱了他们本人的预见和控制能力的事情方面，人们才会暂时地求助于宿命论，以舒缓心理紧张或使精神得到慰藉。

与宿命论这种把宇宙中发生的一切都牵强附会地与某种神秘的或不可知的力量的作用联系在一起的观点同时存在的，还有一种以否定事物的因果联系为特征的、被称为非决定论的观点。按照这种观点，并非宇宙中所发生的一切都是有所谓原因的。我们当然可以承认，大多数事件的发生都是有原因的，但这也仅适用于除人类以外的自然界而已。对人类而言，是不应该，也决不可能设定所谓原因的。我们所做的一切，并非都是先前原因的结果。有时，在你身上发生的事是先前的事件的结果；有时，你却找不到它与先前事件的联系。同时，受先前事件的影响，并不等于受先前事件的决定。我开始我的一个行为，但我的这个行为并不是我的先前存在条件的一个不可避免的结果。我所干的一切，从根本上说，还是取决于我自己。决定论一再声称，自己的观点在日常生活中是有充分的事实依据的。例如，有时一个人可以做出一个让他自己也感到匪夷所思的行为或决定，而这个行为或决定无论从怎样的角度看，也找不到它与自己过去的思想或行为习惯哪怕是一丝的联系。同时，一个对我的过去的了解无论有多么充分的人，也不敢断言他就一定知道我将要做出怎样的举动或决定。可见，就人的思考、选择和活动的范围来看，人的行为不是被决定的，而是自由的。

如果说，宿命论否定人的选择和决定的自由的论证，在某种程度上反映了人在日常生活中对不能把握或预见事物的处境的一种恐惧或无奈的话，非决定论可以说是从相反的方向上提出了同样的问题。按照著名的实用主义哲学家威廉·詹姆斯的观点，自由是专属于人的一种权利。为了捍卫这种权利，必须把自由作为人的第一权利确立下来。在这个意义上，自由的权利就是自由的定律，自由的定律是人的第一生存律。詹姆斯的意思是，为了我们的自由，我们必须肯定我们的自由。如果我们不能肯定我们的自由，我们就不会珍视我们的自由。假如我们放弃了我们的这种权利，我们就将自己的命运托付给了与自由格格不入的决定论。詹姆斯捍卫自由的论点与一般的道德主义者的观点并没有什么太大的不同。比如他说，我们总是为我们的行为接受从他人那里得到的称赞或责备（当然，也有偶然来自我们自己的）；我们也总是为我们自己的行为感到高兴或后悔，这些都从不同的方面证明了我们确实是有自由的。因为，假如说我是没有自由的，或不自由的，我们为什么为我们已经过去的行为感到欣喜或内疚，我们为什么会为我们的似乎履行或放弃了责任的决定而高兴或后悔。他特别指出，想象人的行为可以像物理世界中的原子或分子运动那样被精确地预言或测定，这本身就是荒诞不经的。既然我们不能精确地预言我们的行为、选择和决定，我们就没有理由说我们自己是不自由的，或被决定的。

在决定论者看来，这种观点很难说是站得住脚的。首先，非决定论者之所以引入非决定的概念，是因为他们需要借助这个概念来说明人的意志的自由。但是，即便引入了这个概念，也不见得就能挽救自由意志。因为，当人们说世界上发生的一切都是先行原因的一个结果的时候，就包含了各种可能的例外的情形。假设你有一个相知甚深、十分信任的朋友。有一天，他毫无理由地干了一件让你感到诧异莫名的事，而且这件事怎么也跟他的个性及以往的所作所为联系不起来。此后，当你需要找一个人帮助或倾谈的时候，你还会像以往那样，无条件地信任他吗？或许，他仍然显得像一个朋友，毕竟他的行为是无原因的，但这样一来，你又怎么能保证他下次就不会再做出什么出人意料的事呢？可见，我们虽然不能找出所发生的每一个事件的原因，但如果从上面这个例子来看，说一个事件完全没有原因，岂不显得有点不可思议吗？其次，非决定论说人的行为是无原因的，这在逻辑上也是讲不通的。当非决定论者说我的行为是由我的意志决定的时候，这个决定的意志难道不是一种决定吗？我们当然可以假设与人有关的事件，特别是那些发生在道德领域中的事件是无原因的，但无原因的事件又是一种怎样的事件呢，这没有任何一个人能够说得清楚。其实，如果我们仔细比较一下决定论与非决定论对因果关系理解的不同之处的话，就会发现，非决定论不过是把决定论表述的逻辑次序做了一个颠倒，即把决定论所说的“我的行为是由我引起的”这一被动语态，转换成了“我引起我的行为”这一主动语态，两者说的实际上是同一件事情。从某种意义上说，我们应该感谢决定论。因为，假如没有因果关系，我们又如何能够谈到所谓的人类行为？

3. 自由与决定

与宿命论相反，决定论否认有所谓命运或命定，反对把宇宙间发生的一切解释成神秘、迷信的力量预先决定的结果。决定论所承认的只有一点，就是宇宙间所发生的一切都是有原因的。它们要么是这种原因的结果，要么是那种原因的结果。用这样的观点来看问题，我们人类本身也是宇宙间发生的事件的原因。如果我想看电视，那么，我就打开电视机的频道开关。在这里，我的决定是我的行动的原因；如果我想去度假，那么，我就去预定我的机票或车票。在这里，我有想干和干什么的自由。假如这些都不能称为自由，那究竟什么才是自由？我们之所以说我们自己是自由的，根本的含义之一，就在于我们是我们自己的行为的原因。也正是由于这一点，在牵涉到我们与他人的关系，甚至我们与我们自己的关系问题方面，我们一直都假定有所谓决定论的真理。假如我有不良的生活习惯，像吃东西前不爱洗手或喝汤时嘴巴发出难听的声音等，我就努力地想要去克服它们；假如我的太太爱吃甜食，这使得她的身体越来越胖，我就建议她注意自己的饮食或选择合适的食物。假如我们的行为是没有原因的，我们又如何会想到要努力去做到这些？实际上，每当我们尝试实际去改变某一事情的时候，我们总是预先假定了原因。这种“改变”，换一个角度来看，不就是“引起改变”吗？

决定论就其基本的倾向看，可分为两种不同的形式：强决定论与弱决定论。所谓强决定论，就是主张自由与决定论的不相容性。按照这种观点，决定论排除一切形式的自由。因为，人既不可能超脱他的环境，也不可能控制他的遗传结构，并且人只能在条件许可的范围和程度来行动、来活动，因而从根本上说，人是不自由的，或者说，自由不过是人的一种幻觉。所谓弱决定论，则是承认自由与决定论的相容性。它是一些哲学家在不愿放弃实际的自由，但又无法理解完全缺乏决定如何可能做到责任的需要与愿望的统一的情况下，尝试把实际的自由和责任与决定论统一起来的一种解释。换句话说，弱决定论并不否认事物的因果联系，但又认为，即便在这样的情况下，一定程度的自由仍是可能的。如果说，强决定论在理论形态上与宿命论表现出一定程度的相似性，但两者却有着本质的区别的话，弱决定论则在另外一个方向上表现得十分接近非决定论，虽然它也同样不能归结为非决定论。或者说，它与非决定论的区别也是一种本质的区别。这是指，在决定论的两种理论形态中，弱决定论对因果关系的立场给予了自由更灵活的解释，或赋予了自由更大的回旋空间，但不应该把它的这种立场理解为放弃了原因对结果的决定作用。弱决定论者从未怀疑过宇宙间事物存在和发生所必须依存的因果关系。按照弱决定论的观点，自由作为道德责任的一个条件，并不是与一般决定论或普遍的因果关系不相容的；即便在普遍的因果关系的条件下，人的一定程度的自由和道德责任仍是有可能统一的。那么，我们究竟应该怎样区分和看待这两种不同的决定论呢？

（1）弱决定论

关于自由与决定论的关系，弱决定论提出了一种颇为有趣的代理理论，希望以此协调和解决决定论与非决定论之间的对立。正如我们所知，非决定论反对决定论的一个重要理由就是，担心决定论对因果关系的强调有可能损害自由存在的前提，而强决定论声称的自由与因果关系的不相容性又加剧了非决定论者的这种担心。对此，弱决定论的回答是，这种担心是多余的。强调因果关系非但不会损害自由，反倒会帮助我们正确认识自由的范围和性质。只要我们把人本身当作自由与决定的主体，我们就能避免自由与决定之间的对立。在弱决定论这里，人被视为解决自由与决定论的矛盾的最重要的基础或中介。首先，在弱决定论者看来，讨论自由问题的一个关键点是，在何种意义上说，我们是自由的？一般来说，强决定论者会说，只有在完全排除因果关系的情况下，一个人才能够说他是自由的。换句话说，一个人只有处在他的行为不是先前原因的一个不可避免的结果的情况下，他才能承担起他的道德责任。只有处在完全不受干预的、纯粹自我决定的状态下，才有所谓真正的自由。但是，对于弱决定论来说，情况正好相反。所谓完全自我决定的自由，意味着我有干那些我想干的事情的机会，但这不过是实现我的道德责任的一种必要的或充分的条件。这也就是说，只有有了完全的自由，才能去干我想干的一切。但是，去干你想干的一切，并不等于说你就能做到那一切。说一个人对一个行为承担有责任，只有在这个行为是无原因的情况下才有可能，无异于说这个行为是一种“机遇”性的或随机发生的东西。如果把人的行为或决定的支配因素归结到偶然的或随机的事件之上，除了认识上的困难之外，当涉及一个人要为他的行为承担道德责任的时候，他又怎么能做到这些呢？其次，弱决定论者指出，自由不仅不与决定论构成矛盾，相反，是决定论使道德责任成为可能。无论何种事件，当人们试图认识它的时候，面对的无非是两种可能：要么它是有原因的，要么它是没有原因的。假如它是有原因的，那么它在决定论的假设范围内获得充分的解释就是不成问题的。但假如它是没有原因的话，那么，它就不过是一个偶然的或随机的事件，而偶然的、随机的事件又怎么能够产生一种可预言的结果呢？如果我们的行为是不可预言的，或不可预测的，要我们去承担一种道德责任岂不是强我们所难吗？所以，如果承认世界上有什么事件是没有原因的话，就必然要承认这些事件也不可能为我们人本身所引起；而如果没有什么事件可以为我们人本身所引起，我们就谈不上有所谓选择或决定的自由。

从哲学上看，弱决定论的理论核心，是把人的作用放在联结自由与决定的中介者的位置上，通过强调人的思想意识的自由，来捍卫人在被决定的前提下的有限的自由权利。一个行为是自由的，是指它是这样的，即它是为行使它的人所引起的。现在的问题是，什么样的人才是这样的人？按照弱决定论的观点，他必须是这样的人，即是一个自我行动、自我做出决定的人，是一个行为的名副其实的引起者。这是说，这些行为尽管是由我所引起的，但它们却不是先行条件的不可避免的产物。因为，如果它们是先行条件的不可避免的产物，我就不是这个行为的表达者或行为者，而只是因果链条运行过程中与其他条件没有什么不同的一个条件。所以，我是我的行为的一个名副其实的引起者，或者说，我是我的行为的第一因。弱决定论之所以把人当作连接自由与决定的一个中介，或者把人当作自由行为的表达者，是因为他们相信，人由于其意识和理性能力，以及他们行使这些能力时所必然面对的各种限制，使得他们总能够选择某种对他们来说是最合适的方式行动，并为他们自己的每一个选择和决定承担责任与后果。弱决定论当然不赞成强决定论把自由当作人的幻觉的观点，但他们也绝不认同有所谓非决定论者宣扬的那种摆脱了任何决定的绝对自由。我们的意识和理性本身就有其限制，如果加上这些能力在实际行使过程中面对的更大范围和程度的限制，想象有所谓摆脱了一切决定和限制的自由，那无异于痴人说梦；反过来，既然我们能够意识、能够进行思考，并能够在这种意识和思考的基础上做出选择、做出决定，并为我们自己的选择和决定承担责任与后果，否认我们具有一定程度的自由，否认普遍的因果联系与自由之间有一定程度的相容性，无论如何是一种激进的偏见。

（2）强决定论

既然强决定论主张自由与决定论在任何意义上都是不能相容的，要它接受弱决定论关于在自我选择或自我决定范围内人享有一定程度的自由的观点，就无论如何是不可能的。按照强决定论的观点，所谓决定论就意味着存在普遍的因果联系，否认世界上有所谓超脱原因的结果或游离于因果关系的事件。只要你接受决定论，承认普遍的因果原则，就已经在前提上排除了任何自由的可能。因为，既然世界上的每一事物、每一事件都是由原因引起的，那么，人之作为他的行为的原因，在更大的范围内当然要服从人以外的、支配着整个世界的普遍的因果关系中的原因。所以，如果我们要在自己身上寻找我们行为的原因的话，它们最终将挣脱我们自身的控制，消失在遍布整个世界的、无所不在的普遍的因果之网中。或者说，只有在遍布整个世界的普遍的因果之网中，才能找到作为人的我们的行为的原因。无论从哪一个意义来说，我们也无法证明在普遍的因果法则之下，我们有所谓自我选择、自我决定的自然而然的自由。

从科学的角度来看，自然界中存在的每一个现象，都服从自然界的规律和法则，表现为在自然规律、自然法则的支配下有规律地运行。从一定意义上说，现代科学的纪元开始于人们停止追问自然现象的目的，而代之以追寻它们的原因。天体运行的目的是什么？对于这一问题来说，所有沉湎于空想的回答都是可能的。但是，以往的各种回答没有一个被证明是正确的。反之，关于天体的概念显示了何种统一性，或者说，天体现象的原因究竟是什么，类似的提问却是有可能给出明确的或具有数学精确性的回答的。在相当长的时间里，人们都相信，具有法则性质的规律只适用于非生命现象，至少人类行为领域是超脱这一法则或规律的制约的。对这种流行的观念发起决定性挑战的工作，是由著名的生物进化论者查理·达尔文（Charles Robert Darwin，1809—1882）做出的。按照达尔文的观点，自然界中物种的进化受到自然选择法则的支配，只有那些最适应于环境的物种才能得以幸存下来。稍后，另一位著名的心理学家，现代精神分析理论的创立者弗洛伊德从另外一个方向上提出了人类行为受人的深层心理欲望支配的理论，即著名的“性心理学”。在弗洛伊德那里，人甚至在出生前的胎儿期就被各种潜意识和天生的倾向决定，人的行为或选择归根到底可视为这种先天的倾向与后天的习俗交互作用的结果。在 20 世纪心理学的发展中，弗洛伊德的这种内在心理学的假设在他的后继者那里以行为主义这样一种外在的方式获得推进和发展。通过行为心理学的研究，施金纳得出的结论是：人像动物一样习惯于根据环境和从环境中接受的刺激来行动。描述心理学的每一个进展，有关支配人的行为法则方面的研究所取得的每一项成就，不断增加的有关人类行为方面的证据，最终都汇聚到支配着一切宇宙现象的无所不在的、巨大的因果之网，为这张令人目眩的因果之网增添着新的有意义的内容。

因果关系在宇宙事物中所起的作用是如此明显，以至于很难想象，有谁会对此视而不见。如果有谁狂妄到想要否定宇宙事物所必然依存的这种因果关系，他只要想一下，一个科学家一旦放弃了决定论的假设会是一种怎样的情形，就会知道这是不可能的。难道不是这样吗？没有决定论的假设，科学家如何能够选择或确定他的研究对象？又怎么能够有对这种研究对象的原因的探求？什么是统一性？什么是法则？它们的例证不就根植于因果现象之中吗？其实，人类行为是不可能超脱因果关系的约束这一事实，在我们进行各种实际的选择和决定的过程中，不是表现得也十分明显吗？我们当然希望有自我选择或自我决定的自由，就像弱决定论者所一直憧憬的那样；我们甚至也想象能够有摆脱了一切束缚和决定的绝对的自由，就像非决定论者向我们展示的那样。但是，当我们在进行选择、做出决定时，我们难道能够没有什么原因作为预先的考虑？又难道可以不受到我们的动机和出发点的影响？当然，我们可以按照我们自己的意愿选择，我们也可以做出我们自己最中意的决定，但是，我们难道不是只能在那些能够满足我们的最直接需要或最强烈动机的对象中进行选择、做出决定吗？而且，什么是我们的最直接需要？什么又是我们的最强烈的动机？追溯起来，不是仍然可以归结为受我们的遗传、环境等各方面的因素影响的一个结果吗？所谓“别无选择”，不就是我们面对普遍的因果关系和决定论的制约时所发出的无奈的心声吗？所以，我们又谈何自我选择或自我决定的自由？换句话说，这种自我选择或自我决定的自由，何尝不是我们害怕决定或不懂自由而为我们自己编织的一幅逃遁现实的幻境。

上述强决定论的理论观点，在很大程度上集中于对人类行为领域研究成果的引证。其之所以如此，在于这一领域研究所获得的结论是决定论引以为据的最有力的方面。如果我们承认，关于人类行为的解释，原则上与对宇宙中其他现象的解释没什么不同，都应服从普遍的因果关系的话，那么，就像上述已经表明的那样，决定论的假设就应是我们唯一能够采纳的假设。不过，强决定论固然为我们提供了一幅整个世界无条件地服从于因果决定的理论图景，它的一些结论仍不免于过分的绝对和武断。这是说，弗洛伊德的研究成果当然使我们印象深刻，但当他试图把自己治疗病人的经验向一切领域推广，宣称变态人格的分析具有对于一切人而言的普适性的时候，他就在自己的结论中拒绝了人可能具有的一切形式的自由；同样，施金纳的理论把人的思想看作不过是一种对外界刺激做出反应的应对装置，也就否认了一切人的思想的创造性和意志的自由。相比较而言，我们不能不承认，弱决定论对自由与因果关系的解释是更为合理的。从一个方面来看，我们应该注意到的是，人的行为有所谓自由的行为与被迫的行为之分，我们不能不看到它们之间存在着的这种基本的差别。其实，无论是自由的还是被迫的行为，从决定论的角度都是可以得到解释的，而不是像强决定论者所说的那样，承认了自由就背离了决定论，决定论不能容忍一切形式的自由。就以所谓纯粹的行为来说，也不是完全就没有一定的“自由度”。水往低处流，但人却可以沿着斜坡往上走。球在斜面上是“必然”地滚下去的，但人却可以在山坡上自由地嬉戏。从另一个方面来看，我们还应该注意到的是，我们之所以有所谓“自由的选择”，在于我们的内在的因素在一定的条件下有相对于外在的因素的优势。这是指，如果只是用没有强制或被迫来定义所谓“自由的选择”，尽管它也陈述了必要条件，但这种定义仍然是不充分的。“自由的选择”的积极意义就在于，在这种自愿行为中，我们是我们自己行为的实行者。我们的性格、人格以及我们的各种愿望，在我们的思考、决定和行动中表露无遗。尽管我们不可能对每一事件的所有原因都做出无遗漏的说明，但在我们的自愿行为所从属的因果链条中，“我们”无疑是其中最重要的一环。

从哲学上看，一个行为的责任的归属，其中必然地包含着对原因的追究，这是一个人所共知的事实。在日常语言中，甚至在那些与道德判断无关的语句中，我们总是把对原因的追索自觉或不自觉地纳入我们的表述，例如，“北京今春的沙尘暴应该归咎于过去多年对环境的保护不力和对森林的乱砍滥伐”“龙卷风给佛罗里达州造成了巨大的损失”等。至于对人而言的那些表述，则更时时处处表现出与因果习惯有关。当我们说“只有莫扎特才能创作出像他的《A大调单簧管协奏曲》这样集华丽、高贵、伤感与灿烂于一身的美妙乐章”“《命运》一曲不就是贝多芬一生与命运搏斗的一种精神象征吗?”这样一些语句时，我们不是明明白白地在传达着一种关于因果性的意旨吗？显然，为我们大多数人所珍视、所关爱的“自由的选择”或“选择的自由”，不仅不是与决定论不相容的，而且恰恰是以决定论为前提的。从这个角度看，像非决定论那样，把绝对的偶然性，即超脱了因果关系的行为或行动作为自由的前提，是不可能得出任何有意义的结论的。说到底，非决定论所做的一切，无非是为那些反对宇宙事物有其必须服从的规律或法则的主张多提供一个证据而已。有意思的是，有关世界必须服从某种规律或法则的假设，从任何方面来看，都称得上是我们人类长久以来最难以摆脱的一个“梦魇”。在这个意义上，决定论与神学的宿命论或许是等价的。因为，即使是一个初入教门的信徒也知道，神的全知全能与我们的自由意志和道德责任当然是可以相容的。

现在，问题又回到人的自由选择这个集中体现自由意志的著名的哲学难题上来了。如果自由与决定论的关系真像强决定论声称的那样，是不相容的，那么，我们面临的真的就是一个被绝对化了的“别无选择”。这样一来，当我们说到“我本来是可以做得更好的”这样一个从弱决定论的角度来看是可以接受的说法时，它就变成了“如果我能更聪明或更好一点的话，我是可以做得更好一点的”。这就是说，只有我原本是不同的，我才能做得不同。但事实正好相反。我做得不同，是因为我选择不同、决定不同。我们谈到人，总是假定他的本性是可变的，而且实际上也是可变的。因为，他会学习、会思考，懂得吸取教训，能够根据不同的情况采取不同的对策，并从一种情况过渡到另一种情况。所谓后悔，虽然在现象学上表现的是对过去的行为做出反应（“假如我不那样做就好了”），但在决心改正这一点上它却获得了实用的意义（“以后我一定不会这样做了”）。对社会的制裁行为及时做出反应，是道德责任心或道德责任成立的先决条件。无疑，严重的精神分裂者是不承担道德责任的，更不会有所谓责任意识。既然如此，如果我们仍然坚持我们所具有的自由意志是一种幻觉，是出于对我们自己行为所从属的因果关系无知而产生的一种被折射的意识现象，那是完全不能接受的。在许多情况下，人们对事情的利害关系十分了解，但却毫不犹豫地做出了相反的选择。总之，不论是从选择角度上观察人的行为，还是从内省方面分析人的动机，都能清楚地看到人的努力、人的思考对事情发展所产生的实际影响。退一步说，即使瞻前顾后、犹疑踌躇、退缩瞻望，类似的选择和决定都是由因果链条中的前件决定的，也不见得它们就称不上是人的自由选择。这是说，如果把它们与从强制这种正常的情形到催眠术、洗脑这种极端的情形加以比较的话，它们的自由度则不可谓不大。对科学家来说，他们判断自己的信念是否具有合理性的唯一根据，不就是在可得到的证据范围之内，他们能够用因果性的术语来完善对它们的解释吗？

学习提要

一、基本概念

必然真理；因果法则；决定论；自由；宿命论，非决定论；强决定论，弱决定论。

二、基本原理

可能生活与必然真理；形而上学与必然真理；形而上学与“先天综合判断”。

因果关系的条件性、广义性和狭义性；因果对应与自然哲学；决定论与自由。

三、思考题

1. 试分析必然真理、因果关系和决定论这三个概念在逻辑上的关联性。

2. 形而上学作为一门提供关于可能生活的分析的专门理论，其逻辑上的根据为什么必须追溯到必然真理这一概念？

3. 休谟认为，关于人是否有自由意志的争论，讲到底，不过是一场口头上的争论而已。你赞同这样的观点吗？请说明你赞同或不赞同的理由。

4. 康德关于任何一门严格意义的科学都必须具备先天综合判断的性质的思想，对他否认道德问题作为一种科学问题来谈论的可能性起到了怎样的逻辑作用？道德问题应不应该用知识论的方式来讨论？

5. 试述作为一种条件陈述出现的现代因果理论的特点和原理。为什么现代因果理论继承的是休谟的因果性理论的原理，而不是传统自然哲学主张的“因果对应”的原理？

6. 有人认为，行为的自由是不可能的，因为这意味着存在一个无原因的结果。你赞同还是反对这一观点？请说明你的理由。

7. 用你自己的语言说明“决定论”和“非决定论”的区别。在所有各种与决定论问题有关的理论中，你最倾向于其中的哪一种？请加以详细分析。

8. 试列举出你所熟悉的理论中与决定论和自由问题有关的那些命题或理论。并尝试在这些命题或理论中比较出你最欣赏的一种。

第六章

精神与物质

——心身关系

有一句古老的谚语说：人最难以索解的秘密是人自己本身。事情确实如此。我们知道我们自己是自然界的一部分，但我们又与自然界其他种类的事物不同，我们始终对自然界保持着某种程度的独立性；我们知道我们和生活在这个星球上的其他事物一样，服从着共同的进化规律，但我们又相信我们不只是宇宙进化之链上的一个普通的环节，而是一个不能被完全整合进我们生活的这个世界的、根本有别于人以外的其他高级动物存在的最高的生命存在。苏格拉底的名言“认识你自己”，再贴切不过地表明了这就是我们人类本身既不能回避又永远无法完成的一项任务。在这个意义上，认识人自己的问题或许是所有形而上学问题中最重要的问题。

我们这样讲，并不是要否认现代科学在人的研究方面所取得的重要进展。今天，我们对于人的机体组织的了解，包括与人生活的不同方面的需要有关的物理的、化学的以及神经生理过程的了解，远远超过了过去的任何一个历史时期。但即便如此，它没有也永远不可能解决人从一开始就面临的、明显是超越了对人的实证性技术研究范围的一个最为令人困惑的问题，即心身关系，亦即精神与身体、灵魂与肉体的关系问题。

心身关系问题是如此重要，以至于从古至今它始终是哲学中的一个中心问题。因为，在“身”即物质性的存在与“心”即精神性的存在这两方面中，究竟是“身”的方面决定“心”的方面，还是“心”的方面决定“身”的方面，是存在论或本体论讨论的中心问题；而人作为一个心身统一的实体，其存在究竟服从于“身”即物质性存在，受支配着一切自然物的定律决定，还是服从于“心”即精神性存在，受人的自由意志决定，是伦理学探讨的中心问题；至于人的经验、感觉、意识起源为何的问题，则是认识论或知识论研究的中心问题；最后，是否有所谓脱离了“身”即肉体的永恒不死的“心”即灵魂的问题，是一切宗教教义的核心所在，也是宗教哲学和神学研究的中心问题。

那么，什么是“心”？什么是“身”？“心”与“身”之间究竟有着怎样的关系？我们应该怎样看待有关心身关系的种种不同理论或观点？这些就是本章所要讨论的主要问题。

一、心与身

谈到人，我们都知道人有头、有身体、有四肢、有五官，所有这些都是那个被称为“身”（body），即身体、肉体的东西的一部分。然而，我们也一定知道，除了这些以外，我们还有所谓“心”（mind），即精神。因为，我们能感觉、能沉思、能选择、能做出决定。不过，比较起来，我们的“心”的特征不像我们的“身”的特征那么明显，有其外在的可以观察、可以经验的形象。我们必须通过我们自己的“心”的活动才知道，除了我们的“身”的存在以外，我们还有一个叫作“心”的存在。但无论如何，我们不会怀疑，“身”和“心”都是我们作为人的特征，而且这两者是一个不可分割的整体。

1. 心与身的区分

“心”之为“心”，其最重要的特征无疑是思想，没有思想也就谈不上所谓“心”。思想又是通过人的大脑来进行的，没有大脑就不能思想，而大脑就是我们称为“身”的那个东西，或者说，是“身”的最重要的部分。“身”与“心”的联系，在很大程度上就是通过人的大脑联系起来的。离开了人的大脑，既没有所谓“心”，当然也不会有所谓“身”。因为，离开了人的大脑的“身”，无异于一具无生命的躯壳。但是，有大脑又不意味着你一定有“心”、有思想。大脑只是提供了“心”和思想的一种物质基础，它不过是“心”和思想的一个必要条件，如果缺少了其他东西你仍然不能思想。同时，进行思想的也不是大脑本身。大脑作为思想的物质基础，只是提供了思想的客观能力，它并不实际地进行思想。那么，是什么在进行思想？“心”看来并不是一个恰当的回答。如果说，笛卡儿的“我”是一个思想着的“心”的说法大体不错的话，我们就应该把大脑看作传达思想感情的媒介，而把“心”看作我们自己本身。但这样一来，又出现了一个问题，这就是，“心”究竟是你的本质，还是仅仅是你所具有的某种东西呢？

不用说，追问进入“心”究竟是人自己本身的本质，还是他所具有的某种东西这一点，无疑已经触及了心身问题的核心。因为，对它的回答不可避免地会与关于心身问题的某一哲学派别的理论观点发生关联。比如，说“心”是一种独立的实体，或者说，“心”讲到底不过是人脑的一种功能，这已经预先包含了一种唯心论或唯物论的前提于其中。但是，唯心论或唯物论的原则不是没有经过推论得出来的。要了解它们是如何得出它们各自关于心身关系的结论，同样必须以剥笋似的方式对其进行分析才能真正搞清。现在，让我们先来看一个例子。在日常生活中，我们经常这样讲到我们自己，如“我的身高是1.75米”“我的体重是70公斤”“我是北京人”“我出生于1970年”“我的位置在你的左前方两公里”等。当我们这样讲的时候，到底讲的是我们自己，还是讲的是我们的身体或肉体呢？看来，这两种情况都是可能的。因为，在我们的周围，确实存在着许多既能用来指我的肉体也能用来指我本身的东西，像我的身高、体重、空间位置、出生时间和地点等。不过，在多数情况下，人家会认为我讲的显然是我的身体或肉体。身高、体重、空间位置、出生时间和地点等，如果与“我”这个概念联系起来讲的时候，我与我的肉体确实是完全同一的。然而，这样讲的时候，就出现了一个问题，这就是，我和我的肉体变成了没有区别的东西。我和我的肉体究竟有没有区别呢？当我说“我很想北京”时，难道是说“我的身体在想着北京”吗？或许，可以尝试着讲“我的大脑在想着北京”。但是，我们前面已经讲过，实际进行思想的并不是大脑，大脑只是提供了思想的一种客观能力、一种物质基础，是我通过大脑这个媒介用“心”来思想。看来，“心”要比“身”、比大脑更能代表我们自己。那么，有没有一些对于我来说是真实的，但对于我的肉体、身体来说是不真实的东西存在呢？换句话说，我们能不能指出某些只用来谈我，而不能用来谈我的肉体或身体的东西呢？回答显然是肯定的。“我很后悔我在那件事上没有主持公道”，这句话无论如何也不能跟我们的肉体或身体联系起来。还有，“那个罪犯凶残地用手枪杀死了一个手无寸铁的过路人”，这是说罪犯本人凶残，还是说他的肉体或他拿枪的那只手凶残呢？还有，“我有一种强烈的愿望，想要成为像比尔·盖茨那样在新技术革命大潮中呼风唤雨的弄潮儿”“我按捺不住我的创作冲动，我想争取成为一个职业作家”“我笃信上帝”等。这些难道是我们的肉体、身体的愿望或要求吗？此类例子说明，至少有一些东西，比如说道德、情感、宗教信仰等，看来并不必然地与我们的肉体或身体发生联系，而更多地表现为只与我们的“心”、我们的意识有关。

由于“心”与“身”的关系存在着种种复杂的情形，所以，对这种关系有各种不同的解释也就不足为奇了。按照奥古斯丁的观点，灵魂与肉体的关系从一个方面看，它们是形式与质料的关系：“灵魂是肉体这一质料的形式，使肉体生活在一个和谐的统一体中，确保和维持它的完整”[①]；从另一个方面看，它们又是一种有主从关系的两个实体之间的关系，两者的结合是不相混合的联合：“我的灵魂的肉体不同于灵魂的另一个实体。虽然两者在同一个人之间的关系不同于一个人与另一个人的灵魂之间的关系”[②]。奥古斯丁还进一步指出，真正存在的只是一个“心”即灵魂，所谓“身”即肉体只是在一种十分偶然的情况下才被与“心”联系起来。只有到人死的时候，灵魂才能摆脱肉体。当然，这并不意味着我们能够离开肉体来谈所谓灵魂。这种说法太让人不可思议了，但仔细想来，却也不是全无道理。正如我们上面分析的那样，“心”与“身”作为两个概念来使用，并不是任何时候都不能分离的。奥古斯丁的问题在于，什么是灵魂？它与“心”是什么关系？除了它是永恒不死的这一点外，它是否与“心”是等同的？我能一边承认我有一个“心”，一边又否认或质疑我有一个灵魂吗？与奥古斯丁的这种唯心论的观点形成鲜明对照的，是另外一种被称为唯物论的观点。按照这种观点，对人而言，存在的只是“身”，即大脑和肉体，除此以外没有任何其他东西。思想、情感、感受等这样一些东西，归根到底都是物质性的，不过是由物理学、化学、生物学等自然科学研究的物质世界的一个组成部分。当人的肉体死亡时，所有这些将随之消失。在唯物主义那里，人就是他的身体或肉体。最早提出这种观点的，是古希腊哲学家德谟克里特。按照德谟克里特的观点，世界是由物质性的原子构成的，而原子在虚空中运动，世界万物的变化都是遵循着严格的自然过程来进行的。那么，人的知觉又是什么东西呢？他认为这仍然是原子，

---

①② 赵敦华：《基督教哲学1500年》，163页，北京，人民出版社，1994。

或者说，是一些不同类型的原子。他把这些原子称为“心”原子，知觉就是由“心”原子来进行的。按照他的说法，人的感官之所以会有知觉，人之所以会感觉到某种东西，是由原子在虚空中的移动所引起的。比如，我们之所以能看到月亮，是由于月亮原子穿透了我们的眼睛。至于灵魂，也没有什么特别之处，它不过是由某种圆且平滑的特殊的“灵魂原子”组成的东西。人一死，灵魂原子也就随之四处飘散，然后可能变成另一个新的灵魂的一部分。这表明，德谟克里特不相信有离开人的肉体的所谓永恒不朽的灵魂。用今人的眼光来看，德谟克里特的这种理论明显地更合乎常识，因而也更能为普通的人所接受。大部分人都像德谟克里特一样，相信所谓“灵魂”是与人的大脑连在一起的，大脑如果停止工作了，人的知觉和意识也就不存在了。德谟克里特由于完全否认了有与物质性的原子不同的“心”，即精神的存在，这就使他很难解释这样一些十分重要但又难以回避的棘手问题：世界固然是由物质性的原子组成的，但它就不需要某种非物质性的东西去知觉它吗？如果不需要的话，物质本身又是如何知觉自己的呢？真的有“心”原子这样的东西存在吗？人们怎样才能把他们意识到的原子从其他的原子当中区别出来呢？显然，这些都是德谟克里特的理论所难以回答的问题。

从哲学上看，对“心”与“身”的关系的解释，其实并不止于上述两种我们十分熟悉的形式。如果我们不是固执于把“身”和“心”这两者绝对地对立起来的话，在某种程度上，是否也可以认为“身”和“心”都是存在的，它们实际上也是不可分离地共处着的。也就是说，既存在着肉体（包括大脑），也存在着某种叫作精神的东西，它们都在现实中存在并通过某种方式互相作用。这种“身”“心”关系理论，就是介于唯物论和唯心论之间的所谓二元论。在西方哲学史上，柏拉图是第一个提出二元论观点的哲学家。他认为，“心”实际上是一种非物质的实体，它与“身”的关系，相当于寄居者与寄居处所之间的关系。由于寄居处所不过是寄居者暂时栖身的地方，因而“身”与“心”的地位就不可相提并论。“心”只是委屈地暂时寄寓于“身”中，它最终将摆脱“身”的束缚，还自己自由的本性。也就是说，柏拉图认为，精神作为一种非物质的实体，除了它无奈地暂时被囚禁于肉体这一点外，可以说与肉体没有任何其他的关系。作为一个二元论哲学家，笛卡儿也表达过类似的观点。他声称，“心”是一个精神性的实体，与物质实体一样，也有其可以显现的结构或特征。如果有谁对“心”作为一个独立的精神实体的存在的真实性感到怀疑的话，我们能用同样的理性的怀疑方法来向他证明。他所提出的理性的证明方法，就是他的著名的“我思，故我在”的推论。因此，“心”始终是人的存在的最初的、最基本的事实和真理。二元论的主要困难在于，“心”与“身”既然是两种完全不同的东西，那么，它们又是怎样被联结起来的？如果“心”无论如何不能摆脱以“身”为它的居留处所的处境的话，它又怎么可能与“身”不发生某种程度的联系？而更要害的问题看来是，什么才是这种联系，或这种联系可能是什么？

2. 心理事件与物理事件

“身”和“心”这两者，无论我们谈到有关它们的什么，看来都不能不涉及这么两个不同的方面：一个是物理的方面，或者叫物理事件（physical events），它表现为一个空间上的和时间上的过程；另一个是心理的方面，或者叫心理事件（mental events），它表现为意识性的经验或体验。我们是如何区分这两个方面的呢？怎样的东西是我们称为物理事件的东西？怎样的东西又是我们称为心理事件的东西呢？让我们来看下面的一些情况。

我们都熟悉这样一些事件，而且如果我们把这些事件称为“心理”的或“精神”的，想来人们是不会表示反对的。例如，我们都有心情愉快或心情压抑的感受。在经过了一天辛苦的工作以后回到家，洗一个热水澡，听一段自己喜欢的音乐，毫无疑问会有一种舒适、惬意的感觉；反过来，假如今天你因为工作中的某个失误而受到上司的批评，你一定会闷闷不乐。此类感受还有很多，如爱或恨、嫉妒或艳羡、关心或冷漠，等等。除了这些单纯表现人的情绪、感受等的心理现象可以被看作心理事件以外，人的某些活动，诸如知觉、记忆、想象、思考及推论等，很明显也是心理性的，或至少部分是心理性的。最后，意志力，也即人所做出的从事某事的意愿或决定，当然也是心理事件。

上面提到的各种事件，看来在许多方面都明显有别于所谓物理事件。这些区别当然有很多，但最突出的一点，就是心理事件不像物理事件那样，具有公开的可观察性。有公开的可观察性和没有公开的可观察性，是物理事件与心理事件之间的第一个主要的区别。例如，如果我现在牙疼的话，除了我自己，没有其他人会同我一样实际地感受到这种疼痛。当然，其他人可以从我的行为、表情等方面观察出或判断出，我确实是在牙疼。但是，如果我不说，或强忍着不表现出来的话，其他人是不会知道的，当然更谈不上与我有同样的感受了。我的经验是我的，你的经验是你的，我绝不能真正地分有你的经验，而你也不能真正地分有我的经验。换句话说，我们甚至不能确信我们的确经验着同一事物；我们只能推测它是这样，至少在某种感觉中是如此，但我们绝不能拥有或分有同一经验。所以，心理事件的无公开的可观察性，决定了它对于个人而言的私人性和自我隐秘性。这种私人性和自我隐秘性，表明我们总是生活在我们内心的最深处。只有我们自己才是个人内在生活、内在感受的真正确证者和体验者。反过来，任何物理事件都是公开的，都具有公共的可观察性。所谓物理的东西，就是物质性的东西。而物质性的东西，大到宏观宇宙，小到微观粒子，无不能通过感官或作为感官媒介的技术仪器和设备观察到。例如，通过天文射电望远镜，天文学家能够观察到遥远天体行星的运动和演化的情况；通过对摄影机工作速率的设置，摄影家能够精确地拍摄下一朵花蕾逐渐绽放的每一个微小的细节；而先进的侦察卫星甚至能在数万米的高空中清晰地分辨出地面上火炮和车辆等的移动或位置；等等。这些物理事件显然与心理事件那种只能在自己的内在性中来感受，甚至不可能与任何他人真正地分享同一种经验的特性，有着本质性的区别。

心理事件之区别于物理事件的另外一个特点，是心理的东西不像物理的东西那样，能明确地测定它在空间上的位置。因此，有没有空间上的可测定性，可视为心理事件与物理事件之间的另外一个重要的区别。对于物理的东西来说，追问它们处在什么具体的位置，或者发生在空间的哪一个点上，从来都是有意义的，而不是无意义的。但对于心理的东西来说，这样的追问就显得多少让人有一点摸不着头脑。感受、推理、决断、意志力等，难道是我们在空间上的哪一个位置或地点可以观察得到的吗？它们难道能像物理的东西那样，呈现在我们的感官或仪器中吗？无论军事侦察卫星多么先进，它既不可能在数万米之遥，也不可能在咫尺之近确定和拍摄下我的心理状态的空间位置。因为，心理事件是发生在我的身体内部的，它并没有可以在空间上显现出来的物理特性。心理事件的这种特性是如此微妙，以至于有时候仔细地思考一下，会觉得它是多么不可思议。例如，当你听到上课铃响的时候，如果铃就在你的视线可及的地方的话，你会习惯地抬头望它一下，因为铃本身作为声波振动的发出者，是一个有其空间特性的物理存在。声波的振动作为一种发生着的物理事件，不难测定它传导的空间范围。但是，当你想要寻找你的听觉的时候，你无论如何也无法确定它发生在空间上的哪里。换句话说，你能测定的只是铃的振动发出的物理声波，而不是你自己知觉的具体位置。因为，知觉本身是无形体的。虽然任何知觉的发生都要通过头脑的神经过程或刺激反应来进行，这种神经过程或刺激反应作为一种物理事件是可以通过感官或仪器加以观察或测定的，但这与你说的关于铃声的听觉就发生在距你耳朵几步远的地方的说法的意思难道是相同的吗？还有，当你把一根本来是直的棍子放进水里，你会看到它变成了一根弯曲的棍子。如果你不懂得其中的原理的话，可能会惊异得说不出话来。你会怀疑你的知觉的真实性吗？这是不能怀疑的。你确实是看到了在水中呈现为弯曲的棍子，但这只是你的知觉受光线的折射而向你呈现的一种错觉。所以，这种心理事件是不能用只适用于物理事件的空间上的可测定性这一点来说明的。

那么，物理事件与心理事件之间的区别是由什么决定的呢？许多人首先想到的，就是这一基本的事实，即物理事件的主体是“身”，也就是人自己的身体或肉体；而心理事件的主体则是“心”，也就是人自己的意识或精神。身体或肉体占据着空间且有其空间上的位置性，所以，由其活动而产生的物理事件当然也就有空间上的可测定性。与此不同，精神或意识是无形体的。它既不呈现为方，也不表现为圆；你既不能说出它的大小，也不能描述它的实际规模。也就是说，由于它不像身体或肉体那样，有其空间上的规定性及特性，所以，由它的活动而产生的心理事件就不具有空间上的位置性和可测定性。从理论上看，在“心”与“身”这两者中，对“心”的解释要比对“身”的解释困难得多。这是因为，“心”在日常的使用中，受常识的影响，其意义往往变得十分含混。要准确地说明这一概念，不仅要对人的感觉、思想、意志、欲望这样一些被称为心理事件的东西有正确的理解，而且很重要的一点是，不要把形状、规模等这样一些被称为物理事件的东西应用到对心理事件的说明中。“心”固然与人的大脑有着确凿的和密切的联系，但因为大脑作为物质性的人的身体或肉体的一部分，有其空间上的位置性和可测定性，因此，人们通常总是认为这两者从根本上说并不是同一的。即便如此，常识上把“心”看成寄居于某一特定的身体或肉体内的东西的观点，也并非全无道理；无论如何，有一点看来是清楚的，即每一个“心”都以这种或那种方式与某一特定的“身”有着密切的联系。

为什么常识上把“心”看成寄居于“身”，即某一特定的身体或肉体内的东西的观点，在某种程度上是有一定道理的？这是因为，在日常生活中，我们往往不能严格地在心理事件所具有的性质的意义上来使用“心”这一概念，我们常常用空间语言来谈论某种意识现象，这就使得“心”的概念的本来含义发生了变形。例如，我们说，“看来我怎么也不能把你的这个观点放到我的头脑里去”；我们还说，“要知道他的想法真是太难了。我不是孙悟空，我不能钻到他的脑子里把它找出来”；等等。在这里，观点、想法这些意识性的东西好像成为有三维空间的物理事件了。其实，我们都知道，这是在一种不那么严格的意义上，用隐喻性的语言来表达我们对一件事情的看法或观点。如果换一种方式来表述上面这两句话的话，前一句的意思显然是，“看来我还是理解不了你的观点”；而后一句话的意思则是，“我不知道他的想法是什么”。由此可见，“心身”问题是由于在同一个语句中不加区别地采用了两种不同性质的表述而产生的。这些被不恰当地组合在一起的词，如果严格地加以区分和使用的话，它们本来是分属于不同的语言系统的。

但是，为什么我们在日常的交流中感觉不到有这种严格区分的必要呢？或者，我们有时甚至还有意无意地想要取消它们之间所具有的这种界限呢？这主要是因为，日常的交流并不要求语言时时处处都表现出精确性，某种程度上的不那么严格性有时反而能增加语言的生动性和感染力，只要它们的使用不引起相互之间理解上的困难就没有多大关系。但是，在科学研究中，情况就不同了。科学语言是表达科学定律的工具，语言的不精确往往会影响到科学定律表述的严格性或准确性。因此，科学语言在任何时候都以严格性和精确性为自己的生命。对心理事件和物理事件的严格区分，也是在对科学命题的哲学思考中首先发生的。以“花是红的”这一句子为例，从物理学家的角度来看，它只不过告诉我们某一空间对象仅仅反射某一特定频率的光线而已；而从心理学家的角度来看，它则更多地向我们传达了某种有关感性事物的性质的信息。为了解决常识和科学在精确使用语言问题上经常发生的冲突，人们为此做出了大量的努力，各种不同的“心身”“心物”理论就是在这些努力和解决问题的尝试中产生的。这些理论主要集中于讨论关于感觉与客体、内部世界与外部世界等的二元性，而这些二元性不过是对实际事物使用了两种不同的语言而已。尽管从日常生活看，作为经验事实，物理语言似乎已经对世界做出了详尽的描述，但从历史的实际情况来看，它并没有使我们更接近于对问题的解决，而是在某种程度上助长了对世界的唯物性的形而上学解释。这种唯物性的形而上学与其他各种关于“心身”“心物”关系的形而上学解释纠葛在一起，又反过来使这种关系显得更加扑朔迷离。

3. 心身二元论

在心身关系领域，如果研究涉及的是包括感觉在内的过程，对它的揭示总是明显地分离为两类不同的描述：一类是科学的描述，它说明该过程的物理部分；另一类是经验的描述，它说明实际的感觉经验，这种东西是心理的而不是物理的。我们既不能把身归并于心，把物理事件归结为心理事件，也不能把心归并于身，把心理事件归结为物理事件。从哲学上看，把心和身、精神和物质看作同时存在，并且通过一定的方式联系起来的理论，就是心身关系问题上的二元论。在二元论那里，一方面，心和身是两种不同的实体，既不能用心的形式或作用来解释身，也不能用身的形式或作用来解释心；另一方面，心和身又是同时存在的，并且是人存在的不可或缺的两个部分，因而它们就不能不以某种方式联系起来。所有关于心身关系的二元论，可以说都是以对这种联系的揭示作为其理论的突破口的。由于对这种联系的性质的理解不同，二元论通常被区分为两种不同的理论形式，即强二元论和弱二元论。所谓强二元论，就是指把心和身看作性质截然不同的两种实体，它们在任何时候和任何条件下都是绝对分离的，没有任何方式能够使得这两者统一起来；所谓弱二元论，就是认为心和身固然是相互区别的，但它们又是同时存在的，并且以某种特殊的、有时甚至是十分密切的因果联系的方式实际地相互作用的。

从历史上看，最早具有二元论倾向的哲学家是古希腊的柏拉图，而最著名的，并且是严格近代知识论意义上的二元论哲学家，则是笛卡儿。笛卡儿的二元论，是一种主张心与身、精神与物质互不隶属，但又交互作用的弱二元论。严格说来，笛卡儿的哲学中有三个实体：一个是非被创造的实体，即上帝；另外两个是被创造的实体，即思想或“灵魂”和“广延”或物质。灵魂纯粹是属于意识的，不占空间，不能被分解为更小的单位；与之相反，物质则纯粹是广延的。物质不仅占据着空间，而且能被分解为更小的单位，所以，它也就不具有意识。按照笛卡儿的观点，无论灵魂实体还是物质实体，本质上都不是超创造的。换句话说，它们都是被上帝创造出来的实体。只有上帝是独立存在的，它不隶属于任何事物，而是一切事物的创造者。不过，笛卡儿又认为，思想和广延虽然都来自上帝，但它们相互之间却并无任何联系。思想固然不受物质的影响，而物质也谈不上受思想的影响。之所以把笛卡儿称为最重要的、严格知识论意义上的二元论者，在于他是历史上第一个把思想的真实世界与物质的真实世界做了严格区分的哲学家。在他那里，只有人才具有灵魂，而动物则属于另一个广延性、物质化的真实世界，其生命、行为都是机械化的，因而严格说来是一种复杂的机械装置。笛卡儿并不否认灵魂和肉体之间的联系。他把人看作一个二元的存在，既有思考能力，又占有一定的空间；既有灵魂，又拥有一个广延的身体。灵魂与肉体之间的联系，他声称是通过一个叫作松果腺的脑部器官而实现的。心与身、灵魂与物质的相互关系，大量地就发生在这个被称为松果腺的脑部器官中。灵魂尽管时常受到与身体的需要有关的原始冲动的影响，但总的来说它总是能够挣脱这种原始冲动的控制，独立于身体的作用，以获得理性的最后主导权。

笛卡儿对心身关系的这种解释，基本上为他的后继者所接受。但是，他所谓灵魂寄居于松果腺并由此而与身体发生联系的解释，也被许多哲学家认为是一种经不起推敲的画蛇添足。由是，许多尝试替代这种二元论的新的解释模式开始出现。其中，以莱布尼茨所倡之具有强二元论性质的“平行论”最为有名。“平行论”看待心身关系问题的立场颇为激进，与笛卡儿对此所持的较为温和的态度形成鲜明的对照。在莱布尼茨看来，心与身、灵魂与肉体性质全然不同，因而它们之间不可能存在彼此的相互作用。如果从一个侧面来看的话，我们不能否认心与身、灵魂与肉体之间存在相互作用的种种迹象。但它们之所以能够如此，是因为上帝在创造世界时，预先设定了这个世界的秩序与和谐。对于人来说也是如此。上帝在创造人时，就预设了心与身、灵魂与肉体的完满和和谐。本来，后来的心理事件是先前的心理事件的一个不可避免的结果，后来的物理事件是先前的物理事件的一个不可避免的结果，但由于上帝完美的前定，我们看到的却是无论何时，只要在这两者中的任一部分发生了什么，就能立刻在与之并立的另一方面引起相应的反应。正是由于上帝前定的这种特点，给人一种似乎心与身、灵魂与肉体存在相互作用的印象。莱布尼茨的“平行论”又被称为“前定和谐论”，它是对笛卡儿的二元论的一种理论上的修正。另一位著名的莱布尼茨主义者马勒伯朗士（Nicolas Malebranche，1638—1715），则从另一个方向提出了一种被称为“偶因论”的特殊形式的“平行论”。按照马勒伯朗士的观点，莱布尼茨所谓上帝在一开始就建立了心理事件和物理事件的和谐的说法是站不住脚的。心与身、灵魂与肉体属于两种性质全然不同的实体，既不可能相互作用，更不可能互为动因，因而上帝也不需要预先为它们设立和谐。我们之所以能够在割破手指时感到疼痛，在心理焦虑时手心出汗，完全是某种出自上帝的机缘巧合的结果。正是由于上帝在冥冥之中操控着一切机缘，我们才得以在现世享受着灵与肉的和谐。为此，“偶因论”甚至设计了两座时钟的直喻来说明这个理论。假设有两座报时精确的时钟摆在我们的面前，当我们盯着其中一座钟的钟面的时候，时针正好指向准点，于是我们听到了另一座钟的打鸣声。显然，心灵和肉体就像这两座钟，是上帝给它们上紧了发条，它们才得以在独立而平行的轨道上运行。从结果上看，马勒伯朗士描述的心身平行性与莱布尼茨努力要达到的目标并没有什么不同，都在努力说明心与身、心理事件与物理事件不存在任何实际的相互作用，都要证明上帝是这一实际相互作用的第一因。但这一理论在偶然性的层面上讨论心与身的关系，则为人的自由提供了某种程度的可能性。这却又是莱布尼茨的哲学所不具备的。

在二元论的诸种理论中，斯宾诺莎的“双面理论”以其将大自然和万物归并为单一的实体的方法，开启了二元论讨论心身关系之新方向。自笛卡儿始的二元论哲学家，均把心身分割为不同实体，认为一切事物不是思想就是广延。斯宾诺莎则认为，宇宙中只有一种实体，已存的每一个事物都可以被分解、简约为客观存在的自然。自然即上帝。从理论上说，体现上帝之为上帝、实体之为实体的“属性”可以推至无限，但最基本的且为人所知的却只有思想和广延。日常所见之各种现象，皆为思想属性或广延属性的特殊表现方式即“样式”。一朵花可视为广延属性的一个样式，而一首吟诵这朵花的诗歌则可视为思想属性的一个样式，但归根到底它们都不过是实体、上帝或自然的表现方式而已。斯宾诺莎统合实体、上帝及自然于一的做法，把实体泛化为一切可能的东西，从而在最弱的意义上表达了一种特殊形态的二元论，以至于甚至有人将这种二元论视为实质上的一元论。

二元论通过将心和身看作两种性质不同的实体的方法，把思想与肉体、心理事件与物理事件囊括进关于实在的观点之中，从而对我们理解这两者的关系不无帮助。但是，由于它把心和身当作两种不同的东西来看待，又从一个独特的角度上提出了究竟如何才能更好地说明它们之间的相互关系的原理的问题，从而使得这一问题被进一步复杂化了。从哲学上看，二元论最大的一个好处，就是它容许我们用与唯物论和唯心论不同的一种眼光来审视心身问题。这一问题在被笛卡儿提出来以前，长期被认为只能用要么唯物、要么唯心的方式来看待、来处理。也就是说，只能要么把心归并于身，把心理事件归结为物理事件，采取唯物主义的观点和立场，要么把身归并于心，把物理事件归结为心理事件，采取唯心主义的观点和立场。然而，正如我们将要看到的那样，无论是唯物的方式还是唯心的方式，它们对心与身、心理事件与物理事件关系的解释，远不如二元论的解释更接近于我们的常识以及我们的经验中的各种事实的链接。伴随二元论而来的一个主要问题是，如何才能更好地审视并精确地说明心与身、思想与肉体这两者的结合方式。

两个性质如此截然不同的事物，它们究竟是如何联系在一起的？因为，至少从表面上看，这种结合是不可想象的。但是，一个实实在在的事实是，我们又知道心与身、思想与肉体确实是相互影响的，我们在每一天的日常生活中总要成百次地感受和体验到这一点。例如，如果我觉得这堂课的内容引不起我的兴趣的话，我就起身离开教室。这时，我的心引导和控制着我的身，一个心理事件引起了一个物理事件。反过来，如果我今天患严重感冒的话，我就很难坚持着把一堂课很好地听下去。这时，我又知道我的身是如何地影响着我的心的。心和身当然是相互作用的，但它们如果像我们所想、所说的那样是如此不同，它们又如何能做到这一点？在这一点上，不管是强二元论，还是弱二元论，都无法像唯物论或唯心论那样，干脆用一种简化的或者说是消解一方的方式来使问题变得简单明了。当然，我们后面会看到，唯物论和唯心论处理心身关系的方式，同样有着它们各自的困难。或者不如说，没有困难的理论根本就是不存在的。

那么，二元论的主要困难究竟在哪里呢？从逻辑上看，当二元论者把心与身、思想与肉体、心理事件与物理事件当作两个不同的东西来看待的那一刻起，困难其实已经就随之产生了。首先，对强二元论而言，我们看到，它的理论矛盾主要体现在三个基本的方面：第一，无论是莱布尼茨的“前定和谐论”，还是马勒伯朗士的“偶因论”，都依赖于一个与心身无关的上帝的存在，这在某种角度上降低了二元论解释心身关系的说服力。正如我们所知，上帝之是否存在，在不同的人那里是有争议的。心身问题上的唯物主义只承认人的肉体和大脑的存在，反对把心理的东西与物理的东西并列，把心理的东西只看作人的肉体和大脑的一种机能现象，更不用说承认上帝这种意识性的东西的独立存在性了。至于以观察和实证作为自己研究和判断事物的唯一根据的经验自然科学，则从来就不承认有所谓上帝的存在。第二，退一步说，即便我们承认上帝的存在，我们又如何知道它是以这种方式来实际地调控心理事件和物理事件两者的联系的呢？而且，不管上帝的调控是多么及时与和谐，似乎也无法让我们相信，它会比我们在自己本身的真实存在的范围内由自己来调控这两者的关系更为及时与和谐。第三，更为棘手的问题似乎是，心身关系从来也不是完全像“平行论”所描述的那样，是机械地、平行地发生作用的。如果我们为了计时的方便可以在两座钟里省掉一座，那么，我们就完全有可能通过相互参照，从物理事件来推知心理事件了。既然如此，我们又有什么理由继续相信这样一种关于心身关系的解释呢？其次，对弱二元论而言，我们看到，笛卡儿的哲学为心身关系设定了三个实体，即“上帝”、“思想”和“广延”。从一个方面看，“思想”和“广延”互不隶属，只受它们自身法则的支配，但由于人的灵魂不能在数量上却能在方向上改变生命力的运动，则归根到底强调了思想引起大脑、心理事件引起物理事件的单向作用的观点；从另一个方面看，所谓心灵能够移动肉体、灵魂能够改变生命力的方向的说法，说到底，就是相信物质和物理事件的存在是某种先在的智慧预成的结果。这种相信状态作为一种信念，本身并不能作为我们实际证明思想或心理事件在先的证据。至于斯宾诺莎的“双面理论”，它的最大的一个问题，就是在心与身、思想与大脑以外，提出一个用以统合这两者的单一的实体概念，从而不必要地增加了解决问题的难度。本来，仅仅思想和大脑这两者的存在及其关系，就已经足够让我们烦恼一阵子了，现在，又出现了高居这两者之上的一个神秘的实体存在。我们究竟应该把它看作精神、灵魂和自我，还是要把它看作其他的一些什么东西呢？显然，如果我们接受了这一实体就是精神、灵魂和自我的说法，我们就得尝试着给这些东西下一个至少让我们感到满意的定义，而事实上，我们已经发现，要说明它们的概念含义远不是那么简单的。什么叫自我？自我与心即精神是什么关系？我们能证明自我以及它与精神的关系吗？还有，这个实体究竟是怎样起源的？类似的一些问题，在斯宾诺莎那里，很难说是已经解决了的。如果说，斯宾诺莎的这个体系对宇宙间万物在同一水平上运行的含蓄的命定论的解释，在17世纪的科学背景上还是有很重要的哲学意义的话，今天则无论如何也不能认为它仍然是合理的。

二、唯物论与唯心论

迄今，我们已经知道了有两类东西、两种不同的质，即物理的和心理的。在物理世界中，有所谓分子水平的运动以及其他物质事物的运动；而在心理世界中，则有所谓思想、意识和精神状态。它们明显不是同一种东西，但它们又是如此密切地联系着，以至于我们无论如何也不能把它们分离开来。二元论解决这一现象的方式是把这两者当作两个不同的实体，要么把它们看作各不相干、毫无联系，要么在承认这种联系的基础上说明它们的相互作用。与此相反，哲学上的唯物论（materialism）和唯心论（idealism or spiritualism）则试图把现实中的任何事物都简化为一种东西，即要么是物质，要么是思想及其经验到的东西。在这个意义上，唯物论又被称为同一性唯物主义（identity materialism），唯心论又被称为同一性唯心主义（identity idealism）。

1. 唯物论

所有这样一些东西，即心与身、精神与物质、心理事件与物理事件等的区别，在许多人看来，是一个不言而喻的事实。但是，也有许多人对此持有不同的观点，唯物主义就是最有代表性的一种。所谓唯物主义，是指那种把现实世界中的所有事物都看作由物质和能量组成的，并且归根到底能在物质存在及其运动规律的层面上加以解释的观点。在严格哲学意义上，唯物主义是一种发端于古代的哲学观点。最早的唯物主义哲学家，即古希腊的米利都学派的哲学家们看待世界性质的方式是，把世界看作一个由无限多样的自然现象组成的整体，力图从某种具有固定形体或物质外观的东西中，也即在某种特殊的东西中寻找世界统一性的原因和根据。水、空气以及其他一些类似的东西，都曾被这些哲学家解释为世界的本原或始基。当然，最早的也是最有影响的唯物主义理论是，古希腊的爱利亚学派所倡导的原子论。它不仅把整个世界的本原看作某种特殊的物质事物，而且还进一步把这种事物归结为无限小的物质微粒原子，从而深入事物的内部结构及其变化形态中去揭示世界的本原。由于物质的存在作为一种事实，归根到底要通过人的意识才能加以认识，因而心身关系问题始终是唯物主义理论关注的一个最为核心的问题。既然现实世界中的所有事物都是由物质和能量组成的，既然每一事物都能在物质存在及其运动规律的层面上获得解释，那么，人的身体和肉体，包括人的大脑在内，当然就像其他物质事物一样，服从于同样的物理规律和物理法则；既然人是一个有生命的物质体，那么，它也就和其他的生命体一样，服从于支配着一切生命体的进化法则和生命规律。因此，属于人的一切东西，从有其外在的物质表现的身体、肉体包括大脑，到没有形体的、无其外在物质表现的空灵性的精神、思想、意识、意志、感觉、自我及至灵魂等，归根到底都可以在人的肉体、大脑的物理的、化学的和生物的活动的层面上得到解释。某些激进的唯物主义理论甚至把这种讨论精神和物质相互关系的理论推到极端，借口精神、思想、意识、意志、感觉、自我和灵魂等东西归根到底不能离开物质性的身体、肉体和大脑而存在，干脆宣称这样一些东西不过是人的一种主观上的错觉、幻觉甚至迷信而已。

既然唯物主义否认有所谓离开物质性的肉体、大脑的思想和精神存在，因而二元论关于心身关系的解释，不管是强二元论的解释，抑或是弱二元论的解释，就都在唯物主义的反对之列。在唯物主义看来，二元论对心与身、精神与物质、心理事件与物理事件关系的二元性解释是根本站不住脚的。首先，也是最重要的一点是，要形成一个清晰、明确的关于"心""灵魂""意识""思想"等的实体概念，根本就是不可能的。按照唯物主义的观点，心是一种我们知道的实际事物，而不是抽象的所想、所感觉、所决定。我们不过是因为对这种心理事件本质的无知，才给心理事件起了"心"这样一个名字。推断心作为心理事件的原因，就等于推断雨神作为下雨的原因，其荒谬性是显而易见的。其次，无论"心""思想""灵魂"等的含义被我们假设为什么，都会遇到认识上的不可克服的困难。这也就是说，我们根本没有一种方法能够帮助我们认识一个叫作"心"的实体存在。一些有机体看来确实具有知觉或感受的能力，这一点使我们在不同程度上能够建立一种标准来判断何时一个事件发生或不发生。但这并不等于说，我们就有了一种能把我们所遇到的任何东西都简单地宣称为"心"的标准。我们并没有什么明显的证据来证明，除了我们所见、所听、所闻、所感的东西以外，还有一种叫作"心"或"精神"的实体存在。换句话说，我们并没有一种方法能够证实或否证"心是存在的"这个陈述。再次，我们不仅在知道是否有精神实体存在这一问题上会遇到认识上的困难，还面临着知觉心身之间是如何相互作用的这一情况的不可能性。只要具备初级的生理学知识，我们就能毫不困难地知道，我们的手臂是如何运动的。也就是说，我们手臂的运动难道不是因为我们的肌肉之间的相互协调而引起的吗？我们的肌肉的运动难道不是由于我们的某种神经脉冲的刺激而引起的吗？我们的神经脉冲又难道不是被我们头脑中的某种神经中枢调动的吗？既然如此，我们又何从知觉心理事件和物理事件之间的相互作用呢？我们难道能观察到一种叫作"意志"的东西引起我们的神经活动的过程吗？又次，我们不仅无法知觉心与身之间的相互作用，我们甚至不能明确地区分所谓"目的性行为"和"反射性行为"。通常认为，目的性行为是由心、思想、精神、灵魂等引起的，而反射性行为则是由非精神性即物理性的东西引起的。但是，行为主义理论已经证明了，人的神经系统的活动既与目的性行为有关，也与反射性行为有关。按照行为主义理论，人的目的性行为和高等动物的反射性行为之间的唯一不同，是复杂性程度的不同。由于刺激和反应之间有一个时间差，这导致了我们把目的性行为看作与反射性行为完全不同的一种行为。最后，不应忽视的一点是，假如二元论关于心身关系的解释是可以接受的，也就是说心身之间存在着那样一种相互作用，那就明显违背了人们熟知的能量守恒定律。能量守恒定律揭示出，自然界中的一切物质都有其能量，而这种能量又有不同的形式。它可以从一种形式转化为另一种形式，从一个系统传递给另一个系统，但在整个的转化和传递过程中，总的能量是守恒的。按照这个理论，当心身关系表现为物理事件影响心理事件的时候，实际的情况应该是，肉体中的能量传递到精神中去了。但由于精神是无形体的和不可知觉的，这样，肉体中的能量在这个传递过程中就会消失；反过来，当心身关系表现为心理事件影响物理事件的时候，实际的情况也应该是精神中的能量传递到肉体中去了。但在实际中，我们又观察不到任何这样的情况。因此，二元论关于心身关系的解释明显违背了能量守恒定律。

既然唯物主义否认心与身、精神与肉体、心理事件与物理事件是分离的，认为心、精神、心理事件归根到底必须还原到身、肉体、物理事件才能得到解释，那么，它自己关于心、思想、精神等又提出了怎样的一种解释呢？当我们讨论这一问题时，首先必须解决一个与“唯物主义”一词相联系的、在使用上给这个词造成了很大的理解上的困难的语义学上的问题。“唯物主义”一词，如果仅仅从字面上来看的话，是指一种把物质性的东西看得无比重要，以至于对思想、知识、理想等精神性的东西不屑一顾的观点。换句话说，“唯物主义”作为一个哲学名词，对于不懂得哲学的人，或对唯物主义抱有某种偏见的哲学家来说，往往把它看作一种庸人的或毫无理论内容、只推崇常识和直观的物质主义的哲学观点。其实，这是对唯物主义的一种误解。正如我们已经指出的那样，唯物主义作为最古老的哲学理论之一，其本身表达的是最早持有这种观点的那些哲学家看待世界性质的立场和主张，这与对物欲的追逐毫不相干。更重要的是，唯物主义关于世界和事物的性质的观点，通常是以常识和科学提供的直观事实作为立论的依据的，这可以从上面提到的唯物主义反对二元论的那些基本的推论中看得很清楚。在很大程度上，常识和科学都坚持一种关于世界和事物的物质化的观点，尽管并不见得所有的科学家都主张存在的只有物质。由于常识所及的范围超不出直观的物质事物，由于科学只研究事物的物理、化学和生物学方面的特性，这就直接或间接地为唯物主义解释世界和事物性质的观点提供了知识与思想方法方面的根据。

无论从哪一个角度来看，人都是宇宙生命中最幸运、最高级的一种存在。这种幸运和高级体现为，人的精神、思想和意识为人的情感化、理智化行为提供了客观的可能。可以说，精神、思想和意识等这样一些东西，是我们生活和生存的这个世界给予我们人的一个最大、最慷慨的馈赠。用日常的话来说，是上帝对人的一种特别的垂顾。有意思的是，当我们讲到“上帝”这个词时，明显地与唯物主义的立场发生了某种程度的冲突和抵触。因为，唯物主义主张，存在的只有物质和大脑，精神、思想、意识等东西不过是人的肉体和大脑的一种机能、属性。至于上帝、灵魂这样的东西，根本就是人的一种错觉、幻觉甚至迷信。那么，唯物主义究竟是怎样解释人的心、精神、思想等东西的呢？现在，让我们来看两种典型的唯物主义理论在这一问题上的立场和方法。

（1）行为主义唯物主义

行为主义是19世纪下半叶到20世纪上半叶极为流行的一种心理学理论。它接受唯物主义关于人的基本规定，相信真实存在的人的一切方面，包括人的思想、意识、精神在内，都能从物质的方面得到解释，并引入行为观察和行为分析的方法来补充这一规定的含义及内容。行为主义主张，对人的研究，除了物理的、化学的和生物的方面的研究以外，还应该加入行为观察和行为分析的内容，而这种观察和分析的结果将使人的属性和活动获得更完满的解释。在行为主义者看来，行为观察和行为分析是一种远比经验描述更为有效的心理研究的方法。例如，当你倾听一个人的内省报告，即关于他的内在感受的描述时，有时你会发现他描述的情况是不真实的，甚至是完全颠倒的。这并不是他有意撒谎，而是他没有准确地描述他的经验或体验。因此，通过观察一个人的行为，观察他的身体语言即他干什么或不干什么的行为来做出结论，远比依靠普通的心理内省方法更为可靠。

如果仅仅把行为主义当作一种心理研究的方法来看待的话，行为主义就主要是一种技术而不是一种哲学。但有意思的是，行为主义从它问世的那一天起，其影响就远远超出了心理学的范围，而这与这一理论本身包含着一种唯物主义的哲学前提有关。如果我们回顾一下19世纪生命科学的发展的话，就会发现，它在某种程度上与这一时期物理观和发展观的斗争有关。物理观坚持认为事件能向任何方向运动，而发展观则始终强调事件只能选取一个方向并努力保持它。古希腊时期由德谟克里特和伊壁鸠鲁（Epicurus，公元前341—前270）提出的“原子论”生命观，即把人的生命包括灵魂都看作物质性的原子的不同组合的观点，在霍布斯（Thomas Hobbes，1588—1679）和拉美特利（Julien Offroy de La Mettrie，1709—1751）那里发展成为一种典型的生命机械观。它把生命看作某些力的特殊表现，这些力在它们的内部完全是由物质粒子的无目的改组造成的。尽管做出了许多独创性的努力来避免问题的简单化，那些关心生命本质和心理本质的人仍然发现，他们要么得进入心身问题的德谟克里特式的一元论解释，要么得进入柏拉图和笛卡儿式的二元论解释，否则就无法对这一问题做出任何令人信服的解释。这样一来，事情就变成了这样：科学方法和科学家们欲使宇宙秩序井然并精细分析的努力逐渐把人们推入“唯物主义”的营垒；而试图保持传统二元论的一个必然结果，是在科学与神学的论战中把自己划归宗教而不是科学。

现在，让我们回到哲学的行为主义上来。所谓哲学上的行为主义，是指这样一种关于实在的形而上学观点：根本不存在任何“内在的事件”即心理事件，存在的只是行为。那些被认为是心理事件的东西，实际不过是一些复杂程度不同的行为而已。如果一个小孩看见白罩衣就哭，旁观者可能会说他最近一定到过某个医生的诊所里。或许，“打针”使他感到了疼痛，而和打针一同出现的白罩衣触发了他的哭泣。这就好像白罩衣隐含在打针中，或者是打针的一部分，或者是同打针“联系着”的。在相当长的时间里，这一简单的学习原理被早期的、被称为灵魂或心灵的科学的心理学假定为，有一种观察者看不见的意识作用存在着。但是，在行为主义者的眼中，这种情况被解释为，一种行为（不只是一个观念）可能被一个信号所触发，这个信号不会本来就有触发它的能力。引发这些反应的刺激是同那些最初引发它们的刺激联系在一起的。行为主义代表了19世纪末20世纪初心理学内部日益增强的一种客观主义倾向，这种倾向推动着心理学的研究向客观主义方向运动。它严格避免有关意识的一切假设，而是转向直截了当地描述刺激情境和反应之间的联系。在行为主义的演进中，巴甫洛夫（Ivan Pavlov，1849—1936）关于动物能够形成对某种特定刺激的条件反射；华生（John B. Watson，1878—1958）关于人像动物甚至植物一样，按照从环境中接受的特定刺激方式行动；施金纳（B. F. Skinner，1904—1990）关于人不过是一种应答外部刺激的物质装置（身体和大脑），人的行为完全取决于外部的环境刺激的观点，就是心理学研究方面这种不断增强的机械论和唯物论倾向的反映。

无论行为主义作为一种心理学技术和方法有哪些可取之处，至少它作为一种哲学来说，远不是那么值得嘉许的。当我们说到一个人有某种倾向，比如易怒、腼腆的时候，我们并不是要把他和其他人进行比较，也不涉及说他就比其他大多数人更容易生气或害羞。而且，生气难道不是一个人自己内部发生的一种心理事件吗？心理事件作为人的一种内感觉状态，与行为本身难道是一样的吗？我们不是经常说“一气之下”这句话吗？“一气之下”的意思，不就是说“感到生气”这种心理状态并不是行为本身，而是一种行为的原因吗？由此看来，行为主义的最大一个问题，还是不适当地混淆了行为本身和行为的原因这两者之间的关系。正是由于它不能很好地区分这两者的关系，所以在谈到一个行为的时候，总是忘了这个行为是有它的原因的。

（2）同一性唯物主义

同一性唯物主义是指这样一种观点：我们称为精神状态的东西，从根本上说，是与我们大脑的某种状态同一的。你现在实际活动着的思想，只不过是你现在的大脑状态的存在表现。根本就没有所谓思想和大脑状态通过某种方式而进行的整齐、协调的相互作用，这两者本来就是同一个东西，就好像“有钱的”和“富有”是同一个东西一样。这种同一性理论是唯物主义的一种当代版本。它不说心理事件与大脑状态是同一的，它们具有相同的质，就像两块大理石是同一的一样。因为这样说的话，等于说还是有两个东西。它在最强的可能意义上来解释同一的概念，即严格按照字义来定义同一的含义。说思想和大脑状态是同一的，就是说这两者实际上是同一个东西，就像晨星和夜星是同一个东西一样，都是一种叫作金星或其他什么行星的东西。而这个东西，在古代人那里，一直被认为是两个东西。

但这怎么可能呢？精神状态怎么可能没有与物质状态不同的质呢？如果一个精神事件有性质 A，但物理事件却没有这种性质，它们怎么可能是一个东西或是完全相同的呢？看来，这就是这种唯物主义面临的最大的问题。当代美国哲学家理查德·泰勒（Richard Taylor，1919—2003）指出，唯物主义的一个中心困难就是，如果心与身是同一的，那么，无论我们说到关于一个东西的什么，我们也能用来说或指另外的一个东西。例如，如果我们说，“我的心里有一个愿望”，那么，我们应该也能说，“我的身体有一个愿望”，但这完全不符合逻辑，或者说，听起来显得怪怪的。还有，如果我们说，“我是一个宗教徒”，这句话的意思就应该是，“我的身体是一个宗教徒”，这一点意义也没有。显然，同一性唯物主义在这里遇到了一个明显的逻辑上的两难，这就是：身与心的同一性意味着，精神的属性必须也适用于物质，而物质的属性必须也适用于精神。这也就是说，谈到物质的属性应该同时也是精神的属性，谈到精神的属性应该同时也是物质的属性。但是，大小、形状、高度、重量等这样一些用来描述物质的东西，能够用来描述精神状态或精神事件吗？情感、道德、理智、愿望这样的东西，能被看成与上面那些物质的东西是同一的、没有区别的吗？换句话说，物理事件的空间上的可测定性和相对于私人性而言的公开的可观察性，难道适用于描述心理事件吗？反过来，情感、道德、理智、愿望等这样一些心理事件，难道能用描述物理事件的概念去表达它们吗？如果把同一性唯物主义的这种逻辑上的困难推到极致的话，它的真正困难看来就被归结为：要么坚持上面得出的荒谬的结论，要么放弃唯物主义转而接受二元论。这当然不是这种唯物主义愿意看到的结局。

2. 唯心论

在心身关系上，唯物主义的理解方式看来遇到了很大的困难，这是不是意味着，我们就要转向它的反面，即唯心主义呢？有些人是这样认为的，这些人被叫作唯心主义者。在唯心主义者中，贝克莱是最值得一提的人物。贝克莱根本否认在人的心灵之外存在着一个物质世界。他声称，存在着的只是心灵，而心灵来自上帝。在这个意义上，贝克莱被看作唯心主义的最大代表，或者严格地说，是主观唯心主义的最大代表。

与唯物主义主要是一种古老的哲学观点不同，唯心主义在更大程度上是一种晚近的哲学观点。从哲学上看，现代唯心主义的根源可溯及笛卡儿，尽管关于笛卡儿本人是不是一个唯心主义者的问题一直存在着争议。笛卡儿作为现代唯心主义的鼻祖的地位，当然是由他那著名的“我思，故我在”的怀疑主义推论决定的。笛卡儿相信，我们有怀疑一切的权利，但我们怀疑的结果，是证明了一个不能怀疑的“我”的存在。我和我的心灵是同一个东西。自笛卡儿开始建立严格意义上的，即知识论意义上的唯心主义理论以来，唯心主义一直被区分为两种，即主观唯心主义和客观唯心主义。主观唯心主义以贝克莱为代表，它坚持只有人的心灵及其思想和情感是真实存在的；客观唯心主义则以黑格尔（Georg Wilhelm Friedrich Hegel，1770—1831）为代表，它把贝克莱的心灵实体概念推广到整个世界，并把主观唯心主义的个人之心囊括到一个无所不包的世界灵魂或宇宙精神中去。一般地说，这两种唯心主义的区别主要在于：主观唯心主义把世界看作人的心灵及其观念的集合，而客观唯心主义则把世界上的一切事物看作无所不包的宇宙精神的一部分。

作为哲学史上最重要、最有代表性的唯心主义哲学家，贝克莱试图消除他所认为的他那个时代受到科学进步的鼓舞而日益增强的唯物主义倾向带来的危险。这种唯物主义最先在霍布斯那里得到明确表述，后来由于受到牛顿物理学的支持而大为流行。贝克莱的最主要的观点就是：所有我们当下知道的东西，都是我们自己的观念；由于我们没有任何支持物质实体存在的直接经验，因此我们没有理由相信这样一种东西是实际存在的。贝克莱认为，把一种不被知觉的实体事物引入哲学，是为了给不同性质的物理对象提供某种统一的根据。现实世界中的事物无疑有着不同的性质，这些不同的性质在事物中集合成为一个整体。例如，西红柿就是红的、酸的、圆的、平滑的等这样一些性质的集合。但是，是什么东西把这些不同的性质结合在一起的呢？唯物主义者的回答是，它们都是内在于物质自身中的，或是物质本身所固有的。贝克莱对此大不以为然，认为这种说法是难以服人的。他对此的解释是，这些性质都是通过我们的感官才变成我们认识的东西的，是我们的感官把这些性质结合成了一个整体。也就是说，我看到红、尝到酸、感觉到圆或平滑，这些感受就结合在一起并被整合进我的“心”中。早在贝克莱之前，洛克对此就已做过类似的论证。按照洛克的理解，是我的“心”把红、酸、圆和平滑这样一些简单观念联结成为一个叫作“西红柿”的复杂观念。由于贝克莱把关于性质的知觉理解为人的感官的感受性，所以他发现，所谓内在于一个未被知觉的或不知觉的物质实体的性质观念，不仅是不能证实的，而且是明显自相矛盾的。反过来，假如事物的性质，如红、酸、圆或平滑等，是感官的感受性或就是我们的感觉，那么说存在着某些不被知觉的东西就等于说存在着不被人所感觉的疼痛，或至少不会比这种说法有更多的意义。贝克莱把他的这个反唯物主义的论证表达为一个著名的唯心主义公式，即“存在就是被感知”。贝克莱根本不相信存在着唯物主义所说的物理对象和物理世界，存在的只是感觉经验的集合或叫作感觉经验的家族，而它们的存在完全依赖于能知者即人的感知。

贝克莱的这个论证似乎是不可反驳的，尽管初看起来很难为我们的常识和直观所接受。在哲学史上，对唯物主义的批评从来就没有停止过，而且其中的一些批评极其深刻和犀利，但却从来没有人像贝克莱走得这样远。贝克莱通过对感觉经验的原因的分析，直截了当地就把物理对象和物质世界否定了。那么，贝克莱究竟有没有驳倒唯物主义呢？或者说，物理世界和物质对象是不是就如贝克莱所说的，仅仅是我的感觉的一个结果呢？下面，让我们来仔细地分析一下这个问题。

从哲学上看，贝克莱的这个论证的一个主要的问题，就是它混淆了知识的必要条件和它的充分条件之间的关系。我们都知道，没有感觉，就不可能有关于物理对象的经验。但这不等于说，感觉就是物理对象。按照贝克莱的逻辑，当你看着一个物体，如一个西红柿的时候，这个物体即这个西红柿，就变成了某种“类”的感觉。或者说，西红柿和感觉本来就是同一个东西。如果我们同意了他的这个等式的话，看来除了像他一样选择做一个唯心主义者以外，就没有其他出路了。因为，如果我们关于世界的所有知识和知觉至多不过是感觉，而感觉又是被“心”限定的话，那么，我们所知道、所知觉的这个世界上的一切事物，就只不过是一个孤立存在的“心”而已。贝克莱为什么会得出这样种跟我们的常识相去甚远的看法？他是有意要通过反常识来标榜自己在哲学上的匠心独运或标新立异吗？如果我们这样来看待问题的话，那就把这个问题过分简单化了。贝克莱之所以会有这样的看法，在很大程度上跟他把人类知识的对象理解为观念这种东西有关。什么样的东西是我们所能认识和知觉的？常识会说，是物理对象、人以及数学原理等。但在贝克莱看来，这种说法是完全不可接受的。我们所能知道的，除了观念以外，别无其他东西，而观念是感觉的集合。当我们看见一个作为物理对象的西红柿的时候，我们有的仅是红的、酸的、圆的和平滑的这样一些感觉。由于感觉仅仅是存在于我们心内的一些观念，所以我们看见的东西只不过是观念存在。作为观念，它必须存在于我的心里。只是，当我们认真推敲贝克莱的这个推论的时候，我们发现有一个问题存在，这就是，贝克莱说的这一点或许是真的，即当我们看到一个西红柿的时候，我们会有某种感觉；或者反过来说，如果我没有感觉的话，当然也就看不见这个西红柿了。但这并不等于说，当我看见西红柿的时候，西红柿就变成了和我的感觉同样的东西，或者说，就成了我的感觉。有感觉是我能够有关于世界的知识的一个必要条件，但它却不是一个充分条件。如果看见一个东西和有某种感觉不是同一的，那么，我们就不会像贝克莱那样，得出我看见的东西仅仅是观念的结论了。

除了这个最主要的推论上的问题之外，贝克莱还面临着从他的这个形而上学体系生发出来的另外一个颇为棘手的问题。这就是，如何解释我们关于物理对象的日常信念的问题，这是一切唯心主义者都不能回避、必须加以回答的问题。从来也没有一个哲学家愿意自己的体系与常识明显互相抵牾，即便他希望纠正常识中一些显而易见有偏颇的东西。贝克莱也是如此。贝克莱做出了很大的努力，想要表明他对关于物理对象的常识观念的否定并不与常识本身发生矛盾。如果说世界仅仅是感觉的、精神的，那么，日月星辰、山川河流都变成什么了呢？我们应该把原野、树木、石头、河流、房屋甚至我们的身体想象成什么呢？这些东西难道也是我们想象中的幻觉和错觉吗？当我对一个人说那里有一个西红柿的时候，我讲到的难道会比说我看见了或摸到了这个西红柿更多一点什么吗？贝克莱认为不。他说他并未剥夺自然界中任何一件事物。自然事物的总和是存在着的，真实和虚幻之间的区别仍然是完全有效的。自然界中不会丧失任何一个为普通知性所承认的东西。尽管如此，他的论证始终表明他否定得太多了一点。这个缺失的要素是什么？看来就是那个完全独立于任何人的心灵，在我们未知觉到它的时候也仍然存在的物质实体。当然，如果联系贝克莱把普通语言中的“观念”一词理解为不是用来指称事物，而是代表感觉的集合，所以人们不应该把观念和事物混为一谈这一点来看的话，他的这种说法也并非完全没有道理。但即便如此，他仍然走得太远了一点。由于存在的只是感觉，我们关于事物的感觉是观念，我们就不能说即使物理对象是存在的，我们也没有理由相信它是存在的吗？如果我在晚上看电视的时候睡着了，当我突然醒来时发现节目已经结束了，电视机屏幕上一片无图像的雪花点在闪烁，这难道不就是某种关于不可感知的物理世界的存在的证据吗？这个世界怎么不可能有不依赖于人的感觉而存在的独立的物理对象呢？而且，假如物理对象不是感觉的原因，根本就不存在所谓物理对象，那么，我们所处的这个世界的秩序和连贯性又是由谁来加以保证的呢？正像我们知道的那样，贝克莱解决这个困难的方式，是求助那个高高在上、无所不能的上帝之“心”。

现在，就让我们进一步来分析这个本来已经被贝克莱的感觉否定了，而后来为了解决感觉的原因的问题又被他“请”回来的所谓上帝之“心”的问题。这可以看作贝克莱的这个理论面对的第三个最为棘手的问题。“心”这一概念在贝克莱的哲学中有两种含义：一种含义是指感觉之“心”，这是整个贝克莱的哲学的基础。没有感觉就没有世界，当然也就没有物理对象；另一种含义是指上帝之“心”，这是为了解决感觉的原因问题而不得不设计出来的一种共相保证。尽管贝克莱是一个唯心主义者，他在解释我们是如何知道我们自己的心的问题上，仍然遇到了很大的困难。我们知道，贝克莱的唯心论是以对洛克的两个性质划分的理论的批判作为切入点的。洛克相信，感觉经验是由物理对象以某种方式引起的。由于这些对象中有某种性质和能力，所以引起另外一些性质。由于贝克莱有效拒绝了洛克关于感觉原因的理论，并在他自己的理论中消解了物理世界和所有的物质对象，所以他必须对感觉经验的原因做出自己的说明。按照他的说法，这个原因就是上帝。上帝是一个能知者，他观察着我们的经验，使我们获得经验，并且提供着这些经验的秩序。实际上，是上帝创造了我们这个真实的感觉经验世界。正是由于上帝对这个世界的持续性感知，这个世界才能以这样的方式存在并最终能为我们所感知。换句话说，我们假定为一个物理世界的东西，实际上是一个感觉经验的家族世界，它由上帝所引起并为上帝所感知。如果用贝克莱关于观念的理论来对照他关于感觉原因的这一分析的话，不难发现，他的观念理论恰好否定了他关于感觉原因的说明。按照他的观点，我们知道的一切都是观念。然而，拥有这种观念并作为这一观念基础的精神实体并不能被直接知觉到，所以它自己本身就不可能是观念。既然如此，我们也就不可能认识这个作为基础的、叫作“心”的精神实体，这正好是他用来反对唯物主义的论证。因为，物质实体也是由于它的不能被感知而被贝克莱自己否定了。所以，问题的关键看来是：什么是上帝之“心”？如果我们能够接受不被感知的上帝实体，为什么不能接受不被感知的物质实体？或者反过来说，如果我们接受了上帝实体，就应该同时也接受物质实体。这就是休谟所指出的，贝克莱用来反对唯物主义的论据，也可以用来反对他关于上帝存在的证明。

3. 一元论之评论

所谓一元论（monism），就是试图把现实中存在的一切都归结为某种单一性的东西的理论。这种单一性的东西，在唯物主义那里称为物质，而在唯心主义那里称为精神。如果我们希望达到对于心身关系的一个较为合理的或者说是较为可接受的观点的话，则下面这两个基本的问题就不能不被仔细地加以区分：一是二元论受到的理论上的反诘；二是一元论获得的理论上的支持。在许多场合下，这两个问题的关系往往表现为，如果二元论被认为在论证上是不充分的，那么，一元论的解释就被认为是无懈可击的，或至少是相对更为有力的。其实，这种看法是大成问题的。从哲学上看，从来没有一种理论可以被认为是无懈可击、尽善尽美的。二元论论证的不充分性固然表明对心身关系，特别是心的性质的问题可以沿着另一种方向思考，但这并不等于说，一元论对此的思考就一定是没有任何矛盾的、必须无条件地接受的思考。那么，一元论关于心与身、精神与物质关系的思考，在哪些方面是存在矛盾、值得提出来加以讨论的呢？从逻辑上看，一元论的两种形式，不管是唯物主义还是唯心主义，它们所具有的不足，都是由简化性的这一根本的缺点所引起的。

我们先来看唯物主义。正如我们已经知道的那样，无论是行为主义唯物主义，还是同一性唯物主义，它们都突出表达了对于心身关系的一种形而上学的诉求。但是，遗憾的是，唯物主义并没有给我们提供关于这一问题的令人信服的说明。唯物主义强调，存在的仅仅是肉体和大脑，精神、思想、自我、心理事件等并不是可以离开肉体和大脑而独立存在的东西。行为主义唯物主义和同一性唯物主义都宣称，没有所谓的精神、自我、心灵甚至人的独立存在，有的只是一种物理的、化学的和生物的有机过程，这些有机过程和其他物质存在并无本质上的差异，它们只是复杂程度有所不同而已。在一定程度上，要驳倒这一观点是很困难的。因为，人确实有一个物质性的肉体，而且人所做的事情也极大地依赖于这个肉体。在人确切地知道的范围内，人不可能脱离他们的肉体和大脑而存在。但是，承认人极大地依赖于他们的物质存在，依赖于他们的肉体和大脑，并不等于说人仅仅是肉体和大脑，更不等于说他们的肉体和大脑之外的其他方面也是由肉体方面引起或是依赖于肉体方面的。首先，有没有离开身、肉体、物理事件而存在的心、精神和心理事件呢？如果从人的生命存在的持续性来看，可以说是有的。构成现在的我的身体的物质方面的每一个微粒，可以说都不是20年前所具有的，但这并不妨碍我仍然是我，现在的我和20年前的我是同一个“我”。我们应该怎样解释这种现象呢？看来只能说，有些东西是可以不随物质和物理事件的改变而改变的，心、精神和心理事件在某些方面是不同于身、肉体和物理事件的。其次，我们能不能把身、肉体、物理事件归结为心、精神、心理事件，或者反过来，把心、精神、心理事件归结为身、肉体、物理事件呢？看来也是不能的。思想、感情、欲望、愿望、意志等这样一些东西，怎么可能与移动、被移动、加速度、分解等这样一些东西等同呢？由于物理事件表现为空间上的可测定性和相对于私人性而言的公开的可观察性，而心理事件表现为空间上的不可测定性和相对于公开的可观察性而言的私人性，所以，不承认它们差别的方式看来不是解决这一问题的最好的方式。再次，我们的内省活动，比如我们的目的性、主动性意识存在的事实，也证明了精神、心理事件不可能被描述为一个物质的或物理的过程。当我们面对一个正在发生的事件或过程的时候，我们总是要“分析”一下事情的前因后果，“权衡”一下事情的轻重缓急，“掂量”一下选择的好坏影响，显然这是不能简化为单纯的物质或物理过程的。最后，心、精神特别是灵魂可以独立于肉体存在的观点，在某种程度上是支撑整个人类文化特别是宗教文化的信念和信仰的基础。对死后生活的关注和对来世幸福的向往，从根本上说，就是建立在精神可以脱离肉体而存在的前提上的。对于支持和支撑整个人类文化的信念的基础，是不能简单地用日常生活的物质观点将之宣布为不存在的。这个问题甚至还可以用一种极端的方式来推演，这就是，如果大多数人都关注死后生活，都期盼来世幸福，这本身就构成了我们人类生活和生存中的一项不变的内容，或者换句话说，成为我们日常生活中另外一种至关重要的常识性内容。如果它也是一种直观的、不能拒绝的常识的话，那么，它的存在的确实性和权利就是更不能轻易地加以否定的了。

如此看来，唯物主义的一个主要的理论上的问题，就是它的简化性和同一性的缺点。当唯物主义把人的一切方面都归结到物质或还原为肉体的时候，对精神、思想、意志、情感等的解释就变得十分困难。人在其物质的方面当然是由物理的、化学的和生物的基础构成的，而且人也随时根据外界的刺激采取相应的行为和行动，但仅仅用人存在的物质的、肉体的方面并不能完全解释人生活的一切领域，特别是涉及宗教、道德等社会文化问题时更是如此。如果人死后灰飞烟灭，一切都不复存在，那么，我们孜孜以求的精神、文化、宗教、道德活动的意义又在哪里呢？如果我和我的肉体是同一的，那么，我在对自己的行为的过错做精神忏悔的时候，是不是应该让我的身体和肉体来承担责任呢？有一种广泛的观点认为，可以在唯物主义的立场上把心和身、精神和物质、心理事件和物理事件看作同时存在的，物质和精神的关系是现实中首先产生了物质性的肉体和大脑，然后精神、思想和意识在漫长的物质过程中进化而来。但是，只要我们承认物质和精神是同时存在的，即便它们的关系是单向性的物质产生精神，以及心理事件的任何变化也不可能引起物理事件的变化，我们还能够说它是一元论吗？而且事实上，精神和物质的关系从来也不是单向性的决定和被决定的关系。固然有许多时候，物理事件引起了心理事件，比如头脑受伤，人就失去心理知觉；但也有很多的情况是心理事件影响和左右着物理事件，思想问题引起了肉体和大脑的问题，例如“精神变态”“心理病态”等就是如此。如果联系到一些典型的思想影响大脑和肉体的事例，如催眠术、瑜伽、气功等来看心身关系的话，唯物主义的同一性观点还会遇到更多的理论难题。

如果说，唯物主义把精神归结为物质、思想还原于大脑的观点，表现的是一种简化性的思想方法的话，那么，唯心主义用精神来吞并物质，根本否认物质存在的观点，则是在相反的方向上重复着唯物主义所犯的简化性的错误。按照唯心主义（如贝克莱的主观唯心主义）的观点，现实中的每一样东西，都可以归结到人的思想及其经验。某一事物，如果它不能为我们所经验，我们就无法知道它是否真正存在。在把世界看作不是吞并了我们的经验，而是从我们的经验的方面来看世界这一点上，唯心论比之那种把感觉看成是印鉴在蜡块上留下的痕迹的素朴实在论，以及把感觉看成是墨汁在白纸上留下的痕迹的洛克式的经验论来说，当然要高出一筹。但这种对经验主动性和主体能动性的发挥，实际上是以简单地消解作为经验对象的物质存在为前提的，因而其所达到的世界的真实性就令人怀疑。某一事物可以被适当地看作一种经验的集合体，并不等于可以反过来把这一事物就看作经验本身。就像五官、四肢、五脏、六腑都属于人，但不能说它们就是人，或可以被适当地称为人一样，日月星辰、山川河流当然可以被适当地称为经验的集合体，但却不能把它们看作就是经验，或适当地被称为经验。更重要的是，如果我们接受了唯心主义这种关于世界的观点，我们甚至很难成为日常生活中的一个正常的人。仅仅因为我们不能经验到一个对象，我们就有权简单地把这种对象取消或干脆宣称这种对象是无吗？显然不能。如果没有呈现在外感觉中的物理对象和实存事物，我们的感觉中的秩序和连贯性是从哪里来的呢？唯心主义一般都把这种秩序和连贯性的原因归于上帝。但上帝之作为一个共相性的实体，它与物理对象又有什么本质的区别呢？既然物理对象由于我们感知的限制不能被认为是存在的，那么，我们又有什么理由宣称具有同样性质的上帝是存在的呢？不用说，唯心主义用来反对唯物主义的一切证据，都是可以被用来反驳唯心主义理论本身的。当然，唯心主义作为一种关于世界性质的一元论哲学观点，它对关于一个假定的外部世界的感知的复杂性的揭示，使得我们远离了一切关于物理对象的常识的、直观的观点。仅此而言，它的积极作用就是毋庸置疑的。但是，当它武断地宣称外部世界不存在，并把上帝这种不能经验的精神实体引进感知，将其视为世界存在的原因和基础的时候，就不免让人对它的论证的合理性深表怀疑。

三、人的同一性

什么是人？有人会说，人是一种有肉体和大脑的动物，或说是物理-化学的和生物学上的复杂有机体；也有人会说，人是一种理性的动物；还有人会说，人是一种情感性的存在；另外一些人则说，人是一种社会性的存在；更多的人干脆说，人就是“我”，或者说是“自我”。凡此种种，涉及的都是人的同一性的问题。人当然是有同一性的。尽管唯物论与唯心论在关于身心关系的问题上针锋相对、互不相让，但不管它们怎样地把心归结到身，或把身归结到心，说到底争论的是一个人的同一性的问题。二元论表面上把身与心、物质与精神看作两个不同的东西，但只要它所讲的总也离不开这两者的关系，就证明这两者在人的概念中是不可分离地联系在一起的。但讲人的同一性与讲心身的从属或交互关系毕竟不是同一回事。从哲学上看，所谓人的同一性，实际上讲的是："我是什么"或"什么样的我才是我"这一问题。

1. 我与自我

在人的存在问题上，恐怕没有任何一个其他概念会比"自我"这个概念更多地为人们所提到的了。许多人认为，我们人与世界上其他存在物之间的最大的区别，就是这个叫作"自我"的东西。我们经常说，人是世界上最高级的存在，它不仅具有对外界刺激和周围环境做出反应的能力，它还具有一切其他物种所不具备的一种最重要的能力，即意识它自身或意识它的肉体和精神的能力。当我们谈到人的这些能力的时候，我们通常用"我""我的""我自己"等这样一些概念来表达它们。而且，当我们这样表达的时候，我们并未感到有任何的不当之处，就像这些概念指称的那些东西确实存在一样。

那么，是不是真有这个叫作"自我"的东西呢？人们对此的看法是不同的。就以休谟来说，他就极为反对这个概念，认为"自我"这种东西完全是少数哲学家生造出来的、没有任何实际根据或经验基础的抽象词汇。他说："有些哲学家认为，我们每一时刻都密切地意识到所谓我们的自我，我们能感觉到自我的存在以及它在存在中的连续性，我们可以超越论证的确实性而确信它的完满的同一性和单纯性……对我来说，当我最密切地考察我所谓我自己时，我总是碰到一些特殊的知觉，如热或冷、亮或暗、爱或恨、苦或乐。我在任何时候都决不可能把握住一个没有知觉的自我，而且我决不能观察到任何事物，只能观察到知觉。"① 休谟的这段话，被认为是他著名的"束知觉"理论的典型表达。按照休谟的理解，那种认为我们每个人自己都有一个不变的自我的看法，实际上是受一种没有认识根据或经验基础的日常意识影响的结果。任何知觉都是个别的、特殊的、一束一束地连续性出现和消失的。所谓自我，说到底是一束束不同的知觉以我们无法想象的速度接踵而来，并不断改变和移动的情形造成的一个结果。他举例说，人的心灵就好像是一个剧场。在这个剧场里，各种影像的移动是如此之快，以至人们根本无法看清他们所看的电影事实上是由许许多多并无关联的单一性的图像"组合"起来的。人的认识也是这样。人的心灵中有的只是那些来去匆匆的知觉，这些知觉依其位置和情况的不同，不断地交替出现、组合分解。我们由于弄不清它们的这种性质，久而久之就认为有一个不变的叫作"自我"的东西。总之，在休谟看来，人们形成自我概念，相信有所谓人格同一性这样的东西存在的最大的一个原因是，他们把连续性的知觉与自己关于某物所形成的概念混同了起来。由于这个某物在一段时间内是保持不变的，于是他们由此得

① ［英］休谟：《人性论》，第4章第6节，转引自［英］柏林编著：《启蒙的时代》，253～254页，北京，光明日报出版社，1989。

出了“自我”“灵魂”“实体”等这样一些抽象概念，把实际存在于自身一系列经验中的变化掩盖了起来。休谟指出，关于自我同一性的争论不仅仅是语词方面的争论，更涉及更深层的人的认识上的原因。当人们把同一性不恰当地归于不变的或非连续的东西的时候，他们的错误就绝不仅仅限于语词或表达方式，而是会凭空构造出一些本来不存在的东西，或至少会有想构造这种东西的欲望或倾向。

其实，除了休谟以外，还有不少哲学家甚至宗教思想家也对自我概念抱持反对的态度。哲学家主要是指那些与休谟一样属于主观经验论营垒的学者，而宗教思想家中的典型代表则是东方的佛陀释迦牟尼。另外，晚近的行为主义者也对自我概念极尽批判之能事。行为主义对自我概念的否定，主要是基于它的唯物主义的哲学前提。构造一种“没有灵魂的心理学”，是行为主义者孜孜以求的理论目标。按照施金纳的观点，人作为一种物质性的肉体和大脑存在，仅仅是根据环境的刺激采取行动。就其反应方式而言，相当于一个应答外部刺激的联合装置。不是什么精神、灵魂、自我和内在的实体是人的行为的原因，恰恰相反，是外部条件和环境刺激引起并决定着人的行为。“因此，摈弃那些把心理活动局限于体内特殊部位的人的一切无益幻想和愚蠢猜测吧。”① 墨菲和柯瓦奇援引的尼萨的格雷哥里的这句格言，集中表达了行为主义遵奉的理论信条。至于佛教对自我的否定，则必须从佛陀释迦牟尼关于人生的基本看法谈起。按照佛陀的观点，自我完全是一种不真实的思想上的幻象。由于人的存在只能表现在“五蕴”即“色”“受”“想”“行”“识”的层面上，所以，甚至不能说人是存在的。既然人都是不存在的，又谈何“自我”“精神实体”“灵魂”等这样的东西。按照这种观点，人生就是一系列心灵和肉身的变化，这种变化使人处在一种持续的状态改变的过程中。今日的我已非昨日的我，此时的我亦非彼时的我。“我”在佛陀那里被视为达到“五蕴”这一佛教最高境界的最大障碍。如果联系到佛陀把人生比喻为代代相传的烛火，每个人不过是这个由一支蜡烛向另一支蜡烛传承过程中的一点火焰的话，就不难理解这种理论对自我的否定是何等彻底。

从哲学上看，休谟对自我的否定，是在理论推论的逻辑层面上所能达到的最彻底、最有力的一种否定；而佛陀对自我的否定，则是在人生意义的诠释层面上所能达到的最机智、最具智慧性的一种否定。那么，这两种理论对自我的否定是否就不存在任何值得提出来加以讨论的疑问或问题呢？实际上，自休谟提出他的反自我理论以来，对他的这种理论的批评之声就不绝于耳。由于“自我”这个概念在长期的社会文化发展中，早已成为我们关于自身存在意识的一个名词表达，因此，对休谟这种理论提出的第一个疑问就是：既然没有所谓自我，那么，我们每天日常生活中无数次地提到的“我”“我的”“我自己”等这样一些概念，到底应做何指？如果没有“我”“我的”“我自己”这样一些表达我们自身存在的概念，我们又如何把我们自己与其他的人或物区别开来？对此，休谟可能会说，我们讲到自我时，讲到的实际上是我们的经验，我们是因为有关于事物的经验，所以才形成了所谓自我。我们感受到的从来只是经验而不是自我。使我与他人区别开来的东西，也是我的经验而不是自我。但这样一来，又引出了对他的这种理论的第二个疑问，即经验是什么？我们都知道，经验是一种精神或心理现象，每一个经验都是

① ［美］加德纳·墨菲、约瑟夫·柯瓦奇：《近代心理学历史导引》，325页，北京，商务印书馆，1980。

一个心理事件，而任何心理事件都是以这种或那种方式从属于某一特定的心理主体、意识主体的。没有心理主体、意识主体，经验和心理事件就成为无所依附、自由漂浮的东西了。有没有无所依附、自由漂浮的经验呢？没有。因为，任何经验都是具体的经验、个别的经验，这些经验之所以能够相互区分，就是因为它们总是固着于某一经验主体、心理主体，是不同主体的不同经验和心理。所以，从心理、意识、感觉个性化的角度来看待这个问题，也不能认为有所谓脱离了主体的、能够自由漂浮、无所依附的经验和心理。对休谟的这种理论提出的第三个疑问是：我们到底能不能意识到一个持续存在的实体性的自我？当我有一个关于事物的经验时，我意识到的，难道仅仅就是经验，而不包含作为经验的主体和意识的所有者的“我”或“我自己”？不能想象：经验主体和意识所有者不是作为经验的一个确定的部分被包含在经验中的；我们每天、每时、每刻经验到的、意识到的，仅仅是那个叫作“经验”的东西，而不是我的经验、你的经验和我们每一个人“自己”或“自我”的经验。对休谟的这种理论提出的第四个疑问，可以看作对他的推论的逻辑的一个反诘，即我们到底应不应该把经验和经验的主体、意识和意识的所有者连成一体？休谟无疑是反对把它们联结在一起的。但这能成为它否定自我存在的彻底的逻辑根据吗？按照休谟的观点，我所知道的仅仅是我的知觉，而不是有这种知觉的自我。但是，是什么东西使这种知觉成为我的知觉呢？是因为它是一个从不间断、连续出现的知觉集合体吗？如果说它是这样的一种集合体，那么，它发生在我身上和发生在其他人身上有什么区别呢？如果说它不是这样一种集合体，我又如何发现那是属于我的知觉呢？但是，我有意识不到我的知觉的时候吗？显然没有。在任何时候，我意识到的知觉都是我的知觉。所以，我们只能接受这样一个不可避免的结论，即“我”这个概念并不仅仅是知觉性质的东西。客观地说，作为经验的主体和意识的所有者，我当然能够意识到我的经验，但这并不等于说，我就不能意识到我的自我。退一步说，即使我能够意识到的只是经验，也不意味着我就要把我自己、我的“自我”仅仅看作就是经验。

从理论上看，对休谟观点的批评，同样也适用于对佛陀观点的反驳。因为，这两种理论对自我不存在这一问题的看法，简直就是如出一辙。所不同的是，休谟的理论是对这一问题的分析所能达到的最好的逻辑推论。因此，佛陀的主张尽管是一种宗教层面上关于人生问题的观点，但还原到逻辑的层面，它的理论上的弱点实际就是我们上面分析休谟理论时谈到的那些弱点。归结起来，佛陀这一理论的问题主要是在两个方面：一方面，就它那个作为自我不存在的根据的“五蕴”来看，活脱脱就是休谟一再强调的那个“经验”的翻版。所以，我们反驳休谟关于自我不存在时提到的那些论点，几乎每一个都适用于对佛陀理论的质疑。例如，经验不能脱离经验者而存在，那么，“五蕴”就能脱离人而存在吗？没有人，“五蕴”又如何能够结合在一起？按照佛陀的观点，人生根本就是虚幻的，“五蕴”的存在就证明了物质性的肉身和精神性的灵魂的非实在性。因此，“五蕴”并不属于任何具体的个人，反而是我们个人应该从“五蕴”的存在性中体验到摆脱肉身或灵魂这样的东西的必要性。但情况恰恰相反，任何“五蕴”都是“我”的“五蕴”。既不能用你的“五蕴”取代我的“五蕴”，也不能用我的“五蕴”取代你的“五蕴”。那么，我的、你的、他的“五蕴”是建立在什么样的基础上的？这样的问题离开“我”这个概念能说得清楚吗？说“五蕴”是自由漂浮、无所依附的，那为什么你有你的

“五蕴”，我有我的“五蕴”？说“五蕴”不是自由漂浮、无所依附的，那它不是建立在“我”之上的，又是建立在什么东西之上的？另一方面，就佛陀把人生比喻为摇曳不定、转瞬即逝的烛火这一点来看，这就能证明人不是“自我”，或根本没有一个叫作“我”的东西吗？这也是值得怀疑的。烛火是什么东西？这样问，或许本身就已经违背了佛陀的本意。因为，只有把人生比作一种如灵魂般存在的、通过再生来传递的实体，才能说到有一个什么东西。但能不能问烛火不是什么东西呢？似乎也是不能问的。这样问，等于是从反面上想要肯定一个“我”这样的实体的存在性。因为，讲本来就没有我，等于讲已经有了我。假如没有我，又怎么会讲到我？但这样一来，我们不禁要问，他把人生比喻为烛火，究竟想要告诉我们什么呢？是想要告诉我们，烛火的性质就是“涅槃”，即“寂灭”，也就是为了实现对自我的忘却或抹去，以达到终极的“真如”吗？那么，“真如”是不是一种终极的实体呢？这种实体和灵魂又有什么不同呢？既然灵魂和“自我”是同一层次上的概念，那么，当我们说自我不存在的时候，是不是也要说“真如”“涅槃”不存在呢？而如果“真如”“涅槃”不存在，那么，烛火还存在吗？换句话说，说烛火存在还有什么意义吗？

由此看来，只要不承认自我的存在，就一定会在有关人的存在的那些最根本的问题上陷入一种令人困惑的处境。实际上在我们讲到人的同一性这样的字眼时，就已经暗含了强烈反对否认自我存在的前提。从哲学上看，如果否认了“灵魂”“自我”“实体”等这样的概念，也就没有了所谓形而上学。但是，反对说自我是不存在的，并不等于说自我就一定是存在的。任何有关自我存在的命题，都必须表现为哲学上的有说服力的逻辑论证。那么，坚持自我是存在的哲学家，在这一问题上提出了哪些有说服力的观点呢？

2. 自我之特征

什么是自我？对此问题的分析就是指出它们的存在特征。尽管休谟从经验论出发否定了自我的存在，但分析自我的特征却不能离开经验。从理论上看，不管自我存在不存在，能够还是不能够进一步地加以分析，经验的所有者都是一个必须被加以考虑的前提性因素。因为，没有经验的所有者，也就没有了所谓经验。一旦我们谈到经验的所有者，也就意味着我们谈到了所谓自我。那么，究竟什么是自我呢？从字面上看，自我就是指那个叫作我自己的，或是我自己的个性的东西的持续存在性。如果这个我自己或我自己的个性的东西是可以或可能持续存在的，那就说明了我们人是具有同一性的。既然“人”这个概念是统一的、具有同一性的，这个自我当然就可以指我的任何东西。那么，我究竟是什么东西呢？看来应该是：我是思想的东西而不是思想本身；我是情感性的东西而不是情感本身；我是行动着的东西而不是行动本身；凡此种种。这样，我的思想、情感、行动可能是经常变化的，但我作为这些东西的所有者却是恒常不变的；而由于我是恒常不变的，所以，我才会有绵延不绝的思想、情感、行动的表现。看来，这就是我们能够给出的关于自我、关于人的同一性的概念。那么，我们应该怎样更具体地来讨论这些东西呢？

（1）"我"的不变性

在"我"是否存在的问题上，佛陀释迦牟尼的看法不能说没有一定的道理。佛陀认为，人生就是一系列心灵和肉身的变化，这种变化使人处在一种不断改变的状态中。成人不同于婴儿，今日的我非昨日的我。说到底，没有什么东西是"属于我"的，也没有什么东西是我。因此，并没有一个叫作"我"或不变的自我的东西。

之所以说佛陀的这个看法不是没有一定道理的，是说从另一方面来看，它又是可商榷的。当然，现在的我已非10年前的我，因为，我的身体上的每一个细胞都是新生的，而不再是10年前的了。但是，现在的我难道就真的不再是原来的我了吗？如果是这样的话，分别10年、20年或更久的我的亲人、朋友应该就不再能认出我了；把今天的我的照片与10年、20年或更久以前的照片相比，就看不出照的是同一个人了，但情况又并非如此。可见，尽管这些变化是非常缓慢的、逐渐地发生的；尽管我的肉体的某些部分发生了改变，但看来它的基本结构、总的特征还是保持着的。也正由于此，我们说，今日的我与昨日的我是同一个我。

不仅如此，我们还有更能体现我之为我的东西，而这个东西看来超越了肉身论证上的局限性。例如，当你与朋友通电话时，你们彼此之间并未见面，为什么他能知道电话的另一端是你，而你也知道电话的另一端是他呢？而当你收到你的朋友的来信，或你的朋友收到你的来信时，你与他、他与你之间会有一种宛若见面、如沐春风的感觉呢？更有意思的是，假如你由于某种原因离群索居、落落寡合、性情大变，你的亲朋看你恍若两人，他们或许会说："他已经不再是过去的那一个人了"。而假如你由于某种契机，后来又恢复常态、一如以前时，他们或许又会说："这才是我们熟悉的那个人，原来的那个人"。还有，假如我要强调我与过去的区别，我会说："我已不再是过去的我，我不是过去的那同一个人了"；而假如我要强调我与过去的一致之处，我会说："我还是我，你可以充分地信任我，我跟过去没什么两样"。这是在玩一些语义上的小把戏、小伎俩吗？不是的。这是从另一个侧面反映出"我"这个概念的一贯性和不变性。

（2）肉体的持存性

一般说来，肉体的持存性是在这样的意义上理解的：只要我有我的肉体，即我与生俱来、只要我活着就始终存在的我的肉体，我就是同样的一个人，而不管这个肉体与原来的肉体相比是否已经发生了变化。这里的意思是说，假如你持续地、不间断地观察一个人生命的全过程的话，你会发现，他的肉体存在与他的生命存在实际是同一的。你不可能发现有生命而无肉体的情形。但是，肉体是持存的，不等于肉体本身是不变化的。每时每刻，你的肉体的物理的、化学的和生物的属性都在发生变化。每过一段时间回顾一下的话，你还会发现，你的表情、你的习惯、你的兴趣也都在发生着微妙的、不易觉察的变化。但你还是你，你的肉体的内部或外部变化不改变你的整个肉体存在的一贯性。你可以改一个名字，但改了名字的你还是你；你可以跟你的过去决裂，但你不能跟你的肉体决裂；而你精神上的决裂正好表明了你与你"自身"的不可决裂性。当然，这里讲到的你，实际上指的是"我"或"我自己"。如果真正地讲到"你"，即与我不同的另一个人的话，情况就有所不同了。对于与我不同的另外一个人，由于我不能始终如一、分毫不差地观察他，我当然不敢说我能像了解我自己一样了解他。但是，除了一些非常特殊的情形，我们也还是有把握做出正确判断的。比如，两个在战乱中失散的亲人，多年后很幸运地重逢了。但是，其中一个人的外貌特征变化得如此之大，以至于另一个人已经完全认不出他来了。怎么办呢？通常使用的一个解决办法，就是让这个人叙述他过去和你在一起时发生的那些事。因为，一些生活中的细节性的琐事，除了亲身经历过的人，其他人是很难将它们无遗漏、无漏洞地描述清楚的。通过这种描述，你将有可能正确地判断，站立在你面前的这个人是否就是你要找的那个人。所谓非常特殊的情形，是指可能你遇到一种极为复杂的情况，即有人可能想冒名顶替取得你的信任，以达到某种目的，这自然另当别论了，就像我们在大多数间谍小说里读到的那样。其实，即便在这样的情况下，事情最后也仍然会水落石出，你还是搞清楚了这一点，即他是否就是你熟悉的那个人。所以，我们关于肉体持存性的一个标准，就是在一个人的一生中，他的肉体过程是不可能有一秒钟的中断的。如果肉体过程中断了，那么这个人的生命也就终止了。你能想象有一个你刚刚还在电话中与之交谈的、身在数千里之外的人，突然站立在你的面前吗？不能。如果你真的遇到这样的情况，你可能的反应应该不会是喜出望外，而是惊吓得大叫起来。“分身有术”是用来描述一个人精明、高效、能干的语词，而不是说在现实中，一个人的身体能够变化出两个或更多个身体。

（3）经验的实在性

自我不是经验，但承认自我却不能离开经验。因为，虽然自我提供了人的一生的持续性和一贯性，但这种持续性和一贯性的内容却来自经验。经验是片断的，而自我却是连贯的；而唯有自我是连贯的，它才能容纳众多片断的经验；并且，这些经验是“我”的经验而不是任何其他人的经验。例如，“我”的情感是多变的，喜、怒、哀、乐穿插交替、此起彼伏，但这些变化都发生在“我”的身上，“我”作为经验的所有者使这些经验在“我”身上既具有继起性又具有统一性；“我”的经历又是复杂的，出生入死、兴衰荣辱等闲视之，但这些都深深地烙印在“我”的“记忆”里，永不消退、历久弥新，如此等等。

经验具有实在性是毋庸置疑的，但讲经验的实在性不能把“我”归结为仅仅就是经验，就像休谟所做的那样。按照著名的美国人格主义哲学家波登·帕克·鲍恩（Borden Parker Bowne，1847—1910）在他的《人格主义》一书中表达的观点，经验并不否定自我，而是反过来证明了自我和人格这样的东西的存在性。鲍恩一方面把经过科学加工而具有一致性的人们关于世界、自我以及其他东西的经验统统称为认识，另一方面又强调要追寻包含在这个经验中的本来含义。在他看来，即使是最简单的经验，也已经通过思想的分类活动建立和包含了解释。这种立基在经验之上的解释，为我们每一个人构建起一个独特的、个性化的世界。这种独特的、个性化的世界是受到我们彼此间经验的共同性支持的。我们彼此间经验的共同性倾向于确认我们每个人的建构，只有那些不能被确认的东西才被视为虚构。超越思想共同性实在的观念是荒谬而无意义的，自我及其经验才是唯一的实在。鲍恩特别指出，唯一能够对存在范畴发生作用的东西就是自我，因为只有自我能够把活动的基本要求与连续存在结合为一体。人的智力典型反映了这方面的因果关系。同时，人类自身不是他们自己的原因，因为在人类自身中找不到足够的理由来解释他们所属的共同世界的统一性及其超越自身的实在性。这样，对认识的分析就指向无限自我的存在。无限自我与其说是实体，不如说是活动或代理人。它创造并维持着我们，却又并不吞并我们的个性，也不使我们的局部认识成为不真实。

（4）“我”的私人性

“我”具有私人性而不是公共性，是支持“自我”存在的最有力的证据之一。一方面，“我”只有具有私人性，“我”才具有同一性；另一方面，“我”的所有同一性，都支持和强化着“我”的私人性。那么，这个证明自我存在的最重要的“我”的私人性表现在哪些基本的方面呢？首先，自我是一个非自然的概念。自然是公共性的，而自我是私人性的；自然是自发性的，而自我却是自觉性的；自然是空间上可观察的，而自我却是在空间上不可观察的。这也就是说，在自然界中，一切的存在和发生都是“自然而然”、非选择地进行的，而自我则总是以独立或退出自然的方式来表现它与自然的相互作用的。动物只是消极地适应自然界，而人尽管不能完全摆脱自然界的束缚，但他却能从自然界中发生的事件中抽身出来，以一种独立的、理性的方式实际地介入自然的进程，并尝试去适应或改变他所面对和遭遇的自然事件。其次，自我是一个非分享的概念。你感到头疼吗？你相信上帝吗？你为你的行为后悔和悲伤吗？这些表现我们的内在性的东西能与他人分享吗？就像心、精神、思想和心理事件具有私人性和不可公开观察性一样，自我也具有内在的隐秘性和私人性。或许，正是由于心、精神、思想和心理事件这些东西所具有的私人性和不可公开观察性，我们的自我才是私下的、不可分享的。或许你会说，有些经验性的东西当然是可以分享的。比如，我们大家在海边观赏日出和日落时，都有着同样的愉悦感、崇高感或悲壮感；我们经常把自己具有内在隐秘性的东西向我们最信任、最亲近的人倾诉；等等。但这些与我们自己亲身的感受和经历是相同的吗？看来，经验是有类似性的，但它却不可能是完全相同的；感情是可以交流的，但它却是不可替代的；思想是可以理解的，但被理解的思想终究不是与你原本的思想完全一样的。所以，我们可以与他人分享许多东西，具体到器官移植或抽象到交流思想，但在涉及自我或人格这样的东西的时候，我们又有谁敢说，这是能与他人彻底分享的呢？最后，自我是一个返回性的概念。自我的这种返回性特点，在人的内省活动方面表现得最为明显，内省就是自我的一种返回性运动。人与动物的一个重要区别，就是人的意识总是返回自身的，而动物却没有证据证明能做到这一点。运用心理学的研究方法，我们可以清晰地记录下人对颜色、声音等东西的不同经验反应；应用一般的经验科学方法，我们也可以发现或分析人的不同思想。但动物就无法做到这一点。我们当然不能说动物就一定没有意识能力，但至少在自我意识方面，它的可以想象的一切能力应该是远远低于人的最低限度的自省和意识能力的。

3. 自我与人

自我作为既有肉体持存性又有意识私人性的“我”的存在，在另一个角度上看，就是“人”这个存在。由于人既有“身”又有“心”，既是物质的又是精神的，既表现为物理事件又表现为心理事件，因而对这一概念做二元论的解释，即把灵魂和肉体看作同时存在的；或做一元论的解释，但不是要么把身归结为心，陷入唯心论，要么把心归结为身，陷入唯物论，就都是可以理解的了。但无论如何，二元论把身与心、物质与精神、物理事件与心理事件并列起来，毕竟对自我或人的同一性的问题构成了挑战。那么，究竟是“人”这个概念在“肉体”和“意识”这两个概念之先，还是“肉体”和“意识”这两个概念在“人”这个概念之先呢？解决了这个问题，就既能说明自我和人的同一性，又能解释二元论导出它的理论结论的逻辑原因。

当我们谈论“身”和“心”这两个概念时，我们实际上已经假定了“身”和“心”这两个不同的东西的预先存在性。那么，有没有一个概念是比这两个概念更为基本、更为先在的呢？这个概念能不能不仅不要预先假定“身”和“心”这两个东西的存在，而是反过来，“身”和“心”这两个东西要预先假定这个概念的存在、以这个概念的存在为前提呢？回答是肯定的。这个概念就是所谓的“人”。当代著名的语言哲学家斯特劳森（Peter Frederick Strawson，1919—2006）在他的《个体：论描述的形而上学》一书中对此做了精彩的分析。按照斯特劳森的观点，当我们谈论我们自己时，我们使用“身高”“体重”“尺寸”“颜色”等这样一些概念来表达我们的物理的或肉体的属性。我们也使用“我在屋子里”“我躺着”“我认为”“我生气”“我看见”“我记忆”等这样一些概念来表达我们自己的实际状况，它们涉及位置、肉体姿势、思想感情、知觉记忆等这样一些属于我们个人的最基本的东西。但是，当我们仔细思考怎样描述才是对我们自己存在状态的最好描述时，我们开始对这一事实感到不解，即为什么我们把有意图的行为、思想、知觉这样一些属于意识状态的东西归于我们自身所有。假如我们并不认为这样的归并是无懈可击、尽善尽美的话，那么，我们就可以提出这样两个问题，即第一，“为什么要把一个人的意识状态归于某种事物”？第二，“为什么要把它们归于与某种肉体特征、物理环境相同的事物”？

斯特劳森试图对他提出的这两个问题做出回答。他发现，这两个问题相互之间并不是没有联系的。如果我们能够找到后一个问题的答案，我们或许就能顺理成章地解释和说明前一个问题。因为，后一个问题在日常生活中具有更为经验的性质，或者换句话说，是一个更常识化和被人们习以为常地加以看待的问题。按照斯特劳森的分析，第二个问题之所以被常识化，一个根本的原因就是，我们有“人”这个概念，并且我们在日常语言中时时处处都遇到并使用到这个概念。很明显，能说一种语言或者有关语言的知识这一事实本身就预设了“人”这个前提，即懂得“人”的概念及其意义。同时，一个独立的个体一定是这样一种存在：不仅有肉体属性，而且有意识属性。因此，从逻辑上追溯，“人”这个概念应是比“肉体”和“意识”这两个概念更为初始的概念。它既不预先假定“个体意识”的概念，也不预先假定“肉体”的概念，正相反，这两个概念都预先假定了“人”的概念。这就是说，我们既无法谈论没有肉体的人，也无法在谈到意识状态时否认它属于有肉体的人（当然，我们可以谈论有肉体而无意识状态的情形，例如“脑死亡”。但是，这样的“人”很难说是我们日常理解的人，至多不过是人道性地“被维持的生命而已”）。这样，我们就回到上面提到的那两个饶有兴味的问题上来了，这就是，把意识状态归于某种有肉体属性的东西，是把它归于任何一种东西的必要条件。

既然把意识状态归于某种有肉体属性的东西，是把它归于任何一种东西的必要条件，那么，我们就不能说“自我”这个概念比“人”这个概念更为根本。因为，要具备“我的意识”这一观念，必须先知道“有意识”是什么意思，并且知道别人也有意识。而要证明我或其他人有意识状态存在，除了承认特殊事物有肉体属性，即肉体和特殊的意识状态这一点，别无可能做到。例如，对一个红点的感知，只有通过把知觉归于人才能得到解释。这就是说，对这个红点的感知，是“他”或“我”的感知，只有这种感知才能证明意识状态是同一的。很明显，包括肉体在内的三维的、稳定的和具有时间持续性的物质的特殊事物是基本的特殊事物，因为它们能够直接地被证实和再证实；反之，要证实思想或个人知觉这一类非物质的特殊事物，则需要参照基本的也就是物质的特殊事物。斯特劳森非常机智地分析到，证实自己同一为人的一个前提，是要证实他人是同一为人的。如果我们不能证实他人是同一为人的，我们就不能证实我们自己是同一为人的。那么，我们又是如何归认他人是有意识的，以及我是有意识的呢？按照他的分析，对于他人，我们可以通过观察他的行为来判别；但对于我们自己，却不适用观察他人的方法。这就是说，对于他人，我们可以观察他的行为。但是，对于我自己，却不见得也要采取观察的方法。以“累”这个概念为例，我可以告诉别人，我累了；但是，我要告诉自己我累了吗？显然不要。我是感到累的。难道我还要告诉我自己说“我累了”，我才知道累吗？那么，第一人称说“我累了”，与第二、第三人称，即“你”或“他”说“我累了”，这两种表达有什么区别吗？在他看来，它们既有区别又没有区别。说它们没有区别，是指字典不会因为以第一人称或第二、三人称说这句话而给出两套解释；说它们有区别，是指当我说“我累了”的时候，我感到累而不是观察到累；而当我说“他累了”的时候，我观察到累而不是感到累。

由于斯特劳森成功地证明了，“人”的概念不仅逻辑地蕴含了肉体和意识这两个概念，而且还蕴含了它们之间的关系及其统一，所以，他有理由对传统的哲学和心理学的假定表示强烈的不满。传统的哲学和心理学的假定主要沿着两个方向进行：一个方向是，以类比的方式把对他人行为的观察传递到对自己行为的理解；另一个方向是，把自己通过反思而得到的认识类比地传递到他人的行为。前者就是传统经验论，包括石里克和维特根斯坦的语言哲学经验论所代表的“无物主”理论；后者就是笛卡儿为代表的二元论。就后者而言，笛卡儿主张思维存在，但同时又断定我们可以怀疑我们有没有肉体，这未免显得不合逻辑。因为，它等于说，我存在，尽管我不知道我的存在有没有肉体。换句话说，可能存在这样的人：他们能够思维，但却没有肉体。所以，笛卡儿的怀疑论固然有效地帮助他建立了自己的二元论，但这种方法却很难说是适合逻辑论证的。就前者而言，经验论以知觉作为认识分析的基础，总是把感觉材料或其他类似的东西当作基本的特殊事物，这就很难避免“唯我论”的结论。在任何时候，人都不能从自己的经验推出归认他人有意识状态的逻辑，因为只有当他已经知道如何这样做时，他才有关于自己的情况的或任何情况的，即任何经验主体的概念。同时，我们也只能猜测他人的经验，而不能得出他人与自己有相同的经验的结论。斯特劳森特别强调，坚守“人”的概念先于“肉体”和“意识”的概念的原则是十分重要的。因为只有这样，我们才能一方面避免怀疑归认意识状态的可能性，另一方面“解释那种阐述令人怀疑的问题所凭借的概念模式的存在”。总的来看，斯特劳森对“肉体”、“意识”、“自我”和“人”这几个最重要的身心概念关系的分析是令人信服的。确实，身心关系是如斯特劳森所描述的：作为意识状态的思维观念预设了肉体观念；而这两个观念又都预设了人的观念作为基本的和逻辑的必要概念。

《学习提要》

一、基本概念

心理事件；物理事件；一元论；二元论；唯物论；唯心论；行为主义唯物主义；同一性唯物主义；自我。

二、基本原理

身心关系；一元论与二元论；唯物论与唯心论；人的同一性。

贝克莱的主观论；休谟的非自我论；佛陀的非自我论；行为论的非自我论。

三、思考题

1. 如何区分一元论与二元论？物理事件与心理事件的主要区别表现在哪里？

2. 试论述心身二元论诸种理论之间的联系与区别。

3. 在一元论和二元论这两种理论中，你更倾向于二元论还是一元论？而在一元论中，你又更倾向于唯物论还是唯心论？请详加说明。

4. 休谟和佛陀都对自我的存在持否定态度，你赞成这种观点吗？请说明理由。

5. 请用你自己的语言，说明你对自我与情感、肉体、思想和意志之间的关系的一般看法。

6. 许多人相信有灵魂存在。你相信吗？假设有灵魂存在，那么，“灵魂”究竟是你的本质，还是仅仅是你所具有的某种东西呢？

7. 在日常生活中，许多人相信，在有关物质客体为何的问题上，物理学拥有最大的发言权。那么，反过来，在有关人本身为何的问题上，我们是否可以说，心理学和生物学拥有最大的发言权？如果这种说法不错的话，你认为心理学和生物学应该怎样来论证这个问题？

8. 我们如果稍加注意的话，会发现这样一个有趣的现象，即我们大多数人所知最少的，往往是与我们联系最密切的那些东西，而对距离我们甚远的那些东西，我们却往往了解甚多。为什么会这样？请说出你的观察和理由。

第七章

现世与超越

——宗教哲学

“宗教”一词在不同的人那里，往往有着相当不同的含义。对一些人而言，这个词代表着他们对“上帝”的一种信仰。在这个意义上，如果一个人不信“上帝”的话，他就无所谓宗教。对另外一些人来说，这个词代表着他们对“上帝”以外的某种事物的最高承诺。为了这种承诺，他们愿意无条件地奉献出自己的一切，直至生命。在这个意义上，他们愿意为之献身的那个事业就是他们的宗教。

在更宽泛的意义上，宗教甚至被定义为“一个人在工作之余所做的无论什么”。如果从这个角度来看我们人类日常活动的性质的话，能够称为宗教的东西就太多了。“摇滚迷”“网虫”“追星族”等，都称得上是某种宗教徒。但是，无论我们把“宗教”一词的含义扩大到怎样的范围，它的第一个层次的含义还是最基本的。也就是说，其他两个层次的含义只不过是把作为宗教崇拜活动对象的“上帝”的概念大大泛化了而已。

任何宗教都是与宗教性的活动联系在一起的。如果没有宗教性的活动，也就没有了宗教。作为一个宗教徒，他的生活是与其声称信仰的宗教活动联系在一起的。这些活动包括：祈祷、团体崇拜、关于精神性问题的思考与沉思、致力实践一种与所崇拜宗教相适应的生活方式，以及对宗教理想的感情投入等。总的说来，宗教活动的这些方面并不在哲学家关注的范围之列。

哲学家既不关心宗教信仰者的心理或情感，也不关心宗教组织的模式或仪规。他所唯一关心的，是对那些在各个方面与宗教相联系的内容，如宗教教义、宗教语言、赞成或反对上帝存在的论证等，进行批判性的分析和评价。一种经受不住检验的宗教不是一种好的宗教，一种好的宗教在其信仰方面一定有理性上可分析的合理的基础。所以，宗教哲学并不是从某种特定的宗教观点出发而进行的宗教研究，而是从哲学的角度对宗教的含义及其基本意向进行理性的分析和批判的评价。换一句话说，是对宗教的哲学含义进行批判性的分析和评价。

由此，宗教哲学就不同于神学对上帝和宗教真理本质进行理性思考，对神及其与人的关系的系统论证。神学的研究通常来自一定宗教或宗教组织内部，承负有维护并说明本宗教信仰正当性的义务；而宗教哲学则试图以一种超脱的立场客观审视并全面评价那些与宗教和人类信仰活动有关的内容。在这些方面，哲学家的研究与他们在其他形而上学领域中的研究所运用的方法及所遵循的原则并没有什么不同。客观的理性立场、严谨的逻辑分析、宽容的文化眼光和必要的理论争论，始终是哲学家在研究宗教这一人类文化现象时谨守的一些最重要、最基本的思想原则。

一、上帝之存在证明

什么样的信仰是对上帝的信仰？一般说来，它是指这样一种信仰，即对超自然存在的信仰。然而，什么是“超自然存在”，或者说，“超自然存在”一词是什么意思？从语义上看，“超自然”是指“在自然之上的”。但这也仅仅是语义上的含义而已。因为，宇宙从空间上看，是无所不包的，这意味着并没有什么存在是“在自然之上的”。但是，在上帝的信徒看来，这样的宇宙只不过是经验科学，更直接地说是物理科学所给出的宇宙解释，而不是他们心目中的宇宙模式。按照这些人的理解，除了经验科学所谈到的那个自然化的宇宙以外，还有着一种造化自然、创生宇宙、为宇宙确立法则并使这种法则转化为宇宙意志的力量存在，尽管这种力量本身有时并不直接介入这些过程。这种被超自然化的、无所不能的，但又被赋予了仁慈、友爱甚至报复等人格化特征的力量，就是所谓的“上帝”(God)。

现在，我们来看看传统的“自然本体论”关于上帝存在的诸种证明。所谓本体论，在古希腊哲学中意味着“存在之逻辑”，或“存在之为存在的研究”；而所谓“自然本体论”，顾名思义，当然就是关于“自然存在之逻辑”，或“自然存在之为存在的研究”了。“自然本体论”相信在自然之外、之上有一个超自然的终极实体存在，并试图通过诸种逻辑上的论证来证明这个存在的正当性。

1. 本体论证明

关于上帝存在的“本体论证明”(the ontological argument)，是在11世纪由英国人安瑟伦提出来的。安瑟伦是中世纪一位具有原创性的重要基督教思想家，是在另外两位重要的宗教思想家奥古斯丁和托马斯·阿奎那之间相当长的一段理论间歇期出现的一位最有影响的基督教思想家。

安瑟伦的上帝存在的“本体论证明”，就其哲学思想来说，就是强调共相、精神实体先于殊相、个别事物，人们可以通过上帝的观念直接推导出上帝的存在。换句话说，上帝的观念中就隐含着上帝的存在。它试图通过强调不可能以任何人类的方式想象上帝实体，因而上帝实体的存在就是不证自明的这样一种方式，来巩固基督教关于上帝实体存在的基本信念。他的这个论证的基本逻辑大致是这样的：我们大家的心中都有一个“上帝”的观念，这表明上帝是一个最完满、最伟大的思维对象，不可能设想有比上帝更完满、更伟大的思维对象；上帝作为最完满、最伟大的思维对象，表明它不是仅仅存在于我们心中的。因为，假如它是仅仅存在于我们心中的，那么，它就不可能是最完满、最伟大的，我们还可以设想心外的更完满、更伟大的思维对象；由于最完满、最伟大的思维对象必须存在，否则会出现更完满、更伟大的思维对象，可见，上帝具有在我们心外存在的实在性。因此，上帝是存在的，它“既存在于理智中，也存在于现实中”。

安瑟伦的这个论证从未在神学家中获得公认。相反，它一经提出，就在同时代的其他神学家中激起激烈的争论。这些争论集中在这样一个尖锐的问题上，即我们能够仅仅通过一种想象或定义，就断定有一种东西存在吗？与安瑟伦同时的一位著名的基督教隐修士高尼罗直截了当地指出，“实在的东西是一回事，把握这种东西的理智本身又是一回事”，这两者是不同的。从思维对象方面来看，上帝在人心中的存在与其他东西在人心中的存在并没有什么区别；如果人们可以根据上帝在心中的存在推断上帝在心外的存在，人们是不是也可以相信，只要他有一个心内的完满的宝岛观念，就一定会得到一个心外的真实的宝岛呢？① 当然，安瑟伦可能说，真正完满的存在只能有一种，这就是上帝。但从他的论证中人们看到的，仍然是他努力想把上帝从想象转变为存在。后来的托马斯·阿奎那也认为，安瑟伦确实是这样做的，而这是错误的。

另一个关于这一论证的问题是由哲学家提出来的。这一问题就是，存在是一种“属性”吗？假如我们把存在看成事物的一种属性，我们会得出一个怎样的结论呢？这一问题是康德提出来的。按照康德的观点，如果我们把存在看成事物的一种属性，我们也就永远不可能真正理解观念与世界之间的真正联系。这是因为，存在和属性是不可分离的，它们根本就是一个东西。我们讲一个事物存在，就是讲一个事物有它的各种各样的属性。我们怎么能够把颜色、尺度、硬度、形状等这样一些东西与事物分离开来呢？所以，存在不是什么事物的属性，而是世界与人关于这个事物的概念之间的一道桥梁。关于这一证明的本质，伯特兰·罗素有过一段精彩的分析：“真正的问题在于：有没有一件为我们想到的任何东西，仅凭我们能够想到它这一事实即证明其存在于我们的思维之外。每个哲学家都会愿意说：是，因为一个哲学家的工作与其说是凭借观察毋宁说是凭借思维去发现有关世界的事物。假如‘是’是正确的回答，从纯粹的思维到事物就有一道桥梁；假如不然，那么两者中间就没有什么桥梁可言。柏拉图即以这个概括的形式应用一种本体论的论证来证明理念的客观实在性。但在安瑟伦以前却从来无人以该论证赤裸裸的逻辑纯洁性来阐述这个论证。在获得纯洁性的同时它失掉了似真性，然而这也还是安瑟伦的功绩。”②

2. 宇宙论证明

不像本体论的证明那么单纯，即我们只要一讲到这个证明，就会把它跟安瑟伦联系起来，宇宙论的证明是跟许多不同的人联系在一起的，有许多神学家做过关于上帝存

① ［苏］特拉赫坦贝尔：《西欧中世纪哲学史纲》，31页，上海，上海人民出版社，1960。
② ［英］伯特兰·罗素：《西方哲学史》上卷，510页，北京，商务印书馆，1982。

在的宇宙论证明。这一证明尽管有各种各样的形式，但它们大致都是从这样一些宇宙中最基本的经验性事实开始的：事物的存在、事件的发生、原因的作用等。在谈到所有这些东西的时候，都有一个它们的原因是什么、如何对它们做出解释的问题。在这种证明论者看来，什么样的说明又比得上说上帝是所有这一切的终极原因这一点更让人信服呢？

不管宇宙论的证明跟多少人联系在一起，当然这里最重要的人物还是托马斯·阿奎那。在群星闪烁的众多中世纪基督教学者中，托马斯·阿奎那无疑是最伟大的一位。他极好地继承了亚里士多德形而上学中的哲学思辨，并成功地将其应用于神学诸基本问题的论证中，建立了历史上最有影响力之一的、被罗马教廷确认为天主教唯一正统学说的神学体系。在他的神学体系中，关于上帝存在的宇宙论证明是最为重要的内容之一。有趣的是，托马斯·阿奎那的证明是从否定安瑟伦的证明逻辑入手的。安瑟伦认为上帝是自明的，不需要有什么经验上的事实来证明。托马斯·阿奎那认为这种观点是荒谬的，因为观念并不是存在的原因。以观念作为存在的原因，现实的逻辑就是把上帝这种观念上的东西当作上帝存在的原因，这恰恰是把需要证明的结论当作了证明的前提。这样得出的关于上帝存在的结论又有什么说服力呢？所以，他反过来用后天的、经验上的事实来反推上帝的存在，使上帝最终成为一个逻辑上溯无可溯的终极原因，成功地建立了他的关于上帝存在的宇宙论证明。在托马斯·阿奎那的五个宇宙论证明中，目的论证明的逻辑与亚里士多德有更密切的联系，并且在很大程度上是独立于宇宙论证明其他部分的，所以，我们将其单独作为一种证明类型来处理。

（1）原因的证明

这一证明立基于对运动的分析之上。我们都能感受到某一事物的运动，因而运动是一个不争的事实。如果每一个事物都有运动的话，那么，就有一个运动由谁来推动的问题。沿此追溯，A 事物运动由 B 事物推动，B 事物运动又由 C 事物推动，以至无穷。处于这一因果链条之终端的，必定是上帝这一不动的推动者。如果没有上帝这一不动的推动者，由运动着的东西来推动运动的话，一旦缺乏某种发动的场所，运动就将在无限的循环中衰减下来。由此可见，是上帝启动了事物运动的这一因果过程，又是它置身于这一运动之外，不受任何事物的推动，这个世界才有我们所见到的完美的运动。所以，上帝是一个不被推动但又能运动的“第一推动者”。

托马斯·阿奎那的这一论证让我们有似曾相识之感。仔细想来，它的逻辑主要来自亚里士多德关于行星运动的论证中所贯彻的逻辑，即所谓宇宙有不动的推动者的说法，只不过他把这一哲学问题转化为了一个神学的论题。不管托马斯·阿奎那这一论证的逻辑到底来自何处，其所存在的问题仍然还是出自它的逻辑。托马斯·阿奎那的这个论证强调，宇宙有一个未被推动的动力，一个没有起因的原因，并且规定在任何情况下，动力和原因的无限后退是不能容许的。这明显与他的论证的前提形成了矛盾。因为，他的论证的前提就是任何事物都是有原因的。既然任何事物都是有原因的，人们就要追问，上帝的原因又是什么？如果他把这一点限定为除了上帝才谈得上所谓原因的话，那他的论证的前提就没有了任何的意义，完全是一种虚设的东西，这反过来又推翻了他的整个论证。

（2）动力因的证明

这一证明基于对事物动力的分析。经验告诉我们，没有什么事物是自己推动自己的，每一事物都以在先的一个事物为自己的动力因。既然如此，就一定有某种本身不需要其他任何东西推动就能存在的“第一因”。如果没有这个第一因，因果序列就会出现无开端却有中项和终端、无前提却有表现和结果的情况，这显然是矛盾的。为了避免无限追溯这种不能容许的矛盾，当然必须肯定动力因序列是有限的，它的开端就是作为第一因的“上帝”。

针对这一证明提出来的主要批评就是，为什么无限追溯是不能容许的？没有人知道要后退多远才会溯及原因，也没有人知道原因就一定会无限往复或根本就不往复。假如后退并不导致矛盾，为什么就非得拒绝这种后退呢？例如，太阳与其行星之间相互环绕所进行的循环运动，我们就看不到有什么循环的尽头。显然，以此来拒绝因果序列的无限循环是没有理由的。另外，追溯的结果为什么就一定是上帝，而不可能是其他什么东西呢？

如果换一个角度来看这一推论的本质的话，它还遇到休谟提出的两个更为棘手的问题：“第一，我们有什么理由说，每一事物的存在有个开始，也都有个原因，是必然的呢？第二，为什么我们断言，如此特定的原因必定产生如此特定的结果？我们所作的因果互推的推论的本质是什么？在这种推论中我们所怀的信念的本质又是什么？”[①] 假如我们不能拒绝休谟对因果关系本质的分析所得的结论的话，我们又怎么能说托马斯·阿奎那的这个推论在逻辑上是自足的呢？

（3）偶然性的证明

这一证明涉及的是必然性和偶然性的关系。个别事物都是偶然的或可能的，而不是必然的或绝对的，它们都必须以其他事物作为自己存在的理由和根据，因而某种这样的必然或绝对就成为必需。如果没有这样一个必然或绝对的东西作为偶然或可能的东西的根据，我们也将遇到无穷追溯的困难。显然，这个必然和绝对的东西就是上帝。

从逻辑上看，这个证明与上述第二个论证大同小异，都是要从必然的本体反推出偶然的存在体，或是从偶然的存在体推出不可再追溯的必然的本体。这里的问题仍然在于，为什么我们要设定这样一个必然的存在体？是为了防止偶然的存在体的无限回溯吗？是不是就一定有这种回溯？即便有这种回溯，又为什么非得是上帝不可，而不能是其他什么东西，如物质、能量、空间，或直接就是宇宙本身等？在逻辑的力量上，它似乎也不及哲学家从“无”这个概念推出万物的论证那么令人信服。

（4）完善性的证明

这一证明论证的是宇宙中完善与不完善的矛盾。世界上存在着程度不同的完善事物，循此完善化的阶梯拾级而上，最终将追溯到某种至善至美的事物。在推论上，它首先是提出有一个最高完善化的东西存在，否则我们就无法判断事物的程度不同的完善性；然后再断定这个最高完善化的东西是所有其他一切完善程度不同的经验事物的终极原因。“正如火是最热的，因此是所有发热事物的原因。同理，必定有一个最完善的事物作为所

① ［英］柏林编著：《启蒙的时代》，202页，北京，光明日报出版社，1989。

有事物的存在、善以及其他完善性的原因，我们称之为上帝。”①

应该说，这种事先假定某种尽善尽美的东西存在，然后反过来推断这种东西与完善程度不同的经验事物之间有必然联系的做法是缺乏说服力的。从来也没有什么令人信服的证据让我们相信，我们的道德上的善恶与一个超越的精神实体之间有什么必然的联系；更不用说并不是所有的人都认为有这个实体的存在了。而且，为什么不是由我们人类自己来承担自己的道德行为的后果和责任，而要把这种后果和责任推诿到一个其存在与否都有争议的上帝那里？换一句话说，为了说明现实存在的善恶程度或价值等级，我们就要把赌注押在一个其存在说也说不清的东西身上吗？

3. 目的论证明

这个证明立刻让我们想起亚里士多德的那个著名的与此同名的论证，但亚里士多德只是猜想，地球上所有的运动看来都要受到星体运转的影响，而这种运转只有在某种力量的操控下才有可能，他把这种力量称为“最初的推动者”或“上帝”。亚里士多德并没有据此做出神学的结论，而纯粹是基于逻辑的需要而假设了一个东西。托马斯·阿奎那却不同，他直接就把亚里士多德的这个论证的逻辑应用于他的神学的关于上帝存在的证明。按照托马斯·阿奎那的推论，世界上众多的事物，即使是无理性的自然物也都朝向一个目的活动，表现出向目的、秩序和完善性的不断趋近。这证明了在这些事物、这种活动之外一定有某种有知识、有智慧的东西对这些事物、活动予以筹划和指导；如果没有一种有知识、有智慧的东西对这些无理性的自然物予以筹划和指导，就不能想象它们能够有条不紊地朝着一个方向活动，使世界表现出某种秩序性。由此可见，这个对无理性的自然物予以筹划和指导的有知识、有智慧的存在者，就是上帝。

这个证明同样也有我们在托马斯·阿奎那的其他证明中遇到的那种逻辑问题。首先，在这样一种目的论的或根据设计的论证中，秩序的假设是必需的，而究竟什么是“秩序”，这是需要加以说明的。怎样的东西才称得上是有秩序的？这在不同的人看来是不同的。一首雄浑壮阔的交响曲，在训练有素的耳朵听来，是那么和谐、悦耳，但在那些音乐的门外汉听来，却显得杂乱无章、喧闹嘈杂，以至难以忍受。一个大当量的核爆炸，从一个方面看是摧毁了一切可能的秩序，但从另一个方面看又是严格秩序的体现，因为它的冲击波的扩散和辐射是严格受控反应的。其次，既然“秩序”是什么是需要加以说明的，那么反过来，“无秩序”是什么，是不是也应该加以说明？而且，自发的过程产生的就一定是某种无秩序吗？当你把一只风筝放飞到空中去的时候，它表现出来的难道不是一种秩序吗？当你在飞机上撒种时，撒下来的种子的运动不是也表现出了某种秩序吗？再次，难道秩序就一定是上帝设计的？又有谁见到过这种设计，拿得出这种设计的证据？当你把宇宙当作一块构造复杂的手表来看待的时候，你确实会联想到，宇宙也像这块手表一样，需要一个设计者，但也仅此而已。如果你由此联想到宇宙就是这样被上帝设计出来的，你的联想就未免太丰富了一点。我们当然可以看到一只钟表是怎样被设计制造

---

① *Philosophy in Middle Ages*, ed. by A. Hyman and J. Walsh, Indianapolis, 1974, p. 487.

出来的，但又有谁拿得出证据让我们相信，世界就是被上帝像制造钟表这样设计制造出来的？最后，关于宇宙存在的目的论的证明，与本体论的证明之间有着太密切的联系，但奇怪的是，安瑟伦的本体论的证明却是被托马斯·阿奎那所拒绝的。更奇怪的是，这种拒绝的根据又主要是实践性的而不是理论性的或逻辑性的。由于没有任何一个为上帝所创造的因而是有限的心灵能够真正理解上帝的本质，因而隐含在上帝的本质中的它的存在，永远也不可能通过这种有限的心灵推断出来。既然如此，又怎么能说上帝就一定存在呢？

二、恶之问题

所有为上帝存在的信仰辩护的证明，特别是宇宙论的证明，都要面对这样一个无法回避的尖锐问题的挑战，即如何看待恶（evil）的问题。上帝是至善的、全能的，它自然是有能力预防和制止善（good）的反面，即恶的发生和存在的。但为什么仍有恶呢？“是上帝想要制止恶，但它又做不到这一点吗？如果是这样的话，上帝就不是全能的。是上帝能够做到这一点，但它又不想要这样做吗？如果是这样的话，上帝就是刻毒的。是它既想要又有能力做到这一点吗？那么，恶又因何而起呢？”伊壁鸠鲁于两千多年前提出的这一有力怀疑，时至今日仍是一切有神论者为之挠头不已的一个巨大难题。如果把有关恶的各种争论加以归纳的话，说到底，不过是两种基本观点的对立：一种是，世界上根本无所谓恶，我们针对恶所提出的各种事实只是代表了我们的一种幻觉而已。另一种是，恶是善的前提。没有恶，就没有善，就没有人的自由意志。归根到底，就没有人的自由。

1. 恶之存在

无论从哪一个层次上来看，我们所处的这个世界都远不是完美的。相对于理想中的完美而言的不完美就叫作“恶”。换句话说，恶是这样一种东西：假如“善”永远只是一种我们能够体验、能够追求，但又无法完全实现的东西的话，恶也就将永远与它同在；善的实现过程中的一切不完美的方面，我们都可称为恶。恶与善的关系，更通俗一点讲，就像疾病之与健康、饥饿之与饱足、死亡之与生命的关系一样。当然，它的极端一点的表达，也可以是杀人之与救命、纵火之与救火这样的情形。但如果在这样的角度来理解恶与善的关系的话，那就未免过于狭隘，反过来会影响到我们对这一对概念关系真实本质的客观理解。

由于人们总是以理想化的眼光来看待我们所处的世界，由于这个世界在宗教徒的眼中毕竟不是由自然界的自发过程造成的，而是上帝创造的，因此，恶之成为一切有神论者挥之不去的一个梦魇，就不是难于理解的了。然而，梦魇是一回事，面对这一梦魇，寻找摆脱这一梦魇的解释方式又是一回事。在宗教发展史上，神学家们从来就没有停止过对这样一个恼人的问题的思考或沉思。而且，他们在这一问题上的探讨，也确实为人们深入地思考这一问题的底蕴或本质提供了多种可能的答案或解释。从理论上看，有神论对有关恶的存在的质疑所做出的回应，不管它们在形式上有多大的不同，都包含了这样几个相互联系的基本内容：(i) 上帝是至善的、仁慈的，上帝普爱天下万物；(ii) 上帝是全知的、全能的，即上帝是无所不知的，上帝的能力是无边的；(iii) 上帝是现存的一切事物的创造者；(iv) 世界上有恶存在。之所以说所有神学家对这一问题的回应，都包含了这样几个最基本的内容，是因为，假如这些论证中有哪一个论证缺少了其中的哪怕一项内容，这个论证将即刻面临矛盾。例如，如果有谁否认上帝是仁慈的，那么，恶的发生就要被看作上帝有意促成的；而如果有谁否认上帝是全能的，那么，上帝就不必为恶在世界上的存在承担责任，但上帝却也因此不再成其为上帝。最要害的一点看来是，假如世界上不存在、不发生恶，那么，有关神学的一切都将无从谈起。神学关于上帝存在诸证明中隐含的深刻矛盾，在休谟看来，归根到底是这样一个简单明了的经验主义伦理学悖论，即如果世界上的恶来自上帝的意旨，那么，上帝就不是仁慈的；如果世界上的恶是违背上帝的意旨的，那么，上帝就不是全能的。这样，恶要么符合上帝的意旨，要么违背上帝的意旨，所以，上帝要么不是仁慈的，要么不是全能的。

神学自然不能对这样一个根本否定宗教之前提的挑战无动于衷。对休谟的这个悖论，几乎所有的神学家都认为，尽管它在逻辑上是无懈可击的，但却不适用于神学意义上的“恶”这一问题。对此提出的一种最直接的反驳就是：世界上根本无所谓恶，根本不存在恶。用人的眼光来看的恶，可能是全知的上帝为整个世界筹划的一种真正的善。这种论证试图以一种简单明了的方式直接斩断一切否定上帝的论证的基本前提。应该说，这种辩护远不是那么令人信服的。对于一些被称为恶的东西，人们或许不尽然认为是恶，因为有些东西是善是恶，有时要经过一个很长的时间才能在伦理学的层面上显示出来，但有恶这种东西存在却是没有疑问的。例如，不管我们对恶的看法有多大的不同，一般而言，我们都不会否认疼痛、患病是不好的东西。我们的这种看法体现于日常生活中就是，我们总是做出一切努力想要避免这些东西在我们身上发生。当我们不幸遇上这些东西的时候，我们总是千方百计地想要把它们的伤害降低到最低程度。所以，患病不是幻觉，我们相信有些东西是不好的，是应该极力避免的，同样是真实的而不是虚幻的。病痛疾患之存在，是许多人怀疑上帝既是全能的又是仁慈的这一说法的主要事实依据之一。如果联想到这个世界上还有大量的凶杀、抢劫、绑架、贩毒、强暴、种族清洗等令人发指的现象存在，我们难道还能够说，根本不存在恶这种东西吗？很明显，假如这样一些东西都不能称为恶，那么，要我们相信上帝是至善、全知、全能的就十分困难。因为，上帝的善与我们理解的善是如此不同。既然我们不能从上帝那里获得必要的善，上帝也不能保护我们免于受恶的伤害，我们又有什么必要继续遵奉这样一个枉有至善之名的存在呢？更严重的是，假如我们否定了有这样一些人们素所公认的恶的东西的存在，我们关于道德的整个伦理学的框架将无法维持哪怕是一天，更不要说长久地维持下去了。这样，这个问题的否定性的结论又回到上述休谟揭示的那个伦理学的悖论上来了，而不是像神学家声称的那样，休谟的悖论不适用于宗教。

其实，否定恶的存在的观点不仅存在于神学家的论证中，而且也存在于哲学家的论证中。或者不如说，是哲学家的论证在很大程度上启迪了神学家对此一问题的论证。因为，在历史上，哲学家对一个理想的、无恶存在的世界的描述，比最早的神学的描述还要早得多。例如，柏拉图在他著名的《蒂迈欧篇》中，就把物质世界的创造者描述为一个天才的工匠。这个目光远大的天才工匠按他关于完美世界的设想和蓝图，事先就把物质世界设计得井然有序。按照柏拉图的说法，这个创造世界的工匠是至善的：他创造这个世界时的愿望，是要使这个世界成为绝对完满的世界，即一个不存在任何形式的恶的世界。如果物质世界能够如他的设计那样完全实现的话，本来是会像他的设计者预想的那样完美的。但不幸的是，这个工匠在他的创造中遇到了某种无法完全克服的困难。由于这个困难，我们看到，我们现在生活的这个世界中确实存在着恶。柏拉图坚持说，上帝已经干得足够好了，我们不能把恶的存在的过失也算到上帝的账上去。当然，柏拉图说上帝已经干得足够好了，这意味着上帝最终还是无法把不驯服的物质完全纳入他的完美世界的设计中去，仅此而已。

尽管从哲学的观点看，柏拉图关于恶存在的这个解释，要比某些神学家完全否认恶存在的观点更为合理，但毫无疑问，它不可能为神学家所接受。因为，它否认了上帝是全能的这一神学的关键信条。而且，它还暗示了物质是外在于上帝的创造的，从而背离了上帝创造世界这一最根本的宗教前提。但不管神学家们怎样反对此类试图容忍恶的存在的解释，只要他们坚持上帝既是全能的，又是仁慈的，就不能避免由此一前提带来的种种矛盾。为了克服这些矛盾，除了一部分神学家倾向恶不存在这样的看法以外，更多的神学家试图沿着另外的方向来解决这一问题。

2. 恶之起因

（1）自由起因论

在诸种关于恶之起因的论证中，恶起因于自由的论证是最值得一提的。所谓恶起因于自由，是指如果没有恶，也就没有善；而如果没有恶与善，人类又何尝有什么选择的自由，有什么自由意志。这种论证试图通过把恶与自由联系起来的方式，达到既捍卫上帝之全能，又辩护上帝之至善的目的。按照这种观点，为了使人能够自由地行善，必须假定他同时也能自由地行恶。我们之所以能解释世界上存在的大量的恶，是因为恶间接地锻造了我们的自由意志。如果人类是不自由的，如果人类只是一个类似机器人的自动装置，那就背离了上帝创造人的初衷。因为，上帝并不想要它创造的人是没有一点主动性的人。它真正想要的，是人既能自由地选择善，也能自由地选择恶；而无论选择善还是选择恶，都一定要是自由地选择。上帝还相信，即便有人选择了恶，也没有什么大不了的，那时正好提供了犯恶之人忏悔自省、弃恶从善的最好机会。

从哲学上看，自由起因论的目的乃是与这样一个至关重要的神学命题，即“原恶”或称“原罪”的存在取得配合。所谓“原恶”，是指这种恶并非由于自然界的作用而起，而是人类自身固有的弱点所致。原恶是一种先天的道德上的恶，而不是自然界本身运作和作用引起的恶。即便世界上的每一个人都倾其全力来消除不幸，也仍然会有引起死亡和伤痛的地震，导致不幸和痛苦的洪水，带来贫困和饥饿的灾荒，以及数不胜数的这种或那种的自然灾害，更不用说无时无刻不困扰着我们的健康的疾痛病患了。这些恶的存在显然并非因人类自由而起，而是自然界的运作和作用所致，是世界的本来存在方式。但原恶，即人先天的道德上的恶，却是我们人类许多非自然界而起的痛苦和不幸的源头。它的一个直接表现，就是人与人之间的冲突，一部分人造成了另外一部分人的伤害，如各种精神或肉体上的折磨及凶杀、劫掠、战争、奴役等。追溯起来，道德上的恶与人类的自由有着密切的甚至是直接的联系。可以说，这些恶是人类自由的一个直接结果。由于上帝容许人类自由地选择恶，所以人类自己造就了许多的恶。

这个证明在解释道德上的恶的问题方面，确实是有一定道理的，但它还是没有真正解决原恶的问题。我们都知道，人类当然有自由地选择善或恶的权利，但由于人类常常选择恶而不是善，这样，不幸和痛苦就成为这种选择的不可避免的后果。这些后果有时是如此之大，比如，纳粹可以用冠冕堂皇的“人种改良”的名义，把成千上万的异族异类投入焚化炉中付之一炬；独裁者可以出于一己之私利置生灵于不顾。以至于人们往往怀疑，这样不幸和痛苦是否远远超出了自由可能承受的限度，是否应该对这种无边的自由施加某种限制。尽管这种疑问不能说没有一定道理，但我们究竟能不能做到这一点呢？究竟应不应该由于一些人把自己的自由建立在剥夺另外一些人的自由的基础上，就从自由的道路上往后撤呢？看来是不能的。因为，对一个人来说，一个行为是否合理、一个选择是否适当、一个事件是善是恶，在行为、选择、事件的发展之初有时是难以判断的，只有经过一段时间以后才能真正搞清楚。在此之前，我们并没有充分的证据来判断它，或者拥有有效的手段来避免它。而且，假如我们这样做的话，自由将成为一个梦幻。如果没有选择恶的自由，也就没有选择善的自由，当然也就没有任何选择的自由，到头来，我们也就失去了一切可能的自由。有许多人说，上帝不能制止屠杀和暴力，不能免除一些人受另一些人的奴役，这说明了上帝远不是万能的，而是软弱的，或者说是怯弱的。当然是这样的。但随之而来的一个反驳可能是，上帝的万能并不意味着它甚至也能做那些逻辑上不可能的事情。比如，上帝不能创造一个既圆又方的东西，因为圆与方是截然不同的。所谓全能是指做一切逻辑上可能的事情的能力，包括悬置或暂时搁置某些自然法则，例如延缓灾害的发生、改变战争的进程等，而不是说它能任意改变已经发生的事情，或把不可能发生的东西变为可能的。

那么，在有关人的自由选择方面，哪些是上帝在逻辑上不可能做到的？如果我们能够知道这一点，看来就会知道我们人类究竟在哪些方面是有选择的，怎样来进行选择，同时自觉限制某些选择。但要搞清这一点，首先还是要弄清，在可能的选择方面我们人类面临着哪些基本的限制。有三种选择：第一种，绝对完美的世界；第二种，基本属于恶的世界；第三种，基本属于善，但尚未完成的世界。很明显，对第一种世界模式，我们将无事可做；对第二种世界模式，我们想做而力不从心；剩下来我们能够选择，也有事可做的，只有第三种世界模式了。所以，表面上看起来我们有三种可能的选择，但到头来我们真正能够选择的，有自由意志施展之余地的，只有一种。既然如此，我们就应该明白，对上帝来说逻辑上不可能的，就是它把某种不变的、单一的特点强加给它的创造物，同时又要求这些创造物做出自由的、多样化的选择。反过来，这也是我们人自身面临的一种深刻的二律背反：一方面，你不能由于上帝创造了你，就要上帝为你的一切行为负责；另一方面，你又向上帝索取自由选择善或恶的权利。

尽管逻辑上看起来是如此，但这种逻辑也不尽然是不可反驳的。当然我们要为我们的行为、我们的选择负责，而且事实上，我们就一直在为我们的行为、为我们的选择承担责任。问题在于，我们为自己的行为和选择承担责任的方面，从来都是恶的方面、否定的方面，而一涉及善的方面、肯定的方面时，就有一个声音在告诉我们，这应归功于上帝。上帝就应该永远享有美名，而我们人类自身就永远只配担当恶名？上帝不是全知的吗？那么，它为什么不能预知纳粹的罪恶、暴徒的兽行？上帝不是全能的吗？那么，它为什么就不能把这个世界设计得比我们现在的这个样子更好一点？我们当然不企望完全不存在恶，因为这杜绝了自由意志的存在，也超出了上帝行事的逻辑上的可能，但容忍那些令人发指的罪行的存在，总不能说上帝没有一点过失吧？如果上帝不让我们人有选择像一只鸟一样飞起来的权利，又为什么让我们人有选择杀人或谋杀的权利？除了消灭人的生命以外，不是还有太多的方面可供我们选择吗？如果我们人能做到在一切方面洞若观火，在所有问题上避恶从善，我们还需要上帝吗？如果这样一些对我们人来说是生死攸关的事，在上帝看来仍然是不足挂齿的，我们看来真是要仔细地思量一下，上帝真是如它的信徒所讲的既是仁慈的，又是全能的吗？

（2）恶之必要论

在自由起因论的辩护中，我们看到，所谓上帝之善、上帝之全能，最终只能被解释为有限的善、逻辑上的能。实际上，只要有恶存在，不管是怎样的恶，要把上帝说成既是仁慈的又是全能的，就是不可能的。所谓恶之必要论，就是神学家转而从逻辑上之可能性来论证上帝之至善的一种理论。它声称，相对于最高的善来说，恶是可以容许的；如果没有这种恶，也就不可能有完全的善。按照这种理论，恶的问题不是从人们追问它的那一刻才开始的，而是从来就有恶的存在。恶之所以会成为一个问题，是因为我们忘掉了，恶其实是善的一个条件。人们应该知道，他们不可能有绝对的健康、无任何病痛的身体。既然如此，一个人偶有不适，或遽然患病，就不应该把它看得仿佛上帝的善就此消失了一样。只要我们在患病时有可能通过治疗达到痊愈，通过开刀摆脱痛苦，我们就算达到了善的目的。更极端一点，假如有时不通过战争，就不能避免更坏的事情发生，那么，这种战争本身也不能说是不善的。我们一定不要把我们所处的世界看成一个完美的世界，而要把它看作一个有可能在上帝的干预下达到尽可能好的世界。因此，我们应该承认，恶是在现实中实现充分的善的一个必要条件。

这听起来有一点像天方夜谭。因为，这个辩护只适用于极少数的人和极少数的事，即那些有可能通过治疗或开刀获得痊愈的人，有可能通过战争实现问题的解决的事。并且在这两种情况中，事情都被推到了一种极端，而且必然与最初的原委发生抵触。医生的职责当然是救死扶伤，但他所能做的，并不能超出他的能力的范围。假如一个医生做了一切努力，也没能使他的患者免于死亡或趋于好转，那么，我们是不是要把一切的罪责都往他身上推呢？假如战争导致的不是情况的好转，而是使问题变得越来越糟，事情又该如何收场呢？在这些问题上，人们早就意识到，他们自身是有局限的，所以，他们才企望获得上帝的帮助。上帝不是有最高的善和无限的能力吗，既然如此，它为什么还要按照这样一种使人蒙受太多的痛苦的方式来组织这个世界？

从理论上看，这个辩护的一个让人不安的方面，就是它设计了一种可怕的世界模式：

为了达到一种善，先要经历一段恶。为了治愈一个病人，先要让他感染；为了安定一个国家，先要让它大乱；等等。这种情况能够想象吗？当然不能。因为，这就像是一个医生为了行善，先用某种方法使他的患者的腿上的伤口感染，然后再为他的患者进行截肢一样。一个医生的行为应该受到指责，只有在他有其他更好的选择而不选择的情况下才是适当的，只有在上面这种极端的情形中才是可以同意的。因为，医生毕竟不像上帝那样是全能的。他可能有慈爱之心，但却不可避免地会受到各个方面的能力上的限制。但对于上帝来说，事情就完全不同了。上帝既是仁慈的，又是全能的，它应该而且是可以在事情之初就把一切可能的后果都预计到的；并且不需要通过恶的方式、极端的手段来达到善的目的。不仅如此，假如没有善由之导出的恶，是不是任何的善都不可能发生了呢？如果一切善都要通过恶才能导出，又将会出现多少可怕的或难以预料的事情？所有这些，都是这种近乎荒唐的辩护难以回答的。

我们确实不能想象，一个合理的、有序的世界，能够通过这样的方式建立起来。当然有先经过恶，然后达到了善的情形，但更多的情况可能是，先前的恶引起了后来的恶，原来的小恶变成了后来的大恶。因为，如果由于恶而不能达到善，会被认为是正常的；而由恶而实现了善，反而会变得不可思议。在日常生活中，我们不是经常看到，如果一个人由坏转好，我们总是感到十分惊奇；一个绝症不治而愈，我们会把它称作一种奇迹。假如由坏转好是普遍的、平常的事情，我们有这样的反应就会显得难于理解。正由于善发自恶是如此匪夷所思，所以，我们的惊奇、意外才被看成是一种正常的反应。如果联想到多数情况下，那些恶的人并未因其恶而受到应得的惩罚，而善的人也未因其善而有所改善其境遇，要我们相信，恶是善的一个必要的、不可或缺的前提；如果没有恶，这个世界就不会有善，上帝设计的这一善恶相依、无恶不善的模式，符合我们人的最大利益，那么，我们的理智一定是发生了某种问题。

（3）善之匮乏论

此辩护在历史上的最初形式，是把恶仅仅看作一种否定性的东西，以此与肯定性的东西即善取得对应。在这种观点看来，恶不是一种积极的东西，而是代表了一种缺少、一种匮乏、一种否定。由于缺少、匮乏、否定在任何时候都是不能避免的，所以，恶不过是一个日常生活的普遍概念。后来，托马斯·阿奎那把这一观点系统表达为恶是善缺席时的替代形式，从而使之成为正统基督教中影响很大的一种关于恶的解释形式。按照托马斯·阿奎那的观点，世界上并没有所谓恶，而只有不同程度的善的匮乏；恶也不是一种真实的存在，而仅仅是一种非存在。托马斯·阿奎那有时把这种观点表达为：真实的存在就是完美的存在；完美的存在只属于上帝；一切上帝的创造物都不能与上帝相比。它们作为有限的、不足的存在，是未完成的东西、未完成的善，因而必定表现为不同程度的恶。

这个辩护给予我们的第一印象是什么呢？看来只能是玩弄概念。讲恶是否定性的，就是讲它不是肯定性的。但这两者之间真的就没有什么区别了吗？难道只有肯定性的东西才是真实的，而否定性的东西就不是真实的？同时，我们对一个人谈到死亡时，我们说死亡是否定性的，是不是要加上一句，死亡就是指生命的缺席；或者反过来说，生命是肯定性的，就是指它是死亡的缺席。所以，无论我们用哪一种方式来定义它，也没有使一个概念变得比另一个概念更明确、更清晰。有生就有死，有死就有生；有幸福就有痛苦，有痛苦就有幸福；有战争就有和平，有和平就有战争。它们每一个的存在都以另一个的存在为对应，而且两个东西一样地真实。我们即便一百次翻过来、返回去地想要把它们的关系讲清楚，我们真的就使它们的意思变得更清楚了吗？它们作为一种真实存在的事实，因为我们的分类和定义而被改变了吗？显然没有。除了使概念变得越来越模糊，人变得越来越懵懂，我们什么目的也没有达到。更尖刻一点讲的话，就是当你患病时，你的医生并不急于给你看病，而是不厌其烦地对你说，病是否定性的东西。当此其时，你是因为他的这种说法而感到病情有所缓解，还是想要给他一记耳光呢？

3. 恶之超脱

上述三种为恶的存在辩护的理论，只是神学众多此类辩护中最有代表性的几种。其实，无论有多少种这样的辩护，只要坚持上帝既是全能的又是仁慈的，这两者缺一不可，就永远也不可能摆脱休谟为这种辩护设立的悖论。那么，有没有什么方式可以超脱休谟的悖论呢？当然是有的。只不过在这样做的时候，上帝的能力已经或多或少地受到了某种限制，它将不再既是全能的又是仁慈的了。换句话说，假如它是全能的，那么，它将不再是仁慈的；而假如它是仁慈的，那么，它将不再是全能的。

这样的上帝是一种怎样的上帝呢？应该说，经过这样改造过的上帝，它的最大的一个特点就是，它已经不再是作为世界的创造者，而是作为世界的拯救者出现。把上帝作为世界的拯救者而不是创造者来看待，并不是在正统神学遇到困难以后才出现的现象。在哲学方面，古希腊的柏拉图关于恶不存在的观点，就是在理论上限制上帝作用的一种最早的尝试；而19世纪的哲学家穆勒、詹姆斯，特别是20世纪为数甚众的目的论哲学家，都坚持要把上帝的作用放到一个实际的拯救过程中来审视。目的论者把上帝看作我们这个世界的一种不可缺少的道德力量，它在现实中以令人信服的仁爱力量的角色出现，而不是时时处处干预人类的实际事务。在宗教方面，一些古代宗教理论曾尝试以二元论的方法来处理善恶问题。例如，古代波斯的琐罗亚斯德教（Zoroastrianism）认为，世界是由善之神与恶之神共同创造的。所有世界上存在的善都源于前者，而恶都源于后者。我们每一个人日常生活中善与恶的交锋、好与坏的争斗，从根本上说，不过是它们背后这两个神之间对立、相持关系的一种展现。按照这种理论，恶神最终将被善神所制伏，恶也将永远地被逐出我们生活的这个世界；但在现实中，我们却始终也无法完全挣脱善恶争斗对我们产生的影响。类似的二元论的处理方式，甚至在基督教的教义中也能够见到。在基督教中，世界从来就有两种对立的力量的争斗，这两种力量分别以上帝和撒旦为代表。不过，在这两种力量中，上帝永远占据着道义上和实力上的优势。只要上帝一出现在哪里，正在作恶的撒旦就会望风而逃。

在理论上，所有那些强调恶的存在并无损于上帝的正义和公正的理论，被统称为神正论（theodicy）。当代的神正论者有感于现实生活中普遍的价值失落，提出了各种各样把恶的存在与上帝的信仰调和起来的理论。在这些理论中，英国思想家约翰·希克（John Hick，1922—2012）的观点是颇具代表性的一种。作为一个神正论者，希克不否认恶的存在，但他坚持认为，恶对于人来说，并不纯粹是一件坏事。如果恶有助于从反面促进人的道德的进化，帮助我们人在精神上更快地成熟起来，就不能说是全无益处的。按照他的观点，人类生活是不断发展着的，它要求有不断升华的道德，以及与这种不断升华的道德相适应的健全的精神状态。表面看来，这与我们这个有恶存在的世界是矛盾的，因为，恶从来就被认为是对道德和健全理智的一种挑战。但实际上，在有上帝圣明关照的我们生活的这个世界中，恶却是锻造善的一种重要的补充力量。因为，逆境会导致道德上的坚毅，而痛苦会促进精神上的成熟。“我们致力创造的画面是这样的，即它是发展的、目的论的。人处在一个不断趋向完美的过程中，而这正是上帝一直寻求创造的。然而，指出这一点是重要的，就是这种情况并没有出现。我们正在经历的是一种自然而然的、不可避免的进化，但在人类自由方面却是承担了风险的。”① 希克倾向于把上帝和人的关系比作一个慈爱的父亲和他的子女之间的关系。但是，这种关系应该是这样的，即这个父亲更重视培养他的孩子们的品质和人格力量，而不是首先用他的爱来填满他的孩子们的日常生活。他反问道，在现实生活中，大多数的父亲不就是这样做的吗？所以，如果这种类比大致不错的话，我们就不要把多一点快乐和少一点痛苦这样的事情看得过于重要，否则，我们就不可能真正理解上帝的本意和良苦用心。

在协调上帝的仁爱与恶的现实的关系问题上，英国哲学家、目的论者刘易斯（C. S. Lewis，1898—1963）提供了另一种关于恶的解释方式。刘易斯认为，我们人类无疑有许多痛苦，但是最大的痛苦还是人在砸碎了一切自我满足的幻境以后所遭遇的痛苦。在他看来，如果这种痛苦的最初的和最低程度的表现是，我们关于世界上的一切都是完美的幻境被彻底击碎了的话，那么，它的接踵而来的一个表现就是，我们深信我们所具有的一切，无论是好的还是坏的、善的还是恶的，都是我们自己造成的，因而是不可改变的幻境，也被彻底地击碎了。按照他的观点，人类面临的恶的存在的现实，人类无法摆脱的精神上的和肉体上的痛苦，都给人本身提出了很高的自由选择和自由意志的要求。人类的生存，从根本上说，是与选择联系在一起的。任何的选择，要么是善的选择，要么是恶的选择，舍此别无其他。恶的存在，用刘易斯的话来说，真真切切地给我们生活的这个世界编织了一张纵横交错的、普遍的“苦难之网”。按照这一论证，上帝应该被看作至善的，但却远非是全能的。由于上帝并不具有完全避免或有效杜绝恶的发生的能力，我们就不应该因为有恶的存在而过分地迁怒于上帝。在各种神正论的论证中，刘易斯的这一论证被公认为是较为成功的一个。在大胆地承认恶的存在，而不是用恶是人的一种幻觉这种简单的说法来搪塞的方面；在把神与现实的人的生活隔离开来，否认神有干预人类实际事务的兴趣的方面；在把上帝的爱与基督教的传统观点，即耶稣也是一个普通的、肉身的人，也有其力所不及的时候，也会受到恶人的伤害的正统基督教观点成功地糅合起来的方面，这一理论所做的努力都是值得称道的。如果说这一理论有些什么明显不足的话，那就是，它固然维护了上帝的仁慈，但却降低了上帝的权威。一方面，上帝虽然是仁慈的，但它却无力去除世界上的恶，那它岂不成了一个与我们凡人无异的存在？既然如此，我们又凭什么要信服，更不用说依赖上帝了。另一方面，假如我们仍然相信

---

① John Hick, *Evil and the God of Love*, London: Collins Press, 1968, p. 292.

是上帝创造了这个世界，那么，我们一定还是要问，既然它有力量创造这个世界，那么，它怎么会没有能力来防止这个世界上的恶？

三、宗教语言

宗教信仰必须通过宗教语言来表达，而宗教语言与非宗教语言即日常语言，特别是科学所使用的语言之间，存在着重大的差别。如果不了解宗教语言的性质、含义及其在使用中所具有的特点，就很难正确地讨论宗教问题，当然也谈不上对宗教做文化意向上的有见地的哲学分析。那么，什么叫宗教语言？宗教语言有哪些不同的类型或形式？什么是宗教语言的经验方面的基础？我们应该如何看待宗教语言和宗教本身关系的性质？所有这些，都是我们在讨论宗教语言这一重要的宗教学范畴时所要涉及的。

1. 宗教与语言

在宗教学的层面上，宗教语言始终是相对于世俗语言来说的。所谓世俗语言，就是指日常生活中使用的那些语言，如政治法律语言、科学技术语言、文学艺术语言、日常会话语言等。反过来，凡是在非世俗的、具有信仰和崇拜意向的宗教性质的活动中使用的语言，就是宗教语言，如各种宗教仪式或仪规上使用的语言、宗教典籍中使用的语言、信徒之间相互交流体验时使用的语言等。

宗教语言相比较于世俗语言，有哪些不同的特点呢？要了解这一问题，我们必须先了解宗教活动所具有的一些最重要、最显著的特点。首先，如果我们仔细观察各种宗教仪式活动的话，我们会发现，象征性而不是具体性是所有这些活动所共有的一个特点。大量的宗教实践活动并不具有科学或哲学方面的意义，而只具有象征性的、仪式或仪规方面的意义。各种宗教崇拜活动，都是在一种对超自然的终极实体顶礼膜拜的仪式过程中完成的。凡是能够引起参与者宗教反应的东西，抽象如语词，具体如实物，都是象征性的。这些象征物或象征语言的使用，又反过来大大强化了宗教仪式和宗教崇拜的效果。其次，如果我们仔细阅读各种宗教典籍的话，我们还会发现，它们的语言都具有启示性而不是经验性的特点。所有那些在宗教典籍中被加以强调的东西，那些明示为是信徒必须遵奉而不得违背的东西，都不具有可以检验、可以推理的性质。这些启示各有各的来源，但在大多数情况下，它们都声称来自自然界以外的存在。如果不运用信仰，人们将很难判断这些启示中哪一种应该被当作知识来接受，或是否可以接受。

既然宗教仪式具有象征性的特点，而宗教典籍则具有启示性的特点，那么，因应宗教实践需要而产生的宗教语言，就不可能是像科学或哲学那样的逻辑语言，或像日常生活中那样的经验语言，而是某种文学性的、韵律性的、联想性的语言。从历史上看，语言的使用，首先是在那些具有崇拜性质的宗教活动中发生的。根据考古学以及其他科学发现提供的资料，在人类历史上最早出现的，是某些洞穴壁画、神像、石刻之类的东西，以及各种带有浓厚宗教色彩的墓葬或墓穴等。大多数古代文化，亦是通过具有浓重宗教意味的神话故事、传说、传奇和寓言等易于传播的形式流传下来的。大多数宗教之所以能历经变故而不衰，与它们的传播语言包含文学性、韵律性、联想性有重要的关系。因为，这些语言在强化宗教感情、表达信仰意向方面，显然比那些非文学性、非韵律性、非联想性的语言具有更好的效果。不过，不管宗教语言与世俗语言有多大的区别，由于世俗语言是人在经验的日常生活中所使用的语言，具有超越不同文化背景的公共可交流性，因而宗教语言的使用仍然不能完全脱离世俗语言。如果没有世俗语言提供宗教语言的经验的、日常的语义原本，就不可能在世俗语言的基础上生成宗教语言。

既然宗教语言是文学性的、韵律性的、联想性的，日常语言是宗教语言的语义原本，那么，当我们在各种宗教实践活动中，或阅读各种宗教典籍时，遇到那些在日常生活中大量使用的概念频繁地出现在这些场合中，但它们却具有与在日常生活中完全不同的含义，我们就不应该为此感到过于吃惊。例如，《圣经》在谈到上帝时，一再地用到“父亲”这样的字眼。这里所说的“父亲”，与我们在世俗的日常生活中谈到的“父亲”一词，难道是同一个意思吗？上帝也像我们人这样，有实体性的性别特征吗？另外，“父亲”这个概念意味着有一个作为儿子的对应存在，而说我们是上帝的儿子和说我们是我们的父亲的儿子，这两者难道也是一样的吗？显然，我们不能这样认为。但反过来，是否宗教语言和世俗语言就是完全隔离的，它们的区别是绝对的而不是相对的呢？也不是这样。因为如果是这样的话，我们就不可能理解宗教语言所表达的含义，而宗教语言也就完全失去了它的经验的、生活的基础，这无异于整个抽掉了宗教的世俗根基。这是说，假如“父亲”这个概念在宗教中的含义与我们在日常生活中对这一个词的理解完全不能相通的话，那么，所有那些关于上帝是至善的、仁慈的和全能的说法就立刻失去了它的作用。因为，既然这个概念与我们在日常生活中对它的使用风马牛不相及，那我们也就根本用不着理会它究竟在讲些什么。如果一个概念在人们根本就不能理解、不能接受的情况下还在使用，除了说明它是一句地地道道的废话以外，还能说明些什么呢？

这样看来，宗教中使用的语言与日常生活中使用的语言的关系，确切点说的话，应该是一种类比性的关系，而不是简单的等同或对立的关系。类比是我们在解释那些与我们自身有关的事物和我们的关系时经常使用的一种方法。这种类比关系中的两个方面，是一种既“似”又不“似”的关系。说它们“似”，是因为宗教语言与我们有关，用描述我们人类自身特性的那些概念、名词，也能够大致地揭示宗教语言存在的特性；说它们不“似”，是因为宗教语言毕竟与我们的日常语言本身不完全是同一个东西，在我们进行类比描述时，我们时时处处都要注意到类比对象与我们的日常语言之间的差别。这种类比中最困难的一个方面，就是把那些用于我们人自身的概念、名词移植到无实物性，或叫无实体性物质特征的对象上时所遇到的困难。由于这一对象并没有可以显现为感性的方面，所以我们必须调动我们全部的想象，才能进入与这一对象性质相符合的或者说是无隔离的情境中去。例如，当我夸赞我的宠物狗是一个听话的“小男孩”时，说明它至少在一个特征上是明显的，即它是一只雄性的小狗。但当我们说上帝是我们人类的好父亲时，我们难道能够把这个概念在体质上与我们人本身相比吗？但反过来，我们当中又有谁不知道，我们这样讲的时候，是在把我们人对“父亲”这个概念的一般理解，即理智、宽容、尊严等这样一些特点加诸上帝身上呢？上帝如果没有了这样一些至关重要的人性化特点，它还可能是我们人类需要的东西吗？

宗教语言在表达信仰意向时表现出来的复杂特性，很早就引起了哲学家和神学家们的注意。早在两千多年前，柏拉图在他著名的《蒂迈欧篇》中曾写道："整个这个宇宙的父亲和创造者在很久很久以前就已经存在了；即便我们发现了他，要让所有的人都接受我们关于他的说法，那也是不可能的。……如果苏格拉底关于上帝的看法，也不过是许多此类看法中的一种的话，那么，我们不能给出一个完整的，并且在一切方面都是准确的和相互协调的上帝概念，我们对此不应该感到意外。如果我们能够像任何其他人一样，指出有这样的可能性存在，我们就应该感到满意了。"① 在中世纪，奥古斯丁在他的著作中谈到上帝的那些部分，一直被学者们认为是最为晦涩、最难以把握的部分。在某些场合，他甚至走得如此之远，以至于他说，当人们讲到上帝的时候，并不是为了要说些什么，而是为了要不保持沉默。② 长期以来，奥古斯丁关于上帝的这一说法，一直被正统派神学家们批评为是对上帝的大不敬。从历史上看，借助语言的复杂特性来精妙地推导上帝的属性，并且被后来的人们认为是最为成功的一个尝试，是托马斯·阿奎那所建立的"类比性宾词理论"（theory of analogical predication）。按照这一理论，类比是帮助人们正确理解上帝的性质的最好方法。

在托马斯·阿奎那看来，有两种存在，一种是上帝，这是必然的、无限的存在；另一种是上帝的造物即个体事物，这是偶然的、有限的存在。偶然的、有限的存在直接或间接地受必然的、无限的存在的决定。理解上帝的属性，必须联系个体的情况来进行；而要理解个体的属性，则要看它在与上帝关系中所处的完善化层级。这就是所谓类比。任何类比都要先搞清楚描述类比对象的语词即宾词的单义或多义的特点。通常认为，一个语词如果能够同时描述上帝和造物，那么它就是单义的；反过来，如果一个语词在描述上帝和造物时有不同的意义，那么它就是多义的。但这是不对的。对于上帝而言，我们用以描述它的那些语词，既不是单义的，也不是多义的。说它们不是单义的，是指上帝和造物不可能具有同样的完善性；而说它们不是多义的，是指尽管上帝和造物有完善化层级的不同，但又不是完全的不同，相互之间没有任何的共通之处。正由于上帝和造物的关系在宾词表达上有这种既"同"又"不同"的特点，所以才要进行所谓"类比"。这种情况，如果结合"存在"和"本质"这两个语词的特点来加以分析，就会看得更加清楚。本质是用来表达造物的，而存在则既能用来表达造物又能用来表达上帝。为什么是这样的呢？因为，当我们讲到本质的时候，不外乎说一个事物是一种怎样的性质，或该东西究竟是什么；而当我们讲到存在的时候，这个存在则主要是一个语词，表明一个东西存在这一事实，该东西以之为根据而存在。如果从这一专门的语言意义，即本质或存在都不能仅仅依靠它们自身而单独存在这一点来看的话，这两个词都称得上一种抽象。任何具体的东西都同时兼有这两者。但当我们进一步分析这种情况的时候，还会发现，一个词的意义，不过是提出了一个问题，至于是否实际存在这个词所指的对象，则是另一个问题。既然如此，也就可以看出，个体事物的存在和本质尽管是不可分离的，但这

---

① Plato, *Timaeus*, 1, in *The Dialogues of Plato*, tr. B. Jowett, New York: Random House, 1937, vol. Ⅱ, p. 13.

② St. Augustine, *To Simplication*, Ⅱ, 2, 1.

终究不过是它们的一种可辨别的特征。而上帝就不同了。在上帝那里，“本质”和“存在”这两个概念之间并没有任何可以说得出来的差异。这个道理也可以用另外一种方式来解释，这就是，个体事物是有生有灭的。仅就这一点来说，表明它们的存在并无其必要。由此推论，可知它们在世界的某一时刻，事实上并不存在。但如果这是可能的话，就会出现一个没有东西存在的时间，从而也就谈不上现在有所谓东西存在。因为，有限的东西是不能把自己的存在加诸自己的。这样，就一定会有一个把存在加诸个体事物，而其自身的存在又是必要的存在的东西，这个存在无疑就是上帝。至此，我们又回到了托马斯·阿奎那关于上帝存在的第三个证明上来了。

在当代，伴随着语言问题越来越受到哲学家们的重视，语言分析越来越凸显出在帮助人们准确理解文本意义上的重要作用，有关宗教语言的研究，也逐渐转向我们究竟应该怎样看待这种语言的性质或意义的问题上来。这方面的一个引人注目的现象是，在有关上帝性质的问题上，托马斯·阿奎那长达千年被认为是无人能及的诠释权威，今日却成了主流哲学家们群起攻讦的对象。造成这种现象的一个重要原因是，当代语言哲学强调，一个陈述如果是有意义的，这只有在它是可以为经验所证实的情况下才有可能。凡是其意义不能为经验所证实的陈述，都是一种虚构的、没有知识意义的“形而上学”。这与托马斯·阿奎那所主张的，上帝的存在是可以通过语言加以言说的，而且这种言说是有意义的而不是无意义的观点，形成了直接的冲突。其实，尽管语言哲学家在批评传统形而上学的弊端时，不乏犀利之处，但用于托马斯·阿奎那关于上帝的语言诠释，却几无可以成立之处。因为，托马斯·阿奎那所做的，只是想要知道，何种语言方式才能帮助我们更好地认识上帝的本质。他所建立的类比理论，也不是为了要解决我们关于上帝的语言是如何获得其意义的问题，而是要对所说的“上帝言谈”这一特定意义上的问题做出自己的说明。这也是他那个时代所有关心此一问题的人所共同持有的一种观点，即我们在谈到“上帝”这一概念时，总包含这种或那种的意义，总想要说明一点什么。而这一点不涉及当代语言哲学家们关于怎样的语言才是有意义的语言的争论。

2. 不同的宗教语言

（1）道德性宗教语言

宗教语言从文化意向上看，可以区分为两种：道德性宗教语言和存在性宗教语言。在这两种宗教语言中，道德性宗教语言由于它在强化宗教信仰方面所起的重要作用，一直受到宗教思想家们的特别关注。宗教和伦理之间并没有什么必然的联系，但不排除每一种宗教都有一种由各种规矩，具体说由各种戒律或禁律组成的道德体系。由于宗教的道德体系是以戒律或禁律为内容的，因此，尽管它从根本上说是超验的，但仍然有其现实生活中的事实的或经验的方面的根据。现实生活中的宗教语言，主要是一种道德决定的宗教语言。它所表达的，主要是这样一个事实，即那些用诚挚的语调谈到某些道德戒律或禁律的人，通常是希望按照这些戒律或禁律所指示的方式来行为或行事的。

道德语言对宗教的重要性是不言而喻的。很难想象，如果没有了“十诫”，犹太教会是一个什么样子；如果没有了耶稣在圣山上的布道或宣讲，基督教又会是一个什么样子。

任何一个宗教体系的核心部分，说到底，是由这一宗教希望它的信徒能够遵守的那些道德戒律、行为规则的系统构成的。在现实生活中，一个个宗教团体事实上就是一个个大小不等的道德社会。集体崇拜从来都是一种严肃的行为。在这种行为中，道德群体的道德责任不时地受到提醒，而这种行为本身也为信徒巩固和加深他们的道德决定意识提供了绝好的机会。由于宗教的主要功能，是鼓励某种道德行为，激励某种道德意识，所以每一种宗教都必然地会拥有一个为它的功能服务的语言体系。在通常的情况下，这种语言体系都以历史性作为自己的外部象征。在特殊的情况下，它也不排除把虚构性的东西引进来作为立言的根据。在《圣经》中，就既包含跨越红海和征服耶利哥这样的真实的历史记载，也包含种种关于耶稣的经历的虚构或传奇。从宗教是建立在超越性精神实体崇拜意识之上的社会文化现象这一点来看，它的语言体系的内容究竟是否具有真实性，即是否完全来自历史真实这一点并不显得特别重要，关键的问题在于，它是否具有最好地传达上帝意旨、最好地强化信徒崇拜的实际作用。

在每一种宗教中，都有大量的或来自史实，或来自虚构的寓言、传说和故事。这些寓言、传说和故事以其鲜活的话语特征，在强化宗教的道德教化功能方面发挥着重要的作用。以基督教为例，在基督教中，除了有不少“爱人如己”这样脍炙人口的格言以外，大量的还是配合它的道德目标，把这类格言日常化、生活化的生动的寓言、传说和故事。其中，《圣经》记载的大量乐善好施者的故事，就是这种用具体的、可信的人的道德行为，来印证什么叫作“爱人如己”这样的经典宗教格言的最好例子。不仅如此，从“爱人如己”这样的说法，还生成、发展出诸如“要爱你的敌人，而不是恨你的敌人”“如果有人打你的左脸，应该把你的右脸也送上前去”等这样一些同样令人印象深刻的话语。而且，这些话语同样被伴之以大量与其道德含义相吻合的寓言、传说和故事，从而大大强化了这种宗教的道德教化的功能和效果。

当然，如果认为仅仅依靠这类话语、实例的语言本身，就能达到使人按照它们所指引的方式行为或行事的话，那就未免太过简单。因为，这些语言本身在指示人们应该怎样正确地生活、怎样的生活才符合宗教的道德要求的方面，只提供了“软性”的素材。它们之所以会转化为人们在日常生活中的自觉的行为，或个人生活的一个不可分割的组成部分，关键是在这些话语、实例的背后，包含着很深的意志性质的内容。一切意志性质的东西，在塑造人格、指导人们如何行为方面，都发挥着“硬性”的、最终的决定作用。在各种宗教话语形式背后包含着的意志性质的内容，简单说来，就是所谓“感恩”和“敬畏”。尽管不同的宗教或不同的宗教团体之间，在侧重前者还是侧重后者的问题上各有不同，但总的说来，都不能不包含这两个必不可少的要素。以犹太教来说，它的信徒们之所以相信上帝在西奈山上为他们发布的诫命，主要是出于感激之心，因为是上帝把他们从埃及面临的绝境中拯救出来。但他们也深知，他们的上帝是一个嫉妒之神，它不能容忍对其他神的任何形式的崇拜，也不宽恕任何有违它的意旨的行为。总的来看，道德性语言作为宗教话语的表达形式之一，它的一个重要作用，就是通过各种方式，为它的成员提供具有明确道德意向的规导或指引，说明在某一特定的场合中，什么在道德上是可以接受的，什么在道德上是不可以接受的，以使他们知道怎样去行为，怎样去做出决定，从而最终使他们每个人的生活、自由和幸福都能够得到提高。如果换一个角度来看这个问题的话，那就是信徒们之所以时时处处都想到他们的上帝，还不是因为上帝始终是以道德法则的捍卫者、道德原则的实践者的身份出现的吗？否则，他们又如何会想起上帝，如何会相信上帝。

（2）存在性宗教语言

除了道德性宗教语言以外，另一种表达文化意向的宗教语言，就是存在性宗教语言。如果说，道德性宗教语言主要反映了人在自己的日常生活中对道德的强烈需求，那么，宗教性道德语言则更多地表达了人希望克服自己生存过程中的不确定状态的强烈意愿。宗教信仰是人对自己生存状况做出反应的一个结果。所谓人的生存状况，是指人作为个体存在的生命受到其制约的那些因素。这些因素是如此重要，因为它们影响到我们生存的每一个细微的方面；这些因素又是如此基本，因为它们既不会随着我们人的外部环境的改善而消失，也不会随着我们人的智力的进步和对自身认识的深化而有所不同。我们只能够认识和接受它们，而谈不上改变它们，当然更谈不上取消它们。简单地说，它们是作为我们的存在的一个部分和我们不可分割地联系在一起的。

从宗教的角度来看，人的生存状况中最突出的一点，就是人始终无法在现实中达到自我的平衡和满足。这种自我的不平衡和不满足，在 20 世纪著名的神学家和哲学家保罗·蒂利希（Paul Tillich，1886—1965）那里，被描述为人所受到的三种忧虑的威胁。这三种忧虑分别是：（ⅰ）命运和死亡；（ⅱ）空虚和无聊；（ⅲ）罪过和谴责。按照蒂利希的观点，我们每一个人从出生的那一刻起，就这样或那样地为上述阻碍我们自我实现的各种忧虑所困扰。这些忧虑并不像某些人所说的那样是“病态性的”，是由某种病理性的原因引起的，而是相反，是正常的，是我们人类存在状况的一种反映。在这个意义上，这些忧虑可以被称为“存在性的”。回顾一生，我们难道不是无数次地为不可知的命运和天数，为不知哪一天就要忽然降临的死亡所困扰吗？我们又难道不是无数次地为精神的空虚、情绪的低落以及生活的无所事事所困扰吗？还有，我们对我们所犯的过错、过失甚至某种罪过而产生的不安、紧张、痛苦和忏悔等，不是也无时无刻不在袭扰着我们本应是平静的心灵吗？① 其实，蒂利希在这里谈到的人的这种生存状态，也就是几乎与其同时的存在主义哲学家在他们的著作中揭示的人的存在真谛的那些内容。由于这些忧虑是我们日常生活和生存中的一个真实的和不间断的部分，所以它们是“存在性的”而不是“病态性的”。

那么，人的存在中的这种不平衡和不满足感，又是怎样反映到宗教语言中来的呢？要了解这一点，还是要从宗教中所说的“失落感”这一点谈起。当我们讲到成为一个人的时候，就是讲到有一条路是我们所要走的，或所要选择的；就是讲到有一种生活是我们所要选择的，或所要实践的；就是讲到我们知道有某种道路，有某种生活，是我们全身心向往之的。为何这些东西为我们全身心所向往之？用宗教的话来说，就是害怕“失去”这些东西。如果“失去”了这些东西，我们就会不可避免地坠入上述各种忧虑的深渊中。对“失去”这些东西的恐惧，占据了我们的全部意识和心理空间。我们构造出各种不同的语言来表达我们对自己生存状况的忧虑，想象出各种可能的理由来帮助我们自

---

① Paul Tillich，*The Courage to Be*，New Haven，CT：Yale University Press，1952，pp. 40－54.

己在精神上获得解脱。本来，我们人从来就没有完全地获得过这些东西，甚至我们也不知道这些东西真正地实现出来究竟是一个什么样子，但因为我们生存的现实已经实际地反衬出它们的正面价值，所以我们始终认定，为了实现这些，付出怎样的代价都是值得的。宗教恰恰在这一点上，以它声称的能满足我们这一方面的需要的说教，在我们的思想意识深处打动了我们。宗教中所谓“拯救”一词，归根到底表达的就是自我的充分实现，或对自我的充分实现的威胁的克服。

既然有所谓“失去”，那么，也就有所谓“找回”。如何才能把这种“失去”的东西找回来呢？当然只有借助于上帝的恩典。正是由于有上帝的恩典，我们才能勇敢地面对我们的生存状况，面对这种状况给我们的生存造成的实际的威胁，并最后达到对这种状况和威胁的解除。在这方面，宗教语言也提供了多种可能的表达方式。第一种表达方式，表现在对死亡的恐惧的解除方面。有意思的是，在这方面，我们现实生活中的语言几乎完全派不上什么用场，也就是说发挥不了什么实际的作用，但宗教用于这种表达的句子却比比皆是。例如，“死亡就是人生的彻底解脱”“死亡就是新生”“死亡是人对自己最大、最后一个敌人的战胜”等。这种体验的教义上的表达，就是所谓人世永恒的信条和它的各种各样的变种。第二种表达方式，表现在对罪恶感的解除，即对一个人所犯过错的“宽恕”方面。谈到宽恕，是指被宽恕之人曾经一度迷失了方向，走错了路，而现在又回到正确的轨道上来了，重新开始了对充满希望的但却是未知的未来的追求。他对过去行为的忏悔，也得到了上帝的肯定，即所谓“浪子回头”。第三种表达方式，表现在对人生意义的体验方面。一个人感到生而为人是有意义的、有价值的，他对整个人类和整个世界、对自己作为这个世界的一员的存在的意义和价值的判断是正面的、肯定的。从生而为人这一点来看，我们的人生词典里永远也不应该有无意义、绝望、空虚、无聊这类消极悲观的字眼，尽管在现实生活中我们又是无时无刻不和这些生存状态联系在一起的。

那么，在有关人的存在的方面，宗教语言又是怎样把上帝和我们联系在一起的呢？我们知道，宗教的实际作用，就是组织并在某种程度上统一起一种完整的文化生活，包括它的所有成员的个人生活。它不仅为这种生活提供安全保障，而且许诺以后的全部幸福和源源不断的益处。自然的东西被掺和进了超自然的因素。这种企图的一个实际的效果，就是人类及其文化的各个方面都得到了加强。在这个实际的作用过程中，上帝无疑是所有环节中最重要的一环，是宗教和信仰的核心。为达此目的，宗教创造了大量的语汇用于描述上帝的全知、全能和至善的性质。所有这些有关上帝全知、全能和至善的性质的描述，说到底，都在于向它的信徒们说明，他们的存在和幸福是一刻也不能与上帝的关照相脱离的。犹太教就不遗余力地强调，是上帝创造了宇宙以及其中的万物。身为犹太教徒，一刻也不能忘记，如果不是上帝伸出其有力的大手，他们将永远走不出埃及，势将陷入万劫不复之境地。在伊斯兰教中，上帝即“安拉”被描述为一个用自己的力量和恩典保护着整个宇宙的统一的人格意志。安拉是全能的，是世界的主人，是天地的创造者、生死的决断者，他手中拥有不可抗拒的支配力量。无论是犹太教、伊斯兰教还是基督教，其所说的“感恩”和“敬畏”，离开上帝这个对象都是不可思议的。所谓“上帝是……（至善、神圣、全知、全能、正义的）”的语言表达式，就是上帝实际地介入我们的存在和日常生活的最常见的表达。

3. 宗教语言的经验基础

讨论宗教和语言的关系，一个最大的困难，就是如何说明宗教语言的经验基础的问题。按照现代主流语言哲学家的观点，宗教关于上帝的所有言说，就其实质来说，都是无意义的。无论哪一种关于上帝存在的证明，严格地说，都不能像它们的证明者设想的那样，决定性地证明这种存在。因为，它们根本背离了我们用以证明一个事物存在所不可缺少的那种标准，即所谓感觉经验的以及建立在这种感觉经验之上的推理的标准。由于宗教离开了感觉经验和推理的基础来进行所谓上帝存在的论证，这就注定了所有这类努力说到底是一种无结果的劳动。

在涉及上帝这样一种“存在”的问题上，事情难道会这么简单：仅仅因为上帝这个观念没有经验的对应物，就能轻易地宣布它不“存在”，就能把它从我们人类知识的字典里轻易地清除掉吗？这是一切有神论者对这种自诩为最经得起经验检验的，也就是最科学的知识方法的最反感之处。在有神论者看来，把上帝的存在放到经验的基础上检验，根本就是一种偏见，而偏见要比无知离真理更远。不仅如此，语言哲学家还是集无知和偏见于一身的最大的无知者和偏见者。那么，有神论者所说的语言哲学家的无知和偏见，究竟是指些什么呢？这就是，一切关于上帝的知识，都是从信仰角度出发的人类知识。而从信仰角度出发的知识，是有关于人类存在的价值包含于其中的，因而不能仅仅用理性的知识标准来加以判断。人是不可能通过理性而达到上帝的，理性绝不会使他们走得如此之远。按照哲学家克尔恺郭尔（S. A. Kierkegaard，1813—1855）的说法，达到上帝的唯一途径，是做一次“动人的信仰跳跃”。他把这种决定性的过程描述为人类透过黑暗的、一无所有的、毫无意义的深渊所看到的东西，并且把这些东西作为万物的终结接受下来。换句话说，就是做一次信仰的跳跃，跳过这个深渊而达到上帝。

从宗教的角度来看，上帝的存在对人的存在的意义，就是它为我们提供了一种可能的生活方式，或者说是存在范型。一切的宗教虚构都建立在这一基础之上。也正由于此，有关道德的和存在方面的宗教语言才能建立起来。但同样明显的是，宗教并不仅仅是一个道德决定或存在定位的问题，宗教语言也绝不能被看作这种看法的一个结果，或简单地从这样一种角度来理解。为什么呢？让我们来做这样一个假设：我说“我的母亲是我所知道的世界上最善良的人，假如我能够像她就好了”。当我这样讲的时候，它表达了我的一种意愿或打算，也就是我的一种“道德决定”。这也就是，假如你希望的话，你可以选择采取某种行动。更进一步，我为什么有这种道德意识呢？因为从小到大，母亲所做的一切，我所看到的、听到的有关她的种种，都让我感到敬佩和由衷地向往。这种情况、这种经历促成了我的道德和存在方面的偏好，而且表现在我对事物的一般态度中。但从另外一个方面看，我关于母亲的陈述毕竟是一个陈述。不管它在我的打算、我的意愿方面说了些什么，它也仍然是一个关于我的母亲的陈述。它或许是真的，或许是假的，在偶然的情况下或许还是不可证实的，但归根到底，它不过表达了我的一种信念，即我的母亲是一个如此这般的人。

这个例子跟我们要谈的问题又有什么联系呢？无疑，这个陈述表达了某种东西，某种道德主义者和存在主义者所欲表达的东西，但这并不是问题的全部。关于上帝的语言，首先和最重要的，是这样一种语言，即关于某种实在的语言。这种实在的存在或不存在，对于我们来说，是至关重要的。因为，它是不是具有如其所描述的慈爱、怜悯、宽容等这样一些品质，决定了我们关于它的那些语言是否真实。这种真实，是信仰上的真实，而不是经验上的真实。宗教不仅是一个道德决定和存在偏好的问题，它也是或首先是一个信仰的问题。离开了信仰，道德决定和存在偏好就成了一个世俗问题。

尽管宗教首先是一个信仰问题，但这种信仰只有在能说明事实的情况下才是有说服力的。那么，宗教语言与事实之间的联系又表现在哪里呢？以恶这一重要的宗教问题为例。恶在现实生活中的存在，是一切宗教徒最感不解，从而也是他们最为关心的一个问题。因为，它的存在，直接与我们关于上帝全知、全能、至善的信仰发生冲突。如果上帝不是全知的，它就应为它的无知而受到指责；如果上帝不是全能的，它就应为它不能把事情做得比它本应做到的更好而承担责任；而如果上帝不是至善的，那么，恶的存在就只能被看作出自它的意愿。反过来，假如上帝是集全知、全能和至善于一身的最高存在体的话，恶的存在就直接地否定了关于它的这一陈述。在这个意义上，这一陈述的真或假是要通过经验中的事实来加以解释或说明的。如果不是这样的话，神学家们那样关注恶的问题就变成了无的放矢。而且，正像我们已经谈到的，在有关恶的问题上，神学家们几乎是耗尽了一切心思，穷尽了一切可能，想要对这一问题做出尽可能说得过去的解答。

正如我们知道的，有关恶的原因，现有的各种解释都不能让我们感到满意，都存在着能够为人察觉到的破绽，但这些为什么又没有否定掉关于上帝是全知、全能、至善的陈述呢？其中重要的一个原因在于，宗教所声称的真理与科学所声称的真理所赖以建立的基础或标准是不同的。科学的真理是严格按照给定的经验条件生成的，而它的被否证也在于不能与被给定的经验条件取得一致。宗教的真理则不同。信仰并不要求在经验上得到精确的验证，它只要能对人的存在中的那些最一般的问题做出某种让人信服的说明，就能为有这种需要的人所接受。在这方面，重要的是不要把宗教信仰等同于科学假设。宗教信仰是一种对可能存在的生活、生存方式的期待。因为它是一种对可能的东西的期待，所以它的实现与否，对这种期待本身是不是能够维持并没有多大的关系，只要它满足了有这种期待的人的要求就可以了。在这个意义上，宗教信仰归根到底是人的一种生活态度，一种对想望的东西所抱有的期待。科学的假设就不同了：它是试验性的；它的结果要对经验条件开放。凡是在经验中出现的与假设相反的结果，都对假设的提出者、对假设本身构成一种决定性的挑战。很明显，我们关于上帝全知、全能、至善的信仰不是一种假设，因而不会由于它并非现实就简单地放弃它。这是不是说，信仰在任何情况下都不会为持有它的人所放弃呢？也不是的。一个人要想放弃他的信仰，多数情况并不是因为这种信仰没有在经验中显现出来，而是他开始对这种信仰指示的东西产生怀疑，甚至感到厌恶。保罗·蒂利希把信仰定义为“终极关切”或“终极关联”，认为它在人的行为、决定中有着价值上或关系上最高的优先权，其含义也正在于此。

既然如此，我们也就不难理解，为什么语言主义者和经验主义者一再声称，关于上帝的判断没有经验上的根据，因而讲到底是一种无意义的东西，但在现实中，却一点也不能撼动宗教的根基，一点也不能让有这种信仰的人相信关于上帝的陈述是无意义的陈述，更不用说是错误的陈述了。所以，我们的经验语言在描述日常的东西方面看来是胜任的，但在有关上帝的那些问题上，就显得有点力不从心了。最让经验主义者不解的是，既然人们已经知道了，要用日常生活的语言来描述上帝是不可能的，他们为何仍倾向于接受关于上帝的断言？究竟是什么东西支撑着宗教语言，使它能在经验主义这种看来是无懈可击的批评之下仍然幸存下来？分析起来，使这一问题变得如此复杂的原因，还要回到经验主义理论本身来寻找。经验主义对宗教语言提出了这样一种客观化的要求，即它要求描述上帝这种先验实在的语言，也要和描述经验实在的语言一样，是有意义的，而不是无意义的。换句话说，描述先验实在的语言也要符合描述经验实在的语言的标准。在它看来，宗教语言根本就做不到这一点，因为上帝的问题超出了人的可能经验的范围。对于那些我们不能经验的东西，我们可以说是一无所知；而对于我们一无所知的东西，我们是不能贸然说些什么的。如果我们顺着经验主义者的思路来看待这个问题的话，我们确实很难驳倒他们的理论。但是，上帝的问题恰恰不是一个经验的问题，而是一个信仰的问题。而在信仰问题的脖子上套上一个经验的枷锁，是不适当的。

但是，这并不意味着，宗教语言就没有它的经验的基础。固然从一个方面看，现存的各种主流宗教一直都坚持认为上帝是先验的，关于上帝的本质我们所能言说的就是那么多，我们所知道的只不过是上帝全部本质之皮毛；但从另一个方面看，这些宗教又仍然不断地言说上帝，言说上帝的本质。因为在这些宗教看来，尽管我们不能完全地体察上帝的用心、洞悉上帝的本质，但只要我们努力地去领会它和体察它，关于这种领会和体察的言说就一定有其理智上的和存在上的意义。我们说上帝是内在于宇宙万物之中的，就是说上帝是呈现于我们的经验中的，我们的语言是能够描述它的，就像我们在描述其他的经验实在时所做的那样。“上帝”一词在经验上所具有的意义，从根本上说，就在于它代表着一种实在，即代表着一种从各种强权和人性沦丧的过程中把人拯救出来的实在化的力量。这种力量的作用，是可以在生活中实实在在地经验到或体验到的，而这也是我们值得对它做出无条件的承诺的一个最大的理由。所谓“上帝创造……”“上帝坚持……”“上帝宽恕……”“上帝拯救……”“上帝热爱……”等这样一些字眼，表明上帝作为一种创造世界、呵护众生的最高存在，无时无刻不在影响着我们，改变着我们，帮助我们战胜邪恶，实现自我。而且，我们在日常生活中使用到这些字眼时，又是那么自然，那么亲切，丝毫没有任何的勉强和生硬之感，仿佛我们和上帝之间早就达成了某种默契一样，这不就是宗教所说的“神人感应”现象吗？所以，如果我们认为保罗・蒂利希关于宗教信仰本质上既包含人类所关心的终极对象，也包含人类关心的行动，是一种“终极关联”的说法大致不错的话，那么，宗教语言所具有的经验意义，或者说是经验基础的问题，就变得更好理解了。因为，在保罗・蒂利希那里，终极关联代表的是一种完全的信奉。当我们说“我所做的一切都是为了上帝的更大荣耀”时，终极关联从经验的层面上升到了超验的层面；而当我们说，上帝就在我们的生活中，终极关联就包含在我们的“吃、喝、睡”之中，包含在我们的工作、艺术和宗教活动中的时候，终极关联又从超验的层面降到了经验的层面。既然如此，我们还能说宗教语言没有什么可以说得出来的经验基础吗？

学习提要

一、基本概念

本体论证明；宇宙论证明；目的论证明；神正论；目的论；类比性宾词理论；终极关联。

二、基本原理

上帝存在的证明；恶之问题；伊壁鸠鲁悖论；休谟悖论。

宗教语言的特点；宗教语言与日常语言的关系。

道德性宗教语言；存在性宗教语言；宗教语言的经验基础。

三、思考题

1. 在日常生活中，人们判断一种关于上帝存在的表达的真实性和可信性的根据主要是什么？

2. 如果各种不同的宗教在根本点上，即在宗教的基本内核、基本精神、最高的宗教真理方面都是相通的，而且它们的差别只是历史性地形成的外在特征的差别，那么，我们是不是可以说，各种不同的宗教之间并没有不可调和的矛盾和对立？

3. 试论述安瑟伦关于上帝存在的“本体论证明”的前提和逻辑，并比较康德和罗素对此的分析，来说明此证明存在的主要问题。

4. 用你自己的话概述托马斯·阿奎那关于上帝存在的宇宙论证明。你能想出任何能够用于有效反驳托马斯·阿奎那的证明的方式吗？为什么人们一般认为，在托马斯·阿奎那的五个证明中，第二个和第三个证明相对而言是更有效的证明。你能提出你的分析理由吗？

5. 托马斯·阿奎那的“类比性宾词理论”把类比看作是帮助人们正确理解上帝的性质的最好方法。你赞同托马斯·阿奎那的这一论证吗？结合托马斯·阿奎那关于“存在”和“本质”关系的论述，说明这一论证对他形成关于上帝存在的第三个证明所起的作用。

6. 试叙述道德性宗教语言与存在性宗教语言的联系和区别。为什么保罗·蒂利希说人的生存忧虑是“存在性的”而不是“病态性的”？

7. 试论述宗教语言与经验语言的关系，并概括说明宗教语言的经验基础。

8. 从你关于宗教的一般知识出发，说明宗教对社会所起的实际作用，特别是它是怎样为社会所需要，又是怎样不可避免地经常性地对社会造成危害的？你对宗教社会作用的一般评价是怎样的？从21世纪初世界范围内宗教所显现的现实作用来看，你认为宗教在这个时期的作用总的来看是创造性的，还是非创造性的，或这两方面基本上是互相抵消的？

第八章

知识与价值

——元伦理学

元伦理学（metaethics）又称分析的伦理学（analytical ethics），是在 20 世纪语言哲学背景下发展起来的一门专门的伦理学理论学科。它是从最一般的意义上研究善或正当的行为，研究那些指导我们生活的信念，并使这些信念进一步系统化、完善化和深化的应用性伦理学理论。从另外一个角度来看，元伦理学还是一部分哲学家研究风格的一种体现，即这些哲学家在研究一定信念系统时，他们关注的首先不是这些信念所代表的道德主张，而是要弄清楚这些信念的基础和根据。换句话说，它试图弄清楚的是有关道德的各个实际问题，是人们在讨论道德问题时所使用的那些最基本的概念和术语的含义。例如，如果你不懂“善”这个概念的含义，你就无从知道如何去解决问题，无从知道怎样的行为才算符合了善的要求或特征。所以，元伦理学在讨论道德问题时，并不告诉人们他们应当做些什么，而是建议人们首先考虑一下他们在特定情况下应该做些什么，考虑一下他们用以表达道德问题的那些术语究竟是在说些什么、问些什么，如何回答它们为好，何种论点能够成立，从而真正了解一种有关道德的概念的逻辑性质。

从词源上看，“元伦理学”一词来自英文“metaethics”。所谓“meta”，在英文中，有“在……之后”“在……之上”“超越”“总的”等含义，将其与“ethics”即“伦理学”一词联系在一起使用，应知其表达的意思，就是关于伦理学的基础、本质和根据等问题的理论。换句话说，元伦理学不在于表述道德判断，而在于判断关于道德的判断；不在于理解道德，而在于理解对道德的理解。

一、元伦理学的特点

1. 价值与意向

“如果你那样做就好了！”“你这样做是对的，你会得到回报的。”“他们那样对待你是不公平的。”我们的日常陈述中总是夹杂着许多这样的价值判断。而且，在对一个事物的价值判断上，在有关这种判断的对或错、适当或不适当的问题上，我们和他人之间的看法也经常表现出不相一致之处。

我们是应该先关心这些判断所欲传达的道德方面的意向，还是应该先关心这些判断本身所具有的实际意义呢？当我们说“说谎是不对的”时，这句话的含义是什么呢？当我们讲到“善”“对”“正义”等这样一些最基本的道德用语时，我们究竟想要说些什么呢？这些用语本身的实际意义又是什么呢？在元伦理学家看来，这些才是伦理学所要关心的问题，是解决一切有关伦理学的争论的关键所在。换句话说，人们应该先关心一个句子本身所具有的实际意义，而不是相反，把句子的道德方面的意向置于弄清这个判断的实际意义之先。

那么，怎样的句子才是有意义的句子呢？我们来看下面这两个句子：（ⅰ）“我的身高是1.75米”；（ⅱ）“人类不应该自相残杀”。就前一个句子来说，它是有意义的。因为，这是一个经验性句子，也即一个感觉命题。任何一个经验性句子、感觉命题，都是可以在经验和感觉的层面上加以证实的，它具有知识上的意义。你可以不相信我说的东西是真的，但你却一定听懂了我的意思。但是，后一个句子就不同了。什么叫“自相残杀”？我们如果不先搞清楚“自相残杀”的含义，我们又怎么谈得上，“人类不应该自相残杀”，或“人类不应该自相残杀”这个句子是一个真的句子。

所以，一些哲学家坚持，有一些伦理学句子，也就是包含伦理学名词如“善”或“恶”、“对”或“错”、“好”或“坏”等的句子，它们本身是没有任何意义的。与表达外部实在的经验性句子、感觉命题相比，它们并没有一个给定的、可以证实的外部对象存在，并没有表现出任何有意义的东西。它们不过是一个人对某一事物的情感、态度的表达或流露，就像我们日常生活中的一个惊叹词一样，并不陈述任何有意义的东西，也无所谓是真是假的问题。

2. 陈述与意义

但是，并不是所有的人都同意这样的看法。有人就说，当我们讲到一个人、一件事时，如果我们的意向是清晰的、态度是明确的、问题是具体的，就不能说这样的句子是没有意义的。例如，在日常生活中，我们有时这样说：“她多可爱啊！”“他多棒啊！”“那太好了！”假如那是对我的朋友称赞他的女儿，对我的同事称赞她的丈夫，对我的上司表达我对提薪的激动，这些句子怎么会不真呢？又有谁听不懂我的话的意思呢？不能说这样的句子是没有道理的，但这里讲到的与我们要讨论的，根本就不是同一个问题。上面谈到的这几个句子，都是一些情感表达的句子，而情感表达的句子是有人对事物的态度、感情包含于其中的。只要我们相互之间在情感交流、兴趣表达上没有障碍，我们都能轻易地听懂对方所说的东西的含义，但这与我们谈到的一个句子的意义并不是同一个问题。这里的意思是说，尽管我们听懂了这样一些话的含义，但也仅仅如此。我们只是知道了对方的态度和情感，至于他或她真正说了些什么，在这些句子中包含了哪些具体的含义，我们其实是不知道的。假如有一个人对我说，“那个家伙是个混蛋”，而我也懂得他讲的那个家伙是谁，我当然听懂了他的意思。但是，我所懂得的，只是他对那个人的态度，至于其他的什么东西，我就无从得知了。而且，他在这里讲到的，并不比那个人实际是什么样子的更多一点什么。

所以，这里的情况就被归结为语言哲学家通常坚持的，一个句子的意义，只有它在经验上是可证实的、在逻辑上是可证明的且实在地描述了一个事实的情况下，才是可能的。表达道德情感的语句，由于它们不符合上述经验的和逻辑的方面的标准，并不描述任何的事实，当然就不能说它们是有意义的，是一些有意义的句子。这样一些表达道德情感的句子，除了让人知道表达者对一件事情的态度或情感以外，并没有提供任何有意义的内容。“恰如，我对某人说，‘你偷钱是做错了’，比起我只说‘你偷钱’来，我并没有多陈述任何东西。我附加说到‘这样做是错了’，并不对‘你偷钱’作出任何进一步的陈述。我只是表明我道德上不赞成这种行为。正如我用一种特别的憎恶声调说‘你偷钱’，或者加上一些特别的惊叹号写出这个句子。那个声调或惊叹号，对那个句子的实际意义没有增加任何东西。它只是表明在说这句话时伴随着说话者的一定情感。”①

许多人仍然不能很快地明白这一点。因为，这太让人费解了。这种让人费解的现象是由这种情况造成的，即在许多场合中，表达道德意向的句子与包含经验内容的句子，在语法形式上是十分相像的，这一点影响了我们对这两类不同的句子的明确区分。以这两个句子为例：（ⅰ）“违背诺言是不对的”；（ⅱ）“违背诺言的事是经常发生的”。我们看到，这两个句子的语法形式是相似的，但它们的性质却是根本不同的。前一个句子是一个道德性句子，而后一个句子却是一个经验性句子；前一个句子并不指向一个事实，而后一个句子表达的恰恰是事实；前一个句子不指向事实，因而是无法得到证实的，而后一个句子由于表达了事实，因而是可以轻易地得到证明的。那么，道德性句子的意义又在哪里呢？按照伦理学中情感主义理论的观点，这些句子的意义并不是在经验方面、认识方面的，也就是不在句子的真假判定方面的，而是在情感方面、态度方面的，也就是道德上的赞成或反对方面的。它们的作用是，讲话者通过他们的这种表述，公开宣泄、表达自己的某种爱憎情绪，以支持、鼓励人们做某些事，或反对、劝阻某些人做某些事。如果听讲者能够受到情绪上的感染，形成对某事的肯定或否定的态度，那么，也就达到了这个陈述本身的日的。而且，由于道德陈述只是记录了你对某事的或赞成或反对、或欣赏或排斥的态度，所以，你的这种陈述并不会为自己添加任何有意义的内容。例如，你对某人说：“你冒着危险把他从冰冷的河水里救上来，你做了一件好事。”当你这样说的时候，你并没有陈述任何你称为善的这个人的行为的事实，你甚至也没有陈述你赞成的东西的事实，你仅仅表明了你对这种行为的态度和观点，即你是赞赏这种行为、支持这种行为的。而这一点，有时你用另外一种方式来表达的话，它的效果也不见得就不一样好。

3. 道德与语词

那么，是不是所有包含“善”或其他伦理名词的句子，都不具有知识上的意义呢？

---

① ［英］艾耶尔：《语言、真理与逻辑》，121～122页，上海，上海译文出版社，1981。

是的。我们先来看这两个句子：（ⅰ）“‘三角形的三个内角和是180度’，这个结果是不对的”；（ⅱ）“这栋房子很好”。在前一个句子中，出现了“不对”这个经常在道德判断中见到的术语，但它在这里有没有道德方面的含义呢？显然没有。它只是一个数学的、逻辑的陈述，其中包含了对这种陈述演算结论正确性的认定，而这与道德问题毫不相干。至于后一个句子，则明显是一个经验的、感觉的句子。它说的是，这栋房子相当不错，既结实，又气派。从各个方面来看，它都符合我们关于一栋好房子的评价标准。这种标准，很明显是经验的、感觉的。

那么，在接下来谈到的这个例子中，情况又如何呢？请看这两个句子：（ⅰ）“如果你想去北京，那条路是最好的”；（ⅱ）“如果你想致富，那条路是最好的”。这两个句子都是关于目的或终点与人关系的表达，它们都用到了“最好”等这样一些经常在有关道德问题的句子中出现的术语，它们的性质又是怎样的呢？我们看到，第一个句子明显是一个经验性句子，因为它跟上面谈到的“这栋房子很好”这个句子是一样的。人们关于怎样的路线才是旅行的最佳路线，也是有一些客观标准的。比如，它的距离是最短的；它的路面状况是最佳的；它比现有的可选择的其他几条路线明显优越等。所以，当我们对一个人建议说他应该选择这条路而不是那条路时，我们显然是有经验方面的根据的，而他也是从经验的方面来判断我们的建议是可接受的，还是不可接受的。至于第二个句子，它跟第一个句子其实是一样的，也是经验的，可以被证实的。因为，关于如何才能致富，怎样的途径才是致富的理想途径，人们同样也是有一些共同的客观标准的。这里的问题在于，固然我们大家都知道怎样的途径才是致富的理想途径，但真正要找到这条途径却并不是容易的。因为，它不像我们要去北京，只要拿出地图，比较一下距离的长短、道路的好坏以及交通工具的便捷与否，就能大致地做出抉择，而且这种抉择一般都能与我们的预期相符。致富的问题主要是一个实践的问题、选择决策的问题，否则，致富不是显得太容易了吗？至于有钱好不好，这是另外一个问题。这个问题当然是有伦理学的或道德方面的意义的，但它却不具有知识上的、经验感觉方面的意义。所以，我们在谈到目的或终点这一类问题时，与之有关的“善”之类名词是否具有知识上的意义，应看它是否主要是指对终点而言的意义，而不应将之与终点本身联系起来。“那是一条致富的好路子”，是一个有意义的句子；而“有钱了到底好不好”，则是一个没有意义的句子。

上面我们讲到的，都是人以外的事物与人的关系的句子，这些句子中虽然包含了各种在道德句子中出现的伦理名词，但它们却并没有知识上的意义。这或许是可以理解的。但是，对那些直接给人下道德判断的句子来说，情况也是这样的吗？我们来看下面这个句子：“他是一个好人。”有人认为，这个句子是一个有认知意义的句子。事情是这样的吗？在日常生活中，一个人可能在不同的场合中同时受到称赞，而“他是一个好人”这样的说法，就是最通用的称赞人的句子。但是，不同的人对“他”的称赞，其中包含的含义可能是大不一样的。他的朋友称赞他是一个好人，可能是说他为人谦和，善与之处；而他的上司称赞他是一个好人，可能是说他兢兢业业，值得信任；至于他的太太说他是一个好人，可能是说他是非常好的一家之主，他非常爱他的家庭，包括爱她本人等。所以，我们不要指望“善”这样的伦理术语、道德名词在不同的场合、不同的条件下会有相同的认知意义。人们之所以使用这样的名词来表达他们对一个人、一件事的态度，看中的是它的情感上的意义，是笼罩在这个词之上的情感之光，而不是它涉及的任何性质。性质的不同取决于谁讲它，以及讲话者正在评论的是什么性质。如果从这样的角度来看“善”这个概念的含义的话，一个海盗称赞一个人和一个牧师称赞一个人，他们评价的角度相去何止十万八千里，但其中包含的肯定、赞赏的情感、态度却是没有分别的。否则，我们就只好每变换一种情况，就要为这些术语、概念添加一种新的解释了，我们能做到这一点吗？

二、元伦理学的理论

作为从20世纪语言哲学背景中成长起来的一种伦理学理论，元伦理学几乎集中了语言哲学的一切理论特性。可以说，有多少种语言哲学的观点，就有多少种元伦理学的理论分支。一般说来，把伦理知识看作经验性的，强调道德判断的自然性质，认为道德判断仅陈述关于自然界的事实之一特殊层面的自然主义（naturalism）；把伦理知识看作非经验性的，否认伦理判断的自然性质，认为道德判断、伦理语词的性质不取决于自然的或经验的事实，而是取决于人的直觉的直觉主义（intuitionism）；把伦理语言看作情感语言，把伦理判断、道德陈述看作判断人、陈述人赞成或不赞成、倾向或不倾向某事或某行为的态度、情感的表达的情感主义（emotivism）；把道德语句看作实质上是一种命令主义语句的非认知主义（noncognitivism），是元伦理学的四种基本的理论主张或思想体系。

1. 自然主义

在摩尔（G. E. Moore，1873—1958）于1903年发表他的著名的《伦理学原理》以前，伦理自然主义一度是英、美以及欧洲大陆许多国家中居主导地位的伦理学理论。在摩尔的著作发表以后，尽管这种理论已不再在欧洲国家盛行，但直至20世纪40年代末50年代初，它仍然是在美国居主导地位的、最重要的一种伦理学理论。虽然一般认为，严格意义上的现代伦理学，也就是元伦理学的奠立，是从摩尔开始的，但触发摩尔写下他的著作的动机，却主要是希望借此来表达他对伦理自然主义的不满或反对。

什么叫伦理自然主义？伦理何以能够和自然联系在一起？这是人们在接触这一理论之初首先会问的一个问题。在日常生活中，人们相信，确定一个事实的行动和对该事实进行评价的行动之间，有着原则性的区别。为了能对事实进行客观的、正确的评价，必须先有确定事实的行动。如果没有关于事实的足够知识，就不可能对事实本身做出适当的评价。这就表明，确定一个事实的行动与对这一事实进行道德评价的行动是截然不同的，对事实的叙述并不一定就涉及对它的道德评价。正是从这一显而易见的理由出发，许多哲学家坚持，虽然全面地描述我们所处的这个世界，说明这个世界究竟是怎样的问题，是以观察和实验为手段的自然科学家们的事，而不是哲学家们的事，但揭示这个世界与我们人的关系的性质，说明这个世界是好还是不好的问题，却是哲学家们的事，而不是自然科学家们的事。换句话说，当需要对自然界中的实际事物进行描述的时候，科学家们的见解是最权威的见解；但是，当需要对自然界的实际事物有所评价的时候，科学家们的判断却不见得比其他人的判断更有权威。所谓伦理自然主义，就是对这种习以为常的看法提出挑战的观点。在伦理自然主义看来，道德判断所陈述的，仅仅是自然界的一个特殊的事实层面，因此，不能把确定事实的行动与人们对这一事实所做的评价截然区分开来。一方面，对某些行动是否正当所做的价值判断，就是对这些行动到底会产生多少幸福所做的事实判断；另一方面，对人类某些制度对于其所属的社会之生存是否有益所做的事实判断，就是对这些制度是否符合道德标准所做的价值判断。如果用20世纪最重要的伦理自然主义者、实用主义哲学家约翰·杜威的话来说的话，所谓善的判断，就是关于什么东西能够使互相矛盾的需求达到永远满足的问题的事实判断。

回顾起来，20世纪伦理自然主义的主要代表人物有两个，即美国哲学家培里（R. B. Perry，1876—1957）和杜威（更早的可以追溯到像J. 边沁和S. 穆勒这样一些19世纪英国功利主义伦理学家）。培里关于伦理学的自然主义观点，主要体现在他于1926年发表的《价值通论》一书中。培里认为，价值存在于任何包含利益要素的客体之中。我们称为正确的东西，就是那种能够促使价值达到最大化实现的东西。当利益发生冲突，而各种可能的方式都不能达到问题的解决的时候，任何的行动都不能说是正确的。从这个角度上看，正确性维系于它能否被普遍地接受。那么，价值又究竟是什么呢？在培里看来，价值就是一个事物成为某种兴趣的对象时表现出来的东西。换句话说，当一个事物是某种兴趣的对象时，它就在原来的、一般的意义上具有了价值，或者是有价值的。至于兴趣，就被培里定义为被人们对其后果的期望决定的一系列事件。这些事件，既包括正面的东西，如“喜爱”“愿望”“需要”等，也包括它们对应的相反的方面，如“厌恶”“不欲”“拒绝”等。一个事物要有正面的价值，它就必须是人们感兴趣的对象；反过来，一个事物如果具有反面的价值，就表明它是人们厌恶、责难或不喜欢的对象。培里希望通过他的这个价值定义，消除人们在这个问题上的含混不清和模棱两可的做法，以建立关于善恶的某些超越人类文化且已经为人们普遍认同的，因而是客观的知识。

那么，如何才能把包含伦理术语的语句、陈述转变为不包含伦理术语的语句、陈述呢？并且，如果我们能成功实现这种变化，我们又能不能运用我们经观察所得的经验材料，直接或间接地对之加以证实呢？培里认为，这是可能的。他用下面这些非常具体的等式比较详细地展开了他的论述：

（ⅰ）“X有价值”，等于“X是任何兴趣的对象”。

（ⅱ）“X是坏的”，等于“X有反面价值”。

（ⅲ）“X是好的”，等于“X有正面价值”。

（ⅳ）“X在本质上是好的”，等于“X由于本身的缘故是人们感到某种兴趣的对象”。

（ⅴ）“X在表面上是好的”，等于“由于X对取得某种在本质上是好的事物，是直接或间接的最有效的手段，所以，是人们感到某种兴趣的对象”。

（ⅵ）“X就道德来说是好的”，等于“X是由成熟的协议和谐地组织起来的各种兴趣之对象”。

（vii）“X是至善”，等于“X是诸兴趣无所不包又协调一致的某种体系之对象”。

（viii）“X就道德来说是正当的”，等于“X有助于获得道德上的善”。

（ix）“X就道德来说是义不容辞的”，等于“X是一种生活需要，这种需要在任何可供选择的需要中是美满幸福之理想所最明确要求的”。

在上述各个等式中，左边的伦理谓词结构都被成功地还原为右边的非伦理谓词结构，可见，伦理概念与非伦理概念、价值判断与事实判断之间，并没有什么原则性的区别；就世界当前情况确定事实的行动与对这些事实进行评价的行动之间，也不存在一道不可逾越的鸿沟。培里相信，一个以这些定义为根据的理论，将会为人们提供一种关于规范性概念的系统陈述，并且在深层意义上展现我们所使用的道德判断赖以建立的基础。

与培里伦理学的浓重元伦理学色彩相比较，杜威的道德哲学在某些方面更像是一种规范伦理学。因为，他认为，哲学的一个最为重要的问题是，解决人们在自然科学基础上产生的对事物本性的信仰，与人们对在行为方向上具有正当性根据的价值性东西的信仰之间的关系。为此，他希望把自己的伦理学表达为一种能够使这两种不同东西之间的矛盾得到协调的体系。不过，在他看来，他的这个体系是以科学为根据的，或者说是以科学为规范的，而这是与传统规范伦理学完全不同的。由于他把科学中的实验方法移植到伦理学的研究中来，因而这种做法的一个不可避免的结果，就是会在伦理学中形成某种新的规范性的道德标准，而这与大多数元伦理学家千方百计地想要瓦解传统伦理学的规范教条有很大的不同。按照杜威的观点，世界上存在着各种不同的道德标准，这些道德标准的数量只会增加而不会减少；因此，道德标准只有在一定的文化环境中才能被加以理解并获得合理的解决。由于在他那里，道德标准是具体文化环境的标准，因此，道德判断就是关于实践的判断。换句话说，人们是在对各种可能的选择情况做了充分的比较研究之后，才做出他们自己的道德判断的。这样，就使那些判断具有了它们所独具的规范性的、合法的力量。然而，它们同时又还是实际上的经验陈述。杜威指出，任何价值判断当然都包含了一事物有价值或是无价值的判断，但又不尽然如此。价值判断，从根本上说，是关于行动、物体、事件能否满足愿望、需要和兴趣的一种预言。这种预言的一个重要作用就是，说明某些目的将在某种情况下满足某些维持生命所必需的冲动。任何价值判断，都是既可以被证实又可以被否定的，并不是人们所欲的一切都是正当的、可取的。只有在考虑了该事物的关系，审视了该事物的前因后果以后想要或者赞许的东西，才是正当的、可取的。

我们该怎样来看待、评价培里和杜威所代表的这种伦理自然主义观点呢？对于培里来说，他的那种自然主义观点，即使不用伦理学上的直觉主义观点来看，人们也能轻易地发现，它在一些非常具根本性的问题上与我们关于道德判断的历来信念明显是互相冲突的。道德判断怎么可能是像培里所认定的那样，只不过是经验陈述的一个分支，或者说是经验陈述的亚种（subspecies，subclass）？道德判断又如何能够在任何情况下都用经验来加以证实或否证？把道德判断看成是对情况的说明，是如此这般的经验陈述，很明显，是忽视了它在人类生活中所具有的那种不可替代的、独特的、能动的指导作用。至于杜威，不管他在道德判断实质上是实践的判断上说了些什么，他关于一切审视了事物的前因后果、考虑了事物的相互关系后的所欲都是正当的、可取的观点，仍然是有问题的。因为，人们就是在考察了“想要 X”这个想法的前因后果以后仍然想要 X，这个 X 也不见得就一定是正当的、可取的。而且，人们也不一定就非要 X 不可。仔细地思考一下这个问题的话，我们有理由相信，杜威本人其实也是懂得这个道理的。只不过，为了证明他关于道德陈述实际上是经验陈述的一个分支或者亚种的观点，他不得不在理论上把这个逻辑推导下去，即必须证实它的意义上的这种同一性是存在的。否则，他就不能建立他的这个理论。

我们还可以从更开阔的角度来看待这个问题。首先，从不能根据某人正在干某事这一事实就断定他应当干那件事，或某个人、某个制度存在就断定那个人、那个制度是好的这一前提出发，人们当然可以得出好的或应该做的事并不与关于这一件事的事实完全相同的结论。但更仔细地思考一下的话，我们会发现，有关这一问题的更适当的结论看来应当是，“某件事应该做”这个事实，并不与“有人正在做这件事”这个事实完全相同；“某件事是善事”这个事实，并不与“这件事是存在的”这个事实完全相同。其次，固然从事实问题和行为是否正当问题历来是两个问题这一前提出发，人们可以得出行为是否正当的问题不可能是事实问题的结论，但我们却不能根据这一点就断定世界上不存在关于“事实”的另一种更广义的意义。如果这种意义是存在的话，行为是否正当的问题就是事实问题。最后，尽管从一定意义上说，人们在对某一情况做出道德判断之前，必须找出一切有关这个情况的事实，但是，这种做法的意思只能解释为，在针对某一情况讲述那些与伦理问题有关的事实之前，人们必须找出一切有关这个情况的与道德无关的事实。所有这些，都是我们在思考道德判断与事实判断的关系时必须充分注意到的。

2. 直觉主义

在元伦理学领域，直觉主义是作为自然主义的直接对立面出现的。在自然主义看来，道德判断不过是事实判断的一个特殊层面，道德判断归根到底可以还原为事实判断。自然主义的这一主张，遭到以摩尔为代表的直觉主义者的强烈反对。尽管摩尔伦理学的直接批评对象并不是后来的培里、杜威等人为代表的美国自然主义，而是更早的边沁、穆勒等人为代表的英国功利主义自然主义，以及那种用超自然的实体来论证善的形而上学体系，但由于所有自然主义在事实判断和道德判断关系问题上的立场都是基本相同的，因而摩尔对他以前的自然主义的批判实际上也适用于他以后的自然主义。按照摩尔的观点，伦理学的首要任务是，探究“善”和“恶”这两个性质的范围；而善是一种简单的、不可分析的、非自然的性质；将善等同于人们通过感官感知的各种自然性质的观点，实质上是犯了一种“自然主义的谬误”。虽然摩尔坚持强调，善是伦理学的最基本的概念，伦理学的任务就是要对善做出正确的陈述，但他却又不提供任何证明来表明存在着最大的善。这种不做证明的特点恰恰代表了摩尔伦理学的基本特点。所谓善的东西，只能由直觉来决定。如果某人有相反的直觉，即便他完全是错的，但假如他固执己见的话，我们就无法说明他是错的，这就叫直觉。按照摩尔的观点，对于那些把善等同于幸福、演化的进步和其他自然特性的哲学家来说，只要我们真正向他们说明他们这种错误的实质，帮助他们认识到除了诉诸直觉以外，根本没有什么有效的办法来给善下定义，他们当中的绝大多数人都是会放弃他们那种自然主义的伦理学观点的。

摩尔为什么认为善是不可下定义的呢？按照他的观点，"'善的'是一个单纯的概念，正像'黄的'是一个单纯的概念一样；正像决不能向一个事先不知道它的人，阐明什么是黄的一样，你不能向他阐明什么是善的"①。不过，虽然善是不能下定义的，不能加以分析的，但它却是直接呈现在人的心灵中的，人们通过直觉是可以直接把握到的。无论什么人，假如他想要追问一下幸福到底是不是善的时候，他就已经自觉或不自觉地承认善是幸福的前提了。从这一点来看，自然主义者的谬误，就是用某种特性，比如说幸福，来给善下定义，而同时又断言幸福就是善。这也就是说，一方面，当说到什么是幸福时，他们说幸福就是善；另一方面，当说到什么是善时，他们又说善就是幸福。这不仅是一种咬文嚼字的坏习惯，而且在逻辑上也是根本讲不通的。因为，如果第一个论点是真的，那么，第二个论点就没有多大意义了。许多哲学家认为，摩尔的这个批评固然是非常有力的，但似乎又是有一些问题的。因为，假如"善"的意思就是具有某种特性的话，那么，那种声称具有这种特性的东西就是善的说法，就不见得是不符合定义的，或者说是错误的。而且，即便提出与善具有完全相同特征的东西到底是不是善的问题，也不表明那种认为特性和善是完全相同的说法就一定是无意义的。这也就是说，虽然幸福和善是完全相同的，但是，提出"幸福"究竟是不是"善"这样的问题，也还是有一定意义的。

除了善不可定义、要把握善只能借助于直觉这两点以外，影响摩尔对自然主义的态度的另一个重要的方面就是，我们之所以无法用任何自然的特性来给善下定义，就在于善本身是一种非自然的特性。这就像尽管人们可以想出各种自然的特性，但却不能把"黄色"定义为"圆的"、"四方的"或"用木头做的"等，原因就在于它是一种非自然的特性。另外一些哲学家对此表示反对：这里的问题并不在于善不是一种非自然的特性，而在于它根本就不是一种特性。他们举例说，当我说某种东西是善的时候，就像我在感到事情不妙的时候"哎呀"声就脱口而出了一样，我不可能赋予它什么特性。退一步说，即使善是一种特性，我们也还是无法根据它是不能用任何自然的特性来下定义这一点，就断定它是一种非自然的特性。我们也可以说，善或许是一种无法下定义的自然特性。人们不能用任何方法来给"黄色"下定义的原因，并非"黄色"是一种非自然的特性，而是"黄色"是一种无法下定义的特性，所以，它就不是一种特性。

几乎所有对摩尔的伦理学有研究的学者都同意，尽管摩尔是在批评伦理自然主义的基础上建立起他的直觉主义伦理学的，但他所说的"自然主义的谬误"究竟是什么，人们始终是搞不清楚的。因为，对于什么是善，或什么是存在着的最大的善，摩尔根本就未提出任何证明。或许在他看来，如果问题能够如此具体地提出来，就谈不上是什么直觉了。所以，艾耶尔就直接批评道："就摩尔关于定义的一般论证而言，他的自然主义谬误说乃是混乱不堪的。"② 通观摩尔的有关论述，他对自然主义的谬误的揭示，有可能涉及的，看来是这么几点：第一，自然主义的谬误，表现在试图对无法下定义的善下定义；第二，自然主义的谬误，表现在用自然特性来对善下定义，因而暗含善本身就是一种自

① ［英］摩尔：《伦理学原理》，13页，北京，商务印书馆，1983。

② ［英］艾耶尔：《二十世纪哲学》，53页，上海，上海译文出版社，1987。

然特性的意思；第三，自然主义的谬误，表现在用某种特性，例如幸福，来对善下定义，而同时又断言幸福就是善。不过，由于摩尔本人不明确对“善”这个概念下定义，而是一再地说如果用自然客体即作为经验对象的事物的属性来给善下定义，或者用超感觉的世界中的实体来给善下定义，都是犯了自然主义的谬误，所以，上述我们推断他的理论涉及的三个内容中的每一个，都可以在他的著作中找到互为矛盾的方面。就第一个内容来看，如果说他认为自然主义的谬误，就表现为试图对不能下定义的东西下定义，那么，这似乎就不适用于他对穆勒等人的批评。因为，穆勒等人的自然主义，是把所欲的东西如幸福定义为善，这是用另一个伦理概念来对某一个伦理概念下定义，而并不是对不能下定义的东西下定义。就第二个内容来看，如果说他认为自然主义的谬误，就表现为用自然特性来对善下定义，因而暗含善本身就是一种自然特性的意思，那么，这可能适用于培里这一类的自然主义，但却不适用于那种用超感觉的东西来给善下定义的形而上学。因为，形而上学并不用自然概念来给伦理概念下定义。从各个方面来看，最符合摩尔关于自然主义谬误的理解的，似乎应当是上面第三个内容。但是，即便是这个内容，在摩尔那里也不是没有矛盾的。因为，一个理论如果只是用某些自然特性来给善下定义，而不同时说那些具有这些特性的东西就是善，摩尔似乎并不会认为这就犯了他所说的自然主义的谬误。

总的来看，伦理学上的直觉主义（不仅仅是摩尔的直觉主义）的主张，归根到底就是强调，只有通过直觉才能知道人的某种行为究竟是对的还是错的，某种事态究竟是善的还是恶的。尽管不同的直觉主义者之间在有关“善”“正确”“责任”“义务”等这样一些基本的伦理概念的作用的理解上存在着观点的分歧，但他们都一致选择用其中的某一个概念来描述它的持有者实际具有的特性，而且基本不受概念的实际作用或人们对这些概念的态度的影响。直觉主义者相信，虽然这些特性是从其持有者的物质的或心理的特性中产生出来的，但却不能反过来把它们归并于其中的任何一类。在这个意义上，它们是“非自然的”。从理论上看，摩尔的伦理学之所以起到那么大的影响，说服了那么多人的一个重要原因，就在于这些人都倾向于认为，自然主义的谬误错就错在用与伦理无关的特性来对善下定义，而这与伦理学的本质是完全不相容的。其实，用与伦理无关的特性来对善下定义固然是做不到的，但这并不排除对各种伦理特性下定义的可能性。因为，如果人们能够用比如说是有助于生存的性质来给善下定义的话，那么，有助于生存的性质就是一种伦理特性。而且，人们为什么一定要认为与伦理无关的特性的意思就是不能用它来对伦理特性下定义呢？这种想法与那种认为不能用非生物学的，如生物化学的概念来给生物学概念下定义的想法，可说是如出一辙，这当然是值得商榷的。

3. 情感主义

元伦理学上的自然主义与直觉主义的区别就在于，自然主义认为伦理概念可以还原为非伦理概念，而直觉主义则认为伦理概念不能还原为非伦理概念。在情感主义看来，这两种说法都是不可接受的。按照情感主义的观点，无论是自然主义者还是直觉主义者，导致他们得出各自结论的方法都是，当他们对事物或行为做伦理评价时，他们首先做的是，把他们自己认定的性质加之于这些事物或行为之上，由此得出伦理判断是这种性质的或不是这种性质的结论。实际上，只要我们认真思考一下道德陈述、伦理判断的特点，就会发现，它们根本不涉及能不能用科学方法来检验其存在或不存在的经验性质的问题，恰恰相反，这里涉及的是另一个问题，即与经验性质全然不同的另一种性质也就是价值性质的问题。因为，道德陈述、伦理判断讲到底表现的是一个陈述者、判断者支持或不支持、赞成或不赞成某一行动或事态的情感和态度的问题，这实际上是一个价值问题，而不是一个经验问题。

情感主义的主要代表人物，是当代美国哲学家史蒂文森（G. L. Stevenson，1908—1978）。在著名的《伦理学与语言》一书中，他声称人们使用语言的目的，并不仅仅是做出一个关于某物是那样的或不是那样的判断，而是还包含希望用自己语言的语词“激起”别人的某种态度或行为的动机，伦理判断实际是体现语言的这后一种特点的一种特殊类型的判断。他对道德判断的这种理解，使得他的这一理论接近于一种通常被称为“诅咒道德论”的语言理论。所谓“诅咒道德论”是指，当我们在做一个道德判断时，虽然表面上看起来我们使用的是一个陈述性的语句形式，但实际上它的后面包含的是一个情感意味很浓的命令性语句形式。例如，当我说“偷窃行为是可鄙的”时，它的潜台词实际是：“偷窃，可鄙!”按照他的理解，如果一个道德语句不是包含了能够从反面来看待或分析的这种特征，就无论如何也算不上是一个合格的道德判断。换句话说，由于任何的陈述性语句都不足以表达一个道德判断所要表达的东西，所以道德判断要采取命令性的语句形式。在他看来，伦理语言归根到底是一种情感语言。我们所受的语言训练，我们使用的“善”“恶”“对”“错”等这样一类语词形式，分析起来，也特别适合表达、激发我们的感情和态度的需要。例如，“X是善的”这句话，分析起来，就是：“我赞成X，你也这样做吧”。只是后一句话没有先表明“善”一词的感染力罢了。这是表现伦理上一致的一个典型例子。

在涉及像伦理判断这样的价值问题时，首先必须解决的一个问题是，它的定义的说服力问题。如果不解决定义的说服力的问题，就不能解释道德语词的感染力问题，即史蒂文森所说的道德语词的感情意义的问题。在这一方面，史蒂文森花费了大量的心血，千方百计地想要说明这个问题。按照他的理解，任一语言表达式通常都兼有两种不同的意义：一种是描述的意义，即能在听者那里引起想象、假设、信仰等“理论”活动的能力；另一种是感情的意义，即能在听者那里引起情绪反应或者叫情感和态度反应的能力。后一种意义，在某种程度上是独立于前一种意义的。当一个词描述人们普遍赞成的事物时，这个词同时就包含了感情方面的因素，或至少具备了获得某种良好的感情意义的趋势。于是，人们能对这个词再下定义，这个词也就随之具备了描述不同于它原来描述的事物的能力；而由于语词生而具有的感染力，又使得听者赞成这个词所描述的任何事物。那么，伦理上的不一致的情况又应该如何来加以看待呢？下面是史蒂文森举的两组典型例子。

我们先来看这一组句子：

A：这是好的。
B：不，这是坏的。

这个句子表明，A、B两人在伦理上是不一致的。现在，我们把这一组句子转述为另外一组句子：

A：我赞成它，你也赞成吧！

B：不，我不赞成它，你也别赞成。

在后面这组句子中，描述的部分表明两个人的态度是对立的，而祈使的部分则表明其中的每一方都要求对方改变态度。史蒂文森推测，伦理上的不一致，其根源可能是信念上的不一致，如对某人是否应该立即偿还借款，双方的看法不一致。但是，根源也可能是态度上的不一致，如A赞成偿还借款，而B则表示不赞成。正因为态度上的不一致，所以任何论点必将在其所期望的方向上影响听者的态度。在提出充分的证据之后，明智的人就能在伦理争议的信念的方面取得一致。不过，意见或信念的一致，并不能保证他们在态度上，即道德上也达到一致。

史蒂文森的情感主义研究，一反传统的自然主义和反自然主义，也就是直觉主义研究道德判断的方式，开辟出了伦理学研究的一个新方向。这一理论刚一问世，就立即引起了截然不同的两种反应：一种是肯定的，而另一种是否定的。肯定的反应自不当言，因为只要它确实代表了伦理学研究的一个新方向，就值得人们对这种理论刮目相看。至于否定的反应，则主要集中于批评这一理论的社会作用，认为它推翻了或至少是削弱了道德的理论根基，把道德判断看作没有科学依据的、无意义的，而这将导致不受道德约束的情感、情欲的泛滥，为各种反道德的社会行为提供理论依据。当然，也有对这一理论本身弱点的批评。批评之一认为，在某种程度上，我们当然可以说“伦理语言是情感语言”“道德判断是态度判断”，但当我们这样说的时候，却不能不加上“伦理陈述表示的态度是一种极为特殊的态度”这样一种严格的限定。否则，人们就可能完全误解我们这一谈论的意思。显然，“我很希望你去做某事”，不是你就应该去做某事的理由。批评之二认为，道德判断并不能说就是一种态度、一种主张，而只是“像”一种态度、一种主张，因为，我们永远不可能确切地说明这些陈述主张的是什么。在这一点上，不论伦理学家们是否想确切地搞清楚伦理判断所主张的究竟是什么，他们都要声称这种陈述就是主张。可见，把伦理判断的性质看作就是一种主张判断、态度判断，并没有多大的实际意义。

4. 非认知主义

与史蒂文森一样从语言的角度来研究伦理判断，并同样声称伦理判断不具有知识的意义的另一位著名的伦理学家，是英国人黑尔（R. M. Hare，1919—2002）。黑尔的理论又叫作“指令主义伦理学”。仅从这一名称来看，就可知他发展的是史蒂文森伦理学的命令式分析模式。在他的著名的《道德语言》一书中，黑尔宣称，伦理学的任务是研究道德语言；而道德语言总是表现为用命令性语句来执行。如果不搞清楚道德语言和命令性语句之间的关系，我们就根本不可能真正弄清道德判断的性质。为什么黑尔如此重视研究道德判断和命令性语句之间的关系呢？黑尔承认，这是受到后期维特根斯坦日常语言理论的影响。维特根斯坦指出，当我们进行哲学思考时，一定不要认为有所谓命题的一般形式或共同的语言本质，把语言看作只能谈论事物而没有其他的功能。实际上，谈论事物只是语言的一种功能。除了这种功能以外，语言还有另外一些不同的功能。这些功能不是通过“谈论事物”，而是通过命令性语句、价值判断（道德的或非道德的价值判断）和义务原则等来实现的。受此影响，黑尔把语言区分为两个不同的大类：一类叫描述性陈述语句，它主要用来构成关于事实的判断；另一类叫指令性义务语句，它主要包括了命令句和价值判断这两个内容。作为一个伦理学家，黑尔重视的是对以命令句和价值判断为内容的指令性义务语句的研究。他把命令句区分为两种：一种是单称命令句，如“把门关上”；另一种是全称命令句，如“永远要说实话”。他又把价值判断区分为两种：一种是非道德价值判断，如“这是一辆不好的轿车”；另一种是道德判断，如“偷窃应受到谴责”。黑尔相信，只要搞清楚了描述性陈述语句和指令性义务语句的这种区别，我们就能轻易地识别传统伦理学在有关道德判断性质的理解上所犯错误的根源。

黑尔认为的造成传统伦理学谬误的根源究竟是什么呢？黑尔指出，这就是对指令性义务语句的误用。这种误用表现为两种情况：一种是把命令句当作表达关于讲话者思想的陈述来使用。例如，把“把门关上”这个命令句直接等同于“你要关门”这个陈述句。虽然这两个陈述讲的都是将来性的东西，即你要关门，但它们表达的却是这一事情的全然不同的两个方面。“你要关门”并不是一个命令句，它并不表达我的思想方面的情况，而只是“把门关上”这个命令句的客气语。我们只有先懂得“把门关上”，才能懂得“你要关门”。如果你把“把门关上”这个命令句当作我的思想表达来看待的话，就会出现我讲“把门关上”，而你回答“不要关门”，它们却不会出现矛盾的情形。另一种是通过施加某种应用标准于命令句，从而使命令句变为陈述句。例如，把“把门关上”这个命令句等同于“X将要发生”这个陈述句。这里讲到的X，是指对听者不利的事情。这种等同当然不能说没有一点道理，因为，假如把它跟“着火”联系起来，它的意思就相当于“快跑，不然就要烧着你了”。但是，在别的情况下，如“告诉你父亲，我已打过电话了”这样的情况下，就很难说这种等同是正确的。本来，命令句的功能应该是从原因上影响听者的行为和感情，但在这里，告诉某人应做某事和使某人做某事这两个过程之间的差别却被忽视了。

看来，不管是第一种情况还是第二种情况，它们共同的问题都是搞混了陈述性语句和命令性语句的区别，把命令句还原为陈述句。本来，赞同一个陈述句代表着我们的一种相信，而赞同一个命令句则代表着我们的一种行动，但是由于我们没有真正地搞清这个问题，就使得我们在面对一个命令句时，选择反应的却是陈述句要求的形式。那么，陈述句和命令句之间的区别在形式上是怎么表现的呢？黑尔指出，讲陈述句与命令句之间的区别，先要懂得它们两者之间的重合，否则，就无法搞懂为什么自然主义理论总是把命令句还原为陈述句的原因。让我们仍然用上面这两个句子来说明这个问题：（ⅰ）陈述句：“你要关门”；（ⅱ）命令句：“把门关上”。我们已经知道，这两个句子都是将来表达式，但情况有所不同。但是，这个不同在哪里呢？我们现在改写一下它们的形式：（ⅰ）陈述句：“你要关门；是的。”（ⅱ）命令句：“你要关门；请吧。”我们首先注意到，这两个句子的短语部分，即前半部分是相同的，而这个部分的功用就是谈论某事，这恰好是陈述句的特点。当然，命令句也是要谈论某事的，但它却不仅仅是谈论某事的。我们还注意到，这两个句子的后半部分，即说明部分是不同的。陈述句的说明语是“是的”，而命令句的说明语是“请吧”。可见，区别命令句和陈述句的地方，在于它们的说明语的不同。陈述句的说明语主要用来表达某事的状态，命令句的说明语则主要用来表示某种行动的应该进行。在我们赞同陈述句的情况下，我们表现出相信说话人所说的是真的；而在我们赞同命令句的情况下，我们表现出愿意去做说话者所要求做的事情。代表相信还是代表行动，这是辨别陈述句和命令句不同的关键所在。

陈述句和命令句的区别是如此，那么，命令句本身的情况又如何呢？在这个问题上，主要是要发现命令句本身相互之间的一种逻辑推论关系。命令句之间究竟有没有一种逻辑上的推论关系？黑尔认为是有的，但它要通过一种间接的方式，即以陈述句为中介才能推导出来。下面就是关于这种逻辑蕴含的一个例子：前提（ⅰ）：“到某地一家最大的服装商店去”！前提（ⅱ）：“X商店是某地一家最大的商店”。结论：“到X商店去”。黑尔认为，如果我们要想在各种情况下都做到既正确地区分命令句和陈述句，又正确地理解命令句相互之间的这种逻辑关系，我们就必须牢记这两条最基本的逻辑规则：（ⅰ）只有在一组前提能从陈述句中有效地推出的情况下，陈述性结论才能从这组前提中有效地推出；（ⅱ）只有在一组前提中至少包含了一个命令句的情况下，命令性结论才能从这组前提中有效地推出。但是，在这两条规则中，对理解道德判断有直接意义的主要是后一条规则。因为，道德语言总是以命令句或祈使句的形式出现的，而且它们本身不是无规则的。如果我们用这后一条规则来分析传统伦理学理论的话，就会发现，它们大都违背了这个规则的基本要求，自然主义伦理学就是这方面的一个典型例子。

黑尔伦理学讨论的一个重要问题，就是要说明逻辑如何能够帮助解决价值问题。他认为，道德判断是一种特殊的价值判断，这种特殊性决定了它与非道德的价值判断之间存在着一种明显的区别。像“把门关上”这样的命令句，是没有什么明显的理性方面的证据支撑的。它们或是随口说出的，或是即便表明了某种态度，也没什么可普遍化的可能。道德判断就不同了。任何一个道德判断，都兼有“可普遍化性”和“规定性”这两种相互联系的特性。所谓“可普遍化性”，是指我的关于某一事件的任何道德判断，也必然地适用于其他恰好类似的事件；所谓“规定性”，是指核心道德判断（相对于其他不具备这种性质的、不居中心地位的道德判断）必定会对我们的行动产生影响。如果我们相信这种道德判断，我们就会尽力按照它的要求行动。例如，当我们说“你应该对他讲真话”这句话时，我们就有理由希望得到理性方面的证据的支持，而这种支持是建立在我们认识到这种特殊的命令句是可以归属到某种更大的一般原则中去这一基础上的。而且，这种一般原则还是不能用陈述句来表达的，因为它是义务性的。所以，道德判断从一个方面看是不同于事实判断的，但从另一个方面看它又是不同于一般的命令句的，因为非道德判断的命令句并没有可普遍化性。这样，说到道德判断为什么会有义务的原则蕴含于其中的原因，就可以简单地用下面的这个推论来帮助理解，即“你应该对他讲真话”这个命令句，如果经过“可普遍化性”和“规定性”的双重作用，就变为了下面这个特殊的表达：“如果你不对他讲真话，那么，你就违背了我据此赞同的一般义务原则。”

值得注意的是，由于黑尔把“可普遍化性”当作证明道德判断正当性的手段，所以，他的理论也就表现出在很大程度上与康德伦理学的接近。而且，由于他把“规定性”加入“可普遍化性”的内容中去，又使得他的这个观点十分类似于康德的“意志自由”理论。康德伦理学的一个重要象征，就是把道德判断的实质看作只表示意志的“自律”，即“自由”。因为，道德判断既不指示行为的后果也不指示欲望的对象，而只凭行为准则应有的普遍形式这一点来决定意志的方向。所以，每一个人的道德决定都是对假定的道德原则做出的自我负责的决定。除了我们自己，没有什么别的人能代替我们做出这样的决定。如果有时看起来是别人为我们做出了这种决定，那也是因为我们预先已经决定听从这些人的劝告，并同意按他们的命令行动，只是我们自己没有意识到这一点而已。在一个典型的语言哲学性质的元伦理学体系中，康德和维特根斯坦这两个如此截然不同的哲学家的观点被如此巧妙地糅合在一起，仅就这一点而言，黑尔的伦理学也就值得我们认真地看待。但黑尔把道德判断完全等同于命令句，则又未免使这一问题变得太过简单化。道德判断当然有劝诫作用、命令作用，但又不仅限于此。在某些场合下，当我们对他人表白自己对某一问题所持的道德立场时，我们的表白并不必然地就有命令的性质。例如，有人问你，你最恪守的行为准则是什么？你回答道：绝不违诺。显然，这里并没有什么命令的意味包含于其中。

三、善之分析

伦理学所涉及的对象是什么？或者换句话说，什么样的问题是伦理学的问题？仅从字面来看，伦理学问题是与“道德的”、“伦理的”、有道德“价值”的东西的、被视为人的行为“标准”或“规范”的东西的、我们所“要求”的东西等这样一些字眼联系在一起的。用我们最熟悉的话来说，是与“善”这个字眼联系在一起的。

但是，什么是善？乍一听到这个问题，不免让我们感到困惑，这不是明摆着的吗？我们每天都在谈这个词，都在用这个词，我们当然是知道这个词的含义的。不过，在元伦理学家看来，不管我们多么熟悉一个词，多么经常地使用一个词，都不能代表我们就已经真真切切地理解了这个词。正相反，那些有时我们自认为最熟悉的词，恰恰是我们最不熟悉、最无法给出明确定义的词。“善”就是一个这样的词。

1. 善之根据

无论从哪一个角度来看，“善”都是一切伦理学概念当中最重要，同时又是最基本的概念。在一定意义上，道德就是善，伦理学就是关于善的问题的学说。不过，当我们这样说的时候，我们应该知道，我们关于善的这种说法仅是一种非常一般的说法，严格地说，它几乎是没有任何意义的。因为，在这种说法中，什么是善的问题并没有得到任何的说明；而我们如果不懂得善是什么意思，那么，我们所说的道德是善就没有任何意义。不过，假如我们真的想要追寻这个“善”的概念的含义的话，我们又会发现，这实际上是一件非常困难的事情。

从历史上看，“善”这个概念是不断变化的，在不同的时期、不同的哲学家那里，它所获得的概念的含义是相当不同的。在古希腊人那里，某个人、某个事物是不是善的，取决于它是不是实现了某种功能。一个好的舵手，是那种能够引导他的船只安全驶达目的地的人；一个好的医生，是那种医疗技艺高超、能够为他的病人做可能做的任何手术的人。概括地说，一个好的东西，在一定程度上，是一个实现了该东西所具有的功能的东西，而不论这个功能是什么。以功能而不是其他的什么东西来看待善的含义，也是我们今天谈到善时，大多数人日常所持的看法。这种看法，是从古希腊开始就已经形成的。很明显，在日常生活中，我们如果讲到一个东西是善的、好的，或是恶的、坏的，一个直观的依据，就是看它是否具有我们所需要、所认可的某种功能。一辆好的自行车，它的传动装置必须是好的，我们踩起来必须是省力的、快捷的，否则，我们就不会认为这是一辆好的自行车。一把好的裁纸刀，它的刀刃必须是锋利的，我们使用起来必须是感到方便的，否则，我们也不会认为这是一把好的裁纸刀。为什么我们用事物的功能，而不是其他什么东西来作为我们判别这个事物好与不好、善与不善的根据，最重要的一个原因，还是在于这些东西乃是按照我们对它们的用途的需要而预先在我们的头脑里构造出来的。

讲到无生命的物理对象的时候是如此，讲到有生命的东西的时候又如何呢？一辆自行车、一把裁纸刀，我们可以预先在头脑里规定好它们的用途，按照我们对其用途的需要，按照它们的作用来制造它们，但对于有生命的东西，例如动物，我们能这样做吗？这个问题看来更复杂一点。我们当然不能像制造一辆自行车、一把裁纸刀那样，预先把它们的用途结合进制造它们的工艺之中，但我们确实也是按照它们的功能、我们给它们设定的作用来看待它们的好与不好、善与不善的。在这一点上，我们看待动物的善与非生命的东西的善的标准是一样的。例如，你如果对一匹马的要求是，它能够满足你在赛马时获胜的需要，那么，只有那种脚力强健、奔跑迅速的马，你才会把它称为好马。又比如，你如果需要一只狗来看家护院、防贼防盗，那么，只有那种反应灵敏、忠心护主的狗，才会是你心目中的好狗。反过来，假如你养的一只狗非但不能起到这方面的作用，还常常给你带来各种麻烦，你当然不会把它称为一只好狗。这种情况还可以扩展到一些非常抽象的事物上去，而在这种情况中，善甚至比我们讲到的那个本来就已经非常抽象的事物更为抽象。例如，许多人都喜欢“8”这个数字，认为这是一个好数字。当我们碰到这样的人时，我们的第一个反应是问他：你为什么喜欢8？它好在哪里？你凭什么认为它好？

现在让我们转到人的问题上来。对物理对象和动物来说，我们都是按照它们的功能来判别它们的好坏的，那么，人呢？我们能不能也用功能来判别人的善或恶、好或坏呢？有人的功能这样的东西吗？人并不是像一把裁纸刀那样，按照我们对它的用途的设定而制造出来的；也不是像动物那样，有一种可以由我们人来选择的作用来获得它的善或恶、好或坏的评价的，人是“出场”的，即由它的意识决定而展开它的自由的过程的，它不可能有预先设定的本质，也不需要由外部来评价它的功能。人就是人自身。用法国存在主义哲学家萨特（Jean-Paul Sartre，1905—1980）的话来说，人首先是存在着，而不是由本质预先规定着，这是人与世界上的其他东西的最大区别。既然人不是由本质预先规定着的东西，那么，人当然也就没有什么像自行车、裁纸刀那样的物的功能，也没有像动物那样的由人来评价的功能。如果人没有这种功能，我们又非要像看待非人的事物那样，用功能的眼光来看待人的情况，那么，唯一的出路就是把人看作上帝的造物。这样，人当然就有了某种功能，一种可以把人与其他东西等同起来加以评价的标准。这也就是说，人的功能就是凸显上帝的万能，光耀上帝的名字，我们能赞同这样的观点吗？

2. 善之定义

既然我们不能用功能来定义"善"，那么，这个所谓"善"是在哪里得到的，又是怎样得到的？如果我们仅仅是为了获得一个善的概念，我们可以毫不费力地做到这一点，比如，我们可以用另一个道德术语去定义善，把"善"说成是"我们应当努力寻求的东西"；反过来，我们也可以用善来给其他的道德术语下定义，比如，把"正确的"行为说成是具有"最大的善"的行为。在日常生活中，我们经常就是这样做的。但是，能不能用非道德术语来给善下定义呢？这才是最难回答的一个问题。换句话说，我们在自然主义与直觉主义的争论中看到的，就是这个问题。那么，我们究竟应该怎样来看待这个问题呢？

关于"善"由什么来决定的第一种，也是最著名的观点就是，"任何人欲望的任何对象即是他可以因自己的理由而称为善的东西，任何人反感的任何对象即是他可以因自己的理由而称为恶的东西"。换句话说，善就是我们喜欢、我们欲求的东西。这是霍布斯及其追随者坚持的一种观点。善能被理解为我们的喜欢、我们的欲求吗？一个人可能知道某事、某结果对他是不好的、有害的，但他完全有可能对那件事、那个东西有着强烈的欲求。例如，一个人可能欲求对他不好的吸毒的快乐；他也可能在知道其真正利益在于和解时欲求复仇的满足。而且，如果把善定义为我们喜欢、我们欲求的东西，当我们达到这种喜欢、这种欲求所能达到的效果时，我们可能就不觉得它是善的，或至少不觉得它像表面上看去的那样善。既然结果达不到预期，那么，这种善就不能说是真正的善，而充其量只是一种表面上的善。所以，有些伦理学家，例如，西季威克（Herry Sidgwick，1838—1900）就认为，"如果我们借助于与'欲望'的关系来解释'善'概念，我们一定不要把它等同于实际被欲求的东西，而宁可把它等同于值得欲求的东西。在这里，'值得欲求的'不一定指'应当被欲求的东西'，而是指可能被欲求的东西，如果它被判断为可以靠意愿行为获得——假定欲求者有对一获得状态或结果在情感上和理智上的完善预测——的话"①。西季威克的这个观点尽管是十分深刻的，但却受到元伦理学家们的批评。例如，摩尔就认为，西季威克用欲望、欲求、喜欢等来给善下定义，并没有给这个概念增添任何新的知识内容；而且，"善"这个概念，像"黄"这个概念一样，根本就是不可分析的；如果希望用欲望这样的东西来给善下定义，实质上就是犯了"自然主义的谬误"。

另一种关于善的被人们普遍接受的观点，是把善看作我们的一种赞同。按照史蒂文

① ［英］西季威克：《伦理学方法》，132页，北京，中国社会科学出版社，1993。

森的观点，当我讲“这是错的”时，它的意思是，“我不赞成它，你也别赞成”；当我讲“他应当这样做”时，它的意思是“我赞成这样做，你也赞成吧”；当我讲“这是善的”时，我的意思是“我赞成它，你也赞成吧”；等等。如果关于善代表了某种喜欢、某种欲求的观点，暴露出来的是表面善和终极善之间的矛盾的话，那么，关于善代表了我的一种赞同的观点，暴露出来的就是局部善和整体善之间的矛盾。因为，我们认为的作为一个整体的善，并不是由于我们的赞同而表现出它的善的；反过来，假如我们认为它是善的，那就表明我们至少是赞同它的。不仅如此，如果我倾向某物是善的，是因为我通过内省发现我是赞同它的；反过来，如果你倾向某物是不善的，也是因为你通过内省发现你是不赞同它的。在这种情况下，某物的善与不善，无论对于我还是对于你来说就都是真的。既然如此，我们关于它的性质的看法就没有了任何共同之点，没有了可以在一起讨论的任何可能。如果一定要说我们相互之间还有哪怕一点共同之处的话，那是因为我还抱有一丝侥幸：你在说你不赞同它的时候，你说的并不是真的。所以，我可以用这样的方式来聊以自慰：你实际上是赞同它的，只不过你不说出来而已。事情看来还不止于此。如果我说某物是善的时，我的意思只是我赞同它；而你说某物是不善的时，你的意思只是你不赞同它，这并不证明我们相互之间就真的没有任何共同之点：因为你并没有否定我赞同某物，而我也没有否定你赞同某物，所以，我们并不就真的没有共同之点。但这样一来，就更没有什么东西被剩下来讨论了。

那么，能不能说善就是我们的一种想望呢？按照康德的观点，善总是表现为命令，而恶则总是表现为禁令。善的行为归根到底表现为我们所要求做的，或我们所期望做的那种行为。这里的问题在于，这个禁令是由谁来颁布的？这种想望又是由谁来指引的？关于这一点，人们的意见是有分歧的。在神学伦理学中，这个颁布者是上帝，这个指引者也是上帝。从表层上看，善之所以为善，就在于它是上帝所要求的。在这种情况下，上帝的命令这一形式的特征就成了善的真正的本质。从深层上看，上帝之所以要求善，就在于它自己是善的。在这种情况下，善的真正本质就不必依赖于任何形式的规定而由某些实质的特性所赋予，即由某种功利的或理想的东西所赋予。这样，善的问题根本就是一个哲学伦理学的问题，而不是一个神学问题。其实，不管是从神学伦理学的角度来看善，还是从哲学伦理学的角度来看善，都会遇到一些非常复杂的矛盾和困难。哲学伦理学的矛盾和困难主要在于，我们当然可以把善和想望看作等同的，但是，这种想望又是谁之想望？由谁来想望？何时想望才是适当的？我们的想望是不是都是正当的？所有这些，都是一些困扰人们很久的问题。而且，我们对某物想望，是因为它值得想望，还是仅仅为想望而想望？如果想望不仅仅是想望，更是因为值得想望，那么，对善的定义就不是伦理学以外的问题，而是伦理学以内的问题，是用另一个伦理学术语来给一个伦理学术语下定义的问题。神学伦理学的矛盾和困难主要在于，如果说只有上帝说的才是善的，那么，是不是意味着一个人如果不信上帝的话，他就无从知道什么叫善，善就永远与他无缘？而如果两个人信仰的是不同的宗教，是不是在一个人看来是善的东西，在另一个人看来可能跟善丝毫沾不上边？另外，善是因其为善，而使上帝欣然允其为善，还是上帝允其为善，善才成其为善？如果善是因其为善，而使上帝欣然允其为善，那么，这并不是善之本意；而如果是上帝允其为善，善才得以为善，那么，善在逻辑上就独立于上帝。换句话说，诚实是善的，即使上帝不告诉我们应该诚实也是如此。

由于给善下定义有如此多的困难，所以，在《伦理学原理》一书中，摩尔干脆就断言，“善”根本就是不可定义、不可分析的。摩尔说：“如果我被问到‘什么是善的’，我的回答是：善的就是善的；并就此了事。或者，如果我被问到怎样给‘善的’下定义，我的回答是，不能给它下定义；并且这就是我必须说的一切。然而这答案虽似令人失望，却是极其重要的。”① 摩尔把“善”与“黄”这个概念相比较，指出，就像你不能对一个不懂得什么是“黄”的人讲黄一样，你也不能对一个人分析什么叫“善”。“善”不是靠自然主义的方式得到的，而是靠直觉得到的。摩尔讲到的自然主义，首先指的是穆勒所谓“幸福主义”。穆勒把“善”定义为“值得想望的东西”，在摩尔看来，这等于是把“善”看作所能想望的东西，因而就是人们实际想望的东西，这在逻辑上是错误的。因为，把应当想望的说成是实际想望的，无异于说我们想望某种东西，是因为我们想望着这种东西，这完全是一种同义反复，根本谈不上是一个伦理学命题。摩尔讲到的另一种自然主义，是指把善视为超经验领域中实在对象的属性的形而上学伦理学。形而上学的错误在于，混淆了“什么东西是为善”这一问题的两种可能理解，即实际存在的事物中，哪些是为善？或哪些事物是为善，什么东西应该是实在的？这样，就把证明实在的真理与证明为善的真理不恰当地联系了起来。证明某一事物是实在的，并不等于证明这一事物是善的。“无论我们证明什么实存着，为了我们证明怎样两个实存者彼此必然联系着，但仍剩下一个显然不同的问题：这样实存着的事物是善的吗？这两个实存者之一是善的呢，还是这两者都是善的？它们必是一起实存这一点是善吗？显而易见，断言其一并不等于断言其二。”② 摩尔设计了一种他称为“开放问题技术”的方法，来说明自然主义的这种困难和矛盾确实是存在的：取你关心的无论什么属性 P，并言明这就是“善”的意义；你任何时候都可以很正当地问下面这个问题：“我同意 X 有这种属性，但是，X 是善的吗？”这样，虽然我知道某人（X）是善的，但我却永远不可能做到无矛盾地问“诚实是善的吗”这个问题。正是基于这一理由，摩尔坚称，“善”不能被任何非伦理的属性定义。实际上，摩尔的这个观点不过是印证了比他更早些的西季威克讲过的一句著名的话：伦理学术语的定义不可能完全依靠非伦理学术语来给出，就像我们不能用非数学的术语来定义数学的术语一样。

3. 善之为善

摩尔对“善”之不可分析的分析，被公认为是极其深刻的。但是，以“善”一词的意义是单纯的、不能追溯的为理由，拒绝对它下定义或指明它的内涵，却是不合适的。要给“黄”这个概念下定义，当然是很困难的，但当我们指着一面黄色的旗子来告诉别人这就是黄的时候，相信没有人会不懂得它的意义。我们还可以把“善”与“光”这个概念做一番比较。“光”这个概念，在作为一门科学的光学产生很久以前，就已经有了它

① ［英］摩尔：《伦理学原理》，12 页，北京，商务印书馆，1983。
② 同上书，134 页。

的意义。正是它的这种意义，决定了后来的光学的对象。在这里，起着关键作用的因素，是我们称为“光感”的那种直接经验。光感的发生，表明存在着构成光学对象的那样一些过程。所以，尽管为我们提供光学基本概念的光感是不能下定义的，但这并不妨碍我们知道它指的究竟是什么，因为我们能够确切地指出它发生的条件。伦理学也是如此。尽管伦理学的基本概念，用摩尔的话来说，是不可分析的、“无法定义的”，但它的意义却是存在于我们前面讲到的像“光感”一样的、我们可以叫作“善感”的这样一些经验的前提中的。

那么，伦理学所要做的，究竟是确切地阐述“善”这个概念的内容呢，还是要想方设法地赋予这个概念内容呢？在元伦理学家看来，后一种想法是错误的，而前一种想法虽不能说是错误的，但却是需要加以严格限定的。所谓后一种想法是错误的，是指如果“善”这个概念的内容是由伦理学家赋予的，这等于说，是伦理学家制定、创造了“善”这个概念；而伦理学家制定、创造这个概念又完全是主观使然、任意为之的，这当然是说不通的。伦理学家在给一个概念下定义时，绝不是兴之所至、任意为之的，而是受一定的规范制约的。他总是先知道自己要认识什么东西，才想要努力去认识这种东西的。所以，概念的内容总是由一定的规范预先所规定、所赋予的；伦理学家所做的，不过是努力把它表述出来而已。所谓前一种想法是要严格加以限定的，是指伦理学家所做的工作，当然包括确切地阐明“善”这个概念，用语词把人们已经熟知的这个概念的意义严格地表达出来，但又不止于此。一个真正的伦理学家的任务，更重要的是要描述和揭示善的各种可能的含义，而不仅仅是人们熟知的那些含义；并在这种描述和揭示中，把假定已被认识的这个概念的意义还原到某种具体的东西中去，结合进一种有助于人们更清楚地认识其意义的普遍联系中去，就像光学对光所做的解释那样。光学就是通过精确揭示光的规律，指出光在物理过程中的位置，说明光的规律与某些电的过程的规律的一致性，来告诉我们光为何物的。

既然如此，我们所说的这个善究竟为何物呢？尽管我们可以把伦理学家所做的工作与光学物理学家做比较，但这并不是说，伦理学的对象就像光学的对象一样，是被经验、被感觉“给予”的。一些哲学家天真地认为，就像我们有一种特殊的感官，即视觉感官用来感知光一样，我们也必定有一种特殊的“道德感官”来指示善恶的存在。如果我们有一种特殊的道德感官来指示善恶的存在的话，善恶现象就将能像作为光感原因的那些物理事件在光学中得到研究那样，也得到客观的、严格的、科学的研究。这当然是荒谬的。我们可以毫不费力地指出人眼为何，但我们不可能告诉人道德感官为何；即便有这种道德感官，它也不足以解释人在道德判断上的差异。所以，伦理学的对象并不是像光这种物理现象一样，由感官“给予”我们的，它实际上是由那种以道德原则或道德体系为对象的规范理论提供的。这种规范理论除了揭示“善”这个概念的意义之外，并不提供任何别的东西。那么，这种规范是怎样建立的？人们为什么要以这种规范为规范？从形式上看，善是我们应当遵守的行为，是我们被要求的东西；从内容来看，善是我们在现实中必须遵守的那些现存的法则，那些被普遍认同为一般道德的东西。尽管不同的民族、不同的宗教、不同的文化在对某一具体行为是否道德的理解上往往会表现出分歧，但在纷繁多样的道德学下哲学家们发现的都是同一个善。这也就是说，在任何文明社会中，乐于助人、友好相处、值得信赖等行为总是与“善”联系在一起的；而偷盗、谋杀、背信、欺辱他人总是被认为是“恶”的东西。如果用一个形式的律令来概括作为类出现的“善”的行为的特征的话，那就是，一种行为倘能称得上是“善”的，就必须具有如此这般的一些特征。这也就是我们讲到的“规范”一词的含义。这种规范，当然应该是一切伦理学探讨的起点或出发点。

传统的伦理学认为，伦理学本质上是一种纯粹的规范科学；而作为规范科学，它与事实科学是完全不同的。伦理学既不应问“一种品格什么时候被认为是善的”，也不应问“这种品格为什么被认为是善的”，它只应问“有什么根据认为那种品格是善的”。换句话说，它所关心的，主要不是实际得到赞许的东西，而是什么是应得到赞许的东西，这与元伦理学家对此所持的观点正好相反。元伦理学家认为，如果不知道什么是实际得到赞许的东西，就根本不可能知道什么是应得到赞许的东西。伦理学一切正当的根据，都是从生活中、从事实中来的。虽然我们不能把伦理判断还原于事实判断，但假如没有已有的道德事实、已有的道德规范为根据，就永远也不可能有伦理学的知识和理论。伦理学只有在指出某一判断符合一定的规范、一定的道德事实的基础上，才能证明这个判断是正确的。至于这个判断本身之“正确”或“合理”，则伦理学既不能指示出来，也不能自行制定出来，而只能承认它是一种人性的事实。如果伦理学家不把从人性和生活中得来的道德事实作为自己研究的最后的规范或最高的价值，就一定会离开人性和道德生活的事实，把伦理学当作人类制定道德原则、道德律令的纯粹的规范性学科，把伦理学家变成道德家，而这是传统伦理学所犯的一个主要错误。元伦理学家特别强调的一点是，伦理学如果想要成为一门真正的科学，就永远也不要想象自己能够为现实生活设定或创造道德规范，而是应把注意力转到找出或发现道德判断的规则这一更为基本的问题上来，立足于从他们每日、每时面对的道德事实来观察和揭示道德判断所遵循的基本规则。换句话说，如果伦理学家想要借助原始的规范和道德事实来告诉我们什么是善，那么，他不应该认为他有权告诉他人“善”必须或应当是什么意思，而应该认为他仅仅是在向他人说明：“善”究竟是什么意思？一方面，我们问一个价值判断之是否正确，我们实际上是在问，是否有一个能够将此价值归于其下的更高的规范；另一方面，我们问是否有一个能够将此价值置于其下的更高的规范，又不是要去证明有一个最高的规范或最高的价值的存在。关于最高的规范或最高的价值的证明问题，从哲学上看，是一个无意义的，而不是有意义的问题。因为，不可能有一个更高的规范作为这些最高的规范或最高的价值的基础和根据。

元伦理学是一门研究伦理术语、道德判断的意义问题的学科。尽管过去的几十年间，有关它的研究无论是在深度上还是在广度上都取得了令人瞩目的进展，但在一些根本性的问题的理解上，元伦理学家们之间仍存在着一些重大的理论上的分歧，远未实现这一学派最初对其前景，即很快就能克服分歧，达到对作为这一学派基础的那些最重要的基本问题的广泛的共识所做的乐观预期。这与规范伦理学的情况形成了鲜明的对照。有趣的是，那些在元伦理学问题上固执己见、僵持不下的哲学家，在规范伦理学所涉及的那些基本的道德规范、道德价值问题的理解上，却往往表现出惊人的一致性。那么，什么是规范伦理学？规范伦理学的对象、方法、内容和原则又是什么？我们应该怎样正确地看待元伦理学与规范伦理学的关系？这些，就是我们在接下来的一章中要讨论的一些基本问题。

学习提要

一、基本概念

元伦理学；自然主义；直觉主义；情感主义；非认知主义。

二、基本原理

判断的实际意义重于道德意向；伦理句子不具知识意义；道德意义受约于情感。

道德判断是一种事实判断（自然主义）；"善"由直觉而不是客体或事实决定（直觉主义）；道德判断既不取决于事实，也不取决于直觉，而是取决于情感（情感主义）。

道德语言是命令性语言而不是描述性语言（非认知主义）。

三、思考题

1. 元伦理学强调判断的实际意义重于判断的道德意向。试论述它是怎样区分有意义的或无意义的伦理学句子的。

2. 试概括道德与语词的一般关系。为什么说所有包含"善"或其他伦理名词的句子，都不具有知识上的意义？

3. 什么叫伦理自然主义？概要分析培里的自然主义和杜威的自然主义的联系与区别。

4. 什么叫直觉主义？摩尔是怎样论证"善"是不可能被定义的？试说明摩尔直觉主义的贡献和局限。

5. 什么叫情感主义？为什么说情感主义研究一反传统的自然主义和反自然主义的研究道德判断的方式，开辟出了伦理学研究的一个新方向？

6. 什么叫非认知主义？黑尔为什么认为造成传统伦理学谬误的根源是对指令性义务语句的误用？

7. 简要分析自然主义、直觉主义、情感主义和非认知主义这几种基本的元伦理学理论之间的区别与联系。

第九章

是与应当

——规范伦理学

规范伦理学（normative ethics）是关于义务和价值合理性问题的一种哲学研究。直至元伦理学在20世纪出现以前，规范伦理学一直都是西方伦理学的基本理论形式。规范伦理学的任务，一方面在于说明我们人本身应遵从何种的道德标准，才能使我们的行为做到道德上的正确；另一方面在于说明我们应当发展一种怎样的德行，才能使我们的人格达到道德上的善。

从作为一个学科的特点来看，规范伦理学通常被区分为两个不同的部分：一般规范伦理学和应用规范伦理学。前者研究人类行为的合理性原则，主要是对诸如何种性质是为善、何种选择是正确的、何种行为是应受谴责的等最一般的问题进行批判性研究；后者研究具体的道德问题，试图用我们关于道德的一般原则来解释和说明我们面对具体道德问题时所应采取的正确立场。

从伦理学家对道德本质所持的看法来看，规范伦理学又被区分为两种不同的理论：结果论伦理学和非结果论伦理学。前者坚持一种行为之是否道德，受这一行为的结果决定。在这个意义上，结果论伦理学又称为非动机论伦理学。后者坚持一种行为之是否道德，受它的结果以外的东西决定。在这个意义上，非结果论伦理学又称为动机论伦理学。

一、道德的必要性

为什么一个人应当是道德的，而不是相反？为什么我们追求自己的利益总是会与他人的利益发生冲突？当我们的利益与他人的利益发生冲突时，我们应该做些什么？伦理学在讨论这些问题时，首先遇到的就是一个道德的必要性问题。何谓道德？为何道德有其必要性？道德的行为与非道德的行为应如何区分？怎样才能做出正确的道德决定？在讨论规范伦理学涉及的那些最一般的理论和原理之前，把这样一些前提性的问题搞清楚，无疑是很有必要的。

1. 道德与行为

（1）是与应当

在规范伦理学涉及的各种问题中，最为复杂的一个问题，就是所谓“是”与“应当”的关系问题。在日常生活中，人们在谈到与他们的行为有关的某种事实或情况时，例如，在为自己所做的那些道德上值得怀疑的行为辩解时，总是这样说：“所有人都是这样做的”；或者说：“如果你能够这样做，那么我也可以这样做”。然而，当他们这样说的时候，他们并没有想到，人们实际做什么与他们应当做什么之间，也就是“是”与“应当”之间，并没有什么直接的或必然的联系。从这个描述性的“是”中，无论如何也推不出规范性的“应当”。

“是”与“应当”之间的这种复杂、微妙的关系，最初是由休谟揭示出来的。道德问题上的理性主义者，如古希腊的苏格拉底和近代的洛克等人都坚持认为，人的理性天生就有辨别对错的能力；这种能力是人在道德方面所拥有的一种“自然权利”。与这些道德问题上的理性主义者不同，休谟认为，人的言语和行为并不是由理性决定的，而是由人的感情决定的。当你决定要帮助一个人时，并不是你的理智告诉你应当帮助那个人，而是你的感情告诉你应当帮助那个人。我们之所以想要帮助一个人，是因为我们大家都有同情心。如果把道德行为看作根据于理智，就会引起一些非常深层的矛盾和问题。例如，一个人可能宁愿整个地球遭到毁灭，也不愿意自己的手指被划破，而这与理智并没有什么冲突。又比如，谋杀是不道德的，但你想杀掉一个人却不见得在理智上是不智的，就像纳粹分子对犹太人所犯的那些暴行一样。谈到纳粹分子所犯下的那些暴行，我们是应该把他们的行为归结为是理智有问题，还是感情有问题呢？

搞清“是”与“应当”之间的这种复杂关系，对我们正在讨论的问题有什么直接的帮助吗？当然是有的。因为，认为如果人们正以某种方式行动，那么他们正在做的事情就必然是道德的，这是我们大多数人在面对道德问题时经常存在的一种理解上的误区。上面说到的“如果你能够这样做，那么我也可以这样做”的情况，就是这方面的一个典型例子。由于人们实际做什么和他们应当做什么这两者之间，并没有一种直接的或必然的联系，所以，在有关人的行为之是否道德的问题的判定上，重要的就不是看人们实际做了些什么，而是看人们究竟应当做些什么。否则，我们就可能在一些根本性的问题的理解上出现矛盾。为了判定什么是道德的，什么是不道德的，我们又必须设立某种道德标准。从一个方面看，不可能每一个人的行为都是不道德的，所以，我们面对的东西，我们所做的事情要么是道德的，要么是不道德的；从另一个方面看，由于我们有判别一种行为之是否道德的历史的、文化的和宗教的标准，我们合乎道德地行为或行动就是可能的，而不是不可能的。但即便如此，也不表明正在做的事情就必然地是应当做的事情。

（2）应当与生存

既然我们一再地把一个人的行为或一个事物的存在与价值、应当、值得的，归根到底也就是善这样的术语联系起来，我们就要问，这些术语是由何种情况引起的，或者说，是在何种情况中产生的？一般而言，伦理学的概念，只能产生于维持人类生存需要的那些人的行为或行动。离开人的生存需要，就不能解释道德存在和道德概念产生的缘由。从理论上看，道德只存在于人的行为和行动中，但并不是有行为和行动能力的东西就一定有道德。机器人无疑是有行为或行动能力的，但机器人就谈不上有什么道德，或者说，有什么道德方面的需要。其之所以如此，是在于机器人是不具有生命的，它并不面临生与死的选择，也意识不到生存方面的威胁，所以也就谈不上赞成什么或反对什么。不具有生命的机器人是如此，那些有生命的（但不是人）如植物或动物的情况又如何呢？植物或动物当然是有生命的，但它们的生命形式只是被动地或者说是本能地适应外部世界的变化，并不能在自觉的、有意识的状态下保护自己，发展自身，所以从根本上说，它们的境遇比之无生命的机器人也好不到哪里去。与所有这些事物相反，人类既是有行为和行动能力的，又是有生命的，还是有自觉的、主动的生命意识的，所以，人类是在明确的生存目的支配下建立起自己的道德概念、发展出自己的道德行为的。很显然，人之作为人，他的基本的特征在于他是一种理性的存在，而理性说到底不过是一个选择的问题。作为理性的人，他当然需要一种价值符号去引导他的行为。可以说，价值是一个人通过行动去获得和保持的东西，而德行则是一个人据以获得和保持价值的行为。

纵观整个人类历史，在相当长的时间里，我们人类一直都在野蛮与文明这两个要么摧毁我们自己，要么发展我们自己的两极中艰难地行进。在许多情况下，我们的行为，我们所做的事情，往往带有自我毁灭、自暴自弃的性质，但它们往往又是以一种隐蔽、间接的方式表现出来的。以技术的发展与人类生存的关系为例，发展技术的目的是完善我们人类自身，但我们发明的某种新东西，有时在我们真的有机会追问我们是否应当运用它们以及在何种程度上运用它们以前，我们就已经在运用它们了，而这有时将带来长远的、难以预料的后果。原子能的开发就是这方面的一个最好的例子。尽管原子能的开发、利用是20世纪技术发展的一个重要的里程碑，但它首先是作为人类历史上最具毁灭性的战争武器而进入我们的生活中的。原子弹在第二次世界大战中的巨大破坏性作用，直接引出了时至今日仍在广泛进行的有关这一发明的道德性的争议。其实，我们今天面临的原子能的开发和利用的威胁，已经远不是单纯地表现在对将这一发明应用于军事方面的担忧，甚至在那些以和平利用这一能源为目的的领域，我们也越来越表现出对这一技术使用的失控。苏联切尔诺贝利核电站核泄漏事故，就是这方面人类遭遇的一场噩梦。又比如，在生物医学领域，由于技术的进步，克隆技术正以一种让我们感到惊栗的速度向前发展。然而，这一技术最终将为我们人类带来些什么？当然，它可能给我们带来需要的、免除了异体排斥威胁的可替代移植器官；也可能给我们带来比以往更长的寿命，但它是不是也有可能预示着某种血统论和种族优生学的有朝一日的借尸还魂？“什么是生命？人类意味着什么？我们会允许科学家干预进化过程吗？我们该如何定义死亡？谁来决定什么样的生命值得生存下去？我们希望出现人体器官、组织、基因或孩子的‘自由市场’吗？”① 毫无疑问，所有此类问题，都要求我们人类充分运用自己的全部理性、道德和评价能力来评估与对待。

① ［美］安德鲁·金柏利：《克隆——基因的设计与销售》，3页，呼和浩特，内蒙古文化出版社，1997。

人是不可能像动物那样生存的。如果一个人想要依靠自己的本能来存活，那么，死亡对于他就绝不是一件遥远的事情。人的生存只有在他是作为一个理性的存在，能够控制自己的行为过程的情况下才是可能的。“道德是有关适当关怀和价值的，然而并非与生俱来的指南。它是人类自我保护的科学。”“人之作为人的生存（例如，作为一种理性存在）”意味着“作为一个理性存在的生存所要求的，贯穿人的一生的那些概念、方法、条件和目的。在所有这些方面，存在都是对选择开放的”①。对我们个人的生活而言，我们不可能避免做出评价，不可能避免做出价值判断或价值决定，而许多价值决定是我们生活中最重要的决定。我们真实的生活和生活的复杂情况需要做出这样的决定，甚至依赖于我们实际做出什么决定。对于生命有机体来说，善或道德这样的东西，归根到底是使自己的生存和繁荣获得保障的最重要的社会条件。道德和价值在我们研究、认识的事实之外增加了我们生命的长度，它们确实是构成我们的生存、我们的智慧的最重要的方面。为了达到人类更好的生存和繁荣，我们必须认识到道德实质上是一个“前生存”的概念。

（3）应当与实现

固然从一个方面看，道德是一个“前生存”的概念；但从另一个方面看，道德又是一个“实现”的概念。实现是人类的行为追求的最高的东西，它代表了人与一切非人的存在，即从机器人到植物再到动物这样一个完整的存在系列的本质性的区别。使这种区别得以显现出来的东西，是人的行为中起关键作用的意志性因素。意志是什么？人为什么会有意志？意志与人的理性有着怎样的关系？从哲学上看，意志就是人据以做出决定的那种能力。意志的存在，根源于人是一种有欲望、有激情、有要求、有倾向，归根到底是追求结果或欲望目标的存在。任何善与恶的区分都由此而起。如果我们把理性和意志在人的行为选择中所起的作用做一个比较的话，可以看到，理性的作用首先是告诉我们，我们如何才能最好地实现我们的目标；而意志的作用则是在理性的分析之后帮助我们做出最终的决定。理性的作用还表现为它告诉我们，什么样的选择是最好的，我们如何才能做到最好的选择；而意志的作用则在于帮助我们决定去做这种选择，把我们关于选择的理性分析变为一种实际的行动。由于道德是在理性分析的基础上我们认识到的可能最好的存在方式，是我们的生存意志必须服从的最高目标，所以善说到底就是一种实现。而且，恶与善的最大区别，也正在于它缺乏实现的本质规定，因为任何恶都意味着对人的生存要求和共同利益的一种否定。当然，在我们这样讲的时候，也要意识到，实现的过程是一个复杂的过程；而且实现一种东西往往是建立在失去某种东西的基础上的。例如，如果我想要读大学，实现我当医生的最大愿望，那么我就必须克制我的其他方面的欲望，如适当地减少我的一些娱乐、休息时间，尽管有时这些东西本身的正当性是无可置疑的，而且也是我极为想望的。显然，所有这样一些方面都是有冲突的，而且有时这种冲突甚至达到极其尖锐的程度，但即便如此，我们也要记住，实现是我们生存事实中追求的最高的东西。实现得越多，结果就越好。而实现，用许多哲学家的话来说，就叫作幸福。所以，道德也就意味着幸福。

---

① Leonard Peikoff, *Objectivism: The Philosophy of Ayn Rand*, New York: Dutton, 1991, p. 214.

2. 道德与价值

“道德”作为一个概念，是和道德意义上的善与恶、好与坏、是与非联系在一起的。所谓善与恶、好与坏、是与非，是一些有关价值评价的概念。价值与事实是一对既有区别又有联系的概念。当我们讲到事实的时候，是指对那些可能发生或已经发生的事情、事件或事态所做的陈述，如“太阳正在升起”“我的身高是 1.75 米”“我穿着一双耐克牌运动鞋”等。任何事实判断，都是在经验、感觉上可以证实的。当我们讲到价值的时候，是指对某事物在性质上是不是善的、好的、应予肯定的或正确的所做的陈述，如“乐于助人是一种美德”“撒谎是错误的”“违诺是应受谴责的”等。我们通常用“应该”“应当”等这样一类语词来描述与价值有关的人的行为。价值判断总是建立在一定的事实判断的基础上的；而每一种事实相对于我们人而言，又都有一个对它做出价值评价的问题。由于价值问题总是与人联系在一起的，所以，我们人在对某一事实做出价值评价的时候，总要把我们人本身对这一事实的择取标准纳入评价尺度中去。那么，影响我们对事实评价的因素有哪些呢？一般认为，我们人在选择和确定价值的时候，是把下面这样一些因素作为主要的依据和标准：

（1）持久性

持久性是相对于暂时性而言的。既然有持久的价值，那就意味着也有暂时的价值。看一场精彩的电影、踢一场足球、吃一顿丰盛的午餐，无疑都能够使我们获得某种暂时的满足；但相对于这些而言，我们人更重视那些具有持久性的价值。持久性的东西总是比暂时性的东西能够给人更多的安全感与稳定感，能够满足我们更为长远的利益和需要。这就是在婚姻、职业选择、教育以及其他一系列与我们的选择有关的问题上，人们总是把持久性而不是暂时性摆在首位的原因。所有与持久性有关的东西，可以说都是与智力和精神因素有关的，都是需要经过长期的智力上的和精神上的努力才能实现的。这也就是我们都尊重那些在思想文化和科学技术事业上做出贡献的人的原因。

（2）幸福性

幸福是相对于痛苦而言的。幸福是有价值的，而痛苦则是无价值的。有价值的东西是符合我们人的需要的，而无价值的东西则是不符合我们人的需要的。对我们每个人来说，生活中要做的一件重要的事，就是要尽可能地争取幸福而避免痛苦。这种争取和避免，就是价值上的选择与不选择。与幸福联系在一起的，还有快乐这个概念。快乐当然是好的，但它还是不能与幸福相比。快乐通常是暂时性的、消费性的，而幸福则是持久性的、意义性的。吃一顿精美的晚餐，只能称为快乐；而实现了自己的理想和长久的愿望，才能谈得上幸福。不过，幸福固然是与痛苦对立的，但有时它们却是不可分离的。如果我们不付出牺牲，就不能获得我们的自由，我们有时就不得不有所牺牲；如果我们不经历外科手术的痛苦，就不能获得身体痊愈的快乐，我们就得承受折腾人的外科手术；为了用工作挣来的钱成就某事，我们也可以暂时屈尊做某些我们并不喜欢的工作。幸福相对于痛苦而言当然是好的，但也不是我们想要就能得到的。要想获得更多的幸福，重要的还是要从对基本价值的尊重和追求做起。

（3）卓越性

卓越性是相对于粗糙性而言的，有卓越就有粗糙。卓越的东西是经得起检验的东西，融入了更多的精神劳动和创造性的因素于其中。相反，粗糙的东西是经不起检验的东西，它没有付出或仅付出了很少的精神劳动，也不包含什么创造性的因素。卓越和粗糙是价值等级序列中的两极，从粗糙到卓越可以被描绘为一个漫长的精神和智力的提升过程，每一次提升都会给人生留下意义的印迹。卓越性是在最深层上引导和影响着人对事物择取的评价因素。这种影响是极其微妙的，有时又是意味深长的。例如，当你想要选择听一场音乐会的时候，这个选择就是一个自觉趋向卓越而疏远粗糙的过程。因为，在可供选择的各个音乐场次中，你只可能选择那个相对更好的，而不会去俯就那个相对更差的。当音乐会进行到高潮，演奏家的精湛技艺被发挥到淋漓尽致的时候，你的欣赏兴致也随之被激发到了极点。在日常生活中，卓越性作为对象本身必不可少的一种性质要素，它能使对象本身的价值得到增值；而它对人的影响，有时又使得我们那些漫不经心的选择行为看起来简直就像是出于本能。

（4）建设性

建设性是相对于破坏性来说的。建设性的作用是加强沟通，增进交流，促进事物的整体和谐。与之相反，破坏性往往使事物之间、事物内部不同方面之间的沟通、交流、互补成为不可能。在日常生活中，建设性始终是与持久性、幸福性、卓越性、自主性等这样一些基本的价值评价因素紧紧联系在一起的。有建设性才能有创造性，而破坏性甚至在创造性还在萌芽时就已经扼杀了它；有建设性的东西才会有持久性，而破坏性意味着它不具有任何继承的可能；有建设性的东西总是自己经过选择、比较做出的决定，而破坏性毫无疑问是非理性和原始野蛮性占上风的结果。建设性概念从小的方面看，是个人必须具备的一种基本的生活态度；而从大的方面看，甚至是国与国关系中化解争端、融洽相处的具有根本性的指导原则。因为，一个人在生活中如果不具备一种建设性的生活态度，他就很难与他人融洽相处，任何一点微小的分歧都有可能导致与他人的冲突；而国家间关系如果不以一种建设性的态度来处理，发生各种争端的可能性就会大大增加。所以，建设性从另一个方面看，乃是增进创造、促进和谐的一种基本的推动力量。

（5）自主性

自主性是相对于非自主性而言的。自主性意味着一切选择都是我们自己做出的选择，一切价值都是我们经过思考后认可的价值。反过来，非自主性意味着我们有可能接受那些被从外部强加给我们的、不符合我们的根本利益的东西。强调自主性是价值评价中的一个基本的要素，并不是说要对既有的价值一概采取拒绝的态度，但既有的价值有的是合理的，有的则是不合理的。对于那些合理的价值，我们当然要加以认同；而对那些不合理的价值，我们则需要抱持一种批判性的审视态度。而且，即便是合理的价值，也是在经过我们的思考和审视之后才被确认的。合理的东西并不会自动地呈现给我们，我们总是在批判性的审视和择取中才分清什么是合理的，什么又是不合理的。强调价值选择的自主性，对于我们的个人生活又有什么实际的意义呢？当然是有的。一个将自己禁锢在某一狭隘的生活圈子中的人，有可能将自己奉行的价值当作普遍的价值。如果他能够客观地审视一下别人所持的与自己相左的价值意识的话，有时他就会发现，自己以往信奉的价值并不尽然就是合理的。经过这种检验而后形成的价值体系，对于批判地考察过它的人来说，当然具有特殊的重要意义。

3. 道德与道德观

（1）道德与评价

道德行为是个人性的，而道德则是社会性的，这种情况引出了一个重要的问题，即一个社会的道德标准是由谁来制定的？我们应该遵从一种怎样的道德标准？在日常生活中，我们常常听到有人说，所谓正义，不过是社会上那些强者或者说是处于优势地位的人所说的东西。用一个人们十分熟悉的说法来表达的话，就是所谓“强权即真理”。这种观点对不对呢？我们可以假定，道德仅仅是我们给出的关于社会上那些最有权势的人所欲的东西的代名词。但是，这里带来的一个问题是，拥有这种想法的人是否总是有足够的力量去实现他们的这种想法，强迫人们遵从他们为社会设立的这种规范呢？而且，如果“道德”的意思是我们所讲的强者所要求的东西的话，那么，这势必意味着，一个社会将存在两种不同的道德，即一种是强者的道德，而另一种是弱者的道德。这怎么可能呢？为什么道德的标准不是任由强者来规定的，而且它在很大程度上确实是符合我们大多数人的利益和要求的？这里一个重要的原因是，任何以损害另一部分人的利益为前提而制定出来的“行为规则”或“道德标准”，都是不可能持久的。有权的人不能保证他们将长久地享有这种权力；而他们如果滥用自己的这种权力，则将不可避免地会引起那些利益受到损害的人的抵制或反抗，其结果只能是两败俱伤。所以，任何道德标准都是不同利益、不同处境、不同想法的人或人群组织相互妥协的一个结果。因为所有这些人都认识到，如果没有一种他们大家都能认同的行为准则或道德标准，他们就不能在这个星球上共处下去；而建立一种我们大家共同认可的道德，就是解决我们人类面临的各种问题的首要的前提条件。

（2）评价的相对性

但是，道德总是与价值评价联系在一起的，由于价值评价具有主观性，因此，有关道德的认识就不可避免地会带有某种相对主义的性质。有些人认为，由于事实是客观的，而价值则是主观的，因而道德或评价标准就是因人而异的，不存在所有人都一致认同的道德或价值。按照道德相对主义（ethical relationism）的理解，世界上根本不存在适用于一切时间、一切地点、一切条件以及一切人的无差别的、普遍的、绝对的道德。任何道德都是相对于具体的时间、地点、个人和环境而言的。如果我们相信某种行为是正确的，那也不过是因为我们生活在赞同这种行为的具体社会文化环境中而已。在这个意义上，道德相对主义坚持，每一个人所要遵循的道德，就是一定的人所属的社会的道德。我们究竟应该如何来看待这种观点呢？

道德相对主义之所以把道德看成是相对的，在很大程度上是建立在这样一种基础上的，即文化人类学的研究证明了：不同的社会所信奉的道德是十分不同的；每一个社会有每一个社会的道德；在一种文化中被认为是道德的行为，在另外一种文化中有可能被认为是不道德的。从理论形态上看，文化人类学并不是一种哲学；它关于不同文化有不同道德的观点，也不是一种哲学观点，而是通过对具体文化差异的实证研究导出的一种承认文化多样性或多元性的结论。文化当然是有差异的，建立在不同文化基础上的社会看待道德的观念也会由此而表现出不同。例如，在一些未开化的部落中，通奸和乱伦一直被视为正常的。这一点，不仅在文明社会看来是不可思议的，甚至在另外一些同样是未开化的部落看来也是不可容忍的。但是，仅仅这些是否就足以证明根本不存在任何可以称得上是一般的或绝对的道德标准呢？是否就说明了根本不存在任何持续的或持久的价值呢？并不是这样的。其实，一个社会与另一个社会之间，不仅在道德准则、价值观念方面存在差异，甚至在有关科学的那些问题上也存在认识的差异。即使在今天，在一些文化中，地球仍然被认为是扁平的，疾病仍然被认为是由邪恶的精灵引起的，我们是不是也要赞成这样的观点呢？是不是也要像这些文化中的人那样，相信在地理学或医学等这样一些领域中并没有什么客观的真理呢？当然不是这样。对于这种现象，我们只能将之归结为：这些文化仍处在一种很原始的水平上，而相信此类观念的人则仍尚未摆脱野蛮和愚昧状态。从哲学上看，不同的社会有不同的道德准则这一事实，并不是证明了道德相对主义所要证明的那些东西，而只是证明了在现实的社会文化中，道德和价值的实现方式确实存在着差异，存在着由于具体的文化差异而带来的对何种行为是道德的认知的不同。如果我们撇开这些表层的差异来看待不同文化、不同社会的人们对道德的需要和认知的话，我们会发现，尊重和追求更为深层的、更代表我们人类本质需要的那些一般的、普遍的价值，是包括我们提到的那样一些未开化部落的人在内的所有人所做的事情。许多研究文化人类学的学者都提到，在涉及友谊、忠诚、勇敢、自尊等我们大多数人都极为珍视的价值方面，未开化部落的人们甚至比之文明社会表现出更多的重视与尊重。而且，如果说有某些未开化部落把通奸或乱伦视为正常的话，在很大程度上也是因为他们并未认识到，这种行为实际在深层上会破坏他们在现实中一直努力要维护的部族秩序和自身繁衍，而不是因为他们不需要或不尊重那些对所有人的生存来说都至关重要的道德或基本价值。

（3）道德的客观性

由于道德相对主义坚持，一个人所要遵循的道德，就是一定的人所属的社会的道德，这就带来了一个问题：由于文化各有不同，所以，一种文化认为是正确的，就必然是正确的；如果人们正以某种方式行动，那么，他们正在做的事情就必然是道德的。是这样的吗？难道就真的没有一种对于我们所有人、对于各种不同的文化和社会来说都是必须遵循的普遍的道德标准吗？有这样的可能吗，即一个社会为了生存，竟然忽视了提醒它的成员首先必须具备某种与他人相处的最为起码的行为准则或道德标准？让我们设想一下，一个社会的成员如果不知道谋杀是不道德的，把杀人视为儿戏，这个社会是不是还能够维持下去？一个社会的成员如果不承认讲真话是一个起码的道德原则，这个社会的语言系统是不是还能够存在下去？一个社会的成员如果不接受遵守诺言是一个起码的道德要求，这个社会的信用和交往系统是不是还能够建立起来？很明显，尽管不同的文化和社会在有关怎样的行为才是符合道德的问题的理解上存在着差异，但在对那些涉及人类生存和发展的根本性道德原则的认识和遵守上，它们表现出来的立场和态度却是没有差别的。

不仅如此，更深入的分析还会发现，有些表面看起来有着重大差别的不同社会的道德标准，实际在最深层上并不存在基本的道德价值的对立。以杀婴这一事实为例，文明社会将之视为一种令人发指的行为，而在一些未开化的部落那里，这一行为却被视为正常的。这两种截然对立的立场之间难道也存在着某种程度上的一致性吗？是的。一个社会谴责杀婴这种行为当然是因为他们尊重人的生命，但有着杀婴传统的社会就不重视人的生命吗？不是的。许多文化人类学者指出，那些容许杀婴这种行为存在的社会，无一例外地都处于极为严酷的物质环境中或自然条件下。它们之所以容许这种行为存在，是因为如果不这样做的话，它们本身作为一个部落或社会就不能生存和继续下去。而且，它们也不是在任何时候都容许自己的成员做这样的事的。只有到了环境和条件极其恶劣、部族面临生死存亡的威胁的情况下，这种行为才能被容许。从这个意义上说，这些部落也并非不尊重人的生命。

从方法论上看，道德相对主义理解和看待道德的方式也带有明显的简化论的性质，即它对道德是相对的这一观点的证明，是通过极端化的对语言方式的误用来达到的。在日常生活中，当一个人想要解释某一件事情时，他通常需要借助对另外一件事情的描述来达到对这件事情的说明。但是，假如这种方法被推到极端的话，他用来描述一件事情的概念就有可能被扭曲，远离他使用这一概念的初衷。我们在日常生活中见到的许多情形，都可以视为这种简化性的思维方式的表现实例。例如，在谈到知识的性质这一问题时，有人就认为，知识说到底，不过是个人的一种主观成见而已。又比如，在谈到现实这一概念时，有人就强调，一切现实都表现社会既成的偏见。在谈到正义或秩序这样的概念时，有人还不以为然地说，一切正义或秩序都不过是统治阶级设置的骗局而已。所有这样来思考问题的人，都自觉或不自觉地把一件事情推到了与它的逻辑不能相容的地步。难道非得这样才行吗？在涉及人们应当具有一种怎样的道德或价值意识的问题上，把一定社会的文化、传统、现实以及个人的自由选择权利纳入实际的考虑范围内，当然是有其必要的。但是，这并不等于说，我们每个人就非得成为一个相对主义者才能体现出我们作为一个自由人的存在价值。难道我们真的希望一个社会中的任何个人都能够不受限制地做任何他想做的事情吗？难道我们会赞同这样的观点，即应当允许人们做任何他们自己想做的事情，只要他们自己认为那是正确的就行了？显然，绝不是这样的。其实，除了在一些极其有限的情况下，我们谈论问题的语言都是有一定的限制条件的，例如，“除非你向我保证你一定会完成你的作业，我才准许你看今晚的这个电视节目”。从更深的层次来看，相对主义的思想方法表面看来是破除了一切对人的行为的限制（当然，有许多限制确实是值得讨论的），给人极大的选择自由，但如果这种破除的结果是一切道德都显得多余了，一切价值观点都显得可有可无了，一切对与错的区分都显得有几分滑稽了，那还能被称为一种相对主义吗？这种情况，实实在在地应该被认为是一种绝对主义，而不是一种相对主义。

尽管无论是在理论上还是在实际上，道德相对主义都存在着诸多难以克服的矛盾和困难，但我们又不应简单地对它加以全盘的否定。公平地说，道德相对主义的一个基本的出发点，是试图建议人们，在涉及他人的道德信仰和评价标准等这样一些根本性的问题的理解方面，我们应该尽可能地抱持一种开明的态度和宽容的立场，尤其应该避免把我们自己的道德信仰和评价标准当作一种绝对的、不容置疑的东西强加给他人。任何一种道德信仰都根植于产生它的那些复杂的社会、文化条件，我们如果不了解这些条件对某种特定的道德意识的形成所产生的影响，就无法对这种道德的性质或作用做出实事求是的评价。就以上面谈到的某些未开化的部落中存在着的杀婴现象的事实来说，如果我们知道了这些部落杀婴完全是一种别无选择的选择，是为了在更大的范围上保存人种的一种不得不的行为的话，我们大概就不会说，这些未开化的部落视人命为儿戏。当然，提倡在文化和道德问题上抱持一种宽容和开明的态度，并不等于说我们就无权批判或批评其他文化和道德中那些我们认为不合理的、明显表现出愚昧性和落后性的内容或方面。只要我们对自己所属的文化和道德的分析是清醒的、中肯的，对它的批判是客观的、公正的，原则上我们也可以将这种分析方法和批判立场推广、应用于对异文化、异道德的分析和批判。但在一切有关道德问题的批判性分析方面，我们始终要记住，“生命至上”“善良为本”“公平公正”“诚实守信”“个人自由”等，应是须臾不可偏离的一些最重要的价值原则。

二、行为理论：结果论

所谓结果论（consequentialist theories）是指这样一种道德理论，即在考察一种行为之是否道德时，应以这一行为的最终结果或效果为其基本的判定标准。这就是说，当我们试图做出一种决定或确定一种道德原则时，首先应考虑到这一决定所代表的行为或这一原则所表达的内容在结果或效果上是不是善的。如果一种选择、行为或规则在实践中并不能产生或带来善的结果，就不能认为这种选择、行为或规则是道德的；反过来，如果一种选择、行为或规则能在实践中产生或带来善的结果，那么，不管它的动机是什么，我们都有理由认为它是道德的。在这个意义上，结果论伦理学的实质，是把选择、行为、规则的道德性维系于道德以外的因素，即某种非道德的结果。

由于结果论把一种选择、行为、规则之是否道德的标准诉诸道德以外的因素，归结为某种非道德的结果，所以，它之作为前提在逻辑上又引出了两种不同的结果论理论形式：利己主义（egoism）和功利主义（utilitarianism）。前者相信，如果人们想要达到道德，他们就必须假定自己的行为的结果是能够给自己带来益处的；后者则主张，如果我们想要达到道德，我们就应当假定自己的行为是能够为与这种行为有关的各方带来益处的。无论是利己主义还是功利主义，它们都相信，如果道德不是以自己声称的方式而存在，道德最终将失去它在实际生活中发展的动力。

1. 利己主义

道德之所以是我们人的一种生活需要，乃是在于如果没有它，我们人就不能生存，更谈不上实现什么。这也就是说，没有道德，就没有我们人所需要的幸福。那么，什么又是幸福？亚里士多德说，幸福就是我们致力追求的东西。然而，谁之幸福？我们是应该追求对我们自己而言的最大幸福呢，还是应该追求对所有人，即整个人类而言的幸福？如果我们说，幸福是善的，即善是作为一种目的而存在的，而不是作为一种相对于其他东西而言的手段存在的，那么，我们下一步应该做些什么？如果无论谁拥有它，幸福都是善的，我们不是应该追求所有人的幸福吗？另一方面，纵然无论谁拥有它，幸福都是善的，为什么我就不应该去追求那所有人都需要的，然而又是属于我的幸福？为什么不是我追求我需要的幸福，你追求你需要的幸福？正是在这一点上，规范伦理学不同理论间产生了重大的理论分歧。

作为结果论伦理学的主要理论形式之一，利己主义的最大特征，就是强调自身利益对确定什么行为是道德的起着决定性的作用。但是，自身利益在追求道德的行为中是怎样表现出来的，不同的利己主义对此的理解却是有所不同的。按照古希腊哲学家伊壁鸠鲁的观点，能够称得上善的行为，是那些以追求享乐为目的的行为。快乐是一种最大的善。如果没有了快乐，一切善的生活就将变为不可能。快乐既包括精神上的快乐，也包括肉体上的快乐。从快乐作为我们生活的原则来说，我们不能认为精神的快乐就一定会高于肉体的快乐，实际上这两种快乐是等价的。精神的快乐主要表现为对肉体的快乐的沉思，假如没有了肉体的快乐，精神的快乐就会落空，所以精神的快乐绝不比肉体的快乐高出一筹。如果说精神的快乐有肉体的快乐达不到的地方，那就是，精神活动的方向是我们自己能够控制的，而肉体的快乐则在很大程度上是被从外部加之于我们的。由于快乐既有积极的快乐又有消极的快乐，所以，我们每一个人在追求自己享乐的过程中，都要预先估量到它可能带来的消极的后果。享乐的积极方面和消极方面的关联通常表现为，在追求某一快乐的目标的过程中，由于欲望的推动，人们会体会到一种由这种目标的实现而带来的快乐。但这种快乐是短暂的，如果没有其他方式可以获致更大、更持久、更强烈的快乐，那么，当这种快乐过去以后，我们感受到的将是随之而来的无尽的烦恼和痛苦。由于消极的快乐是追求享乐的过程中难以完全避免的一个结果，所以，正确的生活原则，就是古希腊人历来倡导的自我规范、自我节制和心态平和的原则。自我的欲望必须加以克制，而平和的心境则能帮助我们承受痛苦。

与伊壁鸠鲁倡导的这种享乐主义伦理学不同，几乎与之同时的斯多葛学派，则宣扬一种可称为禁欲主义的伦理学。享乐明显是利己的，禁欲难道也是利己的？是的，禁欲是从与享乐相反的方向来表达利己的。按照斯多葛学派的观点，大多数能够令我们感到满意的生活，都不可能是来自享乐主义的方式，而只能是来自以严格禁欲为内容的生活方式。禁欲就是节制自己的要求和欲望。由于我们根本不可能超出我们的限制以获得我们想要的一切，所以，除了压抑我们的欲望，还没有什么其他更好的方式能够使我们感到安全和满足。如果你不与他人交往，你就不会有被伤害的危险；如果你不提出过高的生活要求，你就不会有这种要求万一达不到时感到沮丧的痛苦；如果你能把自己的要求保持在一个最低的水平上，你就总能使自己处在一种悠然自得与平和的心态之中。由于一切自然现象，如生老病死，不过是自然界的自发的法则造成的结果，所以，人必须学会接受自己的命运。世界上的任何一件事的发生都不是偶然的，当不幸的命运降临到你的头上时，抱怨也没有用。

无论是享乐主义还是禁欲主义，看来都不过是从不同的方向体现着利己主义的基本原则：以自我为中心。从理论上看，利己主义通常可以划分为两种不同的理论形式，即伦理利己主义和心理利己主义。伦理利己主义主张，一个人应当做任何符合他自己的利益的事情。心理利己主义则认为，只要是出自个人的动机、倾向和意向，即心理趋向而采取的行为，都不能认为是不道德的。心理利己主义本身又可以分为两种不同的观点：一种观点认为，事实上，人总是做那些他认为是符合他自己的利益的事情，而这是我们人的本性，每个人应当永远为我的自身利益而行动；另一种观点认为，人从不做那些出于其他原因，而不是自己的原因，即自己认为符合自己利益的事情。

利己主义者既然强调利己是个人生活的基本信条，把行为的利己取向视为天经地义，那么，这是不是就意味着，他们就将教你去撒谎、去诓骗、去杀人，为了达到你的目的可以不择手段？没有一个利己主义者会这样教你。如果你这样做的话，就像走在一个布满地雷的荒野上，处处都充满着危险。如果你不诚实地对待他人，那么，别人也不会诚实地对待你。如果你不关心你的朋友和家人，那么，你的朋友和家人也不会关心你。如果你卷入犯罪的话，你就会被抓、被关，没有什么人能够救你。如果你信奉“以暴还暴”这样的信条的话，你只会给自己招来更大的麻烦。但是，假如你知道你有可能通过说谎、诓骗、杀人等而摆脱你目前的困境的话，你又会怎么做呢？按照柏拉图的《理想国》中提到的利己主义者色拉叙马霍斯（Thrasymachus）的观点，这时你可以这样做，即使你的这种行为有可能损害到他人的利益也在所不惜。实际上，政治家们就是这样干的：只要他掌握了军队，他有办法使他人遵从他的命令，在攫取财富和权力方面他几乎是不择手段，并且没有任何限制的。

那么，一个人是否有可能通过这种不择手段的方式来达到他希望达到的目的呢？这是不可能的，柏拉图这样告诉我们。暴君永远不会知道谁是他的真正的朋友，甚至他到底拥有些什么；他永远也不会知道那些表面看来像是他的朋友的人哪一天将阴谋推翻他，置他于死地；他永远也不可能有片刻的心灵上的宁静及平和，因为每一天他的神经都是绷得紧紧的，对任何人他都无信任可言。按照柏拉图的观点，一个人如果奉行这种可称为“失控的利己主义”的人生哲学的话，那么，等待他的就只能是悲剧的命运。

尽管利己主义在现实生活中是行不通的，但还是有许多人信奉它，这又是什么原因呢？难道这些人不知道自己的这种行为可能产生或带来的不良后果或影响吗？不是的。许多人其实是知道这一点的。但是，他仍然存在某种心理，即他相信，从长远来说，自己所做的事情是符合自己的利益的。实际上，这些人说到底是没有搞清楚，一个人怎样才能获得真正的精神上的愉快或心灵上的平和。这也就是说，他们想要幸福，但他们又不知道怎样才能做到这一点。

从理论上看，利己主义表达出来的道德主张，可以归结到人的自我实现的方式上来理解。所谓利己，不过是希望达到自我的实现。但是，按照现代英国著名伦理学家布拉德雷（Francis Herbert Bradley，1846—1924）的观点，我们努力实现的自我是作为一个整体的自我，它不只是一种状态的纯粹集合。自我实现既不表达为单个人的欲望满足，也不表达为主体一己的实现，而是表达为整体自我的实现，即表达为所有人的欲望的各个方面都得到良好的体现。一个人只有首先成为这样的自我，然后他才能成为一个真正的个人。如果用这样的观点来看待利己主义的道德主张的话，我们看到，它将首先引起不同主体间利益的冲突。让我们假设有这样两个人，即A和B，他们都希望购得某一家公司的股权。从一个方面看，对这家公司的股权的占有这一目的，明显是符合这两个人的利益的；但从另一个方面看，最后真正得到对这家公司的股权的占有的，只能是这两个人中的一个人。假如满足了A的利益，则B的利益就将受到损害；而假如满足了B的利益，则A的利益又要受到损害。这样，为了捍卫自己的利益，A就要想方设法地阻止B的目的的实现；而且，他如果不这样做的话，他的行为就是不符合利己主义的道德原则的。反过来，B也是如此。那么，接下来会发生些什么呢？这就是，A和B都将陷入一种两难的局面。如果A想阻止B达到自己的目的，他的行为就会表现为是既错又不错的：说它是错的，是因为它阻止了B去做他应当做的事；说它是对的，是因为那是A应当做的，A这样做并没有什么错。当然，对B来说也是如此。显然，利己主义不可能解决不同利益之间的冲突问题。如果一个道德理论不能解决这个最基本的问题，又怎么称得上一种好的道德理论。

不仅如此，利己主义还将在道德建议方面引起混乱。仍以上面谈到的这种情况为例。为了实现自己的目标，A向作为市场战略顾问的C咨询，希望能够得到有关自己即将采取的战略的指点。C的建议是，为了保证A的意图能够实现，A可以做一切有助于阻止对手实现他的意图的事情。反过来，当B向C做咨询时，C亦告知他同样的建议。作为市场战略顾问的C的行为并无任何不妥，我们不应把C的咨询或建议看作一种有违商业道德的行为。根本的问题还是出在利己主义道德原则的基础的脆弱方面。任何人在这样一个如此容易引起道德建议上的混乱的道德主张面前，都会感到茫然无所适从。从这个角度看，任何能够协调不同利益对立的道德主张，都是集合了有关各方的价值要求后达成的妥协的结果。如果把道德的基础建立在狭隘的自我利益满足的基础上，现实中就会充斥着由这种逻辑带来的利益实现机制上的混乱。最简单的一个事实就是，你很想获得你所在部门的主管的职务，但正好与你同在一个部门的你的好朋友征询你，他想去竞争这个主管的职务，这时，你是告诉他应该这样做，还是不应该呢？你如果鼓励他这样做的话，这明显不符合你的个人利益；但你如果不这样做的话，你和他难道还能称得上是好朋友吗？实际上，在日常生活中，一个人的行为只要表现出明显的利己主义的迹象，他的自我利益的实现就立即会受到遏制。因为，它和与之有关的各方利益存在着直接的冲突，人家势必会竭尽全力来阻止他的自我利益的实现。

显然，不管是从直接的方面看，还是从间接的方面看，利己主义道德原则的实现都会遇到难以克服的障碍。但是，在许多哲学家看来，利己主义的最大的一个弱点，还是在于它会在深层上侵蚀被我们大多数人认可，且我们大多数人在日常生活中深为依赖的共同的道德观，即以公平、公正为基础的道德原则，而这种道德原则是任何道德决定的最重要、最基本的思想依据。因为，当各种有关自身利益的冲突出现时，利己主义的原则决定了它无力化解和解决冲突或争端。这样，有关各方为了捍卫自己的利益，只得不断强化基于追逐自身利益的行为，直至达到某种结果为止。这种行为必然导致出现某种类似于“强权即公理”的结论，而这种结论反过来又足以推翻任何以公平、公正为基础的道德观念。所以，大多数伦理学家都相信，利己主义作为一种实际生活中的道德原则基本上是无法实现的；任何具有哪怕是一点的现实可行性的道德体系，看来都不能不把他人的利益纳入自己的视野，或至少将对他人利益的考虑作为自己理论的框架或结构的一个组成部分。既然如此，就让我们把考察的视角转到带有“利他”色彩的、被称为“功利主义”的行为理论上来。

2. 功利主义

无论人们在实践中做些什么或怎么做，大多数人都相信，他们应当做某些能够为他人，而不是仅仅为自己带来利益的事情，这是个人行为应该遵守的一个基本原则。这种把他人的利益纳入个人行为或选择视角的观点，就叫作功利主义。作为一种伦理学的功利主义是指，它坚持，一种行为如果在道德上是正确的，只有当或仅当这种行为能够为所有那些受这种行为影响的人带来最好的结果时才是可能的；而且，这种结果在任何其他以这种方式来行为的人那里表现出来也是如此。功利主义的最重要的代表人物是边沁（Jeremy Bentham，1748—1832）和穆勒，前者奠定了作为一种伦理学的功利主义的原则或基础，而后者则把功利主义表达为一个具有完整体系和严谨规范的经典伦理学行为理论。与利己主义不同，有关功利主义的争论主要集中在：这种理论是否能够称得上是一种充分的或者说是可靠的伦理学理论？这是指，功利主义能不能以及如何才能被准确地加以表述或应用？同时，在有关个人行为的那些具体的道德问题上，功利主义的道德原则是不是行得通的，或者说，是否能够经受住那些与之对立的观点的批评或攻击？可以说，这是功利主义作为一种关于个人行为的伦理学，从它诞生的那一天起，就一直伴随着它的一个最为严峻的问题。

什么叫作功利主义能不能以及如何才能被准确地加以表述或应用？这是指，任何有关功利主义的阐述，都要首先遇到功利这个概念该如何定义，以及它是否能够以功利主义需要的方式来加以解释的问题。早期的功利主义者，如边沁等人，坚持某种形式的享乐主义，认为所谓功利或本质价值就是指快乐或痛苦的免除，一句话，就是指个人的幸福。一方面，任何能够称得上是有功利或本质价值的东西，都是基于它自身的理由，而不是它的结果或它与其他事物的关系而被确认的；另一方面，有些东西虽不具有本质价值，但却具有工具性价值，通过它就可以引导出有本质价值或内在价值的东西。因此，在功利主义那里，最佳的道德状态看来就是，快乐超过了痛苦而达到最大程度；并且，这种快乐和幸福是表现为规模的，因而是可以用定量的方法来测量和比较的。边沁甚至非常具体地给出了快乐评级的分数标准：具有较多功利的行为在等级上高于具有较少功利的行为；具有利他性质的行为在层次上高于仅是利己的行为。边沁以降的大多数功利主义者都认为，把功利看作纯粹是一个享乐主义的概念，未免显得太狭隘了。对我们人来说，除了快乐、幸福以外，还有许多其他东西也同样具有内在价值即功利，诸如权利、知识、美丽、道德品质等。不过，尽管晚近的伦理学家倾向于从尽可能宽泛的意义上来解释功利概念，但从对作为一种曾经产生重大影响的伦理学理论的分析的角度来看，功利主义的基本原则和核心观点总的来说还是以边沁和穆勒对此所做的阐发最为经典。从伦理学上看，功利主义通常被划分为两种基本的形式，即“行为功利主义”（act utilitarianism）和“规则功利主义”（rule utilitarianism），而这两种功利主义又可以说是既有区别又有联系的。

什么叫行为功利主义？所谓行为功利主义是指，一个称得上是道德的行为，应当是能够给予这种行为有关的人最大的幸福的行为。换句话说，任何人在行为前，都要问一下他自己：我的这种行为的结果将会给不仅我自己，而且还有与我的这一行为有关的人带来些什么？因为，每一行为所依据的时间、地点、条件、处境都是不尽相同的。如果一个人不在每一情况下都搞清楚，他在这种情况下采取的行为将会给这一行为有关的人带来些什么，他就不可能做出正确的决定。一个正确的行为是，在结果上表现为善的行为，也就是能够在相同的情况下产生更多的幸福和快乐的行为；而一个错误的行为是，在结果上表现为坏的行为，也就是在相同的情况下不是产生了更多的幸福和快乐，而是降低了幸福和快乐的程度的行为。显然，对于行为功利主义来说，结果就是一切，结果证明一切。然而这样一来，它也就给自己带来了一些难以解决的矛盾和问题。

行为功利主义者讲的这些行为当然是非常好的，我当然应当采取那些能够促进最大多数人的最大可能的幸福的行为，这是毫无疑问的，但是，我在任何时候都能够知道我的行为是这样的行为，或怎样的行为是这样的行为吗？每一行为的结果都是不确定的、复杂的、难以预言的，用行为的结果来衡量行为的正当性有时会使我们陷入一种十分尴尬的境地。例如，你的朋友要乘机场班车去赶航班，你提议用你的车送他去，但你的车在路上却抛锚了，结果反而误了他的行程。从逻辑上看，正确的行为并不是那种在实际中会产生最好的结果的行为，甚至也不是那种在他人看来一定会带来最好的结果的行为，而是那种在实际中有可能带来最好的结果的行为。因为，这种行为是建立在当时所能得到的最好证据的支持的基础上的。关于一个好的行为是基于证据的行为的思想，是一个非常重要的行为原则，因为它可以使我们有效地避免那些由于认识上的轻率而带来的不良后果。而且，按照后面要谈到的规则功利主义以及其他行为功利主义的批评者的观点，就行为来谈行为，对于那些不懂道德的一般原则的人来说，就永远也不可能获得正确的道德上的指导，甚至是道德上的启蒙。此外，行为功利主义把道德行为与具体的时间、地点、处境、条件联系起来，固然考虑到了道德行为的具体性和道德决定中的个性和自由，但却增加了做出道德决定的难度，容易姑息那些由于没有及时行动而引发的不道德的行为。

由于行为功利主义存在着上述诸方面的问题，所以，另外一些功利主义者建议，应该把行为的基础从实践方面转移到原则方面，尝试用原则的一般性来克服行为的自发性，由是而有了所谓“规则功利主义”。伦理学上的规则功利主义是指，一个能称为正确的行为，是那种符合给一切相关者带来最大利益的规则的行为；而一个被认为是错误的行为，则是那种不符合这种能够给最大多数人带来最大利益的规则的行为。对于规则功利主义来说，重要的不是对每一个行为的正确性做出预先的认定，而是首先要搞清楚，哪些规则是最大化地有益于这个行为所及的个人的。只要这个规则能够确立下来，我们的行为就将有所遵循，而所有人的最大利益也将得到适时的满足或保证。例如，既然我们不可能没有生命而去做哪怕是一件事情，既然我们中的每一个人都以一种非常具体、非常独特的方式保存我们自己的生命，那么，道德中的最重要的原则，就是生命保存或保持的原则。既然这个原则是我们大家认同的，而我们每一个人在面对具体情况时又都自觉地把这个原则置于优先的地位，我们当然可以把它作为一种行为的规则确立下来。我们一旦确立了这样一个基本的行为规则，我们当然就不会再遭遇行为功利主义经常遭遇的难以做出道德决定的困难。

如果说，行为功利主义的最大困难是，它容易导致道德决定中的无政府主义，那么，规则功利主义的最大问题就是，它有可能带来道德决定方面的僵化和脱离实际。首先的一个问题就是，那种能够带来最好结果的，并且比之另外一种规则更好的规则如何才能得出来？什么样的研究有这样的把握，能够保证它揭示出来的规则比其他规则在实践中会产生更好的结果？由于完全忽视了规则在实际生活中运用可能遇到的各种复杂问题，所以，这种理论也就根本不可能回答上面提到的这个问题，即那种代表了最大多数人的最大利益的公正规则是如何建立起来的问题。其次的一个问题是，退一步说，我们可以承认规则有一定的弹性，可以允许一定的例外存在，但即便是这样，它是否就一定能摆脱规则所固有的限制呢？并不能。例如，我们大家都要遵循这样一个规则，即“无辜者不受罚”。但是，为了使这个规则有一定的弹性，允许一定的例外存在，以克服人们所说的这个规则的僵化和脱离实际，我们尝试着对这个规则做一定的限制，把这个规则修改为“无辜者不受罚，除非所有人能从这种惩罚中获得好处”。我们能接受这样的弹性，认同这样的例外吗？显然不能。如果接受了这个修正，一个逻辑的结论就将是，在某种特殊的情况下，少数人完全有可能为了大多数人的好处而丢掉他们的性命，而这样的规则还能够称得上是公正的道德原则吗？

尽管功利主义存在这样或那样的问题，但大多数人都承认，相比较于利己主义，功利主义还是为我们提供了一种关于道德问题的非常有力的伦理学分析。除了在确定怎样的结果才是对别人最有利的结果这一点上经常遇到困难外，功利主义在大多数方面都表现出对利己主义的优越之处。对于那些坚持道德应当能为尽可能多的人带来尽可能多的福利的人，对于那些坚持道德应当尽可能公正地对待存在利益冲突的不同个人的人，对于那些希望通过功利主义的方式约束利己主义的放纵的人，功利主义都不失为一种较好地解释个人行为道德性的理论。因为，它既不排除对个人利益的正当追求，又尽可能多地考虑到了他人的利益。有关功利主义的利弊的争论，大多集中于如何看待它对实际的道德生活可能发生的影响的方面。这是说，如果我们要把功利主义的原则推广到实际的道德生活中去，我们有时不可避免地会遇到一些难以克服的矛盾和困难。如果你想要使你的行为总是能够产生最大可能的善，你就得把这种善扩展到所有的人。如果只要捐献为数不多的钱，你就能帮助数千里之外的一个失学儿童重新回到教室，你当然愿意做这样的事。在这里，你的行为无疑是符合功利主义的基本原则的。但是，如果有着同样境遇的另一个儿童向你伸手，你是帮助他还是不帮助他呢？可能你还有这样的能力，你又一次表现出了你的善良之心，义无反顾地尽你所能帮助了他。接下来，第三个、第四个、第五个……这时你又当如何呢？当你只帮助了前面有需要的人，但对后面有同样需要的人却不能伸出援助之手的时候，你能够说你对所有的人是一视同仁的吗？显然，功利主义的这种原则在实践中是很难贯彻到底的。

另外，功利主义把幸福、快乐、愉快等功利量化地理解也是有问题的。我们能够对幸福、快乐、愉快等这样一些功利做数量上、规模上的精确限定吗？在实际生活中，什么是我们能做的，而什么是我们不能做的，我们事先就必须对此有清醒的了解。你对一个人讲一些献媚的话，他可能会很高兴，但如果后来他知道了你讲的并不是真心话，他就会变得非常不高兴。我们是应该一开始就讲真话，还是到后来事情变得很尴尬了，才来想办法收场，这不是很明显吗？即便心理状态能够被限定，我们也还是很难预见到一个人的行为的长远后果。我们当然能够知道我们的一个行为的直接后果，但我们总能够知道我们的行为可能引起的各种后果吗？远的那些事件如设计原子弹的那些科学家根本不可能预见到后来原子技术发展带来的影响不说，就以现在正如火如荼地发展的克隆技术来说，我们又怎么能够精确预见到它可能给我们人类带来些什么呢？换句话说，假如我们有把握预见它的各种可能的后果，还会有那么多的人，那么多的伦理学家对这件事表现出那么多的担忧，甚至是惊恐吗？当然，功利主义者会说，这不是理论本身的问题，而是理论以外的问题。由于现实世界是如此的复杂，以至于我们根本无法精确地预见我们的行为可能引起的各种后果。但反过来，一个理论如果不能很好地解释这样一些必然会被人们质疑的问题，它还能称得上是一种成熟的、可靠的理论吗？

功利主义作为一种伦理学理论，不仅会遇到上述这样一些实践中的困难，而且它本身在逻辑上也是有模糊之处的。许多发展中国家都面临着这样的矛盾，即是严格地控制它的人口，以保证它的人民能够过上一种质量较高的生活呢，还是放任它的人口增长，以冒生活质量不断下降的风险？如果采取第二种政策，则随之而来的后果是不难想象的：营养不良的儿童将越来越多，人均占有的土地也越来越少，资源与人口间的矛盾将变得非常严重。但是，这并不是不符合功利主义的原则的。因为，尽管有这么多的问题，但因为有如此大的人口基数，所以整个社会的幸福、快乐、愉快的总量仍然是采取第一种政策所不能比拟的。但是，我们大家愿意过这样一种生活吗？我们难道不认为采取第一种政策会比采取第二种政策更明智、更正确吗？当然，怎样使第一种政策的实行更合理、更民主，并且不违背个人的意愿，这完全是另外一个问题。

二、行为理论：非结果论

在伦理学的行为理论领域，非结果论是与结果论对立的另一种理论。所谓非结果论是指，一种行为的道德与否取决于事实，而不是结果。由于事实是与动机联系在一起的，所以，行为的道德性就远不是单纯从结果的方面就能讲清楚的，道德必须被置于一种比结果高得多的层面来理解。这意味着，非结果论把道德看作一种先天的、绝对的东西，即一种不受任何经验性结果影响的、与人的欲望或功利无关的、预先规定着人的行为的一般规则。最有影响的非结果论理论，一般都是那种被很好地范畴化了的、以建议性的方式出现的关于人的行为规则的理论。如果从这个角度来看待各种不同的非结果论理论的话，一般认为，宗教的“圣谕论”（divine command theory）和康德的“义务论”（the categorical imperative）就是两种最重要的代表性理论。

1. 圣谕论

所谓“圣谕论”是指这样一种伦理学理论，即它强调，无论在什么时候、什么情况下，一个人只应当做那些符合上帝旨意的事。凡是符合上帝旨意的行为，就是正确的行为；凡是不符合上帝旨意的行为，不管它的结果是什么，都是错误的行为。尽管在“圣谕论”中，上帝的神圣命令毫无疑问地是要执行的，但它究竟是以怎样的方式被我们发现的，在不同的“圣谕论”中却是不同的。按照“经典派”的观点，上帝的神圣命令仅存在于各种宗教的圣典中，只能从这些圣典来体察上帝的旨意；而按照“人性派”的观点，上帝的神圣命令就存在于人的自然本性中，不能离开人性来谈所谓遵守上帝的神圣命令。

（1）“经典派”圣谕论

所谓“经典派”是指这样一些神学家，他们不这样陈述问题，即说我们应当遵守上帝的法则，上帝的法则能够促进我们自己的或所有人的善和福利，即使我们真的获得了善和福利也是如此。我们是否遵守了上帝的法则，其唯一的证明就是上帝是否这样说了，而这个证明的根据只存在于宗教的经典之中。他们也不这样谈论问题，即承诺我们信仰上帝的道德行为能够得到某种应得的、来自超自然的东西的回报，即使我们的信仰真的获得了回报，即使正确的信仰从长远来看确实能够给我们带来利益也是如此。按照经典派思想家的观点，我们之所以不能这样来思考道德问题，是因为这种思考方式带有太多的利己主义的痕迹，因此很难说是出自一个虔诚地信仰上帝的人应该表现出来的思想。在经典派思想家看来，道德从根本上说是独立于任何个人的所想、所欲以及社会的认同、赞许这一类带有功利性质的东西的。道德法则是上帝建立的；它们的约束力对所有人来说都是一样的；并且它们是永远正确、绝对正确的，这种正确与它们在实际生活中的是否被体现毫不相干。由于经典派思想家这样来理解人的行为与上帝的圣谕之间的关系，所以，他们认为真正称得上是道德的行为，就是那些在宗教典籍中有明确训示的行为，它们散见于“十诫”、先知们的训诫、关于耶路撒冷的寓言和说教，以及诸如基督教的传说或犹太教的犹太法典等这样的著作和解说中。

经典派关于道德问题的这种立场，在基督教的主要流派之一的新教的纲领中被表达得最为充分。新教的两个最显著的特征是：（ⅰ）基于信仰的正义；（ⅱ）新教原则。前者主要突出个人信仰的自由，后者则反对把宗教体验绝对化。无论是维护基于信仰的正义，还是捍卫新教的基本原则，都要求新教徒必须视《圣经》为至高无上的，在对它的崇拜上不能有丝毫的不恭或懈怠。在新教徒看来，尊奉《圣经》，就是尊奉上帝本身。除了《圣经》，我们不能想象还有其他更好的方式能够达到与上帝的真正沟通。但是，新教对《圣经》的强调，与一般的原教旨主义者只是谨守《圣经》的个别字句、不敢越雷池一步的做法有很大的不同，它坚持在理解《圣经》的精神实质方面我们每个人应该有更多的主动性。例如，基督教的原教旨主义者总是按《圣经·创世记》之记载，逐字逐句地用以对照人类和世界的起源，从而直接导致了对科学和进化论的拒绝或排斥。而新教徒则相信，《创世记》的实质不过是说明了：世界和人是上帝创造的；上帝可能是通过创造性的进化来促成此事的；永远也不应该把进化论与上帝的创世对立起来。

经典派把道德的正当性与宗教文本联系起来思考的方式，确实很好地支持了他们关于道德是而且应当是处于一个比单纯满足人的需要高得多的层面上的东西的思想，然而，即使是很粗略地思考一下这些观点和主张，也能轻易地发现它们的一些明显的理论上的弱点。首先，存在着各种不同的宗教经典，这其中哪一个文本才真正代表了上帝的意旨呢？尽管不同的宗教经典在对某些道德问题的看法上是一致的，例如，犹太教和伊斯兰教都谈到上帝要我们孝敬父母，但它们在另外一些有关道德问题的看法上却有很大的不同，我们又怎么知道哪一个文本是正确的，即是我们应该接受的文本？哪一种说法是可靠的，即是真正出自上帝之口，能够代表上帝本意的说法？一些人说，文本上就是这样说的，我们只要遵循就是了。这岂非说，只要文本说是正确的，那就是正确的？如果这样的话，我们不是又回到上面谈到的这个问题，即究竟哪一个文本是正确的，我们应该以哪一个文本为准这一点上来了吗？所有的文本都说自己的说法是唯一正确的，是真正代表了上帝的意旨的，我们又该相信谁呢？其次，我们又怎么断定真的有上帝这样的存在呢？谁能拿得出决定性的证据让我们相信，上帝确实是存在的呢？即便我们承认有上帝这样的存在，我们又怎么知道上帝就是这样行事的，如此这般的据说是对我们所有人有效的行为规则确实是出自上帝本人之手的吗？我们难道不能想象，这是某个人或某个利益群体出于自己的实际需要而假托上帝之名而颁布的吗？再次，宗教经典毕竟是宗教的经典，宗教讲的道德只是宗教认为的道德，假如我是一个非宗教徒，例如一个不可知论者或无神论者，这些宗教经典对于我来说又有什么帮助呢？我为什么要接受宗教徒讲是道德的就是道德的，上帝的意旨是这样的就是这样的结论呢？即使上帝确实是存在的，我们又怎么能肯定它一定是以这种方式，而不是以另一种方式来表达它的意旨呢？最后，这个理论的比上述弱点更大的一个弱点看来是，它始终不能很好地解释为什么上帝坚持要有道德法则这样的东西。换句话说，上帝坚持要有这种东西，是因为这种东西是正确的。如果是这样的话，它就陷入了一种不能容许的循环之中。因为，这等于说，某些东西之所以是正确的，是因为上帝说它是正确的；而只要是上帝所欲的东西，就一定是正确的。假如上帝欣赏残忍，是不是残忍就不再是恶的而是善的了呢？显然，圣谕论在这里遇到了真正的挑战。

（2）“人性派”圣谕论

所谓“人性派”，是指这样一些神学家，他们也坚持道德法则是由上帝颁布的，体现的是上帝的意旨，但他们又认为，道德的获得并不依赖于对上帝的信仰，人的本性先天地就被纳入了上帝安排好的道德秩序中。人只要按照自己的自然本性生活，就能够体现出上帝关于善的行为应该是怎样的意旨。在这个意义上，人性派哲学家的思想无疑带有某种结果论哲学的意味。不过，从总的倾向来看，由于它们坚持一切道德行为都不能离开上帝的预先规定，我们又更多地应把它们当作圣谕论道德理论来看待。

人性派伦理学的最重要的一个实例，是托马斯·阿奎那所代表的基督教正统派对道德问题所持的观点。按照托马斯·阿奎那的观点，由于上帝创造了世界，因此，这个世界遵循的法则就是上帝加之于其上的那个法则。对于人来说，上帝在创造它的时候，就通过自然倾向这种东西把自然法则植入了人的本性之中。人的自然倾向的最典型表现，就是人的理性能力。道德就发端于我们的理性意识到上帝加之于我们本性的自然倾向之时。这也就是说，一方面，《圣经》告诉我们上帝希望人如何生活；另一方面，上帝也同时赋予我们人良心，使我们自然而然地能够区分是非善恶。例如，即使我们从来没有在《圣经》中读到过“己所欲者施于人”这样的道理，我们也一样知道伤害人是不对的。只要我们正确地认识到我们自己的自然倾向，我们就一定能发现那些在上帝看来是善的，而我们从自己的自然本性出发也能清楚地意识到是善的东西，如人生、家庭、知识以及井然有序的社会等。所以，一个行为在道德上是正确的，只有当它的目的是获得这种善的时候才有可能；反过来，一个行为在道德上是错误的，一定是因为它妨碍了我们这种善的目的的实现。

为了更好地弄清托马斯·阿奎那所要表达的意思，以及人性派伦理学的特点，我们不妨以托马斯·阿奎那谈到的自杀问题为例，来进一步地说明这个问题。托马斯·阿奎那坚持认为，自杀是不道德的。但是，他并不是把自杀这种行为简单地指责为违背了基督教的精神，即违背了基督教经典中关于自杀是对生命不负责任的不道德行为的观点，而是指出人的本性就是珍视生命的，珍视生命是人的一种自然倾向。因此，自杀之所以是错误的，并不仅仅因为它违背了上帝的意旨，而是因为它首先违背了人性，违背了我们珍视生命的自然倾向。在托马斯·阿奎那看来，我们在日常生活中时时处处表现出来的保存生命的意识和行为，我们面对各种环境时不学而能的趋利避害的本领，都证明了珍视生命的自然倾向是我们人的一种本性。由于人天生懂得保存生命，本能地趋利避害，所以，我们的理性在任何时候都知道生命是人类的一种基础性的善，任何人都无权对生命采取不负责任的态度，无权剥夺自己的或他人的生命。不仅如此，由于上帝是人的这种自然倾向的来源，所以，生命不应当被剥夺、被漠视的要求，就应该被看作上帝的意旨或神圣命令。如果从这个角度来看待自杀这一问题的话，我们又能得出结论，即自杀之所以是错误的，乃是在于它摧毁了我们的理性知道是不能摧毁的我们人的一种最重要的、基础性的善，而这反过来又证明了它违背了上帝的意旨或神圣命令。

托马斯·阿奎那的伦理学之所以被看作非结果论伦理学的一种重要表达，不仅在于它巧妙论证了道德与人性，进而与基督教的原则之间的密切联系，还在于它极好地解决了这样一个令许多人感到十分棘手的道德难题，即当我们所倾向的各种善之间发生冲突的时候，我们应当怎么办？这是指，当我们要获得一个善，只有通过摧毁另一个同样是善的东西才能实现的时候，我们应该做些什么？例如，如果不牺牲另一个生命，就不能救我自己的生命的时候，我应当怎么办？出于自卫而杀死另一个人，是不是就一定是不道德的？托马斯·阿奎那用了“二重结果原则”这个概念来说明这个问题。所谓“二重结果原则”是指，有时我们的行为会产生两种或更多的结果。自卫中的杀人就是这种情形，即它一方面拯救了我自己的生命，另一方面又摧毁了侵害者的生命。要正确地判定这种行为是不是道德的，关键是要看它的动机。只要一个人的动机是为了救他自己的命，只要他的行为不超出自救所能容许的限度，这种行为就不能被认为是不道德的。反过来，假如你有意去伤害一个人，蓄意要杀死另外一个人，那么，你的行为就是错误的、不道德的。

比之经典派理论把道德的正当性建立在是否符合宗教经典要求的基础上的做法，人性派理论的一个最大优势就是，灵活地解释人的行为选择问题。它暗示着，一个人即使不信上帝，也可以接受这种理论，因为这种理论所建议的生活是符合我们人的本性的。无论是谁，即不管他相信上帝还是不相信上帝，只要他知道他的自然本性是什么，他就能知道他的什么样的行为是道德的。这样，它就克服了经典派由于不能离开宗教文本来谈论道德，从而有可能使得那些不相信这些文本的人远离这种理论的弱点，接受它关于道德正当性的这种解释。不仅如此，人性派理论也避免了经典派理论经常遇到的一个尴尬的挑战，即假如上帝嗜恶的话，是不是意味着我们也要把这种恶当成善。为什么人性派理论不会遇到这种挑战，主要在于，在这种理论那里，一切对我们的本性来说是善的东西，都是上帝在创造我们人时所欲的东西；反过来，上帝在创造我们人时所欲的东西，一定是符合我们的本性的善的东西。

尽管人性派理论有上述这样一些相比较于经典派理论的优点，但它也受到来自各个方面的批评。首先，有人质疑我们是否有道德上的义务去追求那些我们的自然倾向想要的东西，即使这一东西是善的也是如此？为什么是我们的自然倾向，而不是别的什么东西被用来作为判断善恶的根据？难道没有这种可能，即我们或许并不必然地倾向那些对我们是善的东西，而是倾向那些对我们来说是不善的东西？儿童不是常常表现出把坏的东西当作好的东西来看待的倾向吗？而成人难道就一定不会表现出嗜恶的倾向吗？还有，什么样的善才是符合我们的本性需要的基础性的善呢？凡此种种，都是人性派理论遇到的理论难题。其次，人性派理论还面临着另外一个严重的挑战和质疑，这就是，如何解释两种基础性的善发生冲突时，即为了保存一种善，必须摧毁另一种善时，我们的行为的性质问题。托马斯・阿奎那的所谓二重结果原则是这样解释这种情况的，即只有那种不是以蓄意消灭另一种善来达到保存一种善的目的的行为才是道德上正当的。但是，在实际生活中，我们真的能做到这一点吗？我们在自卫中被迫要杀死一个人的时候，我们真的一点都不想要摧毁他的生命吗？当我思考我的行为可能产生的各种结果时，我真的一点也不想要那些结果发生吗？假如二重结果原则不起作用的话，两种基础性的善冲突的问题，不是最终将导致整个人性派理论的崩溃吗？

2. 义务论

义务论是与圣谕论不同的另外一种非结果论道德理论。圣谕论把道德的根据外移于人以外的精神存在，把道德看作由某种超自然的至善之物决定的东西。义务论则与此相反，它把道德内置于人的理性观念，把道德看作由理性的意志决定的、出于人的自觉的一种善的行为，即是不计功利、不讲结果的，纯粹由一种义务感或说是动机决定的善的行为。所谓“义务论”，指的就是康德的著名的“义务伦理学”。就像他的知识论是以对休谟不可知论的讨论为前提而展开的一样，康德的伦理学也是以对休谟关于道德的基础的理解的批评作为出发点的。在休谟那里，道德并不是由理性来决定的，它完全是一种出自感性或感情的、在某种程度上称得上是本能的行为；“是”与“应当”这两者之间并没有什么必然的、不可分割的联系。在康德看来，辨别是非的能力是天生就存在于人的理性中的。我们每一个人都知道什么叫是，什么叫非，这种能力不可能是从后天学来的，它只能是人的心中生而具有的一种观念。而且，道德既然体现的是人的心中与生俱来的理性观念，因此，我们就有可能像在自然科学中发现几何学的公理、定理、基本公设甚至整个数学的所有其他形式一样，将之发现并表述为一些基本的、不变的，可称之为绝对的法则。那么，康德是怎样论证他的这些思想的呢？

（1）善在自身

康德的义务论的理论出发点，乃是一个被他称为“善良意志”（good will）的东西。按照康德的观点，世界上唯一能称得上善的东西，是我们人的善良意志。因为，善良意志是不受任何限制的。康德的意思是，善的动机是不附加任何条件的；如果善被与某种条件，例如结果联系起来，那就不能被认为是真正善的。例如，我们往往把鼓励这种东西看作就是善的，但实际上，它还算不上是一种真正的善，因为它需要借助善的动机，即一个善良意志来保证它的善。又比如，我们有时把权力、财富和荣誉这样一些东西看作善的，但是，这是危险的。因为，如果没有一种善良意志作为其保证，则它们完全可能在实践中服务于某种恶的目的。

善良意志之所以能称得上是真正善的，是因为这种善是自身为善的，或说是善在自身，而不是由某种外来的东西引起的。正是在这一基础上，康德又提出了一个叫作“善良动机”的概念。仅就这一概念而言，就意味着，它是不受任何外在因素的影响而必欲努力做到的行为，是那种与“继母般的吝啬的施舍”行为毫无共同之处的慷慨行为，是那种纯粹出于责任而采取的行为。这种善良动机在实践中即便由于某种不可操控的外部因素的影响而不能实现，其中体现出来的善良意志也仍然会像珠宝一样熠熠生辉。

康德关于善在自身的思想，从根基上把道德提升为比单纯满足人的需要高得多的人性范畴，这与结果论关于道德的理解形成了鲜明的对照。按照功利主义的观点，一种行为在道德上是正当的，只有当它能够给与此行为有关的人带来最好结果的情况下才是可能的。在康德看来，这是完全错误的。行为的结果与道德正当性的评价毫不相干。当然，这并不意味着它与我们生活的大多数方面没有关联。

（2）义务为善

固然从一个方面看，善出自善良意志，善是自身为善；但从另一个方面看，善又表现为行为，行为需体现无功利的善，而这就是所谓义务（duty）。对于道德行为来说，唯一合适的动机就是义务感；而判断一种行为之是否道德，亦应看它是否出自无功利的义务感。有时候，我们的行为看起来是与义务相符的，在许多方面都称得上是履行了我们的道德义务，但从深层上看，它们却不能说是真正善的，不能说我们履行了纯粹的道德义务。因为，我们的行为掺杂了个人的动机，包含了某种自己的利益考虑。例如，一个精明的小商人绝不会对一个缺乏经验的顾客漫天要价，因为他知道这不符合他的长远利益。所以，如果你的行为只是为了给你带来可能的好处，就算不上是真正依据道德的法则行事。当然，这并不是说你的这种行为就是违反道德法则的。实际上，在大多数场合下，一个人能够做到这样就很不错了。但是，真正的道德行为始终应该是那种抛开了个人的考虑而采取的行为。换句话说，只有那些纯粹是基于责任而采取的行为才算得上是道德的行为。康德精辟地指出，即使一个人时时处处地想着要合乎道德地行为，一心一意地想要帮助他人，他的行为也仍然称不上是真正的道德行为，因为他帮助人可能只是出于某种同情心或希望受到欢迎而已；只有那种从来没有把行为的结果或后果放在心上而采取的出于自觉自愿的行为，才算是真正的道德行为。

从伦理学的角度看，康德的这些论述可谓是振聋发聩。在他那里，义务和纯粹的倾向之间竟然有如此大的区别。按照他的观点，一方面，我们的道德对所有的理性存在都是开放的；另一方面，我们的自然倾向又非我们的意识所能完全控制。从根本上说，这牵涉到一个是否我们正好具有某种悲天悯人的情怀的问题。同情心支配下的行为并不就是真正道德的行为，而真正道德的行为早已超出了同情的范围。康德借用基督教的一句格言，即所谓“爱你的邻人”，来说明源于义务的行为与出自同情的行为的差别。“爱你的邻人”并不是说你就要完全置自己的需要于不顾，也不是说你就不可以爱你自己，而是说你爱你的邻人就和你爱你自己一样。假如你帮助你的邻人不过是出于喜欢他或同情他，这样的帮助就一点也谈不上是出于愿望，而是僵硬地在履行某种原则。喜欢去做你道德上有义务去做的事是对道德义务的一种十足的误解。出于喜欢而帮助你的需要接受帮助的邻人，比之把慈善心肠推向另一个你原本十分讨厌的人，一点也不见得有什么道德上的高尚。这样的行为，说到底，不过是某种不可理喻的、病态的行为。换句话说，不可理喻的、病态的行为是那种为感情、名誉驱使的，不能理性地表达的行为；而任何能够理性地、冷静地表达的行为，一定是那种出自义务感、受理性驱策的行为。

（3）善之检验

固然善出自善良意志，表现为义务感驱使的行为，但我怎么知道我的行为是这样的行为呢？这就需要确立一种判定人之行为是否具有道德上的正当性的准则（maxims）。换句话说，需要有一个用以检验行为道德正当性的“试金石”。判断一个行为是不是道德上正当的，关键是看它的动机，而不是看它的结果。相同的行为可能是完全不同的行为准则作用的结果。在某个特殊的场合中，如果你按照“一个人永远都应当讲真话”这个准则来行事，那么，你就会讲真话；但在这个场合中，你的行为如果依据的是这个准则，即“除非你肯定你能够摆脱讲假话引起的尴尬，你永远都应当讲真话”而采取的，它的道德正当性人们也是很难辨别的。所以，真正能够作为我们行为根据的，只能是前一个准则，而不应是后一个准则。为了解决判定行为正当性时可能面临的不确定性局面，康德又尝试引入他所谓“绝对命令”之概念来对此做进一步的论证。

（4）绝对命令

我们的道德义务源自我们对道德法则的尊重，而道德法则归根到底又受制于最高的“绝对命令”。在康德看来，有两种道德假设：一种是有条件的，如“假如你想要获得他人的尊重，那么，你就必须信守你的诺言”；另一种是无条件的，如“一个人永远都必须信守他的诺言”。很显然，前一种假设不是出自义务感，而是受功利的道德目标引导的；后一种假设则与行为的结果无关。康德认为，只有后一种假设在道德上才是正当的，它应该成为我们的行为必须遵守而不能违反的无上要求，这就叫“绝对命令”。那么，这样一种关于道德的“绝对命令”在实践中又是怎样被普遍化的呢？康德于是将之转入另外一个重要的义务伦理学范畴来加以讨论。

（5）普遍立法

既然无条件的、出自义务感的道德假设是道德行为方面的“绝对命令”，那么，它在实践中就一定有能够被加以普遍化（universalizability）的可能。普遍化就其要求来说，首先表现为在理论上必须确立这样一个基本的立法原理，即“不论做什么，总应该做到使你的意志所遵循的准则永远同时能够成为一条普遍的立法原理”[①]。这里的“意志”不能等同于一般的“要求”，因为它代表的是理性的动机，而不是普通的、可以附加条件的行为假设；同样，这里的“立法”也不能理解为法律上的立法，而是道德上的立法。道德上的立法比之法律意义上的立法有着高得多的要求。因为，一个行为可能在道德上是不正当的，但在法律上却是合法的。康德认为，任何一个符合道德立法要求的行为准则，都是可以将之推广于一切处在相似条件下的人的；同时，这种准则从根本上说，也是排除了将之个人化的任何可能的，即没有任何人能够超然于这个准则之外，而这就叫作“普遍化”。这就是说，如果一个行为在道德上是错误的，那么，它对一切采取这种行为的人，包括你来说，就都是错误的；反过来，如果一个行为在道德上是正确的，那么，包括你在内的一切人，就都应该以之作为在相似条件下行为的基本依据。

为了进一步说明他的这一道德公式的意义，康德用了一个例子来解释究竟什么叫作“绝对命令”。这个例子就是，你做了一个你不打算信守的承诺。有时你会发现，做这样一个承诺几乎是毫不费事的，于是你轻易地就做了这个承诺。但是，康德说，这样的承诺是不能被普遍化的，因而它不是道德上正当的。为什么呢？因为你在理性上不会认为这样的承诺是可以推广到一切人的。你难道会在理性上认为，这样一个准则，即“假如你遇到压力的话，你可以放弃你的诺言”，真的是可以推广至一切人的？换句话说，你会接受把这个准则作为普遍的行为准则吗？当然不会。如果一个准则的普遍性有附加条件，那么，这个准则代表的道德要求就会被损害，你就再也不会相信这个准则是你应该信守的准则了。所以，像“你可以做一个必要时你可以不遵守的承诺”这样的准则，不可能成为一个普遍化的道德准则，因为你绝不会希望它成为一个普遍的法则。相反，只有像“一个人永远都应该信守承诺”这样不附加任何条件的准则，才能作为“绝对命令”性的准则。这样，“绝对命令”就为我们提供了一个判别道德的还是不道德的准则的方式：如果一个准则不能在理性上被普遍化，那么，这个准则就不是一个道德准则。

（6）实践原则

康德的“绝对命令”的可普遍化，从一个方面看，表现为它是理论上的一条普遍的立法原理；从另一个方面看，又表现为它是实践上的一个以人为目的的道德原则。康德坚持，“绝对命令”的另外一个方面的体现应是在实践领域。在实践领域中，人的一切行为都应该体现出是把人当作目的，而不是把人当作达到目的的手段。“在全部宇宙中，人所希冀和所能控制的一切东西都能够单纯用作手段；只有人类，以及一切有理性的被造物，才是一个自在目的。”[②] 我们讲人是一种理性的存在，就是讲人是人自身的目的；人有他们自己的生活要过；我们不能为了自己的利益而利用他人。如果你把别人当作达到

① ［德］康德：《实践理性批判》，30页，北京，商务印书馆，1960。

② 同上书，89页。

自己目的的一种手段，那就等于你根本否认他们是独立的个人，无视他们作为人的本性和权利，而这是不道德的。所以，假如你不想成为这样的人，就应该明智地选择另外一种待人的方式或行为的准则，即始终尊重他人的自主性和独立性。什么叫作把别人当作实现自己目的的一种手段？这就是，比如说我在向某人借钱时，承诺我将按照协议准时把钱还给他，但实际上，准时还钱的念头当时甚至没有在我的头脑里闪过哪怕是一下。反过来，如果我坚信人是人自身的目的，我就不会做出上面这样的行为：借钱而不想还钱的念头甚至连一下也不会在我的头脑里闪过。在康德那里，他的这种以人为目的的实践原则被这样表述为："你须要这样行为，做到无论是你自己或别的什么人，你始终把人当目的，总不把他只当做工具。"① 康德甚至强调，即便是神的意志也不能超出这条规律的限制，因为它是以人格为依据的。

（7）目的王国

康德在从理论上和实践上论证了"绝对命令"对个人的一般要求以后，又转换角度，提出了一个叫作"目的王国"的概念，试图在社会层面上表达他关于人是目的的思想。那么，什么叫"目的王国"？康德是这样表述的："每个人应当将他自己和别人总不只当做工具，始终认为也是目的——这是一切有理性者都服从的规律。这样由共同的客观规律的关系就产生了一切有理性者组成的系统。这个系统可以叫做目的国，因为这些规律的用意就在于将一切有理性者彼此间连成目的与工具的关系。当然，这个目的国只是一个理想。"② 康德明确地指出："在目的国度中，人（连同每一种有理性的存在者）就是目的本身，那就是说，没有人（甚至神）可以把他单单用作手段，他自己总永远是个目的。"③ 康德在这里明确指出，道德并不仅仅是一个个人行为的问题，它同时也是一个社会的问题，并且还是社会的基础。康德试图通过他的这一概念，把理性人愿意将之作为他们理想国家的原则与那些他们拒绝接受的原则明确区分开来。一个你不愿意将之作为这种理想国家的道德法则的原则，是不可能通过这种检验的，因此它就不是一个道德原则。在这个意义上，目的国的概念是康德"绝对命令"普遍化而成的第三个重要原则，也是他的道德理想的最后落脚点。

从康德的这些论述中，我们能够得出怎样的一些结论呢？首先，我们看到，康德对道德的基本性质的理解，几乎在一切重要的方面都是与功利主义尖锐对立的。从表面上看，康德的伦理学与功利主义的道德理论所达到的结论似乎是一致的，即都希望通过自己的研究，为人们提供一种很好地判定行为善恶的根据，但他们所依据的理由却是大不相同的。例如，这两种理论大概都会同意，考试不能作弊应是一个基本的道德原则，但是，怎样来认定这种行为的不道德性呢？于是，在这两种理论之间产生了分歧。假设我说，教授如果发现我作弊的话，他将判我的这门课程的成绩为零；或者我说，如果这种行为蔓延开来的话，那么，考试最终就会变成形同虚设，以至根本起不到考试本来应该起到的作用。只要是稍有伦理学常识的人，都会立刻看出，这是功利主义判定行为之是否道德的方式。在康德那里，即使没有一个人实际上作弊，作弊这种行为也仍然是错误的；

① ［德］康德：《道德形而上学探本》，43页，北京，商务印书馆，1957。

② 同上书，48页。

③ ［德］康德：《实践理性批判》，134页，北京，商务印书馆，1960。

而且，你越是限制它，它就会变得越是猖獗；到头来，所有那些你建立起来的规则就会变得一文不值，或者说，你建立这种规则的努力不过是一种自欺欺人。任何一个人当然都不会想要这种规则成为一个普遍的道德法则。所以，如果你违反了“不能作弊”这样一个普遍的道德法则的话，你实际上是在对大多数人经过长期努力建立起来的且在理论上被证明是正当的那种基本的道德原则提出挑战，而这既是不道德的，同时也是危险的。

其次，就像功利主义从一开始就面临着大量的批评，包括来自康德的极为严厉的批评一样，康德自己的道德理论也不得不面对它的批评者提出的各种批评。在这些批评中，指责这个理论刻板、僵化以及脱离实际，大概是我们能够见到的最大量或者说是最一致的批评。我们始终应该承认，康德的伦理学确实如他的批评者所说的，根本没有提供任何有关伦理学的实际内容。它除了提供一些在实践中其效果令人怀疑，在理论上其论证晦涩难懂的所谓普遍化的“绝对命令”的公式以外，我们几乎看不到它对解决实际的道德问题有什么助益，这就难怪它招来了功利主义者如潮般的批评。很明显，这一理论关注的只是道德判断的结构、它们的普遍化或称非个人化等这样一些形式性的东西，它并没有在帮助我们解决在实践上我们究竟怎样做才是道德的方面提出任何实际的建议。更糟糕的是，如果我们接受康德关于一个行为是道德的，它必须是能够在理论上被普遍化的设计方案的话，我们将不可避免地遇到一个极为棘手的矛盾，这就是，并不是只有道德上正当的行为才能被普遍化的，那些道德上值得怀疑的规则也完全有可能被普遍化。难道不是这样吗？请看这个例子：“无论何时，人们都应该采用最有效的耕作手段，而不必考虑到动物的福利。”显然，这个说法并不与康德的普遍化原则相抵触。因为，大多数动物都达不到康德为理性设置的那么高的门槛，即根本还谈不上与人争什么福利的问题，所以，这个例子可以被普遍化而不会遇到太大的问题。这样，康德是不是要说这个准则是一个道德准则了呢？

不仅如此，上面谈到的康德所举的那个“违诺”的例子，也无法摆脱人们对它的批评。假如你确立了一个准则，即“无论何时，只要你能摆脱它而又不受累，你就可以推翻你的诺言”，同时又没有任何人知道那就是你的盘算，那么，它就不会与这个普遍化的原则发生矛盾。如果某人奉行相同的准则，这个承诺就其自身机制来说，也仍然有效。但是，康德的态度是，违诺是绝对错误的，并且在理性的善良意志的层面上是经不起检验的。因为，你在打算利用这个准则为你带来好处的同时，也要考虑到这个准则可能给你带来的不利的风险。这就是，假如别的什么人也以这个准则来行事的话，你从这个准则得到的就绝不会只是好处，坏处也是你可能面对的结局之一。

除了被认为是刻板的、僵化的和脱离实际的以外，康德的伦理学遇到的另外一个严厉的批评，就是它看待情感和个性等这样一些与道德行为关系极为密切的范畴的态度。康德把情感和个性看作与个人的道德评价完全无关的东西。这意味着，你有同情心还是没有同情心，你是热心肠的还是冷酷的，这些只有通过你的行为才能看得出来的东西，并不在康德的关心之列。但是，对于我们大多数人来说，这就是道德，甚至是一切道德的核心，而不是什么与道德无关的东西。在日常生活中，能够引起我们尊敬的人，是那些在适当的场合中表现出同情心或仁爱心的人；而我们对他们的尊敬，归根到底是对他们作为一个道德的人表现出来的道德品质的尊敬。康德的伦理学只关注那些作为理性存在的人应当做的东西，这样，它就忘记了情感在人的道德交往中所起的重要作用。而且，从他的整个伦理学给我们留下的印象看，我们也一点看不出来他的感情概念相比他要取代的那个叫作“病态的”感情的概念，究竟有些什么优点。推究起来，康德之所以对感情这样一个至关重要的范畴做一种漫画式的处理，根本的原因还是在于，他始终认为感情这种东西与纯粹的道德行为是不能相容的。他担心，过多地谈论情感和倾向等这样的问题，会妨碍我们在纯粹的层面上讨论道德问题，也不利于我们对人的行为的道德性做清醒的、客观的判断。但问题在于，这样就解决了道德判断的客观性的问题了吗？为了道德讨论的纯粹性，我们就要把这样一些极为重要的与道德行为密切相关的范畴排除出道德讨论的领域吗？他实际上忘记了，当我们想要采取一种道德行为的时候，我们总是处在这样一种情况中，即我们有一种强烈的感情上的倾向促使我们去这样行为，而这就是他的绝对命令指示我们要去采取的行为。

毫无疑问，康德伦理学所谈论的问题，大量的是符合我们日常的道德直觉的。如果不是这样的话，这个体系就不能征服那么多的人。但是，他的理论的局限性确实也是十分明显的。除了上面谈到的那些方面以外，一个非常现实的问题就是，在日常生活中，我们总是能够知道我们是依据一种怎样的道德原则行为或行动吗？退一步说，即使我们确实是在依据某种原则行为或行动，但这种行为或行动的结果我们事先一点都不关心，都不考虑吗？举例说，假如只要撒一个谎，我们就能救一个人的命，我们是应该撒这个谎呢，还是按照康德的原则，绝不应该撒谎？其中的道理不言自明。可见，只要一把康德的“绝对命令”所包含的道德原则应用到现实生活中，立即就会遇到上述这样一些实际的困难和问题。我们的道德决定，特别是那些做起来十分困难的道德决定，很少是在那种善恶界限十分明显、区分起来毫不费力的情况下做出的；相反，真实生活中的道德问题往往存在于那种似善非善、似恶非恶、善恶掺杂、欲理又乱的复杂局面之中。怎样梳理这种复杂的局面，并在这种复杂的局面中做出正确的道德决定，对于我们的道德智慧来说，是一个很大的挑战和考验。当然，尽管康德伦理学存在着上述这样一些十分明显的局限，但它确实提供了一种对于功利主义“工于算计”的伦理学的必要的矫正。一方面，一些其本身是恶的行为，无论你怎样想要克服它可能的坏的结果，你也会发现它超出了你的可能；另一方面，结果有时又确实是重要的，它不应该被排除在我们的道德决定之外，但康德却努力想要这样做。

学习提要

一、基本概念

规范伦理学；事实；价值；道德相对主义；绝对命令；结果论；非结果论；利己主义；功利主义；义务论；圣谕论。

行为功利主义；规则功利主义；“经典派”圣谕论；“人性派”圣谕论。

二、基本原理

道德行为是通过该行为结果或效果来显现的行为（结果论）；道德行为是其结果能够

给道德主体带来益处的行为（利己主义）；道德行为是给所有受该行为影响的人带来最好结果的行为（功利主义）。

道德行为是与人的欲望或功利无关、受先天规则示范的行为（非结果论）；道德行为是来自宗教圣典指引的行为（经典派）；道德行为是受人的自然本性召唤的行为（人性派）；道德行为是出自义务感的自由意志行为（义务论）。

不受行为结果影响、一切行为必须绝对遵循的道德假设是道德行为的“绝对命令”；“绝对命令”使行为意志遵循的准则永远同时能够成为一条普遍的立法原理；“绝对命令”的可普遍化不仅是理论上的一条普遍的立法原理，同时还是实践中的一个以人为目的的道德原则。

三、思考题

1. 如何理解“是”与“应当”两者之间的关系？

2. 如何理解道德是“前生存”概念与“实现”概念的统一？

3. “什么是生命？人类意味着什么？我们会允许科学家干预进化过程吗？我们该如何定义死亡？谁来决定什么样的生命值得生存下去？我们希望出现人体器官、组织、基因或孩子的‘自由市场’吗？”请详细阐述你对此类重要的当代伦理学问题的看法和观点。

4. 在某些文化类型中，食人、杀婴或人祭等现象被视为正常。试用逻辑和论据论证或驳斥要接受这种道德价值为道德的东西的论点。

5. 如何区分利己主义与功利主义？功利主义是以怎样的论证最终在理论上取代了利己主义而成为广泛被接受的结果论道德哲学理论的？功利主义自身又存在着哪些基本的理论弱点？

6. 义务论与功利主义看待行为道德性的区别主要体现在哪里？你支持义务论的道德主张还是功利主义的理论观点？试用逻辑和论据说明之。

7. 义务论与圣谕论的共同点和不同点表现在哪里？

8. 如何区分行为功利主义与规则功利主义？

9. 如何区分“人性派”圣谕论与“经典派”圣谕论？

10. 动物权利在当代越来越被认真地看待。真的有动物权利这种东西吗？你支持还是反对把动物权利与人的权利相提并论？请详细说明你的理由。

第十章

个人与社会

——道德社会学

早在两千多年前，亚里士多德就得出这样的结论：人的伦理美德总是关系到他在社会生活中取得成功的行为，因此，它只有在社会生活中才能实现。在他看来，一个善的社会应该是：人们相互尊敬、遵守规则；社会繁荣兴旺，没有贫穷和犯罪问题；一个人的幸福不以另一个人的痛苦为前提。边沁和穆勒的功利主义把善的社会描述为：最大多数人的最大的幸福。至于康德，他的“绝对命令”的实践原则，就是“人是目的”。每一个人都应该按照“人是目的”的原则来行为，而这种行为的一个必然结果，就是“目的国”即理想社会从可能变为现实。

所有这些伟大的思想家都相信，对于我们绝大多数人来说，美好生活这种概念本身已经假定了：它只有在一个善的社会，在和其他人分享这种社会带来的好处的情况下才能获得；而且，我们成为一个善的人的那种能力，也部分地依赖于我们与之共同生活的那些人，以及我们生活于其中的那个社会。尽管我们能够想象这样一种社会的存在，但它毕竟是一个想象的社会，我们现实生活中的社会与这个社会是不同的。如果我们不能很好地区分这两种社会的差别，我们就有可能陷入某种“乌托邦”似的梦幻。

诚如我们知道的那样，人类的生活不仅有幸福和欢乐，而且也伴随着不幸和痛苦。在上述那些思想家著作中被作为理想社会的反面而提到的那些社会现象，在我们的现实生活中仍随处可见。所以，生活在一个理想社会的问题，仍然是一个到现在也没有解决的问题，而且在可见的将来也注定仍将是一个美好的想象。既然如此，我们就有理论上和道义上的义务来设计某种我们能够现实地生活于其中的，在我们看来至少在现有的条件下是最利于我们生存和发展的社会。换句话说，假如有两个人同时出生于两个非常不同的环境，一个从无匮乏之虞，另一个却终日生计无着，社会应当做些什么？面对那些不守规则、铤而走险、以身试法的人，我们又应该怎么办？我们应该怎样更好地组织我们的社会？怎样的人才是我们认为的最有资格行使管理社会权力的人？

诸如上述这样一些有关社会的本质和人在社会中的作用的问题，就是道德社会学或者说是社会哲学（social philosophy）所要研究的中心问题。一般说来，社会哲学是以社会为对象，探讨道德原则如何应用于社会问题，特别是自由、平等、正义等问题的一门专门的哲学理论。它所关心的是：人与人之间的社会关系，特别是存在于国家和民族中的人与人之间的那种社会关系。作为哲学的一个特殊的组成部分，从平行于哲学的其他部分的功能和作用的考虑出发，社会哲学既不关心一个社会是不是经验地、实际地存在着的，也不关心一个社会是如何实际地区别于另外一个社会的，因为这些都是具体的社会科学的任务。社会哲学更多地是关注那些围绕着社会或国家的本质而提出的规范性问题，以及所有这些问题的合理性证明。换句话说，它关注的是，在一个国家内部，特别是它的政府和公民之间的关系上，何种社会安排是适当的、合理的；怎样的行为是道德的、应该的；一个理想的、理性的社会究竟是以怎样的原则建立起来的；等等。那么，道德社会学是怎样讨论这些问题的呢？

一、社会是什么

人总是生活于一定的群体中的，没有脱离社会而孤立存在的个体。就像亚里士多德早就说过的那样，人是一种政治的（社会的）动物。社会作为一个概念，意味着生活于其中的每一个人与他人都是相互依赖的。相互依赖就需要某种形式的社会组织，这对于无论规模大还是小的人类生活群体来说都是一样的；而且，这种社会组织与其他的生命有机体，例如动物的群体的存在形式也是根本不同的。动物只是偶然地群集在某一个它们生活的区域，而社会却是有组织地建构起来的。每一个社会都有它自己的结构、文化、历史、组织模式及其规则。现在的问题是，什么样的结构和规则才是合理的，或者说是应该有的？还有，我们需要何种结构或规则，才能使我们成为我们想要成为的那种人？

1. 社会之本质

人类已经建立和发展起来的社会，就其现有的形式来说是相当不同的。既有技术和科学高度发达、社会组织相当完善的现代社会，亦有在这两个方面仍处在相当低的水平上的社会，当然还有介于这两种社会之间的既称不上发达，但也绝不是那么落后的社会。而且，在这些社会中，个人在社会中的地位，或社会看待个人地位的方式也是相当不同的。在一些社会中，个人是被严格按照他们在社会中所处的地位来划分的，即要么他是以某一个家庭的成员的身份出现的，要么他是以某一阶级的成员的身份出现的，要么他是以从事某一种职业的身份出现的，等等。但在另外一些社会中，"个人"这个概念具有至高无上的地位：个人的生活过程就是他的自我证明的过程；而这种自我证明乃是将他自己从种种出生和社会作用的偶然性中区别出来的过程。还有，在一些社会中，一些人由于他们的出生、能力和实现程度，理所当然地被认为是高人一等的；而在另外一些社会中，所有的人都被认为是平等的，而这种平等又带来了整个社会的人与人之间的相互尊重和礼让。

所有上面这些问题，从根本上说，都产生于对社会本质的理解的不同。由于对社会本质的理解的不同，在实际的社会安排上，就导致了对个人在社会中所处的地位、所起的作用、所享有的权利、所承担的义务的处理的不同。按照柏拉图的理解，一个理想的国家是一个管理完善的国家；而任何管理完善的国家，都是那种具有这种管理能力的人治理的结果；而这种具有超凡治理能力的人就是哲学家，或称“哲学王”。政府的权力是“神授的”；国家不是人民的奴仆而是人民的主人；只要是公共利益所必需，政府就有权说谎；出于公共利益而说的谎言，是“高贵的谎言”，上帝赋予英明的统治者说这种谎言的权利。至于个人，则依其在社会等级体系中所处的地位的不同，被分为监护者、士兵和普通民众三个不同的人群。监护者是为数不多的，并且是实际地执掌权力的精英人物；他们的地位可以凭借血缘关系而继承；而他们的职责，就是保证立法者的意愿得以顺利实现。无论是统治者还是其他各色人等，都要安于他们自己的身份或本分，在各种岗位上做各自的工作而不去干涉他人的事务。总之，理想国中的每一个人都有其特殊的功能，他的任务就是通过自己负责的行为和活动使整体的社会目标顺利实现。在中世纪，经院哲学家追求并实际地体现出来的社会安排，是“君权神授”的政治格局。一切个人的行为和国家的活动所服务的最高目标，就是证明上帝对我们的实际生活的安排的理想性或完美性。社会就其本质来说，不过是上帝的绝对的权力和意志的一种体现，其自身并不具有任何与上帝的安排相左的权力或属性。在 18 世纪，伴随着宗教改革，在欧洲北部，特别是经历了工业革命和资产阶级革命的英国，产生了一种对于政治和哲学的新态度，即新兴中产阶级的新自由主义的社会和政治哲学观点。这种观点把个人的利益保障置于优先的考虑，并且将之视为我们人与上帝之间达成的一种双方都能接受的现实安排。除了否认“君权神授”的政治格局以外，这种自由主义强调的一个重要方面，就是认为个人只要通过自身的努力就能出人头地，这就为后来的把个人权利和利益，特别是私有财产的神圣不可侵犯视为社会安排中最优先的和压倒一切的目标思想的滥觞扫清了道路。在整个 20 世纪，盎格鲁-撒克逊文化的这种新自由主义的传统，更扩展到了整个西方世界，个人主义最终成为 20 世纪西方社会哲学的基本倾向和主导潮流。这种新个人主义有力地为个人在社会中的权利辩护，其核心的部分表现为坚定地捍卫个人的宗教信仰自由和言论自由。国家的一切活动都只能服务于个人在现实生活中的实际需要，否则，它的合法性首先就成了一个问题。

从道德社会学的角度看，关于社会和个人关系的社会哲学观点的这种演化，尤其是个人的权利和利益在社会哲学中反映的姗姗来迟，并不全然是我们人的天性软弱或缺乏想象所致，而是因为我们都不能完全摆脱我们在其中生活和成长的环境的影响。任何关于个人与社会关系的安排，都只有在实际的社会条件成熟时才有可能。我们关于一个善的社会和它的结构的概念，从来都是以我们从自己的父辈那里继承而来的现实的价值观念为基础的。在现实的社会发展中，个人的权利和利益究竟以怎样的方式来体现，社会究竟应该以怎样的方式来组织和安排，甚至在 21 世纪的今天，也仍然是一个饶有争议的问题。如果不是这样的话，20 世纪社会主义和资本主义之间的几乎长达一个世纪的论战就变得难以理解。但不管怎样，个人在社会结构中的作用不断扩大，社会必须围绕着个人利益的需要来安排，毫无疑问已经成了一个不可逆转的历史潮流。

2. 合法性之证明

我们需要一种怎样的社会？这样的社会由谁来统治？自从人类建立社会以来，人们就一直提出这样的问题，而且也千方百计地以各种方式尝试回答这些问题。有时，这些问题看起来似乎是不成其为问题的。因为，在大多数时候，在直观的历史现象上，我们看到的，总是强者或那些有着特别智慧的、被称为精英的人物在实际地进行统治；而且一个社会究竟怎样才是最合理的，似乎也一直是以这些人的解释为转移的。如果把眼光转向与我们人类在亲缘上十分接近的动物界，我们还会看到，那里体现出来的也是类似的情形。在大多数的动物群落中，领头的都是那些最为强悍、最为机敏的动物。不服从这种法则统治的叛逆者，要么以它的更强悍、更机敏将原来的统治者取而代之，要么被逐出群落或干脆被消灭。现在的问题是，人类社会在它的历史进化中表现出来的那种外貌特征，是不是就是动物界的那种生存模式的一种简单翻版？我们所做的一切，是否仍然在本质上重复着与动物界相似的行为？显然，我们不能这样认为。因为，人类社会不同于动物界，人是理性的和社会性的动物。有关一个社会的安排怎样才是较为合理的，怎样的统治者才是一个社会所需要的，或者说是大多数人所能够接受的，大多数时候还是被放在一种严肃的社会和理论的背景中讨论并形成它的基本证明的，尽管同样多的时候它确实给人以与动物界并没有太大区别的那样一种印象。

那么，在关于社会统治的合法性问题上，历史上的人们形成过哪些基本的理论观点呢？需要指出的一点是，任何关于社会合理性或社会统治合法性的观点的形成，都是与人们对社会本质的理解这一问题分不开的。社会所处的状况不同，人们对社会本质的理解也就不同，因而对于何种人应该成为统治者的理解也就不同。在战争年代，最有资格成为统治者的，无疑是最勇敢、最无畏的战士；而在和平年代，最有可能担当领导重任的，人们会认为是那些善于组织社会、管理经济的人物。所以，如果以社会在一定时期的基本价值取向来看待统治合法性的问题的话，关于最合适的领导者的问题就会形成各种各样的观点。如果一个社会奉行的是金钱至上的原则，那么，在这个社会中居于领导地位的，就是那些左右着社会经济命脉的财阀或金融寡头，这被称为“金钱统治”；如果一个社会等级森严，以门第或出身作为择人用人的标准，那么，这个社会就叫作“门阀统治”或称“贵族社会”；如果一个社会依赖于技术的发展，推重那些有技术、有专长的技术人才，那么，这样的社会就叫作“技术精英统治”或称“技术社会”。如果从政治的角度来看待社会治理的问题的话，人类社会已经经历过的或现存的，可以在共时态的层面上展开的社会政治制度，又可划分为神权制度、专制制度、民主制度以及介于专制制度与民主制度之间的过渡性制度等。所谓神权制度，就是指宗教在社会生活中占据主导地位，以上帝代言人身份出现的宗教从职人员是社会的实际统治者。所谓专制制度，则是指国家的权力集于一人之身，个人拥有对一切国家事务的生杀予夺之大权。世界各国在其历史发展中经历过的皇权制度，就是最典型的专制制度。所谓民主制度，乃是指国家的权力为全体人民共同享有，每个人都拥有对国家事务的发言权，至少在理论上是如此。所谓专制制度与民主制度之间的过渡性制度，是指民主已经被确立为社会生活的最高原则，但在这种原则的贯彻或实施方面，仍难以摆脱旧有制度的惯性，因而，民主原则在社会生活中的完全体现仍需假以时日。

从一个方面看，人类之所以要建立一定的政治制度，根本原因还是在于社会需要管理、需要权威；但从另一个方面看，管理和权威的必要性如果不能被以合适的方式，即最大限度地符合最大多数人的利益的方式表达出来，它也有可能给社会带来巨大的负面效应。借管理和权威的必要性而践踏、阉割民意的现象，即便是在现代社会仍屡见不鲜。由此看来，一切在国家和社会生活中实际发生作用的统治或治理秩序，都面临着一个合法性的证明的问题。社会当然需要管理，国家当然需要权威，但管理为什么是这种形式的管理，权威为什么是以这种方式出现的权威，这当然是一个需要证明的问题。即便是在古代社会，那种所谓社会应该由强者来治理，或者说强者是社会的天然的领导者的观点，就已经受到强有力的抵制或质疑。柏拉图固然提出，社会应该由"哲学王"来领导，监护者对社会承担着道义上的责任，但斯多葛学派哲学家就宁愿选择过一种隐居禁欲、与世无争的生活，他们并不认为哲学介入实际生活就能给人们带来真正的好生活。而且，柏拉图描述的那样一种"理想国"，也一直被许多重要的思想家认为是描绘了"一幅可怕的国家机器的图画"，因为"在这部机器中作为个人的人几乎消失了"①。从历史上看，我们总是把那些取得权力后滥用权力的君主称为暴君，把他们执政的方式称为暴政，这还不包括他们的权力也是以极端的手段获取的。所以，任何正当的权威，都是经过证明具有正当性的权威；而合法的权力，也是符合正当性规则建立起来的权力。所有这一切，从根本上说，与力量和机敏这样一些概念相去甚远。力量的滥用是对公众权利的一种侵犯，而机敏如果过了头，就会变为一种可怕的权谋。在更深层上，这或许也就是历史上那些真正有力量的人从不声称他们是依靠权力在统治，那些有权谋的人从不说他们的权力来自权谋的真正原因。因为，他们也知道，任何统治都是需要有它的合法性的证明的。

那么，这种统治的合法性又是由谁授予的呢？传统的专制制度总是声称自己的权力是由上帝赋予的，即所谓"君权神授"。用今天的眼光来看，这样的合法性证明未免太过苍白。皇帝也是人，举凡人所具有的一切缺点，很难想象不会在那个叫作"陛下""天子""皇上"的人的身上存在。假如他们声称自己不具有这些缺点或过失，他们的权力又何须"神授"，他们自己就是那个上帝了。而且从历史上看，如果不说全部的话，至少也有相当数量的君主是不能胜任他们的职责的。这里最关键的原因，就是他们的权力不是由人民授予的。既然人民不能在选择怎样的人作为他们的领导者的问题上有发言权，这些领导者的权力当然也就不可能受到限制，而他们是否胜任也就不是社会或人民有权过问的事情了。

正是由于传统的"君权神授"被证明存在弊端，及其与大多数现代人的观念相悖，所以，这种权力合法性的证明方式在当代已不再流行。取而代之的，是"人民授权"的模式，即声称权力是由人民授予的，人民的授权是合法性的正当基础。只有经过人民授权的政府才是合法的政府，而这种人民授权又是通过公民投票的方式来体现的。从各个方面看，人民授权的模式比之君权神授的模式无疑有着较多的优越性。尽管人民授权、

① ［英］伯特兰·罗素：《西方的智慧》，77页，北京，世界知识出版社，1992。

公民投票的方式并不能完全避免强者说了算以及“有权就有真理”的弊端，但它毕竟为大多数人自由行使选择领导者的权利提供了现实的机会，而且也有了制约那种滥用权力的执政者的实际可能。因为，人民能够对那些不符合自己意愿的政治决定说“不”。总之，在这种模式下，政府是被假定服务于人民的，政府存在的理由及全部合法性皆源于此。不过，就是在这样的情况下，我们也仍然会遇到一些由这个问题本身带来的实际困难。这就是，政府固然是服务于人民的，但它究竟应该服务于人民的哪一个方面的要求？政府的职能之一当然是使社会变得更富裕，但富裕是否就是一个政府的首要目标？还有，富裕的社会是否就一定是一个好社会？一个能够使人民富裕起来的统治者，是否就一定是一个具有合法性的统治者？这里涉及一个理论上大有争议的问题，即一个政府的首要目标，究竟是应该使它管理的社会变得更富裕一些，还是应该保证这个社会有普遍的正义？如果社会没有普遍的正义，追求富裕的过程很有可能就会变成少数人利用特权积聚财富、非法暴富的过程。所以，与其说一个政府打算为它的人民干些什么，不如说一个政府首先要体现为它是由人民组成的，即它是由人民选出来的，它真正是代表人民的利益和要求的。舍此，一切都无从谈起。

3. 政府之权力

尽管我们说，民选的政府是合法授权的政府，合法的政府就其性质来说，应是能体现人民的利益和要求的，但这并不等于说，这样的政府的权力就是不需要受到限制的。有关国家和它的主要工具即政府在行使它的管理公共事务的权力方面究竟能够走多远的问题，一直是哲学家和社会思想家们谈论、关注的一个重要问题。实际上，只要一谈到这个问题，人们首先想到的，就是两种既截然对立，但又是密切联系的看待政府作用的极端观点，即无政府主义（anarchism）和极权主义（totalitarianism）。无政府主义者坚信，政府与个人和社会自由是不能相容的，政府无论怎样行使权力，都不可避免地会构成对公民自由和个人权利的粗暴干涉，因而主张废止一切形式的政府。对于极权主义者来说，问题则以这样一种方式出现，即国家具有至高无上的地位。为了实现国家的最高利益，必要时甚至可以不顾及大多数个人的权利和利益；而且，只要有必要，政府还可以实际地介入公民的个人生活。很显然，无论是无政府主义还是极权主义，在现实生活中都是行不通的。如果说无政府主义在多数情况下还只是一种有影响的，但很少实际地成为社会生活的现实的社会政治观点的话，那么，极权主义就远不只是一种社会政治观点或理论思潮，它在不同的国家和不同的历史时期都有其实际的表现，即这种思想观点因各种条件的聚合有时会被实现为一种现实的政治形式。介于这两种极端之间的，是一些较为温和的、在现实生活中居于主导地位的、被实际地采纳为政府行为的理论基础的社会政治观点。这些观点相信，个人能力和个人权利是重要的，但国家的权威也是不可偏废的，重要的是在这两者之间保持一种良好的平衡。换句话说，在进行实际的社会结构设计时，既要考虑到个人的利益，又要考虑到公共的利益。由于对个人权利和公共利益的平衡点的理解不同，这些观点又可以从大的方面被归结为这样两种基本的观点，即个人主义（individualism）和父权主义（paternalism）。个人主义侧重于强调个人的重要性，即个人权利和个人独立做出决定的重要性；而父权主义则侧重于强调政府的重要性，认为政府有权替它的人民做出那些最符合他们的利益的决定，这是政府获得的一项正当的法律授权。就像在一个家庭中，父亲总是知道他的哪些决定是最符合他的孩子们的最大利益的。

从历史的观点看，个人主义作为一种后来在社会生活中起着重大影响的社会哲学观点，最早产生于18世纪适值工业革命时期的英国。它的最重要的一个代表人物，就是著名的古典经济学家亚当·斯密（Adam Smith，1723—1790）。按照斯密的观点，一切形式的政府对私人企业的干预都是不能被容许的，它们应该被减少到可能达到的最低程度。取而代之的，是政府应鼓励自由竞争，制定规则保护私人投资者的利益。如果商业利益脱离了自我利益的考虑，那么供给和需求平衡的市场法则将自动调解其回到市场所要求的最适当的生产规模上来。市场力量是一只“看不见的手”，它对经济所起的作用远比一切能够想象得出来的政府的作用大得多。利己主义的追求将产生有利于最大多数人的最大程度的幸福。斯密关于个人的利己本性是推动经济发展的根本动力的观点，实际上是在经济学的层面上表达了他关于个人和政府关系的社会哲学观点。所以，他的这种观点一直受到那些与他有着类似立场的同时代的，甚至他之后的哲学家和社会思想家们的推崇。几乎与他同时期的另外一些思想家，如马尔萨斯（Thomas Malthus，1766—1834）、李嘉图（David Ricardo，1772—1823）等人也都相信，自然法则或秩序在社会事务中所起的作用，可以比之牛顿的重力和运动法则在自然界中所起的作用，它一定能自动地将工资和价格的波动规范到最适当的水平。不过，对个人权利和利益的最具哲学震撼力的辩护，还是体现在穆勒的功利主义伦理学中。穆勒直截了当地指出，政府只应该管那些社会本身做不了的事情，除此以外的一切社会中发生的事情，我们都应该相信能够在功利主义原则的作用下得到很好的解决。功利主义的原则就是，一切善的东西，都应该是那种能够给最大多数人带来最大幸福的东西。因此，无论在何种情况下，政府都不应该限制个人的自由，不应该妨碍个人最大限度地实现他们自己的幸福和进步的努力。如果把18—19世纪西方思想家为个人在社会中的权利辩护的观点归纳起来，那么，我们可以得出这样几点结论：第一，个人有权不受干预地去做任何他们想做的事情，这其中也包括他们同样不得干预其他个人的权利和利益；第二，政府应当容许个人在他们能力所及的范围内挣尽可能多的钱，并完全按他们自己的意愿来花费它；第三，个人不要把自己发展的机会寄希望于政府的特殊恩惠，当然也不要担心政府会限制他们的正常发展。因为，任何此类事情的发生，都会影响到个人追求财富的积极性并使他们的创造力枯竭。在哲学上，这种为个人在社会中的正当利益辩护的观点又被称为自由主义（liberalism），它是17世纪那些最早的自由主义哲学家，如洛克等人的具有革命性意义的社会哲学观点在18、19世纪合乎逻辑的发展。例如，洛克就曾经指出，人在其本质上是自由的，任何形式的政府都意味着对个人自由的一种限制。因此，只要有可能，就应该把国家权力的作用限制在最低水平。管得最少的政府，就是最好的政府。

在20世纪，作为一种社会哲学观点的个人主义或自由主义在西方的最典型表现，就是所谓自由市场理论（the theory of the free market）。这种理论坚持，政府必须完全退出市场领域，放弃由它来组织经济的一切企图。在一定意义上，我们可以让每个人去做他们自己想做的一切事情。社会对商品或服务的任何需要，都会在企业家的层面上获得及时而迅速的回应，因为这些企业家会以合乎他们自己最大利益的方式来看待社会的各种需求。不仅如此，即便遇到那种情况，即如果人们相互之间不达成某种协议，社会就不能更好地发展的情况，这样的协议也应该由有关的各方按照最大化地符合他们自己利益的方式做出，而这也同样与政府无关。当然，这并不意味着政府就无事可做。政府要做的事，是制定规则保证市场竞争的公平合理，而不是实际地去干预正常的市场运行。

那么，是不是自由市场就能做一切它想做的事呢？当然不是这样的，即便是最坚定的市场主义者也不这样认为。例如，很难想象自由市场能够完全解决一个社会在医疗保健方面所面临的那些基本问题。因为，医疗保健的问题并不像你上市场购物那样简单。当你到市场购物时，假如你觉得自己的支付能力有限，那么，你可以削减你的采购计划，控制你的消费支出。但是，当你遇到身体有病，而且有时还是严重的疾病的时候，你就不能像上市场购物那样任意缩减开支，你首先必须考虑筹款解决必需的医疗费用的问题，而这只能依赖社会的公共医疗保健基金的帮助。实际上，自由市场制度在解决社会医疗保健问题方面所遇到的局限，还顺带着引出了这个制度的另外一个基本的局限，即它在帮助一个社会中那些经济能力处于下层的人们的能力方面，甚至表现出比之上一个方面的更大的局限。仍然以那些需要社会帮助获得必要的医疗照顾的人为例，他们的健康问题通常是他们低下的经济能力和生活水平引致的一个结果。这些人之所以在经济和生活水平上处于社会的下层，往往是因为他们缺乏市场竞争所需要的技能。市场法则所体现的一个根本要求，即个人的能力和素质，正好成了这一部分人的致命弱点。这样一来，市场法则的那种经常被人们提及的弱点，即“富者越富，穷者越穷”，也就因此暴露无遗。如果没有政府在这一方面所起的作用，不能想象自由市场本身能够自动地解决这些问题。

正是由于自由市场本身有上述这样一些基本的弱点，所以，在社会哲学领域，一直都存在着对这种观点的矫正，这就是所谓父权主义理论，也叫作国家主义（statism）理论。这种理论坚持，如果没有国家这只“看得见的手”的调节和引导，个人在社会中根本不能实现什么；而且，国家所做出的决定，也是符合这个社会中的个人的根本利益的，这就像在一个家庭中父亲不会做出不利于自己孩子的决定一样；同时，国家这样做，也是因为它获得了社会的正当授权。从哲学上看，作为父权主义社会政治观点的理论基础的，是那种被称为“保守主义”（conservatism）的政治哲学理论。在已知的一些保守主义理论家中，英国 18 世纪思想家埃德蒙德·伯克（Edmund Burke，1729—1797）的观点最为著名。伯克强烈主张限制个人在社会生活中的作用，认为如果过分张扬个人的作用，就会导致 18 世纪法国大革命那种具有强烈破坏性的无政府主义行为的泛滥。他断言，个人主义与社会和政治的稳定是根本不相容的。伯克为什么对个人主义持有这样一种强烈的反感情绪呢？按照他的观点，社会是一个稳定的连续体，过去、现在和将来在这个连续体中有机地，甚至是神秘地结合而成一个不可分割的整体。国家并不是某种工具性的东西，而是一个生命有机体，它需要时时获得宗教热情、爱国主义和信仰这样一些必要养料的哺育。伯克的这种国家有机体概念是他重视传统的社会政治观的思想基础。在他看来，保持传统是极为重要的，没有传统，一个社会就会失去信仰和制度的支撑。

要很好地保持传统，就要培养人们对已经建立起来的制度、风俗，如宗教和私人财产等的尊重，并珍视一代代人经过长期努力成功保存下来的那些东西。从这一前提出发，伯克把激进的变革视为一种罪恶，认为所有的改变都应该通过渐进的、自然而然的方式来进行，这样，变革才不至于变为一场灾难，即与传统一刀两断。总之，社会进步需要的是改革，而不是所谓革命。

很明显，伯克的社会哲学观倾向于认为制度、风俗、习惯等这样一些东西高于个人，国家的传承重于个人的利益。在他看来，个人的权利只有与其承担的义务表现出一致，才有道义上的正当性。任何个人的义务观的核心内容，都是信仰、忠诚等这样一些基本的东西。没有这样一些基本的东西，一个社会就不可能被维系并长久地持存下去。与自由主义者不同，伯克从不认为个人在其本质上是平等的。他所处的那个年代欧洲动荡不稳的政治局势，特别是法国大革命表现出来的无政府主义狂热，使他形成了一种对个人在社会中作用的根深蒂固的不信任态度。举凡个人、民主、群众、公众治理等这样一些字眼，都是他深恶痛绝、不屑与之为伍的东西。反过来，那些终生也不曾离开过养育他们的土地，对自己赖以成长的土地、环境有一种深深的眷恋的土地贵族，伯克则对之有浓厚的兴趣和推重之情，认为只有这些人才能真正担当维护法制、承继传统的重任。在某种意义上，伯克的社会哲学观点是后来各种形式的社会保守主义思潮最初的思想先导。即便在21世纪的今天，当一个社会面临重大的转向或变革的挑战和机遇之际，我们也仍然不时地能看到它的影响或身影。总之，对秩序、道德、传统和个人纪律的强调是一切形式的保守主义的共同特征，它在关于社会的本质、个人在社会中的地位和作用的理解方面，与自由主义的社会哲学观点形成了鲜明的对照。

从一个方面看，个人主义与父权主义、自由主义与保守主义在基本的立场上是尖锐对立的，甚至是水火不相容的；但从另一个方面看，作为对无政府主义与专制主义这两种极端的社会哲学观点的一种理性的拒绝，实际上，这两种理论之间又具有某种深层意义上的一致性。由于这两种理论都既反对无政府主义煽动的民粹派狂热，又抵制专制主义对个人自由的粗暴侵犯，所以，它们之间的不同，并不是在要不要给个人以自由这一根本问题的理解上的不同，而是在关于个人与政府的关系上，究竟应该把个人能力放在首位，还是应该把政府权威放在首位这一问题的理解上的不同，是要寻找到处理这种关系的一个实际的平衡点。它们都不反对，政府应该倾其全力为个人的发展及其权益的实现创造一切可能的条件和机会。它们的分歧只是在于，自由主义担心，对政府权威的过分强调，有可能在深层上影响到个人积极性的发挥，并对个人能力和创造性的实现造成某种实际的障碍。因为，政府归根到底是“权力”这个概念的代名词。即使政府并未实际地干预个人的自由，个人也会由于政府概念暗含的“权力”意味而投鼠忌器；更不用说从长远来看，社会的创造性和活力是来自人民而不是政府。反过来，保守主义者则坚信，一个有着合法性授权的政府，与授权于它的那些人在根本利益上是一致的，不应该怀疑它做出的决定会背离它的人民的根本利益；而且，如果完全听任自由市场的自发力量来支配社会的发展，则有关社会公共利益方面的需要就有可能被忽视，这反过来损害的还是个人自身的利益。公平地说，个人在社会中的总的福利水平的提升，确实也离不开政府在其中所起的积极作用。就这一点而言，父权主义者或保守主义者讲的并没有错。

政府之所以能够在提升个人福利方面有所作为，关键的一点，在于政府手中握有立法的权力，政府既有权力也有责任通过立法来为人民谋取福利。但是，也应该看到，只要一提到“法律”这个概念，浮现在我们的脑海里的，无疑就是国家的“法律”。所以，尽管在有关政府的作用问题上存在着各种温和的观点，而且所有这些观点都坚守这个信念，即应该努力在个人和国家这两者之间保持适当的平衡，但国家和政府还是因为它有通过法律实际行使控制的权力，从而在与个人的关系上占有优势，居于主导地位。所以，在判断一个政府是不是履行了它对人民许下的诺言方面，与其说听它承诺要做些什么，不如说看它实际上做了些什么。

二、社会正义

正义（justice）是伦理学中的另外一个重要概念。自从古希腊时期起，人们每当谈到正义，总是把它与贡献、公平、平等和社会效果等这样一些概念联系在一起。人们总是说，一个赏罚分明、机会平等的社会，才是一个正义的社会；一个公正廉洁、执法严明的政府，才是值得信任的政府。然而，当我们这样谈论正义的时候，须知正义在这里已经表现为某种结果而不是一种前提。但问题恰恰在于，伦理学中之所谓正义，首先是一种前提、一种原则，而不能将之仅仅看作一种表现、一种结果。因为，如果没有这种在先的前提和原则，就不能想象有能在实际中体现和贯彻的正义的结果。

1. 何谓正义

只要一谈到社会与个人的关系，正义就会作为一个不可避免的概念进入我们的视野。例如，在某个场合，我们在报纸上读到，某个劣迹斑斑的罪犯终于落入法网并被判入狱，我们会说，他这是罪有应得。在另外一个场合，我们看到，某个无辜的人由于法官的明显的误判，不幸而锒铛入狱，我们会说，正义在他的身上为什么未能彰显。显然，当我们这样来看待正义这一问题的时候，它是被从惩罚这样的角度来理解的。这种从惩罚的角度来看待的正义，我们通常将它称为惩罚性正义（retributive justice）。换句话说，惩罚性正义是指，那些被认为是有罪的或错误的行为得到了它应得的惩罚。

不过，从惩罚的角度来看的正义，仅是我们所说的正义的一种情况。除了这种正义概念外，还有一种从分配的角度来看待的正义概念。或者还可以说，更大程度上的正义概念，是从分配的角度而不是惩罚的角度来看待的。那么，什么叫作分配性正义（distributive justice）呢？要懂得什么叫分配性正义的概念，我们必须从一些更基本的东西谈起。我们知道，分配涉及财富和商品问题，谈到财富和商品，我们就会谈到所谓分配。由于财富和商品相对于需要它们的人来说，总是稀缺的、不足的，所以，就有一个按照一定的原则来分配的问题。但是，这种原则应该是怎样的呢？这是不是意味着，每个人不管贡献大小，他们所得的份额都应该是相等的？或者，是不是那些最需要这些资源的人，就一定配得最大的份额，而不管他们实际上配不配得到他们想要的那个份额？或者，我们归根到底还是应该看个人对社会的实际贡献来处理分配问题？另外，那些在社会经济上处于下层的群体个人，是不是应该受到某种特殊的对待或考虑？反过来，社会的医疗保健福利系统，是不是只对那些有支付能力的人开放？凡此种种，都与分配问题有关。分配问题固然总是表现为与财富和商品有关，但也并不是只有财富和商品才有所谓分配。除了财富和商品，权力和特权等也有一个分配的问题。以教育为例，由于一个社会中能够接受教育，特别是接受高等教育的人总是相对有限的，所以，受教育权就成为某种特权。然而，这种特权应该给谁呢？是给所有人吗？很明显，这是做不到的。那么，是给那些有能力支付教育费用的人吗？那些没有这种支付能力的人又怎么办？诸如此类，可以列成一个很长很长的清单。社会的情况是千差万别的，每个人有每个人的情况，这就要求给出一个对所有人都公平的分配原则。这样的原则应该表现出，每一个在这一原则下接受分配的人，都获得了公平的对待，换句话说，每个人都得到了他（或她）应得的那一份东西。所以，如果要给分配性正义概念下一个定义的话，那就是，一个社会的商品、利益和责任的公平的安排。显然，它包括了从工作到收入、从税收到医疗保健等不同方面的内容。如果我们要把这两种关于正义的定义结合起来而给出一个总的正义定义的话，那么，我们大概可以这样来描述它：所谓正义，就是一个人得到的对待与他（或她）应得的对待相称。

所谓“应得的”，是一种个人性的概念。只有个人，才有所谓应得的问题。对一个老师来说，这个学生应得成绩“A”，那个学生应得成绩“B”，必须与他们考试的实际情况相符。如果不是这样的话，就谈不上公平，也就是没有所谓“正义”。对一个法官来说，这个犯人应得的刑罚是十年，那个犯人应得的刑罚是八年，是根据他们实际所犯的罪来衡量的。如果不是这样的话，这个法官就是在徇私枉法，也就根本谈不上有所谓“法律面前人人平等”。从伦理学上看，那种不考虑到人与人之间的差别，把所有的人都当作同一个人或同样的人来看待的做法，被称为“平均主义”（equalitarianism）。平均主义作为一种无视人与人之间在能力、贡献上存在的具体的差别的不正义做法，除了会压抑个人的积极性、限制个人的聪明才智的发挥以外，更深层的影响在于，它的不正义性有可能在实践中被极端化为某种荒谬的行为。例如，由于一个整体中的个人被看作无差别的，所有人好像都变成了同一个人，所以，假如某一个部族的某一个成员被另一个部族的某一个成员谋杀了，那么，被谋杀的这个人的家庭成员或许将把对方部族的所有人当作那个杀人的人来报复或复仇。在日常生活中，与这种平均主义对应的，往往是那种叫作种族主义（racism）的思维方式。一个种族的人可能视另外一个种族的所有人为无差别的同一个人，而根本无视这些人在能力、经验、知识甚至善恶方面的差别，从而可能导致一系列歧视性的做法或政策的产生。扩而展之，人群与人群、阶级与阶级、民族与民族、国家与国家之间的隔阂或隔离，往往也因为这样的原因而引起。与平均主义的情形不同，在伦理学上，那种把个人之间的现实差别纳入分配的考虑之中的做法，被称为“个人主义”。从表面上看，个人主义造成了分配中的实际差别，似乎表现为一种现实中的不平等，但由于它是在承认人与人之间的现实的差异的基础上，按照正义的原则来实行的分配，所以，从根本上说，它代表的是一种理性的、可操作的和符合人性的平等。那么，伦理学是怎样把平等的问题纳入自己的考虑之中的呢？

2. 平等

正义观的首要问题是平等（equality），这是几乎所有的人都承认的。但是，什么叫作“平等”？从一个方面看，我们每一个人似乎生来就是不平等的：有的人生于大富之家，有的人却食不果腹；有的人身体健康，有的人却先天残疾；有的人生性开朗，有的人却郁郁寡欢；有的人聪明伶俐，有的人却智商低下。但从另一个方面看，我们又总是声称所有的人都是平等的，甚至所有的人生来就是平等的，即所谓“人生而平等”，这究竟意味着什么呢？

谈到平等，我们首先想到的往往就是所谓“法律面前人人平等”。确实，这也是许多人给出的关于平等的概念。这里所说的平等，是指当法律要对一个人的行为做出裁决的时候，所有那些与他的身份、地位、权力等有关的因素都被搁置到了一边，仅仅以行为本身的性质作为根据。换句话说，法律在身份、地位、权力等这样一些东西面前是“盲目”的；所有的人在它的面前都是无差别的、整齐划一的；它的原则适用于具有同一情况的所有的人，这就叫“平等”。反过来，假如一个亿万富翁和一个一文不名的穷光蛋，一个部长和一个小公务员犯了同一种罪，法官的裁决却是前者轻而后者重，这就谈不上有什么平等。当然，在这样的情况下，法律的权威或威严也就荡然无存。刻薄一点说，这时你再看那个做出这种判决的法官，你会发现，你看到的不再是你原来想象的那样一个正义的化身，而是一个面目狰狞的恶魔。这是惩罚性正义的情形。如果从分配性正义的角度来看这个问题的话，那就是，如果两个人干同一件工作，但拿到的却不是同样的工资；两个人申请同一个工作，但一个被录用了，而另外一个却被拒绝了，仅仅因为后者是个女的。这就是不正义分配的例子。当然，这必须以法律已经明确规定同工同酬、男女平等为前提。

从法律上把平等作为一个原则确立下来，无疑是极为重要的。但是，由于在现实生活中，不平等又是实际存在的，所以，我们又不能把法律上的平等绝对化为无差别的平等。例如，在生理的方面，法律不能因为一个人比另一个人强壮，就强迫他去搬运重物，以把他的优势降下来。法律也不能因为一个人比另一个人聪明，就设法给他制造些障碍，以使他不能集中精力思考。在社会方面，法律也不能因为某一个人从他父母亲或一个什么人那里继承了一笔财产，就无理由地将之充公，以使他和那些没有财产继承的人之间保持一种“无差别”。法律也不能因为某人经营有方而积累起一定财富，就强迫他要与那些经济窘迫的人实现共享。在现实社会中，不平等是实际存在的。这种不平等恰恰反映了人的社会实现上的现实差异，反映了追求社会进步过程中不同的人步伐不同的实际情形。如果一个社会中上述那样一些现象大量出现，追求财富和实现自我甚至成了一种罪过，那么，一个当然的考虑就是，这个社会一定出了什么问题。不过，当我们这样说的时候，我们又不要忘记，即便社会存在着不平等，不平等在某种意义上是一件不可避免的事情，但这种不平等本身的存在并不见得是一件好事情。因为，“富者越富，穷者越穷”，无论从哪一个意义来看，也不能说是一件好事情。我当然欣赏德行和财富等这样一些东西，但为什么总是我在接受别人的恩惠或施舍，而不是我有机会能够恩惠或施舍于人，或和恩惠、施舍于我的人调换一下角色呢？显然，这是人们经常会提到或想到的一个非常严肃的问题。

由此看来，法律上的平等就其实质来说，应该是一种机会上的平等，而不是什么其他意义上的平等。只有机会上的平等，才能一方面保护和推动那些有能力的人通过自己的努力，去改变某种不可避免的先天的不平等；另一方面限制和纠正那些先天上占有优势的人利用他们的这种有利条件，去扩大或强化他们与那些不具有这种优势的人之间的不平等。但是，即便这样来谈问题，也并不是说我们就不会遇到另外一些困难或问题。而且，有时候，这里提出来的问题甚至比上面遇到的那些问题更为棘手。这里的问题仍然是，当我们尝试努力去使所有人都尽可能地平等时，我们还是遇到了同样一个老问题，即人生来在其能力和优势上就是不平等的。即使用某种激进的甚至是颠覆性的手段来改组这个社会，这些问题也不可能消失，只不过改变了一些形式而已。除了这一点外，我们关于一个人应该对那些帮助过他的人怀有感激之情或者说有所回报的看法，以及人们有权保有属于他们自己的那些东西的观点，明显是和平等观相抵触的。这样一来，我们就不得不从机会平等这个概念上后退，回到上面已经批评过的那种残酷的现实中来。很明显，即使我们实现了机会上的平等，我们也仍然不可能做到事实上的平等。例如，面临同一种环境、做同一种工作的两个人，他们工作的结果往往是两样的，如果不说是大不相同的话。为什么会出现这样的情况，还不是因为他们的能力不同，面对环境做出的反应不同，因而对机会的利用有所不同吗？还有，即使法律保证每一个适龄的儿童都有同样的机会上学，但一个生活在大都市的孩子与一个生活在偏僻乡村的孩子，他们能够享受到的教育的机会难道会是一样的吗？这样一来，机会的平等就像我们前面谈到的平等这个抽象的概念一样，变得同样不可捉摸了。

那么，这是不是意味着，我们就要放弃对机会的平等的追求了呢？因为，机会的平等在实践中也不过如此，它并不能使我们完全感到满意。当然，我们可以这样想，也没有任何人有权力阻止我们这样想。但这样一来，我们就甚至连这样一个唯一能够帮助我们改变现状的机会也失去了。对于大多数人来说，能够燃起他们生活的热情、激起他们生活的希望的，说到底，还是“机会”。如果说机会都不过是一种“水中望月”的东西，是可望而不可即的，那么，这些人在生活中还追求什么呢？他们对现实还有什么期求呢？归根到底，他们还讲什么平等呢？因为，平等这样来看的话，与不平等又有什么两样呢？但是，我们都知道，机会的平等比之我们所知道的任何一种平等，无论是在形式上还是在内容上，都要具体得多、实际得多、公平得多。毕竟，我们每一个人都有在实际中由于机会的来临而改变了我们的处境的经历，如果不说在根本上改变了某些人的命运的话。而且，如果不说机会的平等的话，那么，我们就只有老老实实地接受我们生来就被固定的“角色”，永远也不要想有任何改变。但我们也知道，机会的平等被从道德上和法律上获得确认，实际上是我们人类几千年来的奋斗和抗争，在社会的层面上所取得的最大的进步，所获得的最大的成果。所以，一个重要的问题是：我们永远也不要把一个现实的社会设想得过于理想、过于完美。如果我们把一个现实的社会设想得过于理想、过于完美，以至忘记了，我们不是生活在真空中的，我们需要通过自己的努力去实际地改变我们的生活、我们的命运，那么，我们就极有可能陷入某种“乌托邦”的梦幻而不能自拔，到头来甚至连本来经过争取能够达到的那些改善我们处境的目标都不能实现。

总之，无论是一般的平等，还是具体的机会的平等，都存在着它们自身固有的局限或限制，改善它们是需要假以时日并会受到诸多因素制约的。但是，有一种平等却是主要取决于我们自身的，即取决于我们自身的道德感和自觉意识的；而且在一定意义上，这种平等比之惩罚的平等、分配的平等更为重要得多。这种平等，就是所谓"人格"上的平等，也就是人与人之间相互尊重，不以权力、财富、地位自恃，对所有人都一视同仁。"人格平等"是一个重要的伦理学概念。如果说，法律上的平等是经过无数代人的抗争而取得的一项最具革命意义的进步成果的话，那么，人格上的平等，就是支撑这种追求的一种最深层的观念基础。如果没有这种人格平等的观念支撑，没有这种每一代人从他们自己的父辈那里继承下来的对平等目标的执着追求，很难想象，法律的平等会在当代成为一种现实。更重要的一点是，如果我们每个人都能在思想上做到人格平等，那么，我们在现实中追求事实上的平等的努力，就会明显地减少一些人为的障碍。

3. 正义观

由于平等问题归根到底是一个正义概念的实现问题，因而，正义观的核心原则应该是什么的问题，就成为一切正义理论关心的一个主要问题。这个问题如果能够得到解决，有关平等的各种问题当然就能获得很好的说明。然而，正是这个正义观的核心原则的问题，是正义观中最为难以处理的一个理论问题。因为，究竟应该以怎样的东西作为分配性正义的根据，不同的人的理解是不同的。例如，那些重视人的才干或实际能力的人，会倾向于认为应该以贡献或绩效（merit）作为正义观的核心原则；另外那些追求现实生活中能够实际体现出来的利益的人，则会倾向于认为应该以功利或功用（utility）作为正义观的核心原则；至于那些看重社会生活中人与人之间事实上的平等的人，在更大程度上会坚持以公平（fairness）或平等作为正义观的核心原则。从哲学史上看，这三种观点分别对应的是古希腊柏拉图的正义观、近代功利主义伦理学的正义观和20世纪公平主义伦理学家的正义观。

（1）柏拉图的正义观

柏拉图的正义观主要体现在他的《理想国》一书中。尽管《理想国》通常被认为是一部政治哲学著作，但它的大部分内容，实际上是在讨论柏拉图的"乌托邦"国家应该如何被管理的问题。国家的问题仅是被作为一种使有关个人道德的问题能够被更清楚地表达的方式，而被引入这个体系中来的。柏拉图关心的一个中心问题是，所谓"正义是什么"或"正义值得我们大家去追求吗"这样一个伦理学的基本问题。柏拉图所谓"正义"，从他在《理想国》中的全部论述来看，归结起来就是：去做那些正确的事情，或者说，不要去做那些不正确的事情。那么，怎样的事情才是柏拉图认为的正确的事情呢？它又必须被与柏拉图对一个理想的国家的体制或结构应该是怎样的这一问题的信念联系起来加以理解。按照柏拉图的观点，一个理想的国家，应该是按照"善"的理念建构起来的国家；而任何按照"善"的理念建构起来的国家，都意味着它的各个部分是正常地发挥作用的；这个正常发挥作用的部分，说到底，就是指个人。是个人在国家中的各司其职、各守其分保证了一个国家“整体的顺利运行”，而这就叫作“正义”。符合正义原则的事情，就是正确的事情，应该去做的事情；违反正义原则的事情，就是不正确的事情，应该尽力避免去做的事情。

那么，柏拉图给出的，他认为是理想的国家的结构是怎样的呢？在他看来，要想知道一个理想国的结构是怎样的，只要看它的公民的阶级划分就可以明白。理想国的公民按照他们的地位、阶层的不同，被严格区分为三种不同的人，即监护者、士兵和普通民众。监护者体现的是人性，也就是灵魂中最高级的部分即“理性”的特性：智慧；士兵体现的是灵魂中中级的部分即“意志”的特性：勇敢；至于普通民众，他们体现的则是灵魂中最低级的部分的特性：节制。如果从灵魂的角度看，节制、勇敢和智慧这三种东西，构成了一个人性有规则地由低级向高级递升的阶梯；而如果从现实的角度看，则智慧、勇敢和节制是一个自上而下规导、制约的完整体系。只有当这三个阶层在国家里面谨守其职、不越其分，即“各做各的事而不互相干扰”的时候，国家才算有了“和谐一致”，从而也才算实现了“正义”的原则。由于“正义”是集智慧、勇敢和节制三者之和谐于一身的一个完美性的概念，因而它本身又可以被看作一个独立的、高于其他三个概念的最高的概念。能够与这样的概念对应的，只有国家，严格地说，是“理想国”这样的国家。由于国家是放大了的个人，而个人是缩小了的国家，所以，那些谨守了自己的本分，做出了自己应做的贡献的人，就是体现了正义原则的要求的，做了他们应该做的正确的事情的、合格的“理想国”的公民。反过来，假如这三个阶层之间不再是各做各的工作，不去干涉别人的事务，而是“互相干涉和互相代替”，那么，这就意味着“正义”原则遭到了破坏。柏拉图在这里谈到的不安于本分，破坏理想的“正义”秩序的人，既包括那些本应“节制”而不懂节制、本应坚守本分却犯上作乱的普通民众，也包括那些本应表现出“勇敢”而不懂何为真正的勇敢的士兵，本应体现出“智慧”而不懂何为治理国家的智慧的监护者。他列举了社会中存在的四种不正义的政体：虚荣政体（timocracy），即为了捍卫虚幻的国家荣誉而动辄炫耀武力、罔顾民生的国家；寡头政体（oligarchy），即把财富视为地位的标志的国家；民主政体（democracy），即全民治理的国家；专制政体（tyranny），即追求统治者个人绝对权力的国家。在上述这四种国家政体中，柏拉图着力剖析的，是民主政体制国家的不正义性。在他看来，民主制是对国家正义的实现的一个最大的威胁。民主制的最大的一个问题是，它忽视了国家管理的最重要的原则，即技能训练的原则，把国家管理看作任何人，特别是那些毫无这方面的经验或专长的下层民众都能胜任的东西。按照他的观点，民主制国家的统治者所擅长的唯一的一个东西，就是他在任何场合都能装扮出仿佛他是人民的朋友。相应地，民主制国家中的人民，也不懂得区分哪些娱乐方式是高级的、本质是善的，哪些娱乐方式是低级的、本质是恶的。这样做的一个结果，就是在这些人那里，善的东西和恶的东西、高级的东西和低级的东西成为无差别的东西。由于他们根本丧失了区分善恶、辨别好坏的能力，从而也就失去了用健全的理智来控制不健康的欲望的可能性。这样一来，不正义性在这种国家中的泛滥也就不可避免。

从哲学上看，柏拉图的“正义”理论所受到的批评，比他的其他理论所受到的批评远为严厉得多。因为，他的这个理论描绘的，是一幅专制性国家机器的图画，这甚至未等到他的“正义”理论的面貌全部呈现出来以前，人们就已经得出了这样的印象。从一个方面看，《理想国》是历史上的一切“乌托邦”理论的最初的思想源头，它对一切善良和缺乏分辨能力的人，特别是柏拉图不屑一顾的那些下层大众来说，具有一种莫大的诱惑力。仅就这一点来说，它就是一个莫大的讽刺。从另一个方面看，它在历史上又极大地鼓舞着那些主导着社会变革的当权者的信心和信念，使他们在推行自己的变革计划时可以坦然地置大多数人的苦难于不顾。很显然，只要这种观点占上风，那么，接下来发生的情况就必然是：任何人都将不可避免地被纳入一种预先设计好的体系中去。

当然，我们这样批评柏拉图的时候，已经预先表明了我们关于国家本质和个人权利的基本立场，这就是，国家和个人的关系永远也不应该像柏拉图理解的那样来理解。是个人，而不是国家，应该在社会的天平上占据大头。但是，我们这样谈论问题，也并不是用某种捍卫个人权益的感情来代替对这一理论的理性的分析。或者换句话来说，对这一理论的理性分析的结果，仍然会支持我们关于这一理论根本颠倒了个人和社会关系的分析的结论。为什么这样说呢？这是因为，柏拉图的这个理论，是建立在对存在于国家中的正义和存在于个人中的正义的类比性分析的基础上的。如果这个类比是站不住脚的，那么，他关于个人正义源于国家正义的结论，就是站不住脚的。由于柏拉图把这一点看作理所当然的，所以，这就决定了他的这一理论是未经证明的、靠不住的。那么，人们关于这一理论的致命弱点的批评，究竟提出了哪些具体的观点呢？

（ⅰ）统治者主导的，而不是大众认可的“正义”。按照柏拉图描绘的“理想国”的轮廓，很明显，能够代表正义的，只有统治者。统治者就是正义的化身。这是说，当正义被按物理性的和谐原则确立，每个阶级都被纳入预先为它们设计好的体系中以后，只有那些能够理性地控制自己的行为的、处于社会等级体系顶端的“监护者”，才有“理性地”“合乎正义地”行为的能力。至于那些甚至分辨不清楚什么是善的、高级的娱乐方式与恶的、低级的娱乐方式的下层民众，则注定了他们永远不配谈论所谓正义。

（ⅱ）含混的“正义”概念。当柏拉图告诉我们，“正义”意味着灵魂的三个部分在国家中达到了完满的统一或最大的和谐的时候，他看来已经放弃了我们一般持有的“正义”概念。换句话说，他是在赋予“正义”概念新的含义，来适应他的理论的需要。无疑，柏拉图的正义概念，与我们日常理解的正义概念是两样的。在柏拉图那里，谨守了“正义”原则的普通个人，是那种不偷、不抢、绝不拿比他配享的那一份东西哪怕更多一点的谦谦君子。他们之所以能做到这一点，是因为他们用柏拉图的“理性”节制了他们的低级欲望。然而这样一来，他的理论也就把一大批本来称得上是在正义地行为的人，排拒在他那个高不可攀的“正义”的门槛之外了。因为，有许多人“正义”地行为，完全是因为他们的本能告诉他们应该这样行为，或者说，他们仅仅有一种想要这样行为的欲望或愿望。而这，当然达不到柏拉图为“正义”设立的那么高的标准。

（ⅲ）反正义的“正义”概念。由于国家代表了最高的善，国家的“正义”就是个人需要的一切，那么，只要是公共利益的需要，政府甚至就有权说谎。柏拉图提倡的这种“高级需要”说，一直受到大多数人的激烈抵制。很难想象，一个视“正义”为最高道德的人，竟然不仅能够容忍，而且公然鼓吹要向普通民众反复灌输“这个美丽的新世界是神授的”这个“高贵的谎言”。柏拉图自己或许没有意识到，当他把“理想国”当成一个

“高贵的谎言”来强调的时候，他实际上不自觉地表明了，他自己看来也不认为“理想国”就一定是“正义”的。

（ⅳ）“正义”的极权主义。在柏拉图的正义理论引起的一切激烈批评中，看来没有哪一个比这个理论的极权主义倾向受到的批评更为激烈。柏拉图关于国家可以介入公民个人生活的一切领域，个人必须无条件地服从国家的需要，个人自由的诉求是卑微的情欲放纵的观点等，一直是历史上各种形式的极权主义体制进行自我辩护诉诸的最重要的思想武器。时至今日，那些仍视“国家是人民的公仆，而不是人民的主人”的看法为异端邪说的陈腐论调，仍能从柏拉图“正义”理论那里获得它的必要的思想资源。

（2）功利主义的正义观

以行为结果是否带来实际的社会功利作为评判正义的根据，是18—19世纪影响很大的英国功利主义伦理学坚持的立场。这种立场与古希腊柏拉图的立场最大的不同就在于，在这个理论中，人是被假定为生而平等的。

如果说，对于柏拉图的正义观，大多数人都会表现出某种激烈的批评和抵制态度，主要原因就在于，这种正义观与我们对个人自由的本能诉求，以及我们今天已经达到的对人的平等的理解直接形成了某种冲突。这种理解，如果追溯它的思想启蒙的源头的话，就是近代资产阶级在反封建专制斗争中提出的“人生而平等”的口号。今天，平等的观念已经变得如此深入人心，以至于任何把个人的自由诉求贬为不正义性的思想或理论，都会被认为是不可接受的，即便这样的观点是来自柏拉图这样的伟大思想家。在这种为平等呐喊的进步变革中，功利主义所起的作用被认为是功不可没的。功利主义把区分善恶的根据建立在行为的功利结果之上的做法，把个人利益的追求视为一种道德的或者说是理所当然的东西，这就在深层上为正义概念提供了伦理学的根据。个人应该得到属于他们的一份，但他们的应得根本上又取决于他们的行为是否有助于实现更大范围的善，这无疑是一个伟大的思想。所谓正义的终极标准是功利，是指公共利益或至少大多数人的利益的满足，是在社会中实现的。

关于功利与正义的关系，是在穆勒那里得到最透彻的表达的。在他的著名的《功利主义》一书中，穆勒承认，平等的概念总是既包含在正义的理论中，又体现在正义的实践中。或者说，它是正义的理论和实践中的一个不可分割的组成部分。但是，穆勒并不认为，平等就构成了正义的根基。按照他的理解，由于正义概念在不同的人那里理解是不同的，所以，它首先必须与个人的功利观取得适应。没有人会否认，平等是正义的一种表述。但同样也没有人会否认，平等仍然是有它自身固有的局限的。这就是，我们有时或许会出于某种考虑而需要某种形式的不平等。例如，有两个心脏病人都需要某人捐献出来的一个心脏，但其中一个人是著名的外科医生，而另外一个人却是垂垂老者，所以，出于社会功利的考虑，人们会认为应该首先把这个心脏捐献给这位外科医生。在这种情况下，平等的正义性无疑受到了某种挑战。在穆勒看来，某种考虑或说是效用性（expedience），是人们在判断一个行为的正义或不正义时，永远无法回避的一个问题。在这个意义上，它就是行为正义性的标准。但这样一来，正义的标准岂不是要倒过来看吗？穆勒认为，既是这样的，又不是这样的。说它是这样的，是因为，如果它带来的社会效果好过其他各种可能的选择的话，我们就没有理由认为这种做法不好；说它不是这样的，是因为，事实上所有的正义概念都是受实际的功利考虑制约的，随情况的不同而不同的，只不过人们没有认识到这一点而已。

由于穆勒的正义理论不过是他的功利主义在一个方面的拓展，所以，对他的伦理学进行批评的那些论点，也适用于对他的正义理论的批评。首先，是否凡是包含了某种功利性内容的东西，我们就一定要把它看作有正义性的东西？显然，不能这样认为。例如，吸食大麻对于某些人来说，是有功利的，但它是不是就因此而有正义性了呢？当然不是这样。按照西季威克的观点，“所欲的”“想望的”并不等于就是“可欲的”“可想望的”，或叫作“应该被欲的”“应该被想望的”。对于这一点，大多数人都会明白。其次，更大的问题恐怕还在于，这种理论无法解决某种特殊的情况下个人利益和公共利益发生的冲突。这是指，有时公共利益的满足，只能以个人或某个更小的公共利益的丧失为代价。以当代最有争议的核电问题为例，当某个地方的电力供应发生短缺时，建设一个能够解决这种短缺的核电站的问题，就被提上了议事日程。但是，建立核电站固然解决了急需的电力问题，但也随之带来了核废料的处理问题。由于核废料潜藏着放射性污染的风险，所以，在掩埋这些东西的地点的选择上，引起了那些可能受这种核废料辐射的、居住在它的掩埋地附近的人的反对。但是，如果不建这样一个核电站，就不能解决急需的电力问题。权衡的结果，最后还是决定兴建这个核电站。那些对此持有异议的人，则只能服从这个有利于整体的决定，从而他们也就失去了自己的部分利益。就像功利主义在其他问题上遇到的困难一样，只要一把它的原则贯彻到底，立即就会遇到公共利益和个人利益的难以调和的冲突。

（3）公平主义的正义观

柏拉图的正义观强调国家而不顾个人；功利主义的正义观强调个人，却又遇到个人功利与公共功利的难以调和的对立。那么，有没有一种正义理论，既能保证个人权利的优先性，又能至少照顾到社会其他成员的必要的利益，或者换句话说，能够把平等和正义统一起来呢？有的。这种理论，就是当代美国伦理学家约翰·罗尔斯（John Rawls，1921—2002）建立的公平主义伦理学（justice as fairness）。

罗尔斯的正义思想，主要体现于他1971年出版的《正义论》一书中。作为对功利主义正义理论的一种矫正，罗尔斯强调的一个基本精神是，一方面，任何治理社会的原则，都要是这个社会的所有成员能够接受的；另一方面，社会对来自它的成员的任何要求，都应该是敏感的，而不是反应迟钝的。所谓能够为所有社会成员接受的原则，就是指那些体现出公平性的原则；而那些不被所有社会成员接受的原则，就是不能表现出应有的公平性的原则。为什么人们要去接受那种自己并不喜欢且并不公平，仅仅是有利于其他人的原则呢？这是很清楚的。所以，一个稳定的社会奠基其上的那些原则，一定是对这个社会的所有人都表现出公平性的原则。为什么功利主义的原则不能成为社会的正义原则，一个根本的原因就在于，它并不是对所有人都公平的。因为，它不能避免，如果有必要的话，个人或更小的公共就必须放弃自己的功利，以服从那个更大的“公共”的“更大的”功利，这当然是说不通的。

既然功利主义的原则由于它在深层上隐含着的某种不公平性，因而不能被视为一个稳定社会的理想的治理原则，所以，一种能够替代它的更为合理的原则的需要问题，就被提到议事日程上来了。罗尔斯认为，他的公平原则，就是能够替代功利主义正义原则的一个理想原则。它既捍卫了正当的个人要求，又避免了功利主义可能遇到的不公平性问题，因而具有更大程度上的合理性。那么，罗尔斯提出了怎样一种正义原则呢？罗尔斯的正义原则有两条：第一条叫作平等自由原则，而第二条叫作差别原则。平等自由原则主要是对社会的政治系统来说的，即对宪法、政府、法院、立法系统和法律等这样一些东西来说的。它的内容可以被表述为："每一个实际地从事政治活动，或受这种活动影响的人，都最大限度地享有与他人同样的平等的自由权利"①。换句话说，平等自由原则意味着，只要不与自己所属的这个政治系统中的其他人享有的政治权利和自由发生冲突，每个人都有权享有尽可能多的政治权利和自由。例如，在同一个社会政治系统中，每个人享有的选举权利、法律权利和言论自由权利等，始终应该是相同的。既然在一个社会政治系统中，每个人所享有的政治权利和自由是相同的，那么，我们就不能说它是不公平的，也就是说，它体现出了"平等"。所以，在罗尔斯那里，"公平"就意味着"平等"。罗尔斯强调，一个社会的政治系统如果体现和贯彻了这个原则的精神，它就一定会是稳定的。对此，人们不应该有任何怀疑。

一个社会的政治系统是这样，那么，它的社会和经济系统又如何呢？罗尔斯的另外一个正义原则，即差别原则，就是用来解决这个问题的。如果说，在政治系统中，平等的原则必须被无条件地贯彻，任何政治权利和自由的不平等都是不能容许的话，那么，社会和经济系统中的某种程度的不平等，就是不可避免的，或者说，是必要的。因为，如果不容许社会和经济系统中存在这种不平等的话，就无法刺激人们去创造更高的生产力。这个道理是很容易弄明白的，这就是，如果那些努力工作、有着更强能力的人总是能够得到与他们的工作和才能相称的回报的话，他们将会更努力地去工作，更积极地去贡献和发挥自己的才能。这样一来，整个社会都将从他们的工作和贡献中受益。

没有理由认为这个原则是不合理的。或者可以这样说，在社会和经济系统中，如果不接受这个原则的精神，那么，这个系统就不能够维持下去。但是，这里的问题在于，如果我们接受了这个原则，承认了这种现实，一个由此产生的矛盾就是非常具体的，即这种不平等将可能导致现实的社会生活中的不公平。因为，那些在社会和经济系统中处于不利地位的人，如没有劳动能力的人，或能力不强的人等，就会由于这种容许差别存在的原则而不能获得他们本应得到的公平的对待。如果一个关于社会正义的原则不能解决这个矛盾，那么，这个正义原则就不能被称为正义原则。或者说，我们就要退回到功利主义那里去。我们就要承认，功利主义所遇到的那种矛盾是不可解决的。当然，这不是罗尔斯的初衷。换句话说，假如他认为这个矛盾是不可解决的话，他就不会想要提出这个原则了。事实上，罗尔斯认为，这个矛盾是可以解决的，而且他也提出了解决这个矛盾的非常具体的建议。罗尔斯指出，社会和经济系统中的不平等尽管是不可避免的，是社会和经济的发展所必需的，但承认不平等的原则却只有在这样一种前提下，即那些在竞争中处于不利地位的人的境况被缓解的前提下，才能被贯彻。这个原则应该保证，

---

① John Rawls, "Justice as Fairness", in *Philosophy*, *Politics*, *and Society*, ed. Peter Laslett and W. G. Runciman, New York: Barnes & Noble, 1962, p. 133.

那些在社会和经济不平等的现实中最少受惠的人，将能在这个原则的贯彻中获得他们的最大利益。显然，保证最少受惠者的最大利益，是罗尔斯提出差别原则作为他的第二个正义原则时，优先考虑的一个问题。罗尔斯之所以把他的这个原则称为差别原则，是想要表明，他是正视社会和经济系统中存在的差别问题的。他不想像功利主义者那样，要么在设计正义原则时回避差别的问题，要么在这个问题变得不可回避时，干脆强调这里并没有什么不公平的问题。差别是客观存在的，也是可以得到解决的，这就是罗尔斯看待社会和经济系统中存在的差别问题时所持的立场。

那么，差别原则是不是对所有人都是公平的呢？罗尔斯认为是这样的。因为，在他那里，这个原则的两个方面是互相牵制的，或者说是互相针对的。一方面，这个原则是有利于那些有能力或有才能的人的。因为，这个原则鼓励这些人去竞争那些更有吸引力的工作或职位。由于这些人的努力工作和竞争优势的发挥，整个社会的生产力水平得到了提高。另一方面，这个原则又是有利于那些不具有竞争优势的人的。因为，整个社会生产力水平的提高，有助于社会的公共福利条件得到改善，这样，不具有优势的人就能够从这种改善中受益。而且，后一种人的受益，实质上是前一种人，即那些从社会和经济系统的不平等中获益的人对他们所做的某种补偿。是这种“互惠”，而不是其他什么东西，证明了差别原则对所有人都是公平的。罗尔斯相信，由于差别原则的两个方面是辩证补充和动态“互惠”的，所以，将之贯彻于社会和经济系统中是现实的、可行的。一个社会的社会和经济系统如果贯彻了这一原则，它的稳定就是有保证的。

许多人认为，罗尔斯的正义理论是自功利主义的正义理论提出以来，正义理论领域所取得的最重要的一个成就。因为，这个理论既保留了功利主义想要实现的一些东西，即把道德的动力奠基于个人的现实利益之上，又有效地避免了功利主义潜含的不平等问题。但是，也有人认为，罗尔斯的这个理论实际上是行不通的，因为它是建立在某种模式化的基础之上的。例如，另一位重要的当代伦理学家罗伯特·诺齐克（Robert Nozick，1938—2002）就指出，罗尔斯建立起来的，实际上是某种“模式化”的正义理论。什么是诺齐克讲的“模式化”呢？按照诺齐克在他的重要伦理学著作《无政府状态、国家和乌托邦》中的说法，就是一个社会的商品，是被严格按照某种公式或模式，即要么是从某个方面，要么是以某种标准，要么是这些标准和方面的结合等，在它的成员中进行分配的。按照罗尔斯的模式，如果有什么商品或物品没有被按照他的原则来分配的话，那么，这些商品或物品就必须从一些人那里被剥离出来，将之转到另外一些人的名下，直至实现了那些必要的分配为止。由于罗尔斯坚持，社会和经济系统中的商品或物品的分配，只能按他的原则来进行，因此，那些不愿意接受这种分配原则的人，就将遇到这种原则的强制性实施而带来的过度干涉的问题。诺齐克指出，如果一种分配原则的实施将导致对人们自主选择、自由支配自己财产的权利的侵犯，那么，这种原则一定不可能持久。由于罗尔斯的模式必须靠将给予者的财产转移到受惠者那里才能实现，而如果给予者并不愿意做出这种给予，那么，这个模式就不可能实现。而且，那些给予者一定会想办法去推翻这种奇怪的、只重视受惠者的利益而不考虑给予者的利益的怪诞的模式。还有，由于受惠者的利益保证，是以给予者的不情愿的给予为前提的，所以，它的实施从一个方面看是做到了对受惠者的公平，从另一个方面看又产生了对给予者的不公平。这样，归根到底，它还是没有建立起公平。

诺齐克对罗尔斯正义理论的批评，被许多人认为是十分深刻的，因为它在某种程度上触及了这个理论的要害。不能否认，诺齐克提到的那些情况是存在的。但诺齐克这样理解罗尔斯的正义理论，并不完全恰当。毕竟，罗尔斯的原则只是指出了这样一个事实，即现有的社会和经济政策并没能充分保护那些不具竞争优势的人，而这个问题必须得到解决。如果不提供某种解决这一矛盾的原则，就不能保证一个社会的稳定和正常运行。更重要的是，罗尔斯并没有讲要通过不同的人之间转移财产的方式来使社会达到平等，而只是讲要补偿那些在这种不平等的现实中不占优势的人所受到的利益损失。他只是说，社会应当帮助那些最少受惠的成员。而这，绝不应该被理解为在鼓动一些人向另外一些人要求利益，或证明一些人有权向另外一些人索取财产。换句话说，罗尔斯的正义概念谈到的公平分配，与诺齐克从中得出的那种平等分配的结论，是有很大不同的。无论如何，人们有权要求获得公平的对待，有权对自己在不平等的现实中遭受的利益损失提出补偿，只要这种补偿是在公平的社会政策的范围内发生的。

三、人　权

人权（human rights）是道德社会学或者说是社会哲学的另外一个重要概念。如果说，正义是从个人“应得”的角度来看社会的“应该”的话，那么，“人权”就是从社会“应该”的角度来看个人的“应得”，即个人的本质及其基本权利。权利、义务、契约和国家等概念，与人权概念有着密不可分的联系。如果不了解人权概念与这些概念之间的关系，就很难形成一个有一定历史和理论依据的、适当的人权概念。以下，我们尝试从人权与权利、人权与契约、人权与自我三个方面，概要地讨论与人权理论有关的那些最基本的问题。

1. 人权与权利

按照大多数现代思想家的观点，正义理论的一个最核心的组成部分，就是所谓权利问题。作为一种道德社会学概念的“权利”，从根本上说，指的是一种要求权。例如，雇员可以根据他和雇主达成的协议，要求雇主支付他们应得的薪水；学生可以根据自己的考试情况，要求老师给予他们相应的成绩；等等。所以，说一个人有一种权利，就是说另外一个人或者社会，对这个人承负有某种责任或义务。例如，如果儿童有公平教育的权利，那么，社会就有义务或责任使这种教育成为可能。只要你是一个社会中的自我，你就既有属于你的这些权利，也要承担对应于你的这些权利的责任或义务。

权利又是分为不同类型的，即社会中存在着各种不同的权利。如果按照这些权利赖以建立的基础和所获得的证明对它们加以归纳的话，那么，我们又可以将它们区分为两种：法律性的和道德性的。所谓法律性的权利，是指建立在国家法律的基础上，在法律条文中被明确表达的权利。所谓道德性的权利，在大多数情况下被称为人权，是指所有人都拥有的，仅仅因为他们是人而配享的那种权利；这种权利通常由于人在社会中必须承担相应的义务或责任而被证明或加强。一般而言，道德性的权利总是高于法律性的权利，法律性的权利始终应以道德性的权利为依据。这是说，有些权利在法律上是合法的，但在道德上则是应受谴责的。以取消种族隔离政策前的南非为例，在那里，白种人与黑种人的地位是不平等的。白种人享有种种特权，而黑种人则处处受到歧视。但是，白种人和黑种人在国家生活中的这种不平等待遇，是在这个国家的法律上得到认可的，并不能被认为是没有法律依据的，但同时我们也知道，这种法律几乎在全世界都是受到谴责的。我们为什么谴责这种不平等的政策或法律，还不是因为它在道德上是不正当的，或说是侵犯了人权的？所以，在实际生活中，我们总是根据人的道德权利来评判和估量法律权利的。换句话说，如果一个国家的法律侵犯了人的道德权利，那么毫无疑问，这种法律一定是错误的，应予纠正的。这一点，已经被大量的历史和现实生活中的事例证明。

把人权的本质理解为道德权利，意味着在实际生活中，我们应该把人当作目的而不是手段来看待。一个人应该把另一个人视为目的，而不是手段，这个观点是康德首先提出来的。什么叫“把他人当作目的”呢？这就是，我对待你的时候，与我对待我自己的时候是一样的，即把你当作一个和我一样有能力、有需要、有欲望的意志性存在来看待。换句话说，如果我希望人家怎样对待我，那么，我也就以怎样的方式来对待人家。那么，什么叫“把他人当作手段”呢？这就是，当我与你发生联系的时候，我是把你当作实现我的目的的一个工具、一种手段来对待或说来利用的；而你在和我发生联系的时候，也是以同样的立场来处理与我的关系的。关于人是目的的思想，康德是这样表述的：“每个人应当将他自己和别人总不只当做工具，始终认为也是目的——这是一切有理性者都服从的规律。这样由共同的客观规律的关系就产生了一切有理性者组成的系统。这个系统可以叫做目的国，因为这些规律的用意就在于将一切有理性者彼此间连成目的与工具的关系。当然，这个目的国只是一个理想。”① 康德还明确地指出：“在目的国度中，人（连同每一种有理性的存在者）就是目的本身，那就是说，没有人（甚至神）可以把他单单用作手段，他自己总永远是个目的。”②

人权概念的这种特点，划开了权利和功利的界限。或者说，权利和功利是不相容的。功利主义的道德目标，是要保证实现最大多数人的最大幸福。但是，如果我有一种自己决定自己的事务的权利，即使我的这个决定并不能在实践中达到最大的善，我也仍然有权做出这个选择。对于这一点，其他人是不能说些什么的，他们也无权对此说些什么。另外，不管我的权利的丧失能够给多少人带来功利，也不能作为要我放弃我的权利的理由。比如，不能因为有好几个人等着做器官移植手术就把我杀死，用我一个人的器官来挽救多个人的生命，以实现功利主义所说的最大的善。又比如，不能因为有许多人无家可归，就强迫我要把自己的房子捐献给那些人住，或和那些人共住，尽管这样做可能会带来更大的善。仔细想来，权利这个概念的一个重要作用就是，它能够保护一个人免受某种不正当的侵犯。所以，权利这个概念在我与他人或他人与我的关系上设置了一道保

① ［德］康德：《道德形而上学探本》，48 页，北京，商务印书馆，1957。
② ［德］康德：《实践理性批判》，134 页，北京，商务印书馆，1960。

护线，即一方面，我可以用它来抵挡他人对我的利益的不正当的侵犯；另一方面，他人也可以用它来抵挡我对他的利益的不正当侵犯。从更大的范围来看，是权利这个概念使得我们每个人真正成为我们自己的命运的主宰，而不是使自己的命运被掌握在那些不相干的人的手上。我是我自己的一切的主宰，我对我自己的选择和决定承担全责。在任何情况下，我的生命都只属于我自己，而不属于其他的什么人，没有什么人可以代替我自己来为我做出决定。反过来，当然我也无权为他人做出那本应由他自己做出的决定。如果这样的理解大致不错的话，那就意味着，权利确实具有相对于功利而言的优先性。

权利这个概念固然意味着，没有我的同意，任何人都不得为我做出决定，不得将我不接受的东西强加于我，但假如我同意或接受某种有关我的安排的话，就不存在这个所谓权利的侵犯的问题了。例如，如果我接受某个人给出的条件，同意替他工作，那么，我们之间就不存在权利的侵犯问题。我们经常说，奴隶制是对人的权利的一种公然的侵犯，就是因为，奴隶主是在未征得奴隶本人同意的情况下，强迫奴隶为他工作的。这与我们谈到的，两个人按照相互协议好的条件交换一种劳动或工作的情况是完全不同的。从这个角度看，人权概念所坚持的，实质上是一种道德权。从道德的层面上看，只有每个人自己才有对自己的生命的处置权。换句话说就是，其他人的生命不是你的生命，所以不能任由你来处置。反过来的情况，当然也是一样。如果用权利高于功利的观点来解释这个问题的话，就是奴隶制之所以受到谴责，并不是因为这个制度没有给最大多数人带来最大的幸福，甚至也不是因为它给奴隶主带来的好处大大超过了奴隶应当得到的好处，而是因为这个制度违反了人权，在违背奴隶意志的情况下强迫奴隶为奴隶主工作。在权利的层面上，道德权永远都高于法律权。这里的意思是，奴隶主对奴隶的强制并非是没有法律根据的，但它却绝对不可能有道德上的根据。人类道德在任何时候都不可能接受把一些人的幸福建立在另外一些人的痛苦之上的现实。

所有上面谈到的，都是一种叫作否定性的权利的情况。所谓否定性的权利是指，如果我有一种权利的话，则其他人就有一种义务或责任；但其他人的义务或责任仅是否定性的：不得干涉我的权利的行使。这意味着，在否定性概念的情况下，其他人并不需要做些什么，而只要注意做到不违背他人的意志来为他人做出决定，不去侵犯他人的权利就可以了。所以，归根到底，否定性的权利是一种保护各种自由的权利，如隐私权、生命权、旅行权，以及一个人用自己的财产去做各种自己想要做的事情的权利。之所以说这些权利都是保护自由的权利，是因为，人的自由在这里表现为一些非常具体的形式，而这些形式的权利在各种有关人权的国际公约中都有明确的规定或阐述。或者说，各种有关人权保护的国际公约所能做的，就是指明了什么是人的基本权利，并对这些已经被普遍接受的，被叫作人权的东西提出保证执行的要求。

既然有否定性的权利，当然也就有肯定性的权利。如果说，否定性的权利是指一个人的权利是不能被另一个人侵犯的，那么，肯定性的权利就是指，一个人的基本的生活需要或者说是基本的生活必需品必须是有保证的。在现代，这个保证基本生活需要的清单被列得很长：工作权、教育权、居住权、食物权、医疗保健权、公平审判权，甚至清洁环境权等。由于肯定性的权利被理解为是这样一些基本权利，反过来，肯定性的义务也就被限制为：帮助那些需要帮助的人获得他们需要的东西，或帮助那些需要帮助的人去做某些事情，如帮助某人获得一份工作以解决他的生活问题。把人权建立在人的需要的层面上，意味着人被赋予了对于这些基本的东西的一种权利。在这个意义上，肯定性的权利又叫作生存权。所谓生存权是指，社会应该保证一个人有维持他的生存所必需的基本的物品，如有房子住，有基本的食物等。如果一个人的基本的生活资料不能被保证，那么，他就不能在这个世界上存活。这样一来，他的生命权，即人权的核心也就不存在了。但是，对生存权的解释要比对生命权的解释复杂得多。因为，生命权是否定性的，而生存权却是肯定性的。否定性的权利意味着没有人可以违背你的意志来为你做出决定，他人只要意识到自己的权利的界限，不来侵犯你的权利就可以了。但肯定性的权利就不同了。生存权意味着你的需要是被他人提供的。如果他人不提供给你这种需要，或无力提供你的这种需要，你的这种权利就要落空。他人的东西是他人的，如果他不愿意把自己的东西拿出来，其他人是没有什么办法的。在这里，我们遇到了一些非常棘手的问题。

首先，满足需要的问题，比如说提供食物的问题，将引起权利与义务之间的不平衡。这是说，一个能够满足自己对食物的需要的人，与一个不能满足自己对食物的需要的人，他们承担的责任或义务是不同的。不能满足自己对食物的需要的人，是有要求获得必需的食物的权利的；而那些能够满足自己对食物的需要的人，不但没有权利提出这种要求，而且还必须设法满足那些有这种需要的人的要求。这样，他就必须做出双倍的努力才能做到这一点。而这对于他来说，显然是不公平的。

其次，提供需要的问题，仍然以提供食物为例，将引起可能性与现实性之间的不平衡。所谓可能性是指，无论这个世界上有多少人，对生命的权利（生命的不受伤害）都有办法得到尊重：只要说一声“不准干涉”就可以了。但是，对需要的权利却复杂得多。因为，它取决于有多少人提出这种要求，又有多少人有能力提供所需要的东西。就以食物来说，一个政府如果不能做到让那些有能力的人对那些需要帮助的人提供帮助，或它耗尽了那些能够用来提供帮助的政府储备，那么，这个政府就不能保证“生存权”在那些需要帮助的人身上实现。所谓现实性是指，如果所有人都有一种肯定性的权利，那么，谁来实现它呢？如果没有足够的资源来满足这种需要，那又怎么办呢？比如发生了干旱，或这个国家经济不发达，做不到为所有那些需要食物的人提供他们所需的食物，这时又会发生什么呢？

再次，人权的普遍性在这里也成了一个问题。一方面，我们已经知道，并不是所有人都需要帮助、需要提供食物，这样，生存权的问题就变成一部分人的问题，而不是全部人的问题。但人权的根本含义，恰恰是它具有普遍性。另一方面，由于生存权的满足是通过将一部分人的食物转拨给另一部分人来实现的，这样，就出现了一种权利与另一种权利的对立的问题。但是，能用一种权利来挑战另一种权利吗？如果一个人的权利的行使，必须以对另一个人的权利的否定为前提，那么，这两个权利还成其为权利吗？如果另一个人是通过对我的强制来实现他的权利的，那么，我的权利又在哪里呢？

最后，当实际的帮助开始实施时，更多的困难还将接踵而至：究竟哪些人需要提供帮助？提供帮助的标准应该如何来确定？怎样的公共机构才能胜任这样的工作？什么人应该得到什么？凡此种种，都是难以确定的。既然它们是难以确定的，那么，它们就很难说是公平的。

2. 人权与契约

人权无论表现为是要求受到保护的否定权，还是要求得到帮助的肯定权，都与国家这个概念紧密地联系在一起。国家由于拥有诠释公共利益并将这一诠释付诸实施的权力，所以，它是一个社会中当然的最高权威。然而，国家的这种权威是从哪里来的？一个社会的正义考虑为什么对这个社会中的人是有约束力的？我们为什么需要国家和政府，并且为什么我们要对它们表现出服从？最早对这些问题做出深湛论述的，当推 17—18 世纪之交的几位重要的社会哲学家：霍布斯、洛克和卢梭（Jean-Jacques Rousseau，1712－1778）。他们提出的国家或正义起源理论，通常被称为社会契约论（contract theory）。社会契约论的一个核心观点是：国家的产生是人们相互妥协、达成协议的一个结果。这是说，个人向国家承诺放弃某些自由和权利，以换取国家保证他们拥有这样一些基本的权利，如生命权、自由权以及追求幸福的权利等。社会契约论的作用是双向的：既说明了国家的起源，也捍卫了国家的权威。

（1）霍布斯的契约理论：一切人对一切人的战争

无论从哪一个角度看，霍布斯都称得上现代政治哲学之父。在他以前，所有的传统思想家，如柏拉图、亚里士多德、安瑟伦、托马斯·阿奎那等人在谈到国家与个人的关系时，都把国家当作主要的方面，认为个人必须无条件地服从国家。与之相反，霍布斯固然也承认个人必须服从国家，但他又认为国家的意志并不是离开人民意志的抽象意志，而是人民意志的一种合法转移。个人服从国家，实际上是服从他们自己的意志。按照霍布斯在他著名的《利维坦》（*Leviathan*）一书中的说法，世界就其本质来说，是一个能够用物质运动法则来加以解释的机械系统；一切个人甚至国家的复杂行为，都可以在几何或物理学的意义上得到解释。基于他的这种机械唯物主义前提，霍布斯将国家视为一个与“自然物体”不同的“人造物体”，尝试用自然界的法则来解释人类的行为与目的。在他看来，在国家产生以前，社会处于一种“自然状态”中，每个人都受“利己心”的支配，因此，“人对人就像狼一样”；如同物体受到外力推动就要运动一样，人受利己心的驱动就要保存自己消灭别人。这样，整个社会充斥着的，就是“一切人对一切人的战争”（the war of all against all）。为了能在人与人的自相残杀中保存性命，也为了能使社会存在下去，人们相互之间开始订立“契约”，把自己的权利转交给一个“第三者”的个人或会议，由这个第三者代为行使治理的职能，国家由是产生。不像后来的大多数社会契约论者，霍布斯并不把国家当作订立契约的另一方，而是将之视为第三方。这样，统治者对它的公民就没有一个违背协议、放弃承诺的问题，人民就不能以此为根据来推翻统治者；由于人民授权统治者代为治理，故而统治者的意志即为人民的意志，人民永远也无权抱怨统治者的决定违背了他们的意志。

（2）洛克的契约理论：自然道德法则

不同于霍布斯的悲观主义，洛克的社会契约论把人看作在深层上服从自然道德法则

(natural moral laws）的一种道德性存在。在所有那些被霍布斯看来是人性恶的地方，洛克都尝试从相反的方向上给出乐观主义的解释，即将人的自然状态至少部分地看作一种自然道德法则系统。从这一前提出发，洛克把人看作在本质上自由和平等的，而这与政府的是否存在完全无关。

洛克关于国家问题的观点，集中体现于他的那部使他声名大噪的著名政治学著作《政府论》中。正是这部著作，使他成为公认的历史上最为著名的政治哲学家之一。总的来看，洛克的社会政治观点主要是由当时英国的社会状况所决定的，当然霍布斯的学说对他也有不小的影响。他尽管也同意霍布斯关于国家是在契约基础上建立的观点，但他却否定了霍布斯对这种契约的自然状态的解释。洛克认为，人的自然状态当然是存在的，但是，这种自然状态却不是霍布斯描述的那种为所欲为的状态，而是一种自由状态。自然的状态并不是人人为敌。每个人当然都关心自己，关心自我的保存，但这并不意味着他就一定要挑战他人的权利。实际上，自然状态中的人并不是那么紧密地互相依赖的，一个人只要不绝对地排斥他人的利益，服从自然法则和理性法则，他就能够保证自己的起码的生命安全和财产安全。按照他的观点，私有财产的权利是人的各种自然权利中最重要的权利，“自然状态”就是人们平等地享有私人财产的状态。财产权既是自然法则的要求，又是自然法则的体现。把自然法则视为人的生存不可须臾脱离的法则，表明这一法则又是最为符合人类理性的法则。从历史上看，一切战争都起因于自然法则和理性法则被破坏，而这种破坏反过来又威胁着人的生命安全和财产安全。人们为了避免战争，保护自己的生命安全和财产安全，就联合起来，推举代表进行管理，并制定出必须共同遵守的行为准则，国家在此基础上初现雏形。就此而言，国家不过是人们自由契约的产物。一切契约的实质，都在于敦促政府做出最大的努力来保护个人的自由和财产安全。通过契约推举产生的君主负有保护他的臣民的这些权利的不可推卸的责任，并且他本身还受到这些契约的严格约束。换句话说，假如君主背离了最初推举他的那些人的意愿，滥用他的臣民授予他的那些权力，那么，人民就有权起来推翻他，把权力交给另外那些能够确保实现最初目标的人。在这种情况下，人民反对君主的斗争就不能认为是不合情理的，革命始终应被看作不得已时能够诉诸的一种神圣权利，这也就是洛克著名的“光荣革命”一词的真实含义。

在洛克的契约理论中，个人始终具有相对于国家而言的优先权，是个人而不是国家创造了能够用来保护他们自己的“生命、自由和财产”自然权利的政治实体。社会契约由于是建立在大多数人的共识的基础上的，因而能够获得订立它的那些人的遵守承诺；反过来，国家的权威也由于受到契约的严格约束，因而公民对之进行有效的监督才成为可能。这样，洛克契约理论中表达的国家，就不是霍布斯那里有着绝对权力的庞然大物“利维坦”，而是一个各方面都受到制约的、权力相对有限的政治实体。更重要的是，在洛克的政治国家中，抵御和挑战权威的权利，被认为是最重要的一种道德权利。霍布斯相信，抵御和挑战权威是不可能的，甚至是不可想象的，洛克却把这一点视为人的一种带根本性的自然权利。不过，尽管洛克和霍布斯在有关契约产生的前提的理解上存在着重大的差别，但他们都相信，是理性使人认识到订立契约、建立社会的必要性的，是理性而不是上帝才是国家存在合法性的根据。

（3）卢梭的契约理论：公共意志

尽管霍布斯和洛克先后系统表达了他们关于契约问题的政治观点，但许多人认为，社会契约论的最重要的代言人，还是首推18世纪法国启蒙思想家让-雅克·卢梭。卢梭的契约理论直接就以“社会契约论”命名，由此可见其政治观点之鲜明。卢梭契约理论的中心目标是，尝试说明合法性权力的来源及限制问题。他相信，我们对国家的义务源于某种社会契约，或说是社会协议。根据这种契约，人群共同体被转变为一种政治实体，即有着自己的公共意志的、独立的政治组织。这种政治实体并不必然就是组成它的个人的意志的简单相加，而是除去了其中可能存在的各种个人意志冲突的因素之后而形成的一个稳定的意志共同体。

像大多数社会契约论的坚定捍卫者，包括霍布斯和洛克一样，卢梭也把社会契约描述为一种历史性的东西。然而，他却并不像这些人那样，把社会契约与国家的实际形成等同起来，而是把社会契约看作国家产生的基础或某种促进手段，认为契约与国家的实际形成这两者之间还是有区别的。换句话说，卢梭不说在历史上的某一时刻，人们会聚在一起订立了某种协议，而是说市民和国家的关系只有通过社会起源的假设才能得到最好的解释。按照卢梭的观点，一个国家的成员之所以订立某种协议，是因为他们认识到，如果不这样做的话，他们就不能保护自己的利益，不能获得自己所需要的共同的善。成为一个社会成员远比离群索居要好得多，因为社会能够给它的成员提供生命和财产的保护，人们订立协议时看中的正是这一点。初看起来，卢梭社会契约论中的两个基本方面是不能相容的，即一方面，他强调一切人生而自由；而另一方面，他又相信，组成社会符合我们的最大利益。这是说，我们的天然自由是我们作为人的一个必然的组成部分：如果我们完全放弃我们的自由，或选择成为一个奴隶，那么，我们就不再能被称为人；反过来，如果我们组织起来的社会并不能保护我们的自由，而是把自由从我们身边夺走的话，我们就没有什么理由要组织社会，因为这个组织社会的过程将成为我们非人化的过程。卢梭为自己设定的一个目标，就是要努力解决这个看起来是不能解决的矛盾，即说明我们如何能够在不丧失自由的同时组织起一个我们需要的国家。不用说，这是一个很难完成的任务：我们组织社会的同时，也就自动放弃了我们的相当部分的自由，以换取社会对我们自己利益的保护。但是，卢梭相信，我们是有办法解决这个看起来是不能解决的矛盾的。这个办法，在他那里，就是“公共意志”（the general will）这一概念。换句话说，“公共意志”这一概念是解开社会和个人自由二律背反的钥匙。

那么，什么是卢梭所说的“公共意志”呢？这是指，一旦个人按照社会契约向国家转变，那么，他们就被一种共同的目标联系在一起了。这种共同的目标，就是所谓公共意志，也即作为整体的国家的愿望：追求共同的善、普遍的善。这种公共意志概念非常类似于整体意志这个概念，即所有那些会聚起来建立国家的人，都有对某种结果的共同期待，而这种期待正是当初推动他们订立契约的动机。这种期待既是个别性的，又是整体性的。说它是整体性的，是因为每个订立契约的人都有这个要求；说它是个别性的，是因为完全有可能出现国家的整体考虑与个人的要求不相一致的情况。也正由于后者，所以公共意志只是与整体意志类似，而不是完全等同。因为，整体意志代表的是一种无分歧的共识，而公共意志则允许存在内部分歧。但即便是个人意志与公共意志发生冲突，个人也必须服从公共意志，因为这种公共意志从根本上说是符合个人利益的。而且，个人只有服从这种公共意志，才会有他们想要的真正的自由。个人与体现公共意志的整体国家的分歧，不是实现共同目标上的分歧，而只是实现这种目标的方式和手段上的分歧。以税收问题为例，假设一个国家中的每个人都想要实现减税，那么，减税这种个人意志就是国家的公共意志；反过来，假如整体国家希望通过保持高税收来增加收入，那么，增税就是这个国家的公共意志，即使某个人出于他的利益考虑而不愿接受这个政策，他也不应对之采取对抗态度。卢梭特别强调，出于公共意志而做出的决定代表的是共同的善、普遍的善，因而它们永远是正确的。任何时候也不要出于个人的一己之私去反对这种能够给大家带来更大的善的公共意志。

但是这样一来，卢梭的公共意志概念不就没有给自由留下多少空间了吗？这不是又回到霍布斯的绝对权力上去了吗？因为，假如你为了国家的更大的善而必须克制你自己的愿望，那么，你的行为就不得不常常受到某种限制。限制当然是有的，但这种限制并不是对自由的限制，卢梭并不是想要限制和收缩个人的权利，他只是认为，代表公共意志的国家能够为他的公民提供尽可能多的自由或最好的自由，而这远比个人在自发状态下所能实现的自由更好、更理想、更符合个人的长远利益。在他看来，应该受到嘉许的个人行为，是那种与公共意志表现出一致性的行为，这种行为应该成为自由的最重要的形式。当然，卢梭实际上也不认为当个人意志与公共意志表现出不一致时，个人屈从于国家有什么不好，只要这种国家是真正代表个人根本利益的。但国家不代表它的公民利益的情况毕竟是不能完全排除的，公共意志在国家那里被背弃的现象也并非是不能想象的。卢梭本人实际上也意识到了这一点，所以，他在自己的契约理论中对霍布斯的国家学说做了某种具有革命性意义的修正。按照他的观点，国家始终应该保证它的公民的权利平等和自由，而能做到这一点的国家只能是在社会契约的基础上产生的。不能保证公民的权利和自由的国家，实际上是在经济不平等的基础上产生的。富裕阶层建议平民缔结契约以建立一个应关心公正和自由的国家。但实际上，借助于法律，契约最终确立了私有制，而私有制使居民分为富人和穷人。但既然国家是在契约的基础上产生的，那么，在它已经变得不代表大多数人的利益的时候，人民就有权废除它。从这一个方面看，卢梭的契约论又与洛克的社会思想表现出更多的接近。

如果从细节上看，上述三位思想家的契约理论是有区别的：霍布斯的契约理论侧重强调契约带来的权力的合法性，这一点使它带有某种民主专制的意味；而洛克和卢梭的契约理论则更多地表现为重视个人对国家权力的制约或限制，当然他们对这种制约或限制的方式、条件及内容的理解，又是不同的。但从整体上看，所有这些契约理论都是捍卫个人的生命、自由和追求幸福的权利的。因为整个社会契约论就是适应追求个人利益的资产阶级的现实需要而产生的。现在的问题是，我们应该怎样看待这些社会哲学家的契约思想？尤其是怎样看待契约的局限性？毫无疑问，当出现国家对个人生命、自由和追求幸福（对洛克来说，是追求财产）的权利的践踏情况时，人民是有权起来推翻国家的。但是，我们怎么知道何时一个政府践踏了我们的这些权利呢？或许，这是容易搞清的，即它何时剥夺了我们的生命权利，但我们又怎么知道它何时剥夺了我们的自由权利呢？这确实是一个颇为棘手的问题。但是，仔细想来，我们还是有办法知道这一点的。

在现实的社会结构的层面上，自由权利都是政治性的和法律性的，既然如此，我们就能够在政治的、法律的层面上对它进行分析和观察；同时，那些建立在契约之上的国家，也一定要在自己的结构上体现出对个人的自由权利的保护，否则，它就将失去自己的合法性的基础。因此，我们只要观察这些国家是否公平地分配了公民自由和政府权力，是否妥善地处理了这两者关系中发生的问题和矛盾，我们就能大致地搞清楚它们的本质或性质。那么，追求幸福的权利的情况又如何呢？这看来要比追求自由的权利更为复杂一些。以税收为例，对富人和穷人征收同样比例的税，在有些富人看来，就是践踏他们追求幸福的权利的，对他们是不公平的，因为他们要付出比穷人多得多的税金。而且，政府为他们提供的服务与他们付出的税金是不成比例的，即政府的服务不足以让他们付出如此多的税金。事实是这样的吗？其实，在很多情况下，政府提供的服务是无形的，并不能仅仅从有形的方面，如在公共福利上为他们提供了些什么来衡量。如果没有政府的有效治理，没有良好的政治环境和法律环境，他们是不可能成功地进行生产和经营活动的。但如果没有大量的贫穷阶层作为后备的劳动大军，他们也不可能用很低的劳务成本来赚取高额的利润。所以，从总的方面来看，富人比穷人多交一些税金，不应被认为是侵犯了他们追求幸福的权利，也不应认为政府是在以一种不公平的态度对待他们。另外，从道德的角度看，我们每个人在可能的情况下，也应努力地对社会有所回馈，这应该看作我们作为社会的人应当承担的某种道德义务。

3. 人权与自我

上面已经谈到，权利与义务或责任是对应的：有一种权利，就意味着承担了一种义务或责任；而有一种义务或责任，就意味着享有一种权利。自我本身这种权利与义务的统一，引出了一些复杂而又重要的社会哲学问题，即究竟应该如何看待权利与义务的范围和本质的问题。例如，我们大家都会同意，免于刑讯逼供的权利是一种普遍的人权，但是，公费医疗又如何呢？个人有权保有他们的劳动所得是一项基本的人权，但是，某人如果没有劳动能力又如何呢？社会在对个人的关系上，究竟拥有多大的权力才是适当的？公民权对个人自我的约束控制在怎样的程度为好？个人自我在多大程度上应该与他的社会成员的角色相分离？在过去的一百多年间，可以说，对个人问题的关心达到一种怎样的程度，对社会权力和规模的关心也就达到一种怎样的程度。对这些问题的关心，在更大的范围内引出了对这些问题的不同的回答：激进自由主义（libertarianism）、自由主义和公有财产主义或称共产主义（communism）。

（1）激进自由主义

所谓激进自由主义是指这样一种观点，即从根本上说，是被它作为个人的那些强意义上的自然权利限定而成为自我的。这些自然权利包括：个人独处的权利、不受干涉的权利、保有自己所有或所挣的财产的权利、除了基于公共福利的需要绝对不受政府约束的权利等。激进自由主义者对政府抱持一种根深蒂固的不信任态度。在它看来，政府是已知的对个人权利的最大威胁。从整个历史来看，政府对个人权利的侵犯超过了任何个人或社会组织。政府之所以能够对个人权利造成威胁，是因为政府手中握有权力，它能够对个人生活的一切方面实施控制。如果说政府还有什么作用的话，那就是，它能够保护公民个人免受其他个人的攻击。也正是由于公民必须借助政府的保护来获得必要的日常安全，所以，政府一直以此为借口来扩大它的权力。由于个人几乎没有任何能力抵御来自政府方面的对自己权利的侵犯，所以，唯一的办法，就是强调个人权利的神圣不可侵犯性。在此基础上，激进自由主义者表现出对税收和大政府的强烈反对，以及对几乎一切形式的个人自由的不加掩饰的欣赏和支持态度。对于激进自由主义者来说，自我从根本上说是独立的，一切自我都只有在无外来干预的情况下才能实现。

（2）自由主义

在强调人的自然权利方面，自由主义与激进自由主义并无多大区别，即它也认为人作为一个自我是由其自然权利决定的。但在这种权利究竟是什么的问题上，它与激进自由主义的观点则有很大的差别。例如，激进自由主义者强调自我不受干涉的权利，而自由主义者则更为强调人对社会福利的权利（良好的住房、教育、食品、医疗保健条件及安全感等）；激进自由主义者强调政府越小越好，而自由主义者则倾向于有一个强有力的中央政府来管理和统筹各种社会计划、社会工程。对于自由主义者来说，能不能为社会的成员提供尽可能好的福利条件，几乎是判断一个政府是不是称职的唯一标准。

作为一种重要的、在几乎所有当代西方国家居于主导地位的社会哲学思想，自由主义根植于洛克和穆勒的个人主义理论。早期自由主义思想的核心，是这样一种观点：一个最好的社会，是这样一种社会，即个人能够自由地追求他们的利益，并实现他们自己选择的社会。按照穆勒的观点，一个成年人在这个社会所受到的唯一限制，就是他不能去伤害别人。除此以外，再也不应该有什么限制。当代自由主义继承了早期自由主义对个人自由的承诺，但又根据新的历史条件为这个承诺增添了新的内容。按照当代自由主义的看法，个人自由当然应该受到维护，但是，我们却不要忘了这样一个事实，即一个人的自由程度是受他的经济状况决定的。一个穷人追求幸福所受到的限制，要远比一个富人受到的限制多。所以，当代自由主义主张，必须增加社会福利来改善穷人在社会中所受到的不公正待遇。同时，它也主张通过立法来保护工人免受有产阶级的经济压榨。从这一点来看，当代自由主义的社会观点可以说是受马克思的社会批判思想影响的一个重要结果，是对马克思的道德主张的一种间接呼应。

一般认为，当代自由主义最重要的一个代表人物，就是美国伦理学家罗尔斯。如果我们要问，对一个社会来说最重要的东西是什么？那么，罗尔斯会告诉你，这就是正义。在他看来，就像真理是思想系统的第一个德行一样，正义可以说是社会系统的第一个德行。一个社会必须把正义作为它的法律和制度的核心要素；如果不是这样的话，这个社会的法律和制度就必须改革。同时，如果我们要去分析一个社会的正义情形的话，我们所要看的，也不是这个社会中的个人的特殊行为，而是它的基本的政治、经济和社会制度。像马克思一样，罗尔斯也认为，社会关系对个人的实现感有着广泛而深刻的影响。一个社会的制度决定了这个社会中的人能做些什么，以及他们作为个人过的是一种怎样的生活。其实，从一开始，社会对我们大家就并不都是公平的，因为，它总是偏爱我们当中的一部分人，却毫无理由地疏远另外一些人。这里讲到的社会对一部分人的偏爱，或对另外一部分人的疏离，是指如果人们的出身不同、社会地位不同的话，那么，他们在社会中发展的前景就会相当不同。这部分地是被社会政治系统，部分地是被社会经济和社会环境决定的。如果要问什么是不平等的话，那么，这就是最大的不平等。不过，罗尔斯指出，这种不平等对于一个社会来说实际上是不可避免的，所以，我们才有必要提出正义原则的问题，或者说要把正义原则作为社会的第一原则。

那么，最初的正义原则是怎样确立的呢？我们怎么知道我们需要的是哪一种管理社会的原则或原理呢？在罗尔斯那里，正义原则的被确立，在逻辑上被推导为人们在“原始状态”（original meeting）下通过社会契约而实现的一致意见。所谓原始状态不仅是罗尔斯的一种假定，而且是为了弄清楚正义原则的必要性而不得不做的一种假定。也可以说，所谓原始状态，就是一种“无知之幕”（veil of ignorance）的假定。它之所以能够成为我们推定正义原则的逻辑前提，是因为在这种状态中，人们对有关他们的地位、财产、能力和个性的一切情况都是茫然无知的。既然如此，人与人之间的关系就是平等的，在选择原则或原理的问题上每个人都拥有同等的权利。这样，它就提供了一种形成正义观念的必要环境，即“正义环境”。这种环境，从客观的方面看，是因为这时的社会合作很少产生利益从而要求利益分配的规则必须具有正义性；从主观的方面看，是因为这时个人都只关心自己的利益而不关心他人的利益，这就使正义成为可能。按照罗尔斯的观点，被选择的正义原则由于是作为社会的第一原则出现的，所以，它必须具备一般性、普适性、公认性、顺序性及最终性等特点。不过，总的来看，这些特点的一个共同特征，还是它们的非功利性的性质。功利主义的原则不可能成为原始状态下人们选择的社会原则。因为，功利主义原则暗含着，如果必要的话，有些人必须为了社会的最大化利益而做出牺牲。但是，正义原则却不能容许出现这样的情形，处在原始状态下的人绝不会同意这样一种情形的出现。因为，如果这种情况成为现实的话，那么，他们当中的某个人以后就成了这个必须做出牺牲的人。既然功利主义原则不能成为一个社会的起支配作用的原则，那么，我们就要找到能够替代它的另外一种原则。这种原则，在罗尔斯看来，当然就是正义原则。这种正义原则，包含了两个不同层次的规定：第一个规定是，在一个社会中，所有人在有关政治的权利和义务的问题上，必须是平等的；第二个规定是，在保证政治权利与义务平等的前提下，又应该容许经济和社会方面的必要的不平等存在。否则，经济和社会发展就会失去动力，也没有办法为改善那些不具竞争力的人在社会中的福利条件提供必要的资金。第二个规定的本质是机会平等这个至关重要的概念。如果没有这个机会平等的概念，最初订立契约的那些人，就不能保证有朝一日他们失去竞争力后，正当的利益还能得到保证。所以，从根本上说，机会平等的原则，又是保护最少受惠者的原则。一个作为社会第一原则出现的正义原则，当然必须表现出它对弱者的保护和重视。最初的正义原则，就是在这种“无知之幕”和“原始状态”的条件下，以最平等、最符合正义原则要求的方式确立下来的。

现在，我们可以来总结一下罗尔斯正义原则的自由主义性质了。既然我们说罗尔斯是当代自由主义的最重要的代表人物，那就意味着，当代自由主义的基本精神就包含在他的正义原则中。从一个方面看，罗尔斯的社会原则与马克思所提倡的社会原则是截然不同的，甚至是完全对立的。在马克思那里，个人对他自己的财产的所有及交换不是自主的；社会的所有财产，从土地、工厂、交通到银行等，原则上都是属于国家所有并受国家控制的；自由市场被认定是反人道的、不利于穷人的。从另一个方面看，罗尔斯的社会原则也反对把平等无限制地扩展到社会的一切领域。正义原则并不提倡绝对的平等，它提倡的是自由，是政治领域中的平等；那种希望把平等扩展到经济和社会领域的做法，被罗尔斯批评为不现实的做法，是在追求一种永远也不可能实现的绝对的平等。更重要的是，罗尔斯的新自由主义把自由界定在免受国家干预的层面上；容许或说不反对（但不提倡）私人财产和自由市场的存在；并且要求国家为社会中的穷人和弱者提供足够的福利帮助。总之，它所主张的，就是大多数西方国家正在实行的；它所捍卫的，部分是马克思曾经极力反对的。那么，关于人权与自我，马克思又提出了哪些与自由主义不同的社会观点呢？

（3）共产主义

不像自由主义和激进自由主义那样一边倒地强调权利概念，共产主义似乎更为重视义务这个概念。使一个公民成为公民的东西，与其说是他的权利，不如说是他的义务。与其问国家能够为你做些什么，不如问你能够为国家做些什么。在马克思那里，自我这个概念由于它所受到的诸多限制，并不是与个人这个概念联系在一起的，而是与社会这个概念联系在一起的，离开社会就没有所谓自我。那么，马克思是怎样论述自我与社会的关系的呢？

（ⅰ）历史观。要了解马克思关于自我的规定，必须从他对历史的理解开始。在马克思看来，对历史的研究，最重要的是要发现支配着它的运动的那些不变的、一般的法则。这种不变的、一般的法则，只能是物质的、经济的。从历史的角度看，每一种文化在它的发展的每一个阶段，都会表现出它的独特的个性和风格。这些阶段的更替和取代，这种个性和风格的形成，从根本上说，是由它后面的物质的、经济的原因决定的。他把由物质的、经济的原因推动的历史发展的阶段，划分为亚细亚的、古代的、封建的和资本主义的四种不同的形态。最终，资本主义将让位于共产主义。由于马克思相信，历史运行中贯穿的一般法则在本质上是经济的，因此，他认为社会的经济结构和社会生活的其他方面之间存在着某种因果联系，物质生活的生产模式决定着社会的政治生活和精神生活的一般过程及一般特点。由于经济结构的最终决定作用，资本主义将变得越来越不适应于生产发展的需要。在这个过程中，无产阶级将作为新的生产力的代表，通过阶级斗争的方式夺取权力，从而最终取代资本主义。

（ⅱ）人性观。由于把社会理解为一个由不变的、一般的法则推动的过程，把物质生活的生产模式看作决定社会政治生活和精神生活的客观力量，所以，在有关个人的问题上，马克思强烈反对从抽象的一般意义上来理解人性，指出应把人理解为一种社会性的而不是生物性的存在。在他看来，人当然有饮食男女一类的自然要求，但这种自然要求却并不代表人的本质特征。离开人类维持生存的生产活动，任何一种对人的本质的探讨都将成为不可能。人的维持生存的生产活动，就其实质来说是社会性的活动；规定人的本质的社会关系，不是单一的而是多方面的关系的总和，其中最重要的社会关系是生产关系；由于社会关系和生产关系是不断变化的，所以，人的本质也是不断发展变化的，没有抽象的、一成不变的人性；在阶级社会中，社会关系的核心是阶级关系，因而人的社会性应主要地被理解为阶级性。

（ⅲ）异化观。异化概念是马克思从黑格尔和费尔巴哈，其中主要是从黑格尔那里借用而来的一个重要概念。在黑格尔那里，异化根植于主体和想象上的与之疏离的客体之间的本质区别。而在马克思那里，主体是人；客体是人的本质，即人所创造的世界。在他看来，人和他的本质，即他所创造的世界是疏离的、异化的。那么，这种异化的原因究竟是什么呢？在一个场合，马克思将之归结为私有制；而在另外一个场合，他又认为私有财产并不是异化的原因而只是它的结果。不管异化是私有财产的原因还是结果，有一点是清楚的，就是马克思始终把异化这个概念与经济联系在一起。换句话说，把异化问题与私有制联系在一起。在马克思看来，异化既使个人不能在劳动中实现他们的自我，又使劳动变成强加给个人的维持生存的一种手段，以至于个人认为他们在劳动中受到了剥削和压榨。但是，工人毕竟不是无偿劳动的，而是获得他们的劳动报酬的，对于这一点马克思又是如何看待的呢？马克思认为，即便工人是得到劳动报酬的，但这也不能说明什么，他们依然是被疏离、被异化的。因为，他们的劳动果实是被别人享用的，他们的劳动从根本上来说对他们自己是无意义的。总之，在马克思看来，工人只要还是处在被异化的状态下，他们就是没有自由的。表面上看来，工人享有政治上的和社会生活中的种种自由，如言论自由、宗教自由和免于政府干预的自由等，但由于他们在经济上处于被剥削、被压榨的地位，因而他们本质上是不自由的。

（ⅳ）自由观。既然人只要一天处在异化状态下，他就一天也不能得到自由，那么，人应该怎么办呢？人如何才能彻底摆脱他的异化状态呢？按照马克思的观点，关键的是，他必须认识到，自由的获得和自由的丧失都根源于经济。所以，解决这一问题的最好方式就是，人必须返回到“自然”状态中去。在这种自然状态中，人和他的劳动是合而为一的。在某种意义上，这种自然状态有点类似于卢梭表达的自然状态概念：承认社会对个人的生存造成的不良的影响；呼唤一种有助于帮助个人摆脱私欲和自我毁灭状态的理想国家的出现。不要认为马克思是在向我们鼓吹放弃我们的劳动，放弃我们经过努力所获得的一切，正相反，他是在提醒我们，劳动只有在它真正表现为不是谋生的手段，而是我们生活的一个不可分割的组成部分的情况下，才是人道的和有意义的。因此，马克思号召人们把自己从异化状态中解放出来。没有这种奠基于经济的、物质需要之上的自由，其他的一切自由都无从谈起。

总的来看，马克思在这里是在提倡实行更为公平的财富分配，并以此作为抗衡异化和确保自由的有效手段。对马克思来说，正义要求生产的手段为所有人所占有，而不仅仅为少数人所占有。讲得更明白一点，就是除了那些个人直接创造的产品以外，不存在所谓财产的所有者。如果能够做到这一点，劳动者和所有者的对立就将从此消失，每一个人都将成为自食其力的劳动者。马克思把这种消除了私有财产、克服了异化的社会称为共产主义社会，认为“**共产主义**是对**私有财产**即**人的自我异化**的**积极的**扬弃，因而是通过人并且为了人而对**人的**本质的真正**占有**；因此，它是人向自身、也就是向**社会的**即合乎人性的人的复归，这种复归是完全的复归，是自觉实现并在以往发展的全部财富的范围内实现的复归”①。他还进一步指出：“要扬弃私有财产的**思想**，有**思想上的**共产主

① 《马克思恩格斯文集》，第1卷，185页，北京，人民出版社，2009。

义就完全够了。而要扬弃现实的私有财产，则必须有现实的共产主义行动”①。

学习提要

一、基本概念

社会哲学；无政府主义；极权主义；个人主义；父权主义；“看不见的手”；正义、平等、人权、契约、自由主义、新自由主义。

二、基本原理

柏拉图的“理想国”；中世纪的“君权神授”；18世纪的“契约社会”；20世纪的“新自由主义”。

价值取向与统治合法性；政治制度与社会治理；无政府主义与极权主义；个人主义与父权主义；惩罚性正义与分配性正义；平均主义与种族主义。

法律平等的实质是机会平等；法律平等、机会平等与人格平等。

柏拉图正义观；功利主义正义观；公平主义正义观。

法律性权利与道德性权利；否定性权利和肯定性权利。

霍布斯民主专制契约理论；洛克自由主义契约理论；卢梭公共意志契约理论；激进自由主义；罗尔斯的新自由主义。

三、思考题

1. 如何理解社会的本质？关于社会和个人关系的社会哲学观点的演化，特别是关于个人在社会中的权利即人权的观点的姗姗来迟，从根本上说，是或不是我们人的天性软弱或缺乏想象所致？请说明你认为是或不是的理由。

2. 一切在国家和社会生活中实际发生作用的统治或治理秩序，都面临着一个合法性的证明的问题。试叙述历史上几种最有影响的论证统治合法性的理论的基本观点，并就它们的优劣得失给出你自己的评价。

3. 试概括无政府主义、极权主义、个人主义、父权主义这几种重要的社会哲学理论的特点和基本区别。在这几种理论中，你比较倾向于其中的哪一种？如果你都不赞成它们，那么，你倾心的社会模式和社会哲学观点是怎样的？

4. 试说明为什么自由主义以个人主义为其哲学基础？20世纪自由主义与传统自由主义，主要是18世纪自由主义有哪些重要的不同？

5. 试论述自由主义和保守主义在国家权力合法性问题上的基本立场的对立。从长远来看，社会创造性和活力的源泉究竟是政府还是它的人民？

6. 什么是惩罚性正义和分配性正义？这两种正义哪一种更为根本？为什么正义概念就其本质来说是一个“应得”的概念？而这与人权概念形成了一种怎样的关系？

7. 罗尔斯自由主义的两个基本原则是什么？他的新自由主义与传统的自由主义有哪

---

① 《马克思恩格斯文集》，第1卷，231-232页，北京，人民出版社，2009。

些重要的区别？当代新自由主义就其实质而言，仍然是一种功利主义吗？

8. 试论述肯定性权利与否定性权利的关系。这两种权利哪一种更为根本？人权更多体现的是肯定性权利还是否定性权利？

9. 如何理解权利具有相对于功利而言的优先性？

10. 试论述契约理论在西方近代哲学中的发展。人权概念与契约概念之间有哪些本质性的联系？

第十一章

真·善·美

——美学与艺术哲学

美学是关于美和艺术问题的价值研究。作为哲学分支之一的美学，与伦理学一样，属于实践哲学的范畴。一般地说，美学的内容由两个部分组成：审美哲学和艺术哲学。前者主要从最一般的意义上研究审美体验和审美判断等问题（它的较早的历史形式更多地集中于讨论美的概念或美的本质的问题）；后者则较多地关注诸如艺术的定义、艺术作品的美学特质以及艺术理论的美学建构等。

美学内容的这种特点，反映了美学对象的独特性和审美解释的复杂性。从一个方面看，美学是以美、丑、艺术（包括绘画、雕塑、音乐、文学等）以及它们所具有的含义等问题作为自己研究对象的一门专门性的理论，是关于这些问题的最一般的价值研究；从另一个方面看，美学对于上述这样一些问题的价值研究，并不是要用关于这些问题的价值观点代替各门艺术学科的具体研究，而是从哲学的角度对美和艺术的含义与内容进行一般性的分析，从而为人的审美判断和审美实践活动提供理论上的说明。

所以，哲学美学的理论目标，一直是试图通过对影响人的审美体验、审美判断的那些最基本因素的分析，揭示人的审美活动的特性和艺术的美学特质，寻求对审美体验、审美判断的本质和艺术的统一性问题做出恰当的、合理的解释。

一、审美哲学

美学作为一个重要的哲学范畴，对它的探讨必须从审美体验开始，这在当代基本已成共识。因为，所谓审美体验，说到底不过是作为认识起点的感觉范畴的美学意义的表达而已。没有感觉，就没有人的认识；没有体验，当然也就谈不上有所谓审美。

从词源上看，“审美”一词最初来源于希腊文“aísthesis”，其意是指通过感官所获得的知觉。在哲学美学的范畴体系中，广义上的审美概念，是指人在欣赏具有审美价值的事物时所感受到的一种经验；至于狭义上的“审美”一词，则通常被认为与审美体验是同一回事，即是可以互换使用的一个专门美学名词。

以体验为起点的美学探讨，其所涉及的问题究竟有哪些？它们是在何种意义上被作为一个美学问题来看待的？历史上的美学家在有关美的问题上提出了哪些重要的理论观点？由此引出的一个关键问题，就是理解审美概念这样的问题，其逻辑起点究竟应该从哪里开始？一般说来，有关审美问题的讨论，从理论上看，首先是与审美体验和审美判断这两个基础的概念联系在一起的。

1. 审美体验与审美判断

（1）审美体验

审美是一种以体验为基础的判断活动。没有体验，就谈不上审美。那么，什么是审美体验呢？一般说来，它是指审美活动中人的精神通过感官而与客体形式或结构建立起来的某种愉悦性欣赏联系。在这个联系中，人是审美的主体，而客体是审美的对象，它既包括自然事物，也包括人的精神劳动的创造物即艺术作品。人的感官无疑是人用来感知外部世界的最重要的窗口。没有人心的快感结构与外物的形式或结构之间的对应和变化，任何的美感或审美体验都无从谈起。所以，从体验的角度谈论的人的审美，在通常情况下，主要谈的就是人通过自己的感官获得的关于事物美的感受。

不过，体验固然是指人的精神对艺术和自然美的欣赏，是一种依赖于感官才能获得的美的感受，但是，在这种审美活动中，作为欣赏客体的艺术和自然美是以怎样的方式进入人的体验结构中，从而引起人的感官和心理方面的快感性反应，却是另外一个更为复杂、需要深入加以探讨的问题。传统的观点认为，当我们谈到所谓审美体验这样的概念时，我们谈的主要是人的心理对一个自然物或一件艺术品的属性所产生的美的感受。这种把审美体验维系于某种外物的属性的观点，在相当长的时期里，一直是美学中居主导地位的有关审美体验的经典定义。这种定义也被认为是一种“内容倾向型”定义，即从体验的内容，也就是我们倾向获得的东西这一点来定义审美体验。按照这种观点，进入人的审美体验的外物属性，是指一个自然物或一件艺术品的表现属性和它的形式关系这两个方面的内容。所谓表现属性，是指事物那些能够在人的感官中得到显现的属性，如优雅、柔弱、刚强和不朽等。这些属性通常被划分为三种基本的类型，即整体性、多样性和强度。而所谓形式关系，就是以上三种属性之间的不同变换和组合。这样，审美体验就不过是，对一个自然物或一件艺术品的整体性、多样性和强度之和的体验。这些表现属性依其不同的形式上的组合而向人的感官呈现出不同的美的特征，从而使人的精神获得不同形式的美感。

内容倾向型定义通过美的属性来定义审美体验，把审美体验看作体验什么，或者说是对什么东西的体验。这样，它就把审美体验理解为一种既与体验的样式无关，也与体验的结果无关的东西。这也就是说，它把人的感官看作只不过是某种体验的“容器”，而这一容器本身具有的能动性和创造性却不被提及。内容倾向型定义所具有的这一缺点，导致了它在实践中逐渐被另外一种更能体现人即审美主体的能动性和创造性的定义所取代，这就是审美体验的“影响倾向型”定义。这一定义的特点，是把人的审美体验与他的注意力受到的吸引联系起来，把审美体验看作归根到底是意识对象对人的意识产生的某种注意力吸引和由此引起的沉思。而这种吸引和沉思的特点是：无利害性，即不夹杂任何个人的特殊目的和兴趣；赞同性，即它总是带给那些注意力受到吸引的人情感上的快乐和愉悦；不因人而异，即对所有欣赏它的人来说都是没有差别的。换句话说，在这个定义中，兴趣、好恶、动机这样一些带有很强功利因素或私人色彩的东西，被搁置到了一边。审美体验被看作出于人的情感对纯粹美的需要而在注意力方向上对意识对象所做的积极、主动的选择和调整。这一定义的优点在于，它适用于任何事物。它也容易解释，为什么我们有时更倾向于欣赏这种事物而不是那种事物。比如，你和你的朋友都在欣赏同一个东西，但却是你有你的审美体验，而他有他的审美体验。

（2）审美判断

与审美体验相联系的，是审美判断这一重要的概念。所谓审美判断，是指在一定的审美活动中，一个人所做的关于某个事物美的判断。换句话说，就是指一个人做出的关于某一朵花、某一幅画、日出或日落等是美的这样一种判断。为什么审美体验总是与审美判断相联系？为什么审美体验要向审美判断过渡？其主要原因在于，审美体验这一概念解释了人的意识的注意力机制对审美活动的重要影响，但它并没有说明，在一定的条件下，为什么是这种而不是那种客体成为某个人的审美注意力的对象。这实际上是一个有关审美兴趣和审美判断的问题。从字面上看，审美判断意味着要对一个事物究竟是美还是不美做出意识上的判断。但是，要对一个事物做出这种判断，它的前提是这个事物能够进入人的注意力的视野。否则，在众多的事物中，为什么我们把这个而不是那个事物作为审美的对象，或为什么我有我的审美体验而你有你的审美体验。显然，在这里，审美兴趣是审美判断的前提条件。这就是说，是个人的注意力兴趣引导我们去对一个引起我们感官兴趣的东西做出我们意识上的判断。从这样的角度来看审美判断的性质，应该承认，它主要是一个主观的而不是客观的概念。那么，我们又应该如何来看待作为审美判断要素之一的客体对象在审美活动中的作用呢？对此，休谟和康德曾经做过这样的解释，认为在整个审美活动中，客体事物的全部作用就在于，由于它的出现，人的审美判断有了一个现实的注意力对象。除此以外，并没有更多的东西。

那么，在人的实际的审美活动中，审美兴趣是以怎样的方式出现，从而为人的审美判断提供必不可少的前提条件的呢？这与审美判断所具有的两个逻辑特点有关。审美判断的第一个特点是，它要有判断的条件，即引起感觉反应的条件。这是指，客体必须为人所感觉到并对之做出反应，该客体是为人所熟悉的。就此而言，它是建立在人对一定客体的兴趣和欣赏的基础上的。如果客体没有引起人的兴趣和欣赏，它就不会被人所选择而成为审美判断的对象。审美判断的第二个特点是，它不受规则的约束，规则对人的审美判断不发生作用。关于审美判断是一种超脱束缚的、不受规则约束的自由意识活动，人们对此有多种不同解释。有一种解释认为，审美判断之所以不受规则的约束，归根到底是由于不同的人有不同的审美兴趣和嗜好。另外一种解释则认为，这里的关键乃是在于，我们不可能在不同的审美判断之间建立起某种公共的标准。实际上，如果我们接受有所谓审美的一般规则存在这样一个说法的话，那就意味着，我们能够依据这一规则，在我们关于客体的各种具体的、可感的以及其他各种非审美属性的知识的基础上做出我们的审美判断。而这实际上是不可能的。因为，这样一来，就会出现这样一个公式：凡是F都是G。在这里，F指非审美属性，G指审美性质。由于这样一种规则的帮助，一个人能够从X是F这一前提，逻辑地推出，X有审美性质G，从而得出“X是G”这一判断。这样，一个人就能够知道，一段音乐是悦耳的，仅仅因为它是处于某种特殊的音调中和被某些乐器演奏；或一幅绘画是有感染力的，乃是因为它的构图符合某种几何学的规则。很显然，不可能有这样的规则存在。对此，休谟和康德都指出，这样一种规则是根本不可能存在的。我们不能想象会有这样一种判断存在，即它一方面是审美的，而另一方面却又是符合某种规则的。如果一个判断是建立在规则的基础上的，那么，它就将失去它作为一个审美判断的资格。

（3）审美态度

审美判断是一种超脱了规则的束缚而对对象所做的自由的评价活动，它的这一性质引出了另外一个重要的美学概念即审美态度。所谓审美态度，简单地说，就是指人在自己的审美活动中表现出来的由一定审美判断决定的审美趋向。从历史上看，审美态度这一概念最初是由康德提出来的。康德坚持把审美态度看作受人的审美判断驱使的一种无利害性注意力趋向，是一个与人的美感相联系的范畴。按照他的解释，美的表象是与人的情感直接联系在一起的。在审美活动中，人的想象力通过某个特定的表象而与他的思维发生关联，由此而唤起情感，这种情感就叫作美感。美感作为对美的体验，与日常生活中人所表现出来的情绪是不同的。情绪是官能的愉悦，与人的官能满足相关，因而是一种属于人的低级的生物本能的范畴。美感则不同，它是人的高级情感，与人的精神文化需要的满足与否相联系，既是精神性的又是社会性的。由于康德把审美态度与审美体验、审美判断等这样一些最重要的美学范畴联系在一起，所以，长期以来，它一直被许多美学家认为是一个重要的美学范畴。

从美学上看，所有那些相信有所谓审美态度这一现象存在的美学家都坚持，审美体验从根本上说，不过是一个由各种特殊的、非认知的、非实践的态度和立场组合而成的整体。其中，客体完全是出于各种不同的原因而被动地纳入这一过程中来的。我们不能离开审美态度这一概念来抽象地谈论审美体验或审美判断。以此为前提，不少美学家还提出了他们对审美态度这一概念的各自不同的解释。例如，德国哲学家叔本华（Arthur Schopenhauer，1788—1860）就强调，审美体验就其本质来说，是人的一种发自自我深处的、寻求形而上学超越状态的生命活动，我们不可能把它与审美态度这样一个重要的美学范畴分离开来。英国哲学家、美学家克利夫·贝尔（Clive Bell，1881—1964）则认为，在审美情感中，我们面对的是“实在”，它不可能没有情感或审美态度的介入。与贝尔的这一观点相类似的，还有海德格尔关于诗歌的性质的论述。海德格尔把诗歌看作对“存在的解蔽”，即通过诗歌，人的自我得以向外部世界开放，并使人的心灵获得某种解放的感觉。另外一位德国哲学家布洛赫（Edward Bullough，1880—1934）则认为，审美体验是心理性的而不是形而上学性的，并且他创造了“心理间距”这一概念作为坚持有所谓审美态度存在的理由。

但是，并不是所有的美学家都承认审美态度的存在。那些反对审美态度这一概念的人指出，审美态度是一个很难成立的概念。因为，说一个客体是“出于它自身的理由”而为人所欣赏，等于说，它不是出于客体以外，包括我们人本身在内的理由而被欣赏，而这与审美态度这一概念的含义是矛盾的。同时，在说到审美态度这一概念的时候，如果我们除了说它是某种特殊的、非认知的、非实践的态度以外，并没有其他什么更多的东西可说，那么，硬要说这样的概念是重要的和意义明确的，是难以令人信服的。另外，也有人认为，无利害性和利害性这两者之间其实并没有什么严格的区别。一个人只要实际地介入到一个对象中去，就表明他对这个对象表现出兴趣，对象对他有一种实际的心理影响，这就是某种利害关系。“无利害性地介入”，只能意味着小心翼翼地和用心不专地介入，而这是违反人的审美活动的本性的。而这样一来，审美态度这一概念将变成一个想要解释一切，但却又什么也解释不了的概念。不过，这种对审美态度的全盘否定，也被一些哲学家认为是太过分了。有人就指出，审美客体被给予不同程度的注意，并不是基于实践活动的要求。既然不是基于实践的需要而做出的审美表现，就不能说是有利害性的。看来有关审美态度这一概念的争论还会继续下去。既然如此，有关这一问题的一个较为恰当的解释，或许应当接受英国美学家沃尔海姆（Richard Arthur Wollheim，1923—2003）的这个观点：我们不能否认有审美态度这样一种东西的存在。但是，它对美学的重要性是有限的。

2. 客观论与主观论

与审美体验和审美判断问题相联系的，是关于美的本质究竟是客观的还是主观的争论问题。在历史上的大多数时间里，这一问题一直是美学的中心问题。在当代，由于经验主义哲学的影响，主观论取代了客观论，这一问题已不再具有它在传统美学中所具有的那样一种重要性。但如果我们想要真正把握包含在“美”这个概念判断中的含义究竟是什么的话，则对这一问题的了解就仍属十分必要。

（1）客观论

从一方面看，所谓客观论是指这样一种观点，即它相信，从根本上说，事物的美是由客体自身的属性决定的，是一种与主体意识无关的东西。按照这种观点，一朵花是美的，在于它本来就是美的，而后我们才感觉到美。美与我们的感觉无关。审美体验乃是在人的感官获得关于对象属性的认识的基础上进行的。从历史上看，审美客观论一直与理性主义相联系，是理性主义美学的主要表现形式。理性主义之所以把美的性质看作一种客观性的东西，是在于它把人的认识看作先天的、与生俱来的、依存于理性的，而不是后天的、依存于感觉经验的。由于客体预先就被规定了它们的基本性质，因此，人的一切认识，包括美的认识，就不过是在对客体的这种先天性质进行认识而已。

从另一方面看，尽管客观论者都不否认美的性质是由事物的属性决定的，但在有关这种属性究竟是什么的问题上，他们之间则存在着很大的理解上的不同。有的客观论者用“统一”、“平衡”、“理想比例”、“对立统一”、“黄金分割”和“完美形式”等概念来描述这种属性的特点。另外一些客观论者则把美的属性看作与客体的形式或其他非审美的属性不能通约的东西。所谓美的属性是与客体形式或其他非审美属性不能相通的东西，是指美固然是客体的一种可以被感觉到的特质，但这种特质并不是像化学元素那样可以实证地加以分析的。由于客观论者把美的性质看作客观的，是由客体的性质决定的东西，因此，在有关审美判断的性质的理解上，他们通常也就坚持审美判断的普遍有效性，并把这种普遍有效性当作美的客观性的另外一个证明。这里讲到的审美判断的普遍有效性，是指美是一种客观性的东西，只要人的审美判断符合对象的客观属性，这种判断就是正确的。审美判断与个人的好恶无关。如果一个人的情感和感觉有可能导致他做出错误的审美判断，则这种判断就没有什么普遍有效性，因而也必定与客体自身的属性不符。当然，客观论者也并不否认审美需要主观性的介入。例如，不能想象一个天生的聋人能够感受伟大的音乐作品，或一个天生的盲人能够欣赏伟大的绘画作品。但在他们看来，这恰好从反面说明了审美对象是美的根源。

（2）主观论

在美的性质的理解问题上，与客观论对立的另外一种见解是主观论。它坚持，美从根本上说是一个主观的而不是客观的概念，美不是起源于事物的属性而是起源于人的心灵。只有人对对象或客体的感觉和经验才有所谓美的问题。按照这种观点，美的性质并不是内在地包含在客体自身之中的。对一个客体来说，如果说它有某种美的性质的话，那也只是针对它能够在主体那里引起某种美的反应这一点来说而已。主体反应本身是一个相对于客观论者所谓对属性的知觉而言更高的或更基础的范畴。在任何被客体影响而产生的我的审美体验或我对客体的作用而产生的美的反应中，都不存在客观论者声称的那种对客体属性的知觉。

如果说，审美客观论在历史上是与理性主义联系在一起的，那么，审美主观论的理论基础就主要是得之于历史上的经验主义。经验主义的根本特点，是把人的心灵视为某种具有能动性和主动性的感觉经验的集合体。在有关美的性质的理解问题上，它倾向于把美看作人心灵中被与客体的某种可知觉的特点联系在一起的不充分的感觉观念。主观论对于美的性质的这种理解，早在 17 世纪的休谟那里，就曾经被精辟地表达为这样一个观点，即美并不是事物自身的一种属性，它仅仅是在我们凝视事物或对事物进行沉思时才存在的一种东西。如果把休谟的这个观点用一句通俗的话来表达，它的意思就是：美并不存在于被欣赏对象的身上，而只存在于欣赏者的眼中。自休谟以来，伴随着经验主义越来越在西方哲学中占据主导地位，审美主观论也越来越在美学家中流行。越来越多的人相信，任何审美性质都只有先被主体感知而后才能被判断。即使审美性质为审美客体所固有，它也首先要被主体感受以后才能成为一种审美价值。许多主观论者明确地指出，假如客观事物除了它自身以外别无他人介入，那么，它就不可能有任何价值，更遑论美的价值。

美的本质问题是传统美学中最根本的问题。在某种意义上，对美的本质下定义，也就是在对美学作为一个学科的性质做出规定。在历史上的大多数时间里，美学家们相信，如果不从客体自身的属性出发来理解美的问题，就不可能揭示美的本质，从而也不可能建立起具有客观性的美学标准。近代以来，客观论的这种美学观点受到了以经验主义为基础的美学主观论的激烈批评和质疑。主观论者提出的一些关于美的主观性的论证直接触及了客观论的理论要害，从根本上动摇了客观论的理论基础，使主观论一跃而成为美学中居主导地位的理论流派。那么，主观论在美的主观性问题上提出了哪些重要的理论论证呢？

（ⅰ）主观性论证。所谓美具有主观性，是指美并不取决于物而取决于心，是人的知觉使某一事物成为美。这是主观论美学的一个根本立场和观点。康德曾经指出，审美之所以是人的一种本质需要，是因为它能够给那些正在进行审美活动的人带来身心的愉悦和欢快。离开了身心的愉悦和欢快，就不可能有建立在审美判断基础上的任何体验。愉悦在客体那里什么也指示不了。一般说来，在人的审美活动中，能够进入主体感觉反应机制的事物，只能是那些吸引了主体知觉注意力的事物。这些事物之所以能够进入人的审美注意力的范围，是因为它们的某些性质和特点与主体的知觉机制取得了适应。但是，事物有这种性质和特点，并不意味着它就一定能在主体心理引起美的感觉反应。愉悦对审美反应来说是必需的，但却不是逻辑上必然的。因此，客观论者所谓属性内在于客体，而且必然产生愉悦的观点，是不符合常识的。在当代美学中，审美主观论的立场还因为审美态度这个概念的广泛流行而获得新的支持。审美态度概念的核心含义就是，只要审美知觉一旦转向任何一种客观对象，这一客观对象就能立即成为审美对象。所谓审美对象，说到底，就是处在审美态度下的任何对象。

（ⅱ）相对性论证。强调美具有相对性，否认存在普遍一致的审美判断，是主观论美学的又一个重要特点。所谓美的相对性，是指审美判断从根本上说，是一个属于个人审美趣味和情感偏好的范畴，不可能在具有不同历史、文化和生活背景的个人之间建立起共同的判断标准。按照主观论的观点，如果美真的是客观事物自身的一种属性，那么，它就应该能被所有的人认识到，而不同的人面对同一个审美对象时得出的也应该是相同的审美判断或结论。然而，这被证明是不可能的。在更多情况下，人们看到的，是审美判断随个人的趣味和嗜好而转移，而趣味和嗜好纯粹是一种私人性的东西。审美判断之间的这种歧义和缺乏解决歧义的有效方法，暗示着审美性质并不内在地包含在事物自身之中。客观论者往往争辩道，判断的歧义存在于所有的领域之中，并不是审美活动领域独有的现象。并且，由于审美属性是隐含于事物之中的，所以，观察者必须借助某种条件，才能识别出它的隐而未显的意味。这就像对艺术品的观赏一样，观察者必须有某种适当的文化背景条件的介入。主观论者对此反驳道，如果说审美性质是客观的，那么，它就不应该只有借助其他特殊条件才能认识。而既然我们做不到这一点，又怎么能说它是客观的呢？

（ⅲ）非认知性论证。这种观点坚持，审美活动从根本上说，是一种主体感受性的体验活动，不能把它等同于人类追求客观真理的认知活动。客观论之所以得出美决定于事物属性的结论，是因为它把审美判断看作一种认知行为，从而错误地理解了审美活动的本质。认知的目的是与外部实在取得一致，而审美的目的则是满足主体的情感需要，两者的性质是根本不同的，怎么能把只适用于认知领域的符合范畴看作审美体验和审美判断的基本特点呢？虽然在某种情况下，我们在审美体验中建立起来的跟事物的联系完全有可能与事物当时的真实性质相一致，但即便如此，也并不等于说，这时美的性质就要由事物的属性来决定。更重要的是，在多数情况下，事物自身究竟是如何的与它们看起来是如何的，往往是不同的。许多在认知领域中被确认的联系，要么在审美领域中并不存在，要么即便存在也与它们在认知领域中表现出来的情形大不相同。不过，在这种观点看来，任何一种成功地在审美联系中呈现的“现象”，从根本上说，还都是能体现客体自身的真实性质的。因为，在这种情况下，美的“实在”一定是真实地被包含于它的“现象”之中的。然而，这并不意味着，认知的标准此时就变成了审美的标准。

3. 美学源流

无可否认，在美的本质问题上，以经验主义为哲学基础的审美主观论的解释比传统的以理性主义为基础的客观论美学的解释，有着大得多的说服力，而且也更符合人的日常审美活动的特点。同时我们也要看到，尽管审美主观论在哲学上是有说服力的，并且在很大程度上是符合常识的，它也仍然必须面对这样一个质疑，即如果审美属性不是内在地包含在客体之中的，那么，人们怎样才能防止同一个客体被一个人看作美的而被另外一个人看作丑的呢？无论如何，两者的说法都是有道理的，你不能因为自己把一种东西称为美，就武断地宣称其他人的判断都是不正确的。否则，人们就宁可重新回到审美客观论，接受它对美的性质的传统解释。但我们也知道，这是做不到的。从审美客观论过渡到审美主观论，是美学自身发展的一个必然的趋势，它是更大范围的主观经验论对哲学的各个领域产生越来越大的影响的历史过程的一个环节、一个部分。那么，这个过程是怎样形成的？其中，导致美学从客观论向主观论过渡的核心环节又是什么？这些，就是我们接下来要讨论的问题。

（1）古希腊

美是什么？对此问题的追寻就是指出它的基本性质。近代以前，美学中居主导地位的理论一直是客观论。它强调美在客观，美取决于审美对象的属性。从历史上看，这一理论的起源，最早可以追溯到古希腊哲学家柏拉图那里。按照柏拉图的观点，美学不应该纠缠于研究像什么东西是美的，或什么东西是不美的这样一些琐碎的问题，而应首先搞清楚为什么有些东西是美的，而有些东西是不美的。换句话说，就是要弄清楚美之为美的原因或理由这个根本性的问题。柏拉图从哲学的理性主义前提出发，把美区分为两种，即经验的美与观念的美。所谓经验的美，是指通过人的感官而获得的关于事物美的感受；而所谓观念的美，则是指人的思想中那些不变的、一般的美的观念。柏拉图坚持认为，是美的观念在美的感受之先，而不应该把美看作在人的感官中呈现的那些经验。如果没有先天的美的一般观念，就不可能有任何后天的美的经验感觉。柏拉图关于事物之所以是美的，是在于它本身就是美的观点和主张，后来成了美学史上长逾两千年的客观论美学的最重要的哲学基础。历史上各种客观论美学以柏拉图的这个理论为前提，提出了众多关于事物美的客观属性的论证。“比例”、“完美”与“和谐”等这样一些词汇，成为历史上哲学家们谈论美的客观属性时使用最多的概念，也成为许多人判定某一事物美或不美时所依据的基本根据和标准。

（2）休谟

与客观论不同，主观论从它的经验主义前提出发，坚持美不是由外在于人的事物的属性决定的，而是由主体自身的审美感觉和经验决定的。美不在物而在心。这种审美哲学方面实现的历史性转变，一般认为，首先是与休谟这个名字联系在一起的。按照休谟的观点，人的认识的基础应是所谓知觉，而知觉指的是作为意识内容的那些东西。在作为意识内容的那些被称为知觉的东西中，印象代表的是当下直接的经验，观念代表的则是印象的联结，任何观念的联结都不可能超出印象或直接经验的范围。从这个意义上说，作为观念存在的因果性，不过是人的心理中重复经历的一种经验习惯，或者说，不过是人的一种习惯性联想而已。在这个基础上，休谟否认有所谓先天的一般观念的存在，否认有脱离人的感觉而独立存在的认识对象。在历史上，正是受休谟这个思想的影响，美学中传统的客观论开始向主观论过渡，经验主义逐步取代了理性主义而成为美学中的主流。

休谟哲学对美学的影响，不仅表现为它在深层上推动了美学中客观论向主观论的转化，还表现为它在揭示人的审美活动的主观性质的同时，极好地解释了审美嗜好与常识的关系这一对于审美主观论者来说极为棘手的难题。由于主观论坚持，美主要是一个嗜好问题而不是一个知识问题，不能把知识的客观标准应用于审美这种情感性的活动，所以，在一些激进的主观论者那里，审美嗜好往往变成了与味觉嗜好等这样一些感官性的东西没有区别的范畴。一方面休谟承认不同人的审美嗜好之间确实有很大的区别，激进的主观论把审美嗜好与感官嗜好看作一回事并不是全无道理；另一方面他又明确指出，审美嗜好与人的感官嗜好毕竟不是一回事。虽然我们否认有适用于不同主体审美嗜好的统一标准，但不同审美主体的审美嗜好也并非就是完全不能相通的。在他看来，尽管在一定的审美活动中，不同的人总是给出属于自己的，即与他人不同的审美判断，但在每一个人的深层意识上，仍然顽强地表现出想要寻求某种嗜好标准即审美规则的倾向。因为，通过它，不同人的不同嗜好将有可能被加以适当的协调。至少，某种认同一种嗜好而拒绝另一种嗜好的审美决定有可能被做出。当然，这种规则和决定是经验的、后天的，而不是理性的、先天的。在这个意义上，人的意识主动倾向某种嗜好标准也是常识的一个组成部分。这并不是常识与其自身发生了冲突，而是它打算去限制和修正它自身在生活中有可能出现的过度主观化倾向。这实际上是一种人类学意义上的矛盾，并不尽然就是全无意义的。

(3) 康德

不管休谟如何深刻地揭示出审美嗜好与感官嗜好的区别，他的经验主义前提仍然无法使他免于遭受作为一个怀疑论者所必然面对的诘问，即是否审美判断根本就没有什么可称为客观的标准？如果审美判断根本就不存在任何客观的标准，人们又如何能完全避免在有关美的性质的理解问题上滑向激进的主观论？在历史上，对休谟美学的这一质疑直接引发了康德对审美判断客观性的论证。他以自己的先天综合判断理论为前提，提出了一种关于审美主观性与客观性关系的敏锐而深刻的解释，使之成为美学史上影响最大的美学理论之一。

康德美学的全部论证，可以说都是建立在作为他的整个哲学的基本前提的所谓“先天综合判断”的基础上的。按照康德的观点，关于审美判断是否有客观性的争论，归根到底应该回到人的认识与对象的关系这一更为基本的问题上来理解。以往的哲学家，包括休谟，正是在这一问题上，遇到很大的逻辑上的挑战和困难。一个认识，如果它与对象不相符合，那么这样的认识就是错误的，就根本谈不上是科学的认识；反过来，如果认识与对象是相符合的，那么这种认识就只能来自对象，认识的性质就只能由对象来决定，休谟由此得出了经验主义的不可知论的结论，而这与康德的先天综合判断理论是不相容的。在具有认识的普遍必然性的先天综合判断中，来自经验、得自对象的仅仅是认识的内容，而先天的形式则与对象无关，因此也就根本谈不上与对象的符合问题。康德把美看作不是客体的属性，而是人的意识用来整理认识内容即现象的先天的时间空间直观形式。审美乃是对象的形式方面在人的精神方面引起的愉悦，它既不同于纯由对象或现象刺激而引起的感官快感，也不同于因实现了一定功利目的而产生的道德满足，而是一种与利害性关系无关的、无目的的合目的性。一句话，美就是以自己的纯形式必然地使任何人都不计利害而感到愉悦的东西。由于美是一种摆脱了利害性关系制约的精神性的纯形式，因而它具有普遍的和必然的性质，不以任何个人的主观好恶为转移。为一个人所爱的东西，通常也就是一切人的所爱，尽管美的判断是不可能证明的。

然而问题在于，愉悦作为一种美的感受是主观的，是与个别人的嗜好或趣味联系在一起的，而审美判断却是普遍的，它并不涉及个别人的具体的嗜好或趣味，那么，它的客观性从何而来呢？或者换句话说，它究竟有没有客观性呢？在这一点上，康德把他在自己的认识论中坚持的一个根本性的观点，即在一切人的意识中发生的东西，说到底是某种具有统一性的先天规律的作用的结果的原理，推向关于审美嗜好普遍性问题的论证，指出人的审美观念的普遍性，归根到底是人的统一的一般审美感觉作用的结果。由于在康德那里，美并不属于对象，而只属于人的观念；它涉及的不是经验中所提供的内容，而只是纯粹观念的形式，所以，他得出结论，只要从审美判断中排除利害关系，把艺术与认识区分开来，注意到美只是凭借它的形式而使对象成为美，那么，它自然也就具备了它的客观性。或者反过来说，具有如此这般特性的审美判断，你就是想要把它看成是主观性的，你也做不到。

（4）分析美学

休谟坚持否认有脱离人的感觉而独立存在的认识对象；康德则相信，一切经验知识都是以关于实在的先天知识为基础的。关于实在的先天知识就是先天为真的综合判断。虽然人们既不能从逻辑上证明这种判断，也无法用观察到的事实来支持这种判断，却仍然能够接受这种判断向他们提供的真理。当代美学对美学问题的解决方式，从一切方面看，都可以被看作由休谟和康德的不同哲学思想引发的一系列直接或间接的美学变革的理论后果。不过，在由休谟和康德慷慨馈赠的这些美学遗产中，现代美学更多继承的是休谟主观经验主义的美学思想。至于康德的美学，则是在它的前提被经验主义哲学家证明不能成立之后，作为一种可以被终结的结论而反过来推动当代美学的发展的。当代经验主义者对待康德哲学的态度，并不表现为试图否定康德理论的深刻性和革命性，而表现为试图从根基上否定建立这个理论的前提，即先天综合判断的存在。按照他们的观点，不论是在数学中，还是在自然科学中，我们都发现不了康德极力推崇的这类判断。并且，康德用于证明他的判断的那些例子，也是不能成立的。由于不存在康德所坚持的那样一种先天综合判断，所以，整个康德哲学的核心问题，即这种判断为什么会存在，以及它的有效性的根据是什么的问题，就成为多余的了。在这样的情况下，如果还想按照康德的模式来建立一种理论以试图回答这个关于有效性的问题，就更加没有意义了。正是在这样一种背景下，当代美学表现出从整体上向休谟的主观经验主义复归的趋向。其中，分析美学作为20世纪西方最重要的美学流派，在这个复归的过程中产生了特别重要的影响。

分析美学作为当代最有影响的一个美学流派，它的一个重要特点就是，与其说它是一种美学理论，不如说它是一种美学运动。这是指，分析美学从来也没有提出过一套美学上自成系统的学说或理论。它能够作为一个有影响的美学流派存在并产生重要影响，从根本上说，是在于它从自己的分析哲学的前提出发，对客观论美学的基础进行逻辑和语言上的分析，由此否定了美是客观的传统形而上学美学观念，得出了与休谟美学殊途同归的结论。从分析哲学的角度看，一个陈述如果是有意义的，这只有在它可以为经验所证实的情况下才有可能。凡是那种其意义不能为经验所证实的陈述，都是一种虚构的、没有知识意义的“形而上学”。分析美学家坚持认为，人们之所以长期以来对美的概念缺乏一种正确的理解，关键就在于，他们始终没有意识到，“美”一词其实是一个无意义的、虚构的形而上学概念。维特根斯坦在他的《美学演讲集》中曾经明确地指出，美学这一论题长久以来一直被人们所误解。这种误解，往往又是由于“美”作为一个形容词的特点引起的。维特根斯坦解释道，“美的”这个词实际上是个形容词，这一点使得它在使用中往往容易被人说成“某个东西具有某种美的特质”。这样一来，形容词的美就变成了名词的美，美在人的意识中就变得像是一种独立存在的东西了。维特根斯坦根本否认有美的特质这样一种东西存在，认为作为形容词的“美”就和作为感叹词的“呵”一样，本身并没有确定的含义。另外著名的分析哲学家艾耶尔也坚持认为，审美判断基本上等于情感判断，它们永远不会比表示赞美或鄙视这样一种情感的句子有更多的意义。许多分析美学家都支持艾耶尔的这个观点，否认审美判断是描述性的，并同意审美判断的作用就像维特根斯坦所建议的那样，逻辑上更接近于传达或表达某种体验的姿势或断言。他们得出的结论是，实际上人们根本就不应该使用像美的性质这样的说法，因为它与审美体验、审美感受等这样一些可以经验、有着实际意义的美学概念是不相容的。这样，分析美学就在彻底经验主义的立场上复兴了休谟的主观论美学。

二、艺术哲学

与审美哲学联系在一起，同时比之更具实践性和现代意味的另外一个重要美学概念是艺术哲学。所谓艺术哲学，是指对艺术的维度和定义、艺术作品的美学特质，以及艺术理论的美学建构等与艺术有关的内容进行专门研究的学问。作为一个专门概念的艺术哲学，通常包含三个不同方面的内容：第一，关于艺术的不同理解维度的研究。这种研究的一个目的，是对那些我们关于个别艺术作品和不同艺术形式的理解最重要的基础性概念做出分析。第二，关于艺术的定义的研究。它尝试从各个方面给予一个客体以必要的和充分的条件，以证明它是合乎我们关于一件艺术作品的审美理解标准的。第三，关于艺术理论的研究。它旨在提供某种比对艺术的定义更全面、更广泛，同时也是更具体、更有效的解释。这种解释，至少在某种程度上，推进了我们对艺术重要性的认识。基于艺术哲学的这种特点，这里首先对与艺术一般性质理解有关的一些最基本的问题，如艺术与美学的关系、艺术表现、艺术表达等，做出理论上的探讨，至于与具体艺术理论理解有关的那些问题，则在下一节中予以讨论。

1. 艺术与美学

如上所述，美学包含了审美哲学与艺术哲学这两个部分。美学本身的这一特点，引出了一个重要而基本的哲学问题，这就是，艺术体验既然不仅存在于艺术的表现中，而且也存在于本质的联系中，那么，艺术和审美孰先孰后？是先有审美还是先有艺术？有一种观点认为，从各个方面来说，艺术都只不过是审美体验的一个特例。更基本的审美体验应该是发生在美的本质方面。因为，只有本质才能提供纯粹的审美形式。只要稍有美学常识的人都知道，这是康德的美学观点。另外一种观点，也就是德国古典哲学家黑格尔的美学则认为，艺术相对于审美而言具有概念上的优先性。这种观点并不否认存在着对本质做出美学反应的可能性，但它强调，在对本质的反应中发展起来的审美能力是这样一些能力，即它们是在与艺术作品的联系过程中才被锻炼和发展起来的。实际上，在对本质的美学反应中，我们在某种程度上是把本质当作前艺术品或叫作未成形的艺术品来看待的。按照这种观点，理解美的最好方式，一般说来，只能借助于艺术概念。我们究竟应该怎样看待这样一些问题呢？

（1）审美特性

当我们观看芭蕾舞演员急速旋转的舞蹈时，我们为他们表现出来的优雅和美丽深深地打动。当我们阅读一本小说时，它的或犀利或尖刻或幽默的风格亦不时触动我们的心弦。很显然，我们对艺术作品的关注，在很多情况下被引导到了与它们的审美特性有关的方面。同时，当我们谈论一个艺术作品时，往往把它的审美特性与其他艺术作品的审美特性加以比较。无论是在审美体验还是在后来的收藏活动中，我们经常做的一件事，就是一再地试图廓清艺术作品给予我们的印象。这种印象，说到底，就是某种被我们称为“感受性”的东西。因此，当我们讲到审美特性这样的概念时，我们是把它看作一种有可能给我们提供更多的感受性，能够更好地、更有效地锻炼和发展我们的鉴赏力、识别力的东西的。反过来，一个作品，如果它唤不起我们心理上的感受性，引不起我们精神上的共鸣，那就根本算不上一个好的艺术作品。

既然我们对艺术作品的审美特性的思考，是与我们在欣赏它们时心理上所产生的感受性联系在一起的，那么，在日常的审美活动中，我们又是通过怎样的方式来欣赏对象，努力获取我们所需要的审美感受性的呢？这就需要了解到底存在着哪些不同类型的审美特性。从一个方面看，大量的审美特性是属于表现性的，是与审美主体联系在一起的，这里既有情感性的特性（忧郁、快乐等），又有个性化的特性（大胆、稳重、自负等）；从另一个方面看，也有一些审美特性是非表现性、非人化的，不与主体直接联系在一起的，如一些美学家常常提到的所谓格式塔特性（统一、均衡、混沌等）。如果换一个角度来看待这个问题，把审美特性与某种我们关于美的标准联系起来看的话，我们还可以发现，有些审美特性完全是属于兴趣性、嗜好性的（华丽、明快、鲜艳等）；如果我们把审美特性与艺术作品对欣赏者的影响联系起来看的话，有些审美特性则带有明显的感觉性、反应性的特点（崇高、美丽、悬念等）。当然，上述这样一些区分未必十分精当，但确实给出了一个相当广泛的审美特性的范围。

一般而言，审美特性更多是与人的知觉联系在一起的，带有明显的知觉性的特点。一部电影被叫作“悬念”式的，是因为观赏者通过对银幕形象的知觉，引起了自己意识深处的某种情感反应。反过来，一首交响乐使人激动，是因为它的曲调让我们听起来感觉心情激扬。不过，尽管许多审美特性是知觉性的，但也不尽然全是这样。一部文学作品，可以通过使我们获得一种与我们的日常生活不同的关于世界的观点，而表现出与现实世界的疏离。而且，虽然审美离不开知觉，但从各个方面看，审美特性都不同于物理特性。物理学家预先就有物体的数量特性，如重量、规模、长度和速度等这样一些概念于头脑中。他们关于宇宙的描述，并不依赖于人类心理学。审美特性纯粹是一种性质特性。探察它们，需要具有像人一样的感受性或感觉能力。从原则上看，来自其他星体的具有生物和心理特性的生命应该能够理解我们用数学语言表达的物理学教科书，但是，它们却不可能像我们一样轻易地掌握属于人类的艺术作品的审美特性。根本的原因就在于，他们的感觉模式与我们的是不同的。

固然审美特性是一种性质特性，依赖于我们与其他生命存在物不同的感受能力，但这并不意味着它是无根的、自由漂游的。它们的存在，从根本上说，仍然依赖于某种物理上能够研究的属性。对于一幅优美绘画中的一条优美线条来说，它同时还必须是一条有着一定物理长度和厚度的线条。但是，不管优美的特性如何离不开作为它的基础的物理属性，线条的优美并不会降低到仅仅就是指它的物理维度。不仅如此，由于审美特性是一种感觉反应特性，它的基础就不能仅仅是指线条的长度和厚度这样的物理属性，而且也必须包括以人的感受性为特征的我们的心理属性。因为，在审美活动中，我们是作为在标准条件下观察线条的知觉者出现的。在这种情况下，审美特性与颜色等知觉属性类似，它也超越于某种物理学意义上的分子结构。反过来，由于审美特性也离不开被称为第二层级特性的知觉属性如颜色等，总是与颜色等属性相伴相随而出现的，所以，我们又可以把审美特性看作第三层级的特性，即反应-独立型特性。它既依赖于作为它的基础的第一层级的物理属性和第二层级的知觉属性又独立于它们。这种特性，从根本上说，是人这种宇宙中特殊的反应-独立型的生命存在所独有的。

（2）艺术本体

艺术哲学的最基本的问题，在许多场合下，往往被归结为这样一个简单的问题，即什么样的东西才称得上一件艺术作品？有关这样一种问题：在艺术哲学中，被认为是属于艺术本体论的问题，即艺术作品之为艺术作品的基础和根据究竟是什么的问题。换句话说，构成艺术作品的存在究竟是什么的问题。如果换一个角度来看的话，艺术本体论的问题同时还是一个关于艺术的个性或同一性的问题，也就是把一件艺术作品与其他的艺术作品相互区别开来，并且能够把它解释为是一个有着自身统一性的具体的、个别的东西的标准的问题。几乎不用多加思考，我们就能明白，这里存在的问题其实是很多的，而且也是非常复杂的。对于身处同一剧场，同时都在观赏莎士比亚戏剧《王子复仇记》

的那些观众来说，每个人从中所获得的印象和感受都是不同的。你有你头脑中的“哈姆雷特”，我有我头脑中的“哈姆雷特”，他有他头脑中的“哈姆雷特”，尽管我们大家都在同一时间、同一地点观看着同一出戏剧。这表明，文学作品与物理事物是完全不同的，两者之间存在着本质的区别。不仅文学作品是如此，音乐作品也是如此。音乐的节律永远也不可能与物理的声波等同。否则，一部音乐作品就不可能一再地被重复演奏。不过，有意思的是，有关文学作品和艺术作品这种特性的描述，却并不适合用来说明绘画和雕塑等这样一些特殊的艺术样式。因为，在绘画和雕塑创作中，画家和雕塑家是通过油彩和原料来实现自己的艺术想象的。离开了物质性的油彩和原料，画家和雕塑家的艺术构想就无以表现，它们在这个过程中是合而为一的。由此看来，不仅艺术作品不同于物理事物，而且这一件艺术作品也不同于另外一件艺术作品。在关于什么样的东西称得上一件艺术作品的问题上，并没有一个统一的、一成不变的，当然也没有唯一的标准。这种使艺术作品区别于物理事物，并且也使不同类型的艺术作品相互区别开来的东西，就是艺术创作中之所谓“本体”。问题的全部复杂性皆源于此：一个画家可以多次地重复相同的创作，一点也不走样地把一幅“相同”的画“拷贝”多次。或者，在后来的时间里，对它们一再地进行修改。与此类似，一首交响乐或一部戏剧作品也可以用完全不同的手法加以诠释或演绎。

从艺术哲学的角度看，艺术本体论的问题一直是历史上的美学家最为关心的重要理论问题之一。沃尔海姆曾经对这一问题进行长期和深入的研究。他坚持认为，艺术本体论问题是解决其他一切具体美学问题的前提。因为，只有首先搞清楚艺术作品究竟是一种什么样的东西，才谈得上进一步讨论具体的艺术表现和艺术创造的问题。他这样认为是有道理的。因为，一件艺术作品的同一性标准，在逻辑上当然必须与那些表现上沉闷、贫乏和单调的日常事物，也就是非艺术性的东西有所不同。否则，我们就根本无从区分艺术作品与非艺术作品，也无从识别平庸的艺术作品与艺术精品。在这个角度上，当代英国美学家斯特劳森特别指出，一个艺术作品的同一性标准，应是所有它那些美学上的“可赞赏性”特点的总和。在艺术本体论问题上，长期以来一直存在的一种强有力的历史传统，就是把艺术作品看作本来就存在于艺术家头脑中的，并且把对艺术作品的理解和欣赏看作不过是一个再现艺术家头脑中已有的艺术理念或概念的问题。在当代，伴随着主观经验主义日益在美学领域中占据主导地位，对艺术本体或艺术作品同一性的认定，转变为更多地强调感觉和知觉的意义，把艺术作品看作一种由精致化的细微感觉所构成的对象。例如，现象学美学就坚持，按其本质来说，艺术作品并不是“现实的客体”，而是“感觉在赞美中的呈现”。在一定意义上，艺术完全被限定在想象的世界里。它的价值既不能与真实世界的价值交叉，也不能归结为现实世界的价值。

（3）艺术诠释

诠释是旨在识别一件作品的意义的批评活动的功能。艺术作品允许和呼唤理解这一事实，表明它有某种超出其自身表现内容和美学性质的意义。这种意义的识别和择取，就是诠释在理解中所发挥的作用。任何一种文本的阅读都会遇到诠释问题，但没有哪一种文本的诠释会比它在文学中表现出来的情形更为典型、更为复杂。在大多数情况下，关于艺术诠释问题的争论，往往都由对文学作品的诠释的不同理解所引起。一般而言，在艺术哲学中，文本阅读所引起的诠释问题主要有两个：第一，作者的传记资料能否成为赞成或反对一种给定的诠释的合法证据？第二，当我们谈到某种诠释的时候，是否就应该把这种诠释看作关于作品的唯一正确的诠释？

就第一个问题而言，其所引起的问题，主要是"动机论"与"非动机论"这两个概念，或者说是这两种立场之间的冲突问题。动机论坚持，文学作品的意义（文本意义）与作者的动机（作者意义）是同一的，文本意义就是作者意义；非动机论则强调，文本意义是独立的，它客观地存在于作品自身之中，并且在概念上与作者当时究竟是怎么想的这一点毫不相干。按照非动机论的观点，当我们谈到一部文学作品的时候，我们是把它当作一件艺术作品来看待的。既然我们是把它当作艺术作品来看待的，那么，就应当根据我们在阅读它时所获得的体验来对它进行评判。文学作品是以自身的审美价值作为其存在的基础的。如果某种意义没有在作品的理想的阅读体验中显示出来的话，那么，无论作者本来想说什么或想要自己的作品传达什么，他们的动机并没有被人具体地意识到，当然也不会成为作品的意义的一个部分。不仅如此，任何有助于人们解读文本意义的外部证据，如任何与文本得以在其中产生的历史文化背景有关的资料等，都不应否认它们可以成为诠释作品意义的合法证据。非动机论强调，凡有助于人们加深对诗歌意义理解的任何东西，都能在我们阅读时通过书页上的每一个字向我们折射出它的意义之光。按照非动机论者的说法，动机论所犯的一个主要错误，就是从作者的心理事实去推导作为一种独立存在的诗歌的事实。对此，动机论者反驳道，一个在艺术上成功的作品，必定是与作者的创作意图相符合的作品。当我们阅读此类作品时，我们体验到的，只能是作者的"意义"而不可能是什么其他的"意义"。外部的资料和证据并不能使一个艺术上失败的作品变为成功的作品。它至多只是从某个侧面提醒我们，是怎样的意义被包含于我们所阅读的文字中。不仅如此，作者也不可能在没有充分掌握相关的历史文化背景资料的情况下来从事一部作品的创作。由于在现实中区分文本的内部证据和外部证据十分困难，因此，如果把外部资料视为文本意义的来源之一，到头来反而会使我们遗忘了文本的真实意义和本来意义。

与第一个问题相联系的，是上述第二个问题，即对艺术作品的正确诠释是一种还是多种的问题。这一问题，在艺术哲学中，被称为"一元论"与"多元论"的对立问题。所谓一元论，是指无论能否得到理论上的最终的或理想的诠释，对于一件艺术作品来说，只有一种诠释是正确的。所谓多元论，则是指根本不承认对于一件艺术作品只能有一种正确的诠释，而是坚持在现实中存在着多种多样能够满足合法性条件的关于该艺术作品的诠释。在一元论与多元论的争论中，确定性的概念是一个带有根本性意义的概念。多元论者指出，诠释的正确性必须建立在这一前提，即文学作品有其客观性之上，由此而决定了它的意义必定不是单一而是多样的。很明显，即使文本中每一个字词的意义都是确定的，作品的意义作为一个整体，也绝不可能是这些字词在构词法层面上的意义的简单相加或机械组合。整体的意义为诠释留下了空间，也使得对作品的不同理解成为可能。这个有力的论点揭示出一元论与动机论相结合的诠释模式的深层困境。因为，如果动机论是正确的，那么，确定性的来源就是作者的目的所提供的。但是，问题在于，在我们不能确定不同的基于文本的诠释之间哪一个是正确的时候，却需要外部证据的介入。外部证据在这种场合中能够起到最后的决定作用。在这种情况下，如果还顽固地坚持作者本身的动机仍然起着支配作用，无论如何也是说不过去的。从这个角度看，一元论与多元论的分歧，不过是动机论与非动机论的对立在另一个方向上的表达而已。

2. 艺术表现

表现及其与艺术之间的联系，是一个经久谈论的话题。在相当长的一个时期里，西方艺术哲学一直把表现看作艺术的一个最根本的特点。这种观点支配着西方艺术历史的发展，并且在我们今日所称的艺术的现代系统的形成中起到了重要的作用。然而，非表现主义艺术在19世纪末的崛起和在20世纪的蓬勃发展，一度把传统的艺术表现理论挤到了绝境。许多现代美学家在尝试运用新的理论诠释艺术创作特性的同时，往往把传统的艺术表现理论贬斥得一无是处。这种情况从一个侧面表明，表现理论在他们那里实际上从来也没有被充分地理解过。固然把艺术的表现理论当作一般的艺术理论来看是不适当的，但这并不等于说，我们熟悉的大量艺术形式不是表现性的。显然，如何更好地解释和说明表现理论，仍然是当代艺术哲学必须面对的一个重要问题。

（1）模仿

已知的西方哲学中最早的艺术理论，一般认为，是由柏拉图和他的学生亚里士多德建立的。不论是柏拉图还是亚里士多德，引起他们特殊兴趣的艺术形式，普遍被认为是戏剧。柏拉图在他的《理想国》一书中，精致地勾画了他理想中的国家的轮廓。在对这种乌托邦的描画过程中，他建议把诗人，尤其是戏剧家，排除出艺术领域。按照柏拉图的观点，戏剧的基础是模仿，即外观的模拟。当演员在舞台上表演时，他们惟妙惟肖地模仿着现实生活中真人的一举一动。这种模仿纯粹是情感性的，它既不符合生活的真实本质，又向社会传递了一种情感放纵的错误信息。这不仅是不明智的，也是十分危险的。至于亚里士多德，他对戏剧的看法，却又与他的老师柏拉图全然不同。按照亚里士多德的观点，戏剧当然对观众有某种煽情作用，但这种作用却不应被过分夸大。就其本质来说，戏剧的真正作用，与其说是唤起人的情感反应，不如说是通过主题的表现净化或过滤人的情感，使人的情感得到升华。因此，戏剧对人的作用是有益的。它并不像柏拉图担心的那样，会诱使整个社会走向堕落。

尽管柏拉图与亚里士多德对戏剧的看法不同，但他们又都一致认为，诗歌和戏剧的本质是行为的模仿。他们两人在讨论诗歌、戏剧的过程中，也谈到了绘画的特点问题。他们一致同意，与诗歌和戏剧一样，绘画的本质也应被认为是模仿。柏拉图还把绘画的特点比喻为“类似”于用镜子来照事物。那么，画家在绘画时究竟想要达到什么目的呢？按照他们两人的观点，那就是，复制或再现事物的外貌或形象。由于柏拉图和亚里士多德把舞蹈和音乐看作从属于戏剧和诗歌的东西，因此，他们认为，这两种艺术形式实际上都是被设计用来服务于戏剧的模仿目的的。总之，在他们那里，所有这样一些艺术形式，都可以被归类到模仿或再现的艺术的范畴。那么，在古希腊人那里，“艺术”又是一个怎样的概念呢？从已有的文献材料情况来看，古希腊人对“艺术”一词的理解，远比我们今天对它的含义所做的规定要宽泛得多。实际上，只要是与技能有关的人的任何实践活动，古希腊人都把它们纳入“艺术”的范畴。换句话说，甚至医学和军事这样一些东西都属于艺术。柏拉图和亚里士多德两人都没有直接给“艺术”下一个定义，他们唯一涉及给出定义的就是“模仿”这个概念。但是，这并不等于说，他们就没有自己关于“艺术”的一个完整的看法。事实上，当他们谈到今天我们所说的艺术，比如诗歌、戏剧、绘画、雕塑、舞蹈和音乐等时，他们的看法是一致的：这些东西可以被归结为同一类事物来看待，因为它们有着相同的特点即“模仿”。看来，这就是我们从古希腊人那里可以得出的关于艺术的理解。

（2）表现

在经历了几乎整整一个世纪抽象绘画的历史发展之后，回过头来看古希腊人对艺术的这种理解，我们无疑会感到几分陌生。因为某些现代绘画，例如马克·洛斯科（Mark Rothco，1903—1970）、伊芙·科雷（Yves Klein，1928—1962）等人的作品，纯粹就是色彩的世界，而与模仿丝毫沾不上边。显然，在这种新的情况面前，如果我们还把模仿理论当作艺术的一般理论来看待，在某种程度上就是一种无知。以抽象绘画为标志的现代艺术，从时间上看，始于19世纪末20世纪初兴起的视觉艺术对传统艺术模仿目标的背离。因为，摄影技术的出现，在很大程度上代替了传统绘画所发挥的功能。如果摄影能够达到对对象的比绘画更逼真的模仿，那就意味着，绘画若仍以模仿作为自己的本质，它迟早就将被摄影所取代。有鉴于此，德国表现主义画家最早表现出摆脱这一传统模式的倾向。立体派、行为派和抽象派等新美术流派先后崛起，从不同方向上推动和加快了这一背离的趋势及过程，使得非认知的表现方式最终在20世纪绘画领域中占据了主导地位。

现代艺术之所以有能力挑战艺术的传统模仿理论，最重要的一点还是在于，它们的作品向我们显示了，它们不是按照传统的模仿原则创作出来的，它们与模仿无涉。例如，抽象派绘画的特点就表明，实际上存在着某种纯粹的视觉艺术，这种视觉艺术的特点并不是模仿。除了抽象派绘画，音乐也很难称得上是模仿艺术。从音乐在历史上首先被与歌剧和宗教唱诗联系起来的那一刻起，它就使自己远离了模仿艺术。当然，这样的例子还有很多。伴随着现代派艺术越来越多地成为我们生活的一部分，我们对它们的艺术特性和创作理念也有越来越多的理解，我们再也不会坚持认为，它们都是一些模仿艺术。它们开始被我们看作不过是对人类表演可能性的某种探索而已。然而，即便模仿理论在现代艺术理论和实践中遇到如此众多的挑战，也不意味着它在现代美学家的艺术理念中就此销声匿迹。迄今为止，仍然有许多美学家不愿彻底放弃艺术的这种传统理念。他们希望找到一种既能体现艺术的模仿特性又能解释它所遇到的困难的新的概念，来解决这一问题。他们这种努力的一个结果，就是更多地使用“表现”这个概念来取代多少已经显得有点过时的“模仿”概念。所谓“表现”，是指用一个东西来代表另外一个东西，而这种代表也得到了观者的认可。例如，一幅肖像画就代表着某个真人，而看这幅画的人也能够把画中人与它的原型统一起来。实际上，这只是一个模仿的例子。但在表现论者看来，这就是表现，只不过是模仿表现。模仿是从属于表现的，它是表现的一个子范畴。由于表现论者这样来看待表现，所以，在他们那里，表现这个范畴始终显得未免太过宽泛。因为，有些东西看上去并不像它所代表的东西，但你仍然知道它代表的是什么。例如，一枚徽章代表着某个宫殿，但它却与它所代表的宫殿毫无相像之处。如果把表现定义与 20 世纪抽象艺术的特点联系起来比较的话，它所遇到的挑战还要大得多。在许多抽象派画家那里，如果不借助文字介绍，你根本不知道他们的画作想要代表什么。

（3）意义

无论是模仿理论还是表现理论，作为一种艺术理论来说，远不能说是成功的。它们既没有提供给我们一种一般的艺术理论，也没有帮助我们揭示出所有艺术作品的特性。在这种情况下，一些美学家转而尝试运用“意义”这一概念来解决这一扰人的难题。所谓“意义”是指，一个事物要想被当作一件艺术作品来看待，只有在它向人们传达了某种含义的情况下才有可能。这也就是说，它必须有一个主题，并就这个主题说了些什么。换句话说，这个候选事物必须具有某种语义学的内容。例如，莎士比亚的《李尔王》就有一个主题，这个主题谈的是一个王室因分裂而衰败的教训。至于毕加索的《阿维尼翁姑娘》，虽然在有关它具体要传达些什么的问题上，人们彼此间的看法不尽一致，但不同的人在看这幅画的时候，都想要从中发现一点什么，这一点却是没有区别的。

判断把“意义”理论作为一种关于艺术的一般理论来坚持是否适当，一个基本的方式就是看它在分析一些复杂的现代艺术作品问题上是否有效。现代艺术最突出的一个风格，就是它的现成性和对对象的再现。以马塞尔·杜尚（Marcel Duchamp，1887—1968）为例，他的名字一直是与现代艺术的这种风格联系在一起的。他的两幅重要作品《泉》和《断臂》，前者是一个普通的便壶，后者则是一把雪铲。这两件东西都是来自工厂装配线的现成的下线产品，杜尚本人并没有去制造它们。所以，他一再说他只是重新发现了它们。当然，就是在现代艺术早已过了必须为它自己的被承认而苦苦挣扎的今天，也仍然有一些人拒绝承认像上述那样一些作品是艺术作品。但是，一个不争的事实是，几乎所有的实践派艺术家、批评家和历史学家今天都同意，这些作品当之无愧就是 20 世纪艺术成就的体现。当我们这样讲的时候，许多人仍然对此抱有疑问。因为，我们既不会站在一个普通的小便壶前去凝思它的意义，我们也不会在自己的车库里用一条红绳子围成护栏，以使观者与它们保持一定的距离。为什么我们不这样做？为什么我们把本来相同的东西看成如此不同？其中的　个理由就在于，杜尚的“现成性”是艺术作品，而我们日常使用的便壶和雪铲则不是。那么，杜尚的现成性又包含了什么他的作品里有，而它们的对应物却没有的难以察觉的特性呢？对此，这种理论的提倡者解释说，这是因为，他的现成性包含了“意义”，而与之对应的、可知觉的日常事物却不拥有这种“意义”。这也就是这些美学家坚持这种美学立场的最基本的理由。在这个角度上，人们也把这种美学理论称为艺术的新表现主义。

3. 艺术表达

长期以来，表现一直被当作艺术的一个无可争辩的、最重要的特点来看待。在表现被从模仿的角度来理解的地方，艺术家的作用就类似于举着一面镜子来“照”所谓本质。艺术哲学的探究被引导到只是对客体的外观和人的行为等外部世界的客观性特点发生兴趣。然而，伴随着西方艺术向近现代的大步跨越，在 18 世纪和 19 世纪之交的欧洲，出现了一种把艺术哲学观察的视角转向主体自身，寻求对主体的审美体验做出新的探究和解释的趋势。这种趋势在历史上被称为近代浪漫主义。在这种浪漫主义的影响下，诗歌被描述为“情感的外溢”，而诗人的作用则是努力开拓和“表达”自己内在的情感。浪漫主义把基本的价值坐标置于自我以及他自身的体验之上，由此而开辟了艺术哲学发展的一个新的方向。从那时以来，艺术哲学中使用最多的一个概念，就是所谓“表达”。

（1）表达

“表达”一词有广义和狭义之分。最广义的“表达”，与“表现”一词的意思重合。例如，我们可以说“白皮书表达了中国政府的立场”，也可以说“白皮书代表了中国政府的立场”。不那么广义但仍略嫌宽泛的另外一种“表达”，则与“沟通”一词同义。例如，我们往往这样说：“关上那扇门”。所以，艺术哲学中使用的“表达”一词，与上述这两种情况并不是同一回事。艺术哲学所说的表达，是一种狭义上的表达。与它联系在一起的，是某种属人的特性，而“寓情”和“移情”是它的两个最重要的特点。一般说来，只有像下面这样一些有着十分明确含义的句子，如“这件作品表达喜悦”“这件作品表达了作者的某种世界末日恐惧情绪”等，才称得上艺术哲学意义上的表达。如果把这种意义上的表达概念做一个大致的规定的话，我们或许可以这样说：一个东西是艺术作品，当且仅当它通过线条、形状、颜色、声音、行为和语词等向观众传递了某种动机、意愿、情感、体验等的情况下，才有可能。不过，也有人认为这个定义过于严格，他们建议略微降低“表达”的定义标准。这样，在一些人那里，他们所坚持的表达定义，就成为下面这个表述形式：一个东西是艺术作品，当且仅当它澄清了某种情感的情况下才有可能，而与它是否打算把这种情感传递给观众无关。如果把这两种表达概念加以比较的话，我们会发现，前者同时包含了“寓情”和“移情”这两个特点，而后者则只强调“寓情”的作用。所以，前者是艺术哲学追求的理想表达概念，而后者则是一种偏重定义实效性的表达概念。

表达理论比表现理论的优势之处是显而易见的。它的一个明显优点是，它看起来要比表现理论具有更大的包容性。它不仅更适合于容纳近代浪漫主义运动诞生以来新出现并获得巨大成功的现代派艺术风格，而且也能够涵盖传统艺术哲学理论涉及探讨的那些内容。一方面，浪漫主义注意到了艺术作品倾注了艺术家对他的主题的态度、情感、情绪甚至观点这一事实，吁请人们把注意力转向艺术作品创作中艺术家这一部分来；另一方面，浪漫主义艺术家们也不遗余力地在自己的创作理论和实践中突出强调艺术作品的这种主观特性。在浪漫主义以前，艺术家们深信不疑地认为，他们的创作只不过是为人们提供一面“照”实在的镜子。在浪漫主义以后，人们再也不会这样来提出和回答问题了。表达理论适时地适应了人们这一方面的需要，极好地回答和解释了以往的艺术理论不能解决的这些问题。难道不是这样吗？艺术家在创作他们的艺术作品时，怎么可能不把他们对创作主题所持的观点，显露出来的态度、情感和情绪等灌注到自己的作品中去呢？所以，表达理论的一个机智和深刻之处，就是反过来追问这样一个问题：“那又如何可能呢？”正是这一追问，揭开了艺术史发展的新的篇章。这样一来，艺术表达理论就不仅是浪漫主义运动和它的遗产的一个成功的继承，而且在涉及对前浪漫主义艺术理论的反思方面，它所做的工作，如果不能说是最好的，也一定是极好的。

(2) 指示

当我们说一件艺术作品表达某种东西的时候，我们的头脑里想着的是一些属性或特性。当然，这里指的是属人的属性或特性，它们要么是一种情感属性，要么是一种性格属性。这就引出了一个问题，即艺术作品看来总是浸渗着属性。但是，这种浸渗在艺术作品中的属性又是一种什么东西呢？人们对此往往感到几分迷茫和困惑。为了说明这个问题，我们不妨以艺术家的创作为例来看它的特点。当一个艺术家创作一件表达意义上的艺术作品时，她打算显示或展示某些属人的性质，以期引起人们的注意。或许这个艺术家想要告诉我们，她所刻画的这个东西是存在的；或许这个艺术家只是想把它提出来，以便我们可以去思考它、反省它或者熟悉它的特征。不管怎样，从这个方面看，这个艺术家所做的，与在一个订货会上职员向我们展示一张货品的图样时所做的，并没有什么不同。

让我们进一步来思考这个问题。一个时装设计师来到一个订货会，想要买一些紫色的装饰布料。店员拿出一张印着深浅不同的紫色的图样让他选择。不同程度的紫色分别由图样上的不同小方块所代表。这个设计师在仔细看完图样上的小方块以后，指着其中的一种说："我就要这一种。"于是，接下来两人就成交了。为什么事情如此简单？这是因为图样上的小方块与仓库里的现货是对应的，而这就叫"样品"。样品是那种颜色的实例，它指示着那种颜色。日常生活中，我们经常遇到指示的问题。例如，你到一个餐馆用餐，侍者递给你一份菜单让你选择。在你选定了所要的食品以后，很快这些食品就被侍者端到你的面前供你享用。这里，你也是通过样品的指示作用而实现你的要求的。指示是象征的一般形式，但它又不同于表现。表现涉及的是人、地点、事物、事件和客体，而指示涉及的则是属性。而且，拥有相关的属性是指示的一种必要条件：除非 X 拥有 Y 的属性，否则 X 不能够成为 Y 的一个样品。换句话说，一块布的样品不能指示紫色布料，除非它拥有紫色的属性。如果把指示的这些特点与表现做一个比较的话，我们就能容易地看出它们之间的区别。对于表现来说，X 不必拥有 Y 的任何属性，它也能够表现 Y。例如，贝多芬的《英雄交响曲》并不拥有任何拿破仑的属性，然而谁也不否认它最好地表现了辉煌法兰西时期的拿破仑。当然，并不是每一瓶"茅台酒"都能指示任一其他瓶的茅台酒，即便它同其他瓶的茅台酒享有大量相同的属性。为什么它不能？因为普通的一瓶茅台酒与另外一些瓶的茅台酒并不发生关系。只有在它被选择并赋予了一种在联系中的象征功能的情况下，才有所谓指示的作用。如果用一个逻辑等式来描述上述这种情况的话，那么，它就是：X 指示 Y（一些属性），当且仅当（ⅰ）X 拥有 Y，以及（ⅱ）X 与 Y 有关。所以，如果要给指示下一个定义的话，那么，我们大概可以这样说：一个东西拥有另外一个（一类）东西的属性，并且拥有它与另外一个（一类）东西发生联系时所起的象征作用。

或许有人要问，这些与艺术又有什么关系呢？当然是有的。就像这些事物的作用是指示它们的"类"的某种特性一样，表达式艺术作品指示它们表达的特性。就像我们上面已经谈到的那样，艺术表达的一个重要作用，就是通过艺术作品来揭示和彰显人的属性或属人的特性。艺术家通过把相关的特性连接在一起加以展示的方式，逐步引导观众进入对艺术作品的寓意的沉思之中。这也就是说，当艺术家在表达某种东西的时候，他必须要把这种东西指示给观众。

（3）隐喻

当我们说艺术家把某种属人的性质结合进一件艺术作品时，我们说的是，艺术家是通过这样一种指示相关性质的方式来创作表达式艺术作品的。假设一个作曲家想要表达某种伤感的情怀，于是他为自己的曲子设计了舒缓、悠远的段落。当听众聆听这段乐曲时，他们的心绪随着如泣如诉的曲调旋律沉浸到忧伤、失落、彷徨甚至绝望的氛围之中。在这里，作曲家通过提供某种与我们的伤感情怀能够契合的曲调，指示我们进入他预先为之设计并期待的情感反应。就像在电影《走出非洲》和《绿卡》中一样，当莫扎特著名的《A大调622号竖琴协奏曲》第二乐章那恬美、伤感的乐曲声响起时，那种仿佛从远处传来并逐渐增强的哀怨倾诉曲调荡气回肠，无不使所有置身其中的听众刻骨铭心。但是，在我们谈到表达式艺术作品是把属人的性质结合进艺术作品的时候，出现了一个问题，这就是，指示理论在某些方面与表达的一般理论是不能统一的。我们说作曲家的曲子指示某种舒缓、悠远的境界，部分是因为它提供了一个表达的“样品”。作为一个样品，音乐必须拥有境界的属性。但从字面上说，音乐并不具有境界属性，只有人才有境界的问题。这也就是说，当我们说到这个音乐曲调是哀伤的时候，部分是因为它拥有哀伤的属性，但这在字面上却是讲不通的，因为只有人才有所谓哀伤的问题。音乐并不是一种感性的存在，音乐如何能够拥有哀伤？哀伤是一种心理状态，而音乐并不是心理性的。这样，上面讲到的表达的指示理论应用于音乐就远不能说是适当的。音乐并不能提供合适的哀伤的“样品”。

那么，表达的指示理论是如何解决这个问题的呢？按照它的观点，音乐的哀伤是隐喻性的，而不是字面上的。从字面上说，音乐确实不具有哀伤的属性，但我们却不能由此否认它隐喻性地指示着哀伤。隐喻在这里是一个相对于字面的，用来指示隐藏在字面意思后面的艺术作品所具有的某种属人特性的概念。如果这样来理解音乐的话，那么，这里就牵涉到了三个要素：关联、拥有和隐喻。如果用一个公式来表示它们的关系的话，那就是：X表达Y，当且仅当（ⅰ）X与Y有关，（ⅱ）X拥有Y，和（ⅲ）隐喻意义上的。把这个公式转变为日常语言，它的意思就是：表达是关联加上隐喻意义上的拥有。显然，无论是隐喻式的拥有还是隐喻式的指示，都是一些相当晦涩难懂的概念。因为，随之而来的一个问题就是，人们必然要问，一个人是如何在隐喻意义上拥有某些东西，例如我的车、我的房子等的？一个人要么拥有某些东西，要么不拥有某些东西。所以，我们说，隐喻式的拥有是一个专属于艺术哲学的概念，它是用来指艺术作品拥有某些字面上讲的特性，如音调和音速等，从而把观众引导到预先为它们设计或安排好的一些合适的隐喻性场景中。由于我们这样来理解隐喻概念，这样，在我们讲到音乐是哀伤的时候，我们其实是把哀伤特性隐喻地而不是字面地归之于音乐的。当然，在我们把某些性质如哀伤看作音乐特性的时候，也并不是随手就能拈来几个我们想要就能得到的隐喻的。只有与音乐本身相适合的隐喻，才是我们所需要的隐喻。这一点，往往也是最不容易做到的。

三、艺术理论

大多数人在参观博物馆、阅读文学作品、观看电影和戏剧以及欣赏芭蕾舞表演等时，问得最多的一个问题就是：艺术是什么？这不仅在于所有这些被称为艺术的东西在形式上是如此不同，而且还在于即便是同一种艺术形式，我们在不同时期对它的评价标准也是大不相同的。讨论上述这样一些问题与对艺术的具体理解问题有关，并寻求对这些问题做出艺术哲学意义上的阐释和回答的理论，被称为艺术理论。与艺术哲学对美和艺术一般性原理的讨论不同，艺术理论旨在提供对艺术本身内容的具体的、深层的和阐释性的说明。从这个角度看，艺术不应被理解为仅仅是一个名词性的概念或历史性的偶然现象，而应被看作一个有其自身根据的、不断发展着的专门的美学范畴。以下，我们通过对艺术理论中几个最重要、最基本的问题，如艺术的定义、艺术的形式以及美学史上几种最重要的理论的探讨，尝试对上面所说的艺术的本质或价值问题做出理论上的说明。

1. 艺术定义

讨论艺术理论首先遇到的一个问题就是：我们应该如何给艺术下一个合适的定义？从理论上看，定义艺术的工作，只有在明确了如何把艺术从非艺术中区别出来的原则以后，才有可能开始进行。实际上，艺术哲学家们在定义艺术时也一直是这样做的。传统艺术哲学处理这一问题的方式是，把艺术作品看作由某种内在于它们之中的东西决定的。例如，一种很有影响的传统艺术定义就是，“艺术是美的本质的模仿”。另外一种也是很有影响的艺术定义则是，“艺术是情感的沟通”。很显然，这样一些艺术定义是过于简单了，因为它们对大量的反例都是开放的：许多艺术作品，特别是文学作品，就不能说是对本质的模仿。另外，许多倾注了情感的东西，例如宣传品，通常也不被认为是艺术作品。更重要的是，20世纪以来新问世并取得巨大成功的各种新艺术形式以及现代派艺术，从各个方面形成了对传统艺术定义的挑战和颠覆。传统艺术定义遇到的这类困难，在当代艺术哲学中引起的一种典型反应就是，越来越多的艺术哲学家走向不可知论，否认有所谓适用于一切艺术形式的普遍的艺术定义。以下，我们概要地介绍并讨论当代艺术哲学中最有影响的几种艺术定义。

（1）家族相似论

如果注意观察一下日常生活中与我们发生这种或那种联系的各种艺术形式，如音乐、绘画、雕塑、电影、戏剧、舞蹈、文学等的话，我们往往会发现，它们之间的共同点似乎少而又少。这种情况导致一些哲学家得出这样的结论，即艺术从根本上说是不可定义的。在他们看来，任何想要给彼此差异如此之大的不同艺术形式找到一个普适性的定义的努力，注定是徒劳的。为了给他们的这种观点提供根据，他们发明了一个被称为“家族相似性”的概念来代表他们对艺术的一般看法，当然这也可以看作他们给出的艺术定义。

作为20世纪最有影响的一种艺术定义，“家族相似”这一概念最初是由维特根斯坦在他的《哲学研究》一书中提出来的。所谓家族相似，是指一个家族中的各个成员之间有着这样或那样的相似之处，但他们绝不会都在某一点上表现出完全相同。例如，在某一家族中，成员甲和乙个头相似，乙和丙骨架相似，甲和丁头发相似，但他们的相似只是表现在某一方面，而不是所有方面。而且，他们的这种相似也只是看起来有所相同，而绝不会是完全相同。维特根斯坦提出家族相似这一概念的目的，在于否认所有家族成员之间存在着无差别的共同点。他把家族相似这一概念推向对游戏和语言的本质的说明。按照他的这一观点，游戏是一个家族，语言是一个家族，各种语言游戏也是一个家族。因此，在看待这些东西的关系的时候，人们应该把它们看作至多只是某种家族相似，而不应该徒劳无益地去追求那种根本不存在的所谓共同点。在维特根斯坦提出家族相似这一概念以后，哲学家们开始把它应用于对艺术定义的说明。一个显而易见的事实是，各种不同的艺术形式之间的关系就是一种家族相似：尽管一些艺术作品之间表现出明显的相似性，但它们并不共同享有某种可观察到的因而是无差别的特点，当然更不用说是起支配地位的特点了。既然如此，人们如果仍然还坚持想要寻找到某种对所有艺术形式都普遍适用的艺术定义的话，那将显得十分幼稚可笑。这些哲学家由此得出结论，人们有希望达到的最好的情况，至多就是制定出关于某一艺术形式如小说、交响乐、恐怖电影等的定义。

并不是所有的哲学家都赞成维特根斯坦的这个艺术定义的。要想驳倒这个定义，最好的办法当然是给出一个令所有人都感到满意的定义，但这被证明是十分困难的。不过，这并不妨碍我们说这个定义在许多方面仍然是经不起推敲的。首先，说在家族成员中存在着某些共同的东西，这看起来毫无意义。因为，这种共同性讲到底只能说是遗传学意义上的联系，这跟艺术又有什么关系呢？其次，所有游戏的彼此相似性，是在于它们有可能把那些本来对此不感兴趣的人吸引到它们当中来，即成为玩者和观众。但这样一来，游戏的定义就变得十分含混，完全不能令人满意了。例如，它并没有帮助我们把游戏与接吻或听音乐等这样一些活动区别开来。所以，它作为一个定义也远不是那么考虑周到和令人赞赏的。再次，如果我们有可能制定出一个针对游戏的完善的和有效的定义的话，那么，我们就没有理由预先把为艺术作品制定一个这样的定义的可能性从我们的努力日程表上划掉。最后，所有艺术作品的共同特点有可能最后被证明是十分有趣或非常重要的，但这并不意味着，它就不能够被我们发现和制定。

（2）惯例论

惯例论是迄今仍极为流行的一种艺术定义，其主要代表人物是当代美国美学家乔治·迪奇（George Dickie，1926—2020）。在他于20世纪70年代出版的《艺术与审美》一书中，乔治·迪奇提出了艺术就其本质来说是一种“惯例”的安排的定义。所谓惯例的安排，是指某些东西之所以被作为艺术作品来看待，是因为它们在一整套惯例或制度系统的联系中占据了一定位置。按照迪奇的观点，给艺术下定义是可能的，而不是像维特根斯坦以及他的一些追随者声称的那样是不可能的，关键是我们应该给予艺术的定义一定的灵活性，从而给什么是艺术作品的问题制定一些必要和充分的条件。他一再强调，假如我们足够宽容地来看待什么是艺术作品的问题的话，那么，像戏剧《麦克白》、一堆砖块、一个被标以“容器”的便壶、艾略特的诗歌《荒原》等这样一些用传统的艺术定义来衡量很难聚拢在一起的东西，都可以称得上艺术作品。但是，导致迪奇本人把这样一些截然不同的东西都看作艺术作品的理由究竟是什么呢？迪奇指出，这就是，我们必须注意到，在所有这些东西中，有两点是共同的。首先，它们都是“人工制作的事物”。人工制作的事物这一特点表明，我们必须把它们放在一个十分宽泛的意义下来理解。比如，海滩上几片被从海里捡起来的漂木，只要有人把它们放在一个艺术馆里展览，就可以被看作艺术作品。因为，你把它们放到一个艺术馆里展览以便其他人能够观赏，在某种意义上，可以解释为是对它们进行制作。其次，也是更重要的一点是，在它们作为一个展品被摆到艺术馆的展台上展示的时候，它们就已经被这种或那种艺术界人士，如画廊主人、出版商、制片商、导演和艺术家等，赋予了一种艺术作品的身份了。在每一种情况下，与之发生联系的那些有着专家和权威身份的人士所做的一切，自觉或不自觉地已经把它们当作艺术作品来看待了。

乍一听来，这种说法给人的印象是，如果你要问什么是艺术作品，有人马上就可以告诉你：艺术作品就是某些人说是艺术作品的那些东西。这不明摆着是一个循环式命题吗？事实上，它也离你所得的这种印象不远。不过，仔细想来，艺术界人士也确实不需要经历命名某一件东西为艺术作品的仪式，他们甚至也不需要说这是一件艺术作品。因为，只要他们是在把它当作一件艺术作品来看待，这就足够了。所以，惯例论的观点，归纳起来就是：在我们的社会中，有一些人或团体有能力通过一种简单的命名性行为，即可以采取把某些东西叫作“艺术”的形式，把某种人工制作的东西转变为艺术作品，就像我们在出版、展览和表演等行业中经常看到的那样。我们该怎样来看待惯例论者给出的这种艺术定义呢？首先的一个问题是，这种定义看来很难把好的艺术从那些不那么好的，甚至是庸俗低劣的艺术中区别出来。因为，它给人的一个印象是，这个理论有可能为各种自命不凡或想象力贫乏的艺术提供最佳的辩护口实。按照它的逻辑，我们可以大胆地推论一下：假如我是一个画廊主人的话，我是不是能够通过当场把我脚上的一只鞋子脱下来摆在展台上展览的方式，来向其他人宣称这是一件艺术作品呢？其次的一个问题是，它确实遇到了我们上面已经提到的那样一个循环论证的问题。惯例论一再强调说，艺术就是被那些在这一方面拥有权威身份的专业人士看中而被冠以“艺术”名头的任何东西。这听起来不但像是在玩弄文字游戏，还像是一种只能由来自某些阶层的、自命拥有古希腊神话中迈达斯点石成金术的那些人垄断的专利，或现实生活中政客们玩弄的政治游戏。最后的一个问题是，艺术界人士把一个东西看作艺术作品的标准到底是什么？沃尔海姆一针见血地指出，即使我们同意艺术界人士有权把一件人工制作的东西叫作艺术作品，他们也必须告诉我们，为什么他们选中的是这个东西而不是其他东西？如果他们不能给出让我们信服的理由，我们又有什么必要去相信，他们给出的标准就是我们应该接受的标准呢？

（3）意义形式论

意义形式论是一种把艺术判断看作自足自律，不受日常情感影响，与一切伦理和社会方面的关切无关的，纯粹用于表达意义的形式性的东西的观点。它的主要代表人物是20世纪英国哲学家、美学家克利夫·贝尔。贝尔在他著名的《艺术》一书中，旗帜鲜明地为抽象主义艺术进行辩护，指出纯艺术作品的最重要的价值是，它们能够在与之发生联系的那些人，即观众、听众和读者那里产生某种美学情感。这种情感不同于我们日常生活中的情感，因为它完全与人们在实践中关心的那些东西无关。贝尔所说的引起人们以这种方式做出反应的纯艺术作品是什么？为什么纯艺术作品能够在人们的心里激起这样一种美学情感？对此，贝尔的回答是，这是因为纯艺术作品中都包含一种被叫作“意义形式”的性质。这种意义形式就是圣索菲亚教堂、卡尔特修道院的窗子、墨西哥的雕塑、波斯的古碗、中国的地毯、帕多瓦的乔托的壁画，以及普桑、德拉、弗朗切斯卡和塞尚的作品中所共有的性质。在所有这些不同的艺术作品中，线条、色彩以某种特殊方式组成某种形式或形式间的关系，从而激起我们的审美情感。意义形式是一部艺术作品的结构的不同部分，即它的性质不同的特点之间的一种确定联系，而并不关乎它的主题或内容。尽管贝尔的这种理论更多地适用于视觉艺术，但它对艺术本质所持的这种观点，又使得它同样适合被作为一般的艺术定义来看待。

从它问世的那一天起，意义形式理论就是一种引起广泛争议的艺术定义理论。欣赏者有之，批评者亦有之。对于这一理论的支持者，也就是那些感觉主义者来说，意义形式确实是我们在一件艺术作品里能够感觉到，但又难以确切定义的特性。而对于这一理论的反对者，主要是那些反感觉主义者来说，他们并不欣赏这样一种东西。或者说，他们根本就不承认艺术作品中存在着这样一种特性。那么，这种理论的反对者对它提出了哪些值得我们重视的批评意见呢？从一个方面看，许多人认为，意义形式理论在很大程度上犯了一种不能容许的自我循环的错误。因为，它对艺术所持的看法，归结起来只不过是说，美学情感讲到底是由某种不可言说的产生美学情感的特性产生出来的。这就像对人说，一片止痛药是通过它的能够止痛的特性而发生作用的。在这里，应该被解释的东西被用来作为了解释。当然，这一理论的辩护者可以说，这样的论证并不是不被许可的。因为，它在某种程度上说明了，为什么一些人比另外一些人更懂得欣赏某些艺术作品，还不是因为他们具有某种其他人不具备的能力吗？从另一个方面看，由于这一理论本身循环论证的特点，又使得它成为一种左右逢源、总是有理的理论。这一理论的一个基本假定是，在人们欣赏那些真正的艺术作品时，存在着一种只有纯艺术体验才能感觉得到的情感。但是，它在这样讲的时候忘记了，我们大家或许确实都有这样一种情感，但是，我们怎么去证明它是存在的呢？举例说，有一个人极力声称他有关于某一艺术作品的体验，但他却从未获得这一理论所说的那种情感，那该怎么办呢？它是不是该讲，这个人这样讲是错误的。因为，他要么并没有充分体验到这种情感，要么就是持有与它对立的关于艺术的观点，即反对从感觉出发来判断艺术作品。这样一来，它就又回到了自己一开始就坚持的那种观点，也就是，确实存在着某种由纯艺术作品产生的美学情感。既然如此，还有谁能够驳倒这种观点呢？

2. 艺术作品

与艺术定义问题相联系的另外一个重要和基本的问题是艺术作品身份的辨识问题，也就是如何把艺术作品从其他人工制品中区别出来的问题。这一问题对于艺术哲学的重要性，就像康德道德哲学中的应当范畴。因为，如果没有某种辨识艺术作品的方法，我们就不知道该如何对它们做出适当的反应。例如，我们之所以相信曹雪芹的《红楼梦》是一部优秀的文学作品，是通过我们的诠释。反过来，对非人工制品我们却不会运用诠释。我们如何知道《红楼梦》是一个属于正当性诠释的范畴，而非人工制品却得不到我们的青睐？显然，这是需要加以进一步探讨的问题。

（1）定义与身份

从艺术哲学的角度看，如何从人工制品中区别出艺术作品，与我们将对这些候选者做出何种反应，是一个统一的整体。一块溅落于地板上的油污或面包屑，我们是应该把它清除掉还是对它加以诠释？一个撞坏损毁的汽车底盘，我们是应该注意到它的表现特性，还是要叫人来把它拉到垃圾场？在这里，我们看待它们的眼光不同，最后导致的结果也就不同。因为，如果它们是艺术，这些东西就是我们诠释的对象；如果它们不是艺术，则最后我们就要想办法清除掉它们。无论从哪一个方面看，艺术的概念对于社会存在的现实来说，都是一个极其重要的概念。首先，它支持许多意义的普遍性，如每一种已知的文化都有属于它自己的艺术实践；21 世纪拥有之前的任何一个世纪都多得多的艺术等。其次，它也支持某种反现实的普遍性，如任何一个缺乏文化的社会都是人性得不到张扬的社会。最后，就像我们一直看到的那样，艺术概念也发挥着一种诠释性的作用：为什么那么多的现代派画家都画同一个便壶？理由很简单：他们把它看作一个艺术的表现对象。

从一个方面看，艺术概念对社会生活来说是不可缺少的；从另一个方面看，我们又要懂得如何来辨识它和使用它。所谓辨识，就是要懂得如何来确定艺术作品的身份，懂得从人工制品中挑选出艺术作品的候选者。正如我们在上一节中看到的那样，各种不同的艺术定义理论的一个主要的目的，就是想要给艺术作品的候选者制定某种必要和充分的条件，以便我们在挑选候选者时，能够把它们置于一定的定义之下来加以分析。概念通常被认为是根本的定义。概念的作用是用它作为定义，以便为它所涵盖的那些事物提供必要和充分的条件。由于艺术是一个概念，因此，它也必须能为它的所有那些可能的候选者提供相应的身份和资格方面的证明。但是，问题的复杂性在于，并不是所有概念都是在具备必要和充分条件的定义模式的基础上被理解的。实际上，相当一些我们日常使用的概念并不总是那么确定的，但这并不妨碍我们成功地应用它们。艺术也可以是这样一个概念吗？一些哲学家认为是的。家族相似论就坚持，它提供了一种艺术必须是如此这般的证明，因为定义艺术与艺术本质的扩展并不是同一回事。它还进一步假定了，人们应用艺术概念是基于家族相似方法，而不是基于包含了必要和充分条件的定义。当然，这也不过是家族相似论一厢情愿的说法，它的成功其实远不像它自己声称的那样显著。不过，尽管包括家族相似论在内的各种定义理论在这方面所做的尝试并不被认为是完全成功的，但它毕竟道出了一个基本的事实，这就是，确实没有哪一种艺术概念是完全按照必要和充分条件来构造的，我们也不是严格按照艺术定义来选择和确定艺术作品的候选者的。既然如此，在关于什么是艺术和什么不是艺术的问题上，我们就应该避免过早匆忙地做出结论。仔细想来，在当代，只有具备了必要和充分条件的概念才有资格被作为定义来使用的传统原理，不仅在哲学领域，而且还在大多数社会科学、自然科学领域都受到挑战，其中包括像心理学中的还原理论、生物学中的因果理论等这样一些以往被视为不可移易的原理。当然，逐一检讨每一个挑战是不重要的，重要的是要注意到对概念的定义式探讨并不是只有一种固定的模式。只要证据充分、方法得当，我们仍然有可能发现传统艺术定义的替代模式。在这个新的替代模式提出以后，对它的评价，归根到底还要看它在把艺术作品的候选者从人工制品中挑选出来方面，是否发挥了某种较之以往模式更好的作用。

（2）作品与叙事

探讨如何把艺术作品从人工制品中区别出来的方式之一，是考虑我们在具体的问题环境中该做些什么。换句话说，在我们确定一件人工制品是否具备作为艺术作品的资格的问题时，我们该做些什么？特别是，在人们对某件人工制品是艺术作品表示怀疑，甚至认为它是一件赝品时，我们该做何反应？对艺术作品身份的种种挑战，迫使我们必须解决我们在一般情况下把某些人工制品划入艺术作品范畴时所持的根据问题。一般地说，当这种挑战发生或可能发生时，我们所求助的将不是定义而是诠释。因为，就像我们上面已经分析过的那样，要找到一个完全适合我们的情况的无矛盾的定义，是十分困难的。在这种情况下，我们转而尝试通过诠释找到解决问题的出路。我们援引各种先例，指出潮流本质、宣示创作动机，努力向人们表明，新的艺术作品是如何在实践中从我们习以为常的同一种思维、行为和做出决定的方式等演化而来的，有争议的作品实际上根植于同一个明白无误的艺术史传统。从表面上看，在反叛的艺术作品，通常是指先锋派艺术作品与主流的艺术传统之间，存在着一条明显可以感觉得到的鸿沟。传统艺术的捍卫者否认填平这一鸿沟的可能性，而先锋派艺术家为了确立他们的作品作为艺术作品的地位，则千方百计想要填平这个鸿沟。填平这个鸿沟的标准方式，是产生出某种历史叙事，即用某种例证或言谈的方式，证明伦勃朗与现成性，也就是传统性与现代性之间确实存在着某种思维和创作上的关联。

值得注意的是，在整个20世纪，一方面是先锋派艺术的崛起及其影响的持续性增强，另一方面是对这种运动及其作品始终存在着激烈的反对意见。对先锋派艺术所持的否定或怀疑，不仅来自视觉艺术领域中那些对它感到困惑并颇有微词的艺术家，甚至也来自它所代表的那个社会阶层中对此持批评意见的那些人。这就提出了这样一个问题，即当这样的挑战发生时，它是以怎样的方式表现出来的？如果我们注意一下这一争论的过程的话，不难发现，那些有争议的作品获得的支持，在大多数情况下是以这样一种方式表现出来的，这就是，努力把该作品与先前的传统和当下的趋势联系起来。在这样一种方式中，受到批评的作品将能够被看作日常的艺术判断和创造性的思维、创作模式相结合而产生的一种有意义的结果。当然，这样的方式是假定了我们已经知道一些对象是艺术的，而且我们也知道对这些对象来说什么是重要的，并且关于这些人们彼此之间也已经达成了某种共识。这样，以这种先行知识作为先导，我们努力显示有争议的作品是如何由那些被看作实践中的中心问题引导，从对艺术史传统的创造性理解中一步一步地演化而来的。例如，在20世纪的大部分时间里，各种现代派的艺术门类都义无反顾地致力于说明艺术的本质问题。为了实践现代派的这种艺术理念，即美术作品本质上是一种平面的、二维的东西，而不是像人们通常认为的那样是一种立体的、三维的东西，现代派艺术家们用席卷整个画坛的形式主义旋风彻底地颠覆了人们习以为常的艺术认知。在包括了像毕加索、达利和米罗等这样一些声名卓著的现代派画家在内的、持续了整整一个世纪的艺术史变革的冲击下，甚至那些早期曾对这一变革持激烈反对态度的艺术家最后也不得不承认，这是一场值得进行的哲学探索和艺术冒险。从此，先锋派艺术家如德国表现主义画家笔下怪异的风格和不规则的线条，不再被当作一种有违逼真性原则的不成功的甚至是假冒的艺术而遭到排斥，而是作为一种可理解的、有先例可循的对现实主义的反叛而被普遍地接受。

（3）动机与诠释

关于艺术创作的动机与艺术作品的诠释这两者的关系问题，是艺术作品研究中另外一个极为重要的问题。传统艺术理论对于艺术作品的探讨，往往集中于关注艺术家创作艺术作品时的动机问题，而忽视了文本与阅读者之间的互动性联系问题。为了填补艺术批评领域的这一真空，近年崛起的诠释论提出了一种全新的解读艺术作品的方法和观点。所谓诠释论是指这样一种观点，即在一定意义上，艺术作品是公共的，是与对它们的批评性诠释联系在一起的。一旦它们被创作出来，艺术家就失去了对它们的批评和诠释的垄断权。换句话说，对于一部文学作品，作家本人并不比任何一个其他人拥有更多的控制权。作家必须也只能与其他人共同分享对他的作品的批评和诠释的权利，在这方面他不再有任何特权。按照诠释论的观点，当人们讨论艺术问题时，不应该把注意力仅仅集中到艺术家创作作品时的动机方面，而应该更多地关注作品本身实际包含的内容。来自作品的任何东西与艺术家、艺术表现形式等的照面，并不都直接表现为纯粹批评性诠释的行为，而是大量地与对艺术家心理的研究有关。心理本身就是一种有趣的主题，它能告诉我们大量关于艺术作品的起源方面的信息。但是，我们不应当把作品的起源与它的意义混为一谈。艺术批评关注的，主要是作品本身的意义而不是它的起源。对意义的关注，维系于是否获得了支持批评话语的证据，而这种证据只能内在于作品本身之中。至于艺术家心里到底在想些什么的个人陈述，从根本上说，是外在于艺术作品的，因此它与纯粹的批评无关。随着诠释论的发展，一些支持这种理论的艺术家和学者更喊出了像“作家死了”等这样一些颇为激进的口号。他们通过这些口号来表达他们与传统动机主义艺术观点的彻底决裂。

诠释论既然是以反动机主义作为它的理论前提的，因此，它所受到的批评，也就主要集中于它的这种前提是否经受得起检验的问题。这种理论遇到的第一个质疑，就是人们认为它是建立在对动机概念的不正确理解的基础上的。因为，它把动机看作我们在做一件事情之前发生的那些心理事件。然而，许多哲学家相信，动机其实更多地与我们做一件事情的方式有关，很难把它们与行为本身分割开来。例如，当我打算打开我的电灯的时候，我并不就有一个先于开灯这一行为的心理事件：事实上，我的心理事件与我开灯这一行为是同时发生的。而且，我的开灯行为是包含在开灯动机中的。这种理论遇到的另外一个，同时也是更棘手的质疑是，某些艺术门类，如荒诞剧等，是与艺术家思想上对这种艺术表现手法的偏爱紧密联系在一起的。荒诞剧的一个特点就是，当它说到或描述某一情节时，往往与口头上或字面上表达的意思相反。如果你不把它与剧本的前后文和背景联系起来看的话，你往往很难搞清楚艺术家在这里究竟想要表达些什么。所以，它并不是完全与艺术家的创作出发点无关的。这种理论遇到的最后一个质疑是，它对艺术批评的理解过于狭隘。好的艺术批评总是善于利用一切有益的证据，而不在乎这种证据是来自作品的内部还是外部。对一个批评家来说，要他在批评之前就制定出一种证据可以用于支持他的批评的快捷有效的规则，那也未免过于苛刻了。

3. 艺术形式

艺术形式是艺术作品欣赏中的一个关键要素。人对艺术作品的欣赏，相当一部分其实是被它最初的设计预先规定了的。我们在欣赏艺术作品时所获得的愉悦，其中一个非常重要的来源就是，注意到作品的设计是如何适合于达到它的目的的。就像我们欣赏工具是欣赏它们实现自己设计用途的方式一样，我们对于艺术作品的反应，也是建立在对它们实现创作者意图的方式的思考基础上的。由于对形式在欣赏艺术作品方面所具有的重要性印象深刻，现代形式主义者宣称，意义形式是一切艺术的基础。在提请人们注意大多数20世纪艺术具有怎样的价值问题上，形式主义艺术理论可以说是功不可没。对比表现主义艺术理论，形式主义艺术理论更早、更明智和更坦然地接受了现代派艺术的现实，这使它在20世纪艺术发展史上占据了重要的一席之地。不过，当形式主义者这样做的时候，他们也犯了一个表现主义者曾经犯过的错误，这就是，把形式概念当作全部艺术而不是现代艺术的本质。这样，它就在另外一个方向上重蹈了表现主义者的覆辙。那么，我们究竟应该怎样看待形式这一概念在艺术欣赏中所具有的特点和作用呢？

（1）形式与内容

只要一谈到艺术，形式就会作为一个重要的概念跃入我们的眼帘。几乎所有的人都承认，离开了形式，我们就不可能对艺术有一个正确的理解。那么，形式究竟是什么呢？要回答这个问题，看来最好的一个办法，还是把它看作一对对应着的概念的另外一半。这对对应的概念，就是所谓形式与内容。对大多数人来说，离开了内容就无所谓形式；而离开了形式当然也就没有了内容。不过，尽管我们已经习惯了这样来看待形式这个概念，但它与内容之间究竟是一种怎样的关系，或者换句话说，它是作为怎样的一个概念而与内容建立起这种联系的，仍然是一个必须加以说明的问题。而且，形式与内容的关系真的就像我们日常理解的那样，确实是不可分离的吗？对此，人们的看法是不同的。

形式与内容的关系，在许多人那里，被看作表现形式与意义之间的关系。在这里，内容作为意义是形式努力要表现的东西。但是，我们能不能这样来看待形式与内容的关系呢？形式真的依赖于一个叫作“意义”的内容吗？或者说，内容就是指所谓意义吗？其实不是这样的。因为，这样做的一个结果，就是使得形式这个概念过分地依赖于艺术作品拥有的那种被我们叫作“意义”的东西。这样，假如有某种艺术作品至少从表面看来是不包含所谓意义的，比如纯音乐作品，那么，这种艺术作品就将被我们这种定义艺术的方式排除。但是，我们又知道，在20世纪的大多数时间里，我们总是把纯音乐作品当作一种纯形式的艺术作品来看待的。所以，用意义这一概念来规定内容，并且试图通过这种规定把形式看作与内容不可分割的东西，这一理解方式显然存在着现实中不能加以解决的矛盾。

既然不能把形式与内容的关系理解为表现形式与意义的关系，那么，我们能否把它们看作样式与质料之间的关系，即把内容说成是组成艺术作品的无论什么，而把形式说成是这些东西的被组织起来的方式呢？这是另外一些人对形式与内容关系的理解。从许多方面看，这种理解都是可以成立的。因为，它既符合我们日常生活中对内容概念的直观印象，又不会遇到我们在上面那种理解中面临的困难。不过，问题的微妙之处在于，固然我们用这种关于形式与内容关系的理解摆脱了前一种理解造成的矛盾，但它却在另一个方向上产生了一个新的问题。这个问题就是，我们关于一部艺术作品的形式概念要受到关于该作品的内容概念的制约。在我们知道被组织的东西是什么以前，我们是不可能确定它的组织样式的。如果这样的话，我们又该把这个建立在我们关于一部作品内容概念基础上的形式概念叫作什么呢？由于内容概念在这里是模棱两可的，因此，它的含混性可能影响到我们在这样一种方式下，即形式与内容的界限动摇时讲到的关于艺术形式的那些我们素所熟悉的理解。

由于用传统思辨方式定义内容概念存在着明显的难以克服的矛盾，所以，有人转而寻求通过日常语言分析的方法来解决这个问题，把内容术语限制在艺术作品所表现的东西上，希望以此来解决形式与内容不能相容的矛盾。这是现代分析美学经常使用的一种方法。在日常言谈中，我们常常把内容看作就是艺术作品表现的那些东西，要么是它的主题，要么是它说到的关于主题的任何什么。这样，我们或许可以说，绘画的线条、形状和颜色等是被部署在一种确定的样式上的，用于把绘画的内容连接到它所表现的东西上的一些形式要素。但是，通过表现来连接形式与内容，有可能变得过分突出它们的区别而反过来掩盖了它们的联系。让我们假设一下，如果我们把这个理解作为艺术作品的一个特点来看待的话，将会出现怎样的情况？什么是艺术作品的表现要素呢？它是这样一种东西，即常常被连接到一部作品的主题上的东西，包括它说到的关于它的题材的无论什么。例如，对奴隶制残酷的揭露，可以被作为作品的一个表现特点。但是，作品的这个表现特点，看起来更多地像是艺术作品内容的一个特点。还有，它难道不是艺术作品形式的一个特点，即作品中的表现材料如何被我们掌握的一个结果吗？如果经过这样一番周折，我们又返回到了包含者与它所包含的东西没有区别的老路，那么，引入表现概念来说明形式与内容的关系，又有什么实际的意义呢？更复杂的是，与上面这个把表现引入到内容中来的问题联系在一起的，是许多艺术作品并没有所谓的表现内容。如果这样的话，它们可能也就没有形式，因为没有形式能够操作的内容。但许多非表现型艺术作品如现代派作品却是有形式的。如果我们硬要规定这些作品有内容，如它们的线条、颜色和形状，那么，接下来的情况就是，我们将没有办法来谈它们的内容。这些作品要么有内容，要么没有内容。但是，在任何一种情况中，它们显示出来缺乏的，恰好都是形式。

到现在为止，我们所说的形式与内容的区分，仍然没有提供给我们一种刻画艺术形式性质的一揽子办法。那么，问题究竟出在哪里呢？仔细想来，到现在为止，我们面临的主要困难在于，在我们刻画形式时，一直是把它和内容捆绑在一起的。这使得我们容易把这两个不同的范畴看成是前后相继同时使用的一组事物。由于这一方法不能帮助我们彻底解决我们所遇到的各种矛盾，所以，一个当然的想法就是，我们是不是可以尝试换一种方式，也就是撇开内容来给艺术形式下定义呢？当我们这样来看待这一问题的时候，我们发现了一个以往可能不会引起我们特别注意的现象。这就是，在我们描述艺术形式时，我们常常提到它是统一的和复杂的。由于我们如此经常地提到这两个概念，因此，我们有理由认为它们对我们正确理解艺术形式的本质有某种帮助。事实也的确如此。为了使自己是统一的和复杂的，一件艺术作品必须是由不同的部分组成的。如果一件艺术作品的各个部分像它们表现出来的那样，是和谐地联系在一起的，或者，它的两个部分之间的某种关系是被重述的，就像一首诗歌的韵律节拍那样重复的，那么，我们把这些称为作品的同一性特点。如果一部作品的不同部分之间存在着多种不同的关系，或者不同部分之间的关系是错综复杂甚至全然相反的，那么，我们说这部作品是复杂的。总之，部分和关系贯穿了所有这些关于艺术作品的形式描述，它们是构成艺术形式的基本成分。因此，当我们陈述一件艺术作品的形式时，我们讲的是作品不同部分的关系。当我们讲到一幅绘画左右两边的结构不对称时，我们说的是这幅画不同部分之间涉及的相互关系。我们有理由这样推论一下，即无论何时，当我们陈述一件艺术作品的形式时，我们其实是在陈述一些关系，或形式的不同部分之间的关系。形式陈述最后总是可以被转译为这样一种陈述方式，即“X有这种或那种相对于Y的关系”。甚至在那些X和Y不被提及的地方，纯粹的形式陈述也总是能够参照它们的部分和关系的情况来建立。

（2）形式与功能

另外一个与艺术形式有关的问题，是形式与功能的关系。形式与内容的关系，是从描述性的角度来讨论艺术形式问题。形式与功能的关系，则是从解释性的角度来讨论艺术形式问题。我们日常接触的艺术形式概念，更多是解释性的而不是描述性的。功能性意味着在谈到艺术形式时，我们并不需要列出一部作品中所包含的所有关系，而只要选出作品中那些能够体现观点或促进作品创作意图实现的要素和关系就够了。用功能性的眼光来看待艺术形式，我们可以把艺术形式解释为是能够使作品的意图和目的得到提升与实现的东西。每一个形式要素，都应被看作一个用以达到作品意图和目的的手段的要素。由于艺术形式担负着提升与实现作品的意图和目的的功能，因此，形式选择对于艺术作品预设的那些意图和目的的实现，起着至关重要的作用。所谓形式选择，是指作品中那些被用来达到它的意图和目的的要素与关系，按照能够最好地实现它们的功能的方式所做的组合。作品的每一个形式选择，都意味着它事先被赋予了实现或促进作品意图和目的的功能。一部作品的艺术形式，就是那些能够使作品的意图和目的得到实现的形式选择的总和。所以，形式选择又被叫作艺术形式的功能抉择。功能性解释不同于描述性解释。按照描述性解释，作品的艺术形式是一部作品不同要素之间所有关系的总和；按照功能性解释，作品的艺术形式只是那些用以达到作品目的的手段的要素和关系的组合。

功能性解释使用功能这个概念来解释艺术作品为什么是如它表现出来的那样一种方式，使得我们有可能把艺术形式理解为一种生成性的东西，即在作品产生以前就已经被选择确定的东西。由于形式是被设计用来实现作品的意图和目的的，是服务于它的功能的，所以，一定的作品为什么会采取这种而不是那种形式，为什么会表现出这样而不是那样一种结构或形状，就不是一个难于理解的问题。形式被设计出来就是服务于作品的目的的，它说到底是实现作品目的的手段。按照功能性解释，形式要素在作品产生之前就已被选择确定。因为，只有选择适当的艺术形式或形式要素，才有可能更好地传达和实现作品的意图。形式选择出现在作品中就是为了实现作品的意图。必须指出的是，作品意图这个概念，是我们从功能性的角度来分析一部艺术作品的形式时，特别要加以注意的一个概念。在一些情况下，我们能够从自己关于作品的体验中轻易地辨认出作品的意图；但在另一些情况下，我们却怎么也做不到这一点。由于这种情况是经常发生的，所以，对作品的形式分析总是伴随着对作品主题的诠释和对作品效果的分析。所谓主题诠释是指把作品的主题看作作品的意图，把主题的功能加以提升并将之用于引导对相关形式的选择。所谓效果分析是指通过对作品效果的仔细分析，反过来推衍作品的意图和目的。从这个角度看，艺术形式的功能也主要是解释性的而不是描述性的。

无论是描述性解释还是功能性解释，都是艺术形式的重要功能。不过，相比之下，我们还是更喜欢功能性解释一些。这或许是因为，功能性解释更适合去做我们期待艺术形式概念去做的那些事情。一般说来，当我们谈到一件艺术作品的形式或一件艺术作品的形式分析的时候，我们总是寄希望于我们对艺术作品的形式的了解，能够帮助我们更好地理解作品。如果我们对一部作品感到困惑的话，我们也总是认为，只要我们倾全力于它的形式，我们就能够借助它的帮助最后搞清楚那些我们原来总也搞不清楚的问题。无疑地，我们的这种直觉与艺术形式的功能性概念的特点更为契合。反过来，用艺术形式的描述性概念则很难解释我们的这种直觉。

(3) 形式与欣赏

艺术形式与艺术欣赏这两个概念之间无疑有着极为密切的关系。用现代派艺术家或现代形式主义者的话来讲，艺术欣赏就是关于艺术作品形式的欣赏，艺术形式是艺术欣赏的唯一合适的对象。尽管我们并不完全同意这些人的这种见解，但从另外一个方面看，他们的这种观点至少从一个侧面揭示了一个重要的事实，这就是，艺术形式的确是艺术欣赏的一个重要方面。

在日常语言中，“欣赏”一词一般被认为是与“喜欢”这个词同义的。在许多场合下，这两个词可以互换使用。例如，当我说“我欣赏你为我所做的一切”这句话时，我的意思是“我喜欢你为我所做的一切”。但是，艺术哲学或艺术理论中之所谓欣赏，并不能简单地被用作喜欢。因为，艺术欣赏并不只是一个喜欢的问题，它更多地是一个“理解”的问题。喜欢当然是艺术欣赏的一个条件，但喜欢一个作品却并不等于就懂得了一个作品。从这个角度看，艺术欣赏主要是一种“构思欣赏”，即知道艺术作品是如何具体地发生作用的，懂得它的各个部分是如何被筹划来发挥一种实现或达到艺术作品意图和目的的功能的。一旦这样来看待这个问题，则艺术欣赏的一个当然的对象就变为了艺术形式。严格地说，这里的艺术形式是被功能性地理解了的艺术形式。作为一个艺术消费者，我们的大部分日常消费，更多地表现在对艺术形式是如何被调适到对服务于它们的目的的方式的欣赏这一方面。很明显，我们在一部作品中所欣赏的，很大程度是形式功能如何作为手段实现了作品的目的。在形式较适应于实现作品目的的地方，我们一般地也对它们的构思感到满意。即便在那些我们不那么满意它们的构思的地方，我们在一定程度上也仍然能够理解它们。这表明，艺术欣赏事实上是被艺术形式预先决定了的。艺术欣赏的问题，在很大程度上是一个构思欣赏的问题，即一个理解形式选择是如何实现了艺术作品的意图和目的的问题。

比较艺术形式的描述性解释，艺术形式的功能性解释明显更符合于构思欣赏的情况。如果作品形式仅仅是作品要素间的所有关系，那么，理解艺术形式与艺术欣赏之间的联系这一问题就将变得十分困难。从理解方面说，我们永远不可能照顾到一部作品中的所有关系。换句话说，要想把一部作品中的所有关系都无遗漏地包括在我们的理解中，是任何理解都难以胜任的。为什么一些关系在一部作品中显得是贴切的，而另外一些关系却并不是如此？描述性解释无法在这方面为我们提供可靠的说明。反过来，用功能性解释的眼光来看这一点，我们就会发现，作品的艺术形式实际上是与理解直接联系在一起的。因为，按照功能性解释的观点，形式要素必须与更大的意图和目的联系在一起。对意图和目的的揭示，产生的是我们对更广泛联系中的作品特点的理解。不过，尽管构思欣赏对于艺术欣赏来说是最重要的，但我们也不要把所有的艺术欣赏都看作构思欣赏。带着欣赏来听一个故事，也是欣赏的一种形式。但是，相比之下，构思欣赏涉及的东西要丰富得多。它不仅包括欣赏性地听故事这个环节，而且包括对故事是怎样发生作用的方式的反应。对故事是如何构思出来的，以及它是如何现实地发挥作用的问题的思考，在层次上当然高过不包含理解的单纯的欣赏。所以，尽管我们不能把全部艺术欣赏都看成构思欣赏，但构思欣赏是艺术欣赏范畴中最重要的子范畴，这一点却是没有疑问的。

学习提要

一、基本概念

美学；分析美学；审美；艺术哲学；艺术理论；审美体验；审美判断；审美态度；审美特性；艺术本体；主观论；客观论；艺术表现；艺术表达；家族相似论；惯例论；意义形式论；诠释论；模仿；隐喻；指示；意义。

二、基本原理

广义审美概念与狭义审美概念；“内容倾向型”体验定义与“影响倾向型”体验定义；休谟和康德论客体事物在审美判断中的作用。

事物的美是由客体自身属性决定且与主体意识无关的东西（客观论）；美不是起源于事物的属性而是起源于人的心灵（主观论）；柏拉图的先天论美学；休谟的观念论美学；康德的时间空间直观形式；分析美学对形而上学美学的否定。

审美特性与物理属性、知觉属性的关系；艺术作品是已有艺术理念和艺术概念的再现；艺术作品不是“现实的客体”而是“感觉在赞美中的呈现”；艺术作品只有亲缘的相似性而没有无差别的共同性；艺术作品是在惯例或制度系统联系中占据了一定位置的东西。

艺术判断只是用于表达意义的形式；艺术概念是基于家族相似方法，而不是基于包含了必要和充分条件的定义。

三、思考题

1. 审美体验的“内容倾向型”定义与“影响倾向型”定义有何不同?

2. 审美判断究竟是主观的还是客观的?请分析审美兴趣与审美判断之间的关系。

3. 什么是客观论和主观论?试说明美与主观的关系。

4. 与历史上的美学相比,分析美学有些什么不同的特点?

5. 试分析艺术与美学的一般关系。

6. 比较艺术诠释理论中“动机论”与“非动机论”、“一元论”与“多元论”之间的区别。

7. 试比较“家族相似论”、“惯例论”和“意义形式论”这三种不同的艺术定义的联系与区别。

8. 人们是如何把艺术作品从其他人工制品中区别出来的?请分析其中涉及的几对矛盾。

9. 试分析艺术形式的功能性解释与描述性解释的不同特点。

10. 试概括艺术表现与艺术表达的基本区别。

11. 现代分析美学激烈否定“美”的概念的形而上学意义。你赞同这一观点吗?在柏拉图、休谟、康德和维特根斯坦所代表的几种基本的审美倾向中,你最钟情于其中的哪一种观点?如果你更倾向于较早一些的美学理论,请说明你的理由和根据。

第十二章

现代与后现代

——后形而上学与后现代主义

所谓“后现代”(postmodern),是一个相对于“现代”(modern)而言的概念。如果说,“现代”是一个表示自17世纪一直延续至19世纪末的,以客观主义、基础主义和本质主义为特征的西方文化的专门概念的话,那么,“后现代”就是指“19世纪末以来在科学、文学和艺术诸多领域发生游戏规则变更的巨大转变以后我们文化的状况”①。迄今为止,尽管在对引起现代性向后现代性转变的游戏规则的变化的具体理解方面,人们之间的看法仍不尽相同,但几乎没有人否认,其中最重要的变化之一,是发生在语言游戏规则的变化方面。可以肯定地说,没有语言游戏规则的变化,就不会有现代性向后现代性的转变。

一、本质主义与现代性

“现代”向“后现代”的这种转变是如何形成的?后现代哲学家的话语文本与此前哲学家普遍奉行的话语文本相比,有哪些重要的区别和特点?是哪些重要的环节和方面最终促成了主体意识的颠覆和现代观念的瓦解?在此,我们尝试以海德格尔(Martin Heidegger,1889—1976)及其以后的西方哲学家,主要是后现代哲学家中众所公认的三位代表性人物,即利奥塔(Jean-François Lyotard,1924—1998)、福柯(Michel Foucault,1926—1984)和德里达(Jacques Derrida,1930—2004)的理论为例,概要地对此做一比较和分析。

1. 本质与实用

19世纪末20世纪初,伴随着人类关于知识的观念发生的急剧变化,一些西方哲

① 汪民安、陈永国、马海良主编:《后现代性的哲学话语:从福柯到赛义德》,251页,杭州,浙江人民出版社,2000。

学家发现，在那些我们感到对某种目的是有用的描述世界的方式与另外一些我们觉得对其他一些目的是有用的描述方式之间，存在着某种重要的区别。这种区别对我们认识世界的方式的影响之深，足以用来取代我们久已熟悉且深信不疑的古希腊关于实在与现象划分的理论。坚持这样一种观点的哲学家，被称为所谓实用主义者。从理论上看，实用主义者对实在与现象划分的传统理论发起的质疑，并不直接指向柏拉图或亚里士多德这样的古希腊哲学家，而是以18世纪哲学家的现象理论为直接对象。按照18世纪经验论哲学家，特别是休谟的观点，只有感觉到的实在才是真正的（合理的）实在，只能在这一原则的指导下去寻找实体的统一性。现象是连接认识与外部世界的中介。在实用主义者看来，现象论者的这种观点，根本没有触及问题的实质。我们既不必以视觉作为知识的模式，也没有必要把感官或心灵看作眼睛与其对象之间的中介，而应把所有这些东西都看作不过是支配对象的一种工具而已。从根本上说，现象甚至语言这样的东西并不是表象的一个中介，相反，它们是为了获得特定的目的而实行的符号和声音的变换。一旦我们认识到，在现实的认识活动中，根本不存在脱离人类需要的孤立的认识关系，内在与外在之间的区别不仅无益而且多余，我们就会毫不犹豫地拆除长久以来横亘在实在和现象之间的藩篱，还认识以一元的性质。实用主义的这种哲学主张，直接引发了20世纪哲学发展史上一波接一波的反本质主义的浪潮与运动。

但是，诚如我们所知道的，后来的后现代理论家，如利奥塔、福柯和德里达等人继承的，并不是实用主义的反本质主义主张，而是那种既是反本质主义又是反实用主义的哲学主张。在这里，起着关键作用的一个人物，就是在反本质主义运动中曾经与实用主义比肩作战，后来又与实用主义分道扬镳的海德格尔。一方面，海德格尔同意实用主义者的观点，也把理论看作从事更好的实践的手段，认为经验科学就其实质而言，只是预测和控制的工具，而不是发现事物的实际存在方式的途径。他不仅拒绝讨论那种被称为笛卡儿主义的问题，即除非我们能以一种严格的方式奠定哲学、知识或语言的基础，否则就不能避开激进的怀疑论主张的问题，而且根本否认存在着与事物本质地具有的“什么”的那种前语言学联系，即一种先于对事物的命题判断并成为这种判断的基础的联系。在他那里，语言讲到底是一种社会实践，而不是一种前语言学的“逻各斯”的体现。另一方面，海德格尔又激烈地反对实用主义者把语言仅仅看作一个工具，只是实现人的特定目的的手段的观点。他把实用主义的这种主张轻蔑地讥讽为，它至多不过是为虚无主义对存在的遗忘的事实增添了一个新的例证而已。按照海德格尔的观点，实用主义尽管从表面来看具有明显的反本质主义的性质，但从深层上看，它仍然没有摆脱从古希腊以来就一直存在的，在哲学上把世界技术化和感性化地理解的传统。古希腊哲学的一个最重要的特征，就是它把理解人与存在的关系的方式，从希腊神话和早期希腊哲学所特有的那种意义隐喻方式，转变为了此后两千多年来顽强延续的视觉隐喻形式。而一旦我们用来思考自己与存在关系的思想形式成了凝视存在者的形式，则世界在我们的眼中，就变成了不过是一种“图画”而已。而所谓“图画”，就是我们愿意怎么画就怎么画，想怎么描述就怎么描述，这正是实用主义哲学的根本特点。

2. 科学与叙事

把世界从本然的存在转变为知识性的画面，意味着在一些人的眼中，它成了只要感到有用就可以随意描述的东西，成了我们爱怎么想象就可以怎么想象的东西。这正是导致海德格尔最后决定与实用主义者分道扬镳的最深层的原因。20世纪70年代初崛起于欧洲大陆，迅即风靡于世界的后现代主义思潮，聪明地接过了海德格尔的这个既反对本质主义又反对实用主义的话语，并把它转变成为对整个“现代性”的全面批判。在后现代主义哲学家看来，由于海德格尔已经从渊源上挖掉了本质主义的根基，同时也在现实上堵死了通往实用主义的道路，那么，他们所要做的，讲到底，就不过是要去发现本质主义的模式转变为现代性的话语，并统治现代性条件下人的生活的那种特殊机制。在这方面，后来被公认为后现代主义思潮的开山鼻祖的利奥塔，通过对科学知识与叙事知识这两个不同的知识方面的拆解，最早点破了本质主义成为现代人生活的一种普遍模式的奥秘。

按照利奥塔的观点，一切知识都可以区分为两种，即科学知识与叙事知识，它们也可以被称为指示性的陈述与义务性的陈述。科学知识代表的游戏规则由仅属于真理标准范畴的指示性陈述构成；而叙事知识代表的游戏规则，则内在地包含着某种决定和义务，因而支配着我们日常生活中伦理的、社会的和政治的实践。现代性的一个特点，就是通过把叙事知识转变为科学知识的方式，而使所谓现代性成为生活中的一种普遍模式。“以科学的标准来评判，大部分叙事只不过是寓言而已。然而就科学不惮于寻求真理，而不甘于沦落为仅仅只阐明实用规律而言，它就必须使自己的游戏规则合法化。于是它制造出关涉它自身地位的合法性话语，一种我们谓之为哲学的话语。我们将使用‘现代’一词来命名这样一些科学。这些科学将求助于直接依赖宏大叙事而形成的元话语以使自身合法化，而这些宏大叙事则包括诸如辩证法的精神，解释学的意义，理性或劳动主体的解放，或者财富的创造等等话题。”① 利奥塔指出，如果说，在现代性中，把叙事知识转变为科学知识还有其合理性的一面，即科学如果不能使自己的话语摆脱“寓言”叙事的“粗鄙”风格，就不能获得自己所需要的合法性的话，那么，在后现代的条件下，这种摆脱叙事知识的倾向，却正在反过来侵蚀和瓦解科学曾一度获得的那种合法性。在后现代时代，知识合理性叙事所发生的重大变化的标志，就是“宏大叙事”（grand narrative）的失信。而宏大叙事的失信，除了可以视作现代科技进步、资本主义的发展与科学宏大叙事的预言脱节以外，更重要的是这种叙事本身包含着无以摆脱的自我矛盾。

固然从一个方面看，科学要获得它自己的合法性，需要把叙事知识转变为科学知识；但从另一个方面看，叙事知识并不会由于科学制造出把自己吞并于其中的合法化机制，就自动地从人类的知识系统中消失。从理论上看，任何叙事本身其实都无法真正说明自身的合理性。它要想达到确证自身合理性的目的，必须借助于更高一层的“元话语”或“宏大叙事”才能做到，由此而必然导致逻辑上不能容许的无限倒退。并且，一旦元话语

---

① 汪民安、陈永国、马海良主编：《后现代性的哲学话语：从福柯到赛义德》，251页，杭州，浙江人民出版社，2000。

或宏大叙事的预言不能在现实中得到应验，则它们的合法性就将随之失去。这正是宏大叙事在当代失信的直接背景。不仅如此，在人类积累知识的过程中，包括科学知识在内的全部知识话语为了证明自身的合理性或合法性，也不是如现代性哲学家所声称的那样，它们就与叙事知识毫不相干，而是必然地有所依赖于“叙事性”。因为，“知识无法在自身之内找到有效性，它的有效性不存在于一个通过实现自身认知可能性以获得发展的主体之中，而存在于一个实践主体之中——此实践主体即人类。刺激人们运动的根源并非知识本身的自我合法性，而是自我奠定基础、自我管理的自由”①。显然，叙事性对于知识获得合理性来说，不但是不可或缺的，而且具有不可估量的重要的政治作用。历史上的新兴资产阶级正是诉诸这种方式，才得以成功地摆脱了传统权威的束缚，通过给自己的话语打上知识或科学的印记而最终取得合法性的地位。

3. 主体与暗示

与利奥塔对科学知识合理性的语言解释方式不同，后现代性的另外一个领军人物福柯的批判锋芒所向，直指的是现代性的另外一个软肋，即话语。在这方面，福柯的过人之处和主要贡献，就是成功地揭示出“社会和历史中实施主导控制的意愿是如何发现通过真理、纪律、合理性、功利价值和知识等语言来系统地自我掩盖、欺骗、解释和伪装的”②。福柯的方法的一个重要特点，就是在某种程度上把利奥塔一直都在表达的一个担忧，即现代性正在以一种隐蔽的然而又是不易觉察的方式，把“自由”这个对我们来说是最重要的东西从我们身边移走的观点，转变成为一种激进的对语言的权力本质的揭露和批判。

福柯指出，现代性当然有着许多独特的、与此前社会有着本质区别的特点。但在所有这些特点中，最重要的一个特点莫过于，个人化、制度化、规范化和清晰性的话语对这个社会和它的文化生产，行使着一种完全称得上成功的和有效的控制。之所以说它是成功的和有效的，是因为它是在我们毫无觉察、完全自觉自愿地接受的情况下，进入我们的私人生活和公共生活中的。要了解现代性发挥这种作用的机制，必须把文本看作一种“自我复制、分裂、重复、模拟、扩增，在不容许文本生产者宣布已控制了它的情况下而最终消失”的“客观事件”③。所谓文本是一种脱离它的生产者而独立存在的客观事件，是指文本在它的被阅读的过程中发生的无论什么，从它的呈现为话语到它的表现为甚至“也是战争与武器、计谋与冲撞、斗争与战利品（或伤口）、事态与痕迹、不规则的相遇与可重复的场景等”④，都与它的生产者无关，完全超出它的生产者的控制能力和影响范围。正是由于文本能够脱离它的生产者而独立存在，由它而生成的话语，才能表现出自然而然性、娴熟技艺性、权威性、确定性和非理论的直接性等特征。话语与监狱等

① 汪民安、陈永国、马海良主编：《后现代性的哲学话语：从福柯到赛义德》，257 页，杭州，浙江人民出版社，2000。

② 同上书，447 页。

③ Michel Foucault，*Madness and Civilization*，Paris：Garllimard，1972，p. 8.

④ Ibid.

这样一些社会控制机构相比，它的最大一个特点就是，它不是作为一种上层建筑，而是作为一种基础对社会和人的认知发生作用的。一切作为上层建筑的东西，由于它的明显的意识形态化和功利化的倾向，在现实生活中往往很难得到无保留的认同。话语则不同。话语权力既是斗争的对象，也是斗争的手段。以监禁制度为例，刑法学中的司法语言就其实质来说，不过是把监狱物理结构这种硬性的、在某种程度上是非人道的惩罚手段，表达为一种必要的和可接受的现象。而这种语言，讲到底，是一种控制罪犯、行使权力，从而达到自我维持和控制他者的手段。不过，自我维持固然是话语的一个目标，但相对于话语的另外一个功能，即生产物质的功能来说，它的重要性却不能与之相比。因为，从另一个方面看，监狱正是通过话语而成为制造犯罪的工厂的。

在福柯那里，话语与文本的最大区别就是话语比文本具有更大的隐蔽性，因此，它所行使的权力也最不容易被识破。本来，话语与文本都是隐而不显的。但是，话语以它的最初伪装和表现为文本，并且不是在某个时间点上，而是在普遍文化和特定知识的历史中表现为事件的特点上，远离了与构造它的那种制度性权力的联系。按照福柯的观点，至少在近代以前，人们并没有认识到话语所独具的这种功能。只是到了18世纪，具有现代性的思想家才发现，话语作为再现存在秩序的语言，“确保了在平面内最初的、自发的、无需考虑的对再现的运用”①。至于话语与文本的分离，按照他的理解，准确地说，是发生在“词不再和再现相交叉且不再向事物的知识提供一种自发的网络时”②。在这种情况下，话语由于不再被迫用于直接再现外在于它的事物，因此，它在自己的播撒过程中变得越来越像是取消了自己。福柯特别指出，话语不会轻易地消失而只会隐而不显。话语消失是由于政治原因，是操纵它的那种权力兴趣发生了转移。话语的隐而不显则相反。它反映的是，它和玩味它的那种权力之间达到了一种高度的默契。所以，对话语而言，它越是更好地被用于实践，就越是表明了它已经成功转变为一种控制其内容并由此控制其主体的阴险形式。在这个意义上，现代性通用的各种语言和话语，从精神病学的或监狱学的，到批评性的或历史性的，都称得上某种隐晦的行话。但是，最重要的一点还是，话语是文化内部的一套控制语言、一种操纵机制，它通过在实践中展现出来的有效性，牢牢地守护着自己由之所属的那个特殊领域。

4. 文本与意义

在谈到福柯的后现代观点时，人们更多地将其与德里达的理论进行比较。也可以说，与福柯形成最鲜明对比的哲学家是德里达。对福柯来说，文本之所以是重要的，是因为它居住于权力要素之中。这种权力对现实有着强制性的要求，尽管在大多数情况下它是隐而不显的、暗含的。福柯的这一角度，使得他和所有与他有着类似立场的学者，在涉及有关权力暗示怎样影响主体行为的问题时，总是把文本与话语的特殊机制和功能联系起来，从而把理解的视角从文本的内部向外部拓展。德里达则与此不同。在他那里，文

---

① Michel Foucault, *The Order of Things*, New York: Pantheon Books, 1970, p. 304.

② Idid.

本就是文本，他只关心文本。而且，对于读者来说，当他阅读一个文本时，除了它的内部，他不应当相信还有其他的一些什么。德里达之所以持这样一种立场，是因为他认为，文本的真实情形，实实在在地就应该是无任何现实根源的文本要素。他的这一观点，不仅让我们看到了他与福柯之间存在的重大分歧，而且还让我们联想起海德格尔对本质主义的批判。德里达的理论，延续的就是一条由尼采（Friedrich Wilhelm Nietzsche，1844—1900）发其端，而后在海德格尔那里达到了成熟的激进的对柏拉图主义批判的路线。也就是对西方从柏拉图那里继承下来，并长期支配着欧洲思想的从事哲学区分的二元机制的批判。按照海德格尔的观点，无论是笛卡儿、牛顿，还是康德、穆勒，甚至包括经验主义和实证主义，都不过是形而上学历史上的匆匆过客而已。他们的观点，讲到底，也还是柏拉图主义的观点，即使在他们自称已成功地拒斥了非现实世界的真理的情况下也仍然如此。因为，他们都这样或那样地坚持要在实在与现象、理性与非理性之间做出区分。因此，对海德格尔来说，他们统统不过是形而上学思想的浅薄的、退化的形式。“所有形而上学，包括它的反对者实证主义，都在说柏拉图的语言。”①

海德格尔称为“柏拉图主义”、“形而上学”或“存在-神学”的东西，在德里达那里，就是他所谓“在场的形而上学”、“逻各斯中心主义”和“言语中心主义”。不过，一方面，是他把海德格尔的观点作为自己的前提；另一方面，他又明确地表示不能同意海德格尔想要表达不可表达的东西的企图。按照他的观点，这种想要表达不可表达的东西的企图，典型反映了某种想要发现有非来自语言的意义，并通过这种发现达到摆脱语言的目的的倾向。这种努力是注定不会成功的。因为，语言的意义只能来自与其对应的词的比较。“红”的意义，是通过它与“绿”“蓝”等颜色的比较显示出来的。“存在”如果不与“存在物”比较，不与“自然”、“上帝”和“人类”等这样一些概念比较，或者事实上不与语言中的其他词比较，就谈不上有任何意义。所以，要想真正摆脱“言语中心主义”的影响，就必须把这个传统的所有文本都看作自我欺骗的，因为它们都在用语言来做语言所不能做的事情。那么，怎样的东西才具有这样一种功能呢？德里达想到的，仍然还是语言。只不过，他理解的语言，不是传统在场形而上学强调的“声音”，而是他所说的“书写”。他始终相信，我们其实是可以依靠语言本身来克服任何想要摆脱语言的企图的。从功能上看，书写或写作无疑要比声音更为基本。字符所可能具有的意义，并不依赖于与它相关的人。它既不依赖于作者所设定的意义，也不依赖于读者对它的理解。而且，字符的流动性也使得任何形成中心和本质的企图成为不可能。因为字符流动的过程，就是“编织”文本的过程。这一过程既是一个生成文本意义的过程，同时也是一个解构中心、结构和本质的过程。就前者来说，一切对象都只有通过语言，即在文本中才能被理解并获得它的意义；就后者来说，文本是向包括作者和读者在内的所有人开放的领域。在这个领域中，无论是作者还是读者，都是文本意义的创造者。没有任何一方能凌驾于文本之上，敢于宣称自己是文本意义的最终裁决者。这样，在文本中就不存在诸如主观与客观、现象与实在之类的二元对立。

---

① Martin Heidegger, *The Question Concerning Technology and Other Essays*, translated by William Lovitt, New York: Harper Collins Publishers, 1977, p. 386.

对声音和在场的神化的批判，是德里达的理论之所以被人们相信确实是如他自己所说的，是一种“解构主义”的最重要的理由。在这里，传统的包括流行的哲学思想的核心支撑物，即与“物质”、“存在”和“本质”等这样一些字眼联系在一起的权威性的在场论，以及由之而来的那些具有规范性作用的控制式虚构，都被视为一种已经历经了它们的时代，并被证明是文本的误读而不得不最终放弃的局限。德里达的这一阅读方式，也使得他作为一个哲学家的地位超出了哲学的范畴而获得了广泛的声誉，特别是在那些接受过新批评学派阅读习惯训练的文学新锐那里更是如此。德里达的阅读方式给予这些人的启迪是，我们也可以用与之类似的方式来阅读文学作品。不过，要把德里达的这种阅读方式应用到新批评学派的文学阅读实践中，不应该忽视的一点是，它所揭示的并不是新批评所要求的“有机整体”，而恰恰是与之相反的东西，即一个无穷的自我解决、自我背叛和自我颠倒的过程。假如我们接受德里达关于形而上学语言的弥漫已经造成了思想和语言的窒息的观点，我们或许就可以假定，他的这样一种阅读方式，看来也适用于那些初看起来与哲学问题没有任何关联的文本。这是否就是我们相信，德里达的解构主义有可能在哲学和文学批评的历史上留下某种影响的一个基本的理由。

二、科学与“宏大叙事”

作为一种广泛深刻的社会思潮出现的后现代主义运动，并非肇始于哲学领域，最初也并不具有明显的形而上学的特性和哲学的特征。但这一思潮自身的发展，它在实践中不断寻求自身话语权和合法身份的努力，特别是它的主要代表人物对整个现代性观念的全面颠覆，都暗示着它远不是如它的那些不知就里的跟风者所标榜的那样，仅仅是寻求一种标新立异的快感和宣泄上的满足。自始至终，它都是一个用新世界观的话语来替代业已显得过时的旧世界观逻辑的哲学变革的历史过程。可以这样说，支持后现代主义取代现代主义的关键力量，实质上是作为这种思潮的哲学基础的后形而上学。

1. 规则与游戏

提到作为一个哲学概念的后形而上学，首先要提到的，是利奥塔于20世纪70年代发表的《后现代状况：关于知识的报告》一书中对此的讨论。在这本书中，利奥塔明确地指出，后现代并不意味着一个新的时代，而是为了对构成全部现代性基础的传统中的那些核心问题加以审视，并在条件具备的情况下进行具有后现代意义的理论重建。按照利奥塔的观点，现代性具有一些属于它自身的、极具形而上学意味的典型特征：第一，元叙事，即所谓形而上学叙事，它“包括诸如辩证法的精神，解释学的意义，理性或劳动主体的解放，或者财富的创造等等话题”①。它通过这些话题来描述历史事件、指示伟

① 汪民安、陈永国、马海良主编：《后现代性的哲学话语：从福柯到赛义德》，251页，杭州，浙江人民出版社，2000。

大目标，以及提供生活的世界观基础。第二，元话语，即所谓通约性话语。它通过把叙述性语言即科学话语这种小叙事转化为规范性语言即哲学话语这种“元叙事”的方式，而使所谓现代性成为生活中的一种普遍模式。“以科学的标准来评判，大部分叙事只不过是寓言而已。然而就科学不惮于寻求真理，而不甘于沦落为仅仅只阐明实用规律而言，它就必须使自己的游戏规则合法化。于是它制造出关涉它自身地位的合法性话语，一种我们谓之为哲学的话语。……这些科学将求助于直接依赖宏大叙事而形成的元话语以使自身合法化。”① 第三，同质语言，即由上述两个特征而带来的对叙述性语言的消解。叙述性语言元素消失于叙事性话语的一统天下之中。“一般叙述愈来愈显示出自我引述的倾向，而各个语用学位置则趋向于和与它相关的实际信息产生间接性联系”②。

上述现代性的诸基本特征中，元叙事是决定着另外两个特征的、更为重要和基本的特征。在很大程度上，后现代哲学家正是借助于对这一概念的发现和使用，才建立起他们的后现代批判理论的。那么，元叙事这种作为一切叙事之基础的叙事是怎样形成的呢？利奥塔指出，这实际上是现代性思想家把叙事知识转变为科学知识而导致的一种结果。按照利奥塔的观点，一切知识都可以区分为两种，即科学知识和叙事知识。科学知识代表的游戏规则由仅属于真理标准范畴的指示性陈述构成；而叙事知识代表的游戏规则，则内在地包含着某种决定和义务，因而支配着我们日常生活中伦理的、社会的和政治的实践。科学和叙事之所以在知识层面上被如此区分，是因为它们分别指示着事实和价值这两个人类生活的不同侧面。本来，科学和叙事遵循的是两种不同的“语言游戏规则”，或者说，是两种不同语言游戏规则的应用，但是，现代性思想家通过把叙事知识转变为科学知识的方式，把原本作为科学知识前提条件的价值性、体验性因素即叙事知识排除出知识领域，从而使得现代性成为生活中的一种普遍模式。利奥塔指出，如果说，在现代性中，把叙事知识转变为科学知识还有其合理性的一面，即科学如果不能使自己的话语摆脱“寓言”叙事的“粗鄙”风格，就不能获得自己所需要的合法性的话，那么，在后现代的条件下，这种摆脱叙事知识的倾向，却正在反过来侵蚀和瓦解科学曾一度获得的那种合法性。在后现代时代，知识合理性叙事所发生的重大变化的标志，就是“宏大叙事”（grand narrative）即元叙事的失信。而宏大叙事的失信，除了可以视作现代科技进步、资本主义的发展与科学宏大叙事的预言脱节以外，更重要的是这种叙事本身包含着无以摆脱的自我矛盾。因为，“知识无法在自身之内找到有效性，它的有效性不存在于一个通过实现自身认知可能性以获得发展的主体之中，而存在于一个实践主体之中——此实践主体即人类。刺激人们运动的根源并非知识本身的自我合法性，而是自我奠定基础、自我管理的自由”③。

2. 理性与工具

叙事知识向科学知识的转变，成就了现代性的知识画面，对整个现代思想产生

---

① 汪民安、陈永国、马海良主编：《后现代性的哲学话语：从福柯到赛义德》，251页，杭州，浙江人民出版社，2000。

② 同上书，271页。

③ 同上书，257页。

了广泛深刻的影响。也正由于此，后现代主义的另一个重要代表人物福柯在谈到现代性的特点时，以“人的存在方式”这一概念为例，深刻揭示了传统形而上学元叙事对整个现代思想的深刻影响。“现代思想认为，人的存在方式使自身能够扮演两个角色：他既是所有实证知识的基础，又毫无例外地加入经验客体之列。这与人的一般本质无关，而是自19世纪以来几乎不证自明地充当我们思想基础的那种历史先验性所使然。”①

那么，什么是“构成全部现代性基础的传统中的核心问题”？什么是“19世纪以来几乎不言自明地充当我们思想基础的那种历史先验性”？这让我们首先想到的一个有关联的人物，就是19世纪的黑格尔。“无论是黑格尔还是他的左翼或右翼信徒，都不曾怀疑过现代性的成就。正是现代性使时代引以为自豪且形成了自我意识。”② 从各个方面看，现代性最为典型的叙事，都是黑格尔哲学的叙事。黑格尔的叙事，提供了一种形而上学叙事可能达到的最为登峰造极的形式。“在某些方面，辩证法使人想起苏格拉底对善的形式的追求。黑格尔所称的绝对理念正好与之相对应。正如苏格拉底的辩证法在破除特殊的假设之后最终通向善的形式那样，黑格尔的辩证法也上升到了绝对理念。”③ 在黑格尔那里，逻辑学或辩证法实际上是形而上学的同义语。“黑格尔将理性设想成为对一个绝对精神的自我认知的协调；黑格尔左翼将它设想为对具有生产性的外在化但又有所隐蔽的本质力量的挪用的解放；黑格尔右翼将它视作是对不可避免的分离（裂）痛苦的再记忆式的补偿。黑格尔的观点被证明是太强大了：绝对精神被设想为兀自独立的，且超越了向未来敞开的历史进程，超越了现时不可调和的特性。”④

然而，黑格尔的叙事不过是现代性的一个侧面。从黑格尔往前追溯200年，我们看到，从弗兰西斯·培根提出新科学和新工具概念的那一刻起，现代性就以它不同于古典形而上学的独特方式，即所谓“知识论”方式，把自己与理性这一后来注定要被后现代主义者消解的概念紧紧捆绑在了一起。从培根提出科学的第一个重要工具是实验，到伽利略进一步补充数学是科学的第二个重要工具，再到牛顿创造出公理化的科学解释系统，“客观化假定”和“决定论假定”作为两个有着浓郁理性色彩的、互为支持的哲学原理，逐步取代了此前的“目的论假定”，成为现代性的两个最重要的理论支柱。“客观化假定”意味着，从物理学角度看的事物的原因是“在先的”，而不是像在目的论中那样是“在后的”。同时，这种“客观化假定”又是与“决定论假定”联系在一起的：科学始于这样一种假定，即对于所发生的一切来说，总是由这种或那种原因引起的。因此，人们总是能够找到充分的原因来对现象做出彻底的解释。问题的戏剧性还不止于此。如果用笛卡儿的“我思”的观点来看它的话，这个机械论的理想宇宙画面中，显然缺失了至为重要的一环。这就是，必须用“主体机械论”来代替牛顿的“客体机械论”。通过突出精神与物

---

① 汪民安、陈永国、马海良主编：《后现代性的哲学话语：从福柯到赛义德》，1页，杭州，浙江人民出版社，2000。

② 同上书，346页。

③ ［英］伯特兰·罗素：《西方的智慧》，328页，北京，世界知识出版社，1992。

④ 汪民安、陈永国、马海良主编：《后现代性的哲学话语：从福柯到赛义德》，347页，杭州，浙江人民出版社，2000。

质之间的古老的二元论，笛卡儿的哲学把这一理论所必须面对的精神与物质之间的关系问题摆到了世人的面前。笛卡儿学说的一个理论精髓，无疑是他的批判性怀疑的方法。作为方法，它引向一种普遍性的怀疑，就像他之后的休谟不能避免地再现了他的逻辑一样。但是，笛卡儿通过从自身的精神活动中找到的清晰而独特的观念，机智地避免了导向怀疑论的结论。“笛卡儿哲学于是强调思维是无庸置疑的起点。从此，这个观点影响着理性主义和经验主义两阵营的欧洲哲学，至今依然如故。”① 主体与客体两极的对立就此形成。

3. 知识与存在

对现代性的第一个具有决定意义的挑战，首先来自尼采。尼采对现代性的批判沿着两条线索来展开。一条线索是，通过人类学、心理学和历史学的方式，对长久以来被曲解了的权力意志、非理性的酒神本能极尽赞誉，并对全能性的主体理性意识大加挞伐；另外一条线索是，把对世界的理性沉思转变为艺术的沉思，并且将这种沉思的源头追溯至前苏格拉底的开端。就前一个方面看，尼采通过提出“现代时间意识”这一概念，对与行为无关并且是被强行植入人的心灵空间内的文化传统的无效性进行了无情的批判。现代意识的一个最为显著的特点，就是它承载了太多的历史负荷。而这种历史负荷，讲到底，就是过量的、已经泡沫化的历史知识。它从根本上丧失了“人生的可塑性力量”，从而也就丧失了“从现时的最具力量的立场来解释过去”②。由于现代性维系于一个有其严格逻辑程序的、毫无必要的且归根到底是无以实现的客观性假定，从而使得在此背景下的人的一切活动都难以填满它的无限的欲壑和永无休止的需要，并且必然地走向无所作为的相对论。“知识，毫无恶意地被过量摄取，它甚至同需要相对，它不再充作某种转变动因去触发行动，而且藏匿于某个混乱世界的深处……就此，全部现代文化从根本上而言都是内在性的……是一部提供给外表上的蛮荒之徒的内在精神文化指南。”③ 就后一个方面看，尼采之所以借重“现代时间意识”这个概念，并不是要把它当作批判的原动力，而是为了在最终能够将它扬弃之前，用它来在作为理性的他者的神话中获得一个支点。在这里，苏格拉底——被德尔斐神谕（Delphic maxims）称为全希腊最聪明的人——这个哲学家，成为他向传统全能理性意识发起挑战时随手拈来的第一个批判对象。尽管作为斯多葛学派和犬儒学派（Cynicism）的先驱，苏格拉底自称一无所知，但他并不认为知识是高不可攀的东西，真正重要的是我们必须去追求知识。他坚信使人犯罪的原因是缺乏知识。只要有了知识，一个人就不会去犯罪。所以，无知是罪恶的一个最重要的渊薮。为了达到“善”，必须有知识，因此，善即知识。从那时以来，善与知识的联系就成了西方思想的一个基本象征。苏格拉底堪称是这一历史性迷失的始作俑者。尼采在他的第一部主要著作《悲剧的诞生》中，提出了著名的把希腊精神区分为阿波罗精神

---

① ［英］伯特兰·罗素：《西方的智慧》，260 页，北京，世界知识出版社，1992。

② Friedrich Nietzsche, *On the Uses and Disadvantages of History for Life*, New York: Cambridge University Press, 1980, p. 62.

③ Ibid., pp. 24-25.

和狄奥尼索斯精神的观点。他通过褒扬悲剧的狄奥尼索斯的方式，呼吁按照生活的本来状态去接受生活，而不是通过刻意把悲剧的狄奥尼索斯向乐观主义英雄的阿波罗升华的方式，来掩盖对人的存在中的悲剧实在性的认知。《悲剧的诞生》“是一次以历史-语言文学方式所实行的考察。这种考察使他超越了罗马-基督教世界而返回了开端，返回了‘伟大、自然且富于人性的古希腊边界’”①。

接过尼采批判的武器而与现代性所做的另一个决裂，而且是更为重要的决裂，是在海德格尔那里进行的。尼采以一种既“野蛮”又“学术”的方式，通过对真理信念和禁欲理想的谱系考察，去除了长久以来笼罩于现代思想上的神圣光圈。海德格尔则通过对西方形而上学的内在摧毁，将尼采审美理想实现的契机，成功地从神话学领域转移至哲学领域。海德格尔在他的《存在与时间》一书中，一方面继承了他的老师胡塞尔的一个极富创见的思想，也尝试去创建一种不从一切先决条件出发的哲学；另一方面，他又通过对西方理性史的叙事重构，建立起自己的存在理论。他既把理性解释为与主体哲学意旨相关的自我意识，又将虚无主义设想为以集权方式技术性地控制世界的表现。在他的分析中，形而上学思想的病态命运，被认为是通过这种表现而达到了它的顶点。“这种思想通过质疑存在而运转，但考虑到整体性的物化，它也越来越多地丧失了根本的洞见。”② 按照海德格尔的观点，现代性和它的古希腊先行者一样，都犯了一个不能容许的错误。这就是，在考察一般的存在者之前，没有首先考察一下自我这个存在者。而存在的问题，恰恰是针对这个存在者提出来的。海德格尔把这种自我称为“此在”（Dasein）。它是在世界之中的，但却不是像物理对象那样地在世界中，也不是只满足于当一个现实世界的旁观者。置它于世界中的，是它的兴趣、态度，也就是它的情结，而这是区分思想和行动的唯一基础。主客之分与其说是浅薄不如说是误入歧途，因为这种区分把此在呈现为只不过是另一个物。对海德格尔来说，在此在织就的这张网上，事物相对来说是后出现的，它们属于某种被看成器具性的东西，是此在可得以利用的东西。由于此在的所有活动，包括它所采取的陈述的态度在内，也如疑问、相信和认知一样，表现的都是对这种或那种事物的操心，既操心于此物能有什么用，又操心于此物究系何物，所以，此在的本质，或说是它的独特的存在样式，从根本上说来，就是“烦”（Sorge）。此外，由于此在是某种自为存在着的东西，具有可以实现出来也可以不实现出来的潜能性，因此，它作为一种特殊的存在者的样式，以及由此派生出来的所有生存的样式，都尽在时间的形式之中。

在海德格尔看来，由于在现代性中，对存在的遗忘和对非法物的排斥是如此广泛和深刻，以至于任何理性的他者、存在，或是自主性的反弹力量要想恢复它本来就有的那种本然的地位，都不能仅仅靠把自己看作受理性压抑或被理性排斥而作为结果的那种东西而获得同情。于是，像尼采一样，海德格尔也超越了西方历史的起源而返回到那早已为我们陌生的远古时代，在前苏格拉底的思想中，或在围绕着神圣的献祭场所而产生的

① 汪民安、陈永国、马海良主编：《后现代性的哲学话语：从福柯到赛义德》，349 页，杭州，浙江人民出版社，2000。

② 同上书，362 页。

激动人心的氛围中，寻找和识别出那些早已被理性遗忘或埋葬了的非理性化的体验。由于这种体验是用“生命”来填充“存在”和“自主性”，所以，以之为根据的“存在”哲学，能够抵抗理性在它以往的历史中一再得逞的吸纳企图。

4. 现代与启蒙

最基本的先决条件，就是设定了“存在是什么”。这无疑是一个伟大的思想。作为第一哲学的现象学的基本问题，应该设定于探寻“存在”的意义问题。在这里，探寻的不是“存在”的定义，而是对它的本质的直观。尽管存在主义者以“存在先于本质”这一信条而著称，但海德格尔在这里更关心的，却并不是存在着什么，而是任何东西之所以能够存在的根据。他借助于这种全新的概念思考方式，开辟了一条通向人的存在并借此通向存在一般的更为根本的道路。由此，一种新的形而上学最终得以生成。在这里，海德格尔获得成功的关键，是在继承尼采酒神式的弥赛亚主义的基本哲学原则的同时，突破了以往各种自我封闭的理性考察的困境。而这种困境，我们在现代性滥觞的数百年间，早已在各种对理性的自觉的或不自觉的反叛预演中屡见不鲜。从历史上看，理性最初是作为宗教启蒙的工具出现并据此发挥作用的。启蒙的本质特征之一，是它始终牢牢地依附于某种被称为认知的过程。认知过程的“逻各斯”性质，决定了建立于其上的启蒙过程具有不可逆的性质。无论宗教的社会统合力在启蒙之后怎样变得日益孱弱，启蒙也绝不可能单靠自己的力量就把自身扬弃。“它以这一事实为基础，即洞见不可能被任意遗忘，只能被更深的洞见所压抑或纠正。因此，启蒙只能通过激进化的启蒙来改善其缺陷。”① 在这个意义上，黑格尔的启蒙辩证法，不过是他意识到传统启蒙的惯性和封闭缺陷后，主动做出的一种回应。理性在他那里，表现出具有作为宗教统合力替代物的一切特征。在逻辑学与形而上学同一性原则的牵引下，我们看到的，是黑格尔关于范畴特性及其逻辑构造的近乎任意的表述。这些范畴是通过一种正、反、合的辩证方式，从它们晦涩难懂的相互作用中演绎出来的。它以单一的范畴为出发点，通过自己实现自己的方式，以绝对理念的形式最后返回自身，又复归于单一。黑格尔自己认为，他的这种范畴构造是达到完备性与正确论证的一种不可缺少的保证。于是，结果就变成了这样：绝对理念实际上就是单一范畴的最高范例，一切差别都在这个绝对同一的理念的实现过程中消失得无影无踪。

公平地说，并不是黑格尔不想要克服启蒙自身固有的缺陷，当然更不是他没有看到这种缺陷本身。但是，只要事情按照他给出的这种逻辑发展，克服启蒙的缺陷就没有指望。在这个历史的十字路口加入进来的尼采，适时地给这个看起来如此浪漫、完满的“历史权力”意识，打上了一个漂亮的句号。同他以前那些试图与启蒙辩证法划清界限的人一样，尼采不反对把启蒙辩证法的思想特征归结为历史主义。他与这些人的不同在于，他从来都没有天真到认为用历史主义就能克服历史主义。作为历史主义范畴出现的现代

---

① 汪民安、陈永国、马海良主编：《后现代性的哲学话语：从福柯到赛义德》，347页，杭州，浙江人民出版社，2000。

性，在他那里，只不过是诗意的古代生活终结和浪漫的希腊神话坍塌以后，不得不经历的漫长合理化历史过程中的一个环节，严格地说是最后一个环节。现代性造成的对历史文化的巨大的消费需求，众星拱月般的所有文化向一个中心文化的聚拢，以及对知识的几近贪婪的占有欲望，所有这一切，都与他内心深处迷恋和向往的神话本源和田园诗般的古代生活构成了不可调和的冲突。无论把理性设想为对自我认知的某种协调，还是把它看作某种政治学或社会学的解放式概念，甚至把它当作某种知识考古性的东西，它所能引导出来的最好结果，也只不过是以“现代”面目出现的、早就应该与之彻底告别的历史主义。由于历史主义不可能摆脱惯性地和内在地约束着自身的，既是自己基础又是自己工具的主体中心理性，所以，一个必然的选择就是，找到一个既能结束对历史主义顶礼膜拜，又能在现实中拯救人的精神空虚的，且能使我们切实地返回到早期希腊和神话本源的东西。

就像我们大家都知道的那样，尼采发现，这就是古希腊以来就被我们遗忘了的、与我们久违的、代表着我们的原始迷狂本性的本真的狄奥尼索斯酒神精神。正是这种狄奥尼索斯神话与那种带有弥赛亚期望的、荷尔德林式的独特的历史解释的结合，影响了后来的海德格尔，从而才有了我们这里所说的后形而上学和后现代主义的出现。现代性以它自身的历史，一再向我们证明了，它既能够作为宗教统合的抗衡力量而存在，也有办法通过自身的整合克服或消除现代性的分裂。但是，尼采和海德格尔都告诉我们，理性启蒙只能加剧现代性成就中不断扩大的分裂性，以文化宗教形式出现的理性已无力再培育出一种更具革命性的、具有自觉抗衡传统宗教统合力的力量的总体性。由于古代文明的宗教形而上学世界观本身就是启蒙的产物，所以，返回到现代性的一切道路已被堵死。除了向酒神式的弥赛亚主义来一个本体论的180度的转向，以这样一种彻底决裂的态度重建本体论的思想模式和推理模式，我们看不到还有什么更好的摆脱困境的出路。平心而论，我们应该接受他们昭示给我们的这个“后形而上学”原理。

三、去现实化与后现代图景

要真正定义后现代主义是困难的，因为它是一整套以“解构”为特征的修辞策略。“去现实化”则是这套修辞策略的最显著特点。举凡那些后现代主义的哲学家，无论是利奥塔、福柯，还是德里达，他们批判现代性时所采用的方法，无不体现为一种批判性、战略性和语义性的做法。这些哲学家通过使用差异、重复、痕迹、模拟以及超现实等不确定的概念，裂解和破坏了与它们对应的那些概念的稳定和确定。存在、身份、历史进步性、认识确定性，以及词义的单一性等，往往成为他们推广其后现代主义文化主张的热门反面用语。

1. 修辞与策略

后现代主义争论中作为焦点凸显的哲学现代主义，与康德著名的“哥白尼式革命”

理论有着很深的渊源关系。在他的《纯粹理性批判》中，康德针对休谟所谓因果联系不过是“习惯性联想”的经验论指出，人的知识中当然不存在超出经验的东西，然而不能否认的是，其中仍然有着先天的部分。这些部分并不是从经验中按照归纳方法推演出来的。以“时间空间直观形式”为例，时间和空间并不像人们通常认为的那样，是外部世界或外部事物的属性，而是一种纯粹主观性的认识形式，即主观意识中用来把握经验的直观形式。这种直观形式不仅先于经验而存在，而且是感性的认识成为可能的先决条件。在他之后的德国唯心主义的另外一个大师黑格尔，则表达了对此不同的看法。黑格尔指出，主体与客体关系自身的当下性呈现是虚幻的。世界并不是一些看似各自独立的事物的集合体。有限事物外观上的自立性，归根到底是我们自身的一种幻觉。除却整体以外的任何东西，都不应将它们看作从根本上真正实在的。黑格尔并不把构成世界的那些各自分立的东西，看作完全的幻觉，而是承认它们具有或多或少的实在性，它们是真正实在的整体的一个部分或一个方面。如果以这样的观点来看时间和空间的话，它们就不能被看作实在的，因为实在的东西必定是分立的和多元的。时间和空间却没有呈现给人一种能够满足其成为实在的那种性质。黑格尔的这一观点当然是深刻的，但是，他通过逻辑学方式预设概念并将之先天化的做法，却被后来的哲学家批评为不适当的。这种批评推动了后来的哲学家尝试超出德国古典唯心主义的范围，以非辩证法的方式寻找现代性起源与性质解释的趋势。

曾几何时，在世人的眼中，19 世纪无疑是一个乐观、向上、令人振奋的世纪。所有这一切，都托庇于理性在其时的繁盛和大行其道。然而，即便是在这样的时期，自然科学和人文领域也已开始显露出与其呈现的表象不相一致甚至冲突的迹象。从科学领域来看，19 世纪后期是现代性从理论转变为现实的年代。科学技术，其中最重要的远程通信和交通网络，在很大程度上重塑了人类的知觉。在这一趋势的推动下，经验对自然和人工的甄别，在许多领域中开始遇到挑战。理性作为判别真理与谬误标准的地位，在随后席卷人文社会科学领域的意识形态反叛中，也开始受到早期具有反现代主义倾向的哲学家的质疑。尽管我们并不否认 19 世纪与其后继起的时代相比的所有那些进步特征，但是，现代性在推进自己的事业的同时表现出对异议和异见不容置疑的专断，也被一些最具前瞻意识的思想家批评为是哲学对现实的压制。这种批评终于在那些后来被称为后现代主义鼻祖的哲学家的思想和活动中展露出来。从各个方面看，现代主义实现其成就的一个始料未及的后果，就是“去现实化”（De-realization）这一概念开始在哲学中被普遍使用。

“去现实化”是现代性产生的一个具有深远影响的后果。它既影响了主体，也影响到经验和知觉的对象。在现代性中，“现实”是一个体现认同性、持续性以及实质感的概念。“去现实化”则意味着它无可避免地面临被超知觉、经验的思想或话语颠覆或瓦解的命运。追溯起来，与“去现实化”这一概念在哲学上的急速扩张有关的人物，我们可以从 19 世纪中后期一些最重要的思想家的理论中寻觅到其踪迹。例如，被后人普遍视作 20 世纪存在主义鼻祖的丹麦哲学家克尔恺郭尔就在他的著作中指出，与古代或中世纪的社区相比，现代社会已经蜕变为某种“幽灵”网络。在这种网络中，个人被夷为平地，“公众”则是个体在其不自知的情况下乐于接受的字眼。他把现代公众看作同样被冠以现代名头的新闻界的一个创造。它是唯一能够将在现实情况或组织中永远不可能团结在一起的虚幻个体聚集在一起的工具。现代媒体虽然每天都在兜售它们作为公众代言人的口号，但它们其实什么也不代表。从这个意义上说，社会已经成为一种抽象思想的实现。把现代性形成的社会关系形容为“幽灵”的哲学家，并非只有克尔恺郭尔一人。几乎与克尔恺郭尔同一时期的马克思，通过他著名的对商品拜物教的政治经济学批判，精辟地刻画了交换价值浸渗于商品过程中显露出来的幽灵本性。在商品拜物教流行而形成的社会关系中，商品的价值独立于他们的物性存在而波动。物品从一开始就已经失去了其在使用价值方面本应具有的坚实性，转变成了仅仅用于折射交换价值的数字图谱。商品的这种幽灵本性是通过其被吸附进的社会关系网络的复杂作用而形成的。商品与其真实创造者之间关系的这种脱离，极为真切地再现了一个人类主体自身是如何被“去现实化”的过程。在这里，最令人不可接受的一点显然是，劳动者是在实现他们自己的过程中失去他们自身的存在的。对于所有那些以追求后现代性为己任的人来说，这已成为一个促其警醒的象征。

正如我们前面已经讨论过的那样，与对现代性的哲学挑战有关的任何后现代主义论述，都要回溯到尼采的分析。作为 20 世纪后现代主义哲学公认的先驱，尼采“去现实化”的策略，是通过他对“存在”这一核心概念的捍卫表达出来的。尼采认为，由文艺复兴肇始的现代性运动，到他那个年代，已经摧毁了自古希腊以来西方文明曾经赖以炫耀的大多数成果。“存在”这一其中的精髓，已经衰落几至成为“蒸发的现实的最后一口气”。在《偶像的黄昏》一书中，尼采指出，柏拉图以来的西方哲学迄至于今的一个努力，就是探究和确立了一个叫作“实在”或“真实”世界的概念。他把“现实的世界”（real world）和“表观的世界”（apparent world）的区分，看作确立实在概念带来的直接后果。然而，现代性已经证明，“真实世界”终究是一个无用和多余的概念。为何“真实世界”会成为一个这样的概念？尼采的解释是，这是因为，我们在相信真实世界的同时，也随之在自己的文化中取消了表观的世界。如果一个我们生活于其中的世界，既不是真实的世界，也不是表观的世界，那么，最接近于它的状况的，就是一种介于两者之间、类似于“虚拟”性质的东西。这正是我们在当今时代体验到和接触到的现实。尼采一再强调，“存在”在西方文化中的地位跌落到这样的地步，与文艺复兴以来理性强势占据的主导地位有关。存在被现实挤压的结果，就是他生活的那个年代的“现实”，已经完全变成了一种“虚拟”。

2. 谱系与道德

“去现实化”不仅是一种修辞策略，更重要的，它还是一种道德话语。哲学挑战从修辞转向道德，是后现代主义在其与现代主义的争锋中，逐渐取得话语权的一大原因。尼采早在他的第一本著作《悲剧的诞生》中，就已显露出他试图为自己和后继者的反现代性论述提供某种个人主义和本能主义正当性助力的努力。在这本书中，尼采把西方文化的源头回溯至古希腊宗教时期，把古希腊万神殿中两个相互映照的神，即阿波罗和狄奥尼索斯各自象征引起的冲突，看作人类追求自然艺术的本能冲动不可避免地将导致悲剧的最早表现。古希腊悲剧中，体现形式和图像之美的阿波罗神对代表炽热和狂醉的狄奥尼索斯神的压制，无情地击破了个体存在的体验与大自然之间的统一。这种统一的破坏，就是真实世界与表观世界原本应有的平衡的崩溃。悲剧性艺术在将这两者的冲突结合在一起时具有无限的生命力。相较之下，毫无生气的阿波罗形式，则把因它而生的逻辑和科学变得一片死寂。由于现代性一向以继承于古希腊阿波罗主义形式文化为傲，所以，摆脱因现代性所致的社会不育和虚无主义的使命，就责无旁贷地落在了狄奥尼索斯酒神所孕育的艺术精神之上。许多后现代主义哲学家坚信，正是尼采的这种解释奠定了后现代艺术和表现形式的概念，也极富远见地昭示了后现代主义者对革命时刻的期待，并为后来者开辟了一条全新的、蕴含无限前景和生命力的无政府主义社区意识文化的光明大道。

尼采的反现代性学说的强烈道德色彩，典型体现于他著名的“道德谱系”学说中。但是，与其说尼采是一个道德主义者，不如说他更多地是一个通过他的激烈的反道德言辞表现他的道德取向的哲学家。从一个方面看，尼采不遗余力地攻击一切传统的道德，因为现代性哲学家正是通过对这种道德的弘扬来为现代性获取正当性支持；从另一个方面看，尼采攻击传统道德的目的，也是为他推出自己极力主张的所谓“高级道德”（higher morality）提供理论上的根据。按照尼采的解释，尽管其价值和含义会受时间条件的约束，但是，所有与我们相关的“道德”层面的规范体系，都具有某种可察觉的结构特征。在历史上，康德和英国经验论哲学家从他们自己哲学的前提出发，分别为这些结构体系设置了不同的规范和描述的限制。这些限制一直在对现实世界中真正需要的、健康的和正确的道德生活产生有害的影响。道德的规范主义以康德为代表。康德把“道德”与“意志”等同起来，把“善”和“恶”更多地看作一种意志的特性，而不是经验的评判。康德试图通过以“意志”取代“经验”的方式，来为道德范畴提供更多的绝对主义的支持。但是，既然康德理论可以毫无困难地被溯源至古希腊的柏拉图主义，那么，柏拉图主义在历史上表现出来的道德上的软弱无力，即要么是空言遁世、麻醉世人，要么是高举正义、欺负弱者，则早已预示了这一理论的历史命运。道德的描述性理论与英国经验主义有关。经验主义最为倚重的一个概念是“利他”。描述性的道德谱系学说，就是以此为基础建构起来的。如果说，尼采对柏拉图以来的观念史，包括康德的意志道德学说深恶痛绝的话，那么，英国经验主义更为“人世间”化的道德主张，本应得到尼采的更多认同。但是，恰恰是在这一点上，我们看到了尼采“俗世文化”道德观与经验主义的巨大分歧。

从表面上看，尼采对功利主义并不像对观念主义那样，充溢着强烈的道德抵触情绪。但是，如果从尼采把英国道德谱系论者所主张的“契约”理论斥为是完全不懂历史的话，则他对这种观点批评的严厉程度，就很难说会比对观念论道德理论更为留情。尼采之所以批评道德谱系论者不懂历史，是因为如果按照他们的说法，道德是人类自身为了避免陷于动物性的纷争而不得不接受的一种选择，那么，除了认可他们强加给我们的那套荒唐说辞以外，我们就再也找不到任何其他的出路了。事实上，现实的人类生活和人类社会，从来就没有道德谱系论者天真地宣称的那种以“利他”为基础的契约。因为，任何真实的社会和社会生活，并不是根据“契约”，而是按照“权力”建构起来的。在日常生活中，“善-恶”、“好-坏”等作为对仗性的道德用语，似乎无人会对其含义有所怀疑或否定。但是，假如对它们在历史上使用的情况进行语义和社会学的追溯，我们就会发现，它们从来都不是天然对仗的，而是通过一系列复杂狡黠的置换而后才确立下来的。以“善（Gut）-恶（Buese）”和“好（Gut）-坏（Schlecht）”这两对概念为例，后者的历史明显早于前者。并且，在德语中，Schlecht（坏）与Schlicht（简单、朴素、寻常）是通用的名词。与之相反，“善”则不具有这样的词源学意义。它在使用中，是与高贵的、真诚的、勇敢的这样一类用语联系在一起的。就像我们大家都知道的那样，这都是一些典型代表社会“等级”分化、极为贵族化的概念。尼采指出，道德语言上语用和词源的分离，表现的是它们背后道德取向发生的变化。很明显的一点是，自从基督教和柏拉图主义为欧洲人规定了道德生活的基本准则之后，被驯化的欧洲人就再也没有勇气敢于抖出自己的本能，张扬人性真实的一面。尼采把道德用语的含义在历史上发生的这种变化，尖刻地抨击为是欧洲人被自己的文化“家畜化”的一种结果。如果我们把尼采的这一论述，与福柯关于刑法学中的司法语言实质是把监狱物理结构这种硬性的、在某种程度上是非人道的惩罚手段，表达为一种必要的和可接受的现象的观点加以比较的话，就不难理解，尼采对后现代主义者，甚至整个哲学后现代主义运动的影响之深远。

3. 概念与隐喻

对于后现代主义者来说，追随并阐发尼采的概念谱系的思想，对他们声称的哲学运动的正当性，有着重要的理论意义。尼采认为，西方哲学自从古希腊时期确立柏拉图主义为主流以来，一直在构造一套复杂的概念隐喻系统来实现它的理论目标。如果我们能够还原这一概念系统的演化途径，就能揭穿它在构造方法上的全部秘密。他在批判现代主义时一直强调的一个观点是，在现代性条件下，科学概念虽然已经深入现代生活和现代社会的几乎一切方面，但究其实质，不过是一个隐藏了其原始的隐喻链条，并由此而在其后的发展中逐渐强化起来的、公认的真理假设。按照他的解释，隐喻始于将神经刺激复制为图像，然后以声音进行模仿，在重复时就产生了单词。概念不过是单词用于指定多个事件或实例的结果。概念隐喻的这一特点，表明了它实质上就是一种谎言这个事实。如果隐喻链是通过不同层次的迁移而实现的，那么，真理作为这种转变的结果，就无论如何也不能被认为本质上是平等的。尼采把他对概念隐喻实质的分析，推向对传统形而上学核心概念“我”的批判。根据尼采的说法，“我”的概念产生于对“我们”的行为所担负的道德义务。为了承担这一责任，我们必须假定我们是自己行为的原因，并把原因视为必须永远坚持的一项事业。因为只有这样，我们作为人的身份才能在这一过程中得以维持。基于此，我们发明或建立了奖励或惩罚这样的做法，帮助我们有效应对所有那些被认为是对他人有利的或有害的行为的后果。按照这样的方式，“我”的概念的产生，不过是一个社会建设的过程，并且是我们的道德错觉的一种结果。换句话说，“我”作为同一性的原因，只有经过这样一系列的置换，它的道德意义才能被投射到这个世界上发生的事件中，通过事物、原因、影响等特性，最后以被普遍接受的表达形式确定下来。所以，事情的真正逻辑是，“我”的概念乃是产生于坚持共同的社会规范的要求。正是这些规范将人类这一群体，塑造成了一个被称作认识和行为主体的社会。

如果“我”不过是传统形而上学构造的一个规范概念，那么，将“我”置于其中的那个叫作历史的东西，就无论如何不能被认为是正当的。尼采认为，现代主义给生活在其语境中的人们传递的一个强烈信号就是，除非以一种历史性的视角来看待个人的存在及其作用，就像我们在19世纪西方谱系学中看到的那样，我们就根本找不到解释我们存在的其他出路。这种观点是错误的。解释个人存在的出路，不在历史之内而在历史之外；不在重复历史而在摆脱历史；不在迷恋“契约”而在推崇“权力”。个人的生活和文化生命的力量，从根本上说，是取决于他们重复一个“非历史”时刻、一种对历史的“健忘”，以及随时间发展而发展的能力，而不是相反。因此，任何历史研究应该做的，并不是描述我们应该怎样地追随历史的脚步，而是揭示我们每个人和我们的文化，是如何获得和重复这个对我们来说至关重要的、非历史的和非线性的时刻的。这才是我们应该努力追求的、真正属于我们自己的一种“新”的存在。

尼采对现代主义及其历史谱系的揭示，在他最重要的后继者海德格尔那里，就发展成为其所谓现代技术遗忘了“存在”的原理。海德格尔对存在与技术关系的理解，典型体现于他对现代技术与古代技术区别的论述。海德格尔一再强调，现代技术就其本质而言，不过是西方形而上学的一种实现。如果要用一个概念来表达这一实现的机制的话，我们不妨把它称为“存在的”形而上学。所谓“存在的”形而上学，是指西方从柏拉图时代开启的一种知识主义的思想方式，它把作为世界起始的“存在”概念化为一般的“存在者”。本来，在早期希腊哲学家那里，“存在”是指一种自然发生、自然展露出来的过程。这种过程具有一种控制和聚集的力量，它使自然界的万物得以出现和留存。就像泰勒斯学派描述的那样。但是柏拉图的“理念论”对“存在”的解读改变了这一切。因为从柏拉图时代开始，存在就不再是“存在”，而是所谓“存在者”；思想也不再是“思想”，而是所谓“思想者”，即思想的一种结果。如果思想是“思想者”，那么，思想被认为是“存在的存在”就是理所当然的。这样，它在现代世界中一定是被作为一种“现成的”东西而使用的。海德格尔指出，存在一旦被视为现成的东西，它就是一种“现成在手”的东西，就一定会消失在它们有用性的呈现过程中。① 这样，技术的精髓，讲到底就是一种“框架”。它将实体的存在简化为计算的程序。因此，山不是一座山，而是长期供应的煤炭；莱茵河不是莱茵河，而是水力发电的引擎；人类不是人类，而是人力的储备。因此，现代世界的经验就是面对环境及其对生物的影响而退缩的经历。然而，人类面对现代技术“非”存在化所遭遇的焦虑或无聊，反而为它自身提供了一种回归传统的“存在”的可能。如果这一切有幸发生的话，这无异表明我们又重新回归到了早期希腊的巴门尼德和赫拉克利特这些天才曾经为我们开启过的经验之中。

尽管尼采和海德格尔的思想都是后现代主义哲学家们共享的理论来源，但是，他们关于现代性应该摒弃僵化的柏拉图传统，回归古希腊开放的、原始的自由意识的思想，是通过不同的方面在其各自的追随者中获得共鸣的。海德格尔固然尖锐地批判了现代技

① Martin Heidegger, *Being and Time*, John Macquarrie and Edward Robinson (trans.), San Francisco: Harper & Row, 1962 [1927], pp. 95-107.

术，但是，这并不表明他对技术采取了一种无视和偏激的态度。可以说，他是把“技术”这个概念作为一种中性的、可以用于实现自己目标的理论手段。他试图通过这种方式表明，技术作为我们存在的一种方式，影响着我们对世界的根本理解。如果我们仅仅从现代技术所彰显的实用的角度来看待我们的生活环境和我们的地球，那么，技术的全球性传播和毫无节制地对自然资源的利用，对我们所有人来说，都意味着一种真正的、不可抗拒的危险。反过来，当然也有很多哲学家欣赏尼采所做的永恒回归的愉悦、历史“健忘”的迫切，以及自由嬉戏所带来的创造力震撼的表述。然而，一个不争的事实是，他们的思想都是后现代主义批判性地“去现实化”，或用来取代现代哲学的标志性概念的重要来源。“主体”这个在现代性中被理解为意识、身份、基础、统一，并被与“我”这个概念高度同一化的知识论名词，尼采在其中发现了道德产生的原始形而上学谬误和“畜群”的交流需求；海德格尔则从中看到了传统形而上学的疲惫和终结。他们在各自理论中所做的那些创造性阐发和历史性启迪，无论如何都是值得我们深入思索的。

4. 理解与世界

无论后现代主义哲学家如何看待“现代性”，或追溯这一概念到哪一个具体的历史时期，没有疑问的一点是，其理论都涉及如何理解关于世界经验的异质性和多样性，如何通过在现在和过去之间发展一种感性的连续性来解决的问题。当尼采尝试用永恒的回归概念来超越历史主义时，海德格尔则建议通过非形而上学的存在体验来克服传统的形而上学。在这两种情况下，需要超越的只能是现代性。后现代主义哲学家坚信，哲学和科学是进步的事业，其所体现出来的思想和知识越来越适合自己的起源和基础。然而，克服现代性并不意味着进入一个新的历史阶段。即便是尼采和海德格尔这两位哲学家，一方面，他们发现自己有义务与西方思想保持关键距离，因为其具有基础性；另一方面，他们也发现自己无法以另一个更真实的基础来批评西方思想。如果是这样的话，这意味着后现代主义哲学家从一开始就面临着棘手的理论矛盾。

哲学后现代主义最重要和最全面的批评者是尤尔根·哈贝马斯（Jürgen Habermas 1929—　）。作为 20 世纪晚期德国最重要的哲学家之一，哈贝马斯虽然以社会批判理论著称，但他与后现代主义者之间的论战吸引了很多关注，并且他对现代性所持的观点也获得广泛的认可。哈贝马斯并不否认现代性在 20 世纪面临的挑战，甚至把这种挑战称为失败。但是，他认为，即便现代性是一种失败，也不妨碍人们提出这样一个严肃的问题，即我们“应该努力坚持启蒙运动的意图，尽管它们软弱无力，还是应该宣布整个现代性项目是一个失败的事业”①。在他看来，承认现代性的失败是容易的，然而，如果由此而放弃对我们的生活世界进行理性和科学的思考，则是不可想象的。哈贝马斯指出，“现代性”并不是一个新的话题，它实际上是一项已经持续了几百年的事业。然而，只是到了 20 世纪中叶，在它开始转变成为哲学中的一个热门主题之后，许多人才意识到，它的背

---

① Ritzer George, *Sociological Theory*, *From Modern to Postmodern Social Theory* (*and beyond*), New York: McGraw-Hill, Higher Education, 2008, pp. 567-568.

后存在着某种深层的原因。哈贝马斯把尼采哲学视为哲学现代性话语向后现代阶段转化的一个关键轴点。在尼采之前，哲学现代性话语的主要参与者，分享的是康德和黑格尔的信念，即理性有潜力通过它自身的批判活动为自己提供合法性的证明。尼采否认理性具有这样的能力。因为在现代性中，理性已被证明了它不再有为它自身制定标准的能力。如果理性不再有这样的能力，那将意味着批判理性再也不是自足的了。由此，理性就将自己变成一个他者，也就是“非理性”的一个功能。哈贝马斯溯源到尼采的当代哲学发展有两条主线，一条是海德格尔的“存在”理论，以及德里达的语法学（Grammatology）；另外一条是与福柯的权力理论结合在一起的巴塔耶（Georges Bataille，1897—1962）的“迷狂抚疗”（rehabilitation of the ecstatic）理论。在海德格尔那里，克服“主观性”采取的形式，是新神秘哲学无可溯查的起源；以及由德里达延续的，强调书写反对“声音（发声）”，并以此来反对重复确定性的不可识别性的方向。在巴塔耶那里，实践理性的权威，就像它表现于合理化的现代生活中那样，被批评为通过压制和边缘化色情体验的名义实现的。至于福柯，哈贝马斯的评论是，他对现代性的批评，从根本上错置了人的存在。这样做的一个后果，就是把人从历史主体的地位，变成了某种制度性力量领域的去人性化的结果。

哈贝马斯由此阐明了建立在两种相互竞争的理性概念基础上的、现代性哲学话语的两个不同阶段：黑格尔以实体绝对精神和万事万物主体出现的理性概念，以及尼采提倡的，在最好的情况下也仅有工具理性性质的理性概念。这一概念支持服务于一些其他的力量，例如生命、存在和权力。哈贝马斯对后现代理性的这种批判具有元批判的性质。他把自己的批判建立在三个基本的论点上。在第一个论点中，哈贝马斯通过引出反驳怀疑论的长期传统的论证指出，除非接受矛盾的方式，任何想要全盘拒绝确定性和优先性地位的努力，都不可避免地将使自身立场陷入一种不稳定的状态，从而也就不可能解释自身的所谓有效性。他的第二个论点指责当代理性批评者瓦解了关于问题的成因与有效性之间不可避免的康德式区分，以及关注某些主张的事实起源与不能归结为它的事实起源的可能证明问题的区分。他的第三个反后现代主义的论点，就其起源来说，也来自康德的理论。他的观点是，尼采和他的继承者所做的，不仅没有如他们自己声称的那样，解决了现代性中思想和现实的冲突，反而在更大程度上模糊或取消了声称和证明的三个基础性领域之间的区别。这三个领域分别是：认知领域，该领域关注提出并判定事实正确性的问题；道德和法领域，该领域关注提出并判定规范的正确性问题；美学批评领域，该领域关注有关艺术真实性提出和证明问题方面的主张。

对于哈贝马斯来说，他的这三个反对哲学后现代主义的论点，构成了一种“极简主义”的理性理论。它们适用于来取代不可接受的实体性理性概念，以作为建立在相互依赖基础上的主体之间交流的普遍主体。从这个角度出发，他批评尼采、海德格尔、德里达和福柯在批评现代主义时，采用了只有现代理性才能提供的概念和方法，从而造成一种“表演上”（performative）的矛盾。在他看来，尼采的狄奥尼索斯主义究其实质来说，不过是对西方文化已经失去的统一所做的一种补偿努力。因为，在近代社会中，这种角色是由宗教来扮演的。另外，尼采对现代艺术中新狄奥尼索斯的感觉，本质上也是基于一种审美现代主义，即艺术通过脱离科学和道德的价值观获得实验力量。按照哈贝马斯的观点，海德格尔和德里达不过是“狄奥尼西亚弥赛亚主义”（Dionysian messianism）的继承人。海德格尔曾经预言会出现的那种新的存在体验，从来也没有出现过。或者说，它在还没有来得及登场前，就已经黯然退出。哈贝马斯指出，存在的退场是哲学倒置其主题的一种结果。正是海德格尔对哲学主题的摧毁，点燃了人们对重获统一哲学的希望。然而，在哲学最需要这种希望的时刻，人们却发现，现时最缺少的恰恰又是哲学的主题。哈贝马斯批评德里达将哲学和文学的区别限定在文本主义的方式中，并且将逻辑和论辩理性带入修辞领域。这样做的一个结果是，“无论谁将对理性的激进批判转化为修辞领域，以此来掩饰自我引用的悖论，都将钝化对理性自身的批评之剑”①。他以类似的方式批评福柯没有对自己的谱系方法进行谱系揭露，这表明福柯重新建立了一个能够批判性地注视自己历史的现代主题。在一般层面上，我们看到，哈贝马斯采用的是一种用于处理现代相互竞争观点标准的新的理性理论；而在特殊层面上，哈贝马斯极力阐发的他的反后现代主义论证的那种理性，也真切反映了他的一种基础性的信念，即理性标准的普遍性，在不诉诸形而上学保证的理论中，也是完全能够得到维持的。哈贝马斯坚持理性的解放潜力的理论，即使算不上是一种启示性的音律，却也不失为在最需要的时候，为那些犹疑、彷徨的人提供了一剂受欢迎的解毒药。它在很大程度上帮助其时欧洲大陆流行的一些时髦思想，如“存在”、“权力”或“写作”等概念，获得了支撑和某种偶像化的表征。

学习提要

一、基本概念

现代；后现代；现象论；实用论；宏大叙事；元叙事；客观化假定；决定论假定；现代时间意识；阿波罗精神；狄奥尼索斯精神；后形而上学；解构主义；“去现实化”；道德谱系；存在。

二、基本原理

本质与实用；实用主义的反本质主义；海德格尔的反本质主义；宏大叙事的失信；在场的形而上学；启蒙的辩证法；现实世界与表观世界的区分；规范的道德谱系与经验的道德谱系；文化的“家畜化”。

三、思考题

1. 试描述现代和后现代、本质和实用这两对概念在实现哲学现代性向后现代性转化过程中的作用与关联性。

2. “宏大叙事”的定义是什么？为什么说理解“宏大叙事”的失信是破解本质主义成为现代人生活的一种普遍模式的奥秘？

---

① Jürgen Habermas, *The Philosophical Discourse of Modernity*, Frederick Lawrence (trans.), Cambridge: Cambridge University Press, 1987 [1985], p. 210.

3. 福柯认为，现代性是通过它的独特的话语形式实施它对社会及其文化生产的控制的，并且这种控制完全称得上成功和有效。他是如何描述这一理论的机制和原理的？你同意他的这一分析吗？后现代如果不通过话语形式传播它的主张，那么，它又如何实现它的影响呢？

4. 海德格尔说："所有形而上学，包括它的反对者实证主义，都在说柏拉图的语言。""什么是哲学中的"柏拉图的语言？德里达把他的"解构主义"视为破解"柏拉图的语言"的关键？你是否同意他的理论具有他自己声称的这么重要的意义？

5. 尼采断言，现代性"必然地走向无所作为的相对论"。他是如何阐释他的这一观点的？海德格尔对现代性哲学基础的批判，与尼采有何不同？海德格尔的"存在"理论，是否如他自己所说，能够抵抗理性在它以往的历史中一再实现的吸纳企图？

6. 后现代主义为什么与启蒙运动决裂？后现代主义者理想中的现实生活和未来生活应该是怎样的？如果要你在后现代主义和启蒙运动之间做一选择，你会怎么决定？

7. 后现代主义关于知识、文化、道德和历史的观点，被一些人批评为是一种虚无主义的思想。你同意这一批评吗？如果后现代主义更大程度上被认为是一种虚无主义的话，那么，这是否意味着后现代主义的观点就预示着它作为一种理论的命运的终结？

8. "去现实化"方法是如何帮助后现代主义在与现代主义的论争中逐步取得话语权的？

参考文献

1. 阿部正雄．禅与西方思想．上海：上海译文出版社，1989.
2. W．阿尔斯顿．语言哲学．上海：三联书店，1988.
3. 爱德华·J·贾吉．世界十大宗教．长春：吉林文史出版社，1991.
4. 艾耶尔．语言、真理与逻辑．上海：上海译文出版社，1981.
5. 艾耶尔．二十世纪哲学．上海：上海译文出版社，1987.
6. 艾耶尔．维特根斯坦．北京：中国社会科学出版社，1989.
7. 巴克拉捷．近代哲学史．上海：上海译文出版社，1983.
8. 保罗·利科．哲学主要趋向．北京：商务印书馆，1988.
9. 鲍亨斯基．当代思维方法．上海：上海人民出版社，1987.
10. 贝克莱．人类知识原理．北京：商务印书馆，1973.
11. 宾克莱．理想的冲突．北京：商务印书馆，1983.
12. 宾克莱．二十世纪伦理学．石家庄：河北人民出版社，1988.
13. 柏拉图．理想国．北京：商务印书馆，1986.
14. 查尔斯·L．坎默．基督教伦理学．北京：中国社会科学出版社，1994.
15. 蒂洛．哲学——理论与实践．北京：中国人民大学出版社，1989.
16. 弗兰克纳．伦理学．上海：三联书店，1987.
17. 葛德文．政治正义论．北京：商务印书馆，1980.
18. 汉斯-格奥尔格·加达默尔．真理与方法——哲学诠释学的基本特征（上、下）．上海：上海译文出版社，1999.
19. 洪谦主编．逻辑经验主义．北京：商务印书馆，上卷，1982；下卷，1984.
20. 胡塞尔．纯粹现象学通论．北京：商务印书馆，1992.
21. 怀特编著．分析的时代．北京：商务印书馆，1981.
22. 霍布斯．利维坦．北京：商务印书馆，1985.

23. 加德纳·墨菲，约瑟夫·柯瓦奇. 近代心理学历史导引. 北京：商务印书馆，1980.
24. 卡尔-奥托·阿佩尔. 哲学的改造. 上海：上海译文出版社，1997.
25. 卡尔·波普尔. 猜想与反驳——科学知识的增长. 上海：上海译文出版社，1986.
26. 卡尔纳普. 哲学和逻辑句法. 上海：上海人民出版社，1962.
27. 康德. 实践理性批判. 北京：商务印书馆，1960.
28. 康德. 纯粹理性批判. 北京：商务印书馆，1982.
29. 康德. 判断力批判. 北京：商务印书馆，上卷，1996；下卷，1996.
30. 康德. 道德形而上学探本. 北京：商务印书馆，1957.
31. 克里普克. 命名与必然性. 上海：上海译文出版社，1988.
32. 蒯因. 从逻辑的观点看. 上海：上海译文出版社，1987.
33. 赖尔. 心的概念. 上海：上海译文出版社，1988.
34. 鲁道夫·阿恩海姆. 视觉思维. 北京：光明日报出版社，1987.
35. 卢梭. 论人类不平等的起源和基础. 北京：法律出版社，1958.
36. 卢梭. 社会契约论. 北京：商务印书馆，1980.
37. 洛克. 政府论. 北京：商务印书馆，上卷，1982；下卷，1984.
38. 罗蒂. 哲学和自然之镜. 上海：三联书店，1987.
39. 罗蒂. 后哲学文化. 上海：上海译文出版社，1992.
40. 罗尔斯. 正义论. 北京：中国社会科学出版社，1988.
41. 罗素. 西方哲学史. 北京：商务印书馆，1982.
42. 罗素. 人类的知识. 北京：商务印书馆，1983.
43. 罗素. 我们关于外间世界的知识. 上海：上海译文出版社，1990.
44. 罗素. 西方的智慧. 北京：世界知识出版社，1992.
45. 麦克斯·缪勒. 宗教的起源和发展. 上海：上海人民出版社，1989.
46. 穆勒. 功利主义. 北京：商务印书馆，1957.
47. 摩尔. 伦理学原理. 北京：商务印书馆，1983.
48. 穆尼茨. 当代分析哲学. 上海：复旦大学出版社，1986.
49. 彭加勒. 科学的价值. 北京：光明日报出版社，1988.
50. 普特南. 理性、真理与历史. 沈阳：辽宁教育出版社，1988.
51. 齐硕姆. 知识论. 上海：三联书店，1988.
52. 萨特. 想象心理学. 北京：光明日报出版社，1988.
53. 沙弗尔. 心的哲学. 上海：三联书店，1989.
54. 施太格缪勒. 当代哲学主流. 北京：商务印书馆，上卷，1986；下卷，1992.
55. 史蒂文森. 伦理学与语言. 北京：中国社会科学出版社，1991.
56. 戴维森. 真理、意义、行动与事件. 北京：商务印书馆，1993.
57. 希尔. 现代知识论. 北京：中国人民大学出版社，1989.
58. 维特根斯坦. 逻辑哲学论. 北京：商务印书馆，1985.

59. 西季威克. 伦理学方法. 北京：中国社会科学出版社，1993.

60. 休谟. 人类理解研究. 北京：商务印书馆，1972.

61. 休谟. 人性论. 北京：商务印书馆，1980.

62. 亚里士多德. 形而上学. 北京：商务印书馆，1959.

63. 亚里士多德. 政治学. 北京：商务印书馆，1965.

64. 雅克·马里坦. 科学与智慧. 上海：上海社会科学出版社，1996.

65. 伊姆雷·拉卡托斯. 批判与知识的增长. 北京：华夏出版社，1987.

66. 永井成男. 分析哲学. 北京：中国社会科学出版社，1992.

67. 约奇姆·伊斯雷尔. 辩证法的语言和语言的辩证法. 北京：商务印书馆，1990.

68. Adams，Marilyn，and Adams，Robert M.，*The Problem of Evil*，New York：Oxford University Press，1991.

69. Adler，Mortimer，*Some Questions about Language*，Lasalle，IL：Open Court，1976.

70. Alston，William，*Philosophy of Language*，Englewood Cliffs，NJ：Prentice Hall，1963.

71. Alston，William，ed，*Religious Belief and Philosophical Thought*，New York：Harcourt Brace，1963.

72. Armstrong，D. M.，*Belief*，*Fail*，*and Knowledge*，New York：Cambridge University Press，1975.

73. Aune，Bruce，*Knowledge*，*Mind*，*and Nature*，New York：Random House，1970.

74. Austin，J. L.，*Sense and Sensibilia*，London：Oxford University Press，1962.

75. Austin，J. L.，*How To Do Things With Words*，New York：Oxford University Press，1965.

76. Ayer，Alfred J.，*The Problem of Knowledge*，New York：Macmillan，1956.

77. Ayer，Alfred J.，*Foundations of Empirical Knowledge*，New York：Macmillan，1945.

78. Bencivenga，Ernanno，*Kant's Copernican Revolution*，London：Oxford University Press，1987.

79. Berofsky，Bernard，ed，*Free Will and Determinism*，New York：Harper，1966.

80. Black，Max，*Language and Philosophy*，Ithaca：Cornell University Press，1949.

81. Blanshard，Brand，*Reason and Analysis*，Lasalle，IL：Open Court，1963.

82. Brown，Roger，*Words and Things*，New York：Free Press，1958.

83. Burtt，E. A.，*Metaphysical Foundations of Modern Science*，New York：Harcourt Brace，1932.

84. Cohen，Jonathan，*The Diversity of Meaning*，London：Herder & Herder，1963.

85. Dancy，Jonathan，*Perceptual Knowledge*，New York：Oxford University Press，1988.

86. Davies，Brian，*An Introduction to the Philosophy of Religion*，New York：

Oxford University Press, 1993.

87. Davis, Carolyn, *The Evidence Force of Religious Experience*, New York: Oxford University Press, 1989.

88. Ewing, Alfred C., *Idealism: A Critical Survey*, London: Methuen, 1936.

89. Ewing, Alfred C., *The Definition of Good*, New York: Macmillan, 1947.

90. Flew, Antony, ed, *Body, Mind, and Death*, New York: Macmillan, 1962.

91. Flew, Antony, *God and Philosophy*, London: Hutchinson, 1966.

92. Foot, Philippa, *Theories of Ethics*, London: Oxford University Press, 1967.

93. Geivett, Douglas, and Sweetman, Brendan, eds, *Contemporary Perspectives on Religious Epistemology*, New York: Oxford University Press, 1992.

94. Glover, Jonathan, *The Philosophy of Mind*, London: Oxford University Press, 1976.

95. Hankinson, R. J., *The Sceptics*, London: Routledge, 1995.

96. Hartland-Swann, John, *An Analysis of Knowing*, London: Allen & Unmin, 1958.

97. Hartland-Swann, John, *An Analysis of Morals*, London: Allen & Unmin, 1950.

98. Hempel, Carl, *Aspects of Scientific Explanation*, New York: Free, 1966.

99. Hick, John, *Faith and Knowledge*, Ithaca: Cornell University Press, 1957.

100. Hick, John, *Religious Experience and Faith*, New York: New York University Press, 1961.

101. Higginbotham, James, *Language and Cognition*, Boston: Blackwell, 1990.

102. Hirsch, Eli, *The Concept of Identity*, London: Oxford University Press, 1982.

103. Hook, Sidney, ed, *Religious Experience and Truth*, New York: New York University Press, 1962.

104. Hospers, John, *Human Conduct*, 3rd ed, TX: Harcourt Brace, 1996.

105. Hospers, John, *An Introduction to Philosophical Analysis*, 4th ed, London: Routledge, 1997.

106. Hughes, Gerald, *The Nature of God*, London: Routledge, 1995.

107. Inwagen, Peter Van, *Metaphysics*, Boulder, CO: Westview Press, 1993.

108. Kagan, Shelly, *The Limits of Morality*, London: Oxford University Press, 1989.

109. Kenny, Anthony, *What is Faith*, London: Oxford University Press, 1992.

110. Lehrer, Keith, *Knowledge*, Oxford: Clarendon Press, 1974.

111. Levin, Michael, *Metaphysics and the Mind-Body Problem*, London: Oxford University Press, 1970.

112. Locke, Don, *Perception and Our Knowledge of the External World*, London: Allen & Unwin, 1967.

113. Mackie, J. M., *Ethics*, Maltimore: Penguin, 1977.

114. MaGinn, Colin, *The Problem of Consciousness*, Oxford: Blackwell, 1993.

115. Malcolm, Norman, *Knowledge and Certainty*, Englewood Cliff, NJ: Prentice Hall, 1963.

116. Moore, G. E., *Philosophical Studies*, London: Routledge & Kegan Paul, 1922.

117. Moore, G. E., *Philosophical Papers*, London: Allen & Unwin, 1959.

118. Moore, G. E., *Some Main Problems of Philosophy*, London: Allen & Unwin, 1952.

119. Nagel, Thomas, *Moral Questions*, Cambridge: Cambridge University Press, 1979.

120. Nozick, Robert, *Anarchy, State, and Utopia*, New York: Basic Books, 1974.

121. Oppenheim, Felix, *Dimensions and Freedom*, New York: St. Martin's Press, 1961.

122. Paul, Ellen, et al, *Human Rights*, Oxford: Blackwell, 1984.

123. Perry, John, *Personal Identity*, Berkeley: University of California Press, 1975.

124. Peterson, Michael, et al, *Reason and Religious Belief*, New York: Oxford University Press, 1990.

125. Pitcher, George, *Truth*, Englewood Cliff, NJ: Prentice Hall, 1964.

126. Price, H. H., *Thinking and Experience*, London: Hutchinson, 1953.

127. Putnam, Hilary, *Mind, Language, and Reality*, New York: Cambridge University Press, 1975.

128. Putnam, Hilary, *The Many Faces of Realism*, LaSalle, IL: Open Court, 1991.

129. Quine, Willard V., *Word and Object*, New York: Wiley, 1960.

130. Quinton, Anthony, *Utilitarian Ethics*, LaSalle, IL: Open Court, 1988.

131. Salmon, Wesley, *Determinism and Indeterminism in Modern Science*, In Joel Feinberg, ed., *Reason and Responsibility*, Belmont, CA: Dickensen, 1981.

132. Scheffler, Samual, *Human Morality*, London: Oxford University Press, 1992.

133. Slote, Michael, *Reason and Skepticism*, London: Allen & Unwin, 1970.

134. Shoemaker, Sidney, *Self-Knowledge and Self-Identity*, Ithaca: Cornell University Press, 1963.

135. Stace, Walter T., *The Concept of Morals*, New York: Macmillan, 1937.

136. Strawson, P. F., *Individuals*, London: Methuen, 1959.

137. Strawson, P. F., *Studies in Thought and Action*, London: Oxford University Press, 1968.

138. Stroud, Barry, *The Significance of Philosophic Skepticism*, London: Oxford University Press, 1984.

139. Taylor, Richard, *Good and Evil*, New York: Macmillan, 1970.

140. Taylor, Richard, *Freedom, Anarchy, and the Law*, Buffalo: Prometheus, 1973.

141. Taylor, Richard, *Metaphysics*, 3rd ed, Englewood Cliff, NJ: Prentice Hall, 1983.

142. Unger, Peter, *Identity, Consciousness and Value*, London: Oxford University Press, 1992.

143. Vesley, Godfrey, *Body and Mind*, London: Allen & Unwin, 1964.

144. Waismann, Friedrich, *Principles of Linguistic Philosophy*, London: Macmillan, 1965.

145. Warner, Richard, and Szubka, Thomas, *The Mind-Body Problem*, Oxford: Blackwell, 1994.

146. Watson, Gary, *Free Will*, London: Oxford University Press, 1982.

147. Williams, C. J. F. , *Being, Identity, and Truth*, New York: Oxford University Press, 1992.

148. Wisdom, John, *Other Minds*, Oxford: Blackwell, 1949.

149. Wisdom, John, *Philosophy and Psychoanalysis*, Oxford: Blackwell, 1965.

150. Wittgenstein, L. , *Philosophical Investigations*, trans. G. E. M. Anscombe, New York: Macmillan, 1953.

后　记

在世界各主要大学的哲学系，哲学概论都是最重要的基础性课程之一。它由于从纯理论的角度来推演和讨论哲学中涉及的那些最重要、最一般的概念与原理，通常被认为是更好地理解或更深入地探讨具体的哲学问题和社会文化问题的前提。众所周知，在相当长的一个时期中，这门课程在我国基本没有开设。哲学中有哪些最重要的基本原理？这些原理是怎样被推导出来的？我们应该怎样分析和看待各种不同的哲学观点？这些问题，不用说对于社会中那些对哲学有兴趣、关注社会精神文化生活本质的人来说是陌生的，即便是对那些科班出身的哲学系学生来说，也是似懂非懂的。这种状况，极大地限制了人们对哲学的整体理解，也在更大的范围上造成了整个社会理论思维水平的下降和文化批判意识的式微。

所以，当北京大学哲学系于 20 世纪 90 年代中期在国内率先恢复开设"哲学概论"这门课程，并把主讲这门课程的任务交给我的时候，即便是我这样一个科班出身的职业哲学工作者，也颇感难以胜任。当时我给自己确定的一个原则，就是要使这门课程的设计和讨论尽可能地符合国际上通行的规范，探讨问题应严格体现哲学的思辨性和理论性的特点。但是，由于我本人也是在上面谈到的那样一种哲学环境下成长起来的，因此，除了在思辨方面我自认为还是合格的，在其他的大多数方面，我并不认为我比其他人懂得哪怕更多一点。现在想来，这种不利条件对我来说反而是一件好事，因为它逼着我从那些最基本的问题开始重新学习、重新思考，逐渐地摆脱了长期以来对包括我在内的大多数国内学者有极大影响的那种具有明显褊狭性的哲学思维方式。而且，我的学生对这门课程表现出来的让我感动的热忱，以及他们在听课过程中提出的大量问题，也使我感到了一种压力，即我有义务把一个不抱偏见的、所有重要的原理都是来自推导而不是填空的体系奉献给我的学生。

当然，有一个好的愿望是一回事，能否做到如自己期望的则是另一回事。尽管我做出很大努力，但在一段时间里，我还是感到自己的知识和视野方面的限制，而且这些限制大大超出了我自己原先估计的程度。从知识方面来看，由于长期以来我们的哲学原理教学和研究根本不讨论知识论与形而上学这样一些最重要、最基本的问题，所以，有关这些原理的内容和方法的讨论对于我来说，实际也是从零开始的；从视野方面来说，哲学就其本质来说是一门西方性的学问，有关这门学问的原理方面的研究应该承认西方人有传统的优势。所以，只有对西方人关于这门课程的设计和讨论有亲身体验，才有把握说我们在谈论或在教学中教给我们的学生的，是一个名副其实的哲学原理，而不是一个我们自以为是但其实什么也不是的原理。幸运的是，这两个问题后来由于两个不期然的好机会而得以解决。第一次机会是在1997年秋季，北京大学哲学系领导安排我到著名的比利时卢汶天主教大学考察它们的哲学原理教学情况。在那里，欧洲哲学家讨论哲学问题的方式，特别是他们的形而上学情怀给我留下了深刻的印象。回来后不久，我又接到加拿大多伦多大学哲学系主任马克·索顿（Mark Thornton）教授的邀请，到他们那里做为期一年的访问研究。在这期间，北美哲学家的研究风格，从另一个方向上给我很深的启迪。特别值得一提的是，该系的蒂·索沙（Ronald de Sousa）教授是我在那里的指导老师，他此时正在给该系本科生开“哲学概论”课。在整整一个学期里，我基本上一次不落地听完了他讲的这门课程。除了听他的课以外，我们还经常就哲学中的一些重要问题互相交换看法。可以说，这是一次很难忘的经历。本书能以现在的面貌完成，与蒂·索沙教授以及多伦多大学哲学系、卢汶天主教大学其他一些教授给予我的支持和帮助是分不开的。

赵敦华教授欣然允诺为本书作序，使本书增色不少。在西方哲学方面，赵教授是我国最有影响的学者之一。本书的写作和出版，一直得到他的关心和支持。本书的初稿，也承蒙他过目并提出过一些修改意见，这些已经被吸收进本书的内容中了。中国人民大学出版社愿意把本书纳入他们的“21世纪哲学系列教材”，可以说是做了一件功德无量的事。周蔚华总编极力促成此事，更让我感念不已。在本书即将出版之际，我要对所有那些曾经给予我直接或间接帮助的领导、同事、学生和朋友再一次表示由衷的谢意。

曾 志

2001年2月于北京静淑苑寓所

第 2 版后记

《西方哲学导论》初版写作时，我遵循的思路，是按照本体论、认识论和价值论三大主题划分的逻辑来处理哲学所涉及的内容及原理的。几年来，间或有读者和朋友建议，能否在第 2 版中加上美学这一部分。我对这一建议深以为然。在康德的体系中，美学就是作为他所理解的实践哲学的另一个部分，而与伦理学这个部分互相呼应的。现在大家看到的这个第 2 版的内容，就是对以上意见的一个回应。在这一版中，除了对初版中少数地方做适当的修改增删外，最大的变动就是新增加了“真·善·美——美学与艺术哲学”这一部分内容。之所以在“美学”之后加上“艺术哲学”这一概念，主要在于 20 世纪美学由于其原理和视角的改变，已经不再抽象地讨论形而上学的美学问题，而是更为经验和具体地来讨论日常生活中的审美问题，因之美学也就逐步转变为艺术哲学。本书对美学的讨论由是也就更多地关注它在 20 世纪的发展。不过，为了避免读者得出现代美学已与传统美学完全无关的结论，本部分仍用了相当的篇幅来讨论传统美学向现代美学转变的原理和机制。第 2 版所做的这种增加或变动，客观上使得它的结构和体系回到了康德的主张上来。康德坚持，哲学应由理论哲学和实践哲学两个部分组成。他的理论哲学包括形而上学与认识论，而他的实践哲学则包括伦理学与美学。所有哲学问题皆源于此。即便在二百多年后的今天，康德对哲学内容和原理的这种理解，仍然被大多数人认为是最有见地的。本书讨论的当然不止于康德理论中的那些内容，但是，它不大可能超越康德为哲学规定的那些范围和界限，却是早已被确定了的。

我任教的北京大学哲学系为本书修改提供了支持，在此表示感谢。

曾　志

2008 年 4 月 24 日

第 3 版后记

《西方哲学导论》（第 3 版）即将与读者见面了。自第 2 版出版以来的这些年，它对第 1 版所做的增补，即美学和艺术哲学部分的内容，一直受到读者较多的欢迎。值此出版社邀请我为该书做第 3 版的更新之际，如何在前两版阐述的那些原理的基础上，适当增加体现 20 世纪以来哲学新进展的内容，既是新版的宗旨所在，也是作者的现实难题。

在比较了 20 世纪前后相继、高潮迭起的诸多流派之后，我选择了以后现代主义哲学作为第 3 版新增的主要内容。这不仅在于这一哲学与 20 世纪 70 年代前大多数时间里占据主流地位的哲学流派之一，即欧陆现象学和存在主义哲学有着直接的继承关系，而且它在抗衡另一哲学流派，即继承了大多数现代经验主义哲学衣钵的 20 世纪英美语言哲学、科学哲学方面，也显示出强大的理论和话语力量。不仅如此，由于后现代主义几乎是席卷 20 世纪中后期及至于今哲学、文学、艺术、建筑等广泛领域变革的一场影响深远的审美和思想运动，对它的哲学基础所做的分析和评介，也有助于我们透视和洞察推动它走向时代潮头的历史和理论动因。

本书初版写作的初衷，是试图为读者提供一种学习和探讨西方哲学史问题的纯理论的描述框架。就此而言，与其称其为“导论”，不如称其为“原理”。既为原理，意味着它是由那些基础性的概念、问题、观点和流派构成的严整的理论体系。如何更好地学习导论，熟悉西方哲学推导其体系的方法和原理，历来是哲学原理学习、研究及其思维训练的一项重要内容。为了因应读者这方面的需要，第 3 版亦增加了“学习提要”部分的内容，并配之以相应的概念、原理以及思考题，以期能对读者学习本书有所帮助。当然也可将此视为作者对前 2 版中缺席的此项内容所做的一个弥补。本次修订，还以“学习大纲”电子版的形式呈现在中国人民大学出版社官网（www. crup. com. cn）上，以方便读者学习使用。

中国人民大学出版社重视学术，放眼长远。《西方哲学导论》承叨发行，前后 3 版，于我是荣莫大焉。杨宗元编审对第3版的出版，从头至尾，关照指点。新版付梓在即，谨此表达我由衷的感谢！

曾　志

记于2021年8月

图书在版编目（CIP）数据

西方哲学导论 / 曾志著. --3 版. --北京 ：中国人民大学出版社，2022.4
新编 21 世纪哲学系列教材
ISBN 978-7-300-30507-3

Ⅰ. ①西… Ⅱ. ①曾… Ⅲ. ①西方哲学-高等学校-教材 Ⅳ. ①B5

中国版本图书馆 CIP 数据核字（2022）第 054304 号

新编 21 世纪哲学系列教材
西方哲学导论（第 3 版）
曾 志 著
Xifang Zhexue Daolun

出版发行	中国人民大学出版社		
社　　址	北京中关村大街 31 号	**邮政编码**	100080
电　　话	010－62511242（总编室）		010－62511770（质管部）
	010－82501766（邮购部）		010－62514148（门市部）
	010－62515195（发行公司）		010－62515275（盗版举报）
网　　址	http://www.crup.com.cn		
经　　销	新华书店		
印　　刷	北京宏伟双华印刷有限公司	**版　　次**	2001 年 8 月第 1 版
规　　格	185 mm×260 mm　16 开本		2022 年 4 月第 3 版
印　　张	21.75 插页 1	**印　　次**	2022 年 4 月第 1 次印刷
字　　数	493 000	**定　　价**	58.00 元